연대기적으로 읽는 복음서

나사렛 예수, GOD on Earth

신현광 지음

예사람

머리말

인류 역사에서 가장 심오하고 놀라운 사건은 하나님께서 자신을 낮추시고 이 땅으로 오신 성육신과 십자가 위에서 이루신 구속입니다. 성경에서 구약은 예수님의 오심을 예언하고 신약은 그 예언의 성취를 증거함으로 구원의 방도를 제시합니다. 복음서는 예수님과 함께 생활하며 가르침을 받았던 제자들이 직접 목격했던 것을 기록한 역사적 증언입니다. 우리는 복음서를 통하여 예수님의 생애와 사역, 곧 그분의 동정녀 탄생과 성장, 가르침과 율법의 성취, 죽음과 부활, 그리고 승천에 이르기까지 그리스도의 자발적이고 온전한 순종을 알 수 있습니다. 예수님은 로마의 팔레스타인 통치 때 아브라함과 다윗의 후손으로 베들레헴에서 나셨고, 나사렛에서 자라셨으며, 30세가량 되셨을 때 하나님 나라에 대해 가르치기를 시작하셨습니다. 그리고 최후의 만찬 때 새 언약을 주셔서 제자들로 하여금 하나님과 특별한 관계를 맺게 하셨습니다.

복음서는 다양한 관점으로 예수님이 메시야이심을 증거합니다. 마태복음은 예수님이 구약에서 약속된 유대인의 왕으로서, 하나님 나라가 현재 임하였지만 동시에 장차 완전히 도래할 것을 가르쳐 주신 메시야이심을 말합니다. 마가복음은 예수님이 섬기는 종이자 고난 받는 종으로서 자기 목숨을 많은 사람의 대속물로 주기 위해 오신 메시야이심을 알게 합니다. 누가복음은 예수님이 태초에 삼위 하나님이 맺으신 구원 협약을 실현시키는 분이시며, 예수님이 행하시는 기적은 하나님 나라의 시작을 알리는 메시야의 사역임을 나타냅니다. 요한복음은 예수님이 하나님 아버지로부터 보냄 받은 아들로, 말씀이 육신이 되어 우리 가운데 거하시는 은혜와 진리가 충만하신 참 하나님이심을 깨닫게 합니다.

예수님은 유대인과 이방인 모두에게 하나님이 약속하신 구원을 성취하셨으며 하나님 나라를 이 땅에 실현하신 메시야입니다. 예수님의 부활은 영생에 대한 보증입니다. 예수님은 이스라엘의 잃어버린 양들에게 천국의 소망을 선포하셨는데, 대부분의 이스라엘 사람들은 이 메시지를 거부하였습니다. 그러나 하나님의 약속은 참되기에 때가 이르러 하나님을 아는 지식이 온 세상에 편만할 것입니다. 한 알의 겨자씨와 같이 작게 시작되었던 하나님 나라는 예수님의 공생애 사역 이후 성령의 인도하심으로 지금도 확장되고 있으며, 훗날 예수님이 만물을 심판하시는 재림의 때에 완성될 것입니다.

이 책은 메시야에 대한 구약의 예언이 예수님의 공생애 사역 동안 구체적으로 어떻게 이루어졌는지 살펴보고자 합니다. 예수님은 "땅의 모든 족속이 너로 말미암아 복을 얻을 것이라"(창12:3)는 아브라함 언약과 "네 왕위가 영원히 견고하리라"(삼하7:16)는 다윗 언약의 상속자이십니다. 이 책은 복음서에 나타난 예수님의 생애와 사역을 가급적 시간 순으로 설명하였습니다. 사복음서에 기록된 사건들은 대부분 순차적으로 연결되어 있지만, 각 복음서의 관점과 대상 독자가 다르기 때문에 예수님의 생애와 사역의 연대가 서로 다르게 기록된 부분이 있습니다. 이러한 경우에는 여러 연구를 참고하고, 이를 바탕으로 추정하여 기술하였습니다.

필자는 이전에 천지만물을 창조하신 여호와 하나님의 주권적 섭리를 다룬 『창세기, 살아 숨쉬다』와 이스라엘 백성의 구원과 하나님의 임재를 상징하는 성막을 다룬 『**출애굽기**, *No Turning Back*』을 집필하였습니다. 이후에 여러 독자들로부터 구원자 예수 그리스도에 관하여 더 자세히 알고 싶다는 후기를 듣게 되었고, 이에 부응하고자 이 책 『**나사렛 예수**, *GOD on Earth*』를 쓰게 되었습니다. 따라서 저술 목적상 이 책은 원어의 의미와 배경지식에 천착하는 주석서도 아니고, 단편적인 논쟁을 심도 있게 다루는 학술서도 아니며, 삶으로의 적용에 주안점을 둔 설교집도 아닙니다. 다만 성도들과 학생들이 역사 가운데 사람이 되신 예수님의 인격(person)과 사역(work)을 철저히 성경의 기록에 따라 총체적인 관점에서 이해하기 쉽게 서술한 해설서입니다.

특별히 필자는 지난 38년간 몸담았던 정든 학교를 떠나며 그동안의 강단 사역을 마무리하는 시점에서, 한국 교회의 미래를 이끌어 갈 학생들이 혼탁한 이 세대의 조류에 휩쓸리지 않고 하나님의 말씀 위에 굳게 서서 참된 기독교 진리를 사수하여 나가길 바라는 마음으로 이 책을 출간하게 되었습니다. 바라건대 『**나사렛 예수**, *GOD on Earth*』가 성자 하나님이신 예수님께서 우리를 위하여 무엇을 행하셨는지 더 깊이 묵상하는 일에, 또한 그리하여 거짓의 영이 난무하는 세상 가운데 흔들림 없이 바른 신앙생활을 하는 데 조금이나마 도움이 되기를 기도합니다.

이 책을 펴내는 일에 시종을 같이 한 아내와 기쁨을 함께 하고 싶습니다. 출판을 맡아주신 예사람 김동현 대표님과 편집과 교정에 수고해 주신 김정숙 선생님께 감사드리며, 이 글을 읽는 모든 분들과 하나님의 은혜를 나누고 싶습니다.

수리산 자락 연구실에서

신현광

차례

제1부

복음서 서론

Black Sea
Adriatic Sea
Thracia
Rome
three Taverns
Macedonia
Pontus
Forum of Apphius
Philippi
Puteoli
Thessalonie
Galatia
Cappadocia
Troas
Tyrrhenian Sea
Achaia
Aegean Sea
Phrygia
Cilicia
Ionian Sea
Athens
Lystra
Sicily
Rhegium
Ephesus
Corinth
Colosse
Tarsus
Antioch
Syracuse
Lycia
Syria
Malta
Cyprus
Crete
Tyre
Damascus
Mediterranean Sea
Jerusalem
Cyrene
Alexandria

제1장 예수님 탄생 배경

신구약 중간기(약 주전425-주전5)

하나님은 아브라함에게 그의 후손이 약속의 땅을 받을 것이며 그들을 통해 온 땅의 사람들이 복을 받게 될 것이라고 말씀하셨습니다. 이 약속은 이스라엘이 애굽의 노예생활에서 벗어나 시내 산에 도달함으로 이루어졌습니다. 하나님은 이스라엘에게 그들의 하나님이 되실 것이요 그들은 하나님의 백성이 되리라는 언약을 주셨으며, 언약의 징표로 모세를 통해 율법을 주셨습니다. 그리고 하나님은 이스라엘의 반복되는 실패와 실수에도 불구하고 그들을 약속의 땅 가나안으로 인도하셨습니다.

이스라엘은 드디어 그들의 땅을 얻게 되었으며, 그 후 120년 동안 사울과 다윗과 솔로몬 시대를 거치며 번창하였습니다. 그러나 솔로몬 사후에 왕국이 분열되었고, 325년 동안 이스라엘은 하나님을 떠나 이방신과 우상을 숭배하였습니다. 영적으로 타락한 시대에 하나님은 선지자들을 계속 보내셔서 그들의 죄를 꾸짖고 심판을 경고하셨습니다. 하지만 두 왕국 모두 회개하지 않자 하나님은 앗수르와 바벨론을 심판의 도구로 사용하셔서 분열된 왕국의 백성들을 포로가 되게 하셨습니다. 그러나 여전히 하나님께서는 70년이 지나면 포로생활이 끝날 것이고 성전은 재건될 것이며, 영원한 나라를 세우실 메시야가 오실 것이라는 희망의 메시지를 주셨습니다.

주전 516년 하나님의 말씀대로 포로생활 70년 후, 바벨론을 점령한 바사 곧 페르시아 고레스 왕의 칙령에 따라 1차 포로귀환이 이루어졌으며 스룹바벨의 지도하에 성전을 재건하였습니다. "다리오 왕 제육년 아달월 삼일에 성전 일을 끝내니라"(스6:15). 하지만 그 후 58년이 지난 주전 458년 2차 포로귀환 때까지도 이방 문화의 영향은 계속되어 에스라는 많은 백성과 함께 성전 앞에 엎드려 통곡하며 회개하였습니다. 이후 이방인 아내와 그 자녀까지 내어보내는 개혁을 단행하였습니다. 그리고 주전 444년 3차 포로귀환 시기에 느헤미야의 주도 아래 52일 만에 성벽을 다시 준공하였습니다. "성벽 역사가 오십이 일 만인 엘룰월 이십오일에 끝나매"(느6:15). 성벽 재건 후 유대인들은 에스라를 통해 하나님의 말씀을 듣고 회개하여 초막절을 지켰으며 율법을 지키기로 맹세하였습니다.

그러나 유대인들이 다시 타락하자 느헤미야는 예루살렘으로 돌아와 불법적으로 성전의 한 방을 차지하고 있었던 도비야를 쫓아내었고 레위인들을 복귀시켰으며, 이방여인과 통혼한 사람들을 추방하였습니다. 느헤미야의 개혁은 성경에 기록된 마지막 역사적 사실입니다. 하나님께서 이처럼 신실하게 언약을 이루어 나가셨음에도 불구하고 이스라엘의 영적인 반역은 계속되었습니다. 여호와의 날이 오리라는 말라기의 예언이나 에스더와 느헤미야 때의 일시적인 영적 부흥이 있었지만, 이스라엘은 하나님의 법을 계속 어겼고 구약성경의 종결 후에도 약 100여 년간 바사 왕국의 지배를 받았습니다. 이 기간에 유대 대제사장의 형제 므낫세가 당시 사마리아를 통치한 바사 총독 산발랏의 딸과의 정략 결혼을 통해 그리심 산을 복구하여 사마리아에 성전을 세우고 모세오경을 정경으로 삼아 그들 나름대로 여호와 종교를 믿었습니다.

아담으로부터 시작하여 에스라와 느헤미야까지의 구약시대가 끝나고, 마지막 선지자 말라기 이후 세례 요한의 때까지 400여 년 간의 신구약 중간시대 동안 하나님은 침묵하셨습니다. 이 시기에 유대인들은 회당 예배를 발전시켰고, 마카비 혁명이 성공하였으며, 유대인의 생활과 사상에 규범을 세워준 유대교(Judaism)에 여러 종파가 생겨났습니다. 또한 이 기간은 '때가 차매'라고 표현된, 하나님이 정하신 예수 그리스도의 성육신을 향하여 나아가는 시기였습니다. "때가 차매 하나님이 그 아들을 보내사 여자에게서 나게 하시고 율법 아래에 나게 하신 것은"(갈4:4).

마침내 메시야가 세상에 오셨지만, 유대인들은 자신들이 기대하던 메시야가 아니었으므로 그분을 알아보지 못하였습니다.

흩어진 유대인들

포로생활 후에 바벨론이나 애굽 등에 남기를 원하는 유대인들이 많았는데, 그들은 다른 문화권에 동화되어 살면서 히브리어 대신 아람어를 사용했습니다. 또한 모세오경, 곧 토라(Torah) 읽는 것을 게을리 했을 뿐만 아니라 이방인들과 혼인하여 그들의 영향을 받게 되었습니다. 이교 국가들의 발달된 과학과 문명 등으로 문화적, 종교적 위협이 심각해지자 경건한 유대인들이 이에 대항하기 시작하였습니다. 본래 유대 민족은 성전에서 하나님께 제사드렸으며 제사장에게 율법을 배웠지만, 유배 기간과 그 이후에는 팔레스타인이 아닌 다른 지역에 성전이 없었으므로 제사를 드릴 수 없었습니다. 따라서 유대인들은 유배지에서 마음으로 드리는 내적 제사를 드리기 위해 힘썼으며, 성전 대신 회당에 모여 기도와 찬양을 드리며 하나님의 율법을 배웠습니다.

바벨론의 델아빕(Tel Abib)에 있는 에스겔의 집도 그런 장소 중 하나였으며, 율법을 읽는 에스라의 모임도 회당 활동에 자극을 주었습니다. "여섯째 해 여섯째 달 초닷새에 나는 집에 앉았고 유다의 장로들은 내 앞에 앉아 있는데 주 여호와의 권능이 거기에서 내게 내리기로"(겔8:1). 유대인 전승에 의하면 최초의 회당은 바벨론 포로기 당시 설립되었습니다. 바벨론 포로기 이전의 유대교는 예루살렘 성전을 영적 생활의 구심점으로 생각하였는데, 느부갓네살 군대에 의해 예루살렘이 파괴되자 이스라엘 사람들은 새로운 예배 형식을 구상해야 했습니다. 에스겔의 집에 모인 이스라엘 장로들에 관한 기록을 보면, 이러한 모임들이 보다 정기적이고 조직적으로 발전된 것이 주간 회당예배임을 짐작해 볼 수 있습니다.

회당은 바벨론 포로기 이후 팔레스타인으로 돌아오지 않고 바벨론, 페르시아, 소아시아, 그리스와 로마에 흩어져 있던 많은 유대인들의 영적 필요를 충족시켜 주는 기도와 성경연구의 장소가 되었습니다. 예수님은 유대인 회당에서 가르치셨고, 바울도 회당을 거점으로 선교하였으며, 초대교회 역시 회당의 예배 형식을 복음전파의 수단으로 받아들였습니다. 당시 예루살렘에서 멀리 떨어진 곳일수록 이런 회당들이 더 많았습니다.[1] 회당은 유대인들의 종교생활에 변화를 가져왔는데, 랍비

1 팔레스타인에서 예루살렘 파괴(주후70)보다 앞서는 회당 유적지가 마사다, 여리고 등에서 발견되었고, 주후 70년 이후 100개 정도의 회당이 확인되었습니다. 3세기 이후에는 이보다 훨씬 더 많은 수의 회당이 디아스포라 유대인들이 살던 지역에서 발견되었습니다. Anson F. Rainey and R. Steven Notley, *The Sacred Bridge: Carta's Atlas of the Biblical World* (Jerusalem: Carta, 2006), 348.

로 불리는 율법교사가 제사장 역할을 대신하였습니다. 랍비들이 율법을 재해석한 글들이 때로는 토라보다 더 중요하게 여겨지기도 하였으며, 이런 글들을 모은 최초의 책이 『미드라쉬』(Midrash)입니다.[2]

한편, 주전 424년 아닥사스다 왕(Artaxerxes I)의 죽음으로 흔들렸던 바사 제국은 아르벨라 전투에서 다리오 3세(주전336-333)[3]가 패하자 급격히 기울기 시작하였고, 결국 주전 331년 마케도니아의 알렉산더 대왕(Alexander the Great)에게 정복되었습니다. 알렉산더 대왕은 이후에 두로와 애굽 등을 차례로 무너뜨렸는데, 이러한 일련의 역사적 흐름은 에스겔의 예언이 성취되었음을 증거합니다. 그는 나일 강가에 두로를 대신할 도시로 알렉산드리아를 건설하고 크게 발전시켰습니다. 그리하여 알렉산드리아에 살던 수많은 유대인들이 수세기 동안 헬라의 영향을 받게 되었습니다.[4] 알렉산더 대왕은 유대인들에게 호의적이었으며 어느 정도 자치권을 허락하였습니다. 그는 인도까지 정벌하여 동양과 서양을 연결하였는데, 이는 헬라 문명뿐 아니라 헬라 언어인 코이네(κοινή, common Greek)도 전하는 계기가 되었습니다. 이와 같은 언어의 통일과 도로망의 확장은 역사를 주관하시는 하나님의 섭리에 따른 것으로, 훗날 헬라어는 메시야가 오셨다는 복음의 소식을 전 세계에 알리는 데 중

---

2 미드라쉬는 구약에 대한 주석으로, 구약 본문의 의미를 설명하거나 본문을 삶에 적용하는 방법을 가르칩니다. 율법을 설명하고 적용하는 할라카 자료와 설교적이고 예증적인 학가다 자료가 있으며, 초기 미드라쉬 문헌(주전50-주후200)과 후기 미드라쉬 문헌이 있습니다. Gregory K. Beale, *Handbook on the New Testament Use of the Old Testament: Exegesis and Interpretation* (Grand Rapids: Baker Academic, 2012), 119-120.

3 다리오 3세는 느헤미야(12:22)에 언급된 바사 왕 다리오로 추정되며, 그의 죽음과 함께 고레스(Cyrus) 왕이 세운 바사(페르시아) 제국은 멸망하였습니다.

4 Charles F. Pfeiffer, *Between the Testaments* (Grand Rapids: Baker, 1980), 69.

요한 역할을 하게 되었습니다.

주전 323년 알렉산더 대왕이 33세의 젊은 나이에 죽은 후, 헬라 제국은 네 명의 장군에 의해 분할 통치됩니다. 그들 중 카산드로스(Kassandros)는 마케도니아와 그리스 지역을, 리시마코스(Lysimachos)는 트라키아를, 프톨레마이오스(Ptolemaios)는 애굽과 팔레스타인과 남부 수리아를, 셀레우코스(Seleucos)는 북부 수리아와 메소포타미아 지역을 통치하였습니다. 유대인이 거주하던 팔레스타인은 프톨레마이오스 왕조와 셀레우코스 왕조에 의해 차례로 지배를 받게 됩니다.[5] 정리하자면 이스라엘 왕국은 멸망 이후 페르시아 시대(주전539-331), 헬레니즘 시대(주전331-163), 이집트의 프톨레마이오스 시대(주전301-200)와 수리아의 셀레우코스 시대(주전200-163)를 경험합니다. 그리고 이 시기를 거치면서 예루살렘을 제외한 팔레스타인 지방 대부분은 그리스 문화 곧 헬레니즘을 받아들였습니다.

유대인들은 주전 301년부터 주전 200년까지 이집트의 프톨레마이오스 제국의 통치를 받았는데, 프톨레마이오스 1세는 예루살렘을 포위하고 알렉산드리아로 많은 유대인들을 데려가 시민권과 장학금을 주며 유대 지식인들로 하여금 헬라 철학을 습득하게 하였습니다. 이집트에 유대인 공동체가 생겨났으며, 알렉산드리아에 있던 큰 규모의 유대인 거주지는 신약시대 이후까지 영향력을 발휘하였습니다. 모세오경,

5 알렉산더 사후 프톨레마이오스 왕조가 이집트와 팔레스타인 땅을 차지하여 약 100년(주전301-200)을 지배하였으며, 이후 셀레우코스 왕조가 약 35년간(주전200-163) 유대를 지배하였습니다. Thomas V. Brisco, *Holman Bible Atlas: A Complete Guide to Expansive Geography of Biblical History* (Nashville: Broadman & Holman, 1998), 178.

곧 토라의 헬라어 번역은 주전 280년 이집트에서 이루어졌고, 구약의 다른 책들도 주전 180년에 번역되었는데, 이 둘을 합하여 70인역(LXX, Septuagint)[6]이라고 합니다.

구약성경을 헬라어로 번역하는 일의 담당자가 된 아리스테아스(Aristeas)는 왕실 관리였습니다. 그가 주전 100년경 기록한 '아리스테아스의 편지'(the Letter of Aristeas)에 의하면, 프톨레마이오스 2세(주전285-247)가 예루살렘에 있던 대제사장 엘르아살에게 사절을 보내 율법서를 헬라어로 번역할 장로들을 각 지파에서 6명씩 72명을 선발하도록 하였으며, 그들이 율법 사본을 가지고 알렉산드리아로 파송되어 72일 동안에 번역 작업을 완성하였다고 합니다. 프톨레마이오스 2세는 구약성경을 헬라어로 번역하여 알렉산드리아 도서관에 소장하였으며, 이후 300년 동안 70인역 헬라어 성경이 히브리어 성경을 대신하였습니다. 당시 애굽의 유대인들이 헬라어로 된 구약성경을 갖게 된 것은 장차 신약시대에 이르러 온 세계에 복음이 전파될 수 있는 계기가 되었습니다. 특별히 이 70인역은 유대인들과 비유대인들에게 그리스도의 메시지를 전했던 사도들과 바울의 사역에 큰 도움이 되었습니다.

---

6 70인역은 70인경이라고도 하며 외경을 포함한 구약의 헬라어 번역이자 구약의 가장 오래된 번역본인데, 의역된 대목에서 일종의 해석이 나타나므로 구약의 가장 오래된 주석이라고도 할 수 있습니다. 70인역의 번역 작업은 프톨레마이오스 왕조 첫 번째 왕인 필라델포스 당시 시작되었습니다. 이는 알렉산드리아의 유대인들이 헬라어를 사용하는 그들의 자녀들이 성경을 읽을 수 있기를 바라는 마음에서 번역한 것으로 추정합니다. Beale, *Handbook on the New Testament Use of the Old Testament*, 108.

마카비 혁명과 하스몬 왕조시대

셀레우코스(주전305-281)는 팔레스타인을 프톨레마이오스로부터 빼앗기 위해 한 세기 동안 전쟁을 벌였고, 마침내 주전 200년경 셀레우코스 제국이 유대인들을 지배하게 되었습니다. 셀레우코스 왕조는 헬레니즘을 제국 전역에 확산시키려 했기 때문에 유대인의 종교와 전통적 생활방식을 금하였습니다. 유대인의 종교적, 정서적 상징이었던 예루살렘 성전은 이방신전으로 바뀌었고 유대교에 대한 박해가 만연하였습니다. 주전 201년 로마는 포에니 전쟁에서 카르타고의 한니발 장군을 패퇴시키고, 주전 190년 셀레우코스 왕조의 안티오쿠스 3세(주전223-187)를 굴복시켰지만, 남은 헬라 제국의 지역을 점령하는 데 집중하기 위해 안티오쿠스 4세(주전175-163)인 에피파네스(Epiphanes)에게 수리아와 팔레스타인의 통치를 맡겼습니다.

에피파네스는 로마 황제에게 보낼 공물을 확보하고 헬라 문명을 확장하기 위해 잔인한 일도 서슴지 않았습니다. 그는 대제사장 자리를 돈을 받고 팔았으며 성전을 약탈하였고, 할례와 안식일과 유대인의 절기를 지키는 것을 사형으로 금지하였으며, 성경의 사본들을 파괴하라는 명령을 내렸습니다. 또한 그는 이스라엘을 헬라화하기 위해 하나님을 제우스와 동일시하였으며, 이방신의 신상을 성전 제단 위에 세웠습니다. 유대인들은 이것을 가리켜 '멸망케 하는 미운 물건'(멸망의 가증한 것)이라고 불렀습니다. 뿐만 아니라 헬라의 군인들은 성전 뜰에서 음탕한 이교도의 제사를 드렸고, 하나님께 드리는 제사와 예배를 삼년 반 동안 금지하였습니다.

이러한 수많은 악행들 중에서도 구약에서 부정하다고 여기는 돼지를 제물로 삼은 일이 유대인들을 크게 격동시켰습니다. 에피파네스의 사절단이 모딘에 이방신의 제단을 세우고 유대인들에게 그 제단 앞에 나와 제물을 바치라고 요구하였을 때, 그들은 그 마을의 나이 많은 제사장인 맛다디아(Mattathias, 주전167-166)에게 제일 먼저 제단 앞에 나와 본을 보이라고 하였지만, 그는 이를 거부하였습니다. 그런데 어떤 겁에 질린 유대인이 제단으로 나아가자 맛다디아가 격분하여 그 유대인과 에피파네스의 사절을 죽였습니다. 맛다디아는 다섯 명의 아들들, 곧 요한, 시몬, 유다, 엘르아살, 요나단과 함께 그 이방신의 제단을 파괴하고 산으로 도망하였습니다.[7] 이후 다른 이들도 가세하여 로마에 대항하여 게릴라전을 펼쳤는데, 이를 '마카비 혁명'(Maccabean Revolt)이라고 합니다.

맛다디아는 1년 만에 죽고(주전166), 마카비(망치)라고 불리는 그의 셋째 아들 유다(주전166-160)가 수리아에 맞서 싸워 주전 164년 기슬르월(Kislev, 11-12월) 25일에 예루살렘을 탈환하였습니다. 그는 제우스 상과 그 제단을 훼파하고 성전을 정결하게 하여 하나님께 봉헌하였으며, 매일 드리는 번제와 종교적 의식들을 재개하였습니다. 마카비군은 3년 간의 성전모독이 끝난 것을 경축하며 기슬르월 25일부터 8일 동안 하누카(חֲנֻכָּה, Hannukah, 봉헌)라는 축제를 지켰습니다. '하누카'란 히브리어로 '성전을 수리한 명절'이란 뜻입니다.[8] 이 절기는 매일 하나씩 초에 불을 밝혀 '빛의 절기'라고도 불리는데, 이를 기념한 명절이 신약의 수전절(修殿節)이며 지금도 유대인들은 매년 이 절기를 지키고 있습니다. 유다가 전사하자 그의 동생 요나단(주전160-142)이 지도자가 되어 대제사장과

7 Brisco, *Holman Bible Atlas*, 183-85.

8 Pfeiffer, *Between the Testaments*, 92.

총독의 역할을 하였으며, 요나단 사후 형 시몬(주전142-134)이 뒤를 이었고,[9] 마침내 시몬의 아들 요한 힐카누스(주전134-104)가 주전 142년에 셀레우코스 왕조를 완전히 몰아내고 독립을 쟁취하였습니다.[10]

유대인들은 마카비 가문으로 왕위를 세습하기로 하고 맛다디아의 아버지인 '하스몬'의 이름을 따라 하스몬 왕조(Hasmonean dynasty)라고 불렀습니다. 하스몬 왕조 때 유대가 헬라화되는 것을 막은 '하시딤'(Hasidim), 곧 '경건한 자들'이 있었는데, 그 사상의 근본은 구약의 율법이었습니다. 사두개인들과 달리 바리새인들과 에세네인들은 하시딤의 기본 교의를 보호하려 하였으며 율법의 가르침을 범하는 것을 죽음보다 두려워하였습니다.[11] 그러나 요나단이 왕과 대제사장을 겸하자 분쟁이 일어나 여러 종파들이 생겨났는데, 대표적으로 경건한 삶을 위해 사막에서 은둔생활을 했던 쿰란 공동체의 에세네파, 성전 중심으로 율법 연구에 전념한 바리새파, 정치에 참여한 제사장적 귀족 집단의 사두개파, 반(反)로마적이며 열성적 민족주의 집단의 열심당원(셀롯당) 등이 있었습니다. 그들은 로마의 감시 아래 자치권을 행사하며 75년간 독립된 민족으로 살게 되었습니다.

로마 시대의 유대인(주전63-주후70)

1세기 신약시대는 그리스의 헬레니즘과 로마 제국의 교차점에 있었습니다. 로마는 주전 270년경 이탈리아 반도를 통일하고, 마케도니아

9 마카비상 14:41, "그러므로 유다 국민과 사제는 다음과 같이 결정하였다. 진정한 예언자가 나타날 때까지 우리는 시몬을 영구적인 영도자, 대사제로 삼는다."

10 마카비상 13:41, "백 칠십년에 이스라엘은 이방인의 모든 속박에서 벗어났다."

11 Pfeiffer, *Between the Testaments*, 111-12.

전쟁(주전214-148)과 포에니 전쟁(주전46)에서 승리하며 지중해 일대를 장악하였습니다. 또한 로마는 셀레우코스 왕조를 합병하고(주전63), 애굽의 프톨레마이오스 왕조를 로마의 속주로 만들었습니다(주전30). 하스몬 왕조는 시몬 이후 분쟁으로 약해졌고, 주전 63년 로마의 폼페이우스(Pompeius) 장군에 의해 예루살렘이 함락되면서 유대는 로마의 통치를 받게 되었습니다. 폼페이우스는 예루살렘을 점령했을 때 성전 안에 들어 갔을 뿐만 아니라 심지어 지성소까지 범하였습니다. 이는 유대인들에게 극도의 신성모독이었으므로 그들은 곧바로 반란을 일으켰으며, 예수님이 사역하시던 시대와 유대의 멸망 때까지 갈등이 지속되었습니다.

폼페이우스는 유대 정복을 도왔던 에돔 사람 안티파터(Antipater the Idumaean, 주전113-43)를 집정관으로 삼고 유대를 다스리게 하였습니다. 안티파터는 하스몬 왕조 시절 이두매(에돔 북부) 총독이었던 안디바의 아들로 신약 헤롯 대왕의 아버지입니다. 주전 47년 폼페이우스와의 권력 투쟁에서 승리한 카이사르가 안티파터를 유대 총독으로 임명하였는데, 후에 안티파터의 두 아들 파사엘과 헤롯이 예루살렘과 갈릴리를 다스리게 됩니다. 그 후 카이사르가 암살당했으며(주전44), 안토니우스는 안티파터의 아들 헤롯(주전37-4)을 갈릴리의 분봉 왕으로 임명하였습니다. 첫째 아들 파사엘이 죽은 후 둘째 아들 헤롯은 파사엘이 다스리던 예루살렘뿐만 아니라 유다, 사마리아, 갈릴리 지역을 모두 통치하게 되었습니다.

하스몬 왕조는 126년 만에 막을 내리게 되었는데(주전163-37), 마카비 가문은 용감하게 나라를 수복한 일과 제사장 직분을 유지한 일로 명성을 얻었으나 내분으로 인하여 왕권을 상실하였습니다. 주전 37년 로

마 원로원은 헤롯 대왕을 팔레스타인 전역의 왕으로 임명하였으며, 그는 주전 4년에 사망할 때까지 로마 황제에게 협력하여 지위를 유지하였습니다.[12] 주전 27년 로마 의회는 옥타비아누스에게 아우구스투스(Augustus, 아구스도)라는 칭호를 내렸는데, 가이사 아구스도(주전31-주후14)는 '팍스 로마나'(Pax Romana), 즉 로마의 평화를 이끌며 제국을 완성한 황제입니다. 그리고 두 세기 동안 로마가 다스리는 대부분 지역들은 로마법에 따른 시민정치를 통하여 번영과 발전을 이루었습니다.

한편, 헤롯 대왕은 잔인한 독재자였기 때문에 유대인들은 그를 왕으로 여기지 않았습니다. 주전 19년 그는 유대인의 환심을 사기 위해 안티오쿠스 4세가 파괴한 예루살렘 성전, 즉 스룹바벨 성전을 확장하여 재건축하였습니다. 수십 년이 걸려 완공된 이 성전은 주후 70년에 로마의 티투스(Titus, 디도) 장군에 의해 파괴되었습니다. 헤롯 대왕은 건축에 있어서 기념비적인 업적을 이루었는데 자신에게 은혜를 베푼 로마 사람들을 감동시키기 위해 자기가 세운 건물과 도시들에 안토니우스, 아우구스투스 등의 이름을 붙였습니다.[13]

또한 헤롯 대왕은 권력에 집착하여 경쟁자들을 가차없이 제거하였습니다. 처남이자 대제사장이었던 아리스토불루스 3세가 힐카누스 왕가의 궁전에서 수영을 하고 있을 때 부하를 시켜 물에 빠져 죽게 하였을 뿐만 아니라, 심지어 자신이 가장 사랑하던 아내 마리암네와 두 아들도 죽였습니다. 그는 예수님이 탄생하신 주전 5년경에도 유대인의 왕이 태어났다는 소식을 듣고 두려워하여 베들레헴 지역에 있는 두 살 아래

---

12 Rainey and Notley, *The Sacred Bridge*, 338.

13 Rainey and Notley, *The Sacred Bridge*, 344.

의 모든 남자 아기들을 죽이라고 명령하였습니다. 헤롯은 30년 이상(주전37-4) 유대를 다스리다가 주전 4년 악질에 걸려 사망하였는데,[14] 그의 죽음은 예수님의 탄생 연도를 알려주는 중요한 단서가 됩니다.

헤롯 대왕의 사후에 그의 유언대로 세 아들, 아켈라오(주전4-주후6), 빌립(주전4-주후34), 안디바(주전4-주후39)가 팔레스타인을 분할 통치하게 되는데, 그들을 가리켜 분봉 왕이라고 합니다. 이들 중에 유대와 사마리아와 이두매를 다스리던 장자 아켈라오는 왕국의 절반을 통치하였지만 폭정으로 주후 6년 로마 황제에 의해 파면당하였으며, 유대 예루살렘 지역은 로마 총독이 직접 다스리게 되었습니다. 이에 예수님의 공생애 기간부터 초대교회의 태동기까지 본디오 빌라도(주후26-36)가 총독으로 재임하였습니다. 빌립은 이방인들이 주로 살았던 갈릴리의 북동쪽 데가볼리 지역, 곧 이두래와 드라고닛의 분봉 왕으로 왕국의 1/4을 통치하였으며, 빌립보 가이사랴를 세웠습니다. 빌립이 죽자 그의 영토는 유대를 다스리던 총독에게 맡겨졌으며(주후34), 헤롯 대왕의 손자 아그립바 1세가 왕이라는 호칭과 함께 이 영토를 받았습니다(주후37).

복음서와 사도행전에서 '헤롯' 또는 '분봉 왕 헤롯'이라고 불리는 안디바는 예수님 당시의 헤롯 왕으로, 갈릴리와 베레아 지역의 요단 동편을 통치하였습니다. 안디바는 가이우스 황제에게 헤로디아의 오라비 아그립바 1세에게 주어진 왕의 호칭을 달라고 요청하였다가 아그립바로부터 반역 모의라는 혐의를 받아 헤로디아와 함께 리옹으로 추방되었으며(주후39),[15] 안디바의 영토는 아그립바에게 주어졌습니다. 이후에

14 Flavius Josephus, "The Antiquities of the Jews," in *Complete Works of Flavius Josephus* (Grand Rapids: Kregel, 1982), 366-67.

15 Josephus, "The Antiquities of the Jews," 388-89.

아켈라오의 영토까지 아그립바에게 주어졌는데, 이로써 아그립바는 자신의 할아버지 헤롯 대왕과 거의 같은 넓이의 영토와 호칭을 갖게 되었습니다(주후41). 그가 다스리는 동안 요한의 형 야고보가 참수되었으며 베드로가 투옥되었습니다. 헤롯 아그립바가 44년 가이사랴에서 천사의 손에 죽자, "헤롯이 영광을 하나님께로 돌리지 아니하므로 주의 사자가 곧 치니 벌레에게 먹혀 죽으니라"(행12:23), 이후 로마 총독들이 다시 그 땅을 다스리게 되었습니다.

제2장 메시야 예언의 성취

메시야 오심에 대한 예고

메시야의 오심은 인류 역사상 가장 중요한 사건으로서 세상이 창조되기 전에 계획된 삼위 하나님의 구원협약(救援協約, pactum salutis)이 성취된 순간입니다. 이는 하나님께서 2,000년 전에 아브라함에게 하신 약속을 이루시려는 것으로 이 세상의 구세주이신 메시야, 곧 영원한 나라를 세우실 그리스도께서 오신 것입니다. 이전까지 하나님의 축복은 주로 선택된 백성인 이스라엘을 위한 것이었지만 이후로는 모든 민족들을 향하게 됩니다. 그리스도의 이름은 "예수"이며, 이는 모세가 죽은 후 이스라엘 백성을 약속의 땅으로 이끈 '여호수아'와 같은 이름입니다. 예수님은 애굽의 노예 생활로부터가 아니라 죄의 노예 생활로부터 자기 백성을 구해 내실 것입니다. "임마누엘"이라는 이름은 '하나님이 우리와 함께 계시다'라는 뜻으로, 예수님은 이 세상 끝날까지 자신의 백성과 '함께' 계실 것이라고 약속하셨습니다. "볼지어다 내가 세상 끝날까지 너희와 항상 함께 있으리라 하시니라" (마28:20).

이 복음은 헤롯 왕 때에 갈릴리의 한 처녀에게서 나신 예수님의 탄생 기적에서 시작되는데, 그 아기는 참 하나님이시고 참 사람이십니다.

복음의 시작 막1:1, 눅1:1-4

하나님의 아들 예수 그리스도의 복음의 시작이라(막1:1)

"복음"(εὐαγγέλιον, good news)이란 하나님 약속의 성취, 곧 하나님 나라의 회복에 관한 좋은 소식을 말합니다.[16] 구약에서 '좋은 소식'이란 하나님이 자기 백성을 구원하시는 일과 관련이 있습니다. "좋은 소식을 전하며 평화를 공포하며 복된 좋은 소식을 가져오며 구원을 공포하며"(사52:7). 이것이 좋은 소식인 이유는 하나님의 은혜로 말미암는 값없는 초청이기 때문입니다. 마가복음은 50년대 후반에서 60년대 초반 사이에 로마의 이방 기독교인들을 위해 기록된 최초의 복음서로, 유대의 관습을 잘 설명하며 고난 받는 종으로 오신 예수 그리스도에 대해 증거하고, 또한 로마의 그리스도인들이 곧 직면하게 될 박해를 대비하게 합니다.

마가는 베드로의 믿음의 아들로서 마가 요한으로 불리는데, "택하심을 함께 받은 바벨론에 있는 교회가 너희에게 문안하고 내 아들 마가도 그리하느니라"(벧전5:13), 베드로가 감옥에서 나와서 처음으로 갔던 곳도 예루살렘에 있는 마가의 집이었습니다. 또한 마가는 바나바의 조카로, 바울과 바나바와 함께 1차 선교여행을 떠났지만 도중에 고향으로 돌아왔습니다. 2년 뒤 바나바는 2차 선교여행에 마가를 데려가려 했으나 바울의 반대에 부딪혀 결국 바나바와 마가는 구브로에 가서 선교하였습니다. 그러

---

16 Jonathan T. Pennington, *Reading the Gospels Wisely: A Narrative and Theological Introduction* (Grand Rapids: Baker Academic, 2012), 10-11, 16-17.

나 11년 뒤 바울은 디모데에게 보내는 그의 마지막 서신에서 마가를 동료 사역자라고 부릅니다. "네가 올 때에 마가를 데리고 오라 그가 나의 일에 유익하니라"(딤후4:11). 마가는 베드로와 바울과 함께 이방 민족에게 복음을 전파하고 초대교회를 세우는 일에 큰 역할을 하였습니다.

우리 중에 이루어진 사실에 대하여 처음부터 목격자와 말씀의 일꾼 된 자들이 전하여 준 그대로 내력을 저술하려고 붓을 든 사람이 많은지라(눅1:1-2)

"이루어진"이라는 어구에서 볼 수 있듯이 누가복음은 예수님의 사역이 구약에 예언된 내용의 성취임을 강조하며, 그리스도가 인류의 구속자로 오신 것을 증거하기 위하여 예수님의 족보를 아담에서부터 시작합니다. '누가'는 '빛나다, 총명하다'는 뜻이며, 성경의 저자들 중에 드물게도 이방인입니다. 의사였던 누가는 바울의 2차와 3차 선교여행에 동행하였고 바울이 생을 마칠 때까지 신실하게 동역하였습니다. 누가복음은 마가복음보다 조금 늦게 기록되었을 것으로 추정되며, 사도행전 완성(63년경) 전인 62년경에 쓰인 것으로 여겨집니다.[17]

복음이란 하나님 약속이 이루어질 것이라는 기쁜 소식, 즉 예수님이 하나님의 아들이시며 메시야라는 좋은 소식을 말합니다. 예수 그리스도의 복음은 성경에서 이전에 약속하셨던 바대로 다윗의 혈통에서 나신 하나님 아들의 오심이며, 이는 예수님의 부활을 통해 확증됩니다.

17 예수님의 말씀이 이를 뒷받침합니다. "날이 이를지라 네 원수들이 토둔을 쌓고 너를 둘러 사면으로 가두고, 너희가 예루살렘이 군대들에 에워싸이는 것을 보거든 그 멸망이 가까운 줄을 알라"(눅19:43, 21:20). 전통적으로 신학자들은 이 말씀을 예루살렘 멸망에 대한 실제적인 예언으로 생각하며, 예루살렘 멸망이 70년에 일어났기 때문에 누가복음과 사도행전의 연대를 그보다 앞선 것으로 추정합니다. William Hendriksen, *New Testament Commentary: Exposition of the Gospel according to Luke* (Grand Rapids: Baker, 1978), 29-30.

말씀이 육신이 되심 요1:1-18

태초에 말씀이 계시니라 이 말씀이 하나님과 함께 계셨으니 이 말씀은 곧 하나님이시니라(요1:1)

요한복음은 주후 80년대 초중반에 소아시아에 있는 유대 기독교인들을 위해 기록된 복음서입니다. "태초에 말씀이 계시니라"는 창세기의 첫 구절 "태초에 하나님이 천지를 창조하시니라"를 상기시키는데, 이는 성자 하나님이신 예수님의 존재를 성부 하나님과 함께 계셨던 영원 전에서 발견합니다. 또한 "이 말씀이 하나님과 함께 계셨으니"란 하나님과 함께 계신 인격 간의 관계를 가리키며, "이 말씀은 곧 하나님이시니라"를 직역하면 '그 말씀이 바로 그 하나님이시다'는 의미입니다. 정리하자면 본문은 예수님이 태초부터 하나님과 함께 계셨던 "말씀"(λόγος; 로고스, Word)이시며, 또한 하나님이시라고 증언합니다. '로고스'는 히브리적 의미로 말씀 혹은 지혜를 의미하며, 헬라적 의미로 우주를 지배하는 원리를 뜻합니다.

그가 태초에 하나님과 함께 계셨고 만물이 그로 말미암아 지은 바 되었으니 지은 것이 하나도 그가 없이는 된 것이 없느니라(요1:2-3)

"그가 태초에 하나님과 함께 계셨고"란 '말씀'이 하나님의 존재와 본질을 함께 가지고 계시며, "그로 말미암아 지은 바 되었으니"는 하늘과 땅이 창조될 때 '말씀'이 성부 하나님과 연합하시며 이미 존재하고 계셨던 사실을 알려줍니다. 이 말씀은 구약의 시편과 잠언에 묘사된 '지혜'로, 예수 그리스도 안에서 육신이 되신 것입니다. 창세기는 각 날의 창조사역을 설명할 때에 '하나님이 이르시되'라고 하고, 시편은 '여호와의 말씀'으로 만물이 존재하게 되었다고 합니다. "여호와의 말씀으로 하늘이 지음이 되었으며 그 만상을 그의 입 기운으로 이루었도다"(시33:6). 잠언은 만물이 하나며 그의 지혜로 존재하게 되었다고 합니다. "여호와께서는 지혜로 땅에 터를 놓으셨으며"(잠3:19).

하나님께로부터 보내심을 받은 사람이 있으니 그의 이름은 요한이라, 그는 이 빛이 아니요 이 빛에 대하여 증언하러 온 자라, 자기 땅에 오매 자기 백성이 영접하지 아니하였으나 영접하는 자 곧 그 이름을 믿는 자들에게는 하나님의 자녀가 되는 권세를 주셨으니(요1:6, 8, 11-12)

세례 요한의 사명은 바로 "이 빛"이신 예수님을 믿게 하는 것이었습니다. "영접"이란 예수님을 인격적 관계로 맞아들이고 그분께 복종하는 것을 말합니다. "그 이름"은 예수님과 관련된 모든 것 곧 예수님의 인격 전체를 가리키며, "믿는"이란 인격적 신뢰를 의미합니다.

이는 혈통으로나 육정으로나 사람의 뜻으로 나지 아니하고 오직 하나님께로부터 난 자들이니라 말씀이 육신이 되어 우리 가운데 거하시매 우리가 그의 영광을 보니 아버지의 독생자의 영광이요 은혜와 진리가 충만하더라(요1:13-14)

이 말씀은 육체적, 인간적 노력이 아닌 오직 하나님의 초자연적인 역사만이 사람들을 하나님의 자녀로 만들 수 있음을 선언하며, 또한 유대인만이 아닌 이방인도 하나님의 자녀가 될 수 있음을 의미합니다. "말씀이 육신이 되어"란 하나님이신 말씀이 육신이 되시기 위하여 인성을 취하셨다는 의미입니다.[18] 여러 방식으로 자신을 계시하신 하나님은 마침내 역사 속에서 실제 인간이 되심을 통하여 자신을 알리셨습니다.

---

18 브루스(Bruce)는 신약의 어떤 다른 구절보다도 이 구절이 니케아 신경(the Creed of Nicaea, 325년)과 칼케돈 신조(the Definition of Chalcedon, 451년)에서 정리된 그리스도의 양성(兩性) 교리의 강력한 근거라고 주장합니다. F. F. Bruce, *The Gospel of John* (Grand Rapids: Eerdmans, 1983), 40.

"우리 가운데 거하시매"란 성육신하신 말씀이 '우리 가운데 그의 장막을 치셨다'는 뜻으로, 이스라엘이 광야에 있을 때 하나님께서 그들의 성막 안에 거하신 것을 의미합니다. 구약에서는 성막이 완성되었을 때와 솔로몬의 성전 헌당 때 하나님의 영광이 전에 가득하였습니다. "제사장이 성소에서 나올 때에 구름이 여호와의 성전에 가득하매"(왕상8:10).

본래 하나님을 본 사람이 없으되 아버지 품속에 있는 독생하신 하나님이 나타내셨느니라(요1:18)

"본래 하나님을 본 사람이 없으되"란 구약에서 사람들은 하나님의 부분적 계시만을 보았는데, 이제 그리스도 안에서 완전히 계시되신 하나님을 보는 것을 말합니다. "아버지 품속에 있는 독생하신 하나님"은 예수님을 말하는데, 이는 다른 피조물처럼 창조되었다는 것이 아니라 모든 속성에 있어서 성부와 동일한 성자 하나님이라는 의미입니다. "독생하신"이란 '단 하나뿐인'이라는 뜻이며, 성부 하나님과 위격적 관계로서 아들이라는 의미입니다. 이는 영원하시고 거룩하신 하나님의 아들이 인간 본성을 취하시고, 한 인격으로 오신 놀라운 사건입니다.

태초에 하나님과 함께 계셨던 말씀이신 예수님께서, 신성과 더불어 인성을 가진 인간의 몸으로 이 세상에 오셨습니다. 구약의 하나님은 성막과 성전에서 자신의 임재를 나타내셨는데, 이제 성육신하신 예수님 안에 거처를 정하시고 역사 속에서 실제 인간이 되심을 통하여 자신을 알리셨습니다.

예수님의 계보 마1:1-17, 눅3:23-38

아브라함과 다윗의 자손 예수 그리스도의 계보라(마1:1)

마태복음은 "자손"이라고 하여 예수님이 아브라함과 다윗의 자손으로 오신 약속된 메시야임을 증언합니다. "계보"란 '(누가) 자식을 낳았다'(ἐγέννησεν, begat)는 뜻으로 '시작' 혹은 '기원'을 의미합니다. 마태복음은 이 계보를 통해 창세기와 유사한 방식으로 예수님이 어떻게 다윗 가문의 왕이 되시는지 보여줍니다. 한글 성경에는 아브라함이 다윗보다 먼저 언급되고 있지만 헬라어 본문에는 다윗의 자손이라는 말이 먼저 나오는데, 이는 예수님이 다윗의 자손으로서 메시야이며 왕이라는 것을 강조합니다. 여기에서 예수님을 다윗과 아브라함의 자손으로 선포한 것은 다윗 언약과, "네 집과 네 나라가 내 앞에서 영원히 보전되고 네 왕위가 영원히 견고하리라"(삼하7:16), 아브라함 언약의 성취입니다. "너를 축복하는 자에게는 내가 복을 내리고 너를 저주하는 자에게는 내가 저주하리니 땅의 모든 족속이 너로 말미암아 복을 얻을 것이라"(창12:3). '다윗의 자손'은 예수님이 이스라엘 왕국을 다시 세울 왕의 혈통을 지닌 메시야임을 상기시키며, '아브라함의 자손'은 하나님이 아브라함에게 약속하신 대로 온 세상이 아브라함의 혈통인 예수님을 통해 복 받을 것임을 확증합니다.

야곱은 마리아의 남편 요셉을 낳았으니 마리아에게서 그리스도라 칭하는 예수가 나시니라(마1:16)

마태복음의 계보는 14대씩 구분되어 있으며 마지막에 예수님은 '그녀로부터 태어나셨다'(ἐγεννήθη, was born)라고 수동형으로 표현되어 있습니다. 이는 요셉이 실제로 육신적 아버지가 아니라는 것을 보여줍니다. 마태복음이 예수님의 계보를 언급한 것은 마태복음이 주로 팔레스타인이나 시리아에 살던 유대인들을 위해 기록되었기 때문에 예수님이 다윗 가문의 왕, 곧 메시야임을 강조하기 위함입니다. 또한 60번 이상 구약의 예언들을 인용한 것은 당시 유대인들이 예수님을 구약의 예언된 메시야로 받아들이지 않았으므로, 예수님이 약속된 메시야 곧 약속의 성취자임을 깨닫게 하기 위함입니다. 특이하게도 계보에는 다말, 라합, 룻, 밧세바 등 4명의 여자가 언급되고 있는데, 본래 여성들은 이스라엘 족보에 오를 수 없으며, 여기에 기록된 여성들도 예수님의 족보에 적합하지 않아 보입니다. 다말은 시아버지를 통해 쌍둥이 아들을 낳았고, 라합은 여리고 성의 창기였으며, 룻은 모압 이방 여인이었고, 밧세바는 다윗의 충신 우리아의 아내였습니다. 이는 인간의 연약함과 죄성에도 불구하고, 오히려 이를 섭리적으로 사용하셔서 구속의 역사를 이루시는 하나님의 주권적 은혜를 증거합니다.

예수께서 가르치심을 시작하실 때에 삼십 세쯤 되시니라 사람들이 아는 대로는 요셉의 아들이니 요셉의 위는 헬리요, 그 위는 에노스요 그 위는 셋이요 그 위는 아담이요 그 위는 하나님이시니라(눅3:23, 38)

누가복음은 마태복음과 달리 동정녀 탄생을 강조하며, 그 계보가 역으로 아담까지 올라가 하나님께로 이릅니다. 마태복음은 유대적 언약의 성취임을 강조하기 위해 예수님의 계보를 아브라함부터 하향적으로 기록했는데, 누가복음은 예수님이 모든 인류의 소망임을 강조하기 위해 그 계보를 아담까지 상향적으로 기록합니다.[19] "인류의 모든 족속을 한 혈통으로 만드사 온 땅에 살게 하시고 그들의 연대를 정하시며 거주의 경계를 한정하셨으니"(행17:26). 이 두 족보 모두 예수님이 다윗의 자손임을 강조하

---

19 Hendriksen, *Exposition of the Gospel according to Luke*, 222.

며, 계보에 나타난 모든 사람이 하나님의 자손인 것을 깨닫게 하므로 예수님이 모든 인류를 위해 오신 하나님의 아들이심을 드러내고 있습니다. 실로 예수님은 사람들의 기대와 달리 평범한 처녀 마리아에게서 성령으로 잉태되어 태어나셨습니다. 예수님은 주전 5년경 헤롯 대왕이 죽기 전에 태어나셔서 삼십 세쯤 되셨을 때 사역을 시작하셨습니다.

다윗의 자손이며 아브라함의 자손으로 오신 예수 그리스도의 계보는 구약시대부터 그들이 소망해 온 메시야가 오셨음을 의미합니다. 예수님은 아브라함의 씨, 곧 언약의 상속자이자 다윗의 왕위의 상속자입니다. 아브라함과 다윗에 대한 하나님의 언약이 그들의 자손인 예수 그리스도의 탄생으로 성취되었습니다.

세례 요한의 출생 예고 눅1:5-25

유대 왕 헤롯 때에 아비야 반열에 제사장 한 사람이 있었으니 이름은 사가랴요 그의 아내는 아론의 자손이니 이름은 엘리사벳이라(눅1:5)

헤롯 대왕은 주전 40년에 로마로부터 왕권을 받고 유대, 갈릴리, 사마리아, 베레아, 이두매를 통치하였습니다(주전37-4). "아비야 반열"이란 다윗 시대 아론의 자손으로 구성된 24반열의 제사장 중 8번째 반열의 제사장입니다(대상24:10). 각 반열은 1년에 두 번씩 한 주 동안 성전 봉사를 했으며, 유월절, 오순절, 장막절 등의 주요 절기에는 모든 반열이 봉사하였습니다.

마침 사가랴가 그 반열의 차례대로 하나님 앞에서 제사장의 직무를 행할새 제사장의 전례를 따라 제비를 뽑아 주의 성전에 들어가 분향하고 모든 백성은 그 분향하는 시간에 밖에서 기도하더니 주의 사자가 그에게 나타나 향단 우편에 선지라 사가

랴가 보고 놀라며 무서워하니(눅1:8-12)

세례 요한의 아버지 사가랴는 유대교의 규례대로 성전 업무를 행하는 제사장이었으며, 그의 어머니 엘리사벳은 예수님의 어머니 마리아와 친척이었습니다. "놀라며 무서워하니"란 천사나 하나님의 임재에 대한 전형적인 반응입니다. 말라기 이후 400여 년 동안 선지자가 나오지 않았기 때문에 예수님 시대 유대인들은 하나님이 이스라엘에서 더 이상 역사하지 않으신다고 생각하였습니다. 그런데 이제 하나님께서 당신의 백성을 찾아 오셨습니다. 세례 요한의 탄생은 헤롯 대왕이 다스리는 기간에 예언되었습니다.

이는 그가 주 앞에 큰 자가 되며 포도주나 독한 술을 마시지 아니하며 모태로부터 성령의 충만함을 받아 이스라엘 자손을 주 곧 그들의 하나님께로 많이 돌아오게 하겠음이라(눅1:15-16)

세례 요한이 "포도주나 독한 술"을 멀리하는 것은 그의 생활이 구약의 나실인과 비슷함을 보여줍니다. "네가 임신하여 아들을 낳으리니 이제 포도주와 독주를 마시지 말며 어떤 부정한 것도 먹지 말라 이 아이는 태에서부터 그가 죽는 날까지 하나님께 바쳐진 나실인이 됨이라"(삿13:7). 세례 요한이 "모태로부터 성령의 충만함을" 받은 것은 하나님께서 그로 하여금 특별한 사역을 감당하도록 준비시키셨음을 드러냅니다. "하나님께로 많이 돌아오게"란 그의 사역이 회개를 촉구하는 것임을 의미합니다.

천사가 대답하여 이르되 나는 하나님 앞에 서 있는 가브리엘이라 이 좋은 소식을 전하여 네게 말하라고 보내심을 받았노라 보라 이 일이 되는 날까지 네가 말 못하는 자가 되어 능히 말을 못하리니 이는 네가 내 말을 믿지 아니함이거니와 때가 이르면 내 말이 이루어지리라 하더라(눅1:19-20)

“가브리엘”은 ‘하나님의 사람’이라는 뜻으로 하나님의 메시지를 전달하는 천사장입니다. 그리고 “네가 말 못하는 자가 되어”란 가브리엘이 전달한 징조로서 은혜인 동시에 사가랴의 부족한 믿음에 대한 책망이기도 합니다.

예수님 사역 이전에 그의 길을 예비하고 회개를 외치며 세례를 베풀었던 세례 요한에 관한 내용이 제사장의 분향과 기도로부터 시작한 것은, 기독교의 신앙이 구약에 기록된 하나님의 말씀에 뿌리를 두고 있다는 사실을 알려줍니다.

예수님 탄생 예고 누1:26-38

여섯째 달에 천사 가브리엘이 하나님의 보내심을 받아 갈릴리 나사렛이란 동네에 가서 다윗의 자손 요셉이라 하는 사람과 약혼한 처녀에게 이르니 그 처녀의 이름은 마리아라(누1:26-27)

“여섯째 달”이란 엘리사벳이 임신한 후 여섯째 달이라는 말입니다. 당시 유대인들은 대개 결혼 1년 전에 ‘약혼’을 하였는데, 약혼한 사람은 결혼 전이라 해도 율법상 부부로 간주되었기 때문에 이는 이혼을 통해서만 깨뜨릴 수 있는 법적 구속력이 있었습니다. “마리아”는 ‘높여진 자’라는 뜻이며, “처녀”란 그녀의 상태를 말합니다.

보라 네가 잉태하여 아들을 낳으리니 그 이름을 예수라 하라 그가 큰 자가 되고 지극히 높으신 이의 아들이라 일컬어질 것이요 주 하나님께서 그 조상 다윗의 왕위를 그에게 주시리니(누1:31-32)

“지극히 높으신 이”는 하나님을 뜻하는 호칭으로, 구약에서 살렘 왕 멜기세덱은 여호와를 ‘지극히 높으신 하나님’이라고 불렀습니다. “그가 아브람에게 축복하여 이르되 천지의 주재이시요 지극히 높으신 하나님이여 아브람에게 복을 주옵소서"(창14:19). 이는 유일신을 믿는 이스라엘 백성에게, 특히 시편에서 여호와를 뜻하는 일반 호칭이 되었습니다.

천사가 대답하여 이르되 성령이 네게 임하시고 지극히 높으신 이의 능력이 너를 덮으시리니 이러므로 나실 바 거룩한 이는 하나님의 아들이라 일컬어지리라. 마리아가 이르되 주의 여종이오니 말씀대로 내게 이루어지이다 하매 천사가 떠나가니라 (눅1:35, 38)

성령께서 이 큰 기적을 행하셨는데, "이러므로"라고 하여 예수님의 거룩함이 성령으로 잉태된 것임을 나타냅니다. 인간의 지식으로는 도저히 받아들일 수 없는 예언의 말씀이었지만, 마리아는 자신이 "주의 여종"이기에 "말씀대로 내게 이루어지이다"라고 믿음의 고백을 합니다. 이처럼 본문은 하나님의 은혜와 마리아의 순종을 말합니다. 가브리엘이 사가랴와 마리아에게 각각 말한 바와 같이 세례 요한은 지극히 높으신 이의 선지자이고, 예수님은 지극히 높으신 이의 아들입니다.

하나님의 말씀에 순종한 마리아에게서 다윗 가문의 왕이요 하나님의 아들이신 예수님께서 탄생하시게 됩니다. 예수님은 진정한 인간이셨지만, 성령으로 잉태되셨기 때문에 다른 모든 인간들과는 달리 아담에게서 죄의 본성을 물려받지 않으셨습니다.

엘리사벳을 찾아간 마리아 눅1:39-56

이 때에 마리아가 일어나 빨리 산골로 가서 유대 한 동네에 이르러 사가랴의 집에 들어가 엘리사벳에게 문안하니(눅1:39-40)

예수님 시대 성경의 성읍들

본문의 "산골"과 "유대 한 동네"라는 표현을 보아 엘리사벳의 집은 나사렛에서 150km 떨어진 헤브론(기럇 아르바)으로 추정됩니다. 왜냐하면 헤브론은 유다의 고원지대에 있는 동네이고 도피성들 중의 하나였으며, 제사장들이 살던 곳이기 때문입니다(수20:7, 21:11).

엘리사벳이 마리아가 문안함을 들으매 아이가 복중에서 뛰노는지라 엘리사벳이 성령의 충만함을 받아 큰 소리로 불러 이르되 여자 중에 네가 복이 있으며 네 태중의 아이도 복이 있도다, 보라 네 문안하는 소리가 내 귀에 들릴 때에 아이가 내 복중에서 기쁨으로 뛰놀았도다(눅1:41-42, 44)

마리아가 엘리사벳을 방문했을 때, 엘리사벳이 "성령의 충만함을 받아" 마리아와 예수님께 축복하였습니다. 임신 6개월 째 태아였던 세례 요한이 엘리사벳의 배 속에서 힘차게 반응한 것은 세례 요한이 예수님의 길을 예비하는 선지자 역할을 한 첫 번째 예입니다.

마리아가 이르되 내 영혼이 주를 찬양하며 내 마음이 하나님 내 구주를 기뻐하였음은 그의 여종의 비천함을 돌보셨음이라 보라 이제 후로는 만세에 나를 복이 있다 일컬으리로다(눅1:46-48)

"내 영혼이 주를 찬양하며"로 시작하는 마리아의 찬양[20]은 하나님께 감사의 이유를 고백하는 시편들과 유사합니다. "내 영혼아 여호와를 송축하라 내 속에 있는 것들아 다 그의 거룩한 이름을 송축하라"(시103:1). 본문에서

---

20 마리아 찬가는 라틴어 불가타역에 나오는 이 노래 첫 단어 'Magnificat'(찬양하며)에서 유래되었습니다.

마리아가 "하나님 내 구주"라고 찬양한 것은 마리아 자신도 죄에서 자유롭지 않으며 구원자를 필요로 한다는 것을 알게 합니다. "비천함을 돌보셨음이라"는 하나님께서 미약한 사람들을 통해서도 하나님의 위대한 목적을 이루신다는 사실을 상기시킵니다.

능하신 이가 큰 일을 내게 행하셨으니 그 이름이 거룩하시며 긍휼하심이 두려워하는 자에게 대대로 이르는도다 그의 팔로 힘을 보이사 마음의 생각이 교만한 자들을 흩으셨고 권세 있는 자를 그 위에서 내리치셨으며 비천한 자를 높이셨고(눅1:49-52)

"두려워하는"이란 하나님을 기쁘시게 하는 순종을 의미하며, "흩으셨고"(hath scattered)와 "내리치셨으며"(hath put down)에서 부정과거 시제를 사용한 것은 하나님께서 하실 일이 이미 이루어진 과거처럼 분명하게 실현될 것이라는 마리아의 확신을 나타냅니다.

우리 조상에게 말씀하신 것과 같이 아브라함과 그 자손에게 영원히 하시리로다 하니라(눅1:55)

여기서 "아브라함과 그 자손에게"라고 한 것은 구원 역사의 성취를 강조한 말입니다.

엘리사벳은 성령의 감동으로 태중의 아기 예수님이 복되고, 또한 하나님의 말씀이 이루어지리라고 믿는 마리아가 복되다고 합니다. 이에 마리아는 하나님께서 자신의 비천함을 돌보셨음을 찬송하며, 하나님의 거룩하심과 긍휼하심을 찬양합니다.

세례 요한의 출생 눅1:57-80

팔 일이 되매 아이를 할례하러 와서 그 아버지의 이름을 따라 사가랴라 하고자 하더니 그 어머니가 대답하여 이르되 아니라 요한이라 할 것이라 하매(눅1:59-60)

"요한"은 '여호와는 은혜로우시다'는 의미입니다. 엘리사벳이 아들을 낳고 천사의 지시대로 이름을 '요한'이라 지었는데, 사람들은 이 이름을 선택한 이유를 궁금해 하였습니다.

그의 아버지께 몸짓하여 무엇으로 이름을 지으려 하는가 물으니 그가 서판을 달라 하여 그 이름을 요한이라 쓰매 다 놀랍게 여기더라(눅1:62-63)

여기서 "그의 아버지께 몸짓하여"란 사가랴가 말을 못했을 뿐만 아니라 듣지도 못했음을 의미합니다. 이는 사가랴가 엘리사벳과 같은 이름을 선택한 것에 대해 사람들이 놀란 데서 알 수 있는데, 만일 그가 아내의 말을 들을 수 있었다면 놀라운 일이 아니었을 것이기 때문입니다. 사가랴는 밀랍으로 덮인 나무판에 요한이라는 이름을 적음으로 엘리사벳의 말을 확증하였습니다.

이에 그 입이 곧 열리고 혀가 풀리며 말을 하여 하나님을 찬송하니 그 근처에 사는 자가 다 두려워하고 이 모든 말이 온 유대 산골에 두루 퍼지매 듣는 사람이 다 이 말을 마음에 두며 이르되 이 아이가 장차 어찌 될까 하니 이는 주의 손이 그와 함께 하심이러라(눅1:64-66)

사가랴와 엘리사벳 부부의 모든 이웃들은 하나님이 그들 가운데 역사하고 계심을 깨닫고 두려워하였습니다. "듣는 사람이 다 이 말을 마음에 두며"란 아직 아기였던 세례 요한의 명성이 온 유대에 자자했음을 알게 합니다.

그 부친 사가랴가 성령의 충만함을 받아 예언하여 이르되 찬송하리로다 주 이스라엘의 하나님이여 그 백성을 돌보사 속량하시며 우리를 위하여 구원의 뿔을 그 종 다윗의 집에 일으키셨으니(눅1:67-69)

사가랴도 엘리사벳처럼 "성령의 충만함"을 받아 예언을 하는데, 그의 노래 역시 마리아 찬가와 마찬가지로 찬양의 말로 시작됩니다.[21] "그 백성을 돌보사 속량하시며"란 약속된 구원의 때가 시작되었음을 말하는 것으로 그리스도의 성육신과 자기 백성을 돌보시는 하나님을 찬양합니다. 뿔은 동물의 힘을 상징하는데, "구원의 뿔"은 구원의 능력과 권세를 지닌 분으로 다윗의 혈통으로 나실 메시야, 곧 예수님을 가리킵니다.

이 아이여 네가 지극히 높으신 이의 선지자라 일컬음을 받고 주 앞에 앞서 가서 그 길을 준비하여 주의 백성에게 그 죄 사함으로 말미암는 구원을 알게 하리니 (눅1:76-77)

사가랴는 구약의 선지자를 통해 예언된 것처럼 세례 요한이 주님의 길을 예비할 것이라고 말합니다. "죄 사함으로 말미암는 구원"이란 그리스도를 통한 구속의 성격은 유대인들이 기대하는 바와 같은 정치적 구원이 아니라 인류를 사로잡고 있는 죄의 문제를 해결함으로써 얻는 것임을 의미합니다.

이는 우리 하나님의 긍휼로 인함이라 이로써 돋는 해가 위로부터 우리에게 임하여 어둠과 죽음의 그늘에 앉은 자에게 비치고 우리 발을 평강의 길로 인도하시리로다 하니라(눅1:78-79)

"돋는 해가 위로부터 우리에게 임하여"란 메시야의 오심을 가리키는 은유적 표현으로, 죄로 인하여 어둠과 죽음의 그늘에 있는 사람에게 빛이 비추이는 것을 말합니다. "흑암에 행하던 백성이 큰 빛을 보고 사망의 그늘진 땅에 거주하던 자에게 빛이 비치도다"(사9:2).

---

21 사가랴의 노래도 라틴어 불가타역의 첫 단어를 따서 "Benedictus"(찬양 받으소서)라고 불립니다.

사가랴는 하나님의 자비하심과 신실하심을 강조하며, 세례 요한이 예수님의 길을 예비하는 자가 될 것을 예언하였습니다. 세례 요한은 근본적으로 마음과 행동을 변화시키는 사역을 통해 예수님의 오실 길을 준비하게 됩니다.

요셉이 잉태를 예고 받음 마1:18-24

예수 그리스도의 나심은 이러하니라 그의 어머니 마리아가 요셉과 약혼하고 동거하기 전에 성령으로 잉태된 것이 나타났더니 그의 남편 요셉은 의로운 사람이라 그를 드러내지 아니하고 가만히 끊고자 하여(마1:18-19)

본문은 다윗의 후손으로 탄생하시게 된 예수님이 어떻게 요셉 가문에 속하게 되셨는지를 설명합니다. 당시의 약혼 풍습에 의하면 청년의 부모가 약혼할 여자를 선택하고 증인들 앞에서 공식적으로 약속하면, 이는 정식 이혼 절차를 통해서만 취소할 수 있었습니다. 요셉은 의로운 마음을 가진 사람이어서 동거하기 전에 임신한 마리아가 공개적으로 처벌받는 것을 원하지 않았습니다. 그래서 그는 이혼 증서를 작성함으로써 조용히 해결하고자 하였습니다. "사람이 아내를 맞이하여 데려온 후에 그에게 수치되는 일이 있음을 발견하고 그를 기뻐하지 아니하면 이혼 증서를 써서 그의 손에 주고 그를 자기 집에서 내보낼 것이요"(신24:1).

이 일을 생각할 때에 주의 사자가 현몽하여 이르되 다윗의 자손 요셉아 네 아내 마리아 데려오기를 무서워하지 말라 그에게 잉태된 자는 성령으로 된 것이라 아들을 낳으리니 이름을 예수라 하라 이는 그가 자기 백성을 그들의 죄에서 구원할 자이심이라 하니라(마1:20-21)

이 때에 주의 사자가 현몽하여 성령으로 인한 잉태와 예수님의 탄생을 알립니다. 메시야가 처녀의 몸에서 태어나실 것은 선지자 이사야가 예언하였습니다. "그러므로 주께서 친히 징조를 너희에게 주실 것이라 보라 처녀가 잉태하여 아들을 낳을 것이요 그의 이름을 임마누엘이라 하리라"(사7:14). 이에 요셉은 주의 사자의 지시에 순종하여 마리아를 아내로 맞아들이고 예수님의 법적인 아버지가 됩니다. '처녀가 잉태하여'란 예수님의 동정녀 탄생을 말하는데, 이는 하나님이 자기 백성과 함께 계시며 그들을 구속하실 것임을 선포하는 초자연적인 기적입니다. 예수님은 우리를 죄에서 구원하시는 분으로 우리와 함께 하시는 하나님 곧 '임마누엘'이십니다.

예수님은 성령으로 잉태되셨기 때문에 요셉과 혈통적으로 아무런 관계가 없지만, 그가 하나님의 지시대로 마리아를 아내로 맞아들이므로 다윗의 자손인 요셉의 아들이 되셨습니다. 이는 예언의 성취로서 구속의 역사가 하나님의 뜻대로 이루어지고 있다는 것을 보여줍니다.

제2부

성육신과 유년 시절

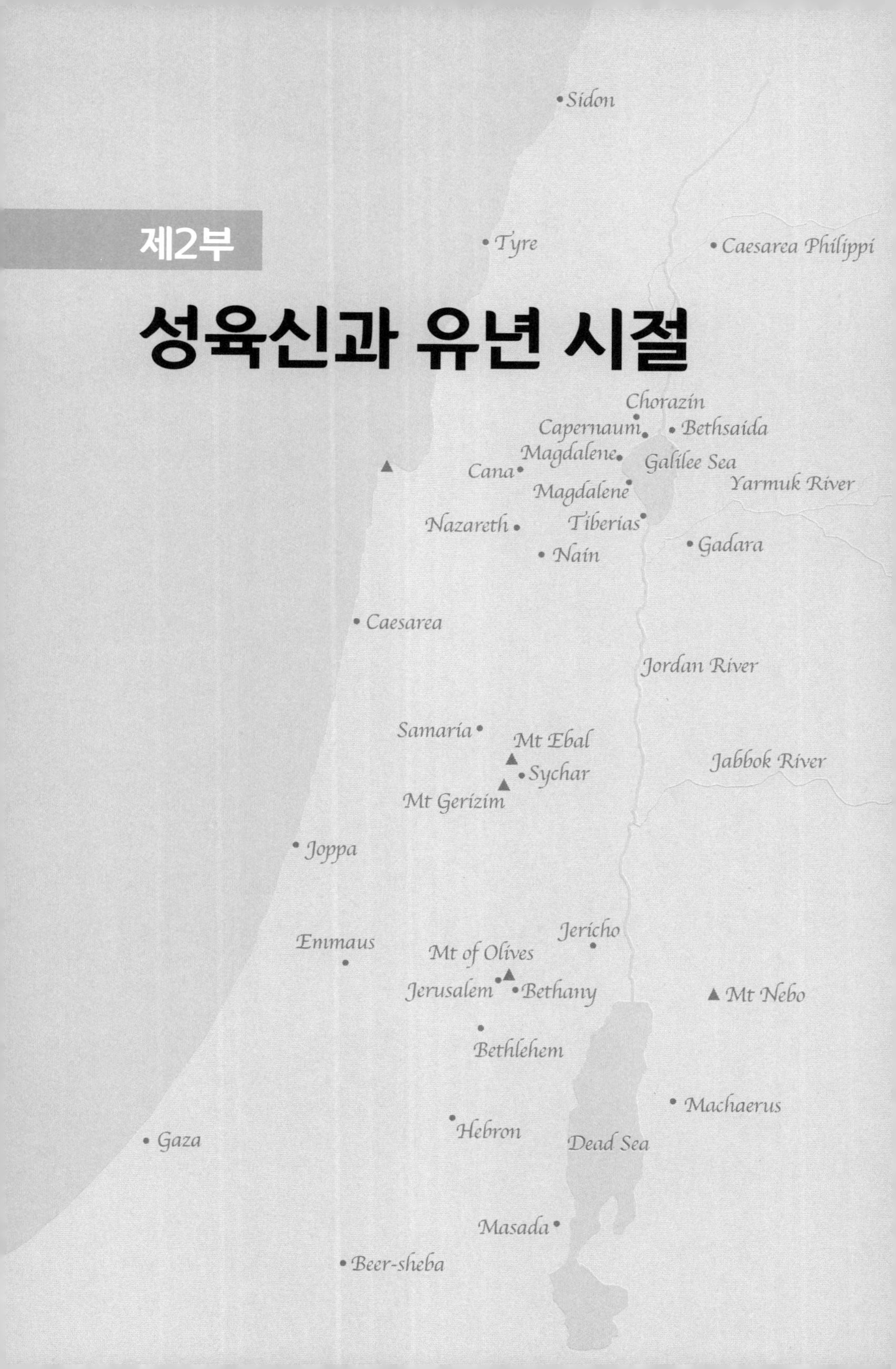

제3장 탄생과 유년기

예수님의 탄생과 천사들의 선포 누2:1-20

그 때에 가이사 아구스도가 영을 내려 천하로 다 호적하라 하였으니, 모든 사람이 호적하러 각각 고향으로 돌아가매(눅2:1, 3)

누가복음은 다른 복음서보다 예수님의 탄생에 관한 여러 증인들의 기사를 많이 기록하고 있습니다. 예수님이 유대에서 태어나신 것은 뜻밖의 일이었는데, 이는 예수님의 가족이 원래 그곳에서 북쪽으로 약 120km 떨어진 나사렛에서 살았기 때문입니다. 그런데 옥타비아누스, 곧 가이사 아구스도(주전31-주후14)의 칙령에 의해 모든 사람들이 고향으로 가서 호적 신고를 하였습니다(약 주전6-5).

요셉도 다윗의 집 족속이므로 갈릴리 나사렛 동네에서 유대를 향하여 베들레헴이라 하는 다윗의 동네로 그 약혼한 마리아와 함께 호적하러 올라가니 마리아가 이미 잉태하였더라, 첫아들을 낳아 강보로 싸서 구유에 뉘었으니 이는 여관에 있을 곳이 없음이러라(눅2:4-5, 7)

당시 나사렛에서 살고 있었던 요셉은 고향 베들레헴으로 내려왔습니다. 이 때에 많은 이들이 호적에 등록하러 베들레헴에 왔기 때문에 아기 예수님은 여관에 묵을 방이 없어서 탄생 후 구유에 뉘셨습니다. 영원하신 하나님의 아들이 인간으로 태어나는 놀라운 기적이 유대의 한 구유, 곧 짐승의 여물통에서 일어난 것입니다. 예수님이 베들레헴에서 탄생하신다는 것은 이미 700년 전에 선지자 미가에 의해 예언되었습니다. "베들레헴 에브라다야 너는 유다 족속 중에 작을지라도 이스라엘을 다스릴 자가 네게서 내게로 나올 것이라 그의 근본은 상고에, 영원에 있느니라"(미5:2).

그 지역에 목자들이 밤에 밖에서 자기 양 떼를 지키더니 주의 사자가 곁에 서고 주의 영광이 그들을 두루 비추매 크게 무서워하는지라, 오늘 다윗의 동네에 너희를 위하여 구주가 나셨으니 곧 그리스도 주시니라 너희가 가서 강보에 싸여 구유에 뉘어 있는 아기를 보리니 이것이 너희에게 표적이니라 하더니(눅2:8-9, 11-12)

"주의 영광"은 하나님의 임재를 둘러싼 밝은 빛을 의미하는데, 구약에서는 주로 타오르는 불이나 구름으로 표현됩니다. 베들레헴은 "다윗의 동네"라 불리는 다윗의 고향이며, 그 계보는 보아스와 룻에게까지 올라갑니다. 본문의 다윗에 대한 언급은 예수님이 다윗의 자손으로서 베들레헴에서 태어나신 이유를 설명합니다. 예수님의 탄생 소식을 처음으로 전한 천사는 목자들에게 예수님을 "구주"(Savior), "그리스도"(Christ; Messiah), "주"(Lord)로 선포합니다.

홀연히 수많은 천군이 그 천사들과 함께 하나님을 찬송하여 이르되 지극히 높은 곳에서는 하나님께 영광이요 땅에서는 하나님이 기뻐하신 사람들 중에 평화로다 하니라(눅2:13-14)

"지극히 높은 곳에서는 하나님께 영광이요"라고 선포한 천사들은 하나님의 아들이 방금 종의 형체를 가지시고 사람들과 같이 되셨다는 소식을 전합니다. "그는 근본 하나님의 본체시나 하나님과 동등됨을 취할 것으로 여기지 아니하시고 오히려 자기를 비워 종의 형체를 가지사 사람들과 같이 되셨고"(빌2:6-7). "하나님이 기뻐하신 사람들 중에"란 하나님의 평화의 선물은 모든 인류가 아닌 하나님이 택하신 이들에게 찾아올 것이라는 의미입니다. "평화"란 하나님이 그 아들을 통해 주시는 구원의 평화이며, 예수님은 이사야가 예언한 '평강의 왕'입니다. "이는 한 아기가 우리에게 났고 한 아들을 우리에게 주신 바 되었는데 그의 어깨에는 정사를 메었고 그의 이름은 기묘자라, 모사라, 전능하신 하나님이라, 영존하시는 아버지라, 평강의 왕이라 할 것임이라"(사9:6).

예수님의 탄생 소식을 가장 먼저 전해들은 목자들은 하늘 보좌로부터 땅 위에 이르기까지 천사들이 찬미하는 위대한 사건을 목도하고 하나님께 영광을 돌리며 찬양하였습니다. 이스라엘이 오랫동안 기다리던 메시야가 드디어 탄생하신 것입니다. 아기로 태어나신 이 메시야는 바로 하나님 자신이셨습니다.

아기 예수님의 정결예식 눅2:21-38

할례할 팔 일이 되매 그 이름을 예수라 하니 곧 잉태하기 전에 천사가 일컬은 바러라 모세의 법대로 정결예식의 날이 차매 아기를 데리고 예루살렘에 올라가니(눅2:21-22)

예수님은 율법이 명시하는 대로 팔 일만에 할례를 받으셨습니다. "그 이름을 예수라 하니"란 요셉과 마리아가 천사의 명령에 순종했음을 알려줍니다. "정결예식의 날"은 예수님이 탄생하신 지 40일째 되는 날로, 할례 받으신 후 레위기에서 규정한 33일의 정결 기간을 포함한 날입니다. "여덟째 날에는 그 아이의 포피를 벨 것이요 그 여인은 아직도 삼십삼 일을 지내야 산혈이 깨끗하리니 정결하게 되는 기한이 차기 전에는 성물을 만지지도 말며 성소에 들어가지도 말 것이며"(레12:3-4). 이로써 요셉과 마리아가 신실하게 율법을 준수한 것을 알 수 있습니다.

이는 주의 율법에 쓴 바 첫 태에 처음 난 남자마다 주의 거룩한 자라 하리라 한 대로 아기를 주께 드리고 또 주의 율법에 말씀하신 대로 산비둘기 한 쌍이나 혹은 어린 집비둘기 둘로 제사하려 함이더라(눅2:23-24)

"산비둘기 한 쌍이나 혹은 어린 집비둘기 둘"은 구약에서 가난한 자들이 드리는 제물입니다. 마리아와 요셉이 아기 예수님을 하나님께 드리면서 위의 제물을 바친 것을 보면, 그들이 부유하지 않았다는 것을 짐작할 수 있습니다. "그 여인이 어린 양을 바치기에 힘이 미치지 못하면 산비둘기 두 마리나 집비둘기 새끼 두 마리를 가져다가 하나는 번제물로, 하나는 속죄제물로 삼을 것이요 제사장은 그를 위하여 속죄할지니 그가 정결하리라"(레12:8).

예루살렘에 시므온이라 하는 사람이 있으니 이 사람은 의롭고 경건하여 이스라엘의 위로를 기다리는 자라 성령이 그 위에 계시더라 그가 주의 그리스도를 보기 전에는 죽지 아니하리라 하는 성령의 지시를 받았더니(눅2:25-26)

"이스라엘의 위로"란 메시야가 가져다주실 위로를 가리키는 표현입니다. "내가 그의 길을 보았은즉 그를 고쳐줄 것이라 그를 인도하며 그와 그를 슬퍼하는 자들에게 위로를 다시 얻게 하리라"(사57:18). 시므온은 "주의 그리스도" 곧 메시야를 보기 전에는 죽지 않을 것이라는 예언을 받았는데, 아기 예수님을 보고 성령으로 감동되어 하나님을 찬양하였습니다.

시므온이 아기를 안고 하나님을 찬송하여 이르되 주재여 이제는 말씀하신 대로 종을 평안히 놓아 주시는도다 내 눈이 주의 구원을 보았사오니, 이는 만민 앞에 예비하신 것이요 이방을 비추는 빛이요 주의 백성 이스라엘의 영광이니이다 하니(눅2:28-32)

시므온은 아기 예수님을 "이방을 비추는 빛", 곧 유대 민족을 넘어 열방에 구원을 전하시는 분이심을 선포하였습니다.

시므온이 그들에게 축복하고 그의 어머니 마리아에게 말하여 이르되 보라 이는 이스라엘 중 많은 사람을 패하거나 흥하게 하며 비방을 받는 표적이 되기 위하여 세움을 받았고 또 칼이 네 마음을 찌르듯 하리니 이는 여러 사람의 마음의 생각을 드러내려 함이니라 하더라(눅2:34-35)

"패하거나"란 하나님 앞에서 오만한 자들에 대한 심판을 가리키며, "흥하게"는 겸손하고 온유한 이들에 대한 구원을 가리킵니다. "비방을 받는 표적"이란 장차 있을 예수님에 대한 배척을 예고합니다. "칼이 네 마음을 찌르듯 하리니"란 예수님이 십자가에 달리실 때 마리아가 겪게 될 슬픔을 가리킵니다.

또 아셀 지파 바누엘의 딸 안나라 하는 선지자가 있어 나이가 매우 많았더라 그가 결혼한 후 일곱 해 동안 남편과 함께 살다가 과부가 되고 팔십사 세가 되었더라 이 사람이 성전을 떠나지 아니하고 주야로 금식하며 기도함으로 섬기더니 마침 이 때에 나아와서 하나님께 감사하고 예루살렘의 속량을 바라는 모든 사람에게 그에 대하여 말하니라(눅2:36-38)

84세의 안나는 결혼한 지 7년만에 남편을 잃었는데, 과부로 지낸 오랜 세월 동안 하나님만을 온전히 의지하며 기도로 다른 사람들을 섬겼습니다. "참 과부로서 외로운 자는 하나님께 소망을 두어 주야로 항상 간구와 기도를 하거니와"(딤전5:5). 성전에 머물며 밤낮으로 기도하는 경건한 여인이었던 안나는 아기 예수님을 만나 축복하였으며 하나님께 감사를 드렸습니다. 예루살렘은 이스라엘의 수도이기에 "예루살렘의 속량"이란 '이스라엘의 위로'(25절)를 가리키는 또 다른 표현입니다.

예수님은 율법의 관례대로 할례를 받으셨으며, 마리아는 정결예식을 지킴으로 율법을 준수하였습니다. 그리고 오실 구속자에 대한 하나님의 약속을 믿는 믿음으로 살고 있던 시므온과 안나는 아기 예수님을 보고 성령으로 감동되어 하나님을 찬양하였습니다.

동방 박사들의 방문과 경배 마2:1-12

헤롯 왕 때에 예수께서 유대 베들레헴에서 나시매 동방으로부터 박사들이 예루살렘에 이르러 말하되 유대인의 왕으로 나신 이가 어디 계시냐 우리가 동방에서 그의 별을 보고 그에게 경배하러 왔노라 하니(마2:1-2)

예수님이 예루살렘에서 남쪽으로 약 10km 떨어진 베들레헴에서 태어나신 것은 예수님이 유다 지파이며, 베들레헴이 다윗 가문 왕들의 성읍이기 때문입니다. 주전 5년경에 예수님의 탄생을 가장 먼저 알고 찾아 온 사람들은 동방의 점성가들입니다. "동방에서"라는 말은 '떠오르는'(ἀνατολῆ, 아나톨레)이라는 뜻으로, 동방 박사들은 별을 보고 왕의 탄생을 알았습니다. 그들이 베들레헴으로부터 약 1,288km 떨어진 바벨론에서 왔다면 40일 즈음 걸렸을 것입니다. 이 별은 발람이 예언한 야곱의 한 별을 연상시킵니다. "한 별이 야곱에게서 나오며 한 규가 이스라엘에게서 일어나서 모압을 이쪽에서 저쪽까지 쳐서 무찌르고 또 셋의 자식들을 다 멸하리로다"(민24:17).

박사들이 왕의 말을 듣고 갈새 동방에서 보던 그 별이 문득 앞서 인도하여 가다가 아기 있는 곳 위에 머물러 서 있는지라(마2:9)

"그 별이 문득 앞서 인도하여 가다가"란 이 별이 매우 구체적으로 박사들을 안내했음을 암시합니다. 마침내 별은 아기 예수님이 계신 베들레헴의 한 장소에 이르자 더 이상 움직이지 않았습니다.

집에 들어가 아기와 그의 어머니 마리아가 함께 있는 것을 보고 엎드려 아기께 경배하고 보배합을 열어 황금과 유향과 몰약을 예물로 드리니라(마2:11)

"아기께 경배하고"란 모든 이방 민족들이 장차 예수님께 드릴 경배를 미리 보여준 것입니다. "이러므로 하나님이 그를 지극히 높여 모든 이름 위에 뛰어난 이름을 주사 하늘에 있는 자들과 땅에 있는 자들과 땅 아래에 있는 자들로 모든 무릎을 예수의 이름에 꿇게 하시고 모든 입으로 예수 그리스도를 주라 시인하여 하나님 아버지께 영광을 돌리게 하셨느니라"(빌2:9-11). 그들은 유대인의 왕이 태어났다는 것을 유대인들보다 먼저 알고 찾아와 경배하고 "황금과 유향과 몰약"을 예물로 드렸습니다. '황금'은 왕의 권세와 위엄을 상징하고, '유향'은 하나님을 경배하는 제단 위에 피울 수 있는 유일한 향이며, '몰약'은 시체를 썩지 않도록 보존하는 데 사용되었습니다. "일찍이 예수께 밤에 찾아왔던 니고데모도 몰약과 침향 섞은 것을 백 리트라쯤 가지고 온지라"(요19:39).

예수님의 탄생을 가장 먼저 알고 찾아 온 사람들은 동방 박사들이었습니다. 예수님은 나시면서부터 그들에게 하나님으로 경배를 받으셨습니다. 하지만 유대인들은 메시야가 어디서 태어나실지 알고 있었어도 정작 그분이 탄생하신 사실은 알지 못하였습니다.

애굽으로 피신하심 마2:13-18

그들이 떠난 후에 주의 사자가 요셉에게 현몽하여 이르되 헤롯이 아기를 찾아 죽이려 하니 일어나 아기와 그의 어머니를 데리고 애굽으로 피하여 내가 네게 이르기까지 거기 있으라 하시니 요셉이 일어나서 밤에 아기와 그의 어머니를 데리고 애굽으로 떠나가(마2:13-14)

이두매 사람인 헤롯 대왕이 아기 예수님을 죽이려 하자 요셉이 주의 천사로부터 이 소식을 듣고 이집트로 도피하였습니다. 이집트는 베들레헴에서 약 146km 정도 떨어져 있었으므로 예수님의 가족은 헤롯의 관할 지역 밖인 이곳에서 지냈습니다.

헤롯이 죽기까지 거기 있었으니 이는 주께서 선지자를 통하여 말씀하신 바 애굽으로부터 내 아들을 불렀다 함을 이루려 하심이라(마2:15)

"이루려 하심이라"는 하나님이 이스라엘을 이집트의 압제에서 구원하신 사건을 가리킵니다. 본문은 하나님의 아들 이스라엘이 건져냄 받은 일을 하나님의 참 아들이신 예수님과 비교하면서 이를 인용합니다. "이스라엘이 어렸을 때에 내가 사랑하여 내 아들을 애굽에서 불러냈거늘"(호11:1). 이스라엘 백성이 이집트에서 거주하다가 나온 일은 그리스도께서 이집트로 가셔서 피신하셨다가 다시 유대로 돌아오신 일의 모형입니다. 곧 하나님께서 이스라엘을 구속하신 역사적 사건이 예수님께로 향해 있음을 의미합니다.

이에 헤롯이 박사들에게 속은 줄 알고 심히 노하여 사람을 보내어 베들레헴과 그 모든 지경 안에 있는 사내아이를 박사들에게 자세히 알아본 그 때를 기준하여 두 살부터 그 아래로 다 죽이니(마2:16)

"두 살"이란 만 일 년이 조금 지난 아기를 가리키기 때문에, 동방 박사들은 예수님이 태어나신 지 일 년이 약간 지난 시점에 찾아온 것으로 보입니다.[1] 당시 이 작은 마을에는 아기 예수님과 비슷한 연령의 남자 아기가 약 20명가량 있었을 것으로 추정됩니다.

---

1 본문에서 "두 살"은 '디에테스'(διετής)라는 용어를 사용하여 아기가 자신의 두 번째 해를 시작하였다고 표현합니다.

이에 선지자 예레미야를 통하여 말씀하신 바 라마에서 슬퍼하며 크게 통곡하는 소리가 들리니 라헬이 그 자식을 위하여 애곡하는 것이라 그가 자식이 없으므로 위로 받기를 거절하였도다 함이 이루어졌느니라(마2:17-18)

예레미야는 라헬이 요셉과 베냐민을 위해 통곡하는 모습을 떠올리며 포로기 시절 이스라엘의 슬픔을 묘사하였습니다. 라마는 예루살렘 동북쪽으로 15km 떨어진 지역으로 정복자들이 포로를 잡아가는 집결지였는데(렘40:1), 베들레헴 여인들의 아기를 잃은 슬픔을 바벨론으로 끌려가는 자녀들을 바라보는 이스라엘 여인들의 슬픔으로 비유하였습니다. "여호와께서 이와 같이 말씀하시니라 라마에서 슬퍼하며 통곡하는 소리가 들리니 라헬이 그 자식 때문에 애곡하는 것이라 그가 자식이 없어져서 위로 받기를 거절하는도다"(렘31:15).

아기 예수님이 헤롯 대왕을 피해 이집트로 가신 것은 구약의 말씀이 예수님에게서 이루어지고 있는 것입니다. 본문에서 예레미야를 언급하며 이것이 성취되었다고 한 것은 이제 예레미야서에 기록된 대로 이스라엘의 회복이 이루어질 것이라는 암시를 담고 있으며, 아기 예수님은 장차 그의 백성을 죄악으로부터 구해내실 것입니다.

예수님의 유년 기간 마2:19-23, 눅2:39-52

그러나 아켈라오가 그의 아버지 헤롯을 이어 유대의 임금 됨을 듣고 거기로 가기를 무서워하더니 꿈에 지시하심을 받아 갈릴리 지방으로 떠나가 나사렛이란 동네에 가서 사니 이는 선지자로 하신 말씀에 나사렛 사람이라 칭하리라 하심을 이루려 함이러라(마2:22-23)

본문은 베들레헴에서 탄생하신 예수님이 어떻게 '나사렛' 사람으로 알려지게 되었는지 알려줍니다. 당시 나사렛은 갈릴리 남부 스불론 지경에 위치한 작은 마을로 마리아가 수태고지를 받은 곳입니다. 요셉은 헤롯의 죽음을 듣고 유대 땅으로 돌아오려 했으나 그곳에는 더 잔인한 그의 아들 아켈라오가 통치하고 있었기 때문에, 헤롯 안디바의 영토인 북쪽 갈릴리 나사렛으로 가게 되었고, 예수님은 공생애 이전까지 이곳에서 지내셨습니다. "나사렛 사람이라 칭하리라"는 말은 예수님 시대에 나사렛 마을이 멸시 받은 것처럼 메시야도 멸시 받을 것임을 예언한 것입니다. "나다나엘이 이르되 나사렛에서 무슨 선한 것이 날 수 있느냐"(요1:46).

아기가 자라며 강하여지고 지혜가 충만하며 하나님의 은혜가 그의 위에 있더라(눅2:40)

예수님의 성장에 대한 이 네 가지 묘사, 곧 "자라며", "강하여지고", "충만하며", "그의 위에 있더라"는 예수님이 평범한 아이와 같이 신체적, 지적 성장을 경험하셨지만, 일상생활에서 점점 더 많이 그리고 특별하게 하나님의 은혜를 경험하셨다는 것에 주목한 표현입니다.

그의 부모가 해마다 유월절이 되면 예루살렘으로 가더니(눅2:41)

이는 예수님 가족의 율법 준수와 예수님의 어린 시절에 대해 알려주는데, "해마다"라고 한 것은 요셉과 마리아의 경건함을 나타냅니다. "너의 가운데 모든 남자는 일 년에 세 번 곧 무교절과 칠칠절과 초막절에 네 하나님 여호와께서 택하신 곳에서 여호와를 뵈옵되 빈손으로 여호와를 뵈옵지 말고"(신16:16). 유월절은 이어지는 7일간의 무교절 기간의 바로 전 날입니다. "첫째 달 열나흗날 저녁은 여호와의 유월절이요 이 달 열닷샛날은 여호와의 무교절이니"(레23:5-6).

예수께서 열두 살 되었을 때에 그들이 이 절기의 관례를 따라 올라갔다가(눅2:42)

율법에 의하면 유대인 남자들은 유월절에 예루살렘 성전에 올라가야 하므로, 유대인 소년들은 13세가 되기 한두 해 전부터 부모를 따라 절기에 참여합니다. 그리고 이때부터 그들은 '계명의 아들'(Bar-Mitzvah; 바 미쯔바, son of the commandments)로 대우를 받으며 성인으로서 유대교 공동체의 구성원이 됩니다.[2]

그 날들을 마치고 돌아갈 때에 아이 예수는 예루살렘에 머무셨더라 그 부모는 이를 알지 못하고 동행중에 있는 줄로 생각하고 하룻길을 간 후 친족과 아는 자 중에서 찾되 만나지 못하매 찾으면서 예루살렘에 돌아갔더니 사흘 후에 성전에서 만난즉 그가 선생들 중에 앉으사 그들에게 듣기도 하시며 묻기도 하시니 (눅2:43-46)

요셉과 마리아는 예수님이 친척이나 이웃과 함께 고향 나사렛으로 가고 있을 것이라고 생각했습니다. "하룻길"은 약 32km입니다. "사흘 후에"란 고향으로 돌아가는 길에 하루, 다시 예루살렘으로 가는 길에 하루, 그리고 예수님을 찾는 데 하루가 걸린 것을 말합니다.

예수께서 이르시되 어찌하여 나를 찾으셨나이까 내가 내 아버지 집에 있어야 될 줄을 알지 못하셨나이까 하시니 (눅2:49)

"어찌하여 나를 찾으셨나이까"라는 말씀은 '내가 성전이 아닌 다른 곳에 있었겠습니까'라는 의미입니다. "내가 내 아버지 집에 있어야 될 줄"이라고 하신 것은 하나님을 향한 예수님의 열정을 보여줍니다. 예수님은 '내 아버지 집에'라고 하시므로, 열두 살 때 자신이 하나님의 아들임을 분명히 드러내셨습니다.

---

2 미쉬나 아봇에 의하면, '5살에는 토라를 공부하고, 10살에는 미쉬나(구전 토라)를 공부하며, 13살에는 계명에 복종하고(종교적인 성인식), 15살에는 탈무드(랍비들의 법적 판결)를 공부하며, 18살에는 결혼을 하고, 20살에는 생계를 위하여 일을 하며, 30살에는 힘이 최고조에 이른다'고 합니다(Mishinah Avot 5:21).

듣는 자가 다 그 지혜와 대답을 놀랍게 여기더라, 예수께서 함께 내려가사 나사렛에 이르러 순종하여 받드시더라 그 어머니는 이 모든 말을 마음에 두니라 예수는 지혜와 키가 자라가며 하나님과 사람에게 더욱 사랑스러워 가시더라(눅2:47, 51-52)

본문은 참 인간이신 예수님이 지적, 신체적, 사회적으로 고루 성장하신 모습을 잘 나타내고 있습니다. 예수님은 신성의 관점에서 보면 이미 온전하시고 모든 것을 주장하시지만, 인성의 관점에서 보면 요셉과 마리아에게 순종하시며 마치 우리와 똑같이 지혜와 키와 사회성이 자라가셨다는 것을 알 수 있습니다.

요셉은 하나님의 지시를 받아 나사렛에서 살게 되고, 예수님은 나사렛 사람으로 자라나시게 되는데, 이같이 예수님의 가족이 나사렛에 정착하게 된 것은 구약 예언의 성취입니다. 예수님은 하나님의 아들이시지만 육신의 부모에게도 순종하며 온전한 삶을 사셨습니다.

제4장 세례 요한의 사역

세례 요한의 회개 선포 마3:1-3, 막1:2-4, 눅3:1-6

디베료 황제가 통치한 지 열다섯 해 곧 본디오 빌라도가 유대의 총독으로, 헤롯이 갈릴리의 분봉 왕으로, 그 동생 빌립이 이두래와 드라고닛 지방의 분봉 왕으로, 루사니아가 아빌레네의 분봉 왕으로(눅3:1)

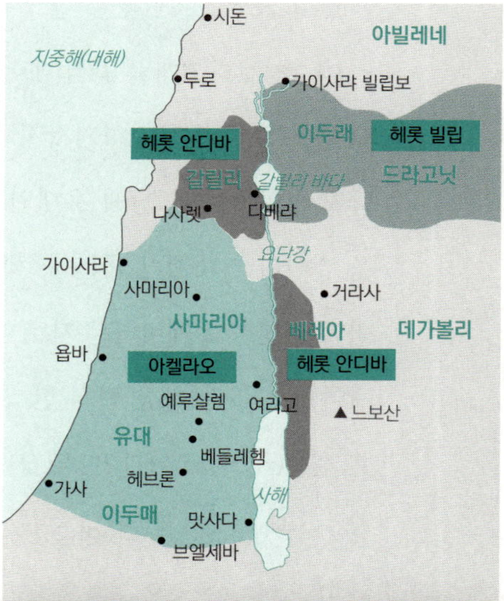

헤롯 아들들 통치구역

"디베료 황제가 통치한 지 열다섯 해"는 주후 29년경입니다. 디베료(Tiberius)는 주후 14년에 황제가 되었으며, 빌라도는 주후 26-36년에 유대를 다스렸습니다. 헤롯 안디바는 갈릴리와 베레아를 다스리던 분봉 왕(주전4-주후39)이었고, 헤롯 빌립 2세는 이두매를 비롯한 요단강 동쪽 북부지역의 분봉 왕(주전4-주후34)이었습니다. 안디바와 빌립 2세는 둘 다 헤롯 대왕의 아들인데 헤롯이 죽자, 그들의 형제 곧 유대의 왕이었던 아켈라오(주전4-주후6)와 더불어 헤롯의 상속자로 지명되었습니다.

안나스와 가야바가 대제사장으로 있을 때에 하나님의 말씀이 빈 들에서 사가랴의 아들 요한에게 임한지라(눅3:2)

당시 대제사장은 가야바(주후18-36)였지만 직전 대제사장이었던 그의 장인 안나스(주후6-15)의 권세가 막강하였기 때문에 안나스는 퇴임 후에도 여전히 대제사장으로 불렸습니다. 하나님의 말씀이 "빈 들에서" 세례 요한에게 임한 것은 그가 구약의 선지자들과 동등한 영적인 권위를 지녔음을 드러냅니다.

그 때에 세례 요한이 이르러 유대 광야에서 전파하여 말하되 회개하라 천국이 가까이 왔느니라 하였으니(마3:1-2)

예수님보다 6개월 앞서 태어난 세례 요한은 구약과 신약을 이어주는 선지자로, 그가 등장하기까지 400여 년 동안 하나님의 선지자는 나타나지 않았습니다. 당시 유대인들은 메시야가 새로운 정치적 왕국을 세울 것이라 기대했기 때문에, 세례 요한은 오실 메시야가 행하실 사역을 미리 설명하고 예비하는 자로 부름을 받았습니다. 주후 27년 요단 근처 광야에서 그가 가장 먼저 한 일은 "회개하라 천국이 가까이 왔느니라"는 선포(κήρυγμα, 케리그마)였습니다.

그는 선지자 이사야를 통하여 말씀하신 자라 일렀으되 광야에 외치는 자의 소리가 있어 가로되 너희는 주의 길을 준비하라 그의 오실 길을 곧게 하라 하였느니라(마3:3)

"외치는 자의 소리여 이르되 너희는 광야에서 여호와의 길을 예비하라 사막에서 우리 하나님의 대로를 평탄하게 하라"(사40:3). 세례 요한은 메시야의 길을 예비하는 사자와 하나님의 진노의 현현을 전하는 엘리야에 대한 예언을 성취한 사람입니다. "보라 여호와의 크고 두려운 날이 이르기 전에 내가 선지자 엘리야를 너희에게 보내리니"(말4:5), "모든 선지자와 율법이 예언한 것은 요한까지지니 만일 너희가 즐겨 받을진대 오리라 한 엘리야가 곧 이 사람이니라"(마11:13-14).

모든 골짜기가 메워지고 모든 산과 작은 산이 낮아지고 굽은 것이 곧아지고 험한 길이 평탄하여 질 것이요 모든 육체가 하나님의 구원하심을 보리라 함과 같으니라 (눅3:5-6)

"모든 골짜기가 메워지고"란 메시야를 위한 길이 열릴 것임을 뜻하며, "모든 산과 작은 산이 낮아지고"란 장애물이 제거되고 교만한 자들이 엎드러질 것임을 의미합니다. "모든 육체가 하나님의 구원하심을 보리라"는 말씀은 이사야서의 "모든 육체가 그것(여호와의 영광)을 함께 보리라"(사40:5)는 말씀에서 '여호와의 영광'을 '구원'으로 해석한 것인데,[3] 이는 유대인이라는 특정 민족만이 아닌 이방인들도 구원의 대상임을 천명합니다.

세례 요한이 선포한 하나님 나라, 곧 왕국[4]의 본질적 의미는 하나님의 '왕권 통치'인데, 이는 신자들이 내세에 가게 되는 천국만을 의미하는 것이 아니라 시간과 장소에 무관하게 신자들 안에서 이루어지는 하나님의 현재적 통치를 가리킵니다. 마태복음은 유대인 독자를 고려하여 하나님의 성호를 직접 언급하지 않고 하나님을 상징할 수 있는 '하늘'이라는 표현을 사용하였습니다. 유대인들은 메시야 시대에 하나님이 왕으로서 다스리게 될 것이라고 기대했는데, 이제 세례 요한이 하나

---

3 구원(σωτήριον, salvation)이라는 단어는 복음서 중에 누가복음에만 두 번 나타납니다. "내 눈이 주의 구원을 보았사오니"(눅2:30), "모든 육체가 하나님의 구원하심을 보리라 함과 같으니라"(눅3:6).

4 '천국' 곧 하늘왕국(ἡ βασιλεία τῶν οὐρανῶν, the kingdom of heaven)은 마태복음에만 32회 사용되는데, 다른 복음서의 '하나님 나라'와 동일한 의미입니다. 다른 복음서에는 이방인들이 '천국'이라는 말을 오해할 소지가 있기 때문에 구체적으로 '하나님 나라'라는 표현을 사용하였습니다.

님의 통치가 메시야를 통해 구현될 것이라고 선포하였습니다.

세례 요한은 선지자 이사야와 말라기가 예언한 대로 하나님의 뜻에 따라 예수님이 메시야라는 것을 보여주며 주의 길을 예비하는 전령입니다. 선지자 말라기 이후 대략 400여 년의 침묵 후에 하나님께서 당신의 백성에게 말씀하기 시작하신 것입니다. 세례 요한이 와서 가장 먼저 한 일은 천국이 가까이 왔으니 회개하고 세례를 받으라는 외침이었습니다.

세례 요한이 세례를 베풂 마3:4-6, 막1:5-6, 눅3:7-14

온 유대 지방과 예루살렘 사람이 다 나아가 자기 죄를 자복하고 요단 강에서 그에게 세례를 받더라(막1:5)

"자기 죄를 자복하고"란 하나님께서 사람들의 마음속에 역사하셔서 그들이 오실 메시야를 맞을 준비를 하도록 부르셨음을 의미합니다. 세례에는 회개가 선행되어야 하는데, 세례는 죄를 용서받는 수단이 아니라 진정으로 회개했음을 가리키는 표시입니다.[5] "그러므로 우리가 그의 죽으심과 합하여 세례를 받음으로 그와 함께 장사되었나니 이는 아버지의 영광으로 말미암아 그리스도를 죽은 자 가운데서 살리심과 같이 우리로 또한 새 생명 가운데서 행하게 하려 함이라"(롬6:4). 세례를 받을 때, 물에 잠기는 것은 죄 씻음을 상징하며 물 위로 올라오는 것은 심판과 사망에서 벗어나 새로운 삶을 시작하는 것을 상징합니다.

이 요한은 낙타털 옷을 입고 허리에 가죽 띠를 띠고 음식은 메뚜기와 석청이었더라

---

5 마태복음은 '회개와 천국'을 선포하고, 마가복음과 누가복음은 '회개의 세례'를 선포합니다. 마가복음의 '선포했다'(preached)는 말은 공적인 선언을 강조하는데, 요한복음은 이를 '증언'(a witness)으로 말합니다. "네가 누구냐 물을 때에 요한의 증언이 이러하니라"(요1:19).

(마3:4)

세례 요한은 광야에서 살았는데, 추위와 비바람을 막아주며 검소함을 상징하는 낙타털 옷을 입었습니다. "메뚜기와 석청"은 율법이 허락하는 음식으로, 메뚜기는 단백질이 풍부하고 석청은 눈을 밝게 해주며 기력을 보충해 주었습니다. 사람들은 세례 요한의 외모와 심판을 경고하는 그의 모습에서 구약의 엘리야를 떠올렸습니다. "그는 털이 많은 사람인데 허리에 가죽 띠를 띠었더이다 하니 왕이 이르되 그는 디셉 사람 엘리야로다" (왕하1:8).

그러므로 회개에 합당한 열매를 맺고 속으로 아브라함이 우리 조상이라 말하지 말라 내가 너희에게 이르노니 하나님이 능히 이 돌들로도 아브라함의 자손이 되게 하시리라 이미 도끼가 나무뿌리에 놓였으니 좋은 열매 맺지 아니하는 나무마다 찍혀 불에 던져지리라(눅3:8-9)

세례 요한은 길가의 돌들도 "아브라함의 자손"이 될 수 있다고 강조하면서 육신적 혈통이 아니라 하나님의 부르심에 대한 인격적인 반응이 있어야 하나님의 백성이 될 수 있다고 선포합니다. "이미"란 하나님 나라는 미래에 임하는 것이 아니라 예수님 사역 속에 드러나 있으며 세례 요한이 그 길을 준비하고 있다는 의미이고, "도끼가 나무뿌리에 놓였으니"란 심판이 매우 가까이 와 있다는 경고입니다.

무리가 물어 이르되 그러면 우리가 무엇을 하리이까 대답하여 이르되 옷 두 벌 있는 자는 옷 없는 자에게 나눠 줄 것이요 먹을 것이 있는 자도 그렇게 할 것이니라 하고(눅3:10-11)

세례 요한은 무리에게 회개의 실제적인 적용으로 자신의 소유를 나누어 주라고 하였습니다.

세리들도 세례를 받고자 하여 와서 이르되 선생이여 우리는 무엇을 하리이까 하매 이르되 부가된 것 외에는 거두지 말라 하고 군인들도 물어 이르되 우리는 무엇을 하리이까 하매 이르되 사람에게서 강탈하지 말며 거짓으로 고발하지 말고 받는 급료를 족한 줄로 알라 하니라(눅3:12-14)

당시 세리들은 로마 제국에 상납할 통행료와 관세 등을 징수하면서 부당하게 착복하는 것으로 악명이 높았기에 세례 요한은 그들에게 정직히 행하라고 하였습니다. 또한 그는 군인들에게 무력으로 남의 것을 빼앗지 말고, 동료를 질투하지 말며, 나라에 충성할 것을 요구하면서 그들의 심령이 변화되기를 바랐습니다.

세례 요한은 죄 사함을 받기 위해 회개를 촉구함으로써 주의 길을 준비하였습니다. 그는 세례 받으러 오는 유대인들에게 하나님의 심판이 가까이 왔음을 경고하며 회개에 합당한 열매를 맺으라고 하였습니다. 세례 요한이 언약 공동체에 속한 이스라엘 백성에게 회개의 세례를 받도록 한 것은 새 언약의 시대가 도래하고 있음을 알리는 표시였습니다.

제3부

공생애 사역

예수님의 지상 생애는 33년 6개월이며, 30세가량 되셨을 때 세례를 받으심으로 자신을 공적으로 드러내셨습니다. 예수님께서 세례를 받으신 때로부터 죽으시고 부활하시기까지의 3년 반을 공생애(公生涯) 기간이라고 부릅니다. 이는 요한복음에 나오는 네 번의 유월절에서 만 3년임을 유추하고(요2:13, 5:1, 6:4, 11:55), 첫 번째 유월절의 6개월 전쯤 세례 받으신 것을 합하여 추정한 것입니다. 예수님은 복음을 가르치시고 사람들의 병을 고쳐주시며 하나님 나라를 보여주셨습니다. 예수님의 공생애는 갈릴리 사역과 예루살렘-유대 사역으로 나누어지는데, 주로 갈릴리에서 사역하시다가 명절에 예루살렘으로 올라가서 사역하셨습니다.

제5장 세례 받으심과 초기 사역

세례를 받으심 마3:13-17, 막1:9-11, 눅3:21-22

이 때에 예수께서 갈릴리로부터 요단 강에 이르러 요한에게 세례를 받으려 하시니(마3:13)

예수님이 주로 사역하신 "갈릴리"는 요단 강과 갈릴리 바다 서쪽, 사마리아 북쪽을 가리킵니다. 이 지역은 헤롯 대왕과 그의 아들 헤롯 안디바, 후에는 헤롯 안디바의 조카 헤롯 아그립바 1세가 통치하였습니다.

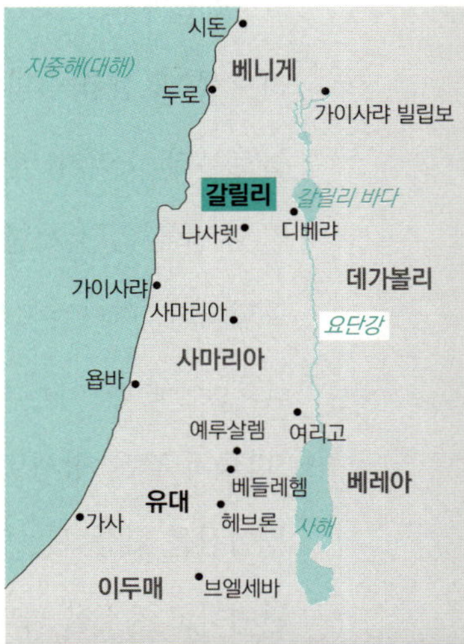

예수님 당시의 팔레스타인 지역

요한이 말려 이르되 내가 당신에게서 세례를 받아야 할 터인데 당신이 내게로 오시나이까 예수께서 대답하여 이르시되 이제 허락하라 우리가 이와 같이 하여 모든 의를 이루는 것이 합당하니라 하시니 이에 요한이 허락하는지라(마3:14-15)

세례 요한은 죄인인 자신이 오히려 예수님께 세례를 받아야 한다고 했지만, 예수님은 "모든 의"를 이루기 위해 자신이 세례 요한에게 세례를 받아야 한다고 하셨습니다. 여기서 '의'(δικαιοσύνη, righteousness)란 하나님의 계획이나 뜻을 이룬다는 의미이며, 이는 하나님의 뜻을 따르는 그리스도인의 삶을 나타내는 데 사용됩니다.

예수께서 세례를 받으시고 곧 물에서 올라오실새 하늘이 열리고 하나님의 성령이 비둘기 같이 내려 자기 위에 임하심을 보시더니 하늘로부터 소리가 있어 말씀하시되 이는 내 사랑하는 아들이요 내 기뻐하는 자라 하시니라(마3:16-17)
백성이 다 세례를 받을새 예수도 세례를 받으시고 기도하실 때에 하늘이 열리며 성령이 비둘기 같은 형체로 그의 위에 강림하시더니 하늘로부터 소리가 나기를 너는 내 사랑하는 아들이라 내가 너를 기뻐하노라 하시니라(눅3:21-22)

예수님은 성령으로 잉태되셨으므로 무죄하시지만, 자기 백성의 죄를 담당하시기 위하여 그들처럼 세례를 받으셨습니다. "인자가 온 것은 섬김을 받으려 함이 아니라 도리어 섬기려 하고 자기 목숨을 많은 사람의 대속물로 주려 함이니라"(막10:45). 예수님께서 요한에게 세례를 받으시고 물에서 올라오실 때 성령이 임하고 하나님의 아들로 선포되셨습니다. 마태는 "하늘로부터 소리가 있어 말씀하시되"라고 서술함으로 세례 요한을 비롯한 주변에 있던 사람들이 하나님의 말씀을 생생하게 들었다는 것을 강조합니다. 하나님께서 예수님을 향해 "너는 내 사랑하는 아들이라"(Σὺ εἶ ὁ υἱός μου ὁ ἀγαπητός, Thou art my beloved Son)고 말씀하시고, 성령이 "비둘기 같은 형체로" 예수님 위에 임하신 것은 예수님이 하나님의 아들이심을 확증하는 일에 신성의 세 위격, 곧 성부, 성자, 성령께서 모두 관여하고 계심을 나타냅니다.

예수님의 세례는 공생애 사역의 시작을 알리는 사건이었습니다. 예수님께서 요한에게 세례를 받으신 것은 그의 사역을 인정하신 것이며, 인류 구원을 위한 하나님의 뜻을 이루기 위한 것이었습니다. 무흠하신 예수님은 죄 씻음이 필요 없으시지만, 인류의 구속 사역을 위해 죄인인 사람들과 일체가 되셨습니다.

시험을 받으심 마4:1-11, 막1:12-13, 눅4:1-13

성령이 곧 예수를 광야로 몰아내신지라(막1:12)

예수께서 성령의 충만함을 입어 요단강에서 돌아오사 광야에서 사십 일 동안 성령에게 이끌리시며(눅4:1)

예수님은 세례를 받으시고 하나님의 아들로 선언되신 후, 즉시 성령의 인도하심에 따라 광야로 가셨습니다.[1] "몰아내신지라"란 성령께서 예수님을 강하게 이끄셨다는 의미입니다. 예수님의 광야 "사십 일" 금식은 기도에 집중하기 위한 것으로, 40일은 인간이 신체에 치명적인 손상 없이 금식할 수 있는 가장 긴 기간입니다. 이는 또한 이스라엘의 40년 광야 생활과 모세와 엘리야의 40일 금식을 상기시킵니다.

마귀에게 시험을 받으시더라 이 모든 날에 아무 것도 잡수시지 아니하시니 날 수가 다하매 주리신지라(눅4:2)

본문의 "마귀"(τοῦ διαβόλου, the devil)라는 단어 앞에 정관사가 있으므로, 이때 예수님을 시험했던 마귀가 일반적인 악한 영이나 귀신이 아니라 하나님을 대적했던 '옛 뱀', 곧 사탄임을 알 수 있습니다. 성부 하

---

1 복음서는 예수님께서 시험 받으신 장소를 정확히 언급하지 않지만, 전통적으로 그 곳은 세례 받으신 장소와 가까운 유대 광야라고 알려져 있습니다.

나님은 예수님이 메시야이심을 확증하기 위해 마귀가 예수님을 시험하는 것을 허용하셨습니다. "시험을 받으시더라"(being tempted)가 현재분사로 사용된 것은 예수님이 40일 금식하시는 동안 계속 시험을 받으셨지만, 이 세 번의 시험이 정점이었음을 암시합니다. 하나님은 아무도 악을 행하도록 시험하시지 않지만, "사람이 시험을 받을 때에 내가 하나님께 시험을 받는다 하지 말지니 하나님은 악에게 시험을 받지도 아니하시고 친히 아무도 시험하지 아니하시느니라"(약1:13), 때때로 신자의 믿음을 검증하기 위해 시험하십니다. "아브라함은 시험을 받을 때에 믿음으로 이삭을 드렸으니 그는 약속들을 받은 자로되 그 외아들을 드렸느니라"(히11:17).

시험하는 자가 예수께 나아와서 이르되 네가 만일 하나님의 아들이어든 명하여 이 돌들로 떡덩이가 되게 하라(마4:3)

"네가 만일 하나님의 아들이어든"이란 예수님께 신적인 능력을 보여 달라는 도전입니다. 사탄은 '하나님의 아들이라면 이런 식으로 광야에서 고생을 하지 않을 것'이라며, "이 돌들로 떡덩이가 되게 하라"고 하였습니다. 사탄은 예수님께 이 금식 기간에 필요한 모든 것을 공급해 주실 하나님에 대한 믿음을 약화시키면서 동시에 예수님의 능력을 자신의 욕구를 충족시키는 데 사용하라고 유혹하였습니다.

예수께서 대답하여 이르시되 기록되었으되 사람이 떡으로만 살 것이 아니요 하나님의 입으로부터 나오는 모든 말씀으로 살 것이라 하였느니라 하시니(마4:4)

이에 예수님은 "기록되었으되"라는 말씀으로 이스라엘 백성이 광야에서 배웠던 교훈, 즉 사람이 육신의 양식으로만 사는 것이 아님을 깨닫게 해주셨습니다. "너를 낮추시며 너를 주리게 하시며 또 너도 알지 못하며 네 조상들도 알지 못하던 만나를 네게 먹이신 것은 사람이 떡으로만 사는 것이 아니요 여호와의 입에서 나오는 모든 말씀으로 사는 줄을 네가 알게 하려 하심이니라"(신8:3).

이에 마귀가 예수를 거룩한 성으로 데려다가 성전 꼭대기에 세우고 이르되 네가 만일 하나님의 아들이어든 뛰어내리라 기록하였으되 그가 너를 위하여 그 사자들을 명하시리니 그들이 손으로 너를 받들어 발이 돌에 부딪치지 않게 하리로다 하였느니라(마4:5-6)

예수께서 대답하여 이르시되 주 너의 하나님을 시험하지 말라 하였느니라(눅4:12)

"거룩한 성"은 예루살렘이며, "성전 꼭대기"는 기드론 골짜기가 내려다보이는 성전의 남동쪽 모퉁이로 그 높이는 91m 정도입니다. 예수님은 "주 너의 하나님을 시험하지 말라"고 하시며, 다시 구약의 말씀을 인용하심으로 사탄의 공격과 시험을 물리치셨습니다. "너희가 맛사에서 시험한 것 같이 너희의 하나님 여호와를 시험하지 말고"(신6:16). 이같이 마귀는 예수님을 시험할 때, 두 번 "네가 만일 하나님의 아들이어든"[2]이라고 하며 처음부터 예수님을 하나님의 아들로 인정하고 시험하였습니다. 마귀는 예수님을 교만과 불순종에 빠지게 하여 구주로서의 자격을 박탈함으로 인간 구속을 위한 하나님의 계획을 좌절시키려고 하였습니다.

마귀가 또 그를 데리고 지극히 높은 산으로 가서 천하만국과 그 영광을 보여 이르되 만일 내게 엎드려 경배하면 이 모든 것을 네게 주리라 이에 예수께서 말씀하시되 사탄아 물러가라 기록되었으되 주 너의 하나님께 경배하고 다만 그를 섬기라 하였느니라(마4:8-10)

마지막으로 사탄은 "내게 엎드려 경배하면"이라고 하여 예수님이 십자가 구속 사역을 회피한다면 그 대가로 예수님께 이 세상의 권세와 영화를 주겠다고 약속하는데, 이는 제1계명을 어기라는 유혹입니다. "나

---

2 이 표현은 사실을 전제로 한 조건문(Εἰ υἱὸς εἶ τοῦ θεοῦ, If thou be the Son of God)입니다.

외에는 다른 신들을 네게 두지 말지니라"(신5:7). 이에 예수님은 다시 한 번 신명기의 말씀으로 마귀를 대적하셨습니다. "네 하나님 여호와를 경외하며 그를 섬기며 그의 이름으로 맹세할 것이니라"(신6:13). 예수님은 세 가지 시험 모두 하나님 말씀으로 반박하시며, 하나님의 신적인 권능을 자신을 위해 사용하지 않으시고 온전히 하나님께 영광을 돌리셨습니다.

이에 마귀는 예수를 떠나고 천사들이 나아와서 수종드니라(마4:11)
광야에서 사십 일을 계시면서 사탄에게 시험을 받으시며 들짐승과 함께 계시니 천사들이 수종들더라(막1:13)

천사들의 "수종"에는 40일 금식과 사탄과의 영적인 전투로 지치신 예수님을 위한 육체적 영양 공급도 포함되었을 것입니다.

아담을 타락하게 만들었던 사탄이 이제 예수님께서 공생애를 시작하시기 전, 세 번의 시험으로 하나님의 주권에 불순종하도록 유혹하였습니다. 예수님은 각 시험마다 신명기의 말씀을 인용하심으로 광야에서 하나님의 도우심만을 의지했던 이스라엘의 경험을 떠올리게 하셨습니다. 예수님은 사탄의 시험을 물리치심으로써 첫사람 아담의 연약함을 극복하셨습니다.

세례 요한이 길을 예비함 마3:11-12, 막1:7-8, 눅3:15-18, 요1:19-34, 3:22-30

요한이 드러내어 말하고 숨기지 아니하니 드러내어 하는 말이 나는 그리스도가 아니라 한대 또 묻되 그러면 누구냐 네가 엘리야냐 이르되 나는 아니라 또 묻되 네가 그 선지자냐 대답하되 아니라 또 말하되 누구냐 우리를 보낸 이들에게 대답하게 하라 너는 네게 대하여 무엇이라 하느냐 이르되 나는 선지자 이사야의 말과 같이 주의 길을 곧게 하라고 광야에서 외치는 자의 소리로라 하니라 그들은 바리새인들이 보낸 자라(요1:20-24)

본문에서 "바리새인들"은 세례 요한의 정체를 궁금해 하며 사람들을 보내어 세 번이나 질문하게 하였습니다. '분리된 자들'이란 뜻을 지닌 '바리새인들'은 율법에 입각한 종교적, 윤리적 순결을 강조하며 율법의 상세한 부분까지 지키는 이들이었습니다.[3] 세례 요한은 자신은 그리스도가 아니며, 다만 주의 길을 예비하는 "광야에서 외치는 자의 소리"일 뿐이라고 분명하게 말하였습니다.

나는 너희로 회개하게 하기 위하여 물로 세례를 베풀거니와 내 뒤에 오시는 이는 나보다 능력이 많으시니 나는 그의 신을 들기도 감당하지 못하겠노라 그는 성령과 불로 너희에게 세례를 베푸실 것이요(마3:11)

나는 너희에게 물로 세례를 베풀었거니와 그는 너희에게 성령으로 세례를 베푸시리라(막1:8)

세례 요한은 자신에게 세례 받으러 오는 많은 바리새인과 사두개인들, 곧 유대 지도자들을 책망하며 회개하고 삶의 열매를 맺으라고 외쳤습니다. 구약의 선지자 에스겔은 하나님이 백성들을 물로 깨끗하게 하실 뿐만 아니라 새 영을 부어 주시고 나누어 주실 것이라는 회복의 소식을 예언하였습니다. "또 새 영을 너희 속에 두고 새 마음을 너희에게 주되 너희 육신에서 굳은 마음을 제거하고 부드러운 마음을 줄 것이며"(겔36:26). 세례 요한의 사역이 물로 씻는 것이라면, 예수님의 사역은 성령으로 새롭게 하시는 것입니다. 세례 요한은 자신보다 능력 많으신 분이 곧 오실 것이며,

---

3 바리새인은 유대교의 주요 종파 중 하나로 제사장 가문은 아니지만 율법의 세세한 부분까지 엄격히 지키는 사람들이었으며 구전으로 전해져 내려온 전통을 율법과 동일하게 여겼습니다. 그들은 이방 문화를 강력히 거부하였으며, 율법과 전통을 연구하는 학자들로서 사람들에게 상당한 영향력을 행사하였습니다. 요세푸스는 1세기 당시 약 6천명 이상의 바리새인이 있었을 것으로 추산하였습니다. Josephus, "The Antiquities of the Jews," 358.

자신이 물로 주는 정결의 세례는 그 분이 베푸시는 성령과 불의 세례로 대체될 것이라고 알려주었습니다.

그가 전파하여 이르되 나보다 능력 많으신 이가 내 뒤에 오시나니 나는 굽혀 그의 신발끈을 풀기도 감당하지 못하겠노라(막1:7)

곧 내 뒤에 오시는 그이라 나는 그의 신발끈을 풀기도 감당하지 못하겠노라 하더라(요1:27)

세례 요한은 서기관과 바리새인들로부터 선지자로 여김을 받았고 예수님께로부터 여인이 낳은 자 중 가장 큰 이로 인정받았지만, 예수님께 대하여는 "그의 신발끈을 풀기도 감당하지 못하겠노라"고 고백하였습니다. 신발끈을 푸는 일은 너무 비천한 일이었기에 집안에서도 가장 낮은 종들이 하는 일이었습니다. 이와 같이 세례 요한은 오실 그리스도의 위대하심을 분명히 인지하고 겸손하게 자신의 사명을 되새겼습니다.

이튿날 요한이 예수께서 자기에게 나아오심을 보고 이르되 보라 세상 죄를 지고 가는 하나님의 어린 양이로다(요1:29)

"이튿날"은 세례 요한이 예루살렘에서 온 바리새인들이 보낸 사람들을 만난 다음 날로, 예수님께서 세례를 받으신 지 몇 주가 지났을 때입니다. "세상 죄를 지고 가는"(take away, 치워버리는)이란 희생적 죽음을 통해 하나님의 진노를 가라앉히신 예수님의 화목하게 하시는 사역을 가리킵니다. "이 예수를 하나님이 그의 피로써 믿음으로 말미암는 화목제물로 세우셨으니 이는 하나님께서 길이 참으시는 중에 전에 지은 죄를 간과하심으로 자기의 의로우심을 나타내려 하심이니"(롬3:25). "하나님의 어린 양"이란 예수님이 우리를 대신하여 희생당하시는 모습을 예기적(豫期的)으로 상징합니다.

나도 그를 알지 못하였으나 나를 보내어 물로 세례를 베풀라 하신 그이가 나에게 말씀하시되 성령이 내려서 누구 위에든지 머무는 것을 보거든 그가 곧 성령으로 세례를 베푸는 이인 줄 알라 하셨기에 내가 보고 그가 하나님의 아들이심을 증언하였노라 하니라(요1:33-34)

구약시대에 성령은 때때로 사람들 위에 임하셔서 그들로 하여금 하나님의 특정한 임무를 성취할 수 있게 하셨습니다. 구약의 선지자 이사야는 메시야가 항상 성령으로 충만할 것이라고 예언하였습니다. "그의 위에 여호와의 영 곧 지혜와 총명의 영이요 모략과 재능의 영이요 지식과 여호와를 경외하는 영이 강림하시리니"(사11:2). "하나님의 아들"은 하나님께서 메시야로 인정하시는 이를 가리키는 말입니다. "내가 여호와의 명령을 전하노라 여호와께서 내게 이르시되 너는 내 아들이라 오늘 내가 너를 낳았도다"(시2:7).

그 후에 예수께서 제자들과 유대 땅으로 가서 거기 함께 유하시며 세례를 베푸시더라 요한도 살렘 가까운 애논에서 세례를 베푸니 거기 물이 많음이라 그러므로 사람들이 와서 세례를 받더라(요3:22-23)

본문의 "살렘"(Σαλείμ)은 '완성되었다'라는 뜻으로 요단 강 서편 "애논" 근처인 세겜 동쪽 6.4km에 위치해 있습니다. 세례 요한이 이곳에서 세례를 줄 때에 예수님과 제자들도 유대 땅에서 세례를 베풀었습니다. 예수님이 사역하시는 동안 세례를 주셨다고 기록된 곳은 이곳뿐으로, 예수님이 직접 세례를 주신 것은 아니고 제자들이 준 것입니다. "(예수께서 친히 세례를 베푸신 것이 아니요 제자들이 베푼 것이라)"(요4:2).

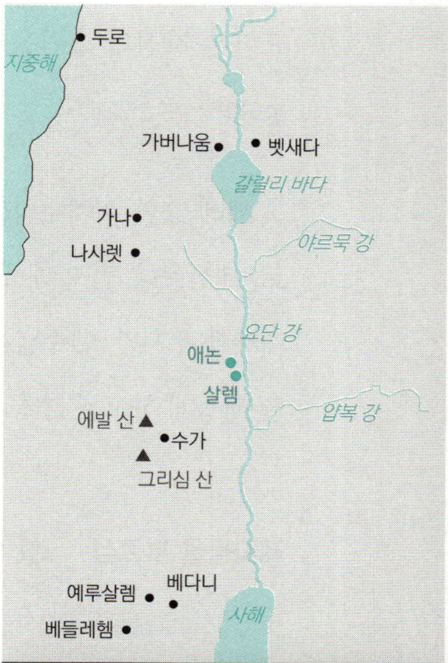

애논과 살렘

내가 말한 바 나는 그리스도가 아니요 그의 앞에 보내심을 받은 자라고 한 것을 증언할 자는 너희니라 신부를 취하는 자는 신랑이나 서서 신랑의 음성을 듣는 친구가 크게 기뻐하나니 나는 이러한 기쁨으로 충만하였노라(요3:28-29)

세례 요한은 명확하게 자신은 메시야가 아니며, 다만 그분이 누구인지 가리키고 증거하는 사명을 받았다고 하였습니다. 세례 요한이 예수님을 "신랑"이라고 한 것은 이스라엘이 오래 기다려 온 메시야가 예수님이심을 확인시켜 준 것입니다. 구약에서 이스라엘은 하나님의 신부로 묘사되는데, "마치 청년이 처녀와 결혼함 같이 네 아들들이 너를 취하겠고 신랑이 신부를 기뻐함 같이 네 하나님이 너를 기뻐하시리라"(사62:5), 세례 요한은 신랑이신 예수님 곁에서 함께 기뻐하는 친구의 역할을 맡았다고 말합니다.

그는 흥하여야 하겠고 나는 쇠하여야 하리라 하니라(요3:30)

구원 역사에서 참 빛이신 예수님이 등장하셨으므로, "참 빛 곧 세상에 와서 각 사람에게 비추는 빛이 있었나니"(요1:9), 등불의 역할을 맡았던 세례 요한은 자신의 소임을 다 마쳤음을 고백합니다. "요한은 켜서 비추이는 등불이라"(요5:35).

세례 요한은 예수님을 가리켜 세상 죄를 지고 가는 하나님의 어린 양으로, 세상보다 먼저 계셨던 분이라고 증언하였습니다. 세례 요한은 정결의 세례를 주지만, 예수님은 성령으로 세례를 베푸시며 이로써 하나님의 백성을 새롭게 하고 권능을 주실 것입니다.

제자들을 부르심 마4:18-22, 막1:16-20, 눅5:1-11, 요1:35-51

또 이튿날 요한이 자기 제자 중 두 사람과 함께 섰다가 예수께서 거니심을 보고 말하되 보라 하나님의 어린 양이로다 두 제자가 그의 말을 듣고 예수를 따르거늘, 요

한의 말을 듣고 예수를 따르는 두 사람 중의 하나는 시몬 베드로의 형제 안드레라 (요1:35-37,40)

예수님의 첫 제자는 세례 요한의 두 제자로서 그 중 한 사람은 안드레입니다. 그들은 세례 요한의 말을 듣고 예수님을 따르게 되었으며, 안드레는 자신의 형제 시몬을 예수님께 인도하였습니다.

그가 먼저 자기의 형제 시몬을 찾아 말하되 우리가 메시야를 만났다 하고 (메시야는 번역하면 그리스도라) 데리고 예수께로 오니 예수께서 보시고 이르시되 네가 요한의 아들 시몬이니 장차 게바라 하리라 하시니라(게바는 번역하면 베드로라) (요1:41-42)

"시몬"은 시므온의 헬라식 이름으로, 제자가 된 후에도 베드로란 이름과 함께 사용되었습니다. "게바"는 '반석'이란 뜻의 아람어이며, "베드로"는 게바의 헬라식 이름입니다. 예수님은 아브람(아브라함)과 야곱(이스라엘)의 경우와 같이 특별한 부르심을 나타내시기 위해 시몬의 이름을 바꾸셨습니다.

무리가 몰려와서 하나님의 말씀을 들을새 예수는 게네사렛 호숫가에 서서(눅5:1)

"게네사렛 호숫가"는 갈릴리 해변, 또는 디베랴 해변이라고도 합니다. 누가복음은 예수님이 시몬의 배에서 제자들을 부르셨다고 기록합니다.

예수께서 한 배에 오르시니 그 배는 시몬의 배라 육지에서 조금 떼기를 청하시고 앉으사 배에서 무리를 가르치시더니 말씀을 마치시고 시몬에게 이르시되 깊은 데로 가서 그물을 내려 고기를 잡으라 시몬이 대답하여 이르되 선생님 우리들이 밤이 새도록 수고하였으되 잡은 것이 없지마는 말씀에 의지하여 내가 그물을 내리리이다 하고 그렇게 하니 고기를 잡은 것이 심히 많아 그물이 찢어지는지라(눅5:3-6)

예수님은 평범한 어부들로 하여금 사람을 낚는 어부가 되도록 부르셨는데, 그들을 제자로 부르시기 전에 먼저 초자연적으로 물고기를 잡게 하심으로 자신의 권위를 드러내셨습니다.

시몬 베드로가 이를 보고 예수의 무릎 아래에 엎드려 이르되 주여 나를 떠나소서 나는 죄인이로소이다 하니 이는 자기 및 자기와 함께 있는 모든 사람이 고기 잡힌 것으로 말미암아 놀라고(눅5:8-9)

시몬 베드로는 하나님의 임재의 표시인 기적을 보자 자신의 죄로 인해 심판받을 것이 두려워 "나를 떠나소서"라고 간청하였습니다.

예수께서 시몬에게 이르시되 무서워하지 말라 이제 후로는 네가 사람을 취하리라 하시니 그들이 배들을 육지에 대고 모든 것을 버려두고 예수를 따르니라(눅5:10b-11)

"네가 사람을 취하리라"는 말씀은 사람들을 하나님 나라로 인도하는 일을 말합니다. "모든 것을 버려두고"란 예수님을 따르던 일반 무리들과는 달리 제자들에게는 전적 헌신이 요구됨을 알려줍니다.

거기서 더 가시다가 다른 두 형제 곧 세베대의 아들 야고보와 그의 형제 요한이 그의 아버지 세베대와 함께 배에서 그물 깁는 것을 보시고 부르시니 그들이 곧 배와 아버지를 버려 두고 예수를 따르니라(마4:21-22)

예수님은 세례 요한에게 세례를 받으신 후 사역 초기에 제자들을 부르셨습니다. 먼저 시몬(베드로)과 안드레를 부르시고, 야고보와 요한을 부르셨습니다. 본문의 "따르니라"는 예수님과 동행하는 것을 의미하며, 그들은 예수님이 부르셨을 때 그들의 생업과 가정을 포기하고 온전히 예수님을 따랐습니다. 예수님은 제자들에게 사람 낚는 어부가 될 것을 말씀하셨는데, 이는 선지자 예레미야의 말을 상기시킵니다. "여호와의 말씀이니라 보라 내가 많은 어부를 불러다가 그들을 낚게 하며 그 후에 많은 포수를 불러다가 그들을 모든 산과 모든 언덕과 바위 틈에서 사냥하게 하리니(렘16:16).

이튿날 예수께서 갈릴리로 나가려 하시다가 빌립을 만나 이르시되 나를 따르라 하시니 빌립은 안드레와 베드로와 한 동네 벳새다 사람이라 빌립이 나다나엘을 찾아 이르되 모세가 율법에 기록하였고 여러 선지자가 기록한 그이를 우리가 만났으니 요셉의 아들 나사렛 예수니라(요1:43-45)

예수님은 직접 빌립을 제자로 부르셨는데, 빌립이 예수님을 모세와 선지자들이 기록한 "그이"라고 고백하며 나다나엘을 예수님께 데려왔습니다. "나다나엘"은 '하나님께서 주심'이라는 뜻이며, '바돌로매'(돌로매의 아들)와 동일인입니다. "율법에 기록하였고 여러 선지자가 기록한"이란 구약 전체를 가리킵니다.

나다나엘이 이르되 나사렛에서 무슨 선한 것이 날 수 있느냐 빌립이 이르되 와서 보라 하니라 예수께서 나다나엘이 자기에게 오는 것을 보시고 그를 가리켜 이르시되 보라 이는 참으로 이스라엘 사람이라 그 속에 간사한 것이 없도다 나다나엘이 이르되 어떻게 나를 아시나이까 예수께서 대답하여 이르시되 빌립이 너를 부르기 전에 네가 무화과나무 아래에 있을 때에 보았노라(요1:46-48)

"네가 무화과나무 아래에 있을 때에 보았노라"란 말씀은 예수님이 시공간을 초월하여 사람의 일거수일투족을 소상히 알고 계심을 의미합니다. 예수님은 나다나엘에게 자신의 신성을 보여주시며 자신이 메시야임을 확인시켜 주셨습니다.

나다나엘이 대답하되 랍비여 당신은 하나님의 아들이시요 당신은 이스라엘의 임금이로소이다 예수께서 대답하여 이르시되 내가 너를 무화과나무 아래에서 보았다 하므로 믿느냐 이보다 더 큰 일을 보리라(요1:49-50)

"랍비"는 문자적으로 '나의 스승'이라는 뜻이며, "하나님의 아들"과 "이스라엘의 임금"은 메시야를 의미하는 구약의 호칭입니다. "이스라엘 왕 여호와가 네 가운데 계시니 네가 다시는 화를 당할까 두려워하지 아니할 것이라"(습3:15).

또 이르시되 진실로 진실로 너희에게 이르노니 하늘이 열리고 하나님의 사자들이 인자 위에 오르락내리락 하는 것을 보리라 하시니라(요1:51)

"진실로"(ἀμὴν, amen)란 '견고한, 확실한'이라는 뜻을 가진 히브리어로, 시편을 비롯한 여러 기도문에서 성도의 기도가 하나님의 이름을 영화롭게 한다는 확신의 표현으로 사용되었습니다. "이스라엘의 하나님 여호와를 영원부터 영원까지 송축할지로다 아멘 아멘"(시41:13). 따라서 예수님께서 이를 반복하여 "진실로 진실로 너희에게 이르노니"라고 하실 때는 그 말씀의 신뢰성과 권위를 강하게 확증하시는 것입니다.

"하나님의 사자들이 인자 위에 오르락내리락 하는 것을 보리라"는 말씀은 야곱이 벧엘에서 보았던 환상을 상기시키는데, "꿈에 본즉 사닥다리가 땅 위에 서 있는데 그 꼭대기가 하늘에 닿았고 또 본즉 하나님의 사자들이 그 위에서 오르락내리락 하고"(창28:12), 예수님은 천사들이 왕래하던 천상의 사다리와는 비교할 수 없는 통로, 곧 하나님께로 나아가는 유일한 길이십니다. 예수님이 나다나엘에게 야곱의 환상을 말씀하신 것은 하늘과 땅 사이의 연합은 인류의 중보자인 자신으로 말미암음을 가르치시기 위함입니다. "인자"란 다니엘서의 '인자 같은 이'로, 예수님의 성육신을 강조하는 말이며, 영원히 모든 민족을 통치하실 메시야의 호칭입니다. "내가 또 밤 환상 중에 보니 인자 같은 이가 하늘 구름을 타고 와서 옛적부터 항상 계신 이에게 나아가 그 앞으로 인도되매 그에게 권세와 영광과 나라를 주고 모든 백성과 나라들과 다른 언어를 말하는 모든 자들이 그를 섬기게 하였으니 그의 권세는 소멸되지 아니하는 영원한 권세요 그의 나라는 멸망하지 아니할 것이니라"(단7:13-14).

예수님은 먼저 가르치시고, 고치시고, 선포하신 후에 제자들을 부르셨으며, 그들은 예수님을 모세와 선지자들이 말한 바로 그 선지자, 곧 여호와의 기름부음을 받은 자라고 고백하였습니다. 제자들은 물고기를 낚는 어부와 동물을 사냥하는 포수처럼 이스라엘 백성들을 다시 하나님께로 부를 것인데, 이 부름은 점차 확장되어 이방인들도 포함하게 됩니다.

물로 포도주를 만드심 요2:1-12

사흘째 되던 날 갈릴리 가나에 혼례가 있어 예수의 어머니도 거기 계시고 예수와 그 제자들도 혼례에 청함을 받았더니 (요2:1-2)

"사흘째 되던 날"이란 나다나엘을 부르신 후 이틀이 지난 날을 말합니다. "가나"는 '갈대'라는 뜻의 마을로 나사렛에서 북동쪽으로 약 6km 떨어진 곳에 있습니다.

포도주가 떨어진지라 예수의 어머니가 예수에게 이르되 저들에게 포도주가 없다 하니 예수께서 이르시되 여자여 나와 무슨 상관이 있나이까 내 때가 아직 이르지 아니하였나이다 (요2:3-4)

"여자여"(γύναι, woman)라는 호칭은 '부인이여'라는 뜻의 정중한 표현으로, 예수님이 공적으로 사역하실 때에는 어머니와 아들의 사사로운 관계로 임하지 않으심을 보여줍니다. 본문의 "내 때"란 예수님이 십자가에서 속죄의 죽음으로 구원 사역을 완성하시는 때를 말합니다. 예수님은 사람들이 오실 메시야에 대하여 잘못 기대할 수 있기 때문에 아직 자신을 드러내지 않으셨습니다.

거기에 유대인의 정결 예식을 따라 두세 통 드는 돌항아리 여섯이 놓였는지라 (요2:6)

"유대인의 정결 예식"에 따르면, 잔치를 주관하는 측은 손님들이 손을 씻을 수 있도록 물을 담은 항아리들을 놓아두어야 합니다. 항아리 한 통은 약 40리터 정도입니다.

예수께서 그들에게 이르시되 항아리에 물을 채우라 하신즉 아귀까지 채우니 이제는 떠서 연회장에게 갖다 주라 하시매 갖다 주었더니 연회장은 물로 된 포도주를 맛보고도 어디서 났는지 알지 못하되 물 떠온 하인들은 알더라 연회장이 신랑을 불러 말하되 사람마다 먼저 좋은 포도주를 내고 취한 후에 낮은 것을 내거늘 그대는 지금까지 좋은 포도주를 두었도다 하니라(요2:7-10)

혼인 잔치에서 가장 중요한 포도주가 다 떨어져 긴급한 상황이 되자 결국 예수님은 하인들에게 물을 가득 채우라고 명하셨고, 그것을 포도주로 변화시키셨습니다. 모세가 마라의 쓴물을 달게 바꾸고(출15:25), 엘리사가 더러운 물을 깨끗하게 바꾼 것처럼(왕하2:21), 예수님께서도 평범한 물을 최상품의 포도주로 바꾸셨습니다. 지금껏 수많은 혼인 잔치를 주관하였을 연회장도 이를 기이하게 여겨 신랑을 불러 칭찬하였습니다.

예수께서 이 첫 표적을 갈릴리 가나에서 행하여 그의 영광을 나타내시매 제자들이 그를 믿으니라(요2:11)

물을 포도주로 바꾸신 사건은 요한복음에만 기록되어 있는 예수님의 첫 표적입니다.[4] "표적"은 '표시, 징조'라는 뜻으로 초자연적인 사건을 통해 예수님이 하나님의 아들이자 메시야이심을 입증하며, 불신자들을

---

4 요한복음의 일곱 표적은 믿음을 갖게 하기 위한 것으로 기적(δύναμις, power)이라기보다 표적(σημεῖον, miracle)이라고 합니다. 물을 포도주로 바꾸시고, 신하의 아들을 고치시며, 38년 된 병자를 고치시고, 5천명을 먹이시며, 물 위를 걸으시고, 눈먼 자를 치유하시며, 죽은 나사로를 살리신 것이 일곱 표적입니다. Andreas J. Köstenberger, *The Missions of Jesus and the Disciples according to the Fourth Gospel: With Implications for the Fourth Gospel's Purpose and the Mission of the Contemporary Church* (Grand Rapids: Eerdmans, 1998), 60-63.

믿음으로 이끄는 기적을 말합니다. 포도주 사건이 예수님의 첫 표적이었다는 말씀을 통해, 예수님께서 이전까지 어떤 기적도 행하지 않으시고 자신의 신적 정체성을 드러내지 않으셨음을 알 수 있습니다. “그의 영광을 나타내시매”란 이 이적을 통해 사람들이 예수님께서 자기 백성의 필요를 채워주시는 하나님이심을 깨닫게 되었다는 의미입니다.

그 후에 예수께서 그 어머니와 형제들과 제자들과 함께 가버나움으로 내려가셨으나 거기에 여러 날 계시지는 아니하시니라(요2:12)

이제 예수님은 가나에서 북동쪽으로 약 26km 떨어진 가버나움으로 내려가시게 됩니다. 가버나움은 ‘나훔의 마을’[5]이란 뜻을 가진 갈릴리 호수 북서쪽의 해변 지역인데, 세례 요한이 투옥된 후에 예수님은 이곳을 중심으로 사역하십니다.

예수님께서 행하신 첫 번째 이적은 물로 포도주를 만드신 것으로, 예수님은 이 표적을 통해 자신의 영광을 드러내시고 제자들은 그분을 믿게 되었습니다. 이처럼 표적은 예수님을 믿고 영생을 얻게 하는 수단이 되며, 예수님이 어떤 분이신지를 보여주는 표지(標識)입니다.

5 전승에 따르면 이곳에 선지자 나훔의 무덤이 있어 이렇게 명명되었다고 전해집니다.

예수님의 공생애 중 첫 번째 유월절로(주후 27년 4월) 예루살렘에 올라가셨을 때 행하신 사역입니다.

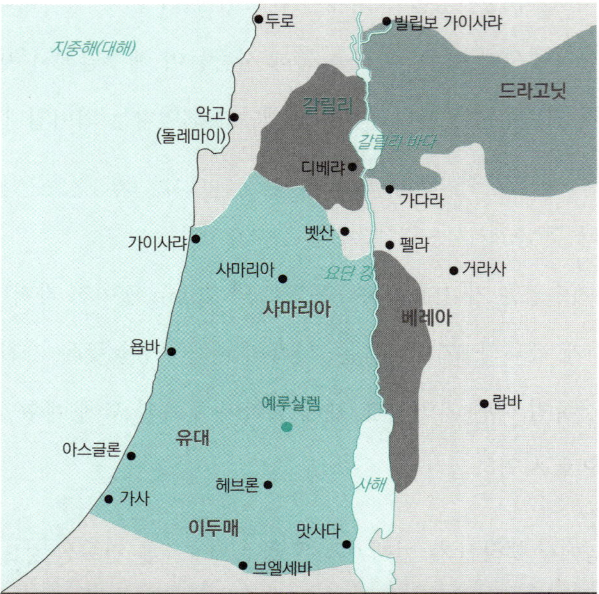

유대 지경

니고데모를 가르치심 요3:1-21

그런데 바리새인 중에 니고데모라 하는 사람이 있으니 유대인의 지도자라 그가 밤에 예수께 와서 이르되 랍비여 우리가 당신은 하나님께로부터 오신 선생인 줄 아나이다 하나님이 함께 하시지 아니하시면 당신이 행하시는 이 표적을 아무도 할 수 없음이니이다(요3:1-2)

니고데모를 "유대인의 지도자"라고 한 것은 그가 당시 유대 사회의 최고 의결기구인 산헤드린 공회의 회원이었음을 암시합니다. 율법에 정통했던 니고데모는 사람들의 눈을 피해 밤에 예수님을 찾아와 "랍비"라 부르며 예수님이 하나님께서 보내신 분임을 고백하였습니다.

예수께서 대답하여 이르시되 진실로 진실로 네게 이르노니 사람이 거듭나지 아니하면 하나님의 나라를 볼 수 없느니라 니고데모가 이르되 사람이 늙으면 어떻게 날 수 있사옵나이까 두 번째 모태에 들어갔다가 날 수 있사옵나이까(요3:3-4)

본문의 '거듭나다'(γεννάω ἄνωθεν, be born again)란 예수님을 믿는 자가 영생을 얻게 된다는 의미인데, 아노텐(ἄνωθεν)이라는 부사는 '다시' 또는 '위로부터'(from above)의 뜻을 가집니다. 따라서 '거듭나다'란 위로부터 태어남 혹은 다시 태어남을 의미합니다. 니고데모는 거듭남을 단지 육신적으로 다시 태어나야 한다는 것으로 생각했기 때문에 예수님의 말씀을 깨닫지 못하였습니다.

예수께서 대답하시되 진실로 진실로 네게 이르노니 사람이 물과 성령으로 나지 아니하면 하나님의 나라에 들어갈 수 없느니라 육으로 난 것은 육이요 영으로 난 것은 영이니(요3:5-6)

물로 태어난다는 것은 죄로부터의 정결을 의미하며, "맑은 물을 너희에게 뿌려서 너희로 정결하게 하되"(겔36:25), 성령으로 태어난다는 것은 언약의 성취를 통하여 하나님과의 새로운 관계를 맺게 됨을 말합니다. "내가 나의 법을 그들의 속에 두며 그들의 마음에 기록하여 나는 그들의 하나님이 되고 그들은 내 백성이 될 것이라"(렘31:33).

하늘에서 내려온 자 곧 인자 외에는 하늘에 올라간 자가 없느니라 모세가 광야에서 뱀을 든 것 같이 인자도 들려야 하리니 이는 그를 믿는 자마다 영생을 얻게 하려 하심이니라(요3:13-14)

예수님은 "인자"라는 칭호를 즐겨 사용하셨는데, 이는 하나님의 아들이 인간과 동일하게 되셨다는 뜻입니다. "하늘에 올라간"이란 표현은 한편으로 영원하신 삼위 하나님의 계속적인 천상의 교제를 의미하며, 다른 한편으로 성자 하나님의 선재성과 성육신 후의 신성을 나타냅니다.

"인자도 들려야 하리니"란 십자가에 달리신 예수님을 바라보고 믿어야만 구원을 얻을 수 있음을 가리킵니다.

하나님이 세상을 이처럼 사랑하사 독생자를 주셨으니 이는 그를 믿는 자마다 멸망하지 않고 영생을 얻게 하려 하심이라(요3:16)

하나님은 자신의 독생자를 아끼지 않고 주시기까지 이 세상을 사랑하셨습니다. 아들을 주신 목적은 그를 믿는 자마다 하나님의 선물인 영생을 누릴 수 있게 하기 위함입니다. 본문의 "믿는 자"(ὁ πιστεύων, believer)의 '믿는'이라는 동사가 현재분사로 쓰였으므로, 이는 만세 전에 하나님의 기뻐하시는 뜻에 따라 택함을 받아 '계속 믿고 있는 자'라는 의미이며, 또한 앞으로 믿게 될 사람들에게도 동일한 영생이 약속되었음을 알게 합니다.

하나님이 그 아들을 세상에 보내신 것은 세상을 심판하려 하심이 아니요 그로 말미암아 세상이 구원을 받게 하려 하심이라 그를 믿는 자는 심판을 받지 아니하는 것이요 믿지 아니하는 자는 하나님의 독생자의 이름을 믿지 아니하므로 벌써 심판을 받은 것이니라(요3:17-18)

"그 아들을 세상에 보내신"이란 보냄을 받으신 성자 하나님의 사명과 가르침이 성부 하나님으로부터 나옴을 뜻합니다. 하나님은 자신의 독생자가 십자가에서 참혹하게 죽으시는 것을 허락할 정도로 인간을 사랑하셨습니다. 성자 하나님이 친히 인간이 되셔서 고난을 당하신 것은 무한한 사랑의 표현이었습니다. 따라서 죄 문제의 해결자이신 예수님을 믿는 자는 심판을 받지 않고 영생으로 옮겨지지만, 믿지 않는 자들은 그들의 불신앙 자체가 이미 하나님 앞에서 심판을 받은 증거입니다.

예수님은 니고데모에게 인간의 구원이 전적으로 하나님의 능력, 곧 성령의 역사를 통해서만 가능하다고 하셨습니다. 독생자를 주신 하나님의 사랑은 피조물로서는 측량할 수 없는 사랑의 극치입니다. 모든 인간은 죄로 인해서 죽은 존재였지만, 하나님께서는 십자가에 달려 죽으신 예수 그리스도를 믿는 자마다 멸망하지 않고 영원히 살게 하셨습니다.

하늘로부터 오시는 이 요3:31-36

위로부터 오시는 이는 만물 위에 계시고 땅에서 난 이는 땅에 속하여 땅에 속한 것을 말하느니라 하늘로부터 오시는 이는 만물 위에 계시나니 그가 친히 보고 들은 것을 증언하되 그의 증언을 받는 자가 없도다 그의 증언을 받는 자는 하나님이 참되시다는 것을 인쳤느니라(요3:31-33)

본문은 예수님께서 하늘로부터 오셨다는 신적 기원을 알게 해주는 말씀입니다. 예수님은 하나님께서 보내셔서 오신 아들이며, 세례 요한이 예수님을 증언하였듯이 예수님도 하나님을 증언하셨습니다. "그가 친히 보고 들은 것"이란 예수님이 삼위일체 하나님 사이의 영원한 교제를 통하여 알고 계시는 성부 하나님에 대한 무한한 지식을 가리킵니다.

하나님이 보내신 이는 하나님의 말씀을 하나니 이는 하나님이 성령을 한량없이 주심이니라 아버지께서 아들을 사랑하사 만물을 다 그의 손에 주셨으니(요3:34-35)

하나님이 보내신 사자들은 그들이 증언하기 위하여 필요한 분량만큼만 성령을 받았지만, 아들에게는 성령께서 항상 머물러 계십니다. "주 여호와의 영이 내게 내리셨으니 이는 여호와께서 내게 기름을 부으사 가난한 자에게 아름다운 소식을 전하게 하려 하심이라"(사61:1). "만물을 다 그의 손에 주셨으니"란 삼위일체 하나님의 경륜 가운데 계획하시는 성부의 권위와 온 창조 세계를 위임받으신 성자의 권위를 가리킵니다.

아들을 믿는 자에게는 영생이 있고 아들에게 순종하지 아니하는 자는 영생을 보지 못하고 도리어 하나님의 진노가 그 위에 머물러 있느니라(요3:36)

"영생이 있고"란 영생이 단지 미래에 대한 기대만이 아니라 지금도 경험할 수 있는 현재적 성격의 생명임을 의미합니다. 이는 '실현된 종말론'이라 불리는데, 이러한 영생은 현재 부분적으로 신자들의 소유가 되었으며 그들의 삶에서 날마다 확장되어 실현되고 있음을 알려줍니다. "하나님의 진노가 그 위에 머물러 있느니라"는 예수님을 믿지 않는 사람은 하나님의 심판 아래 머물러 있다는 말씀입니다. "하나님의 진노가 불의로 진리를 막는 사람들의 모든 경건하지 않음과 불의에 대하여 하늘로부터 나타나나니 이는 하나님을 알 만한 것이 그들 속에 보임이라 하나님께서 이를 그들에게 보이셨느니라"(롬1:18-19).

영원 전부터 성부와 성자와 성령은 사랑의 교제를 나누셨습니다. 성부는 성자의 손에 모든 것을 맡기셨으며, 성자는 자신을 영접하고 그 증거를 받는 이들에게 영생을 부여할 권한을 받으셨습니다. 이러한 영생은 신자들이 성령을 통하여 믿음이 주어지는 순간부터 향유하게 됩니다.

예수님이 갈릴리로 가심 당시 팔레스타인은 로마의 지배하에 있었으며, 예수님은 주로 북쪽의 갈릴리와 남쪽 유대 예루살렘 지역을 중심으로 사역하셨습니다.

사마리아 여인과의 대화 요4:1-42

유대를 떠나사 다시 갈릴리로 가실새 사마리아를 통과하여야 하겠는지라 사마리아에 있는 수가라 하는 동네에 이르시니 야곱이 그 아들 요셉에게 준 땅이 가깝고(요4:3-5)

"통과하여야 하겠는지라"란 표현을 통해 예수님께서 유대에서 갈릴리로 가시던 중 사마리아를 반드시(ἔδει, 에데이) 통과하시겠다는 의도를 가지고 들리셨음을 알 수 있습니다. 에발 산과 그리심 산 사이에 위치한 "수가" 성은 옛적의 세겜[6] 지역입니다.

수가

거기 또 야곱의 우물이 있더라 예수께서 길 가시다가 피곤하여 우물 곁에 그대로 앉으시니 때가 여섯 시쯤 되었더라(요4:6)

"야곱의 우물"은 수가 성에서 북쪽으로 800m 정도 떨어져 있습니다. 예수님이 노정 중에 피곤하셨다는 진술은, "예수께서 눈물을 흘리시더라"(요11:35), "내가 목마르다"(요19:28) 등과 같은 구절들처럼 예수님

6 이 곳은 야곱이 세겜의 아버지 하몰에게서 산 밭의 일부였고, "그가 장막을 친 밭을 세겜의 아버지 하몰의 아들들의 손에서 백 크시타에 샀으며"(창33:19), 요셉의 뼈도 여기에 묻혔습니다. "또 이스라엘 자손이 애굽에서 가져 온 요셉의 뼈를 세겜에 장사하였으니"(수24:32). 후에 북이스라엘의 여로보암이 세겜이라 불리는 성읍을 건설하였습니다. "여로보암이 에브라임 산지에 세겜을 건축하고"(왕상12:25).

의 완전한 인성을 강조합니다. "여섯 시쯤"이란 아침 9시부터 12시 사이의 어느 시간을 말합니다.[7] 예수님이 여행으로 지치셨음을 감안한다면 이 때를 정오에 가까운 시간으로 추측해 볼 수 있습니다.

사마리아 여자 한 사람이 물을 길으러 왔으매 예수께서 물을 좀 달라 하시니 (요4:7)

사람들은 보통 날이 서늘한 아침이나 저녁에 우물가에 왔지만, 한 여인이 모두가 더위를 피해 휴식을 취하고 있는 시간대에 물을 길으러 왔습니다. 예수님은 야곱의 우물 곁에서 기다리시다가 이 여인에게 말을 건네셨습니다.

사마리아 여자가 이르되 당신은 유대인으로서 어찌하여 사마리아 여자인 나에게 물을 달라 하나이까 하니 이는 유대인이 사마리아인과 상종하지 아니함이러라 (요4:9)

"상종하지 아니함이러라"란 '물건들을 함께 사용하지 않는다'는 의미입니다. 유대인들과 사마리아인들은 같은 그릇을 사용하지 않았기 때문에 사마리아 여인이 놀란 것은 당연합니다. 더욱이 유대인 남자이자 존경받는 랍비라면, 사마리아 여자가 아니더라도 처음 보는 여자와 말을 하지 않을 것이기 때문입니다.[8] 만일 여인이 예수님의 청에 응한다면 예수님은 그녀가 가진 물그릇에서 물을 마시게 되는데, 유대인의 정결 의식에 따르면 이는 부정하게 되는 행위였습니다.

주전 722년 북이스라엘의 멸망 후 앗수르 왕이 외국인들을 데려와 사마리아에 정착하게 하였는데, 시간이 흐르면서 그 지역에 남아 있던

7 유대인들은 낮을 세 시간씩 네 시간대로 나누어서 해뜰 때부터 오전 9시까지를 제삼시, 오전 9시부터 정오까지를 제육시, 정오부터 오후 3시까지를 제구시, 오후 3시부터 오후 6시까지를 해질 때라고 하였습니다. 유대인들은 종종 어떤 일이나 사건이 일어났을 경우 해당되는 세 시간을 포함하는 시간대로 불렀습니다.

8 Mark L. Strauss, *Four Portraits, One Jesus: An Introduction to Jesus and the Gospels* (Grand Rapids: Zondervan, 2007), 532.

유대인들과 이주민들이 통혼하므로 비유대 문화에 동화되고 말았습니다. 이에 포로에서 돌아온 유대인들은 사마리아인들의 인종적, 종교적 정결을 의심하며 배척하였는데, 그 골이 심히 깊었습니다.

이 지역의 많은 주민들은 구약 북이스라엘 왕국의 후예로 유대인들과 함께 모세오경과 이스라엘의 역사를 공유했지만, 사마리아인들이 주전 400년경 그리심 산에 사마리아 성전을 세우자 유대인과 사마리아인들의 관계는 더욱 악화되었으며 그들 사이에는 긴장감이 흘렀습니다.[9] 많은 유대인들은 사마리아인에게 안부 묻는 것마저 싫어했고, 특히 사마리아 여인들을 의식적으로 부정하다고 여겼습니다. 이러한 역사적, 문화적 배경을 종합해 볼 때 예수님이 사마리아 여인에게 말씀을 건네신 것은 참으로 놀랍고 파격적인 일이었습니다.

예수께서 대답하여 이르시되 네가 만일 하나님의 선물과 또 네게 물 좀 달라 하는 이가 누구인 줄 알았더라면 네가 그에게 구하였을 것이요 그가 생수를 네게 주었으리라(요4:10)

"생수"란 신선한 샘물과 신자 안에 거하는 성령을 중의적(重義的)으로 표현합니다. "나를 믿는 자는 성경에 이름과 같이 그 배에서 생수의 강이 흘러나오리라 하시니 이는 그를 믿는 자들이 받을 성령을 가리켜 말씀하신 것이라"(요7:38-39). 지금 예수님은 야곱의 우물보다 더 큰 하나님의 선물을 말씀하시고 계십니다. 하나님은 자신을 '생수의 근원'이라고 하셨습니다. "내 백성이 두 가지 악을 행하였나니 곧 그들이 생수의 근원되는 나를 버린 것과 스스로 웅덩이를 판 것인데 그것은 그 물을 가두지 못할 터진 웅덩이들이니라"(렘2:13).

9 주후 1세기 클라우디우스 황제 때 유대인과 사마리아인 간의 싸움이 너무 격렬하여 로마 군인들이 나라의 질서를 혼란하게 한 다수의 반역자들을 진압하고 십자가에 못 박도록 소집되었다고 요세푸스는 기록하였습니다. Josephus, "The Antiquities of the Jews," 481-82.

여자가 이르되 주여 물 길을 그릇도 없고 이 우물은 깊은데 어디서 당신이 그 생수를 얻겠사옵나이까 우리 조상 야곱이 이 우물을 우리에게 주셨고 또 여기서 자기와 자기 아들들과 짐승이 다 마셨는데 당신이 야곱보다 더 크니이까(요4:11-12)

이 여인이 "우리 조상 야곱"이라고 언급한 것은 여전히 자신들을 야곱, 즉 이스라엘의 참된 자손으로 생각하고 있음을 보여줍니다. 여인은 아직 예수님이 어떤 분인지 모르고 있습니다.

예수께서 대답하여 이르시되 이 물을 마시는 자마다 다시 목마르려니와 내가 주는 물을 마시는 자는 영원히 목마르지 아니하리니 내가 주는 물은 그 속에서 영생하도록 솟아나는 샘물이 되리라(요4:13-14)

"영원히 목마르지 아니하리니"라는 말씀은 하나님을 알고자 하는 사람의 영적 갈망이 완전히 충족될 것이며, "내가 주는 물"이란 예수님을 믿는 사람 안에 거하시는 성령을 의미합니다. "그러므로 너희가 기쁨으로 구원의 우물들에서 물을 길으리로다"(사12:3).

여자가 이르되 주여 그런 물을 내게 주사 목마르지도 않고 또 여기 물 길으러 오지도 않게 하옵소서(요4:15)

여인은 유대인인 예수님이 자신에게 물을 달라고 하자 처음에는 경계하였지만, 영원히 목마르지 않는 생수에 대한 말씀을 듣자 귀를 기울이게 됩니다. 예수님은 눈에 보이지 않는 영적 세계를 가르치시기 위하여 눈에 보이는 물질적 세계의 관점에서 말씀하셨는데, 여자는 예수님의 말씀을 문자적으로 받아들여 오해하였습니다.

이르시되 가서 네 남편을 불러 오라 여자가 대답하여 이르되 나는 남편이 없나이다 예수께서 이르시되 네가 남편이 없다 하는 말이 옳도다 너에게 남편 다섯이 있었고 지금 있는 자도 네 남편이 아니니 네 말이 참되도다(요4:16-18)

이에 예수님은 그녀가 지나온 삶을 구체적으로 말씀하시며, 자신의 전지하심을 드러내셨습니다.

여자가 이르되 주여 내가 보니 선지자로소이다 우리 조상들은 이 산에서 예배하였는데 당신들의 말은 예배할 곳이 예루살렘에 있다 하더이다(요4:19-20)

"우리 조상들은 이 산에서 예배하였는데"라고 한 것은 모세와 여호수아 때에 그리심 산이 구약시대에 언약 준수에 대한 복이 선포된 장소이기 때문입니다. "네 하나님 여호와께서 네가 가서 차지할 땅으로 너를 인도하여 들이실 때에 너는 그리심 산에서 축복을 선포하고 에발 산에서 저주를 선포하라"(신11:29), "온 이스라엘과 그 장로들과 관리들과 재판장들과 본토인뿐 아니라 이방인까지 여호와의 언약궤를 멘 레위 사람 제사장들 앞에서 궤의 좌우에 서되 절반은 그리심 산 앞에, 절반은 에발 산 앞에 섰으니 이는 전에 여호와의 종 모세가 이스라엘 백성에게 축복하라고 명령한 대로 함이라"(수8:33). 여인이 그리심 산에서 예배한 조상들을 언급했을 때는 그 지역에 제단을 쌓았던 아브라함과 야곱도 포함되었을 것입니다. "야곱이 밧단아람에서부터 평안히 가나안 땅 세겜 성읍에 이르러, 거기에 제단을 쌓고 그 이름을 엘엘로헤이스라엘[10]이라 불렀더라"(창33:18, 20). 이후에 사마리아 사람들은 그리심 산에 자신들의 성전을 세웠습니다. 이 성전은 하스몬 가문의 지도자 요한 힐카누스의 재위 기간에 파괴되었는데(주전108), 성전 파괴에도 불구하고 사마리아인들의 제사 의식은 주후 1세기 당시에 이르기까지 그리심 산 꼭대기에서 계속되어 왔습니다.

예수께서 이르시되 여자여 내 말을 믿으라 이 산에서도 말고 예루살렘에서도 말고

10 여기서 '엘 엘로헤 이스라엘'이란 '하나님은 이스라엘의 하나님'이라는 뜻으로, 야곱이 무사히 고향으로 돌아온 것을 기념하여 세겜 근처에 세운 제단의 이름입니다.

너희가 아버지께 예배할 때가 이르리라(요4:21)

예수님은 여인에게 사람들이 예배하기 위해 성전으로 여행할 필요가 없고 어디서든 하나님께 예배할 수 있는 새로운 시대가 시작되었다고 알려주셨습니다. 유대인들이 하나님께 제사 드리는 장소는 솔로몬이 처음 세운 예루살렘 성전입니다. 그런데 예수님은 사마리아의 그리심 산이나 예루살렘의 시온 산을 따지는 것은 더 이상 의미가 없다고 하시며, 어디서 하나님을 예배하느냐가 아니라 어떻게 하나님을 예배하느냐가 중요하다고 가르쳐 주셨습니다.

너희는 알지 못하는 것을 예배하고 우리는 아는 것을 예배하노니 이는 구원이 유대인에게서 남이라(요4:22)

"구원이 유대인에게서 남이라"고 하신 것은 영원한 왕권이 다윗의 혈통에서 나오기 때문이며, 메시야이신 예수님 자신이 바로 유다 지파 출신이라는 의미에서 그러합니다.

아버지께 참되게 예배하는 자들은 영과 진리로 예배할 때가 오나니 곧 이 때라 아버지께서는 자기에게 이렇게 예배하는 자들을 찾으시느니라(요4:23)

예수님은 장차 올 시대의 예배가 지금 이 땅에서 드려질 수 있다고 하셨습니다. "곧 이 때라"란 이 날의 완성은 장래에 온 세계가 하나님을 아는 지식을 가지게 되는 때이지만, 믿음의 눈으로 볼 때 그 세대는 이미 임하였기 때문입니다.

하나님은 영이시니 예배하는 자가 영과 진리로 예배할지니라(요4:24)

"하나님은 영이시니"라는 말씀은 하나님은 물질적인 몸을 가지신 것이 아니기 때문에 예배를 드리는 장소가 어느 특정한 곳에 국한되지 않는다는 의미입니다. 또한 성령이 신자들 안에 거하실 것이므로 하나님의 백성은 어디서든 하나님이 거하시는 성전이 된다는 뜻입니다. "너희도 성령 안에서 하나님이 거하실 처소가 되기 위하여 그리스도 예수 안에서 함께 지어져 가느니라"(엡2:22). 따라서 "영과 진리로" 드리는 예배란 말씀에 비추어 겸손히 회개하며 내주하시는 성령으로 말미암아 은혜에 감사하는 마음으로 드리는 예배입니다.

여자가 이르되 메시야 곧 그리스도라 하는 이가 오실 줄을 내가 아노니 그가 오시면 모든 것을 우리에게 알려 주시리이다 예수께서 이르시되 네게 말하는 내가 그라 하시니라(요4:25-26)

"네게 말하는 내가 그라"(Ἐγώ εἰμι, ὁ λαλῶν σοι; I am He that speak unto thee)는 표현은 구약에서 하나님이 자신의 존재를 가리켜 사용하신 표현으로, "하나님이 모세에게 이르시되 나는 스스로 있는 자이니라"(출3:14), 예수님이 사용하실 때에는 그의 신성을 나타냅니다. 사마리아 여인은 처음에 예수님을 평범한 유대인 남자로 생각하다가 주님이라고 부르게 되었고, 자신의 과거와 현재 상황을 다 알고 있는 선지자로 인정하다가, 이어지는 대화 속에서 결국 메시야임을 깨닫고 즉시 예수님을 영접하였습니다.

여자가 물동이를 버려두고 동네로 들어가서 사람들에게 이르되 내가 행한 모든 일을 내게 말한 사람을 와서 보라 이는 그리스도가 아니냐 하니 그들이 동네에서 나와 예수께로 오더라(요4:28-30)

여인은 물을 길으러 왔다는 사실도 잊은 채 서둘러 동네로 돌아가 사람들에게 메시야가 오셨다고 증언하였습니다. 지금까지 사람들을 피해 다녔던 그녀가 적극적으로 전도하는 놀라운 변화가 일어난 것입니다.

너희는 넉 달이 지나야 추수할 때가 이르겠다 하지 아니하느냐 그러나 나는 너희에게 이르노니 너희 눈을 들어 밭을 보라 희어져 추수하게 되었도다 거두는 자가 이미 삯도 받고 영생에 이르는 열매를 모으나니 이는 뿌리는 자와 거두는 자가 함께 즐거워하게 하려 함이라(요4:35-36)

사마리아 사람들이 예수님을 보기 위하여 나오는 동안에 예수님은 제자들에게 영적인 추수에 관하여 말씀하십니다. 예수님은 자신이 파종과 수확이 동시에 일어나는 메시야 시대를 열고 있다고 하셨는데, 이는 새 시대의 풍요와 번영을 묘사하는 선지자 아모스의 말씀을 상기시킵니다. "보라 날이 이를지라 그 때에 파종하는 자가 곡식 추수하는 자의 뒤를 이으며 포도를 밟는 자가 씨 뿌리는 자의 뒤를 이으며 산들은 단 포도주를 흘리며 작은 산들은 녹으리라"(암9:13). "즐거워하게"란 불신자들이 믿음에 이르는 모습을 보는 기쁨을 말합니다.

그런즉 한 사람이 심고 다른 사람이 거둔다 하는 말이 옳도다 내가 너희로 노력하지 아니한 것을 거두러 보내었노니 다른 사람들은 노력하였고 너희는 그들이 노력한 것에 참여하였느니라(요4:37-38)

심은 사람은 세례 요한과 그의 제자들, 더 나아가 구약의 모든 선지자들을 가리키며, 예수님의 제자들은 그 수확물을 거두어들이게 될 것입니다.

여자의 말이 내가 행한 모든 것을 그가 내게 말하였다 증언하므로 그 동네 중에 많은 사마리아인이 예수를 믿는지라 사마리아인들이 예수께 와서 자기들과 함께 유하시기를 청하니 거기서 이틀을 유하시매 예수의 말씀으로 말미암아 믿는 자가 더욱 많아 그 여자에게 말하되 이제 우리가 믿는 것은 네 말로 인함이 아니니 이는 우리가 친히 듣고 그가 참으로 세상의 구주신 줄 앎이라 하였더라(요4:39-42)

마을 사람들은 그 여인이 예수님에 대하여 한 말이 진실이며, 예수님은 일반적인 선지자가 아니심을 깨닫게 되었습니다. "세상의 구주"란 예수님이 유대인들만의 구주가 아님을 의미하는데, 이러한 사마리아인들의 변화는 예수님이 유대 민족의 경계를 넘어 베푸신 첫 은혜입니다.

예수님은 사마리아 여인과의 대화에서 자신이 영생을 주시는 분이라고 말씀하시며, 참된 예배에 대해 가르쳐 주셨습니다. 구약의 선지자들은 성소만이 아니라 온 땅이 하나님의 이름과 영광이 거하는 거처가 될 날에 대하여 예언하였는데, 예수님은 자신이 영원히 목마르지 않는 생명수를 주시는 분, 곧 메시야라는 것을 분명히 말씀하셨습니다.

갈릴리 사역의 시작 예수님은 생애와 사역의 대부분을 팔레스타인 북부 산악지역인 갈릴리에서 보내셨습니다. 예수님은 갈릴리의 산골 마을인 나사렛에서 자라나셨으며, 공생애를 시작하신 후 갈릴리 해변의 가버나움으로 이주하셨습니다. 예수님은 그곳에서 복음을 선포하시고 많은 표적들을 행하셨으며, 자신이 유대인의 왕이라는 사실을 드러내셨습니다.

갈릴리로 돌아가심 눅3:19-20, 요4:43-45

이틀이 지나매 예수께서 거기를 떠나 갈릴리로 가시며 친히 증언하시기를 선지자가 고향에서는 높임을 받지 못한다 하시고 갈릴리에 이르시매 갈릴리인들이 그를 영접하니 이는 자기들도 명절에 갔다가 예수께서 명절 중 예루살렘에서 하신 모든 일을 보았음이더라(요4:43-45)

예루살렘 사람들은 예수님을 배척하였지만 북쪽 지역의 갈릴리 사람들은 환영하였는데, 이는 유월절에 예수님이 예루살렘에서 행하신 표적들을 보았던 갈릴리 사람들이 고향으로 돌아와 자신들이 보고 들은 것을 전하였기 때문입니다. "유월절에 예수께서 예루살렘에 계시니 많은 사람이 그의 행하시는 표적을 보고 그의 이름을 믿었으나"(요2:23). 예수님이 수가 성에서 갈릴리의 가나까지 가신 길은 약 80km이며, 도보로 이틀 내지 사흘 길입니다.

분봉 왕 헤롯은 그의 동생의 아내 헤로디아의 일과 또 자기가 행한 모든 악한 일로 말미암아 요한에게 책망을 받고 그 위에 한 가지 악을 더하여 요한을 옥에 가두니라 (눅3:19-20)

한편, 헤롯 안디바는 자신의 이복형제 헤롯 빌립을 찾아갔다가 그의 아내이며 아리스토불루스의 딸인 헤로디아(Herodias)에게 반하여, 구약의 율법을 어기고 그녀와 결혼하였습니다. 헤로디아는 헤롯 대왕과 대제사장 시몬의 딸인 마리암네와의 사이에서 태어난 헤롯 빌립과 결혼하여 살로메를 낳았는데, 딸을 낳고 남편이 살아있는데도 남편과 이혼하고 남편의 이복형제인 헤롯 안디바와 재혼하여 유대 율법을 완전히 무시하는 태도를 보였습니다.[11] 이 결혼을 강하게 비난했던 세례 요한은 결국 투옥되었습니다.

예수님은 자신이 아직 높임을 받지 못하는 갈릴리에서 사역을 하시는데, 그 결과 사람들이 예수님을 믿게 됩니다. 예수님을 환영하던 갈릴리 사람들이 점점 줄어들게 된 것은 이로부터 일 년 후의 일입니다. "그 때부터 그의 제자 중에서 많은 사람이 떠나가고 다시 그와 함께 다니지 아니하더라"(요6:66).

가버나움으로 가심 마4:12-17, 막1:14-15, 눅4:14-15

예수께서 요한이 잡혔음을 들으시고 갈릴리로 물러가셨다가 나사렛을 떠나 스불론과 납달리 지경 해변에 있는 가버나움에 가서 사시니 이는 선지자 이사야를 통하여 하신 말씀을 이루려 하심이라 일렀으되(마4:12-14)

11 Josephus, "The Antiquities of the Jews," 382-83.

가버나움은 갈릴리 호수 북쪽에 위치하며, 예수님과 제자들의 갈릴리 사역의 근거지입니다. 예수님이 가버나움에 사시게 된 것과 이방인들이 하나님의 은혜를 받게 된 것은 이사야서의 예언을 이루신 것입니다.

스불론 땅과 납달리 땅과 요단 강 저편 해변 길과 이방의 갈릴리여 흑암에 앉은 백성이 큰 빛을 보았고 사망의 땅과 그늘에 앉은 자들에게 빛이 비취었도다 하였느니라 (마4:15-16)

나사렛을 중심으로 한 "스불론 땅"과 가버나움이 속해 있는 "납달리 땅"은 역사적으로 앗수르 지배 아래 "흑암"과 같은 혼란을 겪은 지역입니다. "앗수르 왕 디글랏 빌레셀이 와서 ... 길르앗과 갈릴리와 납달리 온 땅을 점령하고 그 백성을 사로잡아 앗수르로 옮겼더라"(왕하15:29). 그러나 이방의 영향을 가장 많이 받았던 이 두 곳이 이제는 예수님 안에서 먼저 하나님의 구원의 큰 빛을 보게 된 것입니다.

요한이 잡힌 후 예수께서 갈릴리에 오셔서 하나님의 복음을 전파하여 이르시되 때가 찼고 하나님의 나라가 가까이 왔으니 회개하고 복음을 믿으라 하시더라(막1:14-15)
이 때부터 예수께서 비로소 전파하여 이르시되 회개하라 천국이 가까이 왔느니라 하시더라(마4:17)

"하나님의 나라"라는 용어가 마가복음에 처음 나타나는데, 이는 하나님의 왕국 또는 하나님의 통치를 의미합니다. 예수님은 하나님의 통치가 이미 "가까이 왔으니" 회개하고 자신을 통해서 하나님의 나라가 이루어질 것을 믿으라고 말씀하셨습니다. 이에 갈릴리 전역에 천국복음이 전파되었고 병 고침을 받는 이적들이 나타났습니다.

예수님은 하나님 나라를 선포하시며 사역을 시작하셨는데, 앞서 세례 요한도 하나님 나라의 도래를 전하였습니다. 하나님 나라는 어떤 특정한 지역에 국한되는 것이 아니라 하나님이 왕으로서 다스리시는 통치 자체를 나타내는 말입니다.

나사렛에서 배척당하심 마13:53-58, 막6:1-6, 눅4:16-30

예수께서 그 자라나신 곳 나사렛에 이르사 안식일에 늘 하시던 대로 회당에 들어가사 성경을 읽으려고 서시매(눅4:16)

예수님은 고향 나사렛에서 복음 사역을 시작하셨으며, 그 후 많은 사람들을 고치시며 제자들을 부르셨습니다. "늘 하시던 대로 회당에 들어가사"란 예수님이 회당 예배에 성실히 참석하셨음을 보여줍니다. 로마 제국 시대에 회당은 예루살렘 이외의 주요 성읍들에서 유대인 예배의 중심이었습니다. 회당은 바실리카[12]를 포함한 큰 방들로 이루어졌고 벽을 따라 장의자가 놓여 있었습니다. 회당 안에 종종 두루마리로 된 구약성경을 보관하는 토라 상자가 발견되었으며, 일부 회당(고라신)에서는

회당의 구조 : 1층 내부는 회집 장소이고, 2층 발코니는 여자들을 위한 공간

12 바실리카(basilica)란 직사각형의 평면을 기본으로, 외벽으로 둘러싸인 내부 공간 안에 기둥들이 줄지어 늘어선 형태를 말합니다.

'모세 의자'라고 불리는 특별한 장식용 의자가 있었습니다. 회당의 안식일 예배는 찬양, 정해진 기도문, 성경 낭독,[13] 토라 해석, 제사장의 축도가 포함되었습니다. 회당의 지도자는 회중의 장로들이 맡았으며, 신앙에 어긋나는 자들은 회당에서 쫓아내었던 기록도 발견되었습니다.

선지자 이사야의 글을 드리거늘 책을 펴서 이렇게 기록된 데를 찾으시니 곧 주의 성령이 내게 임하셨으니 이는 가난한 자에게 복음을 전하게 하시려고 내게 기름을 부으시고 나를 보내사 포로된 자에게 자유를, 눈 먼 자에게 다시 보게 함을 전파하며 눌린 자를 자유롭게 하고 주의 은혜의 해를 전파하게 하려 하심이라 하였더라 (눅4:17-19)

예수님은 "주의 성령이 내게 임하셨으니"라는 말씀으로, 자신은 이사야가 예언했던 기름부음 받은 메시야라고 깨우쳐 주셨습니다. "주 여호와의 영이 내게 내리셨으니 이는 여호와께서 내게 기름을 부으사 가난한 자에게 아름다운 소식을 전하게 하려 하심이라 나를 보내사 마음이 상한 자를 고치며 포로된 자에게 자유를, 갇힌 자에게 놓임을 선포하며"(사61:1). 본 절에서 "가난한 자"란 '고통 받는 자' 또는 '겸손한 자'라는 의미로, 어려운 상황 가운데 하나님만을 절실히 의지하는 자를 말합니다. "눈 먼 자에게 다시 보게 함"이란 육체적, 영적으로 맹인된 자들에게 빛을 주심을 의미하며, "눌린 자를 자유롭게 하고"는 병자를 고치고 귀신을 쫓아내심을 말합니다. "주의 은혜의 해를 전파하게"란 이사야서의 인용으로, "여호와의 은혜의 해와 우리 하나님의 보복의 날을 선포하여 모든 슬픈 자를 위로하되"(사61:2), 여기에는 희년의 의미가 포함되어 있습니다. "너희는 오십 년째 해를 거룩하게 하여 그 땅에 있는 모든 주민을 위하여 자유를 공포하라 이 해는 너희에게 희년이니 너희는 각각 자기의 소유지로 돌아가며 각각 자기의 가족에게로 돌아갈지며"(레25:10).

---

13 보통 1년 주기의 안식일 성경낭독 일정표가 사용되었으며, 히브리어로 된 해석과 아람어 번역본도 있었습니다. Mishinah, *Megillah* IV.1-5,10.

책을 덮어 그 맡은 자에게 주시고 앉으시니 회당에 있는 자들이 다 주목하여 보더라 이에 예수께서 그들에게 말씀하시되 이 글이 오늘 너희 귀에 응하였느니라 하시니 (눅4:20-21)

"너희 귀에 응하였느니라"는 말씀은 이사야의 예언이 그들에게 '성취되어 있다'(has been fulfilled)는 뜻으로, 하나님의 말씀이 예수님 안에서 구체적으로 이루어졌음을 의미합니다.

또 이르시되 내가 진실로 너희에게 이르노니 선지자가 고향에서는 환영을 받는 자가 없느니라 내가 참으로 너희에게 이르노니 엘리야 시대에 하늘이 삼 년 육 개월 간 닫히어 온 땅에 큰 흉년이 들었을 때에 이스라엘에 많은 과부가 있었으되 엘리야가 그 중 한 사람에게도 보내심을 받지 않고 오직 시돈 땅에 있는 사렙다의 한 과부에게뿐이었으며 또 선지자 엘리사 때에 이스라엘에 많은 나병환자가 있었으되 그 중의 한 사람도 깨끗함을 얻지 못하고 오직 수리아 사람 나아만 뿐이었느니라(눅4:24-27)

예수님은 고향 사람들이 자신을 받아들이지 않음을 보시고, 과거에 이스라엘 사람들이 엘리야와 엘리사를 배척했을 때 하나님은 그 두 선지자를 이방인들에게로 보내셔서 이방의 과부와 나병환자가 치유 받았음을 상기시켜 주셨습니다.

회당에 있는 자들이 이것을 듣고 다 크게 화가 나서 일어나 동네 밖으로 쫓아내어 그 동네가 건설된 산 낭떠러지까지 끌고 가서 밀쳐 떨어뜨리고자 하되 예수께서 그들 가운데로 지나서 가시니라(눅4:28-30)

며칠 전에는 예수님을 환영했던 갈릴리 사람들이 이제는 예수님을 거절하고 벼랑 끝에서 밀치려 하였습니다.[14] "그들 가운데로 지나서 가

14 2세기 말의 '미쉬나' 초기 문헌(*Sanhedrin* VI.4, VII.4-VIII.7)은 누군가를 돌로 쳐 죽일 때에 올바른 유일한 방법은 그 사람을 낭떠러지 아래로 떨어뜨리는 것이라 기록하고 있습니다. cf. Jacob Neusner, *Midrash in Context: Exegesis in Formative Judaism* (Philadelphia: Fortress Press, 1983), 5.

시니라"는 성난 무리들이 예수님을 에워싸고 해를 가하려 하였지만, 성령의 능력에 의해 기적적으로 보호받으셨음을 의미합니다. 이는 아직 예수님의 구속 사역이 완성되는 때가 이르지 않았기 때문에 하나님께서 강권적으로 역사하신 것입니다.

예수님은 공생애의 첫 메시지로 이사야서를 인용하시며, 자신은 가난한 자에게 복음을 전하는 기름부음 받은 메시야임을 선언하셨습니다. 그러나 예수님의 고향인 나사렛 사람들은 예수님의 유년 시절과 성장기를 지켜보았기 때문에, 그 가르침에 놀라기는 하였지만 예수님을 하나님이 보내신 분으로 생각하지 못하였습니다.

귀신들린 사람을 고치심 막1:23-28, 눅4:31-37

갈릴리의 가버나움 동네에 내려오사 안식일에 가르치시매 그들이 그 가르치심에 놀라니 이는 그 말씀이 권위가 있음이러라(눅4:31-32)

예수님은 안식일에 나사렛 회당에서 이사야의 글을 읽으신 후 가버나움으로 가셨으며, 갈릴리의 여러 성읍들, 곧 가버나움, 벳새다, 고라신, 게네사렛 등의 회당들을 다니시면서 복음을 전파하셨습니다. 예수님은 공생애 동안 가르치고 선포하시며 치유하시는 사역을 하셨는데, 그 핵심은 가르치시는 일입니다. 예수님께서 나사렛 회당에서 이사야서를 읽으신 일은 그 가르침의 내용을 보여주며, 본문은 그 권위를 보여주는 말씀입니다. 하나님 나라의 도래를 선포하신 예수님이 이제 그 통치를 가르쳐 주셨습니다.

회당에 더러운 귀신 들린 사람이 있어 크게 소리 질러 이르되 아 나사렛 예수여 우리가 당신과 무슨 상관이 있나이까 우리를 멸하러 왔나이까 나는 당신이 누구인 줄

아노니 하나님의 거룩한 자니이다(눅4:33-34)

고향 사람들은 예수님을 요셉의 아들로만 알고 있었는데, 귀신은 예수님이 하나님의 아들이심과 그가 오신 이유도 알고 있었습니다. 귀신은 "우리를 멸하러 왔나이까"라고 하며, 예수님을 성령의 능력으로 임하신 하나님의 거룩한 자로 인식하고 두려워하였습니다. "하나님의 거룩한 자"라는 말은 예수님이 본질적으로 죄가 없으신 분임을 나타낸 표현입니다.

예수께서 꾸짖어 이르시되 잠잠하고 그 사람에게서 나오라 하시니 귀신이 그 사람을 무리 중에 넘어뜨리고 나오되 그 사람은 상하지 아니한지라 다 놀라 서로 말하여 이르되 이 어떠한 말씀인고 권위와 능력으로 더러운 귀신을 명하매 나가는도다 하더라(눅4:35-36)

예수님이 공생애 사역을 시작하시면서 가장 먼저 행하신 권능은 더러운 귀신을 쫓아내신 일입니다. 이는 하나님이 예수님과 함께 계심을 입증한 기적입니다. "다 놀라"라고 한 것은 예수님께서 말씀 한마디로 귀신들을 쫓아내셨기 때문입니다.

이에 예수의 소문이 그 근처 사방에 퍼지니라(눅4:37)

예수님의 소문이 사방에 널리 퍼지자, 큰 무리가 갈릴리의 각 마을과 유대와 예루살렘과 두로와 시돈의 해안으로부터 모여들었습니다.

귀신을 쫓아내는 것은 사탄의 세력을 멸하는 것이며 하나님 나라의 통치를 구현하는 일입니다. 예수님은 하나님 아들의 권위로 이 일을 행하셨습니다. 영적 존재인 귀신은 처음부터 예수님의 정체를 알고 있었지만, 사람들은 아직 예수님을 하나님의 아들로 인식하지 못하고 있습니다.

베드로의 장모와 많은 사람들을 고치심 마8:14-17, 막1:29-34, 눅4:38-41

예수께서 베드로의 집에 들어가사 그의 장모가 열병으로 앓아누운 것을 보시고 그의 손을 만지시니 열병이 떠나가고 여인이 일어나서 예수께 수종들더라(마8:14-15)

예수께서 가까이 서서 열병을 꾸짖으신대 병이 떠나고 여자가 곧 일어나 그들에게 수종드니라(눅4:39)

예수님은 귀신 들린 사람을 고치신 일과 함께 베드로의 장모를 고치심을 통하여, 자신이 메시야이심을 깨닫게 하셨습니다. 왜냐하면 하나님께로부터 보냄을 받지 않고서는 이러한 일들이 일어날 수 없기 때문입니다.

저물어 해 질 때에 모든 병자와 귀신 들린 자를 예수께 데려오니 온 동네가 그 문 앞에 모였더라(막1:32-33)

저물매 사람들이 귀신 들린 자를 많이 데리고 예수께 오거늘 예수께서 말씀으로 귀신들을 쫓아내시고 병든 자들을 다 고치시니(마8:16)

"저물어 해 질 때에"란 안식일의 끝, 곧 대략 토요일 저녁 6시로 사람들이 자유로이 다닐 수 있는 시간대입니다. 여기서 "데려오니"(ἔφερον, they have brought)란 동사는 미완료로 쓰였는데, 이는 사람들이 각종 병과 귀신으로 고통받는 이들을 '계속 데려오고 있었다'는 의미입니다.

이는 선지자 이사야를 통하여 하신 말씀에 우리의 연약한 것을 친히 담당하시고 병을 짊어지셨도다 함을 이루려 하심이더라(마8:17)

"우리의 연약한 것을 친히 담당하시고 병을 짊어지셨도다"란 메시야의 치유 사역에 대한 이사야의 '종의 예언'의 성취입니다. "그가 찔림은 우리의 허물 때문이요 그가 상함은 우리의 죄악 때문이라 그가 징계를 받으므로 우리는 평화를 누리고 그가 채찍에 맞으므로 우리는 나음을 받았도다"(사53:5). 예수님이 병든 자들을 고치시는 일과 귀신을 쫓아내시는 일을 구별하시는 것을 통하여 모든 질병이 귀신에 의한 것이 아니라는 사실을 알 수 있습니다.

예수님은 시몬의 장모의 중한 열병을 고치셨으며 각종 병자들을 고쳐주셨습니다. 예수님은 능력으로 병을 고치시고 귀신을 쫓아내심으로 신적 권위를 확증하셨는데, 이같이 예수님께서 귀신을 쫓아내실 때 하나님 나라가 확장되며 사탄의 권세가 힘을 잃게 되었습니다.

제6장 전도 사역

갈릴리에서 선포하심 마4:23-25, 막1:35-39, 눅4:42-44

새벽 아직도 밝기 전에 예수께서 일어나 나가 한적한 곳으로 가사 거기서 기도하시더니(막1:35)

"아직도 밝기 전에"란 예수님께서 매우 이른 시간에 기도하신다는 것을 알게 하며, "한적한 곳"이란 문자적으로 '황폐한 장소'를 말합니다. 본문의 네 동사 "일어나", "나가", "가사", "기도하시더니"는 성부 하나님과 교제하시는 예수님의 모습을 강조하고 있습니다.

날이 밝으매 예수께서 나오사 한적한 곳에 가시니 무리가 찾다가 만나서 자기들에게서 떠나시지 못하게 만류하려 하매 예수께서 이르시되 내가 다른 동네들에서도 하나님의 나라 복음을 전하여야 하리니 나는 이 일을 위해 보내심을 받았노라 하시고(눅4:42-43)

"하나님의 나라"(βασιλεία, kingdom)란 영토의 의미보다 왕이신 하나님의 통치를 받는 상태를 의미합니다. 예수님의 초림으로 이미 시작된 하나님 나라는 단순히 신자들이 사후에 가는 장소가 아니라 개인이 하나님의 말씀을 받아들임으로 현재의 삶에서 결실을 맺고 미래에 완성되는 상태를 가리키는 말입니다. 예수님은 "나는 이 일을 위해 보내심을 받았노라"고 하심으로 선포의 내용이 하나님 나라임을 분명히 하셨습니다.

예수께서 온 갈릴리에 두루 다니사 그들의 회당에서 가르치시며 천국 복음을 전파하시며 백성 중의 모든 병과 모든 약한 것을 고치시니 그의 소문이 온 수리아에 퍼진지라 사람들이 모든 앓는 자 곧 각종 병에 걸려서 고통 당하는 자, 귀신 들린 자, 간질하는 자, 중풍병자들을 데려오니 그들을 고치시더라(마4:23-24)

갈릴리 여러 회당에서 전도하시더라(눅4:44)

마태복음의 '전파하다'라는 동사와 마가복음과 누가복음의 '전도하다'라는 동사는 원어로 '선포하다'(κηρύσσω, preach)와 동일한 단어입니다. 예수님은 가르치시고, 선포하시며, 고치시는 사역을 통하여 사람들의 육체적 필요를 충족시키시며 동시에 그들 마음에 "천국 복음", 곧 '그 나라(왕국)의 복음'(the gospel of the kingdom)을 전파하셨습니다.

데가볼리(10개 도시)

갈릴리와 데가볼리와 예루살렘과 유대와 요단 강 건너편에서 수많은 무리가 따르니라(마4:25)

"데가볼리"(Decapolis)란 대체로 이방인들이 거주하던 갈릴리 호수 동남쪽 요단 강 주변의 '열 개의 도시'를 말합니다. "요단강 건너편"은 지리적으로 요단 강 동편에 있는 베레아를 가리킵니다.

예수님이 귀신을 내쫓으시고 병자를 고치신 일은 단순히 치유가 목적인 것이 아니라 앞으로 완성될 하나님 나라가 이미 임했음을 보여주시기 위함입니다. 예수님은 가르치시고 선포하시며 치유하시는 사역을 통해 구약에 예언된 하나님 나라를 실현하고 계십니다.

나병환자를 깨끗하게 하심 마8:1-4, 막1:40-45, 눅5:12-16

예수께서 산에서 내려오시니 수많은 무리가 따르니라 한 나병환자가 나아와 절하며 이르되 주여 원하시면 저를 깨끗하게 하실 수 있나이다 하거늘(마8:1-2)
예수께서 한 동네에 계실 때에 온 몸에 나병 들린 사람이 있어 예수를 보고 엎드려 구하여 이르되 주여 원하시면 나를 깨끗하게 하실 수 있나이다 하니(눅5:12)

예수님께 나병환자가 찾아왔는데, 누가복음은 이 사람이 "온 몸"에 나병이 발하여 있는 중증의 환자임을 알려줍니다. 마태복음의 "절하며"(προσεκύνει, worshiped)란 '경배하다, 예배하다'라는 의미로 전적인 복종을 나타내며, 누가복음의 "엎드려"란 경외심을 표현하는 자세입니다. 나병환자는 "주여 원하시면"이라 고백하면서 예수님께 겸손하게 도움을 구합니다.

예수께서 불쌍히 여기사 손을 내밀어 그에게 대시며 이르시되 내가 원하노니 깨끗함을 받으라 하시니(막1:41)

예수님은 이 병자를 "불쌍히 여기사" 고쳐주셨습니다. 당시 나병환자는 부정한 사람들로 여겨졌기 때문에 그들과 접촉하는 자도 부정해진다고 생각되었습니다. "병 있는 날 동안은 늘 부정할 것이라 그가 부정한즉 혼자 살되 진영 밖에서 살지니라(레13:46). 이러한 상황에서 예수님이 나병환자에게 "손을 내밀어" 접촉하신 것은 파격이었습니다. 예수님은 율법준수보다 사람을 불쌍히 여기며 사랑하는 것이 우선임을 보여주셨습니다.

즉시 그의 나병이 깨끗하여진지라 예수께서 이르시되 삼가 아무에게도 이르지 말고 다만 가서 제사장에게 네 몸을 보이고 모세가 명한 예물을 드려 그들에게 입증하라 하시니라(마8:3-4)

예수님께서 손을 대시자 놀랍게도 병은 "즉시" 낫게 되었습니다. 예수님이 "삼가 아무에게도 이르지 말고"라고 하신 것은 기적들이 예수님이 메시야이심을 증거하지만, 예수님은 단지 기적만을 위해 나아오는 무리를 원하지 않으셨기 때문입니다. "제사장에게 네 몸을 보이고"란 고침 받은 사람이 의식적으로 정결하다고 선포되어 사회로 복귀할 수 있도록 율법이 요구하는 일을 행하라는 의미입니다. "나병 환자가 정결하게 되는 날의 규례는 이러하니 곧 그 사람을 제사장에게로 데려갈 것이요"(레14:2). 본문의 "예물"이란 나병환자가 병이 나은 후 제물로 바치는 정결한 새 두 마리를 말합니다. 제사장은 이를 받아 한 마리는 죽여 제물로 드리고, 한 마리는 깨끗해진 증거로 날려 보냈습니다. "제사장은 그 정결함을 받을 자를 위하여 명령하여 살아 있는 정결한 새 두 마리와 백향목과 홍색 실과 우슬초를 가져오게 하고 제사장은 또 명령하여 그 새 하나는 흐르는 물 위 질그릇 안에서 잡게 하고 다른 새는 산 채로 가져다가 백향목과 홍색 실과 우슬초와 함께 가져다가 흐르는 물 위에서 잡은 새의 피를 찍어 나병에서 정결함을 받을 자에게 일곱 번 뿌려 정하다 하고 그 살아 있는 새는 들에 놓을지며"(레14:4-7). 예수님은 나병환자를 고치신 일에 대하여 말하지 말라고 하셨으나 고침을 받은 자가 전해서 널리 퍼지게 되었습니다.

예수는 물러가사 한적한 곳에서 기도하시니라(눅5:16)

"물러가사"와 "기도하시니라"라는 동사가 지속적인 행동을 가리키는 현재분사로 사용되었는데, 이는 예수님께서 규칙적으로 무리를 떠나셔서 기도하셨다는 의미를 담고 있습니다.

당시 유대인들은 나병을 하나님만이 고치실 수 있는, 곧 메시야 시대에야 치유될 수 있는 병으로 생각하였습니다. 후에 세례 요한이 제자들을 보내 예수님이 '오실 그 이'인지 질문할 때, 예수님은 자신이 메시야라는 증거의 하나로 나병환자가 깨끗하게 되는 일을 말씀하셨습니다.

중풍병자를 고치심 마9:1-8, 막2:1-12, 눅5:17-26

예수께서 배에 오르사 건너가 본 동네에 이르시니(마9:1)

수 일 후에 예수께서 다시 가버나움에 들어가시니 집에 계시다는 소문이 들린지라(막2:1)

예수님은 갈릴리 전역에서 복음을 선포하시며 사역하시다가, 공생애 초기에 근거지로 활동하셨던 "본 동네", 곧 가버나움으로 돌아오셨습니다. 예수님의 고향은 가족이 있고 유년기를 보내신 나사렛입니다.

무리 때문에 메고 들어갈 길을 얻지 못한지라 지붕에 올라가 기와를 벗기고 병자를 침상째 무리 가운데로 예수 앞에 달아 내리니(눅5:19)

팔레스타인 집들은 평평한 지붕으로 이어지는 외부 계단이 있었기 때문에 사람들은 지붕에 올라갈 수 있었습니다. 당시 기와가 널리 사용되지 않았는데, 지붕에 있는 기와를 벗겼다는 것은 이 집이 부유한 사람의 집이었음을 암시합니다.

침상에 누운 중풍병자를 사람들이 데리고 오거늘 예수께서 그들의 믿음을 보시고 중풍병자에게 이르시되 작은 자야 안심하라 네 죄 사함을 받았느니라(마9:2)

예수님은 중풍병자를 데리고 온 사람들의 믿음을 보시고 "네 죄 사함을 받았느니라"고 하셨는데, 이는 그의 병이 죄와 관련이 있으며 병 고침을 받는 것보다 죄 사함을 받는 것이 더 근본적인 치유임을 나타냅니다. 죄가 항상 질병의 직접적인 원인이 되는 것은 아니지만, "이 사람이 맹인으로 난 것이 누구의 죄로 인함이니이까 자기니이까 그의 부모니이까 예수께서 대답하시되 이 사람이나 그 부모의 죄로 인한 것이 아니라 그에게서 하나님이 하시는 일을 나타내고자 하심이라"(요9:2-3), 궁극적으로 모든 악한 것은 죄가 세상에 들어온 데서 비롯되었습니다. 구약에서 선지자는 죄 사함 받았다는 사실을 전하기만 하였는데, "여호와께서도 당신의 죄를 사하셨나니"(삼하12:13), 지금 예수님은 자신에게 죄를 용서하는 권위가 있다는 것을 깨닫게 하기 위해 이렇게 말씀하신 것입니다.

어떤 서기관들이 속으로 이르되 이 사람이 신성을 모독하도다 (마9:3)

서기관들은 예수님이 하나님만이 하실 수 있는 죄 용서를 선언하시자 예수님이 사형에 해당하는 신성 모독죄를 범하였다고 생각하였습니다. "여호와의 이름을 모독하면 그를 반드시 죽일지니 온 회중이 돌로 그를 칠 것이니라"(레24:16).

예수께서 그 생각을 아시고 이르시되 너희가 어찌하여 마음에 악한 생각을 하느냐 네 죄 사함을 받았느니라 하는 말과 일어나 걸어가라 하는 말 중에 어느 것이 쉽겠느냐 (마9:4-5)

"그 생각을 아시고"란 사람의 마음속 깊은 것까지 살펴보시는 예수님의 신성을 가리키는 표현입니다. 예수님은 오히려 그들에게 "어느 것이 쉽겠느냐"고 물으셨는데, 이 질문의 의미는 치유를 선언하는 것보다 죄 사함을 선언하는 편이 더 쉽다는 것입니다. 왜냐하면 "네 죄 사함을 받았느니라"는 말은 실질적으로 죄 사함이 이루어졌는지 당장 확인할 길이 없지만, "일어나 걸어가라"는 말은 실제로 그 중풍병자가 일어나지 못할 경우 병 고칠 권세가 없다는 사실이 바로 드러나기 때문입니다.

그러나 인자가 세상에서 죄를 사하는 권능이 있는 줄을 너희로 알게 하려 하노라 하시고 중풍병자에게 말씀하시되 일어나 네 침상을 가지고 집으로 가라 하시니 그

가 일어나 집으로 돌아가거늘(마9:6-7)

예수님은 당시 하나님께 속한 것으로 여겨졌던 죄 사함을 선언하심으로 자신에게 죄를 용서할 권세가 있음을 공표하셨습니다. 또한 예수님은 눈에 보이는 기적, 곧 중풍병자를 고치는 일을 행하시므로 눈에 보이지 않는 기적인 죄를 용서하는 일도 행하실 능력이 있음을 깨닫게 하셨습니다.

모든 사람이 놀라 하나님께 영광을 돌리며 심히 두려워하여 이르되 오늘날 우리가 놀라운 일을 보았다 하니라(눅5:26)

이에 사람들은 이 일을 곧 하나님의 일로 받아들이고 두려워하였습니다. "오늘날"(σήμερον, today)이란 하나님의 계획이 현재 성취되고 있음을 강조한 말입니다. 이같이 예수님께서 하나님의 권위를 주장하심으로 말미암아 유대교 지도자들과의 갈등이 시작됩니다.

예수님은 치유의 능력만이 아니라 죄를 용서할 권세도 있다는 증거를 보여주셨는데, 예수님이 죄를 사하는 권세는 예수님의 신성의 명백한 증거이며, 중풍병자를 고치신 일은 예수님의 권능의 증거입니다. 이 사건은 단순한 치유 기적을 넘어서 예수님이 하나님처럼 죄 사하는 권세를 가지신 분이라는 것을 깨닫게 합니다.

마태를 부르심

마9:9-13, 막2:13-17, 눅5:27-32

예수께서 그 곳을 떠나 지나가시다가 마태라 하는 사람이 세관에 앉아 있는 것을 보시고 이르시되 나를 따르라 하시니 일어나 따르니라(마9:9)

그 후에 예수께서 나가사 레위라 하는 세리가 세관에 앉아 있는 것을 보시고 나를 따르라 하시니 그가 모든 것을 버리고 일어나 따르니라(눅5:27-28)

중풍병자를 고치신 후 예수님은 가버나움의 한 세관을 지나셨습니다. 이 세관은 북쪽으로 수리아와 남쪽으로 유대와 애굽 지방으로 나아갈 수 있는 길목에 위치하여 통관세를 징수하던 곳이었습니다. 예수님은 이곳에서 '레위'라고도 불리는 "마태"를 제자로 부르셨는데, 그도 이전의 다른 제자들처럼 즉시 모든 것을 버려두고 예수님을 따랐습니다. 당시 유대 사회에서 세리는 많은 부를 쌓을 수 있었지만 정복군이던 로마 제국에 부역하는 직업으로 인식되어 동족 유대인들에게 멸시를 받았습니다.

그의 집에 앉아 잡수실 때에 많은 세리와 죄인들이 예수와 그의 제자들과 함께 앉았으니 이는 그러한 사람들이 많이 있어서 예수를 따름이러라(막2:15)
바리새인들이 보고 그의 제자들에게 이르되 어찌하여 너희 선생은 세리와 죄인들과 함께 잡수시느냐(마9:11)

마태의 집에서 마련한 식사 자리에 많은 세리와 죄인들이 함께 앉았습니다. 중풍병자를 고친 사건에서부터 불만을 나타냈던 바리새인들은 이번에도 종교적, 사회적으로 부정하다고 여겨지는 부류의 사람들과 함께 식사하시는 예수님을 못마땅하게 여겼습니다.

너희는 가서 내가 긍휼을 원하고 제사를 원하지 아니하노라 하신 뜻이 무엇인지 배우라 나는 의인을 부르러 온 것이 아니요 죄인을 부르러 왔노라 하시니라(마9:13)

이에 예수님은 하나님 나라의 성격을 잘 알려주는 호세아서의 "내가 긍휼을 원하고 제사를 원치 아니하노라"는 말씀을 인용하시며 대답하셨습니다. "나는 인애를 원하고 제사를 원하지 아니하며 번제보다 하나님을 아는 것을 원하노라"(호6:6). 제사란 종교적 의식 준수를 말하는데, 하나님께서 이보다 더 중요하게 여기시는 것은 '인애', 곧 변치 않는 사랑이며 이웃에 대한 자비와 긍휼임을 가르쳐 주셨습니다.

예수께서 대답하여 이르시되 건강한 자에게는 의사가 쓸 데 없고 병든 자에게라야 쓸 데 있나니 내가 의인을 부르러 온 것이 아니요 죄인을 불러 회개시키러 왔노라 (눅5:31-32)

"의사"란 예수님을, "병든 자"란 먼저는 세리와 죄인들을, 그리고 더 나아가서는 자신이 병들었다는 사실조차 인식하지 못하는 유대의 종교 지도자들을 말합니다. 실로 모든 사람은 의사가 필요한 병든 자들이기 때문에, "기록된 바 의인은 없나니 하나도 없으며"(롬3:10), 예수님은 우리의 육신과 영혼의 질병을 고쳐주시기 위하여 오셨습니다.

당시 문화에서 함께 식사한다는 것은 친밀한 교제를 의미했기 때문에 유대인들은 죄인이나 이방인들과 함께 식사하지 않았지만, 예수님은 많은 죄인들과 식사를 하실 뿐만 아니라 세리였던 마태를 제자로 삼으셨습니다. 예수님은 의인이 아닌 죄인을 부르러 오셨다고 말씀하시며, 복음의 핵심은 죄인들을 그 죄에서 구원하는 것임을 깨닫게 하셨습니다.

금식에 대한 질문 마9:14-17, 막2:18-22, 눅5:33-39

그 때에 요한의 제자들이 예수께 나아와 이르되 우리와 바리새인들은 금식하는데 어찌하여 당신의 제자들은 금식하지 아니하나이까(마9:14)

앞에서는 종교지도자들이 예수님께 대한 불만을 표출하였는데, 이번에는 뜻밖에도 세례 요한의 제자들이 금식과 관련된 문제로 예수님께 불평합니다.

예수께서 그들에게 이르시되 혼인집 손님들이 신랑과 함께 있을 동안에 슬퍼할 수 있느냐 그러나 신랑을 빼앗길 날이 이르리니 그 때에는 금식할 것이니라(마9:15)

구약에서 하나님은 이스라엘의 신랑으로 묘사되는데, "내가 네게 장가들어 영원히 살되 공의와 정의와 은총과 긍휼히 여김으로 네게 장가들며 진실함으로 네게 장가들리니 네가 여호와를 알리라"(호2:19-20), 본문에서 예수님도 자신을 신랑이라고 하셨습니다. 천국의 도래는 결혼식처럼 기쁘고 즐거운 일이므로 예수님은 자신의 사역이 금욕적이라기보다 일상적인 삶을 긍정하는 것이라고 말씀하셨습니다. "신랑을 빼앗길"이란 십자가 사건에 대한 말씀으로, 예수님은 자신의 죽음을 처음으로 암시하셨습니다. 제자들은 예수님이 함께 계시는 동안 기뻐해야 하지만, 예수님이 그들 곁을 떠나시는 날에는 금식할 것입니다.

생베 조각을 낡은 옷에 붙이는 자가 없나니 이는 기운 것이 그 옷을 당기어 해어짐이 더하게 됨이요(마9:16)

또 비유하여 이르시되 새 옷에서 한 조각을 찢어 낡은 옷에 붙이는 자가 없나니 만일 그렇게 하면 새 옷을 찢을 뿐이요 또 새 옷에서 찢은 조각이 낡은 것에 어울리지 아니하리라(눅5:36)

예수님은 천국의 의를 말씀하시면서 모세 율법에 따른 유대교의 전통적 의와 하나님 나라의 새로운 상황을 대조하셨습니다. 이는 "생베 조각"이 "낡은 옷"과 공존할 수 없듯이, 하나님 나라는 모세 율법과 외적 전통의 해어진 곳을 메우는 조각으로 간주될 수 없다는 의미입니다.

새 포도주를 낡은 가죽 부대에 넣지 아니하나니 그렇게 하면 부대가 터져 포도주도 쏟아지고 부대도 버리게 됨이라 새 포도주는 새 부대에 넣어야 둘이 다 보전되느니라(마9:17)

새 포도주를 낡은 가죽 부대에 넣는 자가 없나니 만일 그렇게 하면 새 포도주가 부대를 터뜨려 포도주가 쏟아지고 부대도 못쓰게 되리라 새 포도주는 새 부대에 넣어야 할 것이니라(눅5:37-38)

"새 포도주"와 "새 가죽 부대"는 예수님이 새로운 방식으로 새 시대를 여신다는 진리를 예표합니다. 새 포도주를 낡은 부대에 넣는 사람은 없는데, 이는 새 포도주가 발효되면서 발생하는 가스가 신축성이 없는 낡은 가죽 부대를 팽창시켜 터트리기 때문입니다. "넣는 자가 없나니"란 율법과 전통에 매여 하나님 나라의 도래와 새 언약을 배척한 바리새인들에 대한 비판입니다. 다시 말해, 옛 시대 삶의 방식을 고수하는 사람들은 새 시대 삶의 방식을 따를 수 없다는 말씀입니다.

옛 언약과 새 언약은 혼합될 수 없기 때문에 예수님께서 가르쳐 주신 새로운 관점으로 율법을 해석해야 합니다. 새 언약의 시대는 회개와 중생 그리고 새로운 형태의 영적 예배가 요구되므로 율법준수 역시 계시의 진전에 따라 새롭게 해석되어야 합니다.

예루살렘에서의 사역

베데스다에서 병자를 고치심 요5:1-18

그 후에 유대인의 명절이 되어 예수께서 예루살렘에 올라가시니라 예루살렘에 있는 양문 곁에 히브리 말로 베데스다라 하는 못이 있는데 거기 행각 다섯이 있고 그 안에 많은 병자, 맹인, 다리 저는 사람, 혈기 마른 사람들이 누워 (물의 움직임을 기다리니 이는 천사가 가끔 못에 내려와 물을 움직이게 하는데 움직인 후에 먼저 들어가는 자는 어떤 병에 걸렸든지 낫게 됨이러라)(요5:1-4)

"그 후에 유대인의 명절이 되어"란 예수님께서 공생애 사역 가운데 준수하셨던 두 번째 유월절을 말합니다(주후28년경). "베데스다"는 '은혜

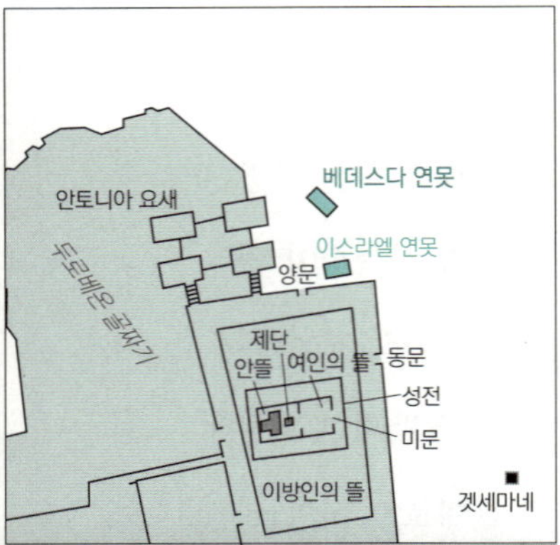

베데스다 연못

(자비)의 집'이라는 뜻으로, 예루살렘 성전 북동쪽에 위치한 양문(베냐민문)[15] 근처의 연못입니다. 베데스다는 그 이름에 걸맞게 병자들이 기적을 소망하며 누워있는 곳이었습니다.

거기 서른여덟 해 된 병자가 있더라 예수께서 그 누운 것을 보시고 병이 벌써 오래된 줄 아시고 이르시되 네가 낫고자 하느냐 병자가 대답하되 주여 물이 움직일 때에 나를 못에 넣어 주는 사람이 없어 내가 가는 동안에 다른 사람이 먼저 내려가나이다 예수께서 이르시되 일어나 네 자리를 들고 걸어가라 하시니 그 사람이 곧 나아서 자리를 들고 걸어가니라 이 날은 안식일이니(요5:5-9)

"병자"는 장애가 있는 상태를 가리키는 일반적인 표현으로 병으로 인하여 극도로 쇠약해진 사람을 뜻합니다. 예수님은 '38년'이나 되는 오랜 기간 동안 중한 병을 앓고 있었던 병자를 찾아와 만나셔서 그의 사정을 들으신 후에 고쳐주셨습니다.

그 후에 예수께서 성전에서 그 사람을 만나 이르시되 보라 네가 나았으니 더 심한 것이 생기지 않게 다시는 죄를 범하지 말라 하시니(요5:14)

예수님은 성전에서 그 병자를 만나셔서 "다시는 죄를 범하지 말라"고 하셨습니다. 질병과 고난이 반드시 그 사람의 죄의 결과인 것은 아니지만, 이 사람의 고통은 죄에서 비롯되었기에 예수님은 죄에서 떠나라고 말씀하셨습니다.

그 사람이 유대인들에게 가서 자기를 고친 이는 예수라 하니라 그러므로 안식일에 이러한 일을 행하신다 하여 유대인들이 예수를 박해하게 된지라(요5:15-16)

---

15 이 문을 통해 제의용(祭儀用) 동물들이 성전으로 들여보내졌는데, 후에 예수님께서 예루살렘 입성하실 때 어린 나귀를 타고 이 문으로 들어오셨습니다.

유대인들은 "안식일에 이러한 일을 행하신다"고 하여 예수님을 대적했지만, 구약에 안식일에 병자를 고치는 일과 안식일에 자리를 들고 가는 행동을 구체적으로 금지한 계명은 없습니다. 다만 후대에 세세한 수백 가지 규칙들을 덧붙인 '장로의 유전'의 안식일 조항 제39조에 따르면, 사람이 집에서 쓰는 깔개를 옮겨도 안식일의 율법을 어긴 것이 됩니다.[16]

예수께서 그들에게 이르시되 내 아버지께서 이제까지 일하시니 나도 일한다 하시매(요5:17)

예수님이 "내 아버지께서 이제까지 일하시니"라고 하신 것은 하나님께서 자신이 창조하신 세계를 보존하시고 다스리시는 일을 계속하고 계신다는 의미입니다. 예수님은 하나님의 아들로서 아버지의 본을 따라 행하고 있다고 주장하셨습니다. 그런데 예수님이 하나님을 "내 아버지"라고 부르신 것이 유대인들에게 큰 거부감을 일으켰습니다.

유대인들이 이로 말미암아 더욱 예수를 죽이고자 하니 이는 안식일을 범할 뿐만 아니라 하나님을 자기의 친아버지라 하여 자기를 하나님과 동등으로 삼으심이러라(요5:18)

유대인들은 예수님의 주장이 하나님과 자신이 본성적으로 모든 면에서 동등함을 공언하는 것임을 잘 알고 있었습니다. 앞에서 유대인들은 예수님이 중풍병자를 고치실 때 죄 사함을 선언하신 것을 신성모독이라고 하였는데, 이제 예수님이 안식일에 치유 사역을 행하시고 하나님을 아버지라고 부르신 것을 듣고는 더욱 강하게 반발하였습니다.

예수님은 하나님께서 안식일에도 창조하신 사람들을 돌보시고 온전하게 하는 일을 계속하시므로, 자신도 아버지의 본을 따라 일하는 것이라고

16 Mishnah, *Shabbath* VII.2.

말씀하셨습니다. 다시 말해, 안식일은 인간에게 복 주신 날이기에 병을 치료하고 곤고한 사람을 건져주는 것이 안식일의 참된 의미에 따라 행동하는 것임을 깨닫게 해주셨습니다.

생명과 심판 요5:19-30

그러므로 예수께서 그들에게 이르시되 내가 진실로 진실로 너희에게 이르노니 아들이 아버지께서 하시는 일을 보지 않고는 아무 것도 스스로 할 수 없나니 아버지께서 행하시는 그것을 아들도 그와 같이 행하느니라(요5:19)

베데스다의 병자를 고치신 사건에서 유대인들은 예수님이 하나님을 아버지라고 하시며 자신이 하나님과 동등하다고 하신 것으로 인하여 대적하였습니다. 이에 예수님은 더욱 분명하게 자신을 "아들"(ὁ υἱός, the Son)이라고 밝히셨습니다. "[아들은] 아무 것도 스스로 할 수 없나니"라는 말씀은 성부와 성자는 동등하시지만 경륜에 있어 역할이 다르며, 성자는 성부께 위격에 따라 복종하신다는 의미입니다. 성부는 성자에게 당신이 행하시는 것을 다 보여주시고, 성자는 그에 따라 말씀과 행동으로 성부의 뜻을 계시하십니다.

아버지께서 아들을 사랑하사 자기가 행하시는 것을 다 아들에게 보이시고 또 그보다 더 큰 일을 보이사 너희로 놀랍게 여기게 하시리라 아버지께서 죽은 자들을 일으켜 살리심 같이 아들도 자기가 원하는 자들을 살리느니라(요5:20-21)

"그보다 더 큰 일"이란 예수님 자신의 죽음과 부활, 그리고 온 인류를 마지막 심판으로 부르시는 일을 말합니다. 구약성경은 죽은 자를 살리고 생명을 주는 일은 하나님만의 고유한 특권임을 분명히 밝힙니다. "여호와는 죽이기도 하시고 살리기도 하시며 스올에 내리게도 하시고 거기에서 올리기도 하시는도다"(삼상2:6). 따라서 "아들도 자기가 원하는 자들을 살리느니라"는 말씀은 예수님께서 하나님만 하실 수 있는 일, 곧 죽은 자를 다시 살리시는 권세를 가지고 계신다는 주장입니다. 아들은 자기가 원하는 자에게 생명을 주시는데, 이 생명은 현재 신자들에게 주어진 새 생명이며, "그런즉 누구든지 그리스도 안에 있으면 새로운 피조물이라 이전 것은 지나갔으니 보라 새 것이 되었도다"(고후5:17), 그리스도가 재림하실 때 일어날 몸의 부활을 말합니다. "주께서 호령과 천사장의 소리와 하나님의 나팔 소리로 친히 하늘로부터 강림하시리니 그리스도 안에서 죽은 자들이 먼저 일어나고"(살전4:16).

아버지께서 아무도 심판하지 아니하시고 심판을 다 아들에게 맡기셨으니 이는 모든 사람으로 아버지를 공경하는 것 같이 아들을 공경하게 하려 하심이라 아들을 공경하지 아니하는 자는 그를 보내신 아버지도 공경하지 아니하느니라(요5:22-23)

"[아버지께서] 심판을 다 아들에게 맡기셨으니"라는 말씀도 예수님의 신성을 드러냅니다. 심판은 하나님의 권한인데, 성부께서 최후 심판을 성자에게 위임하셨습니다. "모든 사람으로 아버지를 공경하는 것 같이 아들을 공경하게 하려 하심이라"고 하신 것은 예수님께서 예배 받으실 권리를 확증하는 선언입니다. 그리고 "아들을 공경하지 아니하는 자는 그를 보내신 아버지도 공경하지 아니하느니라"는 말씀은 예수님을 하나님으로 경배하지 않고 단지 위대한 예언자로만 여기는 유대교나 이슬람교와 같은 종교들 안에 진리가 없음을 깨닫게 합니다.

내가 진실로 진실로 너희에게 이르노니 내 말을 듣고 또 나 보내신 이를 믿는 자는 영생을 얻었고 심판에 이르지 아니하나니 사망에서 생명으로 옮겼느니라 진실로 진실로 너희에게 이르노니 죽은 자들이 하나님의 아들의 음성을 들을 때가 오나니 곧 이 때라 듣는 자는 살아나리라(요5:24-25)

"영생을 얻었고"란 영생의 현재적 소유에 대한 가장 분명한 말씀 중 하나입니다. 영원한 생명은 육신의 생명이 다할 때 주어지는 것이 아니라 예수님을 믿을 때 즉시 시작되는 불멸성입니다. "죽은 자들"이란 영적으로 죽어 있었지만 예수님의 메시지를 듣고 믿는 자들을 가리킵니다. 예수님은 마지막 부활이 있기 전에도 영생을 실재적으로 경험할 수 있음을 강조하시며, 그 때가 "곧 이 때라"고 하셨습니다. 그러므로 믿는 자들은 확신을 가지고 최후 심판을 맞이할 수 있습니다. "내가 하나님의 아들의 이름을 믿는 너희에게 이것을 쓰는 것은 너희로 하여금 너희에게 영생이 있음을 알게 하려 함이라"(요일5:13).

아버지는 아들을 보내시고 아들은 아버지로부터 보내심을 받는데, 아버지와 아들은 한 분이시며 아들은 아버지를 완전하게 나타내십니다. 또한 아버지는 아들에게 마지막 심판의 권세를 주셨으며, 아들은 마지막 날의 부활을 보증하십니다.

예수님을 믿게 하는 증언 요5:31-47

너희가 요한에게 사람을 보내매 요한이 진리에 대하여 증언하였느니라(요5:33)

예수님과 종교지도자들의 갈등은 예수님께서 자신이 하나님의 아들이라고 주장하심으로 시작되었습니다. 세례 요한은 종교지도자들이 보낸 사람들에게 자신은 메시야의 길을 예비하고 있다고 하였는데, 그는 오실 메시야가 바로 예수님이시라고 증언하였습니다.

요한은 켜서 비추이는 등불이라 너희가 한때 그 빛에 즐거이 있기를 원하였거니와 내게는 요한의 증거보다 더 큰 증거가 있으니 아버지께서 내게 주사 이루게 하시는

역사 곧 내가 하는 그 역사가 아버지께서 나를 보내신 것을 나를 위하여 증언하는 것이요(요5:35-36)

예수님이 세례 요한을 "켜서 비추이는 등불"이라고 지칭하신 것은, 하나님께서 '내가 내 기름 부음 받은 자를 위하여 등을 준비하였도다'는 말씀을 상기시킵니다. "내가 거기서 다윗에게 뿔이 나게 할 것이라 내가 내 기름 부음 받은 자를 위하여 등을 준비하였도다"(시132:17). 세례 요한은 참된 빛이신 예수님을 예비하는 등불이었습니다. 예수님은 자신에 대해 세례 요한이 증언하였고, 자신이 행한 "역사"(works)가 하나님의 아들임을 보여준다고 하셨습니다.

또한 나를 보내신 아버지께서 친히 나를 위하여 증언하셨느니라 너희는 아무 때에도 그 음성을 듣지 못하였고 그 형상을 보지 못하였으며(요5:37)

"아버지께서 친히 나를 위하여 증언하셨느니라"는 말씀은 예수님의 기적과 가르침, 그리고 성경에 있는 하나님의 모든 증언을 가리킵니다. "이에 모세와 모든 선지자의 글로 시작하여 모든 성경에 쓴 바 자기에 관한 것을 자세히 설명하시니라"(눅24:27). 또한 예수님이 세례 받으실 때, 성부 하나님은 하늘의 음성으로 예수님이 자신의 아들임을 선언하셨고, 성령 하나님은 비둘기 모양으로 임하심으로 이를 확증하셨습니다. 이같이 예수님은 자신에 대한 여러 증언을 말씀하시는데, 이는 다수의 증인이 필요하다는 구약의 가르침에 의한 것입니다.

그 말씀이 너희 속에 거하지 아니하니 이는 그가 보내신 이를 믿지 아니함이라 너희가 성경에서 영생을 얻는 줄 생각하고 성경을 연구하거니와 이 성경이 곧 내게 대하여 증언하는 것이니라(요5:38-39)

"이 성경이 곧 내게 대하여 증언하는 것이니라"는 말씀은, 구약성경을 읽지만 그 모든 내용이 예수님을 증언한다는 사실을 깨닫지 못하는 사람들은 구약의 가르침의 본질을 이해할 수 없음을 뜻합니다. 성경은 생명을 주시는 예수님을 증언하며, 예수님은 생명 얻는 구원을 베푸시기 위해 이 세상에 오셨습니다. “성경은 능히 너로 하여금 그리스도 예수 안에 있는 믿음으로 말미암아 구원에 이르는 지혜가 있게 하느니라”(딤후3:15).

나는 내 아버지의 이름으로 왔으매 너희가 영접하지 아니하나 만일 다른 사람이 자기 이름으로 오면 영접하리라(요5:43)

예수님은 “내 아버지의 이름으로”, 곧 성부의 권위를 가지고 오셨습니다. “다른 사람이 자기 이름으로 오면”이란 말세의 징조로서, 거짓 그리스도들이 많이 나타날 것을 가리킵니다.

내가 너희를 아버지께 고발할까 생각하지 말라 너희를 고발하는 이가 있으니 곧 너희가 바라는 자 모세니라 모세를 믿었더라면 또 나를 믿었으리니 이는 그가 내게 대하여 기록하였음이라 그러나 그의 글도 믿지 아니하거든 어찌 내 말을 믿겠느냐 하시니라(요5:45-47)

“모세를 믿었더라면 또 나를 믿었으리니”란 모세오경을 믿는 자들이라면 하나님의 말씀을 믿기 때문에 예수님의 말씀도 받아들일 것이며, 모세의 글을 불신하는 이들은 예수님도 불신할 것이라는 의미입니다. 예수님을 믿지 않는 유대인들은 심판의 날에 모세가 광야 시절처럼 자기들을 위하여 중보해 줄 것을 기대하겠지만, 모세는 오히려 그들의 불신앙을 하나님께 고소할 것입니다. “그가 내게 대하여 기록하였음이라”는 말씀은 신명기서와 같은 구체적 예언만이 아니라, “네 하나님 여호와께서 너희 가운데 네 형제 중에서 너를 위하여 나와 같은 선지자 하나를 일으키시리니”(신18:15), 그리스도를 가리키는 모든 구원 역사를 말합니다. 그러나 예수님의 대적들은 예수님의 말씀을 거부하므로 모세의 증거를 배척하였습니다.

예수님은 율법과 선지자들을 폐하러 오신 것이 아니라 성취하기 위하여 오셨는데, 모세오경도 다른 성경과 같이 그리스도를 증거합니다. 하나님께서 선지자들을 통하여 주신 약속이 예수님 안에서 이루어진 것입니다. 성경은 예수님이 구약 선지자들을 통해 주신 모든 계시의 성취자이며, 예수님을 믿음으로만 구원이 온다는 것을 분명히 선언합니다.

안식일의 주인이신 예수님 마12:1-8, 막2:23-28, 눅6:1-5

안식일에 예수께서 밀밭 사이로 지나가실새 제자들이 이삭을 잘라 손으로 비비어 먹으니 (눅6:1)

바리새인들은 예수님의 제자들이 안식일에 밀 이삭을 잘라서 비벼 먹는 행동이 타작 행위에 해당된다며 문제를 삼았습니다. 구약의 율법에 의하면 밭의 가장자리는 추수하지 않고 남겨두게 하였는데, "너희가 너희의 땅에서 곡식을 거둘 때에 너는 밭 모퉁이까지 다 거두지 말고 네 떨어진 이삭도 줍지 말며"(레19:9), 이로써 가난한 자와 고아와 과부들은 의도적으로 낫 같은 도구를 사용하지 않는 선에서 다른 사람의 밭에서 이삭을 거둘 수 있었습니다. "네 이웃의 곡식밭에 들어갈 때에는 네가 손으로 그 이삭을 따도 되느니라 그러나 네 이웃의 곡식밭에 낫을 대지는 말지니라"(신23:25). 이는 본래 약자를 향한 하나님의 긍휼하심을 보여주는 계명인데, 바리새인들은 손으로 비비는 행동이 껍질을 벗겨내는 노동의 과정이라고 여겨 안

식일에 이삭을 잘라 먹는 것을 금지하였습니다.[17]

바리새인들이 보고 예수께 말하되 보시오 당신의 제자들이 안식일에 하지 못할 일을 하나이다 예수께서 이르시되 다윗이 자기와 그 함께 한 자들이 시장할 때에 한 일을 읽지 못하였느냐 그가 하나님의 전에 들어가서 제사장 외에는 자기나 그 함께 한 자들이 먹어서는 안 되는 진설병을 먹지 아니하였느냐(마12:2-4)

이에 예수님은 다윗이 "시장할 때에" 진설병을 먹었던 사실을 언급하셨습니다. "진설병"은 제사장만 먹을 수 있었지만, "이 떡은 아론과 그의 자손에게 돌리고 그들은 그것을 거룩한 곳에서 먹을지니 이는 여호와의 화제 중 그에게 돌리는 것으로서 지극히 거룩함이니라 이는 영원한 규례니라"(레24:9), 성경은 다윗이 사울에게서 도망치던 때에 이 진설병 먹은 일을 정죄하지 않았습니다.

또 안식일에 제사장들이 성전 안에서 안식을 범하여도 죄가 없음을 너희가 율법에서 읽지 못하였느냐 내가 너희에게 이르노니 성전보다 더 큰 이가 여기 있느니라 나는 자비를 원하고 제사를 원하지 아니하노라 하신 뜻을 너희가 알았더라면 무죄한 자를 정죄하지 아니하였으리라(마12:5-7)

예수님은 "안식일에 제사장들이 성전 안에서" 하나님께서 그들에게 명하신 희생 제사를 드리고(민28:9), 할례를 행하는 등 여러 가지 직무를 수행해도 무죄하다는 것을 모르느냐고 반문하셨습니다. 그리고 자신은 "성전보다 더 큰 이", 곧 성전은 자신을 가리키는 모형이라고 말씀하셨습니다. 예수님은 구약의 율법과 호세아서를 인용하시며, "나는 인애를

17 이는 Mishnah, *Shabbath* VII. 2.에 나오는 안식일에 금지된 39가지 항목 가운데 하나입니다. 바벨론 포로 이후 유대 민족의 정체성을 지키기 위한 방편으로 율법준수가 더욱 강조되면서 안식일에 관한 수많은 세부규정들이 만들어졌는데, 후에 이러한 안식일 준수가 율법주의적인 삶을 초래하게 되었고 율법의 진정한 정신을 약화시키게 되었습니다.

원하고 제사를 원하지 아니하며 번제보다 하나님을 아는 것을 원하노라"(호6:6), 하나님은 율법의 의미를 이해하지 못한 채 형식적으로 율법을 준수하는 것보다 율법의 본래 정신, 곧 사람들을 향한 자비를 원하신다는 것을 깨우쳐 주셨습니다.

인자는 안식일의 주인이니라 하시니라(마12:8)
또 이르시되 안식일이 사람을 위하여 있는 것이요 사람이 안식일을 위하여 있는 것이 아니니"(막2:27)

예수님은 안식일이 원래 "사람을 위하여 있는"(ἐγένετο, was made) 것임을 알게 하시며, 자신이 "안식일의 주인"(κύριος, Lord)이라고 하셨습니다. 실제로 안식일은 사람들의 안식을 위하여 제정된 날이므로 안식을 온전히 취하는 것이 안식일을 잘 지키는 것입니다. 이같이 예수님께서 제자들을 변호하시며 스스로를 안식일의 주인이라고 선언하시자 바리새인들은 더욱 주님을 대적하게 되었습니다.

예수님은 자신이 안식일의 주인이시기 때문에 안식일 규례에 구속받지 않으심을 분명히 알려주셨습니다. 예수님은 메시야로서 율법을 권위 있게 해석해 주시며, 안식일의 실제 의도는 맹목적인 율법준수가 아니라 사람들을 향한 자비임을 깨닫게 해주셨습니다.

손 마른 사람을 고치심 마12:9-14, 막3:1-6, 눅6:6-11

거기에서 떠나 그들의 회당에 들어가시니 한쪽 손 마른 사람이 있는지라 사람들이 예수를 고발하려 하여 물어 이르되 안식일에 병 고치는 것이 옳으니이까(마12:9-10)
서기관과 바리새인들이 예수를 고발할 증거를 찾으려 하여 안식일에 병을 고치시는가 엿보니(눅6:7)

"손 마른"이란 근육이 마비되거나 위축된 것을 말합니다. 종교지도자들은 계속하여 예수님께 안식일에 병 고치는 것이 옳은지 질문하였습니다. 바리새인들은 생사가 걸린 경우에만 안식일을 범할 수 있다고 규정하였는데, 그들의 관점에서 손 마른 사람은 목숨이 위험한 것은 아니므로 안식일이 지나도록 기다려야 합니다. 또한 서기관들도 병 고침은 일종의 일이므로 안식일에 허용될 수 없다고 생각하였습니다.

예수께서 그들의 생각을 아시고 손 마른 사람에게 이르시되 일어나 한가운데 서라 하시니 그가 일어나 서거늘(눅6:7-8)
예수께서 이르시되 너희 중에 어떤 사람이 양 한 마리가 있어 안식일에 구덩이에 빠졌으면 끌어내지 않겠느냐 사람이 양보다 얼마나 더 귀하냐 그러므로 안식일에 선을 행하는 것이 옳으니라 하시고(마12:11-12)

"생각을 아시고"란 예수님의 신성, 곧 전지(全知)하심을 말합니다. 예수님은 "사람이 양보다 얼마나 더 귀하냐"라고 하시며 안식일에 양의 생명을 구하는 일을 한다면, 사람의 생명을 구하는 일은 더욱 마땅히 해야 한다고 하셨습니다. 그러나 바리새인들은 하나님과 이웃을 사랑하라는 모세 율법의 핵심을 놓치고 있습니다.

그들에게 이르시되 안식일에 선을 행하는 것과 악을 행하는 것, 생명을 구하는 것과 죽이는 것, 어느 것이 옳으냐 하시니 그들이 잠잠하거늘 그들의 마음이 완악함을 탄식하사 노하심으로 그들을 둘러보시고 그 사람에게 이르시되 네 손을 내밀라 하시니 그가 내밀매 그 손이 회복되었더라(막3:4-5)

"어느 것이 옳으냐"라는 말씀에서 예수님이 긍휼한 마음으로 손 마른 사람을 고쳐주셨다는 것을 알 수 있습니다. "탄식하사"란 깊은 슬픔이나 유감을 표현하는 말이며, "노하심"은 '하나님의 진노'와 같은 표현에 사용되는 강한 분노를 나타내는 말입니다. 주목할 점은 예수님께서 단지 "네 손을 내밀라"고 말씀하신 후에 다른 어떤 일을 하시지 않으셨다는 사실입니다. 율법에는 안식일에 말하는 일이 금지되지 않으며, 또한 손 마른 사람도 단지 손만 내밀었으므로 어떤 금지된 행동을 한 것은 아니었습니다.

그들은 노기가 가득하여 예수를 어떻게 할까 하고 서로 의논하니라 (눅6:11)
바리새인들이 나가서 곧 헤롯당과 함께 어떻게 하여 예수를 죽일까 의논하거늘 (마12:14)

이와 같은 강력한 기적에도 종교지도자들은 더욱 분노했으며 완악한 마음이 변화되지 않았습니다. 그들은 예수님의 말씀이 메시야 권위에 대한 주장임을 알고, 급기야 예수님을 해칠 생각까지 품게 되었습니다.

이 기적은 안식일과 관련된 규례를 해석하시는 예수님의 권위를 확증합니다. 예수님은 안식일이 사람을 위하여 존재하는 것이기 때문에, 안식일에 생명을 구하고 선을 베푸는 것이 합당하며 참된 안식일의 의미에 부합한다고 말씀하셨습니다.

많은 사람들을 고치심 마12:15-21, 막3:7-12

예수께서 제자들과 함께 바다로 물러가시니 갈릴리에서 큰 무리가 따르며 (막3:7)
예수께서 아시고 거기를 떠나가시니 많은 사람이 따르는지라 예수께서 그들의 병을 다 고치시고 자기를 나타내지 말라 경고하셨으니 (마12:15-16)

예수님께서 하나님 나라에 대해 가르치시자 많은 사람들이 그분을 따랐습니다. 예수님이 자신을 "나타내지 말라"고 하신 것은 아버지께 영광을 돌리는 겸손한 아들이심을 나타내며, 또한 기적만을 보고 따르는 추종자들을 만들지 않으시기 위함입니다.

더러운 귀신들도 어느 때든지 예수를 보면 그 앞에 엎드려 부르짖어 이르되 당신은 하나님의 아들이니이다 하니 예수께서 자기를 나타내지 말라고 많이 경고하시니라 (막3:11-12)

귀신들은 예수님이 하나님의 아들이심을 분명히 알고 있었습니다. 예수님은 귀신들의 그러한 증언을 금하셨는데, 이는 아직 예수님의 고난과 죽으심에 대한 언급 없이 예수님이 하나님의 아들이라는 고백이 퍼진다면, 예수님의 사역이 오해받을 수 있기 때문입니다.

이는 선지자 이사야를 통하여 말씀하신 바 보라 내가 택한 종 곧 내 마음에 기뻐하는 바 내가 사랑하는 자로다 내가 내 영을 그에게 줄 터이니 그가 심판을 이방에 알게 하리라 그는 다투지도 아니하며 들레지도 아니하리니 아무도 길에서 그 소리를 듣지 못하리라 상한 갈대를 꺾지 아니하며 꺼져가는 심지를 끄지 아니하기를 심판하여 이길 때까지 하리니 또한 이방들이 그 이름을 바라리라 함을 이루려 하심이니라 (마12:17-21)

본문은 이사야서(42:1-4)의 인용구로 성부께서 "내가 택한 종"과 "내가 사랑하는 자"라고 하셨는데, 예수님의 세례 사건과 변화산 사건 때에도 이와 동일한 표현으로 성자에 대한 기쁨을 나타내셨습니다. "택한 종"은 표면적(表面的)으로는 열방에 공의를 실현할 사명을 지닌 이스라엘 민족을, 이면적(裏面的)으로는 온유하고 성령 충만한 고난 받는 종이신 예수님을 가리킵니다. "그가 심판을 이방에 알게 하리라"는 말씀은 이 종이 천국 도래라는 좋은 소식을 가져올 뿐 아니라 자신을 배척하는 이 세상의 통치자들을 심판할 것임을 뜻합니다. 또한 "다투지도 아니"하고, "꺼져가는 심지를 끄지 아니"한다는 말씀은 예수님이 학대당한 자들을 긍휼히 여기시며 돌보신다는 의미입니다.

예수님이 귀신 들린 자와 병자를 고치신 일은 하나님의 아들이심을 드러내는 표적입니다. 예수님은 세상의 유력한 지도자와 같은 군사적이고 정치적인 구세주가 아니라, 병자를 고치고 약한 자를 살피시며 죄인을 구원하시는 자비로운 메시야이십니다.

열두 제자를 세우심 마10:1-4, 막3:13-19, 눅6:12-19

이 때에 예수께서 기도하시러 산으로 가사 밤이 새도록 하나님께 기도하시고 밝으매 그 제자들을 부르사 그 중에서 열둘을 택하여 사도라 칭하셨으니(눅6:12-13)

예수님은 열두 사도를 택하시기 전에 철야하시며 기도하셨습니다. 이는 예수님이 제자를 선택하실 때에 매우 신중하셨다는 것을 알려줍니다. 예수님은 다른 제자들도 부르셨는데, 그 중 열둘을 따로 선택해서 사도라 칭하셨습니다.[18] "제자"(disciples)는 예수님을 믿는 모든 사람을 폭넓게 지칭하며, "사도"(apostles)는 예수님께서 교회를 세우시기 위하여 특별한 사명을 맡기신 이들을 가리킵니다.

또 산에 오르사 자기가 원하는 자들을 부르시니 나아온지라, 이 열둘을 세우셨으니 시몬에게는 베드로란 이름을 더하셨고 또 세베대의 아들 야고보와 야고보의 형제 요한이니 이 둘에게는 보아너게 곧 우레의 아들이란 이름을 더하셨으며 또 안드레와 빌립과 바돌로매와 마태와 도마와 알패오의 아들 야고보와 및 다대오와 가나나인 시몬이며 또 가룟 유다니 이는 예수를 판 자더라(막3:13,16-19)

마가복음은 예수님이 갈릴리 호수 근처의 산에서 "자기가 원하는 자들을" 부르셨으며, "열둘을 세우셨으니"라고 하여 예수님이 그들을 택

18 겟츠(Getz)는 열두 사도의 특징을 그의 책 부제, '다양함을 통한 일치됨'에서 잘 제시해 주고 있습니다. Gene A. Getz, *The Apostles: Becoming Unified Through Diversity* (Nashville: Broadman & Holman, 1998).

하셨다는 것을 강조하고 있습니다. "열두 사도"는 이스라엘 열두 지파를 상징하며, 하나님의 구원 계획의 연속성을 나타냅니다. "그 성의 성곽에는 열두 기초석이 있고 그 위에는 어린 양의 열두 사도의 열두 이름이 있더라"(계21:14). 특별히 예수님은 사도를 세우실 때에 시몬과 세베대의 아들들에게 별명을 지어주심으로 그들이 새롭게 됨을 암시하셨습니다.

"베드로"의 본래 이름은 '시몬'입니다. 베드로는 열두 제자 중 가장 먼저 언급되며 그들의 대변인 역할을 하였습니다.[19] 그는 빌립보 가이사랴에서 '주는 그리스도시요 살아계신 하나님의 아들'(마16:16)이라고 고백하였으며, 예수님은 그에게 '반석'을 의미하는 '베드로'라는 이름을 주셨습니다.[20] 베드로는 예수님이 십자가의 고난을 받으실 때 끝까지 따르겠다고 맹세하였지만 결국 세 번이나 부인하였습니다. 그는 낙심하여 고향으로 내려가 예전처럼 어부의 삶을 살았지만, 부활하신 예수님으로부터 다시 소명을 받고 오순절에 성령 세례를 받아 복음을 전파하였습니다. 주로 유대인들을 대상으로 사역을 했던 베드로는 후에 티부르(Tybur) 근처에 있는 산에서 십자가에 거꾸로 매달려 순교하였습니다.[21] "안드레"는 '남자답다'라는 뜻이며, 베드로의 동생입니다. 그는 본래 세례 요한의 제자였으나, 스승의 말을 듣고 예수님을 찾아가 제자가 되었으며 그의 형 베드로를 예수님께 인도하였습니다. 안드레는 예

---

19 마태복음 원문은 열두 사도를 말하면서 시몬을 '첫째'(πρῶτος, first)라고 기록하고 있습니다.

20 "내가 이 반석 위에 교회를 세우리라"는 말씀은, 예수님께서 베드로가 아니라 바로 자기 자신 위에 교회를 세우시겠다고 약속하신 것입니다. "이 닦아 둔 것 외에 능히 다른 터를 닦아 둘 자가 없으니 이 터는 곧 예수 그리스도라"(고전3:11). William S. McBirnie, *The Search for the Twelve Apostles* (Carol Stream: Tyndale House, 1973), 17-18.

수님이 오병이어 기적을 행하실 때, 한 소년의 보리떡 다섯 개와 물고기 두 마리를 예수님께 가져다 드렸습니다. 그는 부활하신 예수님의 대위임령을 받은 후 헤롯의 박해를 피해 그리스에 가서 복음을 전하였으며, X형 십자가에서 순교하였습니다.[22]

"야고보"는 히브리어 '야곱'의 헬라어 표기로, '발꿈치를 잡다'라는 뜻의 이름입니다. 그의 아버지는 세베대이고, 어머니는 예수님의 어머니 마리아와 자매인 살로메입니다. 그는 사도 요한의 형으로 '큰 야고보'라고 불리며, 예수님은 이 두 형제에게 '우레의 아들'(보아너게)이라는 별명을 지어주셨습니다. 야고보는 사마리아 사람들이 예수님을 냉대할 때, 하늘에서 유황불을 내려 동네를 멸할 것을 청할 정도로 급한 성격의 소유자였습니다. 그는 예수님께서 베드로와 요한과 함께 자주 데리고 다니시던 세 명의 제자 중 하나이며, 헤롯 안디바의 박해 때 예루살렘에 남아 복음을 전하다가 주후 44년 유월절 전날 밤에 열두 제자 중 처음으로 순교하였습니다.[23] "요한"은 '여호와는 은혜로우시다'는 뜻으로 야고보의 동생이며, 예수님께서 사랑하시던 제자입니다. 요한은 예수님이 십자가에 달려 돌아가실 때 그곳에 있었으며, 예수님은 어머니 마리아를 그에게 부탁하셨습니다. 그는 요한복음과 요한서신, 그리고 요한

---

21 베드로의 시신은 장로인 마르셀리누스(Marcellinus)에 의해 유대 장례법대로 유향으로 처리하여 개선로 근처 바티칸 시에 매장되었습니다. Dorman Newman, *The Lives and Deaths of the Holy Apostles* (London: Kings Arms in the Poultry, 1685), 20.

22 오늘날까지도 X자 형태의 십자가는 '안드레의 십자가'로 일컬어지며, 안드레의 순교일자는 통상적으로 69년 11월 마지막 날로 알려져 있습니다. McBirnie, *The Search for the Twelve Apostles*, 51, 54.

23 야고보는 주후 44년 헤롯 아그립바 1세에 의해 참수형을 당하였습니다. McBirnie, *The Search for the Twelve Apostles*, 61, 67, 72.

계시록을 기록하였으며, 주후 95년 도미티안 황제의 박해 때 밧모 섬으로 유배되었습니다.[24]

"빌립"은 '말(馬)을 사랑하는 자'라는 뜻이며, 베드로와 안드레와 같은 갈릴리 벳새다 출신입니다. 그는 예수님을 만난 뒤 나다나엘에게 예수님을 소개하였으며, 주후 78년 십자가에서 순교하였습니다.[25] 그의 유해는 로마의 열두 사도 성당에 안치되어 있습니다. "바돌로매"는 '돌로매의 아들'이란 뜻이며, 나다나엘의 다른 이름입니다. 그는 오순절에 성령 충만을 체험한 후 인도와 아르메니아에서 선교하였으며,[26] 후에 이집트 알렉산드리아의 왕과 왕비를 개종시켰습니다. 바돌로매 역시 주후 68년경 순교하였는데, 외경 '바돌로매 복음서'에는 참수되기 전에 산채로 살갗이 벗기어졌다고 기록되어 있습니다.[27]

"도마"는 '쌍둥이'란 뜻이며, "디두모"(Didymas)로도 알려져 있습니다. 그는 예수님의 부활을 의심했던 것으로 인해 '의심 많은 사람'이란 별

---

24 요한의 형 야고보는 사도들 중 최초의 순교자였지만, 동생 요한은 가장 마지막까지 생존했던 사도였습니다. 요한도 다른 사도들과 마찬가지로 많은 박해를 받으며 살다가 100년경에 에베소에서 죽었습니다. McBirnie, *The Search for the Twelve Apostles*, 81.

25 빌립은 소아시아에 위치한 프리기아의 히에라폴리스(Hierapolis)에서 십자가형으로 순교하였습니다. '빌립행전'에는 빌립이 거꾸로 매달린 상태에서 허벅지가 찢겨져 순교한 내용이 기록되어 있습니다. McBirnie, *The Search for the Twelve Apostles*, 102-103.

26 '바돌로매 복음서'에는 그가 인도에서 복음을 전했으며, 히브리어로 된 마태복음 사본을 그곳으로 가져갔다는 전승이 기록되어 있습니다. McBirnie, *The Search for the Twelve Apostles*, 102.

27 바돌로매의 순교지에 관해서는 알바노폴리스(Albanopolis)라는 설과 데르벤드(Derbend)라는 설이 있습니다. McBirnie, *The Search for the Twelve Apostles*, 110, 113-14, 154.

명을 얻었습니다. "다른 제자들이 그에게 이르되 우리가 주를 보았노라 하니 도마가 이르되 내가 그의 손의 못 자국을 보며 내 손가락을 그 못 자국에 넣으며 내 손을 그 옆구리에 넣어 보지 않고는 믿지 아니하겠노라 하니라"(요20:25). 도마는 갈릴리 출신의 어부로, 인도에서 선교활동을 하다가 마즈디(Mazdi) 왕이 보낸 우상숭배자들에 의해 첸나이에서 창에 찔려 순교하였습니다.[28] "마태"는 '하나님의 선물'이라는 뜻으로, 그의 본명은 '레위'이며 예수님을 따르기 전에는 로마의 세금을 거두는 세리였습니다. 그는 유대와 에티오피아에서 선교활동을 하였으며 후에 순교하였습니다.[29] "야고보"는 알패오의 아들로 '작은 야고보'라 불리며, 엄격한 신앙생활을 하였다고 합니다. 그는 바리새파에 의해 성전 꼭대기에서 떠밀려 땅에 떨어진 후 돌에 맞아 순교한 것으로 전해집니다.

"다대오"는 '칭찬함'이라는 뜻이며, '유다'로도 불렸습니다.[30] "야고보의 아들 유다와 예수를 파는 자 될 가룟 유다라"(눅6:16). 그는 예수님의 친척이었을 것으로 추측됩니다. 다대오는 메소포타미아 근처 에뎃사와 아르메니아에서 선교하였는데, 시리아와 페르시아 북쪽에서 사역하다가 도끼창에 찔려 순교했다는 설이 있고, 주후 50년 아르메니아의 아르다즈에서 순교했다는 설이 있습니다.[31] "시몬"이란 '하나님께서 응답하셨다'

---

28 McBirnie, *The Search for the Twelve Apostles*, 118-19.

29 클레멘트는 마태가 복음을 전하기 위해 에티오피아, 그리스 북부의 마케도니아, 시리아, 페르시아까지 갔다고 증언하며, 에티오피아나 혹은 이집트에서 순교한 것으로 봅니다. McBirnie, *The Search for the Twelve Apostles*, 130, 137.

30 마가복음은 그를 "다대오"라고 부르며, 누가복음은 "야고보의 아들 유다"라고 하며(눅6:16), 요한복음은 "가룟인 아닌 유다"라고 합니다(요14:22).

31 McBirnie, *The Search for the Twelve Apostles*, 153-54. 175.

라는 뜻으로, 가나나인[32]이란 별명도 있습니다. 열심당원(the Zealot, 셀롯)은 로마의 통치에 정면으로 반대한 정치적 행동주의자들로서, 시몬은 예수님의 제자가 되기 이전에 이스라엘의 무장 독립운동에 투신하였습니다. 그는 아프리카와 영국에서 복음을 전하였고, 후에 페르시아에서 톱으로 몸이 잘려 순교하였습니다.[33]

"가룟 유다"는 제자들 중에서 유일하게 갈릴리가 아닌 유대 지방 출신으로, 가룟은 유대의 한 마을인 '케룟(Kerioth)'을 가리키며,[34] "유다"는 '찬양'이라는 뜻입니다. 가룟 유다는 제자들 중 회계를 맡았는데, 예수님의 복음 사역이 그가 생각했던 것과 다른 방향으로 진행되자 실망하여 은 삼십을 받고 배반하였습니다. 유다는 예수님께서 종교지도자들에게 심문을 받으시는 것을 보고 양심의 가책을 느껴 스스로 목매어 죽었습니다. 예수님의 승천 후에 다른 열한 사도들이 모여 제비를 뽑아 맛디아로 하여금 유다의 직무를 대신하도록 하였습니다.

예수께서 그의 열두 제자를 부르사 더러운 귀신을 쫓아내며 모든 병과 모든 약한 것을 고치는 권능을 주시니라(마10:1)
이에 열둘을 세우셨으니 이는 자기와 함께 있게 하시고 또 보내사 전도도 하며 귀신을 내쫓는 권능도 가지게 하려 하심이러라(막3:14-15)

예수님이 열두 제자를 세우신 목적은 주님과 함께 있고, 보냄을 받고, 복음을 선포하며, 귀신을 내쫓게 하려는 것입니다. 공생애 초기에 예수님은 제한된 지역에서 홀로 가르치시고 병을 고치셨지만, 열두 제

---

32 가나나인은 아람어로 가나안인을 말하며, '열심당원'이라는 뜻입니다.

33 McBirnie, *The Search for the Twelve Apostles*, 160-61, 175.

34 케룟은 헤브론의 남쪽에서 몇 마일 떨어진 조그마한 마을이며, 유다의 아버지는 시몬입니다(요13:2). McBirnie, *The Search for the Twelve Apostles*, 177.

자가 선택되자 예수님의 사역이 다양한 측면으로 확대되었습니다.[35]

예수께서 그들과 함께 내려오사 평지에 서시니 그 제자의 많은 무리와 예수의 말씀도 듣고 병 고침을 받으려고 유대 사방과 예루살렘과 두로와 시돈의 해안으로부터 온 많은 백성도 있더라(눅6:17)

열두 사도 외에도 제자들의 큰 무리와 이방인들도 예수님을 따랐는데, 이는 많은 사람들이 병 고침만이 아니라 말씀을 들으려고 나아왔기 때문입니다.

예수님은 많은 제자들 중에서 열둘을 따로 선택하여 사도로 세우시고, 그들에게 자신이 행하시고 가르치신 일, 곧 하나님 나라에 대해 전하고 귀신 쫓는 일을 맡기셨습니다. 예수님의 열두 제자들 중 열 명은 복음을 전하다가 순교하였는데, 이는 예수님의 부활과 성령의 능력이 이들의 삶에 얼마나 강력하게 역사하였는지를 증거해 줍니다.

---

35 Alexander B. Bruce, *The Training of the Twelve* (Grand Rapids: Kregel, 1979), 29.

제7장 산상수훈

축복의 말씀 마5:1-12, 눅6:20-23

예수께서 무리를 보시고 산에 올라가 앉으시니 제자들이 나아온지라 입을 열어 가르쳐 이르시되(마5:1-2)

산상수훈(산상설교)은 예수님이 가버나움 근처의 산에서 제자들을 대상으로 하신 설교로, 천국 시민으로서의 삶에 관한 교훈입니다. 예수님은 주로 배를 타고 갈릴리 바다 양편을 다니시며 사역하셨는데, 서쪽 가버나움은 헤롯 안디바가 관할하였고 동쪽 거라사는 헤롯 빌립이 관할하였습니다. 본문의 "앉으시니"란 통상 유대교 랍비들이 앉아서 가르친 것처럼 예수님도 앉으셔서 제자들을 가르치셨음을 말합니다. "내가 날마다 성전에 앉아 가르쳤으되"(마26:55). 그리고 "입을 열어"란 예수님의 교훈의 엄숙함과 중대성을 표시하기 위해 저자인 마태가 특별한 의미를 담아 묘사한 표현입니다.

심령이 가난한 자는 복이 있나니 천국이 그들의 것임이요(마5:3)

본 절부터 12절까지의 말씀은 예수님이 제자들에게 가르쳐 주신 '팔복'(Beatitudes)이라 불리며, 산상설교의 정수(精髓)입니다. 팔복은 모두 '복이 있다'는 선포로 시작되는데, '복'(μακάριοι, 마카리오이)이란 복된 상태를 표현하는 단어로서 일시적인 행복의 감정이라기보다 하나님과의 관계 속에서 충만함을 누리는 상태를 말합니다. 첫째, "심령이 가난한 자"란 어떠한 힘든 상황에서도 전적으로 겸손하게 하나님을 의지하는 자를 가리킵니다. 예수님은 절실한 마음으로 하나님만을 바라보는 이들에게 "천국이 그들의 것"이라고 말씀하셨습니다. '천국'이 '그들의 것'이라고 할 때 현재형 동사(ἐστίν, are)가 쓰였으므로, 내세가 아닌 현재부터 하나님 나라에 참여하게 됨을 의미합니다. 그러므로 이 말씀을 직역하면 '복되도다, 심령이 가난한 자들이여! 하나님의 통치가 지금 그들의 것이도다'입니다.

애통하는 자는 복이 있나니 그들이 위로를 받을 것임이요(마5:4)

둘째, "애통하는 자"란 자기 자신의 죄에 대한 통회를 비롯하여 사회적인 악과 불의에 대해 애타는 마음으로 하나님의 공의와 용서를 간구하는 자들을 말합니다. "하나님의 뜻대로 하는 근심은 후회할 것이 없는 구원에 이르게 하는 회개를 이루는 것이요"(고후7:10).

지금 주린 자는 복이 있나니 너희가 배부름을 얻을 것임이요 지금 우는 자는 복이 있나니 너희가 웃을 것임이요(눅6:21)

"지금 주린 자"와 "지금 우는 자"란 제자들 중 영육 간에 굶주림과 슬픔을 경험하고 있는 자들을 가리킵니다. 본문에서 '지금'이라는 부사가 강조되는데, 이는 현재의 고통이 한시적이며, 훗날 천국에서는 하나님이 모든 눈물을 닦아주실 것임을 의미합니다. "이는 보좌 가운데에 계신 어린 양이 그들의 목자가 되사 생명수 샘으로 인도하시고 하나님께서 그들의 눈에서 모든 눈물을 씻어 주실 것임이라"(계7:17).

온유한 자는 복이 있나니 그들이 땅을 기업으로 받을 것임이요(마5:5)

셋째, “온유한 자”란 힘이 없고 연약하기 때문이 아니라 전능하신 하나님의 도우심만을 끈기 있게 바라보기 때문에 자신을 내세우지 않으며 이웃을 관대하게 대하는 자들을 말합니다. “땅을 기업으로 받을 것임이요”란 아브라함에게 주신 약속의 성취이자 하나님을 신뢰하는 자가 얻을 분깃에 관한 시편 말씀의 성취입니다. “그러나 온유한 자들은 땅을 차지하며 풍성한 화평으로 즐거워하리로다”(시37:11). 구약에서 이삭은 우물로 인하여 세 번이나 억울한 시비를 당했지만 다투지 않고 온유하게 대처하였는데, 하나님은 이를 기억하시고 그에게 넓은 땅과 화평의 복을 주셨습니다. “그들이 이르되 여호와께서 너와 함께 계심을 우리가 분명히 보았으므로 우리의 사이 곧 우리와 너 사이에 맹세하여 너와 계약을 맺으리라 말하였노라 … 이제 너는 여호와께 복을 받은 자니라”(창26:28-29). 신약에서 바울은 아브라함과 그의 후손을 가리켜 ‘세상의 상속자’라고 하였습니다. “아브라함이나 그 후손에게 세상의 상속자가 되리라고 하신 언약은 율법으로 말미암은 것이 아니요 오직 믿음의 의로 말미암은 것이니라”(롬4:13).

의에 주리고 목마른 자는 복이 있나니 그들이 배부를 것임이요(마5:6)

넷째, “의에 주리고 목마른 자”란 하나님의 의로운 성품이 사람들의 삶 속에 분명히 드러나기를 간절히 원하는 자들을 가리킵니다. 예수님은 이같이 하나님의 공의를 구하는 자들이 그 갈망하는 것을 얻는다고 하시며, 그들을 만족하게 하시고 좋은 것으로 채워주신다고 말씀하셨습니다.

긍휼히 여기는 자는 복이 있나니 그들이 긍휼히 여김을 받을 것임이요(마5:7)

다섯째, “긍휼히 여김을 받을 것임이요”란 다른 사람에게 베푸는 자비와 용서가 자신에게도 베풀어질 것이라는 의미도 담겨 있지만, 더 깊은 차원에서 살펴보면 하나님의 자비와 용서를 깨닫는 자는 하나님이 자신에게 자비롭게 대해 주신 것처럼 그 자신도 남을 그렇게 대하게 될 것이라는 말씀입니다.

마음이 청결한 자는 복이 있나니 그들이 하나님을 볼 것임이요(마5:8)

여섯째, "마음이 청결한 자"란 자신의 삶의 모든 영역에서 순전함을 추구하는 사람입니다. "그들이 하나님을 볼 것임이요"라는 말씀은 육신의 눈으로는 볼 수 없는 영이신 하나님을 믿음의 눈으로 보게 된다는 의미입니다. "그의 얼굴을 볼 터이요 그의 이름도 그들의 이마에 있으리라"(계22:4). 예수님은 외적인 정결을 강조하는 유대교 전통과 달리, 심령의 깨끗함이 중요하다고 가르쳐 주셨습니다.

화평하게 하는 자는 복이 있나니 그들이 하나님의 아들이라 일컬음을 받을 것임이요(마5:9)

일곱째, "화평하게 하는 자"란 자신이 속한 공동체에 평화를 추구하는 이들로서, 그들은 완전한 샬롬이신 하나님의 성품을 반영하기 때문에 하나님의 아들이라 일컬어지는 보상을 받게 됩니다. 개인이나 나라 간의 모든 대립은 하나님과의 분리에서 오는데, 예수님은 대속적 죽음을 통해 막힌 담을 허무셨습니다. "그는 우리의 화평이신지라 둘로 하나를 만드사 원수된 것 곧 중간에 막힌 담을 자기 육체로 허시고"(엡2:14). 예수님은 제자들에게 원수들까지도 사랑할 것을 명령하셨습니다.

의를 위하여 박해를 받은 자는 복이 있나니 천국이 그들의 것임이라 나로 말미암아 너희를 욕하고 박해하고 거짓으로 너희를 거슬러 모든 악한 말을 할 때에는 너희에게 복이 있나니 기뻐하고 즐거워하라 하늘에서 너희의 상이 큼이라 너희 전에 있던 선지자들도 이같이 박해하였느니라(마5:10-12)

여덟째, "의를 위하여 박해를 받은 자"란 하나님에 대한 신앙으로 말미암아 심각한 곤경에 처한 사람들을 말합니다. "선지자들도 이같이 박해하였느니라"는 말씀은 가인이 아벨을 살해한 이래로 하나님의 백성을 대적하는 자들이 늘 존재하였다는 의미입니다. 예수님이 배척과 반대를 당하신 것처럼 제자들도 이러한 핍박을 경험하게 됩니다. 그러나 예수님은 제자들에게 미움과 모욕을 받을지라도 하늘에서 받을 상이 크므로 기뻐하라고 명령하셨습니다.

산상수훈에서 예수님은 제자들에게 참된 그리스도인의 삶의 윤리를 제시하시며, 하나님 나라의 역설적인 본질을 가르쳐 주셨습니다. 예수님은 고난 가운데서도 신실함을 잃지 않는 자들에게, 하나님 나라가 지금 그들의 것이라고 말씀하셨습니다. 천국 백성이 누리는 팔복은 이 땅에서 예수님의 제자로 살아가는 사람들을 위한 교훈입니다.

화를 선포하심 눅6:24-26

그러나 화 있을진저 너희 부요한 자여 너희는 너희의 위로를 이미 받았도다(눅6:24)

예수님은 '복이 있나니'로 시작하는 팔복을 전하신 후에 "화 있을진저"라는 심판의 말씀을 선언하셨습니다. "화 있을진저 너희 부요한 자여"란 물질적인 풍요로움으로 인해 스스로 만족하며 기뻐하는 자들에 대한 경고입니다.

화 있을진저 너희 지금 배부른 자여 너희는 주리리로다 화 있을진저 너희 지금 웃는 자여 너희가 애통하며 울리로다(눅6:25)

"지금 배부른 자"와 "지금 웃는 자"는 팔복의 "지금 주린 자"와 "지금 우는 자"와 대비되는 구절입니다. 이들은 현세에서 근심과 걱정이 없기 때문에 하나님에 대하여 무감각하며 이웃에 대한 연민이 없는 사람들입니다. 하지만 부자와 나사로의 비유를 통하여 알 수 있듯이 하나님의 심판이 임하면 상황은 역전될 것입니다.

모든 사람이 너희를 칭찬하면 화가 있도다 그들의 조상들이 거짓 선지자들에게 이와 같이 하였느니라(눅6:26)

마지막으로 "모든 사람이 너희를 칭찬하면 화가 있도다"는 말씀은 사람들이 듣고 싶어 하는 것에 맞추어 예언하며, 세상의 풍조를 따라 사는 거짓 교사들에 대한 경고입니다. 참 선지자들은 미움받고 박해당하며 때로는 순교하였습니다. "또 어떤 이들은 조롱과 채찍질뿐 아니라 결박과 옥에 갇히는 시련도 받았으며 돌로 치는 것과 톱으로 켜는 것과 시험과 칼로 죽임을 당하고 양과 염소의 가죽을 입고 유리하여 궁핍과 환난과 학대를 받았으니(이런 사람은 세상이 감당하지 못하느니라) 그들이 광야와 산과 동굴과 토굴에 유리하였느니라"(히11:36-38).

예수님은 자신의 영적 궁핍을 깨닫지 못하고 자기 공로를 의지하는 자들은 마지막 날에 큰 화를 당할 것이라고 경고하셨습니다. "그들의 안색이 불리하게 증거하며 그들의 죄를 말해 주고 숨기지 못함이 소돔과 같으니 그들의 영혼에 화가 있을진저 그들이 재앙을 자취하였도다, 스스로 지혜롭다 하며 스스로 명철하다 하는 자들은 화 있을진저"(사3:9, 5:21).

세상의 소금과 빛 마5:13-16, 막9:50, 눅14:34-35

너희는 세상의 소금이니 소금이 만일 그 맛을 잃으면 무엇으로 짜게 하리요(마5:13a)

소금은 좋은 것이로되 만일 소금이 그 맛을 잃으면 무엇으로 이를 짜게 하리요 너희 속에 소금을 두고 서로 화목하라 하시니라(막9:50)

본문은 산상수훈의 주제가 되는 말씀으로, 예수님은 제자들을 가리켜 "세상의 소금"이라고 하셨습니다. "너희 속에 소금을 두고"라는 말씀은 참된 제자도를 소금의 보존력에 빗대어 묘사하신 것으로, 소금이 녹게 되면 그 형체는 사라지더라도 짠 맛을 내듯이 자신을 내세우지 않는 섬김으로 교회의 평화를 유지하라고 하셨습니다.

소금이 좋은 것이나 소금도 만일 그 맛을 잃으면 무엇으로 짜게 하리요 땅에도 거름에도 쓸 데 없어 내버리느니라 들을 귀가 있는 자는 들을지어다 하시니라(눅14:34-35)

후에는 아무 쓸 데 없어 다만 밖에 버려져 사람에게 밟힐 뿐이니라(마5:13b)

이 말씀은 완전한 자기 부인이 결여되어 예수님의 가르침에 온전히 순종하지 않는다면, 제자로서의 정체성을 잃게 되고 하나님 나라의 사역에 관계없는 자가 된다는 의미입니다.

너희는 세상의 빛이라 산 위에 있는 동네가 숨겨지지 못할 것이요 사람이 등불을 켜서 말 아래에 두지 아니하고 등경 위에 두나니 이러므로 집 안 모든 사람에게 비치느니라(마5:14-15)

또한 예수님은 제자들을 "세상의 빛"이라고 하시며, 선을 행함으로 사람들에게 빛을 비추라고 하셨습니다. 유대인 가정의 등은 매우 작아서 받침대에 올려 두었습니다. 등불을 "등경(stand) 위에" 두어 집안 모든 사람에게 비추게 하듯이, 제자들은 천국 시민다운 언행으로 그리스도인이 어떠한 삶을 사는지 증거해야 합니다.

이같이 너희 빛이 사람 앞에 비치게 하여 그들로 너희 착한 행실을 보고 하늘에 계신 너희 아버지께 영광을 돌리게 하라(마5:16)

아직 하나님을 알지 못하는 세상 사람들은 제자들의 "착한 행실"을 통해 세상을 밝히는 빛을 보게 될 것이고, 그 결과 하늘에 계신 아버지께서 영광을 받으실 것입니다.

예수님은 제자들이 살아야 할 삶의 모습을 소금과 빛을 예로 들어 가르쳐 주셨습니다. 곧 소금의 짠 맛이 녹아들어 음식을 보존하고 맛을 내며, 등불이 빛을 비추어 사람들이 볼 수 있게 하는 것처럼, 제자들은 이웃을 향한 선행을 통해 하나님 아버지께 영광을 돌려드려야 합니다.

예수님과 율법 마5:17-20

내가 율법이나 선지자를 폐하러 온 줄로 생각하지 말라 폐하러 온 것이 아니요 완전하게 하려 함이라(마5:17)

"율법"(토라)은 구약의 처음 다섯 권을 지칭하며, "선지자"는 구약의 모든 책을 의미합니다. "이는 선지자를 통하여 말씀하신 바 내가 입을 열어 비유로 말하고 창세부터 감추인 것들을 드러내리라 함을 이루려 하심이라"(마13:35). "완전하게 하려 함이라"는 '성취하다'는 의미로, 구약의 메시야에 관한 구체적 예언만이 아니라 제사 제도와 의식법 등으로 예표된 희생을 통한 구속 사역을 예수님이 성취하실 것이라는 말씀입니다. "그리스도께서 우리를 자유롭게 하려고 자유를 주셨으니 그러므로 굳건하게 서서 다시는 종의 멍에를 메지 말라"(갈5:1).

진실로 너희에게 이르노니 천지가 없어지기 전에는 율법의 일점 일획도 결코 없어지지 아니하고 다 이루리라(마5:18)

"일점 일획"에서 '일점'은 히브리어 알파벳에서 가장 작은 글자인 'י'(요드)를 말하며, '일획'은 요드에 장식으로 덧붙이는 가시 모양의 획인

'코쯔'를 가리켜 말씀하신 것입니다.[36] 이는 예수님께서 구약의 완전한 권위를 확증하시는 표현으로, 율법의 가장 작고 세밀한 것까지도 무가치한 것이 아니라는 의미입니다. "다 이루리라"는 말씀은 예수님의 삶과 죽음과 부활, 그리고 재림 이후에 있을 심판과 영생을 뜻합니다.

그러므로 누구든지 이 계명 중의 지극히 작은 것 하나라도 버리고 또 그같이 사람을 가르치는 자는 천국에서 지극히 작다 일컬음을 받을 것이요 누구든지 이를 행하며 가르치는 자는 천국에서 크다 일컬음을 받으리라(마5:19)

"계명"은 구약의 모든 계명을 가리키는데, 랍비들은 밭작물의 헌물 같은 가벼운 계명과 우상숭배와 간음 같은 무거운 계명 차이를 인정하였습니다. 그들은 성경 이외의 많은 규정들을 준수하며 자부심을 느꼈지만 그 정신은 간과하였습니다. 하지만 천국의 의는 변화된 마음으로 안에서 밖으로 역사하기 때문에 예수님은 작은 계명과 큰 계명을 모두 준수하라고 하셨습니다.

내가 너희에게 이르노니 너희 의가 서기관과 바리새인보다 더 낫지 못하면 결단코 천국에 들어가지 못하리라(마5:20)

예수님은 율법에 대해 말씀하시며, 제자로서 행하는 "의"(義)가 서기관이나 바리새인보다 나아야 하나님 나라에 참여하게 될 것이라고 하셨습니다. 이 '의'(δικαιοσύνη, righteousness)는 주로 행위나 실천을 가리키는 말이며, '낫다'(περισσεύω, be full of/be left)라는 동사는 풍성해서 넘쳐나는 것을 의미합니다. 이 단어는 사천 명을 먹이시고 남은 조각들을 언급할 때에도 사용되었습니다. "다 배불리 먹고 남은(was left) 조각을 일

36 David Bivin, *New Light on the Difficult Words of Jesus* (Holland, MI: Living Water Books, 2007), 115.

곱 광주리에 차게 거두었으며"(마15:37). 예수님은 당시 스스로 의로운 삶을 산다고 자부하던 바리새인과 서기관보다도 더 높은 차원의 경건한 생활을 제자들에게 요구하셨습니다.

예수님은 율법을 폐하러 오신 것이 아니라 오히려 자신의 삶으로 친히 율법을 이루셨습니다. 예수님의 삶과 사역은 구약에 담긴 하나님의 의도를 더욱 분명하고 정확하게 밝힙니다. 예수님의 성육신부터 십자가 죽음, 부활, 그리고 승천은 구약의 모든 예언을 성취합니다.

노하지 말라(여섯째 계명) 마5:21-26

옛 사람에게 말한 바 살인하지 말라 누구든지 살인하면 심판을 받게 되리라 하였다는 것을 너희가 들었으나(마5:21)

예수님은 종교지도자들의 잘못된 구약해석을 바로잡아 주신 후에, 인간 사회에서 지켜야 하는 여섯 가지 규율(살인, 간음, 이혼, 맹세, 복수, 원수)의 본래 정신을 구체적으로 설명해 주셨습니다. "살인"을 금하신 것은 인간이 하나님의 형상으로 창조되었기 때문입니다. "다른 사람의 피를 흘리면 그 사람의 피도 흘릴 것이니 이는 하나님이 자기 형상대로 사람을 지으셨음이니라"(창9:6). 의도적인 살인은 십계명에서 금지되었고, "살인하지 말라"(출20:13), 구약 율법에서 사형으로 처벌되었습니다. "고의로 살인죄를 범한 살인자는 생명의 속전을 받지 말고 반드시 죽일 것이며"(민35:31). 예수님은 "살인하면 심판을 받게 되리라 하였다는 것을 너희가 들었으나"라고 하심으로, 당시 그들이 이해하던 수준보다 더 깊은 차원의 의미를 알려주셨습니다.

나는 너희에게 이르노니 형제에게 노하는 자마다 심판을 받게 되고 형제를 대하여 라가라 하는 자는 공회에 잡혀가게 되고 미련한 놈이라 하는 자는 지옥 불에 들어가게 되리라(마5:22)

예수님은 위에서 언급한 여섯 가지 주제에 대해 "나는 너희에게 이르노니"(ἐγὼ δὲ λέγω ὑμῖν, But I say unto you)라는 권위 있는 표현을 사용하셨습니다. 예수님은 형제에게 분노하고 욕을 하는 것만으로도 심판을 받을 것이라고 하셨습니다. "노하는"이란 단순히 화를 내는 감정을 넘어 다른 사람에게 위해를 가하려는 것을 의미하며, "미련한 놈이라" 부르는 것은 그 사람의 인격을 깎아 내리고 폄훼(貶毁)하는 것을 말합니다. 예수님은 이같이 악하게 다른 사람을 모독하는 사람에게는 "지옥 불"이 합당하다고 경고하셨습니다.

그러므로 예물을 제단에 드리려다가 거기서 네 형제에게 원망들을 만한 일이 있는 것이 생각나거든 예물을 제단 앞에 두고 먼저 가서 형제와 화목하고 그 후에 와서 예물을 드리라(마5:23-24)

"먼저 가서 형제와 화목하고"란 관계가 소원해진 사람과의 화해가 예물을 제단에 드리는 것보다 우선되어야 한다는 의미입니다. "원망들을 만한 일"이란 다른 사람에게 잘못을 저지른 사람이 먼저 화해를 시도해야 한다는 뜻입니다.

너를 고발하는 자와 함께 길에 있을 때에 급히 사화하라 그 고발하는 자가 너를 재판관에게 내어주고 재판관이 옥리에게 내어주어 옥에 가둘까 염려하라(마5:25)

예수님은 불화하고 있는 사람과 화목하는 일을 "급히" 행하라고 강조하셨습니다. 서로 용서하고 화해하지 않으면 인간적 차원에서 재앙의 결과가 나타나며, 영적인 차원에서 그들의 예물이 열납되지 않을 것입니다.

예수님은 형제에게 노하거나 욕하기만 해도 심판을 받게 될 것이라고 하시며, 형제와 화목해야 한다는 것을 강조하셨습니다. 이는 단순히 행동으로만 율법을 어기지 않은 것으로는 충분하지 않고, 근본적으로 형제를 사랑하는 마음과 태도를 지녀야 한다는 말씀입니다.

간음하지 말라(일곱째 계명) 마5:27-32, 막9:43-49

또 간음하지 말라 하였다는 것을 너희가 들었으나 나는 너희에게 이르노니 음욕을 품고 여자를 보는 자마다 마음에 이미 간음하였느니라(마5:27-28)

본문은 의로운 삶의 두 번째 예로 "간음"에 대한 말씀입니다. 음욕은 마음에서 시작되는데, 단순히 육체적으로만이 아니라 정신적으로도 순결해야 합니다. 십계명에서도 하나님은 이스라엘 백성들에게 마음의 순결을 요구하셨습니다. "네 이웃의 집을 탐내지 말라 네 이웃의 아내나 그의 남종이나 그의 여종이나 그의 소나 그의 나귀나 무릇 네 이웃의 소유를 탐내지 말라"(출20:17).

만일 네 오른 눈이 너로 실족하게 하거든 빼어 내버리라 네 백체 중 하나가 없어지고 온 몸이 지옥에 던져지지 않는 것이 유익하며(마5:29)

"빼어 내버리라"는 말씀은 눈이 아무리 귀중한 기관이라도 그것이 사람을 죄로 인도한다면 단호하게 버려야 함을 의미합니다. "지옥"은 '게엔나'(γέεννα, hell)인데, 히브리어 '게이힌놈'(גֵּיא הִנֹּם)을 음역한 것으로 '힌놈의 골짜기'라는 뜻입니다. 이곳은 과거 남유다의 아하스 왕이 이방신에게 분향하고 자기 자녀를 불살라 바쳤던 곳인데, "또 힌놈의 아들 골짜기에서 분향하고 여호와께서 이스라엘 자손 앞에서 쫓아내신 이방 사람들의 가증한 일을 본받아 그의 자녀들을 불사르고"(대하28:3), 나중에 이 골짜기는 쓰레기를 태우는 소각장이 되었으며 불이 항상 꺼지지 않았다고 합니다. 따라서 유대인들에게 게엔나에 던져지는 것은 미래에 임할 영원한 불의 심판을 상징하였습니다.

또한 만일 네 오른손이 너로 실족하게 하거든 찍어 내버리라 네 백체 중 하나가 없어지고 온 몸이 지옥에 던져지지 않는 것이 유익하니라(마5:30)
만일 네 손이 너를 범죄하게 하거든 찍어버리라(막9:43)

마태복음의 "실족하게 하거든"과 마가복음의 "범죄하게 하거든"은 동일한 단어(σκανδαλίζω, offend)로, '걸려 넘어지게 하는 것'을 의미합니다. 또한 "찍어 내버리라"란 실족하게 하는 한 지체를 제거함으로 온 몸이 지옥에서 고통받지 않도록 하라는 말씀인데, 이는 죄의 문제에 관하여는 이처럼 강하게 결단하여 죄에서 멀리 떨어지려는 노력을 해야 한다는 명령입니다.

또 일렀으되 누구든지 아내를 버리려거든 이혼 증서를 줄 것이라 하였으나(마5:31)

유대인의 이혼 증서

고대 유대 사회에서 "이혼 증서"는 여자에게 재혼할 권리를 부여했습니다.[37] 하나님은 모세를 통해 여자들이 부당하게 이혼당하지 않도록 보호하는 규례를 제정해 주셨습니다. "사람이 아내를 맞이하여 데려온 후에 그에게 수치되는 일이 있음을 발견하고 그를 기뻐하지 아니하면 이혼 증서를 써서 그의 손에 주고 그를 자기 집에서 내보낼 것이요"(신24:1).

37 이혼 증서에 필수적인 문구는 '보라, 너는 이제 어떤 남자와도 결혼할 수 있다'입니다. Mishinah, *Gittin* IX.3.

나는 너희에게 이르노니 누구든지 음행한 이유 없이 아내를 버리면 이는 그로 간음하게 함이요 또 누구든지 버림받은 여자에게 장가드는 자도 간음함이니라(마5:32)

예수님은 "음행한 이유 없이" 아내를 버리거나, "버림받은 여자"와 결혼하는 것을 금하셨습니다. 음행을 한 배우자는 실제로 결혼을 파기한 것이나 마찬가지이므로 예외에 해당한다고 하셨습니다. 예수님은 당시 이혼 관행을 받아들이지 않으시고, 결혼이란 '한 몸'으로 항구적 연합이 되어야 한다는 하나님의 원래 의도를 가르쳐 주셨습니다. "그 둘이 한 몸이 될지니라 이러한즉 이제 둘이 아니요 한 몸이니"(막10:8). 이는 이혼 증서만 써주면 어떤 경우라도 이혼할 수 있다는 생각을 교정해 주시는 말씀입니다.

배우자의 성적(性的) 부정 때문에 이혼할 경우에는 도덕적으로 잘못된 것이 아니지만, 아내가 음행하지 않았는데 남편이 부당하게 이혼할 경우 아내로 하여금 간음하게 만드는 것입니다. 간음은 다른 사람에게 해를 끼치며 하나님과 그 백성과의 관계를 반영하는 결혼 언약을 깨뜨리는 것이므로 심각한 범죄로 여겨졌습니다. "너희는 이르기를 어찌 됨이니이까 하는도다 이는 너와 네가 어려서 맞이한 아내 사이에 여호와께서 증인이 되시기 때문이라 그는 네 짝이요 너와 서약한 아내로되 네가 그에게 거짓을 행하였도다"(말2:14). 또한 성경은 혼외정사와 더불어 동성애와 수간(獸姦)도 금지합니다. "이 때문에 하나님께서 그들을 부끄러운 욕심에 내버려 두셨으니 곧 그들의 여자들도 순리대로 쓸 것을 바꾸어 역리로 쓰며 그와 같이 남자들도 순리대로 여자 쓰기를 버리고 서로 향하여 음욕이 불 일듯 하매 남자가 남자와 더불어 부끄러운 일을 행하여 그들의 그릇됨에 상당한 보응을 그들 자신이 받았느니라"(롬1:26-27), "짐승과 행음하는 자는 반드시 죽일지니라"(출22:19). 이와 같이 예수님은 구약 율법의 의미를 정확하게 해석해 주셨습니다.

예수님은 육체적으로 간음하는 것만이 아니라 음욕을 품고 여자를 보는 것만으로도 간음으로 간주된다고 하시며, 율법의 근본정신을 명확하게 설명해 주셨습니다. 이같이 율법을 성취하는 것은 형식적으로 율법을 지키는 삶을 초월하는 영적 성숙이 더욱 요구됩니다.

맹세하지 말라 마5:33-37

또 옛 사람에게 말한 바 헛맹세를 하지 말고 네 맹세한 것을 주께 지키라 하였다는 것을 너희가 들었으나(마5:33)

맹세는 자신의 진실성을 보증하기 위해 하나님의 이름이나 그 이름을 대신할 만한 이름을 부르는 행위를 말합니다. "사람이 여호와께 서원하였거나 결심하고 서약하였으면 깨뜨리지 말고 그가 입으로 말한 대로 다 이행할 것이니라"(민30:2). 예수님은 "헛맹세"를 금하시며, 서기관과 바리새인들의 잘못된 관행을 책망하셨습니다. "화 있을진저 눈 먼 인도자여 너희가 말하되 누구든지 성전으로 맹세하면 아무 일 없거니와 성전의 금으로 맹세하면 지킬지라 하는도다 … 또 성전으로 맹세하는 자는 성전과 그 안에 계신 이로 맹세함이요 또 하늘로 맹세하는 자는 하나님의 보좌와 그 위에 앉으신 이로 맹세함이니라"(마23:16-22). 따라서 이 말씀은 단순히 맹세하지 말라는 것이라기보다 불필요한 맹세를 하지 않아도 될 만큼 자신의 언행에 신실한 사람이 되라는 의미를 내포합니다.

나는 너희에게 이르노니 도무지 맹세하지 말지니 하늘로도 하지 말라 이는 하나님의 보좌임이요 땅으로도 하지 말라 이는 하나님의 발등상임이요 예루살렘으로도

하지 말라 이는 큰 임금의 성임이요 네 머리로도 하지 말라 이는 네가 한 터럭도 희고 검게 할 수 없음이라 오직 너희 말은 옳다 옳다, 아니라 아니라 하라 이에서 지나는 것은 악으로부터 나느니라(마5:34-37)

여기서 예수님은 입으로 말한 약속이 구속력을 지니게 하려고 맹세를 요구하는 그릇된 율법주의를 지적하셨습니다. 예수님은 제자들에게 엄격한 맹세가 동반되지 않으면 신뢰할 수 없는 사람이 아니라, 평소에 모든 말에 과장이나 허세가 없어서 맹세 없이도 믿을 수 있는 진실하고 정직한 성품을 지녀야 한다고 말씀하셨습니다.

예수님은 제자들에게 자신의 진실성을 보증하기 위해 하나님의 성호를 언급하거나 다른 사물을 두고 맹세하는 행위를 금지하셨습니다. 예수님은 그 대신 제자들에게 별다른 맹세 없이도 그들의 말이 이미 맹세한 것처럼 여겨지는 진실한 삶을 요구하셨습니다.

원수를 사랑하라 마5:38-48, 눅6:27-36

또 눈은 눈으로, 이는 이로 갚으라 하였다는 것을 너희가 들었으나(마5:38)

구약시대에 하나님은 백성 가운데 정의를 유지하고 악행을 감소시키며 부적절한 형벌을 방지하기 위해 '동해보복(同害報復)의 법'(Lex Talionis)을 제정하셨습니다. "네 눈이 긍휼히 여기지 말라 생명에는 생명으로, 눈에는 눈으로, 이에는 이로, 손에는 손으로, 발에는 발로이니라"(신19:21). '눈에는 눈으로, 이에는 이로'라는 말씀은 반드시 보복해야 한다는 것이 아니라 자신이 당한 피해 이상으로 과도하게 보복하지 말라는 표현입니다. 이는 가해자에게 정당한 처벌이 있어야 하며 피해자에게 합당한 보상이 있어야 한다는 것입니다. 예수님은 이 법의 내면에 담긴 정신을 더 자세히 설명해 주셨습니다.

나는 너희에게 이르노니 악한 자를 대적하지 말라 누구든지 네 오른편 뺨을 치거든 왼편도 돌려 대며(마5:39)

너의 이 뺨을 치는 자에게 저 뺨도 돌려대며 네 겉옷을 빼앗는 자에게 속옷도 거절하지 말라 네게 구하는 자에게 주며 네 것을 가져가는 자에게 다시 달라 하지 말며(눅6:29-30)

"악한 자를 대적하지 말라"는 말씀은 악한 세력에 대항하는 정당한 무력 사용을 금하신 것이 아니라 개인적이고 사적인 복수를 금하신 것입니다. "인간의 모든 제도를 주를 위하여 순종하되 혹은 위에 있는 왕이나 혹은 그가 악행하는 자를 징벌하고 선행하는 자를 포상하기 위하여 보낸 총독에게 하라"(벧전2:13-14). 예수님은 뺨을 치는 모욕적 행동과 "겉옷을 빼앗는" 학대에도 세상의 방식으로 되갚아주지 말고 오히려 관대하게 그들의 필요를 채워주라고 하셨습니다.

또 네 이웃을 사랑하고 네 원수를 미워하라 하였다는 것을 너희가 들었으나 나는 너희에게 이르노니 너희 원수를 사랑하며 너희를 박해하는 자를 위하여 기도하라 이같이 한즉 하늘에 계신 너희 아버지의 아들이 되리니 이는 하나님이 그 해를 악인과 선인에게 비추시며 비를 의로운 자와 불의한 자에게 내려주심이라(마5:43-45)

"네 원수를 미워하라 하였다는 것을 너희가 들었으나"라는 말씀에서 '너희가 들었으나'라고 하신 것은 예수님이 구약에 대한 잘못된 해석을 바로잡아 주시겠다는 말씀입니다. 실로 하나님은 악을 미워하시지만 일반은총을 통해 악인과 불의한 자에게도 해를 비추시고 비를 내려주시는 자비로운 분이십니다. 이러한 은총은 그들로 하여금 회개에 이르도록 의도된 것입니다. "혹 네가 하나님의 인자하심이 너를 인도하여 회개하게 하심을 알지 못하여 그의 인자하심과 용납하심과 길이 참으심이 풍성함을 멸시하느냐"(롬2:4). 따라서 제자들 역시 하나님의 마음을 본받아 사랑으로 원수들을 대하며 그들의 영혼을 얻고자 애써야 합니다. "원수를 사랑하며"에서 '사랑하라'(ἀγαπᾶτε, 아가파테)와 "박해하는 자를 위하여 기도하라"에서 '기도하라'(προσεύχεσθε, 프로슈케스데)는 동사는 현재 명령형으로, 계속해서 그렇게 하라는 의미입니다.

남에게 대접을 받고자 하는 대로 너희도 남을 대접하라(눅6:31)

본문은 황금률(黃金律)로 알려진 원리로, 예수님은 제자들에게 세상의 상식과 기준을 뛰어넘는 제자도를 가르치셨습니다.

오직 너희는 원수를 사랑하고 선대하며 아무 것도 바라지 말고 꾸어 주라 그리하면 너희 상이 클 것이요 또 지극히 높으신 이의 아들이 되리니 그는 은혜를 모르는 자와 악한 자에게도 인자하시니라(눅6:35)

예수님은 황금률의 세 가지 실례, 곧 "원수를 사랑하고, 선대하며, 아무 것도 바라지 말고 꾸어 주라"고 하셨습니다. 이방인들도 단순한 호의 정도는 베풀기 때문에 이로써는 부족하며, 원수까지도 사랑하여야 진정한 의미의 황금률을 지키는 것입니다. "아들이 되리니"란 악한 자들에게 긍휼을 보임으로 우리가 하나님의 뜻대로 행하는 그분의 자녀임을 입증할 것이라는 의미입니다.

그러므로 하늘에 계신 너희 아버지의 온전하심과 같이 너희도 온전하라(마5:48)

너희 아버지의 자비로우심 같이 너희도 자비로운 자가 되라(눅6:36)

하나님께서 자신의 뜻과 성품을 알리셨으므로, 제자들은 하나님의 온전하심을 추구하고 그분의 자비로우심을 본받아 원수를 사랑해야 한다는 말씀입니다.

예수님은 제자들이 세상에서 미움을 받게 될 것을 예언하셨지만, 그들에게 자신을 박해하는 원수를 사랑하며 선대하라고 하셨습니다. 저주하는 자를 위하여 축복할 수 있는 능력은 하나님의 주권적 인도하심에 대한 확고한 믿음에 근거합니다. 모든 피조물에게 은혜를 베푸시는 하나님을 본받아 예수님의 제자들 역시 이웃만이 아니라 원수까지도 사랑해야 합니다.

구제, 기도, 금식 마6:1-18

사람에게 보이려고 그들 앞에서 너희 의를 행하지 않도록 주의하라 그리하지 아니하면 하늘에 계신 너희 아버지께 상을 받지 못하느니라(마6:1)

예수님은 원수를 사랑하라고 하신 후, 신자의 일상생활에 관한 경건의 원리를 말씀하셨습니다. 예수님은 "사람에게 보이려고" 행동하는 위선의 위험을 경고하시면서 전통적 유대인의 세 가지 경건 행위인 구제와 기도와 금식을 바르게 실천하는 법을 가르쳐 주셨습니다.

그러므로 구제할 때에 외식하는 자가 사람에게서 영광을 받으려고 회당과 거리에서 하는 것 같이 너희 앞에 나팔을 불지 말라 진실로 너희에게 이르노니 그들은 자기 상을 이미 받았느니라(마6:2)

"구제"[38]란 자비로운 선행을 말하는데, 이는 하나님께 행한 것이기 때문에 은밀하게 모든 일을 살피시는 하나님께서 그 선행을 기억해 주실 것입니다. "가난한 자를 불쌍히 여기는 것은 여호와께 꾸어 드리는 것이니 그의 선행을 그에게 갚아 주시리라"(잠19:17). 사도행전을 보면 초대교회가 시

38 유대교에서 구제는 매우 중요한 경건의 덕목 중 하나로, 구제를 행함으로 죄 사함과 구원을 얻을 것이라고 생각했습니다. "자선은 사람을 죽음에서 건져내고 모든 죄를 깨끗이 없애버립니다. 자선을 행하는 사람은 장수하게 될 것입니다."(토비트 12:9).

작될 때부터 교회는 봉사자들을 세워 과부들에게 구제를 행하였습니다. "그 때에 제자가 더 많아졌는데 헬라파 유대인들이 자기의 과부들이 매일의 구제에 빠지므로 히브리파 사람을 원망하니, 열두 사도가 모든 제자를 불러 이르되 … 형제들아 너희 가운데서 성령과 지혜가 충만하여 칭찬 받는 사람 일곱을 택하라 우리가 이 일을 그들에게 맡기고"(행6:1-3). 그러나 위선자들은 사람들로부터 인정과 칭찬을 받기 위해서 구제하므로 그들은 이미 자신들이 받아야 할 보상을 다 받았습니다.

또 너희는 기도할 때에 외식하는 자와 같이 하지 말라 그들은 사람에게 보이려고 회당과 큰 거리 어귀에 서서 기도하기를 좋아하느니라 내가 진실로 너희에게 이르노니 그들은 자기 상을 이미 받았느니라 너는 기도할 때에 네 골방에 들어가 문을 닫고 은밀한 중에 계신 네 아버지께 기도하라 은밀한 중에 보시는 네 아버지께서 갚으시리라 또 기도할 때에 이방인과 같이 중언부언하지 말라 그들은 말을 많이 하여야 들으실 줄 생각하느니라(마6:5-7)

"외식하는 자"(ὑποκριτής, hypocrite)란 여러 역할을 맡기 위해 다양한 가면을 쓴 그리스 연극배우들을 가리키는 말인데, 예수님은 위선적인 서기관과 바리새인들을 가리켜 배우처럼 '가장(假裝)하는 자'라고 말씀하셨습니다. 기도는 유대인 경건 생활의 주요 부분으로 아침, 정오, 오후에 하던 일을 멈추고 큰 소리로 드리는 공적 기도가 일반적이었는데, 어떤 이들은 보란 듯이 과장되게 기도하였습니다. "문을 닫고"란 사람들에게 보이려는 생각을 품지 말고 오직 하나님께만 집중하라는 의미이며, "중언부언하지 말라"는 이방인들처럼 신들의 이름을 나열하거나 똑같은 말을 아무 생각 없이 주문 외우듯 되풀이 하지 말고, 간절한 마음으로 진지하게 간구하라는 말씀입니다.

그러므로 너희는 이렇게 기도하라 하늘에 계신 우리 아버지여(마6:9a)

예수님은 제자들에게 기도의 본보기를 제시하셨습니다. 이 기도에는 '기원'과 더불어 올바른 우선순위를 알려주는 여섯 개의 '간구'가 있는데, 처음 세 가지는 하나님께 초점을 맞추며 나중 세 가지는 개인적 필요에 초점을 맞추고 있습니다. "하늘에 계신"이란 구약성경 전반에 걸쳐 두루 나타나는 하나님의 주권적 통치를 상기시키는 어구입니다. "아버지"는 헬라어로 '파테르'(πατήρ, father)이고, 아람어로는 '아바'(אַבָּא, dad)인데, 하나님의 부성적 보호와 따스함을 표현합니다. "너희는 다시 무서워하는 종의 영을 받지 아니하고 양자의 영을 받았으므로 우리가 아빠 아버지라고 부르짖느니라"(롬8:15). 또한 "우리 아버지여"라고 함으로써 성도들이 한 아버지 하나님을 섬기는 영적 가족이며, 따라서 기도할 때에 개인만이 아니라 신자들의 공동체를 위하여 간구해야 함을 알 수 있습니다.

이름이 거룩히 여김을 받으시오며(마6:9b)

첫 번째 간구는 하나님의 "이름이 거룩히 여김을" 받는 것, 곧 하나님이 가장 존귀하게 여김을 받으시고 거룩한 분으로 구별되는 것입니다.

나라가 임하시오며(마6:10a)

두 번째 간구인 이 땅에 하나님 "나라가 임하시오며"는 신자들의 삶 속에, 그리고 이웃과의 관계 속에 확장되는 하나님의 나라를 말합니다. 즉 예수님께서 권능과 큰 영광 중에 다시 오실 때까지 사람들의 마음과 삶 속에 하나님의 다스리심이 점진적으로 실현되기를 바라는 기도입니다.

뜻이 하늘에서 이루어진 것 같이 땅에서도 이루어지이다(마6:10b)

세 번째 간구는 하나님의 "뜻"에 대한 것으로, 성경에 계시된 하나님을 기쁘시게 하는 의로운 행동을 말합니다. 성도들은 하나님 나라의 완전한 임재를 소망하는 가운데 이 시대에도 하나님의 뜻이 점점 더 밝히 드러나도록 기도해야 합니다. 이 세 가지 간구는 하늘에서 완전히 이루어지고 있는 하나님의 통치가 이 땅 가운데에도 그 통치에 따라 사는 예수님의 제자들을 통해 실현되기를 기도하는 것입니다.

오늘 우리에게 일용할 양식을 주시옵고(마6:11)

네 번째 간구는 "일용할 양식", 곧 육체적, 영적 생명을 유지하는 데 필요한 모든 것을 포함하는 매일의 양식에 관한 것입니다. 신자들은 날마다 양식을 구하는 행위를 통하여 매순간 하나님께로부터 오는 공급을 바라보아야 합니다.

우리가 우리에게 죄 지은 자를 사하여 준 것 같이 우리 죄를 사하여 주시옵고(마6:12)

다섯 번째 간구는 용서에 관한 것입니다. 신학적으로 우리는 먼저 하나님께 무한한 사랑과 죄 사함을 받아 죽음에서 생명으로 옮겨졌기 때문에, 하나님께 감사하는 마음으로 우리에게 잘못한 사람을 용서할 수 있게 됩니다. 그러므로 남을 용서하지 않는 사람은 자신의 죄의 중함과 하나님이 베푸신 죄 사함의 은혜를 간과한 것입니다. 그리고 "우리 죄를 사하여 주시옵고"란 자범죄(自犯罪)에 대한 지속적인 고백을 의미하며, 이는 구원 얻은 제자가 거룩한 삶을 이루어가기 위한 기도입니다.

우리를 시험에 들게 하지 마시옵고 다만 악에서 구하시옵소서(나라와 권세와 영광이 아버지께 영원히 있사옵나이다 아멘)(마6:13)

마지막 여섯 번째 간구에서 "시험"이란 유혹이나 검증을 가리키는 말입니다. 이 간구의 일차적 의미는 사탄의 유혹을 받아 죄에 빠질 상황에서 구해 주시라는 뜻입니다. 또한 하나님은 때때로 신자들을 연단하시기 위해 시련을 주시기도 하시는데, 신자들은 이러한 검증의 시기가 찾아올 때 이 시험 이후에 믿음이 더욱 강건하여질 것을 기대함으로써 실망하지 말아야 합니다. "내 형제들아 너희가 여러 가지 시험을 당하거든 온전히 기쁘게 여기라"(약1:2). "다만 악에서 구하옵소서"란 우리의 연약한 신앙으로는 사탄의 유혹을 이겨내기가 힘들기 때문에 사탄이 주는 시험에서 지지 않고 승리하게 해 달라는 간구입니다.

금식할 때에 너희는 외식하는 자들과 같이 슬픈 기색을 보이지 말라 그들은 금식하는 것을 사람에게 보이려고 얼굴을 흉하게 하느니라 내가 진실로 너희에게 이르노니 그들은 자기 상을 이미 받았느니라(마6:16)

"금식"은 은밀하게 보고 계시는 하나님 앞에서 경건하게 실천해야 합니다. 율법은 일 년에 단 한 번 '대속죄일'에만 금식을 요구하지만, "너희는 영원히 이 규례를 지킬지니라 일곱째 달 곧 그 달 십일에 너희는 스스로 괴롭게 하고 아무 일도 하지 말되 본토인이든지 너희 중에 거류하는 거류민이든지 그리하라"(레16:29), 구약시대에는 다양한 종류의 금식이 행해지고 있었습니다. "얼굴을 흉하게" 한다는 것은 자신이 금식하는 중임을 드러내기 위하여 의도적으로 얼굴을 씻지 않고 재가 묻어 있는 상태로 내버려 두는 것을 말합니다.

너는 금식할 때에 머리에 기름을 바르고 얼굴을 씻으라 이는 금식하는 자로 사람에게 보이지 않고 오직 은밀한 중에 계신 네 아버지께 보이게 하려 함이라 은밀한 중에 보시는 네 아버지께서 갚으시리라(마6:17-18)

"머리에 기름을 바르고 얼굴을 씻으라"는 것은 용모를 단정히 하고 평상시처럼 행동하여 금식하고 있다는 것을 사람들이 알지 못하게 하라는 말씀입니다.

예수님은 제자들에게 구제와 기도와 금식을 예로 들어 경건한 삶을 실천하는 바른 마음가짐을 가르쳐 주셨습니다. 곧 예수님은 사람에게 보이려는 위선적인 마음이 아닌 하나님이 은밀하게 보고 계심을 의식하며 진실된 마음으로 이런 행위를 하라고 하셨습니다.

하나님의 통치와 물질 마6:19-34

너희를 위하여 보물을 땅에 쌓아 두지 말라 거기는 좀과 동록이 해하며 도둑이 구멍을 뚫고 도둑질하느니라 오직 너희를 위하여 보물을 하늘에 쌓아 두라 거기는 좀이나 동록이 해하지 못하며 도둑이 구멍을 뚫지도 못하고 도둑질도 못하느니라 (마6:19-20)

예수님은 이 땅에서 하나님 나라에 참여하는 자가 물질이나 소유를 어떻게 여겨야 하는지 가르쳐 주셨습니다. "동록"(銅綠)은 녹이 슬거나 좀이 먹는 것을 말하는데, 세상의 재화를 파괴하는 요소들을 대표적으로 지칭한 것입니다. "보물을 하늘에 쌓아 두라"는 말씀은 신자가 현세에 보상이 따르는 것과 내세에 하늘에서 보상을 얻는 것 사이에서 선택할 수 있음을 뜻합니다.

한 사람이 두 주인을 섬기지 못할 것이니 혹 이를 미워하고 저를 사랑하거나 혹 이를 중히 여기고 저를 경히 여김이라 너희가 하나님과 재물을 겸하여 섬기지 못하느니라 (마6:24)

우리는 하나님과 재물을 동시에 추구할 수 없기 때문에, 잘못된 선택의 결과는 영원한 재앙으로 나타나게 될 것입니다. "사람이 만일 온 천하를 얻고도 자기 목숨을 잃으면 무엇이 유익하리요"(막8:36).

공중의 새를 보라 심지도 않고 거두지도 않고 창고에 모아들이지도 아니하되 너희 하늘 아버지께서 기르시나니 너희는 이것들보다 귀하지 아니하냐, 또 너희가 어찌 의복을 위하여 염려하느냐 들의 백합화가 어떻게 자라는가 생각하여 보라 수고도 아니하고 길쌈도 아니하느니라, 오늘 있다가 내일 아궁이에 던져지는 들풀도 하나님이 이렇게 입히시거든 하물며 너희일까보냐 믿음이 작은 자들아(마6:26,28,30)

예수님은 하나님께서 자기 백성을 얼마나 자애롭게 돌보시는지 보여주기 위해 "공중의 새"와 "들의 백합화"를 예로 들어 말씀하셨습니다. 염려하는 마음이 생기는 것은 만물을 돌보시는 하나님에 대한 신뢰가 부족하다는 것을 나타냅니다. "자기 아들을 아끼지 아니하시고 우리 모든 사람을 위하여 내주신 이가 어찌 그 아들과 함께 모든 것을 우리에게 주시지 아니하겠느냐"(롬8:32). 예수님은 물질적 재산은 물론이거니와 기본적인 의식주에 대해서도 걱정하지 말라고 하셨습니다. 전지전능하신 하나님이 우리의 문제를 아시고 필요한 것을 공급하실 것을 굳게 믿는다면 아무리 큰 어려움이 닥치더라도 하나님께 맡기며 평안할 수 있습니다.

그런즉 너희는 먼저 그의 나라와 그의 의를 구하라 그리하면 이 모든 것을 너희에게 더하시리라(마6:33)

예수님은 제자들에게 '하나님의 나라'와 '하나님의 의'를 우선적으로 추구하는 삶을 살아야 한다고 가르치십니다. 본문에서 '의'는 하나님이 요구하시는 기준에 합당한 행위와 삶을 말하며, "구하라"는 '애써 찾다'(strive for)라는 의미입니다. 그리스도인은 자신이 얻고 누릴 것보다 하나님께 영광을 올려드리기 위해 복음을 힘써 전하는 사람입니다. 예수님의 제자가 이 땅에서 누리는 복은 일신의 평안, 많은 재물, 좋은 평판이 아니라 청결한 마음과 가난한 심령으로 의를 위하여 박해받는 것입니다.

예수님은 제자들에게 만물의 창조주이자 선하신 아버지인 하나님께서 모든 필요를 다 알고 계시기 때문에 기본적인 의식주를 걱정하지 말고 재물을 섬기지 말라고 하셨습니다. 예수님은 육신적인 염려를 초월하여 먼저 하나님의 나라와 그의 의를 구하라고 가르쳐 주셨습니다.

비판하지 말라 마7:1-6, 눅6:37-42

비판을 받지 아니하려거든 비판하지 말라(마7:1)
비판하지 말라 그리하면 너희가 비판을 받지 않을 것이요 정죄하지 말라 그리하면 너희가 정죄를 받지 않을 것이요(눅6:37a)

산상수훈은 세상 윤리를 초월하는 천국 윤리, 곧 하나님 나라에 합당한 삶을 가르칩니다. "비판하지 말라"와 "정죄하지 말라"는 말씀은 다른 사람의 실수와 흠을 보고 단정적으로 판단하는 태도를 금하신 것입니다. 예수님은 마치 자신이 재판관이 된 것처럼 다른 사람을 죄인으로 판결하는 사람은 자신 또한 그와 같은 판단을 받게 될 것이라고 하셨습니다.

용서하라 그리하면 너희가 용서를 받을 것이요 주라 그리하면 너희에게 줄 것이니 곧 후히 되어 누르고 흔들어 넘치도록 하여 너희에게 안겨 주리라 너희의 헤아리는 그 헤아림으로 너희도 헤아림을 도로 받을 것이니라(눅6:37b-38)

예수님은 이와 동일한 원리로 제자들에게 "용서하라", "주라"고 명령하시는데, 이는 다른 사람을 배려할 때에 하나님께서도 마찬가지로 제자들에게 "후히 되어 누르고 흔들어 넘치도록" 베풀어 주실 것이기 때문입니다.

외식하는 자여 먼저 네 눈 속에서 들보를 빼어라 그 후에야 밝히 보고 형제의 눈 속에서 티를 빼리라(마7:5)

여기서 "티"는 조그마한 가시처럼 작은 허물을 가리키며, "들보"는 집을 떠받치는 대들보처럼 큰 허물을 의미합니다. 예수님은 형제의 눈 속에 있는 티를 빼려면 먼저 자신의 눈 속에 있는 들보를 빼라고 하셨습니다. 이는 다른 사람에 대한 모든 평가나 판단을 해서는 안 된다는 의미가 아니라, 자신을 타인보다 낮게 여기는 교만을 금하신 것입니다. "형제들아 사람이 만일 무슨 범죄한 일이 드러나거든 신령한 너희는 온유한 심령으로 그러한 자를 바로잡고 너 자신을 살펴보아 너도 시험을 받을까 두려워하라"(갈6:1). 사람에게는 타인이 알지 못하는 내면의 동기와 삶의 정황들이 있기 때문에 쉽게 비판해서는 안 되며, 형제의 잘못을 지적하기 전에 먼저 우리 자신을 돌아보아야 합니다. 이는 곧 자신의 죄로 인해 고통과 슬픔을 느끼는 사람만이 다른 사람의 연약함을 권면해 줄 수 있다는 말씀입니다.

거룩한 것을 개에게 주지 말며 너희 진주를 돼지 앞에 던지지 말라 그들이 그것을 발로 밟고 돌이켜 너희를 찢어 상하게 할까 염려하라(마7:6)

개와 돼지는 유대인들이 부정하게 생각하는 동물입니다. 본문에서 "개"는 죄에 빠져 살면서도 그 습관을 버리지 못하는 불의한 사람을 가리키고, "돼지"는 거룩한 것과 속된 것을 분별하지 못하고 욕심만 부리며 사는 사람을 말합니다. "그러나 이 사람들은 본래 잡혀 죽기 위하여 난 이성 없는 짐승 같아서 그 알지 못하는 것을 비방하고 그들의 멸망 가운데서 멸망을 당하며"(벧후2:12). 그리고 "진주"는 천국의 거룩한 진리가 지닌 큰 가치를 상징하는데, 예수님은 이 귀한 복음을 전할 때 다양한 사람들의 성품을 지혜롭게 분별하여 전하라고 하셨습니다.

예수님은 형제의 눈 속에 있는 티를 빼는 일은 형제를 진정으로 사랑하는 마음을 필요로 한다고 하셨습니다. 예수님은 모든 비판을 금하신 것이 아니라 먼저 자신의 죄악을 깊이 깨달아야 다른 사람의 연약함을 긍휼하게 바라보고 판단할 수 있다고 하셨습니다.

구하라, 찾으라, 두드리라 마7:7-12, 눅11:9-13

구하라 그리하면 너희에게 주실 것이요 찾으라 그리하면 찾아낼 것이요 문을 두드리라 그리하면 너희에게 열릴 것이니(마7:7)

예수님은 "구하라"(αἰτεῖτε, ask), "찾으라"(ζητεῖτε, seek), "두드리라"(κρούετε, knock)는 명령을 모두 현재형으로 말씀하심으로, 기도가 지속적인 삶의 습관이 되어야 한다는 것을 강조하셨습니다. "쉬지 말고 기도하라"(살전5:17). 그리고 '구하라'와 '문을 두드리라'는 명령의 응답으로, "주실 것이요"(it shall be given)와 "열릴 것이니"(it shall be open)라고 하여 하나님께서 그렇게 해 주실 것임이 수동형으로 나타나 있습니다. 하지만 이는 사람들이 무엇이든지 구하거나 두드리면 해결된다는 의미가 아닙니다. 왜냐하면 하나님은 인간보다 지혜로우시며 우리의 상상 이상으로 우리에 대한 더 나은 계획을 갖고 계시기 때문입니다. "기록된 바 하나님이 자기를 사랑하는 자들을 위하여 예비하신 모든 것은 눈으로 보지 못하고 귀로 듣지 못하고 사람의 마음으로 생각하지도 못하였다 함과 같으니라"(고전2:9). 한편, "찾으라"는 말씀의 응답은 미래 능동태로 사람 편에서 '계속 찾다 보면 찾아낼 것이다'(εὑρήσετε, ye shall find)라는 의미로, 하나님은 우리가 기도할 때에 한결같은 마음으로 끈기를 가지고 기도하기를 원하신다는 말씀입니다.

그러므로 무엇이든지 남에게 대접을 받고자 하는 대로 너희도 남을 대접하라 이것이 율법이요 선지자니라(마7:12)

이 말씀은 기독교의 황금률로서, 타인과의 관계 정립에 대한 핵심적인 교훈입니다. 예수님은 다른 사람이 자신에게 해주기를 원하는 것은 무엇이든지 자신 또한 그들에게 계속 해주라고 말씀하셨습니다. 앞에서 누가복음은 이 황금률을 원수 사랑과 관련하여 언급하였습니다. "너희 원수를 사랑하며 ... 남에게 대접을 받고자 하는 대로 너희도 남을 대접하라"(눅6:27-31). "이것이 율법이요 선지자니라"는 말씀은 문자적인 계명의 준수보다 사랑의 실천을 통해서 제자로서의 삶을 살아가야 한다는 의미입니다. 예수님은 율법의 세부규정을 준수함으로 율법을 성취하는 것이 아니라, 자신이 받기를 원하는 대로 남에게 베풀어 줌으로 율법을 성취해야 한다는 것을 가르쳐 주셨습니다.

예수님은 타락한 이 세상에서도 아버지가 자녀의 요구를 사랑으로 채워준다면, 은혜로우신 하나님께서는 더할 나위 없이 자신을 아버지로 부르는 자녀들의 기도에 가장 좋은 것으로 응답해 주신다는 사실을 강조하여 말씀하셨습니다.

행함으로 열매를 맺으라 마7:13-27, 눅6:43-49

거짓 선지자들을 삼가라 양의 옷을 입고 너희에게 나아오나 속에는 노략질하는 이리라(마7:15)

본문은 산상수훈의 결론 부분으로, 예수님은 제자들에게 거짓 교사들이 그들 가운데 나타날 때 지혜롭게 분별해야 한다고 하셨습니다. 예수님은 "거짓 선지자들"을 그들의 은사나 능력이 아니라, 삶의 열매로 분별할 수 있다고 하셨습니다.

그들의 열매로 그들을 알지니 가시나무에서 포도를, 또는 엉겅퀴에서 무화과를 따겠느냐 이와 같이 좋은 나무마다 아름다운 열매를 맺고 못된 나무가 나쁜 열매를 맺나니(마7:16-17)

선한 사람은 마음에 쌓은 선에서 선을 내고 악한 자는 그 쌓은 악에서 악을 내나니 이는 마음에 가득한 것을 입으로 말함이니라(눅6:45)

선지자는 자신이 전하는 메시지와 삶이 일치하는 모습을 보여줌으로써 자신의 선지자 됨을 증거합니다. "열매를 맺고"에서 '맺다'란 '만들다'는 의미로, 마치 반석 위에 집을 짓는 것처럼 굳건한 신앙으로 예수님의 말씀을 듣고 행하는 것을 말합니다. 사람은 "마음"에 가득한 것을 입으로 말하기 때문에 사람의 말을 통하여 그들의 마음이 무엇을 추구하는지 알 수 있습니다.

그 날에 많은 사람이 나더라 이르되 주여 주여 우리가 주의 이름으로 선지자 노릇하며 주의 이름으로 귀신을 쫓아내며 주의 이름으로 많은 권능을 행하지 아니하였나이까 하리니(마7:22)

본문의 "그 날"이란 예수님께서 재림하실 때 있을 최후의 심판을 말합니다. "주여 주여"라고 두 번 반복한 것은 예수님께 대한 친밀감의 표시입니다. 그러나 예수님을 주님으로 고백하는 입술이 언제나 회개한 마음을 나타내는 것이 아님을 알 수 있습니다. "많은 권능"은 공중의 권세를 잡은 마귀에게서도 나올 수 있으므로 하나님의 뜻을 보여주는 증거가 되지 못합니다. "큰 이적을 행하되 심지어 사람들 앞에서 불이 하늘로부터 땅에 내려오게 하고 짐승 앞에서 받은 바 이적을 행함으로 땅에 거하는 자들을 미혹하며 땅에 거하는 자들에게 이르기를 칼에 상하였다가 살아난 짐승을 위하여 우상을 만들라 하더라"(계13:13-14).

그 때에 내가 그들에게 밝히 말하되 내가 너희를 도무지 알지 못하니 불법을 행하는 자들아 내게서 떠나가라 하리라(마7:23)

"불법"(ἀνομία, iniquity)이란 하나님의 뜻에 위배되는 것을 말합니다. 예수님은 불법을 행한 자들을 지옥에 보내는 권세를 하나님께로부터 위임받아 행하실 것이라고 말씀하셨습니다. "아버지께서 아무도 심판하지 아니하시고 심판을 다 아들에게 맡기셨으니"(요5:22). 이러한 심판을 받는 자들은 외양적으로 예수님께 속한 것처럼 보였지만 실상은 그렇지 않았습니다. 왜냐하면 예수님이 그들을 향하여 "도무지 알지 못하니"라고 하셨기 때문입니다. 거짓 선지자들은 주의 이름으로 귀신을 쫓아내고 기적도 행하지만 예수님의 말씀을 행하지 아니하고 자신의 뜻대로 행한 것 때문에 예수님께 외면을 당하게 될 것입니다. "너희는 말씀을 행하는 자가 되고 듣기만 하여 자신을 속이는 자가 되지 말라"(약1:22).

그러므로 누구든지 나의 이 말을 듣고 행하는 자는 그 집을 반석 위에 지은 지혜로운 사람 같으리니 비가 내리고 창수가 나고 바람이 불어 그 집에 부딪치되 무너지지 아니하나니 이는 주추를 반석 위에 놓은 까닭이요 나의 이 말을 듣고 행하지 아니하는 자는 그 집을 모래 위에 지은 어리석은 사람 같으리니 비가 내리고 창수가 나고 바람이 불어 그 집에 부딪치매 무너져 그 무너짐이 심하니라(마7:24-27)

슬기로운 건축자는 폭풍우와 홍수를 염두에 두기 때문에 주초를 세울 때 지표면 아래에 있는 단단한 반석에 이르기까지 땅을 팝니다. 본문의 "반석"은 예수님을 가리키는데, 오직 그분께 기초를 놓는 자만이 인생에 어떤 환난이 닥쳐도 이겨낼 수 있다는 의미입니다. "모래 위에"란 유대 지도자들의 종교적 생활 위에 지어진 피상적이고 위선적인 의를 말하는데, 예수님의 말씀을 듣기만 하고 행동이 따르지 않는 사람의 인생을 가리킵니다. 이 비유는 예수님의 말씀을 듣고 행하는 것과 듣고 행하지 않는 것의 차이를 분명히 드러냅니다. 곧 영생은 예수님의 가르침을 듣는 것 자체로 보장되는 것이 아니라, 오직 그 말씀을 믿고 행할 때에 주어지는 것입니다.

예수님은 순종으로 이어지지 않는 신앙은 무의미한 것이라고 하시며, 말씀을 듣고 계속하여 실천함으로 열매를 맺어야 한다고 하셨습니다. 하나님 나라는 예수님을 단순히 주님으로 고백하는 것만으로 참여할 수 없고, 하나님의 뜻대로 행하여야만 참여하게 됩니다.

권위 있는 가르침에 무리들이 놀람 마7:28-29

예수께서 이 말씀을 마치시매 무리들이 그 가르치심에 놀라니 이는 그 가르치시는 것이 권위 있는 자와 같고 그들의 서기관들과 같지 아니함일러라(마7:28-29)

"이 말씀을 마치시매"라는 표현은 마태복음에서 예수님이 주요한 다섯 가지 교훈을 마치실 때마다 나타납니다(11:1, 13:53, 19:1, 26:1). "서기관들과 같지 아니함일러라"란 예수님의 가르침이 기존의 율법 교사들과 전적으로 달랐음을 의미합니다. "서기관"들은 율법을 기록하고 연구하며 강해하는 전문적인 학자들이었는데, 그들은 이전의 랍비들의 해석을 인용하여 가르쳤으며 장로들의 전통을 그들의 권위로 삼았습니다. 그러나 말씀(ὁ λόγος) 자체이신 예수님은 성경에 담긴 하나님의 뜻을 신적인 자기 지식으로 가르치셨고, 이전 세대에서 잘못 해석했거나 표면적으로만 이해했던 율법들의 본래 정신을 새로이 깨닫게 해주셨습니다.

서기관들은 이전의 랍비들과 전통을 인용하여 가르쳤지만 예수님은 자신의 신적 지식으로 말씀하셨으며, 구약의 율법을 하나님께서 원래 의도하신 뜻에 따라 정확하게 깨우쳐 주셨습니다. 따라서 무리들은 예수님의 가르침에 특별한 권위가 있음을 깨달았습니다.

제8장 치유 사역과 경고의 말씀

백부장의 하인을 고치심 마8:5-13, 눅7:1-10

예수께서 가버나움에 들어가시니 한 백부장이 나아와 간구하여 이르되 주여 내 하인이 중풍병으로 집에 누워 몹시 괴로워하나이다(마8:5-6)

어떤 백부장의 사랑하는 종이 병들어 죽게 되었더니 예수의 소문을 듣고 유대인의 장로 몇 사람을 예수께 보내어 오셔서 그 종을 구해 주시기를 청한지라, 그가 우리 민족을 사랑하고 또한 우리를 위하여 회당을 지었나이다 하니(눅7:2-3, 5)

"백부장"(centurion)이란 백 명의 부하를 통솔하는 로마군의 장교인데, 그의 하인이 중풍병으로 고생하자 예수님께 나아와 치유를 구하였습니다. 누가복음에서는 백부장이 직접 예수님께 간구하지 않고 유대인 장로들을 보내어 종의 병을 치료해 주시기를 간청하였다고 합니다. 마태복음은 백부장이 장로들을 통해 행한 일을 곧 백부장이 행한 일로 여긴 까닭이며, 누가복음은 백부장이 어떠한 인물이었는지 설명해 주는 장로들의 역할을 중요하게 여겼기 때문입니다. "유대인의 장로"란 유대인 지방 관리들로, 마을마다 장로들이 있었고 장로들이 그 지역의 재판을 관장하였습니다. 유대의 장로들은 백부장이 비록 로마의 군인이지만 유대인들과 그들의 신앙을 존중하는 사람이라고 칭찬하였습니다.

예수께서 함께 가실새 이에 그 집이 멀지 아니하여 백부장이 벗들을 보내어 이르되 주여 수고하시지 마옵소서 내 집에 들어오심을 나는 감당하지 못하겠나이다 그러므로 내가 주께 나아가기도 감당하지 못할 줄을 알았나이다 말씀만 하사 내 하인을 낫게 하소서(눅7:6-7)

뜻밖에도 백부장은 예수님이 자신의 거처에 오시는 것을 만류하였습니다. 백부장은 예수님을 "주"라 부르며, 자신의 집에 예수님을 모시는 것이 합당하지 않다고 하였습니다. "내가 주께 나아가기도 감당하지 못할 줄을 알았나이다"라는 백부장의 말을 통해 그가 유대인이 이방인을 가까이 하면 의식적으로 부정하게 된다는 유대 전통에 익숙했음을 알 수 있습니다. "이르되 유대인으로서 이방인과 교제하며 가까이 하는 것이 위법인 줄은 너희도 알거니와 하나님께서 내게 지시하사 아무도 속되다 하거나 깨끗하지 않다 하지 말라 하시기로"(행10:28). 백부장은 예수님께서 자신의 집에 직접 오시지 않더라도 말씀만으로 하인을 낫게 해주실 것이라 믿었습니다.

나도 남의 수하에 든 사람이요 내 아래에도 병사가 있으니 이더러 가라 하면 가고 저더러 오라 하면 오고 내 종더러 이것을 하라 하면 하나이다(눅7:8)

백부장의 말은 '일개 장교인 저도 제게 주어진 권위로 명령하면 그대로 이루어지는데, 하물며 주님께서 명령하시면 이루지 못하실 일이 무엇이 있겠습니까?'라는 의미입니다.

예수께서 들으시고 놀랍게 여겨 따르는 자들에게 이르시되 내가 진실로 너희에게 이르노니 이스라엘 중 아무에게서도 이만한 믿음을 보지 못하였노라, 예수께서 백부장에게 이르시되 가라 네 믿은 대로 될지어다 하시니 그 즉시 하인이 나으니라(마8:10, 13)

이에 예수님은 "진실로"라고 말씀하시며 백부장의 겸손한 믿음을 크게 칭찬하셨습니다. "이스라엘 중 아무에게서도"라는 말씀은 장차 이방인들이 하나님 나라로 들어올 것을 예고하신 것이며, "이만한 믿음"이란 백부장이 표적과 기사를 보고 믿는 자가 아니라 예수님의 말씀의 권위를 믿는 자임을 드러냅니다. "네 믿은 대로 될지어다"라는 말씀 역시 백부장의 믿음을 강조하고 있습니다.

또 너희에게 이르노니 동 서로부터 많은 사람이 이르러 아브라함과 이삭과 야곱과 함께 천국에 앉으려니와 그 나라의 본 자손들은 바깥 어두운 데 쫓겨나 거기서 울며 이를 갈게 되리라(마8:11-12)

"함께 천국에 앉으려니와"라는 말씀은 예수님께 응답하는 민족들은 천국의 잔치에 참여하여 하나님이 아브라함에게 하신 약속의 성취를 맛보게 될 것이라는 의미입니다. "천사가 내게 말하기를 기록하라 어린 양의 혼인 잔치에 청함을 받은 자들은 복이 있도다 하고 또 내게 말하되 이것은 하나님의 참되신 말씀이라 하기로"(계19:9). 예수님은 "그 나라의 본 자손들", 곧 이스라엘 민족이 백부장의 믿음의 모범을 따르지 않는다면 천국에 들어갈 자격을 상실하게 될 것이라고 경고하셨습니다.

예수님은 말씀만으로 자신의 종을 고치실 수 있다고 확신하는 백부장의 믿음을 칭찬하셨습니다. 그는 예수님을 주라고 부르며, 유대인도 아직 모르는 예수님이 메시야라는 사실을 알고 있습니다. 이 믿음은 예수님이 이스라엘 중에서도 발견하지 못하셨던 큰 믿음이었습니다.

과부의 아들을 살리심 눅7:11-17

그 후에 예수께서 나인이란 성으로 가실새 제자와 많은 무리가 동행하더니 성문에 가까이 이르실 때에 사람들이 한 죽은 자를 메고 나오니 이는 한 어머니의 독자요 그의 어머니는 과부라 그 성의 많은 사람도 그와 함께 나오거늘(눅7:11-12)

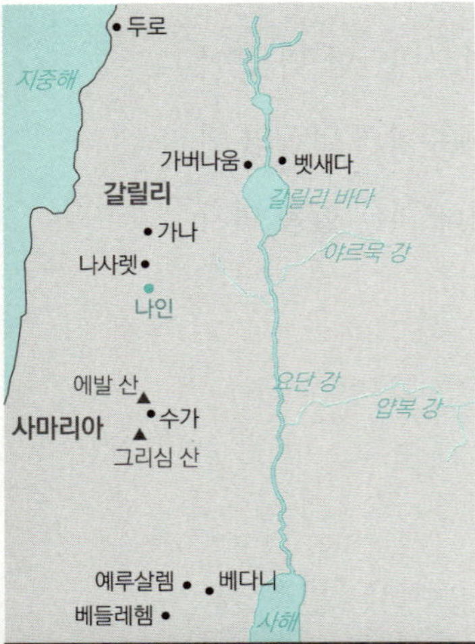

나인

"나인"은 '사랑스러운'이라는 뜻이며, 나사렛 남동쪽 9.6km에 위치합니다. "한 어머니의 독자요 그의 어머니는 과부라"는 말을 통해 이제 여인은 보호자가 아무도 없는 절박한 상황에 놓였음을 알 수 있습니다.

주께서 과부를 보시고 불쌍히 여기사 울지 말라 하시고 가까이 가서 그 관에 손을 대시니 멘 자들이 서는지라 예수께서 이르시되 청년아 내가 네게 말하노니 일어나라 하시매(눅7:13-14)

예수님은 아들까지 잃게 된 그 과부를 긍휼히 여기시고 "울지 말라"고 하시며 자신에게 집중하게 하셨습니다. 예수님은 의식적 부정에 개의치 않으시고 시신이 담긴 관에 손을 대셨는데, "사람의 시체를 만진 자는 이레 동안 부정하리니"(민19:11), 이는 정결의 근원이신 예수님께서 부정한 것을 만지시면 오히려 그 부정한 것이 정결하여지기 때문입니다.

죽었던 자가 일어나 앉고 말도 하거늘 예수께서 그를 어머니에게 주시니(눅7:15)

"그를 어머니에게 주시니"라는 말은 구약에서 엘리야가 사르밧 과부의 아들을 살려 낸 사건을 떠올리게 합니다. "엘리야가 그 아이를 안고 다락에서 방으로 내려가서 그의 어머니에게 주며 이르되 보라 네 아들이 살아났느니라"(왕상17:23). 사람들은 죽은 자를 살리신 예수님을 보면서 하나님의 강력한 임재를 인식하였고 하나님께 영광을 돌렸습니다.

모든 사람이 두려워하며 하나님께 영광을 돌려 이르되 큰 선지자가 우리 가운데 일어나셨다 하고 또 하나님께서 자기 백성을 돌보셨다 하더라(눅7:16)

"하나님께서 자기 백성을 돌보셨다"란 출애굽 때처럼 하나님께서 고난 중에 있는 자기 백성을 건져내시기 위하여 친히 간섭하셨다는 의미입니다. "백성이 믿으며 여호와께서 이스라엘 자손을 찾으시고 그들의 고난을 살피셨다 함을 듣고 머리 숙여 경배하였더라"(출4:31).

누가복음에만 기록된 과부의 아들을 살리신 이 사건은 예수님이 하나님으로부터 오신 메시야임을 입증하는 표적입니다. 예수님은 죽음을 생명으로 바꾸시는 사역을 통해 자신을 오랫동안 기다려 온 유대인들에게 구원과 영생을 베푸실 능력이 있음을 드러내셨습니다.

세례 요한의 질문 마11:2-19, 눅7:18-35

요한의 제자들이 이 모든 일을 그에게 알리니(눅7:18)
요한이 옥에서 그리스도께서 하신 일을 듣고 제자들을 보내어 예수께 여짜오되 오실 그이가 당신이오니이까 우리가 다른 이를 기다리오리이까(마11:2-3)

"이 모든 일"이란 예수님의 가르침과 행하신 기적들을 말합니다. 당시 세례 요한은 헤롯 안디바에 의해 투옥된 상태였습니다. "전에 헤롯이 자기가 동생 빌립의 아내 헤로디아에게 장가 든 고로 이 여자를 위하여 사람을 보내어 요한을 잡아 옥에 가두었으니 이는 요한이 헤롯에게 말하되 동생의 아내를 취한 것이 옳지 않다 하였음이라"(막6:17-18). 세례 요한은 감옥에서 예수님의 행적을 듣고, 제자들을 보내어 예수님이 "오실 그이"(ὁ ἐρχόμενος, He that should come)인지 질문하였습니다. 세례 요한의 질문은 예수님이 성령과 불로 세례를 베푸실 메시야인지에 대한 의심을 나타냅니다. 이에 예수님은 세례 요한의 질문에 직접 답하지 않으시고 자신이 오실 메시야임을 입증하는 여러 증거를 제시하셨습니다.

예수께서 대답하여 이르시되 너희가 가서 듣고 보는 것을 요한에게 알리되 맹인이 보며 못 걷는 사람이 걸으며 나병환자가 깨끗함을 받으며 못 듣는 자가 들으며 죽은 자가 살아나며 가난한 자에게 복음이 전파된다 하라(마11:4-5)

예수님은 구약의 예언처럼 맹인들을 보게 하셨고, 못 걷는 자를 걷게 하셨으며, 나병환자를 깨끗하게 하셨고, 죽은 자를 살리셨습니다. "그 때에 맹인의 눈이 밝을 것이며 못 듣는 사람의 귀가 열릴 것이며 그 때에 저는 자는 사슴 같이 뛸 것이며"(사35:5-6), "주의 죽은 자들은 살아나고 그들의 시체들은 일어나리이다"(사26:19). 또한 세리와 죄인들과 함께 하심으로 가난한 자들에게 복음을 선포하셨습니다. "주 여호와의 영이 내게 내리셨으니 이는 여호와께서 내게 기름을 부으사 가난한 자에게 아름다운 소식을 전하게 하려 하심이라"(사61:1). "가난한 자"란 경제적으로 가난한 자들만이 아니라 사회에서 소외되고 멸시받는 자들을 모두 포함합니다. 본문의 모든 동사는 현재형으로, 예수님께서 지금도 계속하여 그러한 일들을 하고 계심을 보여줍니다. 이 말씀을 통해 세례 요한의 제자들은 예수님이 메시야라는 것을 분명히 알게 되었으며, 더 이상 다른 질문을 하지 않고 떠났습니다.

내가 진실로 너희에게 말하노니 여자가 낳은 자 중에 세례 요한보다 큰 이가 일어남이 없도다 그러나 천국에서는 극히 작은 자라도 그보다 크니라(마11:11)

예수님은 "여자가 낳은 자 중에 세례 요한보다 큰 이가 일어남이 없도다"라고 하셨는데, 이는 세례 요한이 메시야의 직접적인 선구자로 메시야의 길을 준비했기 때문에 구약의 모든 선지자들보다 위대하다고 하신 것입니다. '여자가 낳은 자'란 평범한 출생을 뜻하는 유대인의 관용어입니다. "그런즉 하나님 앞에서 사람이 어찌 의롭다 하며 여자에게서 난 자가 어찌 깨끗하다 하랴"(욥25:4). "천국에서는 극히 작은 자라도 그보다 크니라"는 말씀은 하나님 나라의 시대에 사는 사람들이 그 나라가 올 것을 전했던 세례 요한보다 훨씬 더 나은 상황에 있음을 알려줍니다. 이는 세례 요한으로 대표되는 옛 시대와 비교할 때, 예수님으로부터 시작된 하나님 나라의 새 시대가 더욱 복된 시대라는 것을 강조하신 말씀입니다.

세례 요한의 때부터 지금까지 천국은 침노를 당하나니 침노하는 자는 빼앗느니라 (마11:12)

"천국은 침노를 당하나니"라는 말씀은 세례 요한의 시대부터 하늘나라의 문이 모든 민족에게 공개되어 유대인이나 이방인이나 차별 없이 들어가게 되었다는 사실을 의미합니다. 곧 그리스도께서 속죄의 죽음으로 값을 지불하셨기에 누구든지 회개하고 주님을 믿기만 하면 하나님의 은혜로 그곳에 들어가게 되었습니다. 이처럼 천국에 들어가는 것이 모든 사람들에게 거저 주어지기 때문에 일종의 '침입'과도 같아 보이는 것입니다. "침노하는 자"라는 표현은 천국에 들어가려 하는 사람이 지녀야 할 마음의 자세를 가리킵니다. 예수님을 따르는 제자에게는 축복이 없이는 붙잡은 것을 놓지 않겠다는 야곱의 씨름처럼 절박하고 적극적인 열심이 있어야 한다는 의미입니다.[39]

또 이르시되 이 세대의 사람을 무엇으로 비유할까 무엇과 같은가 비유하건대 아이들이 장터에 앉아 서로 불러 이르되 우리가 너희를 향하여 피리를 불어도 너희가 춤추지 않고 우리가 곡하여도 너희가 울지 아니하였다 함과 같도다(눅7:31-32)

"이 세대"란 세례 요한과 예수님의 사역을 배척한 종교지도자들과 백성들을 가리킵니다. "피리를 불어도 너희가 춤추지 않고"란 사람들이 세례 요한과 예수님께서 자신들의 염원, 곧 로마 제국으로부터의 정

39 Leslie F. Church ed., *Commentary on the Whole Bible by Matthew Henry*, New One Volume Edition (Grand Rapids: Zondervan, 1972), 1259.

치적이고 군사적인 해방을 시도하지 않는다는 이유로 복음에 반응하지 않은 것을 의미합니다. 예수님은 이 세대의 사람들이 결혼식 놀이를 해도 춤추지 않고 장례식 놀이를 해도 울지 않는 아이들처럼 무관심하고 완고한 사람들이라고 하셨습니다.

세례 요한이 와서 떡도 먹지 아니하며 포도주도 마시지 아니하매 너희 말이 귀신이 들렸다 하더니 인자는 와서 먹고 마시매 너희 말이 보라 먹기를 탐하고 포도주를 즐기는 사람이요 세리와 죄인의 친구로다 하니 지혜는 자기의 모든 자녀로 인하여 옳다 함을 얻느니라(눅7:33-35)

세례 요한의 금욕적인 생활 때문에 그가 "귀신이 들렸다"고 비방했던 사람들이 반대로 예수님께서 일상생활을 하신 것을 두고는 금욕적인 생활을 하지 않았다고 비난하였습니다. 예수님은 이들을 꾸짖으시며 "지혜", 곧 하나님의 구원 사역은 세례 요한과 자신을 따르는 제자들로 말미암아 진리로 드러나게 될 것이라고 말씀하셨습니다.

예수님은 여인이 낳은 자 중에 가장 큰 자인 세례 요한도 여전히 옛 언약 체계의 일부이기 때문에, 하나님 나라에서 예수님을 믿고 새 언약의 일원이 된 자는 극히 작은 자라도 세례 요한보다 크다고 하셨습니다. 이는 천국에 있는 자들은 그리스도의 피를 통해 새 언약에 참여했기 때문에 더 큰 특권을 갖는다는 의미입니다.

죄인 여자가 예수님의 발에 향유를 부음 눅7:36-50

한 바리새인이 예수께 자기와 함께 잡수시기를 청하니 이에 바리새인의 집에 들어가 앉으셨을 때에(눅7:36)

본문은 가버나움에 있는 바리새인 시몬의 집에서 일어난 일입니다.

당시 바리새인들은 예수님께 적대적이었지만 시몬은 예수님을 식사에 초대하였습니다. "앉으셨을 때에"란 몸을 비스듬히 기대신 것을 말하는데, 중심이 낮은 탁자에 기대어 누우면 식사하는 사람의 발이 바깥쪽을 향하게 됩니다.

그 동네에 죄를 지은 한 여자가 있어 예수께서 바리새인의 집에 앉아 계심을 알고 향유 담은 옥합을 가지고 와서 예수의 뒤로 그 발 곁에 서서 울며 눈물로 그 발을 적시고 자기 머리털로 닦고 그 발에 입맞추고 향유를 부으니(눅7:37-38)

한 여인이 예수님 곁에 다가와 "눈물로" 예수님의 발을 적시고 "자기 머리털로" 예수님의 발을 닦았습니다. 그녀는 예수님께 대한 순종과 존경의 표시로 그의 발에 입을 맞추었고 향유를 부었습니다.

예수를 청한 바리새인이 그것을 보고 마음에 이르되 이 사람이 만일 선지자라면 자기를 만지는 이 여자가 누구며 어떠한 자 곧 죄인인 줄을 알았으리라 하거늘(눅7:39)

시몬은 예수님이 죄인 여자를 가까이 하신다는 이유로 불만을 품었습니다. "이 사람이 만일 선지자라면"이라는 표현에서 유추해 보건대, 시몬은 예수님이 참으로 선지자라면 죄 있는 여자가 자기를 만지도록 허락하지 않았을 것이므로 이를 허용한 예수님이 선지자가 아니라고 생각한 듯합니다.

예수께서 대답하여 이르시되 시몬아 내가 네게 이를 말이 있다 하시니 그가 이르되 선생님 말씀하소서 이르시되 빚 주는 사람에게 빚진 자가 둘이 있어 하나는 오백 데나리온을 졌고 하나는 오십 데나리온을 졌는데 갚을 것이 없으므로 둘 다 탕감하여 주었으니 둘 중에 누가 그를 더 사랑하겠느냐(눅7:40-42)

이에 예수님은 그의 생각을 아시고 용서와 사랑에 관한 비유를 말씀하셨습니다. "오백 데나리온"은 약 20개월의 임금이며, "오십 데나리온"은 약 두 달의 임금입니다. "둘 중에 누가 그를 더 사랑하겠느냐"라는 말씀은 두 사람 모두 빚을 탕감 받았을 때 더 많이 탕감 받은 자가 주인을 더 사랑하게 된다는 뜻입니다. 이는 우리 모두가 죄인이었는데 자신의 죄를 더 깊이 인지하고 깨닫는 사람이 그 모든 죄를 용서해 주신 예수님께 더 많이 헌신할 수 있다는 의미입니다.

그 여자를 돌아보시며 시몬에게 이르시되 이 여자를 보느냐 내가 네 집에 들어올 때 너는 내게 발 씻을 물도 주지 아니하였으되 이 여자는 눈물로 내 발을 적시고 그 머리털로 닦았으며 너는 내게 입맞추지 아니하였으되 그는 내가 들어올 때로부터 내 발에 입맞추기를 그치지 아니하였으며 너는 내 머리에 감람유도 붓지 아니하였으되 그는 향유를 내 발에 부었느니라(눅7:44-46)

유대인들은 손님이 오면 발을 씻어주고 머리에 기름을 바르는데, 시몬은 그러한 관습을 따르지 않고 예수님께 어떠한 사랑의 표시도 하지 않았습니다. 예수님은 시몬과 여인의 행위를 대조하시며, 이 여인이 큰 죄를 탕감 받은 자로서 마땅히 표현할 감사와 사랑의 본을 보여주었다고 인정해 주셨습니다.

이러므로 내가 네게 말하노니 그의 많은 죄가 사하여졌도다 이는 그의 사랑함이 많음이라 사함을 받은 일이 적은 자는 적게 사랑하느니라, 예수께서 여자에게 이르시되 네 믿음이 너를 구원하였으니 평안히 가라 하시니라(눅7:47, 50)

"그의 많은 죄가 사하여졌도다"는 예수님께서 죄를 용서하는 신적 권위를 행하시는 말씀이며, "그의 사랑함이 많음이라"는 말씀은 여인이 용서받은 원인, 곧 그녀의 믿음을 가리킵니다. 예수님은 "네 믿음이 너를 구원하였으니"라고 하시며 여인이 발을 씻는 행동으로 나타냈던 그 믿음을 의로 여기시고 구원을 베풀어 주셨습니다.

자신을 의롭게 여긴 시몬은 죄를 용서받아야 할 필요성을 인식하지 못하였지만, 여인은 예수님이 자신에게 죄 사함의 은혜를 얼마나 크게 베푸셨는지 알고 있었습니다. 이처럼 죄인인 우리는 모든 죄를 용서받았다는 것을 깨닫게 될 때 감사함으로 헌신할 수 있습니다.

섬기는 여인들 눅8:1-3

그 후에 예수께서 각 성과 마을에 두루 다니시며 하나님의 나라를 선포하시며 그 복음을 전하실새 열두 제자가 함께 하였고 또한 악귀를 쫓아내심과 병 고침을 받은 어떤 여자들 곧 일곱 귀신이 나간 자 막달라인이라 하는 마리아와(눅8:1-2)

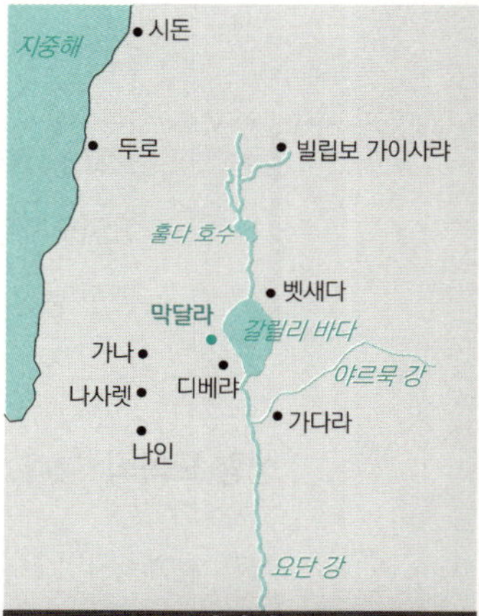

막달라

예수님은 열두 제자와 함께 하나님 나라의 복음을 선포하시며 병을 고치셨습니다. 그때 예수님은 "일곱 귀신"이 들렸던 막달라 출신의 마리아를 고쳐주셨는데, 그녀는 감사의 마음으로 십자가와 빈 무덤까지 예수님을 따랐습니다.

헤롯의 청지기 구사의 아내 요안나와 수산나와 다른 여러 여자가 함께 하여 자기들의 소유로 그들을 섬기더라(눅8:3)

"요안나"는 '여호와께서 은혜를 주신다'라는 뜻으로 헤롯의 시종이었던 구사의 아내이며, "수산나"는 '백합화'라는 뜻입니다. 요안나와 수산나가 같이 언급되고 있는 것으로 보아 자매지간이었을 것으로 추측됩니다. 다양한 배경을 가지고 있던 여인들은 자신들의 재산으로 예수님과 제자들을 섬겼습니다. 본문의 '섬기더라'(διηκόνουν, were helping to support)는 미완료형으로, 이 여인들이 계속해서 섬기는 일을 감당하고 있었다는 것을 나타냅니다.

예수님의 사역을 요약하면서 여인들과 그들의 섬김이 자세하게 소개된 것은 예수님의 사역에서 그들이 중요한 역할을 감당했다는 의미입니다. 또한 그들이 다양한 계층에 속한 여인들이라는 사실에서 성별과 신분의 차별 없이 복음이 전해졌다는 것을 알 수 있습니다.

경고의 말씀 백성들은 여러 표적들을 목격하고 예수님을 따르는데, 종교지도자들은 예수님을 반대합니다. 예수님의 갈릴리 사역 후반에는 이러한 현상이 더욱 두드러집니다.

성령 모독죄 마12:22-37, 막3:20-30, 눅11:14-23

집에 들어가시니 무리가 다시 모이므로 식사할 겨를도 없는지라 예수의 친족들이 듣고 그를 붙들러 나오니 이는 그가 미쳤다 함일러라(막3:20-21)

예수님이 가버나움에서 사역을 하실 때 종교지도자들뿐만 아니라 가까운 가족들까지도 배척하였습니다.

그 때에 귀신 들려 눈 멀고 말 못하는 사람을 데리고 왔거늘 예수께서 고쳐 주시매 그 말 못하는 사람이 말하며 보게 된지라 무리가 다 놀라 이르되 이는 다윗의 자손이 아니냐 하니(마12:22-23)

"눈 멀고 말 못하는 사람"이 고침을 받게 되는 것은 메시야 시대에 가능한 기적인데, 예수님이 이러한 일을 행하셨으므로 무리들은 예수님을 "다윗의 자손", 곧 메시야라고 생각하였습니다.

예루살렘에서 내려온 서기관들은 그가 바알세불이 지폈다 하며 또 귀신의 왕을 힘입어 귀신을 쫓아낸다 하니(막3:22)

하지만 서기관들은 예수님의 권능이 사탄으로부터 왔다고 주장하면서 그분의 사역을 의도적으로 폄훼하였습니다. "바알세불"이란 '높은 거처의 주'라는 뜻으로 사탄을 지칭하는데, 유대인들은 우상의 대표격인 이 바알을 멸시하여 '세불'과 발음이 비슷한 '세붑'(파리)으로, 곧 '바알세붑'이라고 불렀습니다. "아하시야가 사마리아에 있는 그의 다락 난간에서 떨어져 병들매 사자를 보내며 그들에게 이르되 가서 에그론의 신 바알세붑에게 이 병이 낫겠나 물어 보라 하니라"(왕하1:2).

예수께서 그들의 생각을 아시고 이르시되 스스로 분쟁하는 나라마다 황폐하여질 것이요 스스로 분쟁하는 동네나 집마다 서지 못하리라(마12:25)

"그들의 생각을 아시고"는 예수님의 신성을 나타냅니다. 예수님은 사탄의 권세가 내적으로 분열되어 있다면 유지될 수 없다고 하시며 서기관들의 비합리적인 비난을 일축하셨습니다.

그러나 내가 하나님의 성령을 힘입어 귀신을 쫓아내는 것이면 하나님의 나라가 이미 너희에게 임하였느니라(마12:28)

예수님은 자신이 성령의 능력으로 귀신을 쫓아내고 있기 때문에 하나님 나라가 이미 임하였다고 하셨습니다. 예수님의 사역에서 나타난 기적들은 하나님 나라가 현재의 역사 속으로 침투했음을 보여줍니다.

사람이 먼저 강한 자를 결박하지 않고서야 어떻게 그 강한 자의 집에 들어가 그 세간을 강탈하겠느냐 결박한 후에야 그 집을 강탈하리라 나와 함께 아니하는 자는 나를 반대하는 자요 나와 함께 모으지 아니하는 자는 헤치는 자니라(마12:29-30)

이미 광야의 시험에서 사탄을 이기신 예수님께서는 그 수하의 귀신들을 얼마든지 물리치실 수 있다는 것을 깨닫게 하셨습니다. "나와 함께 아니하는 자는 나를 반대하는 자요"라는 말씀은 예수님과 복음에 대해 중립적인 태도를 취할 수 없음을 분명히 가르쳐 주십니다.

그러므로 내가 너희에게 이르노니 사람에 대한 모든 죄와 모독은 사하심을 얻되 성령을 모독하는 것은 사하심을 얻지 못하겠고 또 누구든지 말로 인자를 거역하면 사하심을 얻되 누구든지 말로 성령을 거역하면 이 세상과 오는 세상에서도 사하심을 얻지 못하리라(마12:31-32)

예수님은 자신의 사역을 거부하는 것은 곧 "성령을 모독하는 것"이며, 이는 절대로 용서받지 못하는 죄라는 것을 강조하셨습니다. 종교지도자들은 이처럼 명백히 하나님의 능력으로 성취된 일을 의도적으로 사탄의 일이라고 매도하고 거역하는 성령모독의 죄를 범하였습니다. 다시 말해, "말로 성령을 거역"하는 죄는 하나님의 능력으로 성취된 일을 사탄의 일로 간주하고 하나님을 거부하는 악한 죄로, 자신을 구원으로 부르시는 성령의 사역을 고의적으로 거부하는 불신자들의 죄입니다.

나무도 좋고 열매도 좋다 하든지 나무도 좋지 않고 열매도 좋지 않다 하든지 하라 그 열매로 나무를 아느니라 독사의 자식들아 너희는 악하니 어떻게 선한 말을 할 수 있느냐 이는 마음에 가득한 것을 입으로 말함이라(마12:33-34)

예수님은 이미 산상수훈에서도 선지자의 삶을 통하여 그가 참된 선지자인지 거짓 선지자인지를 알 수 있다고 하셨는데, 여기서도 열매로 그 나무를 안다고 하시며 행함을 강조하셨습니다. 예수님은 바리새인들에게 "독사의 자식들아"라고 꾸짖으시며, 성령을 모독하는 자들은 사함을 받지 못한다고 두 번이나 경고하셨습니다.

내가 너희에게 이르노니 사람이 무슨 무익한 말을 하든지 심판 날에 이에 대하여 심문을 받으리니 네 말로 의롭다 함을 받고 네 말로 정죄함을 받으리라(마12:36-37)

"네 말로 의롭다 함을 받고 네 말로 정죄함을 받으리라"는 말씀은 사람의 말이 그의 성품의 외적 증거가 된다는 의미입니다. 사람의 말은 그 사람의 마음을 표현하는 열매이기 때문에 최후 심판에서 중요한 평가의 근거가 됩니다.

예수님의 대속적 속죄는 모든 죄를 사하지만, 하나님의 권능으로 성취된 일을 끝까지 사탄의 일로 간주하는 사람은 영원히 사하심을 얻지 못합니다. 예수님에 대한 대적들의 비난은 성령을 모독하는 것으로, 그들의 말은 그들 마음속의 불신앙을 드러낸 것입니다.

표적 구함을 책망하심 마12:38-45, 눅11:24-32

그 때에 서기관과 바리새인 중 몇 사람이 말하되 선생님이여 우리에게 표적 보여주시기를 원하나이다(마12:38)

종교지도자들은 예수님이 행하신 기적들을 보고 가르침도 들었지만 여전히 표적을 구하였습니다. "표적"(σημεῖον, sign)이란 사람들을 믿게 하는 기적을 말합니다.

예수께서 대답하여 이르시되 악하고 음란한 세대가 표적을 구하나 선지자 요나의 표적 밖에는 보일 표적이 없느니라 요나가 밤낮 사흘 동안 큰 물고기 뱃속에 있었던 것 같이 인자도 밤낮 사흘 동안 땅 속에 있으리라(마12:39-40)

예수님은 이미 많은 기적을 보았음에도 또 다른 표적을 구하는 자들에게 요나의 표적을 기억하라고 하시며, 마음이 완악해졌을 때는 표적도 무의미하다고 하셨습니다. 선지자 요나가 물고기 뱃속에서 구원 받은 것은 니느웨를 향한 그의 메시지가 하나님께로부터 나왔음을 확증하는 표적이었습니다. 요나의 표적이 당시 니느웨 백성들의 회개를 일으켰듯이 예수님의 죽음과 부활도 마찬가지로 이 세대를 향한 하나님의 표적이 될 것입니다.

심판 때에 니느웨 사람들이 일어나 이 세대 사람을 정죄하리니 이는 그들이 요나의 전도를 듣고 회개하였음이거니와 요나보다 더 큰 이가 여기 있으며 심판 때에 남방 여왕이 일어나 이 세대 사람을 정죄하리니 이는 그가 솔로몬의 지혜로운 말을 들으려고 땅 끝에서 왔음이거니와 솔로몬보다 더 큰 이가 여기 있느니라(마12:41-42)

예수님은 니느웨의 국가적인 회개 운동을 언급하심으로 요나의 표적이 역사적 사건임을 분명히 하셨습니다. 니느웨 백성들은 비록 악하였지만 요나의 선포를 듣고 회개했는데, 요나보다 더 위대하신 예수님의 가르침을 듣고도 회개를 거부하는 이들은 니느웨 사람들에게 정죄를 받을 것이라는 의미입니다. "남방 여왕"은 오늘날 예멘에 해당하는 아라비아의 남서부의 스바를 다스리는 여왕으로, 솔로몬의 지혜를 확인하기 위해 먼 거리를 찾아왔었습니다. 그런데 솔로몬보다 더 위대하신 분, 곧 하나님의 아들이 사람들에게 오셨으나 영접 받지 못하셨으므로 그녀가 이 세대를 정죄할 것이라고 예수님은 말씀하셨습니다.

더러운 귀신이 사람에게서 나갔을 때에 물 없는 곳으로 다니며 쉬기를 구하되 쉴 곳을 얻지 못하고 이에 이르되 내가 나온 내 집으로 돌아가리라 하고 와 보니 그 집이 비고 청소되고 수리되었거늘 이에 가서 저보다 더 악한 귀신 일곱을 데리고 들어가서 거하니 그 사람의 나중 형편이 전보다 더욱 심하게 되느니라 이 악한 세대가 또한 이렇게 되리라(마12:43-45)

"내가 나온 내 집"이란 표현은 귀신들이 그 사람에 대하여 끈질기게 소유권을 주장하고 있음을 보여줍니다. 예수님은 귀신이 나간 후에 그 사람이 회개하고 바르게 살지 않는다면 더욱 심각한 처지에 놓이게 될 것이라고 말씀하셨습니다. 예수님이 바알세불 논쟁 후 서기관과 바리새인들에게 이 말씀을 하신 것은, 그들이 귀신을 제어하는 예수님의 신적 권위를 목격하고도 인정하지 않고 계속 다른 표적을 구한다면 예수님의 기적을 한 번도 보지 못한 경우보다 더욱 비참한 상황에 처할 것임을 경고하시기 위함입니다.

이 말씀을 하실 때에 무리 중에서 한 여자가 음성을 높여 이르되 당신을 밴 태와 당신을 먹인 젖이 복이 있나이다 하니 예수께서 이르시되 오히려 하나님의 말씀을 듣고 지키는 자가 복이 있느니라 하시니라(눅11:27-28)

이러한 말씀을 하실 때 여인이 예수님의 어머니를 축복하였는데, 예수님은 "하나님의 말씀을 듣고 지키는 자가 복이 있느니라"고 하시며, 죄 씻음 이후에는 반드시 성경에 대한 순종이 따라야 한다는 것을 강조하셨습니다. 이같이 예수님은 예루살렘으로 가까이 가실수록 제자들에게 더 많은 가르침을 주셨습니다.

예수님은 자신이 메시야임을 입증하는 많은 기적을 행하셨지만 서기관과 바리새인들은 계속하여 예수님께 표적을 구하였습니다. 이에 예수님은 요나의 표적을 말씀하셨는데, 이는 요나의 메시지에 반응한 니느웨처럼 회개해야 함을 언급하신 것이며, 또한 예수님이 밤낮 사흘 동안 땅 속에 계실 일, 곧 자신의 죽음과 부활을 예표하신 것입니다.

참 형제와 자매 마12:46-50, 막3:31-35, 눅8:19-21

예수께서 무리에게 말씀하실 때에 그의 어머니와 동생들이 예수께 말하려고 밖에 섰더니 한 사람이 예수께 여짜오되 보소서 당신의 어머니와 동생들이 당신께 말하려고 밖에 서 있나이다 하니(마12:46-47)

이전에는 예수님의 친지들이 예수님의 사역을 막으러 나왔었는데,

"예수의 친족들이 듣고 그를 붙들러 나오니 이는 그가 미쳤다 함일러라"(막3:21), 이제 어머니와 동생들이 직접 찾아와 예수님을 부릅니다. 이는 예수님과 혈연적으로 가장 가까운 가족과 친척들도 예수님을 이해하지 못하고 있음을 보여줍니다.

말하던 사람에게 대답하여 이르시되 누가 내 어머니며 내 동생들이냐 하시고 손을 내밀어 제자들을 가리켜 이르시되 나의 어머니와 나의 동생들을 보라(마12:48-49)

예수님은 제자들에게 손을 뻗어 가리키시며 그들을 가족이라고 말씀하셨습니다. 예수님은 육신적 가족과의 관계를 끊지 않으시면서 하나님의 가족으로서의 믿음 공동체를 강조하신 것입니다. "그는 그의 부모에게 대하여 이르기를 내가 그들을 보지 못하였다 하며 그의 형제들을 인정하지 아니하며 그의 자녀를 알지 아니한 것은 주의 말씀을 준행하고 주의 언약을 지킴으로 말미암음이로다"(신33:9).

누구든지 하늘에 계신 내 아버지의 뜻대로 하는 자가 내 형제요 자매요 어머니이니라 하시더라(마12:50)

예수님은 메시야적 사명이 육신의 가족보다 중요하고, 하나님 나라에 대한 헌신이 우선이라고 말씀하시며, 하나님의 뜻을 행하는 사람이 자신의 "형제요 자매요 어머니"라고 하셨습니다.

예수님은 하나님 나라의 관점에서 자신의 참된 가족이 누구인지 말씀해 주셨습니다. 예수님은 영적 관계가 육신적 관계보다 더 중요하며, 예수님의 진정한 가족은 육체적인 피와 살로 결정되지 않으며 오직 하나님의 말씀을 듣고 행하는 이들이라고 가르쳐 주셨습니다.

위선을 책망하심 누11:37-44

예수께서 말씀하실 때에 한 바리새인이 자기와 함께 점심 잡수시기를 청하므로 들어가 앉으셨더니 잡수시기 전에 손 씻지 아니하심을 그 바리새인이 보고 이상히 여기는지라 (눅11:37-38)

"앉으셨더니"란 잔치나 안식일 식사 때의 일반적인 자세이며, 식사 전에 손을 씻는 행위는 일반적인 위생의 차원이 아니라 의식적 정결을 포함한 장로의 전통에서 유래한 것입니다.

주께서 이르시되 너희 바리새인은 지금 잔과 대접의 겉은 깨끗이 하나 너희 속에는 탐욕과 악독이 가득하도다 어리석은 자들아 겉을 만드신 이가 속도 만들지 아니하셨느냐 그러나 그 안에 있는 것으로 구제하라 그리하면 모든 것이 너희에게 깨끗하리라 (눅11:39-41)

"그 안에 있는 것으로 구제하라"는 말씀은 문자적으로 '그 안에 있는 것들을 구호금으로 내주어라'는 뜻입니다. 예수님은 잔과 대접의 겉을 깨끗이 하는 데에 만족하지 말고, 그 안에 담긴 음식들로 자선을 베풀라고 하셨습니다. 곧 바리새인들이 밖으로 드러나는 정결의 규례는 잘 지키지만 그들의 마음속에는 탐심과 악함이 가득함을 비유하신 것입니다. 또한 이는 가난한 자를 구제하는 사람의 마음은 올바를 수밖에 없으며, 자선을 행하는 자는 그의 내면과 외면 모두가 깨끗하다는 의미입니다.

화 있을진저 너희 바리새인이여 너희가 박하와 운향과 모든 채소의 십일조는 드리되 공의와 하나님께 대한 사랑은 버리는도다 그러나 이것도 행하고 저것도 버리지 말아야 할지니라 화 있을진저 너희 바리새인이여 너희가 회당의 높은 자리와 시장에서 문안 받는 것을 기뻐하는도다 화 있을진저 너희여 너희는 평토장한 무덤 같아서 그 위를 밟는 사람이 알지 못하느니라 (눅11:42-44)

예수님은 바리새인들을 책망하시며 세 번씩이나 "화 있을진저"라고 선포하셨습니다. 바리새인들은 채소의 "십일조"는 바치면서도[40] "공의"와 "하나님께 대한 사랑"은 무시하였고, 사람들의 인정과 존경을 받는 "높은 자리"를 추구하였습니다. 또한 예수님은 바리새인들을 "평토장한 무덤"이라고 비유하셨습니다. 율법에 따르면 무덤과 접촉한 사람은 부정해지는데, 만일 무덤에 아무런 표시나 봉분이 없다면 무덤 위를 밟는 사람이 부지중에 부정해질 것입니다. "누구든지 들에서 칼에 죽은 자나 시체나 사람의 뼈나 무덤을 만졌으면 이레 동안 부정하리니"(민19:16). 이처럼 사람들은 바리새인들의 위선에 속고 있기 때문에, 그들이 자신들을 잘못된 길로 이끌고 있음을 알지 못한 채 부정해지고 있다는 말씀입니다.

예수님은 바리새인들이 외적 전통은 철저하게 지키지만 그들의 마음 안에는 탐욕과 악독이 가득한 것을 책망하시며, 비록 유대 전통의 의식적 결례는 따르지 않더라도 먼저 자기 마음을 하나님께 드리는 것이 내면과 외면 모두를 깨끗하게 하는 것임을 가르쳐 주셨습니다.

율법교사를 책망하심 눅11:45-54

한 율법교사가 예수께 대답하여 이르되 선생님 이렇게 말씀하시니 우리까지 모욕하심이니이다(눅11:45)

"율법교사"는 율법 전문가로 서기관의 또 다른 표현입니다. 예수님께서는 바리새인에 이어 율법교사들의 위선과 그들의 성경해석을 책망하셨습니다.

40 바리새인들은 기록된 율법의 원리들을 훗날의 변화된 상황에 적응시키기 위하여 구전의 전통을 형성하였습니다. 일례로 그들은 십일조를 떼지 않은 산물을 먹지 않았습니다. F. F. Bruce, *New Testament History* (New York: Doubleday, 1980), 72-73.

이르시되 화 있을진저 또 너희 율법교사여 지기 어려운 짐을 사람에게 지우고 너희는 한 손가락도 이 짐에 대지 않는도다(눅11:46)

예수님은 율법교사들이 율법을 자신들의 전통에 비추어 해석하여 많은 규례를 추가해 놓고는 사람들이 그 법들을 잘 지킬 수 있도록 돕는 역할을 전혀 하지 않았다고 한탄하셨습니다.

화 있을진저 너희는 선지자들의 무덤을 만드는도다 그들을 죽인 자도 너희 조상들이로다 이와 같이 그들은 죽이고 너희는 무덤을 만드니 너희가 너희 조상의 행한 일에 증인이 되어 옳게 여기는도다(눅11:47-48)

예수님이 율법교사들에게 선포하신 두 번째 화는 그들의 위선에 관한 것인데, 이는 그들이 선지자들을 위해 기념물을 만든다고 하지만 실상은 자신들의 조상의 전철을 밟으며 계속해서 선지자들을 죽이고 박해하고 있기 때문입니다.

곧 아벨의 피로부터 제단과 성전 사이에서 죽임을 당한 사가랴의 피까지 하리라 내가 너희에게 이르노니 과연 이 세대가 담당하리라(눅11:51)

"아벨의 피로부터 ... 사가랴의 피까지"란 구약성경의 '처음부터 마지막까지'라는 의미입니다. 아벨은 구약에서 처음 살해당한 사람이고(창4:8), 사가랴(스가랴)는 히브리어 성경 순서에 따르면 가장 마지막에 죽임당한 사람입니다. "요아스 왕이 이와 같이 스가랴의 아버지 여호야다가 베푼 은혜를 기억하지 아니하고 그의 아들을 죽이니 그가 죽을 때에 이르되 여호와는 감찰하시고 신원하여 주옵소서 하니라"(대하24:22).

화 있을진저 너희 율법교사여 너희가 지식의 열쇠를 가져가서 너희도 들어가지 않고 또 들어가고자 하는 자도 막았느니라 하시니라(눅11:52)

마지막으로 예수님은 사람들에게서 하나님의 구원 계획을 이해하는데 필요한 지식을 빼앗는 율법교사들의 성경해석을 지적하셨습니다. 그들은 하나님 나라에 들어가기를 거부할 뿐만 아니라 자신들의 전통으로 사람들이 율법의 참된 의미를 깨닫는 일을 불가능하게 만들었습니다.

거기서 나오실 때에 서기관과 바리새인들이 거세게 달려들어 여러 가지 일을 따져 묻고 그 입에서 나오는 말을 책잡고자 하여 노리고 있더라(눅11:53-54)

예수님으로부터 큰 질책을 받은 서기관과 바리새인들은 자신들의 잘못을 돌아보기는커녕 예수님을 더욱 적대시하여 그분의 말씀에서 실수를 찾아내어 정죄하려고 혈안이 되어 있었습니다.

예수님은 율법에 대한 자신들의 전통적인 해석으로 무거운 짐을 사람에게 지우면서 자신들은 그 짐을 회피하고, 선지자들을 박해하여 죽이기까지 하며, 왜곡된 성경해석으로 다른 사람들이 하나님의 구원에 이르는 길을 막고 있는 율법교사들을 책망하셨습니다.

외식에 대한 경고 마10:19-33, 눅12:1-12

그 동안에 무리 수만 명이 모여 서로 밟힐 만큼 되었더니 예수께서 먼저 제자들에게 말씀하여 이르시되 바리새인들의 누룩 곧 외식을 주의하라(눅12:1)

"무리 수만 명"이란 예수님께서 사역을 하시는 동안 예수님을 따르는 사람들이 계속 늘어났음을 말합니다. "바리새인들의 누룩"에서 '누룩'은 자기중심적이고 위선적인 바리새인들의 그릇된 가르침이 지닌 빠른 전파력에 대한 비유입니다.

내가 내 친구 너희에게 말하노니 몸을 죽이고 그 후에는 능히 더 못하는 자들을 두려워하지 말라(눅12:4)

예수님은 구약의 선지자들이 경험했고 앞으로 제자들도 경험하게 될, 순교까지 포함하는 박해를 두려워하지 말라고 하셨습니다. "내가 확신하노니 사망이나 생명이나 천사들이나 권세자들이나 현재 일이나 장래 일이나 능력이나 높음이나 깊음이나 다른 어떤 피조물이라도 우리를 우리 주 그리스도 예수 안에 있는 하나님의 사랑에서 끊을 수 없으리라"(롬8:38-39). 이는 육체적 죽음이 신자들의 영혼에 궁극적인 영향을 끼칠 수 없기 때문입니다.

마땅히 두려워할 자를 내가 너희에게 보이리니 곧 죽인 후에 또한 지옥에 던져 넣는 권세 있는 그를 두려워하라 내가 참으로 너희에게 이르노니 그를 두려워하라. 누구든지 말로 인자를 거역하면 사하심을 받으려니와 성령을 모독하는 자는 사하심을 받지 못하리라(눅12:5, 10)

예수님은 최후의 심판 때 "지옥에 던져 넣는 권세 있는" 하나님을 두려워하라는 말씀을 반복하심으로 이 명령을 강조하셨습니다. "성령을 모독하는 자는 사하심을 받지 못하리라"는 말씀은 예수님이 구주이심을 증거하는 성령의 메시지에 끝까지 완악한 태도를 보이는 자는 하나님이 베푸시는 구원 밖에 있으므로 용서받지 못할 것이라는 의미입니다. 그러나 이러한 죄를 지을까 걱정하는 사람들은 그러한 우려 자체가 성령의 사역에 대해 마음이 열려 있다는 증거이기 때문에 두려워할 것이 없습니다.

사람이 너희를 회당이나 위정자나 권세 있는 자 앞에 끌고 가거든 어떻게 무엇으로 대답하며 무엇으로 말할까 염려하지 말라 마땅히 할 말을 성령이 곧 그 때에 너희에게 가르치시리라 하시니라(눅12:11-12)

"회당"은 '유대 지도자들'을 가리키는 말이고, "위정자나 권세 있는 자"란 '이방인의 법정'을 가리키는 표현입니다. 예수님은 사람들 앞에서 공적으로 자신을 시인한 이유로 잡혀간다면 성령께서 그 입에 할 말을 넣어주실 것이기 때문에 염려하지 말라고 하셨습니다.

율법에 따르면 무교절 기간 중에는 누룩이 들어간 음식을 제거해야 합니다. 예수님은 지금 무교절을 앞둔 시점에 바리새인들의 위선적 행동의 부정적인 영향력과 빠른 전파력을 누룩에 비유하여 말씀하심으로 무리들에게 그들의 언행을 본받지 말 것을 강조하셨습니다.

어리석은 부자의 비유 누12:13-21

무리 중에 한 사람이 이르되 선생님 내 형을 명하여 유산을 나와 나누게 하소서 하니 이르시되 이 사람아 누가 나를 너희의 재판장이나 물건 나누는 자로 세웠느냐 하시고 그들에게 이르시되 삼가 모든 탐심을 물리치라 사람의 생명이 그 소유의 넉넉한 데 있지 아니하니라 하시고(눅12:13-15)

어떤 사람이 예수님께 나아와 자기 형에게 동생인 자신과 유산을 나누라고 명령해 주시기를 청하였는데, 이는 개인적인 억울함 또는 탐욕에서 나온 말임을 짐작하게 합니다. 예수님은 만유를 다스리시는 주님이시지만 구원 사역과 직접 관련되지 않은 문제들에 관하여는 사람들이 스스로 해결하도록 하신 것을 알 수 있습니다. 예수님은 가진 재물이 적다고 해서 인생을 온전히 누리지 못하는 것은 아니라고 하시며, 어리석은 부자의 비유를 말씀하셨습니다.

또 비유로 그들에게 말하여 이르시되 한 부자가 그 밭에 소출이 풍성하매 심중에 생각하여 이르되 내가 곡식 쌓아 둘 곳이 없으니 어찌할까 하고 또 이르되 내가 이렇게 하리라 내 곳간을 헐고 더 크게 짓고 내 모든 곡식과 물건을 거기 쌓아 두리라 또 내가 내 영혼에게 이르되 영혼아 여러 해 쓸 물건을 많이 쌓아 두었으니 평안히 쉬고 먹고 마시고 즐거워하자 하리라 하되 하나님은 이르시되 어리석은 자여 오늘

밤에 네 영혼을 도로 찾으리니 그러면 네 준비한 것이 누구의 것이 되겠느냐 하셨으니(눅12:16-20)

"어리석은 자"란 자신의 육신적 필요만을 위하여 재산을 쌓아두고는 하나님과 가난한 이웃에게 인색한 사람을 가리킵니다. 본문에서 부자는 1인칭 대명사와 동사를 12번이나 사용하며 철저한 자기중심성을 드러내고 있습니다. 예수님은 재물을 금하지 않으셨지만 탐욕으로 치닫는 것은 분명히 경고하셨습니다. 어리석은 부자는 먹고 마시고 즐거워할 때를 기대했지만, "오늘 밤에 네 영혼을 도로 찾으리니"라는 예수님의 말씀대로 그는 하나님에게서 영원히 유리될 것입니다.

예수님은 어리석은 부자처럼 현세에 모든 소망을 두고 사는 삶을 경계하시고, 재물을 바르게 사용할 것을 말씀하셨습니다. 예수님은 하나님 앞에서 부요하게 되는 일, 곧 하늘에 보물을 쌓아두는 방법은 바로 가난한 자들에게 자비를 베푸는 것임을 깨닫게 하셨습니다.

깨어 있을 것에 대한 경고 눅12:35-57

허리에 띠를 띠고 등불을 켜고 서 있으라(눅12:35)

"허리에 띠를 띠고"란 즉각 움직이거나 뛰어나가기에 불편함이 없도록 긴 겉옷을 허리띠로 무릎 위까지 고정하는 것을 말합니다. 신자들은 그리스도가 오실 때를 알지 못하므로 늘 깨어서 그분의 재림을 기대하고 준비해야 합니다.

주인이 와서 깨어 있는 것을 보면 그 종들은 복이 있으리로다 내가 진실로 너희에게 이르노니 주인이 띠를 띠고 그 종들을 자리에 앉히고 나아와 수종들리라 주인이 혹 이경에나 혹 삼경에 이르러서도 종들이 그같이 하고 있는 것을 보면 그 종들은

복이 있으리로다(눅12:37-38)

혼인 잔치에 갔던 주인이 돌아왔을 때, 문을 열어 주려고 깨어 있는 종은 주인으로부터 큰 복을 누릴 것입니다. "자리에 앉히고"란 그리스도의 재림을 준비하는 신실한 신자들이 메시야 잔치에 참여함을 의미합니다. "이경"은 저녁 9시부터 자정을 말하고 "삼경"은 자정부터 새벽 3시를 말하는데, 이는 주인이 예상하지 못한 때에도 올 수 있다는 것을 강조한 말씀입니다.

주께서 이르시되 지혜 있고 진실한 청지기가 되어 주인에게 그 집 종들을 맡아 때를 따라 양식을 나누어 줄 자가 누구냐(눅12:42)

"지혜 있고 진실한 청지기"는 자신에게 맡겨진 이들을 성심껏 돌보며 그들의 필요를 채워주는 사람입니다. 주인이 돌아오면 이 청지기는 상을 받을 것입니다.

생각하지 않은 날 알지 못하는 시각에 그 종의 주인이 이르러 엄히 때리고 신실하지 아니한 자의 받는 벌에 처하리니, 알지 못하고 맞을 일을 행한 종은 적게 맞으리라 무릇 많이 받은 자에게는 많이 요구할 것이요 많이 맡은 자에게는 많이 달라 할 것이니라(눅12:46, 48)

한편, 주인은 자신의 임무에 불성실했던 종들에게 엄중한 형벌을 내릴 것입니다. "많이 받은 자에게는 많이 요구할 것이요"란 하나님께서 여러 능력과 기회와 책임을 부여한 사람들은 마지막 날에 더 높은 기준으로 판단하실 것이라는 의미입니다.

내가 불을 땅에 던지러 왔노니 이 불이 이미 붙었으면 내가 무엇을 원하리요 나는 받을 세례가 있으니 그것이 이루어지기까지 나의 답답함이 어떠하겠느냐(눅12:49-50)

"불"은 심판의 불을 말하는데, 복음과 성령으로 말미암아 죄를 소멸하시는 예수님의 성역을 가리킵니다. "세례"란 예수님께서 장차 받으실 고난과 죽음을 의미하는데, 십자가에서 하나님의 진노가 예수님에게 홍수처럼 쏟아질 것입니다. "주의 노가 나를 심히 누르시고 주의 모든 파도가 나를 괴롭게 하셨나이다"(시88:7). "그것이 이루어지기까지 나의 답답함이 어떠하겠느냐"라는 말씀은 비록 예수님이 세상 죄를 지고 죽임을 당하시더라도 하나님의 뜻이 속히 성취되기를 원하신다는 의미입니다.

내가 세상에 화평을 주려고 온 줄로 아느냐 내가 너희에게 이르노니 아니라 도리어 분쟁하게 하려 함이로라, 아버지가 아들과, 아들이 아버지와, 어머니가 딸과, 딸이 어머니와, 시어머니가 며느리와, 며느리가 시어머니와 분쟁하리라 하시니라(눅12:51, 53)

예수님은 하나님과 화목할 수 있는 구원의 길을 열어 주셨지만, 이를 받아들이는 사람들과 받아들이지 않는 사람들 사이에 다툼이 일어날 것입니다. 예수님은 한 가족 안에서도 신앙의 문제로 서로 반목하며 갈등하는 일이 발생할 것이라 예고하셨습니다.

또 무리에게 이르시되 너희가 구름이 서쪽에서 이는 것을 보면 곧 말하기를 소나기가 오리라 하나니 과연 그러하고 남풍이 부는 것을 보면 말하기를 심히 더우리라 하나니 과연 그러하니라(눅12:54-55)

"구름이 서쪽에서 이는" 현상은 구름이 팔레스타인의 한랭한 산지를 지나면서 습한 공기를 가져오는 것을 말하며, "남풍이 부는 것"은 사막의 뜨겁고 건조한 바람이 불어와 열기를 몰고 오는 것을 뜻합니다.

외식하는 자여 너희가 천지의 기상은 분간할 줄을 알면서 어찌 이 시대는 분간하지 못하느냐(눅12:56)

종교지도자들은 서풍이 불면 비가 오고 남풍이 불면 더운 열기가 온다는 자연의 징후들은 헤아릴 수 있었지만, 예수님의 가르침과 사역에서 하나님 나라의 도래를 알리는 표징들은 이해하지 못하였습니다.

하늘의 구름과 바람의 방향을 보고 날씨를 예측할 수 있듯이, 예수님의 가르침을 믿고 순종하면 빛의 자녀들이 되어 세월을 아끼고 심판의 날을 준비할 수 있습니다. 우리는 예수님이 오실 때를 알지 못하므로 늘 깨어서 그리스도의 재림을 기대하고 준비해야 합니다.

회개하지 않으면 망함 눅13:1-9

그 때 마침 두어 사람이 와서 빌라도가 어떤 갈릴리 사람들의 피를 그들의 제물에 섞은 일로 예수께 아뢰니(눅13:1)

이는 예루살렘 성전에서 제사를 드리고 있던 갈릴리 사람들이 빌라도의 명령에 의해 갑자기 살해당한 사건을 말합니다.

또 실로암에서 망대가 무너져 치어 죽은 열여덟 사람이 예루살렘에 거한 다른 모든 사람보다 죄가 더 있는 줄 아느냐(눅13:4)

실로암 "망대"란 실로암 연못 근처에 있는 예루살렘 남쪽 성벽의 일부였을 것으로 추정합니다. 이들은 망대가 무너져 갑작스런 죽음을 당하였는데, 예수님의 말씀을 들으면서도 죄악의 길에서 돌이키지 않는 자들 역시 회개할 시간을 따로 갖지 못하고 갑자기 죽음을 맞이할 수 있다는 말씀입니다. 이 비극적 사건은 최후 심판이 임할 때의 긴박한 상황을 보여주는 경고입니다.

이에 비유로 말씀하시되 한 사람이 포도원에 무화과나무를 심은 것이 있더니 와서 그 열매를 구하였으나 얻지 못한지라 포도원지기에게 이르되 내가 삼 년을 와서 이 무화과나무에서 열매를 구하되 얻지 못하니 찍어버리라 어찌 땅만 버리게 하겠느

냐(눅13:6-7)

이 비유에서 "한 사람"은 하나님을, "무화과나무"는 이스라엘을, "포도원지기"는 예수님을 상징합니다. "삼 년"이란 하나님께서 이스라엘이 회개할 수 있도록 충분한 시간을 주셨음을 의미합니다. 그러나 이스라엘이 그 기간 동안 회개하지 않았으므로 하나님은 심판을 내리려고 하십니다.

대답하여 이르되 주인이여 금년에도 그대로 두소서 내가 두루 파고 거름을 주리니 이 후에 만일 열매가 열면 좋거니와 그렇지 않으면 찍어버리소서 하였다 하시니라(눅13:8-9)

"주인이여 금년에도 그대로 두소서"란 포도원지기가 마지막으로 밭을 가꾸어 무화과나무가 열매를 맺게 하겠다는 말입니다. '금년에도'라는 표현에서 알 수 있듯이 예수님의 사역을 통해 이스라엘이 돌이킬 수 있는 시간이 조금 연장되었지만, 이는 여전히 한정된 유예기간입니다. 이 비유는 이스라엘이 예수님을 영접함으로써 회개할 수 있는 마지막 기회를 상징하며, 이후에는 돌이킬 수 없는 최후 심판이 있음을 강조합니다.

예수님은 하나님의 오래 참으심에도 불구하고 회개의 열매를 맺지 못하는 이스라엘 백성을 열매 없는 무화과나무로 비유하셨습니다. 예수님이 천국 복음을 전파하심과 동시에 하나님의 나라는 이미 임하였으며, 구원의 문이 닫히기 이전에 돌이켜 회개해야 합니다.

안식일에 고치심 누13:10-17

예수께서 안식일에 한 회당에서 가르치실 때에 열여덟 해 동안이나 귀신 들려 앓으며 꼬부라져 조금도 펴지 못하는 한 여자가 있더라 예수께서 보시고 불러 이르시되 여자여 네가 네 병에서 놓였다 하시고 안수하시니 여자가 곧 펴고 하나님께 영광을 돌리는지라(눅13:10-13)

예수님은 많은 가르침을 베푸신 후에 귀신 들린 여인을 안식일에 고쳐주셨습니다. "여자가 곧 펴고"란 18년간 이어진 병을 예수님께서 단번에 치유하셨음을 나타냅니다.

회당장이 예수께서 안식일에 병 고치시는 것을 분 내어 무리에게 이르되 일할 날이 엿새가 있으니 그 동안에 와서 고침을 받을 것이요 안식일에는 하지 말 것이니라 하거늘(눅13:14)

회당장은 여인의 질병이 오랫동안 지속된 것을 보아 당장 생명을 위협할 정도는 아니기 때문에 주중에 치유해도 된다고 생각하여 예수님께 강한 불만을 표출하였습니다.

주께서 대답하여 이르시되 외식하는 자들아 너희가 각각 안식일에 자기의 소나 나귀를 외양간에서 풀어내어 이끌고 가서 물을 먹이지 아니하느냐 그러면 열여덟 해 동안 사탄에게 매인 바 된 이 아브라함의 딸을 안식일에 이 매임에서 푸는 것이 합당하지 아니하냐(눅13:15-16)

이에 예수님은 만일 안식일에 짐승을 돌보는 관습이 인정된다면, 짐승보다 더 귀한 사람에게는 더욱 큰 관심을 보여야 할 것이라고 하셨습니다. 안식일은 원래 사람들과 가축들이 온전하게 쉬는 날입니다. 예수님은 그녀를 "아브라함의 딸"이라고 칭하시며, 18년 동안이나 사탄에게 매여 있던 여자를 풀어주는 것이야말로 안식일에 마땅히 해야 할 일이라고 가르쳐 주셨습니다. 이는 동시에 예수님께서 안식일에 병자를 고치시는 일이 구약의 어떤 계명도 범하는 일이 아님을 천명하신 것입니다.

안식일이란 하나님의 창조를 기념하는 날이며 이스라엘이 노예에서 해방됨을 기념하는 날입니다. 따라서 예수님께서 안식일에 여자의 병을 고치심으로 그녀를 고통에서 해방시켜 주시고 진정한 안식을 주신 일이야말로 안식일을 올바르게 준수하신 예입니다.

제9장 비유를 통한 가르침과 제자들의 파송

비유를 통한 가르침 예수님은 자연이나 삶의 경험을 비유로 들어 제자들에게 하나님 나라의 도덕적, 영적 원리를 가르쳐 주셨습니다.

씨 뿌리는 자의 비유(하나님 나라 비유 1) 마13:1-23, 막4:1-20, 눅8:4-15

그 날 예수께서 집에서 나가사 바닷가에 앉으시매 큰 무리가 그에게로 모여 들거늘 예수께서 배에 올라가 앉으시고 온 무리는 해변에 서 있더니 예수께서 비유로 여러 가지를 그들에게 말씀하여(마13:1-3a)

예수님은 갈릴리 바다의 배 위에서 말씀하셨고 무리들은 바닷가 육지에서 듣고 있었습니다. "비유"(παραβολή, parable)란 '옆에 놓다'라는 단어에서 유래되었는데, 어떤 현상이나 개념을 설명할 때 그와 유사한 다른 것을 옆에 놓고 비교함으로 쉽게 이해할 수 있게 하는 수사입니다. 예수님은 '하나님 나라의 비밀'을 말씀하실 때 주로 비유를 사용하셨습니다.[41] "이르시되 하나님 나라의 비밀을 너희에게는 주었으나 외인에게는 모든 것을 비유로 하나니"(막4:11). 이는 자신을 따르는 사람들과 제자들에게는 하나님 나라를 더 잘 설명해 줌과 동시에 자신을 대적하는 사람들과 외

41 Joachim Jeremias, *Die Gleichnisse Jesu* (Göttingen: Vandenhoeck & Ruprecht, 1970), 152.

인들로부터 메시지를 보호할 수 있기 때문입니다.

이르시되 씨를 뿌리는 자가 뿌리러 나가서 뿌릴새 더러는 길 가에 떨어지매 새들이 와서 먹어버렸고 더러는 흙이 얕은 돌밭에 떨어지매 흙이 깊지 아니하므로 곧 싹이 나오나 해가 돋은 후에 타서 뿌리가 없으므로 말랐고 더러는 가시떨기 위에 떨어지매 가시가 자라서 기운을 막았고(마13:3b-7)

더러는 좋은 땅에 떨어지매 나서 백 배의 결실을 하였느니라 이 말씀을 하시고 외치시되 들을 귀 있는 자는 들을지어다(눅8:8)

"씨를 뿌리는 자"가 밭의 이곳저곳에 씨를 뿌립니다. "길 가"란 밭을 둘러싸고 있는 단단한 길 위를 말하고, "돌밭"이란 얇은 토양층으로 덮여 있는 곳을 말하며, "가시떨기 위"란 잡초가 식물을 질식시켜 열매를 맺을 수 없는 곳을 말합니다. 이런 밭들에 떨어진 씨는 결실할 수 없습니다. "좋은 땅"이란 씨앗을 잘 받아들이고 풍성한 수확을 내는 밭을 의미합니다. "들을 귀 있는 자는 들을지어다"라는 말씀은 이 비유를 이해하고 명심하라는 권고입니다.

제자들이 예수께 나아와 이르되 어찌하여 그들에게 비유로 말씀하시나이까 대답하여 이르시되 천국의 비밀을 아는 것이 너희에게는 허락되었으나 그들에게는 아니되었나니(마13:10-11)

"천국의 비밀"이란 천국에 들어가는 신비가 제자들에게 계시되지만, 영적으로 무감각한 무리에게는 숨겨짐을 의미합니다. 곧 천국이 말세에 최종적으로 나타나기 전에 예수님이 미리 부분적으로 설명해 주신 것을 말합니다.

그러므로 내가 그들에게 비유로 말하는 것은 그들이 보아도 보지 못하며 들어도 듣지 못하며 깨닫지 못함이니라 이사야의 예언이 그들에게 이루어졌으니 일렀으되 너희가 듣기는 들어도 깨닫지 못할 것이요 보기는 보아도 알지 못하리라(마13:13-14)

“보아도 보지 못하며”와 “들어도 듣지 못하며”란 완악한 마음을 묘사한 것으로 이스라엘이 하나님 나라에 대한 비유를 깨닫지 못한다는 예언의 성취입니다. “여호와께서 이르시되 가서 이 백성에게 이르기를 너희가 듣기는 들어도 깨닫지 못할 것이요 보기는 보아도 알지 못하리라 하여 이 백성의 마음을 둔하게 하며 그들의 귀가 막히고 그들의 눈이 감기게 하라 염려하건대 그들이 눈으로 보고 귀로 듣고 마음으로 깨닫고 다시 돌아와 고침을 받을까 하노라 하시기로”(사6:9-10). 이는 또한 예수님이 불신자들에게 비유를 일종의 예언적 경고로 말씀하셨다는 사실을 강조합니다.

아무나 천국 말씀을 듣고 깨닫지 못할 때는 악한 자가 와서 그 마음에 뿌려진 것을 빼앗나니 이는 곧 길 가에 뿌려진 자요(마13:19)

예수님은 사람의 심령을 네 종류의 밭으로 표현하셨습니다. 길의 가장자리에는 흙이 없으므로 새가 와서 뿌려진 씨를 먹어버리듯이 “길 가에 뿌려진 자”란 강한 자아와 교만으로 인해 하나님의 말씀을 받아들이지 않는 완악한 심령을 상징합니다.

돌밭에 뿌려졌다는 것은 말씀을 듣고 즉시 기쁨으로 받되 그 속에 뿌리가 없어 잠시 견디다가 말씀으로 말미암아 환난이나 박해가 일어날 때에는 곧 넘어지는 자요(마13:20-21)

돌밭은 흙이 깊지 않아 싹이 돋기는 하지만 뿌리가 없어 해가 돋으면 말라 죽게 됩니다. 따라서 “돌밭에 뿌려졌다는 것”은 복음을 들었을 때 곧바로 받아들이지만 굳건한 믿음과 실천이 없으므로 잠시 감정적 신앙에 머물다 마는 것을 말합니다.

가시떨기에 뿌려졌다는 것은 말씀을 들으나 세상의 염려와 재물의 유혹에 말씀이 막혀 결실하지 못하는 자요(마13:22)

"가시떨기에 뿌려졌다는 것"은 뿌려진 씨가 처음에는 잘 자라더라도 주변의 가시들에게 기운을 뺏겨 더 이상 성장하지 못하고 시들어지는 것을 말합니다. 예수님은 복음의 기운을 막는 "가시떨기"의 구체적인 예로 "세상의 염려와 재물의 유혹"을 지목하셨습니다.

좋은 땅에 뿌려졌다는 것은 말씀을 듣고 깨닫는 자니 결실하여 어떤 것은 백 배, 어떤 것은 육십 배, 어떤 것은 삼십 배가 되느니라 하시더라(마13:23)
좋은 땅에 있다는 것은 착하고 좋은 마음으로 말씀을 듣고 지키어 인내로 결실하는 자니라(눅8:15)

"좋은 땅"이란 흙이 부드럽고 양분이 많아 씨앗을 잘 틔우고 열매를 많이 맺는 밭을 의미합니다. 누가복음에서는 선한 마음으로 말씀에 순종하는 사람들의 심령을 가리켜 '좋은 땅'이라고 말합니다. "인내로 결실하는 자"라는 표현은 복음의 능력이 온전히 드러나기 위해서 많은 노력과 끈기가 필요함을 짐작하게 합니다. 이같이 하나님 나라는 말씀을 들음으로 사람들 안에서 시작되며, 환란이나 박해가 다가와도 말씀에 순종함으로 열매를 맺게 됩니다.

예수님이 자연과 일상생활을 통한 비유로 말씀하신 이유는 제자들이 영적 진리를 쉽게 깨달을 수 있게 하기 위함이며 또한 진리를 대적하는 자들로부터 복음의 신비를 감추시기 위함입니다. 씨 뿌리는 자의 비유는 토양에 따라 열매 맺는 정도가 다르듯이 복음을 듣고 풍성한 결실을 맺기 위해서는 말씀을 듣고 순종해야 한다는 사실을 가르칩니다.

곡식과 가라지 비유(하나님 나라 비유 2) 마13:24-30;36-43, 막4:26-29

예수께서 그들 앞에 또 비유를 들어 이르시되 천국은 좋은 씨를 제 밭에 뿌린 사람과 같으니 사람들이 잘 때에 그 원수가 와서 곡식 가운데 가라지를 덧뿌리고 갔더니(마13:24-25)

예수님은 유대인들에게 익숙한 농사의 비유로 세상 속의 교회를 설명하셨습니다. "원수"는 사단을, "가라지"는 거짓 신앙인을 의미합니다.

종들이 말하되 그러면 우리가 가서 이것을 뽑기를 원하시나이까 주인이 이르되 가만 두라 가라지를 뽑다가 곡식까지 뽑을까 염려하노라(마13:28b-29)

밭의 가라지를 바로 제거하려는 종들에게 주인은 곡식을 위해서 가라지를 그대로 두어야 한다고 말했습니다. 이는 가라지가 처음 자랄 때는 곡식과 비슷하여 구별하기 어려울 뿐만 아니라 땅 속에 가라지의 뿌리와 곡식의 뿌리가 서로 얽혀 있어서 가라지를 뽑으려다 곡식까지 상하게 할 수 있기 때문입니다.

둘 다 추수 때까지 함께 자라게 두라 추수 때에 내가 추수꾼들에게 말하기를 가라지는 먼저 거두어 불사르게 단으로 묶고 곡식은 모아 내 곳간에 넣으라 하리라(마13:30)

본문의 "추수"란 세상 끝에 인자가 재림하여 최후 심판을 내릴 때를 말합니다. 이 비유는 교회에도 참 신앙인과 거짓 신앙인이 예수님의 초림과 재림 사이의 기간에 공존함을 알려줍니다. 예수님은 불신자를 벌하는 것보다 신자들을 보호하시는 것이 더 중요하다고 말씀하십니다.

인자가 그 천사들을 보내리니 그들이 그 나라에서 모든 넘어지게 하는 것과 또 불법을 행하는 자들을 거두어 내어 풀무 불에 던져 넣으리니 거기서 울며 이를 갈게 되리라 그 때에 의인들은 자기 아버지 나라에서 해와 같이 빛나리라 귀 있는 자는 들으라(마13:41-43)

"불법"은 율법에 드러난 하나님의 뜻을 위반하는 행동을 말합니다. 반면에 의인들이 천국에서 해처럼 빛나는 것은 그들에게 더 이상 죄가 없으므로 하나님의 영광의 광채를 온전히 반영하기 때문입니다.

또 이르시되 하나님의 나라는 사람이 씨를 땅에 뿌림과 같으니 그가 밤낮 자고 깨고 하는 중에 씨가 나서 자라되 어떻게 그리 되는지를 알지 못하느니라(막4:26-27)

땅에 심겨진 씨가 자라는 것을 사람들이 인지하지 못하듯이 하나님 나라는 예수님이 뿌리신 복음의 씨앗으로부터 자라서 이 땅에 충만해질 것입니다.

땅이 스스로 열매를 맺되 처음에는 싹이요 다음에는 이삭이요 그 다음에는 이삭에 충실한 곡식이라(막4:28)

예수님은 "싹", "이삭", 그리고 "곡식"을 순서대로 말씀하시며 하나님 나라가 한순간에 갑자기 임할 것이라는 당시의 일반적인 예상과 다르게 하나님 나라가 점진적인 성장의 과정임을 강조하십니다.

열매가 익으면 곧 낫을 대나니 이는 추수 때가 이르렀음이라(막4:29)

"열매가 익으면"이란 예정된 심판이 다가오고 있음을 암시하며, "낫"과 "추수"란 그 때에 사람이 자신이 행한 대로 보응을 받게 됨을 보여줍니다. "너희는 낫을 쓰라 곡식이 익었도다 와서 밟을지어다 포도주 틀이 가득히 차고 포도주 독이 넘치니 그들의 악이 큼이로다"(욜3:13).

예수님은 교회 안에도 참 신자와 거짓 신자가 있다는 것과, 인자의 재림에 따른 마지막 심판이 있다는 것을 말씀하셨습니다. 하나님 나라는 눈에 띄지 않게 시작되며 많은 역경 가운데 꾸준히 성장하여 예수님이 재림하실 때 영광스런 정점에 도달할 것입니다.

겨자씨 비유와 누룩 비유(하나님 나라 비유 3, 4) 마13:31-33, 막4:30-32, 눅13:18-21

또 비유를 들어 이르시되 천국은 마치 사람이 자기 밭에 갖다 심은 겨자씨 한 알 같으니 이는 모든 씨보다 작은 것이로되 자란 후에는 풀보다 커서 나무가 되매 공중의 새들이 와서 그 가지에 깃들이느니라(마13:31-32)

예수님은 하나님 나라가 "겨자씨 한 알"처럼 작게 시작하지만 큰 나무처럼 성장한다고 말씀하셨습니다. 실제로 겨자씨는 보잘것없이 조그맣지만, 겨자씨에서 나온 겨자나무는 후에 2.4~3.7m 정도로 자라는 큰 식물입니다. 다 자란 겨자나무에 다양한 종류의 새들이 와서 그 가지에 둥지를 틀고 머문다는 것은 하나님이 주시는 많은 복을 가리킵니다.

또 비유로 말씀하시되 천국은 마치 여자가 가루 서 말 속에 갖다 넣어 전부 부풀게 한 누룩과 같으니라(마13:33)

누룩 비유는 천국이 세상에 감추어져 있지만 적극적으로 침투해 있는 모습을 상징합니다. 본문의 "서 말"은 약 22리터로, 100명을 먹이기에 충분한 빵을 만들 수 있는 분량입니다. 겨자씨와 마찬가지로 적은 양의 누룩도 가루 속에 스며들어 많은 양의 빵을 만듭니다. 이처럼 누룩이 눈에 보이지 않으면서도 가루 서 말을 "전부 부풀게" 하듯이, 하나님 나라는 처음에는 눈에 띄지 않게 국지적으로 시작되었지만 점차적으로 온 세계에 임할 것입니다. 성경에서 누룩은 대체로 부정적 의미로 쓰이지만, "예수께서 이르시되 삼가 바리새인과 사두개인들의 누룩을 주의하라 하시니"(마16:6), 이 비유에서는 하나님 나라가 확장되는 일에 기여하는 긍정적인 의미로 사용되고 있습니다.

겨자씨 비유는 하나님 나라는 미약하게 시작하지만 점차 성장하여 영광스럽게 되는 최종 상태를 보여줍니다. 누룩 비유는 하나님 나라가 눈에 띄지 않게 도래하였지만 곳곳에서 영향력을 발휘하여 예수님이 다시 오실 때에 영광스러운 천국의 확장을 드러낼 것입니다.

감추인 보화와 값진 진주 비유(하나님 나라 비유 5, 6) 마13:44-46

천국은 마치 밭에 감추인 보화와 같으니 사람이 이를 발견한 후 숨겨 두고 기뻐하며 돌아가서 자기의 소유를 다 팔아 그 밭을 사느니라(마13:44)

당시에는 전산화된 은행이 없었기 때문에 돈이나 귀중품을 밭에 감추었는데, 종종 예기치 못한 일이 생겨 주인이 그것을 회수하지 못하는 경우가 있었습니다. 본문의 농부도 우연히 밭에 숨겨진 "보화"를 발견한 후 기쁨으로 "자기의 소유를 다 팔아" 그 밭을 매입하였습니다. 따라서 이 비유는 천국은 자신이 가진 모든 것을 바쳐서 살 만큼 가치 있는 것임을 깨닫게 합니다.

또 천국은 마치 좋은 진주를 구하는 장사와 같으니 극히 값진 진주 하나를 발견하매 가서 자기의 소유를 다 팔아 그 진주를 사느니라(마13:45-46)

본문의 장사꾼은 "좋은 진주"를 얻기 위해 부지런히 다녔는데, "극히 값진 진주 하나"를 발견하자 자신의 전 재산을 투자하여 구입하였습니다. 이 비유는 천국이 지닌 최고의 가치를 강조하며, 천국을 발견한 사람은 자기 소유를 다 팔아서라도 천국을 사게 됨을 깨닫게 합니다. 곧 천국은 우리가 그것을 얻기 위해 할 수 있는 어떤 희생보다 훨씬 가치 있다는 것을 알려줍니다.

밭에 감추어진 보화를 우연히 발견한 농부나 값진 진주를 발견한 상인은 가진 모든 것을 팔아 그 밭을 사고, 그 진주를 구입하였습니다. 이처럼 하나님 나라는 모든 것을 투자하여 쟁취해야 할 최상의 가치를 지닌, 하나님의 통치가 실현되는 영원한 왕국입니다.

그물 비유(하나님 나라 비유 7) 마13:47-52

또 천국은 마치 바다에 치고 각종 물고기를 모는 그물과 같으니 그물에 가득하매 물가로 끌어 내고 앉아서 좋은 것은 그릇에 담고 못된 것은 내버리느니라(마13:47-48)

이 비유는 곡식과 가라지 비유처럼 하나님 나라의 마지막 심판의 모습을 알려줍니다. "그물"에 온갖 종류의 물고기가 잡혔는데, 비늘과 지느러미가 없는 물고기는 부정한 것으로 간주되어 버려졌습니다. "수중 생물에 지느러미와 비늘 없는 것은 너희가 혐오할 것이니라"(레11:12). 어부가 그물에 잡힌 고기를 구별하듯이 예수님은 종말에 의인과 악인을 분류하실 것입니다.

세상 끝에도 이러하리라 천사들이 와서 의인 중에서 악인을 갈라내어 풀무 불에 던져 넣으리니 거기서 울며 이를 갈리라(마13:49-50)

최후 심판 이전까지는 신자들과 불신자들이 공존하지만, 세상의 마지막 날에는 천국에 속한 자들과 멸망으로 예정된 자들의 상반된 미래가 드러날 것입니다.

예수께서 이르시되 그러므로 천국의 제자된 서기관마다 마치 새것과 옛것을 그 곳간에서 내오는 집주인과 같으니라(마13:52)

"새것"이란 그리스도가 제시하는 하나님 나라의 놀라운 비전을 의미하며, "옛것"은 이스라엘 백성들로 하여금 그리스도를 대망하게 한 언약을 말합니다. 하나님 나라의 제자가 된 교사라면 옛 시대의 율법 준수와 새 시대의 영적 자유를 잘 조화시켜야 하는데, 예수님이 전하시는 복음은 이 둘을 하나로 모아서 새것을 옛것에 뿌리박게 하고, 옛것이 새것을 통해 신선하고 활기차게 표현되게 합니다. 제자들은 예수님의 가르침으로 말미암아 예수님의 새 계시와 그것이 구약의 옛 약속을 어떻게 성취하는지 깨닫게 되었으므로, 그들은 새것과 옛것을 그 곳간에서 자유롭게 가져오는 "집주인"과 같다는 뜻입니다.

악은 세상 끝까지 사라지지 않을 것이지만, 하나님 나라는 현재 시작되어 진행되고 있으며, 마지막 날에 주님의 심판을 통해 의인과 악인이 분리될 것입니다. 예수님은 종말의 때에 각각 천국 또는 지옥으로 예정된 자들의 영원한 분리가 있다는 것을 깨우쳐 주셨습니다.

비유로 말씀하신 이유 마13:34-35, 막4:33-34

예수께서 이 모든 것을 무리에게 비유로 말씀하시고 비유가 아니면 아무 것도 말씀하지 아니하셨으니(마13:34)

지금까지의 하나님 나라 비유들은 예수님이 제자들에게 주신 첫 번째 긴 가르침입니다. 예수님은 듣는 사람들의 수준에 맞추어 하나님 나라를 쉽게 설명하시기 위해 비유를 사용하셨습니다.

예수께서 이러한 많은 비유로 그들이 알아 들을 수 있는 대로 말씀을 가르치시되 비유가 아니면 말씀하지 아니하시고 다만 혼자 계실 때에 그 제자들에게 모든 것을 해석하시더라(막4:33-34)

예수님은 계속 비유로 말씀하셨지만 주위에 무리들이 없을 때에는 제자들이 비유의 의미를 잘 이해할 수 있도록 해석해 주시며, 그들이 하나님 나라의 비밀을 받은 자들임을 자각하게 하셨습니다.

이는 선지자를 통하여 말씀하신바 내가 입을 열어 비유로 말하고 창세부터 감추인 것들을 드러내리라 함을 이루려 하심이라(마13:35)

예수님이 비유로 말씀하신 또 다른 이유는 바로 선지자의 예언을 성취하시기 위함입니다. "내가 입을 열어 비유로 말하며 예로부터 감추어졌던 것을 드러내려 하니"(시78:2). '비유'와 '감추어졌던 것'은 이스라엘의 역사에서 나타났던 하나님의 구속 사역들을 가리킵니다. 이 시편은 구약시대에 이스라엘이 보였던 지속적인 불신앙을 언급하는데, 이는 신약시대의 이스라엘은 하나님의 구원 사역에 믿음으로 반응하기를 바라는 예수님의 심정을 담고 있습니다.

예수님은 지금은 자신을 대적하지만 자신에게로 돌아올 수 있는 자들을 위해 자신의 인격과 사역에 감춰진 구속의 신비를 비유를 사용하여 말씀하셨습니다. 또한 예수님은 제자들에게 그 비유의 의미를 해석하여 주셔서 그들이 하나님 나라의 비밀을 깨닫게 하셨습니다.

등경 위의 등불 막4:21-25, 눅11:33-36

또 그들에게 이르시되 사람이 등불을 가져오는 것은 말 아래에나 평상 아래에 두려 함이냐 등경 위에 두려 함이 아니냐 드러내려 하지 않고는 숨긴 것이 없고 나타내려 하지 않고는 감추인 것이 없느니라(막4:21-22)

예수님은 제자들에게 사람들의 반대가 두려워 복음을 감추어서는 안 되며, 오히려 담대히 전해야 한다고 하셨습니다. 하나님의 통치는 방에 등불을 가져오는 것과 같아서 등불과 같은 복음의 빛을 받은 신자들은 자신을 등경 위에 놓아 빛을 비추어야 한다는 의미입니다. 그리고 "숨긴 것"과 "감추인 것이 없느니라"는 말씀은 우리가 받은 복음은 비밀로 간직된 것이나 숨겨진 것이 아니라 전파되어야 한다는 뜻입니다.

또 이르시되 너희가 무엇을 듣는가 스스로 삼가라 너희의 헤아리는 그 헤아림으로 너희가 헤아림을 받을 것이며 더 받으리니(막4:24)

"헤아림"이란 예수님의 말씀을 받아들이는 태도를 말합니다. 듣는 자가 복음을 받아들이면 더 풍성히 받을 것이고, 자신을 의지하는 완고한 사람은 복음을 상실할 것이라는 의미입니다.

누구든지 등불을 켜서 움 속에나 말 아래에 두지 아니하고 등경 위에 두나니 이는 들어가는 자로 그 빛을 보게 하려 함이라 네 몸의 등불은 눈이라 네 눈이 성하면 온몸이 밝을 것이요 만일 나쁘면 네 몸도 어두우리라(눅11:33-34)

본문의 "등불"은 사명에 대한 은유입니다. 사람의 눈을 "몸의 등불"로 비유하신 것은 '성한 눈'은 건강하게 상황을 바라보는 반면 '나쁜 눈'은 영적으로 깊은 어둠 속을 헤매기 때문입니다. 하나님은 이미 예수님의 사역을 통해 복음을 전해주시고 많은 기적을 보여주셨기 때문에, 예수님은 또 다른 표적을 바라는 사람들에게 필요한 것은 더 밝고 강한 빛이 아니라, 오히려 그들에게 이미 비치고 있던 빛을 감지할 수 있는 건강한 눈이라고 가르쳐 주셨습니다.

예수님의 지상 사역 기간에는 많은 것이 숨겨져 있지만, 부활 이후에 모든 것이 드러나기 시작할 것입니다. 예수님은 두 가지 등불 비유를 통하여 하나님의 빛을 감추지 말고 드러내야 한다는 것과 그 빛을 올바르게 인식할 수 있는 영적인 안목이 필요함을 말씀하셨습니다.

제자의 마음가짐 마8:18-22, 눅9:57-62

한 서기관이 나아와 예수께 아뢰되 선생님이여 어디로 가시든지 저는 따르리이다 예수께서 이르시되 여우도 굴이 있고 공중의 새도 거처가 있으되 인자는 머리 둘 곳이 없다 하시더라(마8:19-20)

한 서기관이 예수님께 확신에 찬 어조로 충성된 제자가 되겠다고 선언하자 예수님은 자신을 따르는 삶은 쉽고 편안한 것이 아님을 알려주셨습니다. "인자"라는 호칭은 예수님이 죄인을 구원하기 위해 오신 겸손한 종이요 자기 백성을 구속하실 고난 받는 종이며, 하나님 나라를 세우러 다시 오실 영광스런 왕이요 재판관인 자신의 정체성을 나타낼 때 사용하셨습니다. "인자가 자기 영광으로 모든 천사와 함께 올 때에 자기 영광의 보좌에 앉으리니"(마25:31). "머리 둘 곳이 없다"라는 말씀은 인간의 가장 기본적인 욕구인 한 곳에 정착하여 사는 안정된 삶을 포기할 준비가 되어 있어야 함을 의미합니다. 예수님은 외적인 사역의 영광스러운 모습만을 보고 제자가 되겠다고 하는 서기관에게 제자의 길은 성공의 길이 아니라 모두에게 배척받는 고난의 길임을 알려주십니다. "세상이 너희를 미워하면 너희보다 먼저 나를 미워한 줄을 알라"(요15:18).

또 다른 사람에게 나를 따르라 하시니 그가 이르되 나로 먼저 가서 내 아버지를 장사하게 허락하옵소서 이르시되 죽은 자들로 자기의 죽은 자들을 장사하게 하고 너는 가서 하나님의 나라를 전파하라 하시고(눅9:59-60)

예수님은 "나를 따르라"는 제자로의 부르심은 다른 모든 것을 초월한다는 것을 알게 하셨습니다. 본문에서 앞에 나오는 "죽은 자들"은 영적인 의미로, 뒤에 나오는 "죽은 자들"은 문자적 의미로 해석하는 것이 자연스럽습니다. 다시 말해, 아직 영적인 생명이 없는 '죽은 자들'이 육적으로 '죽은 자들'의 장례를 치르게 하라는 말씀입니다. 죽은 부모를 장사하는 일은 제5계명에 수반되는 중요한 의무이지만, 당시 시신이 묻히고 유골이 안치되는 과정에 대체로 1년의 기간이 소요되었기 때문에 예수님은 가족보다 하나님 나라가 우선이라고 하신 것입니다. 이는 제자들로 하여금 가족의 의무를 행하지 않도록 하는 것이 아니라, 세상의 일은 세상 사람에게 맡기고 제자들은 영혼을 살리는 일에 전념해야 한다는 뜻입니다.

또 다른 사람이 이르되 주여 내가 주를 따르겠나이다마는 나로 먼저 내 가족을 작별하게 허락하소서 예수께서 이르시되 손에 쟁기를 잡고 뒤를 돌아보는 자는 하나님의 나라에 합당하지 아니하니라 하시니라(눅9:61-62)

"나로 먼저 내 가족을 작별하게 허락하소서"라는 말은 엘리사가 가족과 작별 인사를 할 수 있도록 엘리야에게 허락을 구했던 장면을 상기시킵니다. "엘리야가 거기서 떠나 사밧의 아들 엘리사를 만나니 ... 나를 내 부모와 입맞추게 하소서 그리한 후에 내가 당신을 따르리이다 ... 엘리사가 그를 떠나 돌아가서 한 겨릿소를 가져다가 잡고 소의 기구를 불살라 그 고기를 삶아 백성에게 주어 먹게 하고 일어나 엘리야를 따르며 수종 들었더라"(왕상19:19-21). 그러나 예수님은 부르심을 받은 자가 머뭇거리는 것은 옳지 않다고 하셨습니다. "손에 쟁기를 잡[은]" 농부가 만일 뒤를 돌아본다면 쟁기가 가던 방향에서 벗어나게 되어 밭을 망치게 됩니다. 이 비유는 제자들이 쟁기를 잡은 농부와 같아서 하나님 나라의 소명을 받았을 때 좌고우면(左顧右眄)하여서는 안 된다는 사실을 깨우칩니다.

예수님은 제자들에게 세상의 멸시와 배척을 받을 것을 감내해야 한다고 말씀하셨습니다. 또한 부모를 공경하고 장사를 지내는 일은 제5계명에 해당하는 엄격한 의무였지만, 예수님은 자신을 따르는 일이 다른 모든 인간적인 관계나 의무보다 우선되어야 한다고 하셨습니다.

바다를 잔잔하게 하심 마8:23-27, 막4:35-41, 눅8:22-25

그 날 저물 때에 제자들에게 이르시되 우리가 저편으로 건너가자 하시니(막4:35)

"그 날"이란 이 사건이 예수님께서 비유로 하나님 나라에 대해 가르치신 후에 일어났음을 알려줍니다.

큰 광풍이 일어나며 물결이 배에 부딪쳐 들어와 배에 가득하게 되었더라 예수께서는 고물에서 베개를 베고 주무시더니 제자들이 깨우며 이르되 선생님이여 우리가 죽게 된 것을 돌보지 아니하시나이까 하니(막4:37-38)

"큰 광풍"이라는 단어는 격렬한 진동이나 지진을 의미하는데, 본문에서는 큰 파도를 일으킨 강력한 폭풍을 말합니다. 갈릴리 바다는 지진이 잦은 요르단 지구대에 위치해 있으며 해수면보다 212m 낮습니다. 따라서 북쪽 헤르몬 산에서 불어오는 찬 바람과 남쪽 아라바에서 불어오는 따뜻한 공기가 부딪혀 급격한 하강 기류를 만들기 때문에 갑작스런 폭풍이 자주 발생합니다. "고물"이란 선미(船尾), 곧 배의 끝부분을 말합니다. "베개를 베고 주무시더니"란 예수님이 매우 피곤하셨음을 가리키며, 예수님의 참된 인성을 알게 합니다. 제자들은 감당할 수 없는 큰 위험을 맞닥뜨리게 되자 위급한 상황에 깊이 잠드신 예수님을 원망하며 급히 깨웠습니다. 위 본문들을 보면 세 복음서 모두 예수님에 대한 호칭이 다르게 나타나 있습니다.[42]

예수께서 이르시되 어찌하여 무서워하느냐 믿음이 작은 자들아 하시고 곧 일어나사 바람과 바다를 꾸짖으시니 아주 잔잔하게 되거늘(마8:26)

이에 예수님은 먼저 제자들의 작은 믿음을 책망하셨습니다.[43] "믿음이 작은"이란 불완전하거나 부족한 믿음을 의미합니다. 여기서 '믿음'은 예수님이 폭풍우에 대해서도 권위를 가지신 주권자이심을 믿는 것입니다. 두려움에 대한 해결책은 믿음, 곧 예수님께 대한 신뢰입니다. "꾸짖으시니"란 구약에서 하나님이 자연에 대한 주권적 통제를 보여주시는 것처럼, "광풍을 고요하게 하사 물결도 잔잔하게 하시는도다"(시107:29), 예수님도 하나님의 아들로서 폭풍을 잠잠하게 하심을 드러냅니다.

그 사람들이 놀랍게 여겨 이르되 이이가 어떠한 사람이기에 바람과 바다도 순종하는가 하더라(마8:27)

"놀랍게 여겨"란 제자들이 자연을 다스리는 예수님의 신적 능력을 보았지만, 여전히 예수님이 어떤 분이신지를 바르게 이해하지 못하고 있음을 보여줍니다.

구약에서 하나님이 바다를 꾸짖으시며 자연에 대한 통제를 보여주신 것처럼, 예수님도 큰 광풍을 꾸짖으시며 자연을 다스리는 권세가 있음을 보여주셨습니다. 예수님은 하나님의 아들이자 세상의 창조주로서 거친 풍랑과 바다를 잠잠하게 하실 수 있는 분이십니다.

---

42 마가복음에는 제자들이 예수님을 '선생님'이라고 부릅니다. 제자들이 예수님을 '주'로 7번 칭했는데(1:37; 8:29; 9:5,38; 10:35,37; 14:31), 원문에는 '주'(κύριος, Lord)가 아니라 '당신'(σύ, you)입니다. 오직 수로보니게 여인만 한 번 예수님을 '주'(κύριε, Lord)라고 부릅니다. 누가복음에는 제자들이 예수님을 '주인'(ἐπιστάτα, master)이라고 칭했는데, 누가복음에만 7번 사용된 이 단어는 '선생님'(διδάσκαλε, teacher)과 '주님'(κύριε, Lord)의 중간 호칭에 해당합니다.

43 마가복음은 "너희가 어찌 믿음이 없느냐", 누가복음은 "너희 믿음이 어디 있느냐"라고 기록하고 있습니다.

귀신 들린 사람을 고치심 마8:28-34, 막5:1-20, 눅8:26-39

또 예수께서 건너편 가다라 지방에 가시매 귀신 들린 자 둘이 무덤 사이에서 나와 예수를 만나니 그들은 몹시 사나워 아무도 그 길로 지나갈 수 없을 지경이더라(마8:28)

"건너편"이란 대체로 유대 지역에서 이방 지역으로 가는 것을 뜻하며, "가다라 지방"은 갈릴리 바다에서 남동쪽 9.7km 떨어진 마을과 그 주변 지역을 말합니다.[44] 마태복음은 "귀신 들린 자 둘"이라고 하는데, 마가복음과 누가복음은 그 중 더 심한 사람에게 초점을 맞추어 기록하고 있습니다.

이에 그들이 소리 질러 이르되 하나님의 아들이여 우리가 당신과 무슨 상관이 있나이까 때가 이르기 전에 우리를 괴롭게 하려고 여기 오셨나이까 하더니(마8:29)

귀신들은 사탄의 세계가 정복당하고 있음을 인식하며, 하나님의 정하신 때에 자신들이 심판받을 것을 알고 있습니다. 이미 귀신들은 예수님을 알아보고 '당신은 하나님의 아들입니다'라고 여러 번 고백하였습니다. "나사렛 예수여 우리가 당신과 무슨 상관이 있나이까 우리를 멸하러 왔나이까 나는 당신이 누구인 줄 아노니 하나님의 거룩한 자니이다"(막1:24).

예수를 보고 부르짖으며 그 앞에 엎드려 큰 소리로 불러 이르되 지극히 높으신 하나님의 아들 예수여 당신이 나와 무슨 상관이 있나이까 당신께 구하노니 나를 괴롭게 하지 마옵소서 하니(눅8:28)

귀신 들린 사람들이 예수님께 엎드렸다는 것은 '절을 했다'는 의미입니다. 바다를 잔잔하게 하신 기적을 체험하고도 예수님을 알아보지 못하

44 마가복음은 거라사인의 지방이라고 하는데, 가다라 지방이 거라사 지방보다 조금 북쪽에 있지만 넓게는 같은 데가볼리 지역에 있으므로 혼용되어 불렸습니다. 이 지역은 지금의 쿠르시(Kursi)에 해당하는데, 이곳의 가파른 언덕은 예수님이 내쫓으신 귀신이 돼지 떼에 들어가 바다로 떨어진 기사와 잘 부합합니다.

는 제자들과는 대조적으로 귀신들은 단번에 예수님을 알아보았습니다. "당신께 구하노니"란 귀신들이 예수님의 권세 아래 있음을 보여줍니다.

이는 예수께서 이미 그에게 이르시기를 더러운 귀신아 그 사람에게서 나오라 하셨음이라(막5:8)

"이미 그에게 이르시기를"이란 예수님이 처음 명하셨을 때 귀신이 바로 나오지 않았음을 암시합니다. '이르시기를'(ἔλεγεν)이란 동사가 미완료 시제로 사용되었으므로 예수님이 귀신에게 나오라고 한 번 이상 말씀하셨음을 알 수 있습니다.

이에 물으시되 네 이름이 무엇이냐 이르되 내 이름은 군대니 우리가 많음이니이다 하고(막5:9)

무저갱으로 들어가라 하지 마시기를 간구하더니 마침 그 곳에 많은 돼지 떼가 산에서 먹고 있는지라 귀신들이 그 돼지에게로 들어가게 허락하심을 간구하니 이에 허락하시니(눅8:31-32)

"군대"(legion)란 로마군 편제의 가장 큰 부대로 병사 6,000명을 가리키는데, 이는 이 사람 안에 엄청난 수의 귀신이 들어 있음을 의미합니다. "무저갱"(無底坑, abyss)이란 '바닥이 없는 끝없이 깊은 곳'(bottomless pit)을 뜻하며, 마귀가 영원히 갇힐 곳을 말합니다. "다섯째 천사가 나팔을 불매 내가 보니 하늘에서 땅에 떨어진 별 하나가 있는데 그가 무저갱의 열쇠를 받았더라"(계9:1). 돼지는 유대인들에게 금지된 짐승으로, "돼지는 굽이 갈라져 쪽발이로되 새김질을 못하므로 너희에게 부정하니"(레11:7), "많은 돼지 떼"를 키우고 있었다는 것은 이곳이 이방인 지역임을 나타냅니다.

허락하신대 더러운 귀신들이 나와서 돼지에게로 들어가매 거의 이천 마리 되는 떼가 바다를 향하여 비탈로 내리달아 바다에서 몰사하거늘(막5:13)

이처럼 많은 돼지들이 몰사한 사실은 그 사람 안에 수많은 귀신이 있었다는 것을 증명합니다. 이는 한 영혼이 그 많은 돼지 떼보다 귀하다는 사실과, 또한 사탄의 폐해가 얼마나 심한 것인지 여실히 보여줍니다. 물속에 빠진 돼지들은 하나님께서 사탄을 불 못에 던지실 때, 그들의 최종적 상황을 생생하게 표현합니다. "또 그들을 미혹하는 마귀가 불과 유황 못에 던져지니 거기는 그 짐승과 거짓 선지자도 있어 세세토록 밤낮 괴로움을 받으리라" (계20:10).

사람들이 그 이루어진 일을 보러 나와서 예수께 이르러 귀신 나간 사람이 옷을 입고 정신이 온전하여 예수의 발치에 앉아 있는 것을 보고 두려워하거늘(눅8:35)

귀신 들렸던 사람이 이제 정상으로 돌아왔습니다. 그러나 이천 마리나 되는 많은 돼지 떼의 몰사와 귀신 들린 자가 구원받은 사건은 이 지역 사람들에게 큰 공포를 일으켰습니다.

그에게 이르시되 집으로 돌아가 주께서 네게 어떻게 큰 일을 행하사 너를 불쌍히 여기신 것을 네 가족에게 알리라 하시니(막5:19)
집으로 돌아가 하나님이 네게 어떻게 큰 일을 행하셨는지를 말하라 하시니(눅8:39a)

예수님은 그 사람에게 집에 가서 하나님께서 행하신 일을 "네 가족에게 알리라"고 하셨습니다. 이전에 예수님은 자신이 하나님 아들이라는 것을 말하지 말라고 하셨지만, 지금은 하나님께서 행하신 일을 전하라고 하셨습니다. 이는 예수님이 하나님과 같은 권위를 지니고 계심을 나타내며, 예수님을 따르는 일은 복음전파에 대한 책임도 있다는 것을 알게 합니다.

그가 가서 예수께서 자기에게 어떻게 큰 일 행하셨는지를 데가볼리에 전파하니 모든 사람이 놀랍게 여기더라(막5:20)

귀신 들렸던 사람은 예수님의 명령에 순종하여 예수님이 자신에게 행하신 일을 전하였습니다. 이는 그가 예수님이 하신 일이 곧 하나님께서 하신 일이라고 믿었기 때문입니다. 이처럼 '주'께서 하신 일이 "예수"께서 하신 일로 표현된 것은 예수님이 하나님과 같은 본성을 공유하고 계심을 깨닫게 합니다.

거라사인의 땅 근방 모든 백성이 크게 두려워하여 예수께 떠나가시기를 구하더라 예수께서 배에 올라 돌아가실새(눅8:37)

"크게 두려워하여"란 마을 사람들의 두려움은 그들을 예수님께 인도하는 두려움이 아니라, 예수님의 능력에 대한 미신적인 두려움과 자신들의 재산을 더 잃게 될지도 모른다는 두려움이었음을 의미합니다. "배에 올라 돌아가실새"란 예수님과 제자들이 다시 갈릴리 호수를 건너 가버나움으로 되돌아가시는 것을 말합니다. 이 사건은 예수님이 하나님의 아들이시라는 것과 사탄의 세력을 몰아내는 하나님 나라가 예수님을 통해서 이루어지고 있다는 사실을 보여줍니다. 바다를 잠잠하게 하는 능력을 보여주셨던 예수님께서 이제 귀신을 이기는 초자연적인 능력을 보여주십니다.

예수님께서 귀신 들린 사람을 고쳐주신 사건을 통해 우리는 사탄의 파괴성을 알 수 있으며, 또한 인간의 영혼이 얼마나 소중한 가치를 지니는지 깨닫게 됩니다. 그리고 예수님이 하나님의 아들의 능력으로 사탄의 세력을 몰아내심으로 하나님 나라가 이루어지고 있는 것을 보게 됩니다.

야이로의 딸과 겉옷을 만진 여인 마9:18-26, 막5:21-43, 눅8:40-56

예수께서 배를 타시고 다시 맞은편으로 건너가시니 큰 무리가 그에게로 모이거늘 이에 바닷가에 계시더니 회당장 중의 하나인 야이로라 하는 이가 와서 예수를 보고 발 아래 엎드리어(막5:21-22)

예수님이 갈릴리 바다 맞은편으로 돌아오셨습니다. “회당장”은 예배의 조직과 교육을 포함하여 회당의 일을 관장하는 지도자로, 바리새인들이 주로 이 직무를 담당하였습니다. 그런데 사회적, 종교적으로 높은 위치에 있던 야이로가 예수님께 절하였다는 것은 그에게 절박한 사정이 있음을 짐작하게 합니다.

이는 자기에게 열두 살 된 외딸이 있어 죽어감이러라(눅8:42)
내 딸이 방금 죽었사오나 오셔서 그 몸에 손을 얹어 주소서 그러면 살아나겠나이다 하니(마9:18b)

누가복음은 이 딸이 야이로의 단 하나뿐인 자식이며 지금 사경을 헤매고 있다고 말해줍니다.[45] 야이로는 자신의 딸이 “방금” 죽었지만 예수님이 그 몸에 안수하시면 살아날 것이라고 하며 예수님께 대한 깊은 믿음을 보입니다.

열두 해를 혈루증으로 앓아 온 한 여자가 있어 많은 의사에게 많은 괴로움을 받았고 가진 것도 다 허비하였으되 아무 효험이 없고 도리어 더 중하여졌던 차에 예수의 소문을 듣고 무리 가운데 끼어 뒤로 와서 그의 옷에 손을 대니 이는 내가 그의 옷에만 손을 대어도 구원을 받으리라 생각함일러라(막5:25-28)

예수님이 야이로의 딸을 고치러 가시는 길에 12년 동안 혈루병으로

---

45 이에 더하여 누가복음에만 과부의 죽은 아들과 귀신 들린 아들이 외아들(눅7:12, 9:38)이라고 나타나는데, 이는 예수님이 절박한 상황에 있는 자들에게 더욱 은혜 베푸시는 분임을 알게 합니다.

고통 받던 여인이 예수님의 겉옷 가를 만졌고 즉시 초자연적 치유가 일어났습니다. 예수님은 누군가가 우연히 손을 댄 것이 아니라 자신이 고침 받을 수 있다는 믿음을 가진 사람이 손을 대었다는 것을 아셨습니다.

예수께서 그 능력이 자기에게서 나간 줄을 곧 스스로 아시고 무리 가운데서 돌이켜 말씀하시되 누가 내 옷에 손을 대었느냐 하시니, 여자가 자기에게 이루어진 일을 알고 두려워하여 떨며 와서 그 앞에 엎드려 모든 사실을 여쭈니 예수께서 이르시되 딸아 네 믿음이 너를 구원하였으니 평안히 가라 네 병에서 놓여 건강할지어다(막5:30, 33-34)

예수님께서 "누가 내 옷에 손을 대었느냐"고 물으시자, 여인은 자신을 고치신 예수님 앞에 엎드려 모든 사실을 아뢰었습니다. 이 여인은 의식적(儀式的)으로 부정하였기 때문에 두려워 떨며 대답하였습니다. "만일 여인의 피의 유출이 그의 불결기가 아닌데도 여러 날이 간다든지 그 유출이 그의 불결기를 지나도 계속되면 그 부정을 유출하는 모든 날 동안은 그 불결한 때와 같이 부정한즉"(레15:25). 이에 예수님은 "네 믿음이 너를 구원하였으니"라고 하시며 육체적, 영적 치유를 말씀하셨습니다. 여인은 예수님께 대한 믿음으로 육신의 병만이 아니라 영적인 병, 곧 죄의 문제까지도 해결 받게 되었습니다.

아직 예수께서 말씀하실 때에 회당장의 집에서 사람들이 와서 회당장에게 이르되 당신의 딸이 죽었나이다 어찌하여 선생을 더 괴롭게 하나이까 예수께서 그 하는 말을 곁에서 들으시고 회당장에게 이르시되 두려워하지 말고 믿기만 하라 하시고(막5:35-36)

예수님이 혈루증 앓는 여인과 대화하시느라 시간이 지체된 사이에 야이로의 딸이 죽었다는 전갈이 왔습니다. 그러나 예수님은 야이로에게 "두려워하지 말고 믿기만 하라"고 하시며 두려움에 대한 해결책으로 믿음을 강조하셨습니다.

예수께서 그 관리의 집에 가사 피리 부는 자들과 떠드는 무리를 보시고 이르시되 물러가라 이 소녀가 죽은 것이 아니라 잔다 하시니 그들이 비웃더라(마9:23-24)

“피리 부는 자들”과 “떠드는 무리”, 곧 곡하는 여자들은 당시 장례를 도와주는 사람들을 말합니다. 팔레스타인에서는 시신이 금방 부패했으므로 조문객들은 사람이 죽으면 빨리 모여서 장례를 치러야 했습니다. 곡소리가 나는데 예수님은 아이가 “죽은 것이 아니라 잔다”고 하셨습니다. 그들은 예수님이 비유적으로 말씀하신 의미를 깨닫지 못했습니다. 실제로 아이는 죽었지만, 예수님이 보실 때 소녀의 죽음은 잠든 것일 뿐입니다.

그들이 비웃더라 예수께서 그들을 다 내보내신 후에 아이의 부모와 또 자기와 함께 한 자들을 데리시고 아이 있는 곳에 들어가사 그 아이의 손을 잡고 이르시되 달리다굼 하시니 번역하면 곧 내가 네게 말하노니 소녀야 일어나라 하심이라 소녀가 곧 일어나서 걸으니 나이가 열두 살이라 사람들이 곧 크게 놀라고 놀라거늘(막5:40-42)

예수님은 죽은 소녀의 손을 잡으셨습니다. 율법에 따르면 시체를 만질 경우 7일 동안 부정해지지만, “사람의 시체를 만진 자는 이레 동안 부정하리니”(민19:11), 소녀가 다시 살아났기 때문에 예수님은 의식적 부정함에 영향을 받지 않으시고 오히려 그것을 이기셨습니다.

예수께서 이 일을 아무도 알지 못하게 하라고 그들을 많이 경계하시고 이에 소녀에게 먹을 것을 주라 하시니라(막5:43)

예수님께서 사람들에게 죽은 소녀가 다시 살아난 이 사건을 함구하라고 하신 것은 메시야에 대한 유대인들의 잘못된 기대가 예수님의 사역을 더욱 어렵게 하기 때문입니다. 그리고 “먹을 것을 주라”는 명령에서 중병에 시달리느라 쇠약해진 소녀를 돌보시는 예수님의 세심한 배려를 알 수 있습니다.

앞에서 자연과 귀신을 다스리는 능력을 보여주신 예수님께서, 이제 믿음으로 예수님만 간절히 바라보는 혈루증을 앓던 여인을 낫게 하셨고, 이미 죽은 소녀를 다시 살리셨습니다. 이와 같이 하나님의 아들로서 사망을 이기는 예수님의 권능은 훗날 나사로를 살리신 사건과, 예수님 자신이 죽으신 후에 부활하시는 사건을 예고합니다.

두 맹인과 말 못하는 사람을 고치심 마9:27-34

예수께서 거기에서 떠나가실새 두 맹인이 따라오며 소리 질러 이르되 다윗의 자손이여 우리를 불쌍히 여기소서 하더니(마9:27)

"다윗의 자손이여"란 영원히 지속될 다윗의 왕가에서 그의 혈통으로 나올 약속된 메시야를 말합니다. 아직 예수님을 메시야로 고백한 사람이 없는데, 보지 못하는 맹인이 예수님을 다윗의 아들 곧 메시야로 알아보며 이를 외쳤습니다.

예수께서 집에 들어가시매 맹인들이 그에게 나아오거늘 예수께서 이르시되 내가 능히 이 일 할 줄을 믿느냐 대답하되 주여 그러하오이다 하니 이에 예수께서 그들의 눈을 만지시며 이르시되 너희 믿음대로 되라 하시니 그 눈들이 밝아진지라 예수께서 엄히 경고하시되 삼가 아무에게도 알리지 말라 하셨으나 그들이 나가서 예수의 소문을 그 온 땅에 퍼뜨리니라(마9:28-31)

예수님은 먼저 "믿느냐"라고 물으시며 그들의 믿음을 확인하신 후에 "너희 믿음대로 되라"고 하시며 치유해 주셨습니다. 예수님은 고침 받은 맹인들에게 잠잠히 있으라고 말씀하셨지만, 그들은 예수님이 자신들에게 베푸신 기적을 전파하였습니다.

귀신이 쫓겨나고 말 못하는 사람이 말하거늘 무리가 놀랍게 여겨 이르되 이스라엘 가운데서 이런 일을 본 적이 없다 하되 바리새인들은 이르되 그가 귀신의 왕을 의지하여 귀신을 쫓아낸다 하더라(마9:33-34)

이어서 예수님은 귀신 들려 말 못하는 사람을 고치셨는데, 바리새인들도 예수님이 행하신 기적은 부인할 수 없었기 때문에 예수님의 능력을 다른 근원에서 찾았습니다. 그들은 예수님이 "귀신의 왕", 곧 사탄을 의지하여 귀신을 쫓아낸다고 함으로, 하나님께서 예수님의 가르침과 사역을 통해 일하고 계심을 전혀 깨닫지 못하고 있음을 드러냈습니다. 당시 맹인의 눈을 뜨게 하거나 말 못하는 사람의 혀가 풀리는 기적은 메시야 시대에 가능한 것으로 생각되었습니다. "그 날에 못 듣는 사람이 책의 말을 들을 것이며 어둡고 캄캄한 데에서 맹인의 눈이 볼 것이며"(사29:18). 이같이 공생애 사역의 대부분을 차지하는 기적은 하나님 나라가 능력으로 세워지고 있음을 알게 해줍니다.

예수님은 자연을 어거(馭車)하시며 죽음과 질병을 이기시는 능력을 통해 영적 세계를 통치하시는 자신의 권위를 확인시켜 주셨습니다. 이에 맹인들은 예수님을 메시야로 알아보는데, 바리새인들은 예수님이 귀신의 왕을 의지하여 귀신을 쫓아내는 자라고 모독하였습니다.

고향에서 배척 받으심 마13:53-58, 막6:1-6

예수께서 거기를 떠나사 고향으로 가시니 제자들도 따르니라 안식일이 되어 회당에서 가르치시니 많은 사람이 듣고 놀라 이르되 이 사람이 어디서 이런 것을 얻었느냐 이 사람이 받은 지혜와 그 손으로 이루어지는 이런 권능이 어찌됨이냐 이 사람이 마리아의 아들 목수가 아니냐 야고보와 요셉과 유다와 시몬의 형제가 아니냐 그 누이들이 우리와 함께 여기 있지 아니하냐 하고 예수를 배척한지라(막6:1-3)

본문의 "이 사람"이라는 표현은 예수님의 인성을 분명히 증거해 주는 말입니다. '배척하다'란 문자적으로 '걸려 넘어지게 되었다', '언짢아하다'라는 의미입니다. 고향 사람들은 예수님의 성장 과정을 지켜보았고 형제자매들도 잘 알고 있었으므로 예수님께 신적 능력이 있다는 것을 쉽게 인정하려 하지 않았습니다.

예수께서 그들에게 이르시되 선지자가 자기 고향과 자기 친척과 자기 집 외에서는 존경을 받지 못함이 없느니라 하시며 거기서는 아무 권능도 행하실 수 없어 다만 소수의 병자에게 안수하여 고치실 뿐이었고 그들이 믿지 않음을 이상히 여기셨더라(막6:4-6a)

예수님은 자신을 이스라엘 백성에게 하나님의 뜻을 계시하다가 배척당했던 구약의 선지자들과 같은 선상에 놓으셨습니다. "이상히 여기셨더라"란 예수님께서 그들의 불신앙에 '계속 놀라고 계셨다'는 뜻입니다. 예수님은 그들의 "믿지 않음"으로 인하여 많은 능력을 행하지 않으셨습니다. 성령은 적대적인 사람에게 억지로 기적을 행하지 않으십니다.

예수님께서도 구약시대의 다른 선지자들처럼 고향에서 존경을 받지 못하셨습니다. 고향 사람들은 예수님이 메시야라는 사실을 믿지 못하고 오히려 배척하였는데, 이로 말미암아 그들은 예수님이 베푸시는 죄 사함과 치유 사역의 은혜를 누릴 수 없었습니다.

제자들의 파송 예수님의 명령대로 제자들은 예수님의 권능을 부여받고 그가 하셨던 사역에 동참하는데, 예수님은 제자들에게 우선 동족인 유대인에게 가라고 하셨습니다.

무리를 불쌍히 여기심 마9:35-38, 막6:6b

무리를 보시고 불쌍히 여기시니 이는 그들이 목자 없는 양과 같이 고생하며 기진함이라(마9:36)

"목자 없는 양"이란 당시 종교지도자들로부터 양육과 돌봄을 받지 못한 일반 백성들을 긍휼히 여기시는 예수님의 마음을 표현합니다. 선지자 미가는 오실 메시야가 자기 백성을 목양하실 것이라고 예언하였습니다. "그가 여호와의 능력과 그의 하나님 여호와의 이름의 위엄을 의지하고 서서 목축하니 그들이 거주할 것이라 이제 그가 창대하여 땅 끝까지 미치리라"(미5:4). 예수님은 자기 양들을 생각하는 목자이시며, 에스겔서의 '주 여호와' 하나님과 동일한 분이십니다. "내가 친히 내 양의 목자가 되어 그것들을 누워 있게 할지라 주 여호와의 말씀이니라"(겔34:15).

이에 제자들에게 이르시되 추수할 것은 많되 일꾼이 적으니 그러므로 추수하는 주인에게 청하여 추수할 일꾼들을 보내 주소서 하라 하시니라(마9:37-38)
이에 모든 촌에 두루 다니시며 가르치시더라(막6:6b)

예수님은 제자들을 보내시기 전에 먼저 "추수할 일꾼들"을 보내 주시기를 하나님께 기도하라고 명하셨습니다. '일꾼들'이란 예수님의 명령에 따라 천국 복음을 받아들일 준비가 되어 있는 자들을 부르는 사람들을 가리킵니다. 예수님은 열두 제자를 비롯한 충성된 사람들을 보내어 하나님 나라가 가까이 임했음을 전파하게 하시고, 악한 세력을 물리치는 하나님 나라의 권능을 행하게 하시며, 구원 받기로 예정된 사람들을 이끌어 오도록 하셨습니다.

예수님은 백성들이 목자 없는 양처럼 유리방황하는 모습을 보시고 그들을 긍휼히 여기셨습니다. 그리고 하나님께 추수할 일꾼들을 보내 주시기를 청하라고 하시며, 열두 제자를 일꾼으로 파송하셨습니다. 이는 예수님이 구약의 선지자들이 예언한 참된 목자임을 드러냅니다.

열두 제자의 파송 마10:5-15, 막6:8-13, 눅9:1-6

예수께서 이 열둘을 내보내시며 명하여 이르시되 이방인의 길로도 가지 말고 사마리아인의 고을에도 들어가지 말고 오히려 이스라엘 집의 잃어버린 양에게로 가라 (마10:5-6)

"이방인의 길"이란 갈릴리 호수를 중심으로 두로나 시돈, 또는 데가볼리로 가는 길을 말하며, "사마리아인의 고을"은 갈릴리의 남쪽에 있는 사마리아 지역을 뜻합니다. 제자들의 첫 사역은 유대 지역에 국한되었는데, 이는 복음이 우선 "이스라엘 집의 잃어버린 양"인 유대 민족에게 선포된 후에 이방인에게 전파되게 하기 위함입니다. "내가 복음을 부끄러워하지 아니하노니 이 복음은 모든 믿는 자에게 구원을 주시는 하나님의 능력이 됨이라 먼저는 유대인에게요 그리고 헬라인에게로다"(롬1:16). 이처럼 하나님의 작정에 따라 세례 요한은 유대인들에게 회개하라고 선포하였고, 예수님은 유대인의 왕으로 나셨으며, 예수님의 제자들은 모두 유대인이었습니다.

가면서 전파하여 말하되 천국이 가까이 왔다 하고 병든 자를 고치며 죽은 자를 살리며 나병환자를 깨끗하게 하며 귀신을 쫓아내되 너희가 거저 받았으니 거저 주어라 (마10:7-8)

예수님은 열두 제자에게 “천국이 가까이 왔다”라는 메시지를 전하고 치유 사역을 베풂으로써 잃어버린 자들의 영적, 육체적 필요를 채워 주라고 하셨습니다. “너희가 거저 받았으니 거저 주어라”는 말씀은 제자들이 천국을 선물로 받았으니 이 복음을 값없이 나누어 주라는 의미입니다.

이르시되 여행을 위하여 아무 것도 가지지 말라 지팡이나 배낭이나 양식이나 돈이나 두 벌 옷을 가지지 말며 어느 집에 들어가든지 거기서 머물다가 거기서 떠나라(눅9:3-4)

어떤 성이나 마을에 들어가든지 그 중에 합당한 자를 찾아내어 너희가 떠나기까지 거기서 머물라 또 그 집에 들어가면서 평안하기를 빌라(마10:11-12)

“아무 것도 가지지 말라”는 말씀은 제자들이 처음 부르심을 받을 때에도 모든 것을 버리고 예수님을 따랐던 것처럼, 전도 사역 가운데에도 자신의 필요를 채우실 하나님을 신뢰하도록 하기 위함입니다. 원문에는 ‘메덴’(μηδέν, nothing)이란 단어가 문장 서두에 강조되고 있습니다. “어느 집에 들어가든지”란 더 나은 곳을 찾아 이 집 저 집 옮겨 다니지 말고 자신을 영접하는 집에 머물라는 뜻입니다. “합당한 자”란 제자들의 메시지에 긍정적으로 반응하는 사람을 의미하며, 제자들은 이들의 집을 위하여 “평안”을 빌어야 합니다. 이러한 지침들을 통해 제자들이 복음을 전하는 데 필요한 모든 것은 그들의 메시지를 듣고 회개하는 사람들이 공궤해야 한다는 것을 알 수 있습니다.

누구든지 너희를 영접하지도 아니하고 너희 말을 듣지도 아니하거든 그 집이나 성에서 나가 너희 발의 먼지를 떨어 버리라 내가 진실로 너희에게 이르노니 심판 날에 소돔과 고모라 땅이 그 성보다 견디기 쉬우리라(마10:14-15)

“너희 발의 먼지를 떨어 버리라”는 말씀은 유대인들이 이방 지역에서 돌아올 때 거룩한 이스라엘의 땅이 더럽혀지는 것을 막기 위해 그들의 옷과 신발에서 먼지를 털어내는 관습을 가리킵니다. 예수님은 복음을 거부하는 이들 역시 이방 사람들처럼 하나님의 심판을 면하지 못할 것임을 경고하셨습니다. "두 사람이 그들을 향하여 발의 티끌을 떨어 버리고 이고니온으로 가거늘"(행13:51). 먼지를 떨어 버리는 행위는 하나님의 메시지를 거부한 일에 대해 그 마을이 책임을 지게 된다는 것을 상징적으로 보여줍니다. 이 말씀은 하나님의 계시가 드러날수록 이를 받아들이지 않는 자의 책임 또한 무거워진다는 의미입니다.

예수님께서 열두 제자를 보내신 것은 복음을 전파하고 더러운 귀신을 쫓아내며, 모든 병과 모든 약한 것을 고치는 권능도 가지게 하려 하심입니다. 유대인들은 예수님의 복음전파의 우선적 대상이었음에도 불구하고 예수님을 배척하였지만, 이방인들은 예수님을 받아들였기 때문에 이제 복음은 이방인을 향해 선포됩니다.

파송하는 제자들에게 박해를 예고하심 마10:16-23, 막13:9-13, 눅21:12-17

보라 내가 너희를 보냄이 양을 이리 가운데로 보냄과 같도다 그러므로 너희는 뱀 같이 지혜롭고 비둘기 같이 순결하라(마10:16)

"양을 이리 가운데로"란 선교하는 제자들이 세상에서 견뎌야 할 박해를 의미합니다. 뱀은 지혜를 상징하며, "그런데 뱀은 여호와 하나님이 지으신 들짐승 중에 가장 간교[46]하니라"(창3:1), 비둘기는 꾸밈없는 순수함과 평화를 상징합니다. 예수님은 제자들이 앞으로 당할 환난에 "뱀 같이 지

46 창세기 본문의 '간교한'(עָרוּם, 아룸)은 위 마태복음 본문의 '지혜로운'(φρόνιμος, 프로니모스)과 동일한 단어이지만, 뱀이 지혜를 나쁜 방향으로 사용했기 때문에 창세기에서는 이를 부정적인 어감의 단어로 번역한 것입니다.

혜롭고 비둘기 같이 순결하여" 잘 대비하기를 원하셨습니다.

사람들을 삼가라 그들이 너희를 공회에 넘겨주겠고 그들의 회당에서 채찍질하리라 또 너희가 나로 말미암아 총독들과 임금들 앞에 끌려가리니 이는 그들과 이방인들에게 증거가 되게 하려 하심이라 너희를 넘겨 줄 때에 어떻게 또는 무엇을 말할까 염려하지 말라 그 때에 너희에게 할 말을 주시리니 말하는 이는 너희가 아니라 너희 속에서 말씀하시는 이 곧 너희 아버지의 성령이시니라(마10:17-20)

"회당"은 유일한 예배 장소이자 징계를 실행하는 장소입니다. 예수님은 제자들에게 유대인에게로 가라고 명하셨지만, 후에는 "총독들"과 "임금들"과 "이방인들" 앞에 불려가게 될 것이라고 하셨습니다. 예수님의 말씀대로 초대교회 지도자들은 유대 관리와 로마의 권력층 앞에 증인으로 서게 되었습니다. 제자들은 권세 있는 통치자들을 두려워하지 않아도 되는데, 이는 성령께서 시련 가운데 놓인 제자들을 통해 직접 말씀하실 것이기 때문입니다.

장차 형제가 형제를, 아비가 자식을 죽는 데에 내주며 자식들이 부모를 대적하여 죽게 하리라 또 너희가 내 이름으로 말미암아 모든 사람에게 미움을 받을 것이나 끝까지 견디는 자는 구원을 얻으리라(마10:21-22)

예수님은 복음을 영접하는 일로 인하여 가족 간에도 심각한 대립이 있을 것이라고 하셨습니다. "모든 사람에게 미움을 받을 것이나"라는 말씀은 제자들이 영적인 특권을 갖는 동시에, 예수님을 향한 세상의 적대감 역시 그들에게 옮겨질 것이라는 의미입니다.

이 동네에서 너희를 박해하거든 저 동네로 피하라 내가 진실로 너희에게 이르노니 이스라엘의 모든 동네를 다 다니지 못하여서 인자가 오리라(마10:23)

"이스라엘의 모든 동네를 다 다니지 못하여서 인자가 오리라"는 말씀은 로마 군대에 의한 예루살렘 멸망(주후70년)을 가리키며, 또한 이는 그리스도가 세상 끝에 권능과 큰 영광 중에 오실 때 그리스도를 거부하는 모든 이들에게 임할 마지막 심판의 예표이기도 합니다.

예수님은 제자들을 처음 파송하실 때부터 이방인을 향한 선교와 이에 수반될 박해를 말씀하시며 그들을 준비시키셨습니다. 고난과 핍박은 예수님을 따르는 사람에게 주어지는 그리스도의 흔적(στίγμα, mark)이므로 제자들만이 아니라 미래의 신자들도 겪게 될 것입니다.

파송에 두려워하지 말라고 하심 마10:24-33, 눅12:2-9

제자가 그 선생보다, 또는 종이 그 상전보다 높지 못하나니 제자가 그 선생 같고 종이 그 상전 같으면 족하도다(마10:24-25a)

이 구절은 유대교의 신념을 잘 나타내는데, 제자의 궁극적 목표는 선생처럼 되는 것이었습니다.

집 주인을 바알세불이라 하였거든 하물며 그 집 사람들이랴 그런즉 그들을 두려워하지 말라 감추인 것이 드러나지 않을 것이 없고 숨은 것이 알려지지 않을 것이 없느니라 내가 너희에게 어두운 데서 이르는 것을 광명한 데서 말하며 너희가 귓속말로 듣는 것을 집 위에서 전파하라(마10:25b-27)

"바알세불"이란 사탄을 지칭하는데, 만물의 창조주이신 예수님께서 사탄이라고 비방을 당하실 정도이니 제자들 역시 거짓으로 중상을 당할 것임을 각오해야 한다는 말씀입니다. 예수님께서 "집 위에서 전파하라"고 하신 것은 지금까지 밝히 드러내지 않으셨던 하나님 나라의 비밀을 공개적으로 선포할 때가 다가왔다는 의미입니다.

몸은 죽여도 영혼은 능히 죽이지 못하는 자들을 두려워하지 말고 오직 몸과 영혼을 능히 지옥에 멸하실 수 있는 이를 두려워하라(마10:28)

“몸은 죽여도”라는 말씀은 제자들이 복음을 전파하다가 순교할 수도 있음을 의미합니다. 그러나 예수님은 “영혼은 능히 죽이지 못하는 자들”이라고 하시며 제자들을 박해하는 자들의 한계를 명확히 말씀하십니다.

참새 두 마리가 한 앗사리온에 팔리지 않느냐 그러나 너희 아버지께서 허락하지 아니하시면 그 하나도 땅에 떨어지지 아니하리라 너희에게는 머리털까지 다 세신 바 되었나니 두려워하지 말라 너희는 많은 참새보다 귀하니라(마10:29-31)

“참새”는 관례상 가장 작은 피조물로 여겨졌고, “앗사리온”은 로마 시대 노동자의 하루 품삯인 데나리온의 1/16에 해당하는 가장 작은 동전이었습니다. 예수님은 “너희 아버지께서 허락하지 아니하시면”이라고 하시며 하나님께서 아주 사소한 일까지도 주관하고 계신다는 것을 다시금 깨닫게 해주셨습니다. 이처럼 본문에는 “두려워하지 말라”는 명령이 세 번(26,28,31절)이나 거듭하여 강조되고 있습니다.

누구든지 사람 앞에서 나를 시인하면 나도 하늘에 계신 내 아버지 앞에서 그를 시인할 것이요 누구든지 사람 앞에서 나를 부인하면 나도 하늘에 계신 내 아버지 앞에서 그를 부인하리라(마10:32-33)

예수님의 제자임을 부인하면 박해를 피할 수 있겠지만, 참된 제자는 죽음을 두려워하지 않고 예수님을 고백합니다. 예수님은 이러한 제자들을 귀하게 여기시며 마지막 심판 날에 하나님 앞에서 그들을 자신의 제자라고 인정하시겠다고 약속하셨습니다. 그러나 그리스도를 부인하는 자들의 영원한 결말은 그들이 피하려 했던 잠시의 박해보다 훨씬 더 고통스러울 것입니다.

예수님은 제자들에게 복음으로 말미암아 박해를 받더라도 두려워하지 말라고 하셨습니다. 왜냐하면 참새와 같은 작은 미물까지 주관하고 계시는 하늘 아버지께서 천국 복음을 전파하는 제자들을 더욱 귀하게 여기시고 보호하시며 영생을 허락하실 것이기 때문입니다.

파송에 자기 십자가 질 것을 요구하심 마10:34-39

내가 세상에 화평을 주러 온 줄로 생각하지 말라 화평이 아니요 검을 주러 왔노라 내가 온 것은 사람이 그 아버지와, 딸이 어머니와, 며느리가 시어머니와 불화하게 하려 함이니 사람의 원수가 자기 집안 식구리라(마10:34-36)

예수님은 이미 두 번이나 앞으로 받으실 고난에 대해 예고하셨습니다. "검"은 그리스도를 믿는 이들과 믿지 않는 이들의 분리를 뜻하는 비유입니다. 예수님을 따름으로 가족 간에도 분열이 일어날 수 있는데, 이는 구약시대 아하스 왕 때 선지자 미가의 예언을 인용한 말씀입니다. "아들이 아버지를 멸시하며 딸이 어머니를 대적하며 며느리가 시어머니를 대적하리니 사람의 원수가 곧 자기의 집안 사람이리로다"(미7:6). 복음을 받아들인다면 심하게 반목하던 가족 간의 화해도 가능해집니다. 그러나 예수님의 가족도 예수님이 어떠한 분이신지 깨닫기 전까지 그분을 반대했듯이, 복음을 영접함으로 말미암아 믿지 않는 가족 구성원들과의 관계가 더 힘들어지기도 합니다.

아버지나 어머니를 나보다 더 사랑하는 자는 내게 합당하지 아니하고 아들이나 딸을 나보다 더 사랑하는 자도 내게 합당하지 아니하며(마10:37)

예수님은 부모에 대한 자식의 사랑이나 자식에 대한 부모의 사랑이 예수님 자신에 대한 사랑보다 앞서서는 안 된다고 하셨습니다. 이는 예수님께 대한 순종이 우리 삶의 모든 혈연적 관계를 뛰어넘는 가장 근본적인 우선순위이기 때문입니다.

또 자기 십자가를 지고 나를 따르지 않는 자도 내게 합당하지 아니하니라 자기 목숨을 얻는 자는 잃을 것이요 나를 위하여 자기 목숨을 잃는 자는 얻으리라(마10:38-39)

"자기 십자가를 지고"에서 '십자가'는 제자도를 상징합니다. 제자도란 어떤 대가를 치르더라도 자기를 부인하면서 예수님의 뜻을 이루는 삶의 길입니다. 참된 제자란 예수님께서 주실 영원한 생명에 대한 확신이 있기 때문에 예수님을 위하여 자신의 목숨까지도 아끼지 않는 사람입니다.

예수님은 하나님에 대한 사랑이 삶에서 맺는 어떤 유대 관계보다 우선되어야 한다고 하셨습니다. 예수님이 말씀하신 대로 제자의 길은 자신을 부인해야 하는 고난의 길입니다. 예수님께서 원하시고 명령하시는 순종은 부분적 순종이 아니라 전적 순종입니다.

제자들을 영접하는 자 마10:40-42, 막6:12-13; 9:41

너희를 영접하는 자는 나를 영접하는 것이요 나를 영접하는 자는 나를 보내신 이를 영접하는 것이니라(마10:40)

지금까지 예수님은 열두 제자가 사람들에게 받을 박해에 대해 말씀하셨는데, 이제는 제자들을 받아들이며 돕는 자들에 관해 언급하시며 그들을 위로하셨습니다. "너희를 영접하는 자는 나를 영접하는 것이요"란 제자들이 예수님의 메시지와 권위를 지닌 대사(大使)이기 때문에, 그들을 돌보는 것은 곧 예수님을 모시는 것이라는 의미입니다.

선지자의 이름으로 선지자를 영접하는 자는 선지자의 상을 받을 것이요 의인의 이름으로 의인을 영접하는 자는 의인의 상을 받을 것이요(마10:41)

"선지자"는 하나님을 대신하여 말하는 사람이며, "의인"은 하나님의 뜻에 순종함으로 의롭다고 여겨지는 사람입니다. 따라서 선지자와 의인을 영접하는 자는 그들의 사역에 동참한 것이기 때문에 하나님이 미래에 그들에게 주시는 상을 함께 누리게 될 것입니다.

또 누구든지 제자의 이름으로 이 작은 자 중 하나에게 냉수 한 그릇이라도 주는 자는 내가 진실로 너희에게 이르노니 그 사람이 결단코 상을 잃지 아니하리라 하시니라(마10:42)

"작은 자"란 도움을 필요로 하는 모든 사람들, 곧 경제적으로 궁핍한 자, 사회적으로 지위가 낮은 자, 다양한 관계에서 무시 당하는 자 등을 말합니다. 이들은 마치 연약한 어린 아이 같아서 다른 사람에게 받은 친절을 되갚을 능력이 없기 때문에, 이들에게 선을 베푼 사람은 하나님께서 대신 갚아 주신다는 의미입니다.

제자들이 나가서 회개하라 전파하고 많은 귀신을 쫓아내며 많은 병자에게 기름을 발라 고치더라(막6:12-13)

제자들은 예수님의 위로와 권면에 힘입어 전도 여행을 떠났습니다. 그들은 예수님께서 하셨던 것처럼 회개를 촉구하고 치유와 축귀(逐鬼) 사역을 행하였습니다.

예수님은 제자들이 자신의 권위를 가지고 천국을 전하기 때문에 그들을 영접하는 것은 자신을 영접하는 것이라고 하셨습니다. 또한 예수님은 복음의 선포를 돕는 자들의 선행, 곧 예수님의 이름으로 행하여지는 모든 섬김의 행위는 반드시 상을 받을 것이라고 하셨습니다.

세례 요한의 죽음 마14:3-12, 막6:17-29

전에 헤롯이 자기가 동생 빌립의 아내 헤로디아에게 장가 든 고로 이 여자를 위하여 사람을 보내어 요한을 잡아 옥에 가두었으니 이는 요한이 헤롯에게 말하되 동생의 아내를 취한 것이 옳지 않다 하였음이라(막6:17-18)

여기서 "헤롯"은 헤롯 안디바를 말하며, "헤로디아"는 헤롯 대왕의 아들 중 하나인 아리스토불루스의 딸입니다. 안디바와 빌립 1세는 헤롯 대왕의 또 다른 아내들이 낳은 아들들로, 헤로디아는 자신의 이복삼촌인 빌립 1세와 결혼하였습니다. 안디바와 헤로디아는 둘 다 결혼한 상태에서 만났는데, 안디바는 나바테아 왕 아레다 4세의 딸과 이혼하고 헤로디아는 빌립 1세와 이혼하였습니다. 주후 27년 안디바는 그의 이복동생 빌립 1세의 아내였던 헤로디아와 재혼하였습니다. 이에 세례 요한은 안디바가 비록 유대인은 아니었지만 "동생의 아내를 취한 것이 옳지 않다"고 하며, 그가 율법을 어겼다고 공개적으로 비판하였습니다.
"너는 네 형제의 아내의 하체를 범하지 말라 이는 네 형제의 하체니라"(레18:16).

헤로디아가 요한을 원수로 여겨 죽이고자 하였으되 하지 못한 것은 헤롯이 요한을 의롭고 거룩한 사람으로 알고 두려워하여 보호하며 또 그의 말을 들을 때에 크게 번민을 하면서도 달갑게 들음이러라(막6:19-20)

이 일로 인하여 헤로디아는 세례 요한에게 강한 적개심을 품게 되었고 그를 제거하려고 하였습니다. 하지만 안디바는 그가 백성들 사이에서 존중받는 경건한 선지자임을 알고 있었고, 자신 역시 그의 설교를 들을 때에 양심의 가책을 느꼈기 때문에 함부로 대하지 못하였습니다.

마침 기회가 좋은 날이 왔으니 곧 헤롯이 자기 생일에 대신들과 천부장들과 갈릴리의 귀인들로 더불어 잔치할새 헤로디아의 딸이 친히 들어와 춤을 추어 헤롯과 그와 함께 앉은 자들을 기쁘게 한지라 왕이 그 소녀에게 이르되 무엇이든지 네가 원하는 것을

내게 구하라 내가 주리라 하고(막6:21-22)

이러한 때에 안디바의 생일을 맞아 마케루스 궁전[47]에서 큰 잔치가 벌어졌는데, 헤로디아가 딸 살로메를 보내어 안디바와 대신들을 위해 춤을 추게 하였습니다. 십대 소녀였던 살로메의 춤이 모든 이들을 흡족하게 하자 안디바는 살로메의 소원을 들어주겠다고 하였습니다.

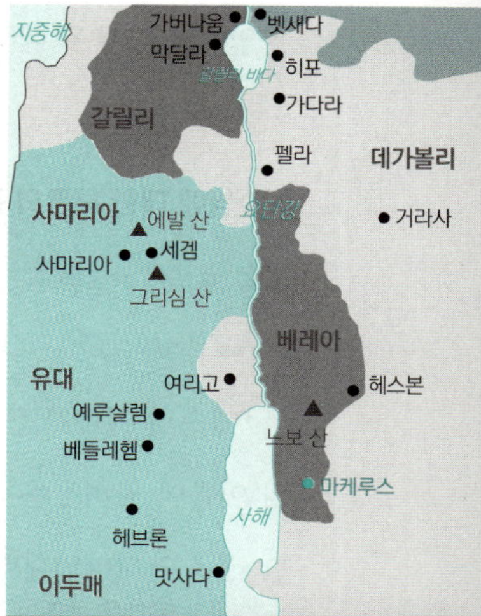

마케루스(Machaerus)

그가 나가서 그 어머니에게 말하되 내가 무엇을 구하리이까 그 어머니가 이르되 세례 요한의 머리를 구하라 하니, 왕이 심히 근심하나 자기의 맹세한 것과 그 앉은 자들로 인하여 그를 거절할 수 없는지라(막6:24,26)

헤로디아는 딸을 통해 세례 요한의 머리를 요구하였고, 이에 안디바는 깊이 고민하였지만 왕으로서의 체면을 지키기 위해 결국 세례 요한을 갈릴리 옥에서 목 베어 죽였습니다.[48]

세례 요한은 헤롯 안디바가 동생의 아내를 취한 것이 옳지 않다고 비판하였는데, 그는 결국 이로 인해 안디바에 의해 죽게 됩니다. 세례 요한은

---

47 세례 요한은 마케루스라고 불리는 안디바의 요새 궁전에 투옥되었다가 거기에서 처형되었다고 전해집니다. Josephus, "The Antiquities of the Jews," 382. 마케루스는 요단 강 동편 가파른 언덕 꼭대기 위에 지어진 요새로, 헤롯 대왕이 지형적, 전략적 중요성 때문에 궁전으로 재건(주전30년경)하였습니다. Flavius Josephus, "The Wars of the Jews," in *Complete Works of Flavius Josephus* (Grand Rapids: Kregel, 1982), 585.

48 후에 헤롯 안디바가 아라비아 페트레아 왕과의 전투에서 패하자 유대인들은 이 패전을 안디바가 세례 요한을 살해한 죄에 대한 하나님의 심판으로 간주했다고 요세푸스는 전합니다. Josephus, "The Antiquities of the Jews," 382.

예수님의 선구자로 하나님 나라의 도래와 회개를 선포했는데, 그의 죽음은 앞으로 있게 될 예수님의 죽음을 예고합니다.

예수님에 대한 헤롯의 관심 마14:1-2, 막6:14-16, 눅9:7-9

이에 예수의 이름이 드러난지라 헤롯 왕이 듣고 이르되 이는 세례 요한이 죽은 자 가운데서 살아났도다 그러므로 이런 능력이 그 속에서 일어나느니라 하고(막6:14)

"예수의 이름이 드러난지라"란 제자들의 전도 여행의 결과로 예수님의 이름이 알려졌음을 말합니다. 본문의 "헤롯 왕"은 세례 요한을 처형한 헤롯 안디바입니다. 그는 아버지 헤롯 대왕의 사후에 갈릴리와 베레아의 '분봉 왕'(한 나라의 1/4을 다스리는 통치자)으로 다스렸습니다.

어떤 이는 그가 엘리야라 하고 또 어떤 이는 그가 선지자니 옛 선지자 중의 하나와 같다 하되(막6:15)

당시 유대인들은 예수님에 대하여 구약의 선지자들과 같은 사람이거나 또는 죽지 않고 승천하였으므로 말세에 다시 돌아올 것으로 여겨졌던 엘리야라고 생각하였습니다. "보라 여호와의 크고 두려운 날이 이르기 전에 내가 선지자 엘리야를 너희에게 보내리니"(말4:5).

헤롯은 듣고 이르되 내가 목 벤 요한 그가 살아났다 하더라(막6:16)
헤롯이 이르되 요한은 내가 목을 베었거늘 이제 이런 일이 들리니 이 사람이 누군가 하며 그를 보고자 하더라(눅9:9)

헤롯 안디바는 열두 제자의 전도에 대한 모든 일을 듣고 자신이 죽인 "요한 그가 살아났다"라고 하였는데, 이는 죽은 자들 가운데서 되살아났다는 뜻으로 예수님의 부활을 묘사하는 데에도 사용됩니다. "여기 계시지 않고 살아나셨느니라 갈릴리에 계실 때에 너희에게 어떻게 말씀하셨는지를 기억하라"(눅24:6). "보고자 하더라"(ἐζήτει ἰδεῖν)는 동사가 미래완료형으로 쓰인 것은, 안디바가 예수님을 계속 만나려고 했지만 한동안 이루어지지 않았다는 것을 알게 해줍니다.

제자들의 전도 여행의 결과로 예수님의 능력이 나타나자, 헤롯 안디바는 예수님이 누구신지 궁금해 하며, 혹시 자신이 죽인 세례 요한이 살아난 것이 아닌가 하여 두려워하였습니다. 후에 헤롯 안디바는 예수님이 십자가형을 받으시기 직전에 예수님을 만나게 됩니다.

무리들이 따름 마14:13-14, 막6:30-34, 눅9:10-11, 요6:1-3

예수께서 들으시고 배를 타고 떠나사 따로 빈 들에 가시니 무리가 듣고 여러 고을로부터 걸어서 따라간지라(마14:13)

사도들이 돌아와 자기들이 행한 모든 것을 예수께 여쭈니 데리시고 따로 벳새다라는 고을로 떠나 가셨으나 무리가 알고 따라왔거늘(눅9:10-11a)

전도 여행을 떠났던 제자들이 돌아와서 "자기들이 행한 모든 것", 곧 예수님께 위임받은 능력과 권위로 복음을 전파하고 귀신을 쫓아내며 병을 고친 일을 보고하였습니다. "벳새다"는 '고기잡이의 집'이라는 뜻이며, 요단 강이 갈릴리 바다로 흘러가는 지점으로부터 북동쪽으로 약 1.6km 떨어진 곳에 위치합니다. 많은 사람들이 빈 들에서도 벳새다에서도 예수님을 따랐습니다.

그 후에 예수께서 디베랴의 갈릴리 바다 건너편으로 가시매 큰 무리가 따르니 이는 병자들에게 행하시는 표적을 보았음이러라(요6:1-2)

"갈릴리"는 구약에서 '긴네렛'이라 일컬어진 수금(harp) 모양의 큰 호수로, "요단 동쪽 긴네렛 바다의 끝까지라"(수13:27), 북쪽에서 요단 강이 유입되어 남쪽으로 흘러나가며, 대략 폭 11.3km, 길이 21km입니다. 주후 20년경 헤롯이 갈릴리 호수 서쪽에 건설한 도시에 티베리우스 황제를 높이기 위해 '디베랴'라는 명칭을 붙이자 갈릴리 호수 또한 디베랴 호수로도 알려지게 되었습니다. 예수님이 갈릴리로 건너가시자 이번에도 수많은 무리들이 예수님께 나아왔습니다.

예수께서 나오사 큰 무리를 보시고 그 목자 없는 양 같음으로 인하여 불쌍히 여기사 이에 여러 가지로 가르치시더라(막6:34)

예수께서 그들을 영접하사 하나님 나라의 일을 이야기하시며 병 고칠 자들은 고치시더라(눅9:11b)

예수님은 모인 무리들을 보시고 긍휼히 여기셨는데, 이는 그들이 양육과 돌봄을 받지 못했기 때문입니다. "목자 없는 양"이란 표현은 에스겔서의 말씀을 상기시킵니다. "내가 한 목자를 그들 위에 세워 먹이게 하리니 그는 내 종 다윗이라 그가 그들을 먹이고 그들의 목자가 될지라"(겔34:23). 예수님은 이스라엘을 로마의 압제로부터 구원할 정치적 지도자가 아니라 다윗의 가문에서 나신 목자, 곧 자신의 양들을 먹이실 뿐만 아니라 그들을 위하여 목숨을 내어 주시는 참 목자이십니다.

예수님은 전도 여행에서 돌아온 열두 제자와 함께 시간을 보내려 하셨으나, 무리들이 모여들자 목자 없는 양 같은 그들을 불쌍히 여기시어 가르치시고 병을 고쳐주셨습니다. 예수님은 하나님이 에스겔서에서 약속하신 '내 종 다윗', 곧 하나님의 백성의 목자로서 행하셨습니다.

제10장 기적 행하심과 갈릴리로 가심

> **기적 행하심** 예수님께서 행하신 기적은 예수님의 신성을 가시적으로 증거합니다.

오천 명을 먹이심 마14:15-21, 막6:35-44, 눅9:12-17, 요6:4-14

마침 유대인의 명절인 유월절이 가까운지라(요6:4)

요한복음에는 네 번의 유월절이 언급되어 있는데, 본문의 유월절은 시기상 주후 29년 4월의 세 번째 유월절입니다. "유대인의 유월절이 가까운지라 예수께서 예루살렘으로 올라가셨더니"(요2:13), "그 후에 유대인의 명절이 되어 예수께서 예루살렘에 올라가시니라"(요5:1), "유대인의 유월절이 가까우매 많은 사람이 자기를 성결하게 하기 위하여 유월절 전에 시골에서 예루살렘으로 올라갔더니"(요11:55).

저녁이 되매 제자들이 나아와 이르되 이 곳은 빈 들이요 때도 이미 저물었으니 무리를 보내어 마을에 들어가 먹을 것을 사 먹게 하소서(마14:15)

유대인들은 "저녁"(evening)을 둘로 구분하여 오후 3시부터 일몰 전까지를 첫째 저녁이라 하고, 일몰 후 어둠이 짙어지는 때를 둘째 저녁이라 하였는데, 본문의 '저녁'은 전자를 말합니다. 예수님을 따라온 많은 사람들은 날이 저물도록 아무것도 먹지 못한 채 "빈 들"에 있었기 때문에 제자들은 그들의 저녁 식사를 염려하였습니다.

예수께서 눈을 들어 큰 무리가 자기에게로 오는 것을 보시고 빌립에게 이르시되 우리가 어디서 떡을 사서 이 사람들을 먹이겠느냐 하시니, 빌립이 대답하되 각 사람으로 조금씩 받게 할지라도 이백 데나리온의 떡이 부족하리이다(요6:5, 7)

예수님은 이웃 마을 벳새다 출신의 빌립에게 어디서 음식을 구할 수 있는지 물으셨습니다. 빌립은 각 사람이 십시일반으로 돈을 모은다고 해도 "이백 데나리온"의 떡이 부족할 것이라고 대답하였습니다. 한 데나리온은 일용근로자의 하루 품삯에 해당하므로, 주일을 뺀 한 달을 25일 정도로 보면 이백 데나리온은 약 8개월분의 임금입니다.

여기 한 아이가 있어 보리떡 다섯 개와 물고기 두 마리를 가지고 있나이다 그러나 그것이 이 많은 사람에게 얼마나 되겠사옵나이까(요6:9)

"보리떡"은 가난한 이들의 일반적인 음식으로, 구워서 먹는 떡을 가리킵니다. 당시 부유한 사람들은 밀로 만든 떡을 선호하였습니다. "물고기"는 소금에 절여서 말린 작은 생선으로 보리떡과 함께 곁들여 먹었던 음식입니다.

무리를 명하여 잔디 위에 앉히시고 떡 다섯 개와 물고기 두 마리를 가지사 하늘을 우러러 축사하시고 떡을 떼어 제자들에게 주시매 제자들이 무리에게 주니(마14:19)

"하늘을 우러러"라는 말은 전형적인 기도 자세로서, "예수께서 이 말씀을 하시고 눈을 들어 하늘을 우러러 이르시되 아버지여 때가 이르렀사오니 아들을 영화롭게 하사 아들로 아버지를 영화롭게 하게 하옵소서"(요17:1), 예수님은 성부 하나님이 초자연적으로 제공하실 음식에 축사하셨습니다. 예수님은 무리들에게 생명의 말씀으로 영혼의 양식을 먹이시고, 이어서 오병이

어의 기적으로 육신의 양식도 먹이셨습니다.

먹은 사람은 여자와 어린이 외에 오천 명이나 되었더라(마14:21)
떡을 먹은 남자는 오천 명이었더라(막6:44)

마태복음과 마가복음을 종합하여 보면 성인 남자만 계수하였을 때 오천 명이었던 것을 알 수 있습니다. 따라서 "여자와 어린이"를 포함한다면, 떡을 먹은 무리의 총수는 만 명이 훨씬 넘었을 것으로 추산됩니다. 예수님께서 이 기적을 행하신 것은 하나님 나라의 풍성함을 의미하며, 이스라엘 민족이 출애굽 이후 광야에서 헤맬 때 하나님이 만나를 공급하시는 모습을 상기시킵니다. "너를 낮추시며 너를 주리게 하시며 또 너도 알지 못하며 네 조상들도 알지 못하던 만나를 네게 먹이신 것은 사람이 떡으로만 사는 것이 아니요 여호와의 입에서 나오는 모든 말씀으로 사는 줄을 네가 알게 하려 하심이니라"(신8:3).

그 사람들이 예수께서 행하신 이 표적을 보고 말하되 이는 참으로 세상에 오실 그 선지자라 하더라(요6:14)

떡과 물고기를 배불리 먹은 이들은 그들의 조상들이 광야에서 모세를 통하여 하나님께로부터 만나를 먹었던 것처럼, 지금 자신들을 이적으로 먹이신 분이 바로 모세와 같은 "그 선지자"(the prophet)라고 확신하게 되었습니다. "모세가 말하되 주 하나님이 너희를 위하여 너희 형제 가운데서 나 같은 선지자 하나를 세울 것이니 너희가 무엇이든지 그의 모든 말을 들을 것이라"(행3:22). 무리들은 모세가 이집트의 압제에서 이스라엘을 구원했듯이 예수님도 로마의 압제에서 자신들을 건져낼 것이라고 생각하였습니다.

그러므로 예수께서 그들이 와서 자기를 억지로 붙들어 임금으로 삼으려는 줄 아시고 다시 혼자 산으로 떠나 가시니라(요6:15)

하지만 예수님의 메시야적 왕권은 세속적인 것이 아니라 영적인 것입니다. 그러므로 예수님은 자신을 단지 육신적인 필요를 채워 줄 왕으로 생각하는 사람들을 떠나 홀로 산으로 가셨습니다. 이 오병이어의 기적을 끝으로 예수님의 전기 갈릴리 사역이 마치게 됩니다.

예수님은 갈릴리를 떠나시며 오천 명을 먹이셨는데, 이 기적은 예수님의 메시야적 표적으로 사복음서에 모두 기록되어 있습니다. 하나님께서 광야에서 만나와 메추라기를 공급하셨듯이, 예수님은 빈 들에서 보리떡과 물고기를 공급하여 주셨습니다. 이 기적은 예수님이 단순히 선지자가 아니라 참으로 하나님이시라는 예수님의 선포를 확증합니다.

바다 위로 걸어오심 마14:21-33, 막6:45-52, 요6:16-21

예수께서 즉시 제자들을 재촉하사 자기가 무리를 보내는 동안에 배 타고 앞서 건너편 벳새다로 가게 하시고 무리를 작별하신 후에 기도하러 산으로 가시니라(막6:45-46)

예수님은 제자들에게 호수 건너편으로 가라고 하셨는데, 이는 그들이 예수님을 왕으로 세우려는 무리로부터 영향을 받지 않도록 하신 것입니다. 이스라엘에는 "벳새다"라는 장소가 두 곳이 있는데, 하나는 갈릴리 호수 북동쪽에 있고 본문의 '벳새다'는 서쪽 가버나움 근처에 있습니다. 예수님은 제자들을 먼저 보내신 후 홀로 기도하시기 위하여 "산으로", 곧 골란 고원으로 가셨습니다. 예수님은 예루살렘에서의 고난이 임박한 가운데 저녁부터 밤중까지 아버지께 기도하셨습니다.

큰 바람이 불어 파도가 일어나더라 제자들이 노를 저어 십여 리쯤 가다가 예수께서 바다 위로 걸어 배에 가까이 오심을 보고 두려워하거늘(요6:18-19)

갈릴리 호수는 해수면보다 212m 낮아서 갑작스런 폭풍이 자주 발생하는데, 지금 호수 건너편으로 가는 제자들은 강한 역풍을 맞닥뜨리는 중입니다. 제자들이 "노를 저어 십여 리쯤" 갔는데, '십여 리'는 약 4km가 넘는 거리입니다. 갈릴리 호수의 폭이 11.3km 정도이므로 제자들의 배가 호수 한가운데 있다는 것을 알 수 있습니다.

바람이 거스르므로 제자들이 힘겹게 노 젓는 것을 보시고 밤 사경쯤에 바다 위로 걸어서 그들에게 오사 지나가려고 하시매(막6:48)

"밤 사경"[49]은 오전 3시에서 6시 사이를 말하며, 이는 제자들이 7시간 넘게 폭풍우와 사투를 벌이고 있었다는 사실을 알려줍니다. 예수님은 제자들이 처한 위험을 보시고 그들을 찾아오셨습니다. 구약에서는 하나님만이 바다를 다스리십니다. "그가 홀로 하늘을 펴시며 바다 물결을 밟으시며"(욥9:8), "주께서 바다의 파도를 다스리시며 그 파도가 일어날 때에 잔잔하게 하시나이다"(시89:9). 예수님께서 바다 위를 걸으셨다는 것은 창조주로서 자연을 다스리시는 모습을 입증합니다.

제자들이 그가 바다 위로 걸어오심을 보고 놀라 유령이라 하며 무서워하여 소리 지르거늘 예수께서 즉시 이르시되 안심하라 나니 두려워하지 말라(마14:26-27)

"유령"은 혼령이나 환영을 뜻하는데, 예수님이 바다 위를 걷고 계신 것을 본 제자들은 악한 영이 자신들을 속이려 한다고 생각하고 공포심에 사로잡혔습니다. 예수님은 "나니 두려워하지 말라"고 말씀하시며 구약의 하나님과 마찬가지로 자신을 확인시켜 주심으로 그들을 진정시키

---

49 로마 군대는 밤을 오후 6시부터 오전 6시까지 세 시간씩 사경으로 나누었습니다. 제1경은 오후 6시에서 오후 9시, 제2경은 오후 9시에서 자정, 제3경은 자정에서 오전 3시, 제4경은 오전 3시에서 오전 6시였습니다. 구약에서 이스라엘 민족은 밤을 삼경으로 나누어 일경을 네 시간씩으로 하였습니다.

셨습니다. "나니"란 '나는 ~이다', 곧 '에고 에이미'(Ἐγώ εἰμι, I am that I am)라는 말씀인데, 이는 구약에서 하나님이 불타는 떨기나무에서 자신을 '나는 스스로 있는 자'라고 하신 것과 동일한 표현입니다. "하나님이 모세에게 이르시되 나는 스스로 있는 자이니라 또 이르시되 너는 이스라엘 자손에게 이같이 이르기를 스스로 있는 자가 나를 너희에게 보내셨다 하라"(출3:14). 이처럼 예수님은 하나님의 현현(顯現)이나 임재를 나타내는 표현을 자신에게 돌리심으로써 구원자이신 자신의 신적 정체성을 드러내셨습니다.

베드로가 대답하여 이르되 주여 만일 주님이시거든 나를 명하사 물 위로 오라 하소서 하니 오라 하시니 베드로가 배에서 내려 물 위로 걸어서 예수께로 가되 바람을 보고 무서워 빠져 가는지라 소리 질러 이르되 주여 나를 구원하소서 하니 예수께서 즉시 손을 내밀어 그를 붙잡으시며 이르시되 믿음이 작은 자여 왜 의심하였느냐 하시고(마14:28-31)

베드로가 예수님을 따라 바다 위를 잠시 걸었지만 곧 물에 빠지게 되자 예수님께 부르짖었습니다. 예수님은 바로 손을 내밀어 그를 붙잡으시며 "왜 의심하였느냐"라고 책망하셨습니다.

배에 올라 그들에게 가시니 바람이 그치는지라 제자들이 마음에 심히 놀라니 이는 그들이 그 떡 떼시던 일을 깨닫지 못하고 도리어 그 마음이 둔하여졌음이러라(막6:51-52)

그러나 제자들은 앞선 오병이어의 기적과 물 위를 걸으시는 예수님을 보면서도 아직 그분의 신성을 깨닫지 못하고 있었습니다.[50]

배에 있는 사람들이 예수께 절하며 이르되 진실로 하나님의 아들이로소이다 하더라(마14:33)

---

50 예수님이 자신의 정체를 드러내시는 방식 중 하나는 이적을 행하시는 것인데, 이적들은 예수님의 능력과 신성을 강력하게 증거합니다. Irving L. Jensen, *Jensen's Survey of The New Testament* (Chicago: Moody Press, 1981), 167.

이에 기뻐서 배로 영접하니 배는 곧 그들이 가려던 땅에 이르렀더라(요6:21)

한동안 어안이 벙벙하던 제자들은 풍랑이 그치고 잠잠해지자 그제서야 예수님을 알아보고 경배하며 "하나님의 아들"이라고 고백하였습니다. 이는 하나님만이 폭풍을 잠잠하게 하시는 분이라는 시편 말씀의 실례입니다. "광풍을 고요하게 하사 물결도 잔잔하게 하시는도다"(시107:29).

사나운 폭풍 속에서 바다 위를 걸어오신 예수님은 자신이 모든 창조 세계를 다스리는 주님이심을 입증하셨습니다. 제자들은 예수님께서 바다 위를 걸으시는 모습과 물에 빠진 베드로를 건져 올리시는 모습을 목도함으로 예수님의 신성의 가시적인 증거를 보게 되었습니다.

게네사렛에서 병자들을 고치심 마14:34-36, 막6:53-56

그들이 건너가 게네사렛 땅에 이르니(마14:34)

"게네사렛"은 비옥한 땅과 무화과와 올리브로 유명한 가버나움 남쪽 갈릴리 바다의 서쪽 해안에 있는 마을로, 구약에서는 '긴네렛'이라 불렸습니다. "벤하닷이 아사 왕의 말을 듣고 그의 군대 지휘관들을 보내 이스라엘 성읍들을 치되 이욘과 단과 아벨벧마아가와 긴네렛 온 땅과 납달리 온 땅을 쳤더니"(왕상15:20).

그 온 지방으로 달려 돌아다니며 예수께서 어디 계시다는 말을 듣는 대로 병든 자를 침상째로 메고 나아오니(막6:55)

예수님께서 갈릴리 지방에서 전도 사역을 계속하셨는데, 게네사렛에 이르시자 가시는 지역마다 큰 무리가 모여들었습니다. 사람들은 병자를 침상에 누인 채로 데려와 치유를 간구하였습니다.

아무 데나 예수께서 들어가시는 지방이나 도시나 마을에서 병자를 시장에 두고 예수께 그의 옷가에라도 손을 대게 하시기를 간구하니 손을 대는 자는 다 성함을 얻으니라(막6:56)

이곳 사람들은 예수님의 옷자락에라도 손을 대기만 한다면 병이 낫는다는 것을 알고 있었습니다. "성함을 얻으니라"(ἐσῴζοντο, were made whole)는 동사는 미완료 시제로 '계속 구원되고 있었다'는 의미입니다. 곧 예수님의 옷 가에 손을 대는 사람에게는 치유의 능력이 계속하여 나타났음을 말해주고 있습니다.

본문은 예수님 사역의 요약으로, 모든 병자들을 낫게 하시는 예수님의 초자연적인 능력을 보여줍니다. 어떠한 질병을 가진 자라도 예수님께 믿음으로 나오면 다 나음을 얻었고, 이 소문은 널리 퍼져나갔습니다.

생명의 떡이신 예수님 요6:22-71

(그러나 디베랴에서 배들이 주께서 축사하신 후 여럿이 떡 먹던 그곳에 가까이 왔더라) 무리가 거기에 예수도 안 계시고 제자들도 없음을 보고 곧 배들을 타고 예수를 찾으러 가버나움으로 가서(요6:23-24)

"디베랴"는 '지키다'는 뜻이며 갈릴리 바다의 서쪽 호반에서 가장 큰 주요 도시로, 1세기 초에 헤롯 안디바가 로마 황제 티베리우스에게 경의를 표하며 세운 도시입니다. 디베랴는 이후 아그립바 1세 때에도 갈릴리의 왕실에 속하였는데, 유대인들은 이 도시가 옛 공동묘지 위에 지어졌기 때문에 이 곳이 부정하다고 간주하였습니다. 사람들은 예수님이 갈릴리 바다 북서쪽 가장자리에 위치한 "가버나움"에 계신 것을 알고 나아왔습니다.

예수께서 대답하여 이르시되 내가 진실로 진실로 너희에게 이르노니 너희가 나를 찾는 것은 표적을 본 까닭이 아니요 떡을 먹고 배부른 까닭이로다(요6:26)

예수님은 무리들이 자신을 따르는 이유가 영적인 갈급함이 아니라 육신적 필요가 채워졌기 때문이라고 하셨습니다.

썩을 양식을 위하여 일하지 말고 영생하도록 있는 양식을 위하여 하라 이 양식은 인자가 너희에게 주리니 인자는 아버지 하나님께서 인치신 자니라 그들이 묻되 우리가 어떻게 하여야 하나님의 일을 하오리이까(요6:27-28)

"인"(印)은 다양한 종류의 금속으로 만들어졌으며, 어떤 물건이나 문서에 대한 소유권을 상징합니다. 예수님은 사람들에게 "영생하도록 있는 양식"을 위하여 일하라고 하셨는데, 사람들은 하나님의 일에 어떻게 참여할 수 있는지 질문하였습니다.

예수께서 대답하여 이르시되 하나님께서 보내신 이를 믿는 것이 하나님의 일이니라 하시니(요6:29)

예수님은 하나님께서 옛 약속을 따라 보내주신 '언약의 사자'를 믿는 것이 하나님이 요구하시는 일이라고 하셨습니다. "만군의 여호와가 이르노라 보라 내가 내 사자를 보내리니 그가 내 앞에서 길을 준비할 것이요 또 너희가 구하는 바 주가 갑자기 그의 성전에 임하시리니 곧 너희가 사모하는 바 언약의 사자가 임하실 것이라"(말3:1).

그들이 묻되 그러면 우리가 보고 당신을 믿도록 행하시는 표적이 무엇이니이까, 하시는 일이 무엇이니이까(요6:30)

무리들이 지금까지 목도한 표적들만으로도 예수님을 증거하기에 충분하였지만, 그들은 예수님이 하나님의 보내신 자임을 확증하는 또 다른 증거를 보여 달라고 요청하였습니다.

예수께서 이르시되 내가 진실로 진실로 너희에게 이르노니 모세가 너희에게 하늘로부터 떡을 준 것이 아니라 내 아버지께서 너희에게 하늘로부터 참 떡을 주시나니 하나님의 떡은 하늘에서 내려 세상에 생명을 주는 것이니라(요6:32-33)

이에 예수님은 광야에서 그들의 조상에게 만나를 내려주신 분은 모세가 아니라 하나님이셨음을 상기시켜 주셨습니다. "하나님의 떡"은 육신의 필요를 충족시키기 위해 일시적으로 베풀어졌던 구약의 만나보다 탁월합니다. 예수님은 자신이 하나님께서 하늘로부터 주신 '참 떡', 곧 모든 백성에게 영원한 생명을 주는 떡이라고 하셨습니다.

예수께서 이르시되 나는 생명의 떡이니 내게 오는 자는 결코 주리지 아니할 터이요 나를 믿는 자는 영원히 목마르지 아니하리라(요6:35)

요한복음에서 예수님은 일곱 번의 "나는 ~이다"(Ἐγώ εἰμι, I am)라는 자기 선언을 통해 자신을 스스로 계시하셨습니다.[51] 그 중 첫 번째로 등장하는 "나는 생명의 떡이니"라는 말씀은 예수님이 영생을 얻게 하는 '생명의 떡', 곧 자신을 믿는 사람들에게 영적 양식을 공급하시고 그들의 영적 갈망을 만족시키신다는 의미입니다.

아버지께서 내게 주시는 자는 다 내게로 올 것이요 내게 오는 자는 내가 결코 내쫓지 아니하리라(요6:37)

"내게 주시는 자"란 성부께서 만세 전에 구원을 주시기로 택한 모든 이들이 성자로 말미암아 실제로 구원 받을 것임을 말합니다. "내게 오는 자는 내가 결코 내쫓지 아니하리라"고 하신 것은 자신을 믿는 모든 사람을 반드시 영접하시겠다는 예수님의 약속입니다.

51 요한복음의 일곱 가지 '에고 에이미'는 "나는 생명의 떡이다"(6:35), "나는 세상의 빛이다"(8:12), "나는 양의 문이다"(10:7), "나는 선한 목자다"(10:11), "나는 부활이요 생명이다"(11:25), "나는 길이요 진리요 생명이다"(14:6), "나는 참 포도나무다"(15:1)입니다.

내 아버지의 뜻은 아들을 보고 믿는 자마다 영생을 얻는 이것이니 마지막 날에 내가 이를 다시 살리리라 하시니라(요6:40)

성부 하나님과 성자 하나님은 동등하시지만 구원 사역에서 성자는 성부의 뜻을 행하기 위해 세상에 오셨습니다. 따라서 "아들을 보고 믿는 자"는 영생을 얻을 것이며 구원을 상실하는 일은 결코 없을 것입니다.

나를 보내신 아버지께서 이끌지 아니하시면 아무도 내게 올 수 없으니 오는 그를 내가 마지막 날에 다시 살리리라(요6:44)

"아무도 내게 올 수 없으니"라는 말씀은 성부 하나님께서 주권적으로 인도하시지 않으면 어느 누구도 스스로 그리스도께 올 수 있는 영적 능력이 없다는 의미입니다.

이는 아버지를 본 자가 있다는 것이 아니라 오직 하나님에게서 온 자만 아버지를 보았느니라(요6:46)

본래 하나님을 본 사람이 없으되 오직 "하나님에게서 온 자", 곧 독생하신 아들만이 아버지를 보았습니다.

나는 하늘에서 내려온 살아 있는 떡이니 사람이 이 떡을 먹으면 영생하리라 내가 줄 떡은 곧 세상의 생명을 위한 내 살이니라 하시니라(요6:51)

"살아 있는 떡"이란 십자가에서 내어주시는 예수님 자신의 살을 가리키는데, 자기의 살을 주는 일은 곧 죽음을 의미합니다. 예수님은 자신을 믿는 이들의 영적 배고픔을 해결해 주신다는 의미에서 살아 있는 떡입니다.

예수께서 이르시되 내가 진실로 진실로 너희에게 이르노니 인자의 살을 먹지 아니하고 인자의 피를 마시지 아니하면 너희 속에 생명이 없느니라(요6:53)

"인자의 살"을 먹고 "인자의 피"를 마시는 것은 참 하나님이요 참 사람이신 그리스도를 믿음으로 그분과 연합하는 생활을 의미합니다. 예수님이 십자가에서 나누어 주신 살과 피를 먹고 마시는 행위는 곧 예수님을 자신의 구세주이자 주인으로 섬기는 실제적인 행위입니다. 예수님의 말씀은 생명을 주시는 양식이기 때문에 그리스도를 먹는 한 가지 방식은 그의 말씀에 순종하는 것입니다. "만군의 하나님 여호와시여 나는 주의 이름으로 일컬음을 받는 자라 내가 주의 말씀을 얻어 먹었사오니 주의 말씀은 내게 기쁨과 내 마음의 즐거움이오나"(렘15:16).

살리는 것은 영이니 육은 무익하니라 내가 너희에게 이른 말은 영이요 생명이라, 그 때부터 그의 제자 중에서 많은 사람이 떠나가고 다시 그와 함께 다니지 아니하더라(요6:63, 66)

"육", 곧 지·정·의를 포함한 인간 본성은 영적 생명을 낳는 일을 전혀 할 수 없고, "내 속 곧 내 육신에 선한 것이 거하지 아니하는 줄을 아노니 원함은 내게 있으나 선을 행하는 것은 없노라"(롬7:18), 오직 성령만이 예수님의 말씀을 통해 하실 수 있습니다. 예수님께서 영과 육의 차이를 자세히 설명하시자 인간적이고 세속적인 동기로 예수님을 따랐던 제자들 중 상당수가 예수님을 떠났습니다.

예수께서 열두 제자에게 이르시되 너희도 가려느냐 시몬 베드로가 대답하되 주여 영생의 말씀이 주께 있사오니 우리가 누구에게로 가오리이까 우리가 주는 하나님의 거룩하신 자이신 줄 믿고 알았사옵나이다(요6:67-69)

예수님이 열두 제자에게 "너희도 가려느냐"고 물으실 때, 베드로는 예수님 외에는 영생으로 인도할 수 있는 다른 스승이 없다고 대답하였습니다. 구약에서 하나님은 '이스라엘의 거룩하신 주'로 불리셨는데, "나의 하나님이여 내가 또 비파로 주를 찬양하며 주의 성실을 찬양하리이다 이스라엘의 거룩하신 주여 내가 수금으로 주를 찬양하리이다"(시71:22), 지금 베드로는 예수님을 "하나님의 거룩하신 자"라고 하며 자신의 신앙을 고백합니다.

오천 명을 먹이셨던 예수님께서 이제 영혼의 양식에 대하여 가르쳐 주셨습니다. 예수님은 바로 자신이 하늘에서 오신 생명의 떡이라고 말씀하셨습니다. 참으로 예수님은 십자가에서 자신의 살과 피를 주시며, 이를 믿음으로 먹고 마시는 자에게 영원한 생명을 허락하십니다.

전통에 대한 책망 마15:1-20, 막7:1-23

당신의 제자들이 어찌하여 장로들의 전통을 범하나이까 떡 먹을 때에 손을 씻지 아니하나이다(마15:2)

예루살렘에서 바리새인과 서기관들이 도덕적 정결에 관하여 예수님께 질문하였습니다. 본문의 "장로들의 전통"이란 바벨론 포로 생활 이후 랍비들이 고대로부터 전승된 자료들을 중심으로 세세한 규례들을 정비하고 집성한 구전 율법입니다. 이에 따르면 제사장은 직무를 수행하기 전에 손과 발을 씻어야 했는데, 바리새인들은 이를 의식적 정결의 문제로 만들어 모든 이스라엘 백성에게 적용하였습니다. 그러므로 그들이 주장하는바 제자들이 법을 어겼다고 문제를 제기하는 것은 모세 율법에 관한 것이 아니라 결례(潔禮)나 비품(備品) 등의 세칙을 규정한 후대의 전통에 관한 것입니다.

하나님이 이르셨으되 네 부모를 공경하라 하시고 또 아버지나 어머니를 비방하는 자는 반드시 죽임을 당하리라 하셨거늘 너희는 이르되 누구든지 아버지에게나 어머니에게 말하기를 내가 드려 유익하게 할 것이 하나님께 드림이 되었다고 하기만 하면 그 부모를 공경할 것이 없다 하여 너희의 전통으로 하나님의 말씀을 폐하는도다(마15:4-6)

너희는 이르되 사람이 아버지에게나 어머니에게나 말하기를 내가 드려 유익하게 할 것이 고르반 곧 하나님께 드림이 되었다고 하기만 하면 그만이라 하고(막7:11)

유대 전통에 따르면 "하나님께 드림이 되었다"라는 뜻의 '고르반'(κορβᾶν, 헌물)이라고 공적으로 선언할 경우, 연로한 부모를 돌보는 의무에서 벗어나는 것이 허용되었을 뿐만 아니라 심지어 매우 경건한 사람이라는 인상까지 줄 수 있었습니다. 부모가 늙고 연약해졌을 때 돌보는 일이야말로 부모 공경의 계명을 올바르게 준수하는 것임에도 불구하고 바리새인들은 고르반 전통을 지킨다고 하면서 모세 율법의 정신에서 이탈하였습니다. 이처럼 바리새인들은 미드라쉬를 비롯하여 구약 율법의 본래 정신에서 멀어진 구전의 영향을 받았기 때문에 사람들을 잘못된 길로 인도하였습니다.[52]

외식하는 자들아 이사야가 너희에 관하여 잘 예언하였도다 일렀으되 이 백성이 입술로는 나를 공경하되 마음은 내게서 멀도다 사람의 계명으로 교훈을 삼아 가르치니 나를 헛되이 경배하는도다 하였느니라 하시고(마15:7-9)

예수님은 이사야서를 인용하시며, "주께서 이르시되 이 백성이 입으로는 나를 가까이 하며 입술로는 나를 공경하나 그들의 마음은 내게서 멀리 떠났나니 그들이 나를 경외함은 사람의 계명으로 가르침을 받았을 뿐이라"(사29:13), 사람의 전통을 지키느라 하나님의 계명을 저버린다면 진정으로 하나님을 경외하는 것이 아님을 지적하셨습니다. 예수님은 하나님의 계명인 구약과, 인간의 의견이 혼합된 바리새인의 전통을 분명히 구별하셨습니다.

---

52 구약성경은 수천 년 이상의 세월을 지나는 동안 여러 해석자들의 다양한 도전을 받아왔는데, 가장 오래된 주석인 미드라쉬는 이러한 도전에 대한 초기 세대 유대학자들의 반응을 대표합니다. Irving Jacobs, *The Midrashic Process: Tradition and Interpretation in Rabbinic Judaism* (Cambridge: Cambridge University Press, 1995), 3.

예수께서 대답하여 이르시되 심은 것마다 내 하늘 아버지께서 심으시지 않은 것은 뽑힐 것이니(마15:13)

바리새인의 전통은 하나님께서 심으신 것이 아니기 때문에 심판 때에 뽑혀질 것이며 유대교 지도자들은 책망을 받을 것입니다. 하나님께서 심은 가지는 하나님의 영광을 드러냅니다. "네 백성이 다 의롭게 되어 영원히 땅을 차지하리니 그들은 내가 심은 가지요 내가 손으로 만든 것으로서 나의 영광을 나타낼 것인즉"(사60:21). 예수님은 종교지도자들의 전통이 오히려 모든 것의 토대가 되는 하나님의 말씀을 손상시켰다고 하셨습니다.

예수께서 이르시되 너희도 아직까지 깨달음이 없느냐 입으로 들어가는 모든 것은 배로 들어가서 뒤로 내버려지는 줄 알지 못하느냐 입에서 나오는 것들은 마음에서 나오나니 이것이야말로 사람을 더럽게 하느니라(마15:16-18)

예수님은 정결법의 핵심이 외적 행위의 준수 여부가 아니라 심령의 상태에 놓인 것이라고 하셨습니다. 모세의 의식법이 정결한 음식과 부정한 음식을 구별한 목적은 하나님의 거룩하심과 하나님과의 교제를 가로막는 죄에 대한 인식을 심어주기 위한 것입니다. 다시 말해, 사람을 더럽히는 것은 입으로 들어가는 것이 아니라 입에서 나오는 마음에 가득한 더러운 것이라고 하셨습니다.

마음에서 나오는 것은 악한 생각과 살인과 간음과 음란과 도둑질과 거짓 증언과 비방이니 이런 것들이 사람을 더럽게 하는 것이요 씻지 않은 손으로 먹는 것은 사람을 더럽게 하지 못하느니라(마15:19-20)

인간의 부패한 마음은 의식적 부정(不淨)보다 훨씬 더 악하고 심각합니다. 그런데 마음의 더러움이 제거되고 예수님의 속죄의 죽음을 통해 하나님과의 교제가 이루어지면 의식법은 그 목적을 성취했으므로 더 이상 요구되지 않습니다.

예수님은 구약의 율법과 이를 해석한 바리새인의 전통을 구별해 주셨습니다. 예수님은 고르반을 악용해 부모를 공경하라는 하나님의 법을 지키지 않는 바리새인과 서기관들의 죄를 지적하시며, 정결법은 외적으로만 준수하는 것이 아니라 근본적으로 하나님의 뜻을 바르게 이해하려는 내적인 상태를 견지하는 것임을 가르쳐 주셨습니다.

갈릴리로 가심 예수님은 베데스다에서의 치유 사건과 그로 인한 종교지도자들의 적대감 때문에 유대를 떠나 갈릴리로 가셨으며, 거기서 1년을 보내셨습니다.

가나안 여인의 믿음 마15:21-28, 막7:24-30, 요7:1

그 후에 예수께서 갈릴리에서 다니시고 유대에서 다니려 아니하심은 유대인들이 죽이려 함이러라(요7:1)

"그 후에"란 생명의 떡에 관하여 강론하신 후를 말하는데, 유대인들은 예수님이 하나님을 아버지라 하시며 자신이 하늘에서 내려왔다고 하시자 분개하였습니다.

예수께서 거기서 나가사 두로와 시돈 지방으로 들어가시니 가나안 여자 하나가 그 지경에서 나와서 소리 질러 이르되 주 다윗의 자손이여 나를 불쌍히 여기소서 내 딸이 흉악하게 귀신 들렸나이다 하되(마15:21-22)

그 여자는 헬라인이요 수로보니게 족속이라 자기 딸에게서 귀신 쫓아내 주시기를 간구하거늘(막7:26)

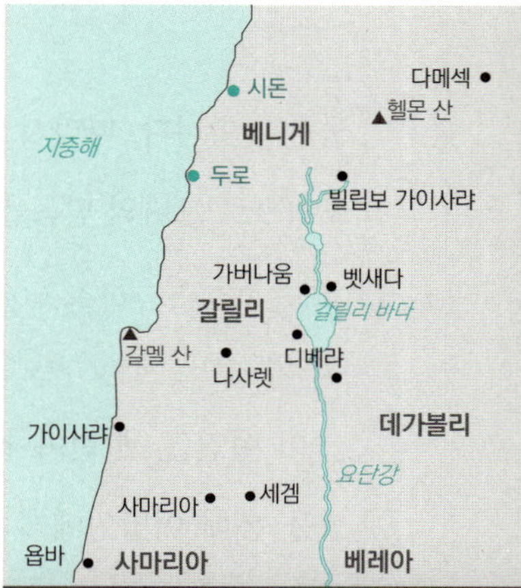

베니게 지방

갈릴리 사역을 마치신 예수님은 두로와 시돈을 포함하는 베니게(Phoenicia, 레바논 지역) 지방으로 들어가셨습니다.[53] "가나안 여자"란 그 지역에 살고 있던 팔레스타인의 원주민을 말합니다. "가나안은 장자 시돈과 헷을 낳고"(창10:15). 마가복음은 그 여인이 헬라인이며 "수로보니게"(Syro-Phoenicia), 곧 '시리아에 속하는 베니게' 출신이라고 설명합니다. 본문에는 이 여인의 믿음이 강조되고 있는데, 그녀는 예수님을 "주 다윗의 자손", 곧 주님이시며 메시야라고 고백하며 딸에게서 귀신을 쫓아 주시기를 구하였습니다.

예수는 한 말씀도 대답하지 아니하시니 제자들이 와서 청하여 말하되 그 여자가 우리 뒤에서 소리를 지르오니 그를 보내소서 예수께서 대답하여 이르시되 나는 이스라엘 집의 잃어버린 양 외에는 다른 데로 보내심을 받지 아니하였노라 하시니(마15:23-24)

예수님은 자신이 "이스라엘 집의 잃어버린 양"을 위해 보냄을 받았다고 하시며 여인의 요청에 반응하지 않으셨습니다. 예수님의 매몰찬 말씀에도 여인은 끈질기게 매달렸습니다.

여자가 와서 예수께 절하며 이르되 주여 저를 도우소서 대답하여 이르시되 자녀의 떡을 취하여 개들에게 던짐이 마땅하지 아니하니라(마15:25-26)

유대인들은 이방인들을 (들)개라고 부르며 멸시했는데, 본문에서 예수님이 사용하신 단어 "개"(κυνάριον, small dog)는 집에서 기르는 애완동

53 두로(Tyre)는 베니게의 중요한 해안 도시입니다. 시돈(Sidon)은 두로에서 북쪽으로 40km 떨어진 곳에 있는데, 이곳에서 엘리야가 사르밧 과부에게 이적을 행한 적이 있습니다(왕상17:8-16).

물을 말합니다. 따라서 예수님은 지금 그녀를 모욕하는 것이 아니라 의도적으로 그녀의 믿음을 시험하고 계신 것입니다.

여자가 이르되 주여 옳소이다마는 개들도 제 주인의 상에서 떨어지는 부스러기를 먹나이다 하니(마15:27)

이 여인은 세 번이나 거절당하면서도 실망하지 않고 오히려 아브라함을 통해 이방인에게 약속된 복을 언급하며 예수님께 간청하였습니다. 그녀는 하나님이 특별한 목적으로 이스라엘을 먼저 부르셨다는 것을 받아들이고, 자신이 이방인임을 인정하며 예수님의 구원 사역으로부터 떨어지는 은혜의 "부스러기"라도 얻기를 바랐습니다.

이에 예수께서 대답하여 이르시되 여자여 네 믿음이 크도다 네 소원대로 되리라 하시니 그 때로부터 그의 딸이 나으니라(마15:28)

"여자여 네 믿음이 크도다"는 말씀을 원문의 순서대로 직역하면 '오! 여자여, 크도다 너의 그 믿음'으로, 여인의 큰 믿음이 강조되어 있습니다. 이는 제자들이 '믿음이 작은 자'라고 책망 받았던 것과 확연히 대조됩니다.[54] 이 여인은 주위의 곱지 않은 시선도 참아낼 만큼 딸의 치유를 간절히 원하였으며, 오직 예수님만이 이러한 기적을 일으키실 수 있음을 전적으로 신뢰하였습니다. 예수님은 그 믿음을 보시고 딸의 병을 고쳐주셨습니다.

예수님은 수로보니게 여인의 포기하지 않는 크고도 절실한 믿음을 보시고 칭찬하셨습니다. 예수님의 사역이 이스라엘로 한정되어 있었지만, 이 여인의 믿음이 그 한계를 넘어서게 하였고, 이로 인하여 이방 지역에 사는 사람들도 예수님의 은혜를 입게 되었습니다.

---

54 마태복음에서 큰 믿음으로 예수님께 칭찬을 받은 사람은 자기 하인을 고쳐달라고 요청한 로마의 백부장(8:10)과 이 가나안 여인인데, 두 사람 모두 이방인입니다.

귀 먹고 말 더듬는 사람을 고치심 마15:29-31, 막7:31-37

예수께서 다시 두로 지방에서 나와 시돈을 지나고 데가볼리 지방을 통과하여 갈릴리 호수에 이르시매(막7:31)

예수님이 데가볼리 지역을 통과하여 갈릴리 호수 동편으로 돌아오셔서 유대인 병자들을 고치셨습니다. 예수님은 갈릴리와 유대 지방의 유대인들만이 아니라 이방 지역인 두로와 시돈과 데가볼리에 있는 이스라엘의 남은 백성들에게도 복음을 전하셨습니다.

사람들이 귀 먹고 말 더듬는 자를 데리고 예수께 나아와 안수하여 주시기를 간구하거늘 예수께서 그 사람을 따로 데리고 무리를 떠나사 손가락을 그의 양 귀에 넣고 침을 뱉어 그의 혀에 손을 대시며(막7:32-33)

예수님은 다른 치유 사건과 달리 귀가 들리지 않고 말을 더듬는 사람을 "따로 데리고" 가셔서 물리적 수단을 사용하여 고쳐주셨습니다. 이는 병자를 친밀하게 대하시는 예수님의 긍휼한 마음을 드러내는 동시에 말과 행동을 통해 제자들로 하여금 영적인 귀먹음과 눈멂을 깨닫게 하기 위함입니다.

하늘을 우러러 탄식하시며 그에게 이르시되 에바다 하시니 이는 열리라는 뜻이라 그의 귀가 열리고 혀가 맺힌 것이 곧 풀려 말이 분명하여졌더라 예수께서 그들에게 경고하사 아무에게도 이르지 말라 하시되 경고하실수록 그들이 더욱 널리 전파하니(막7:34-36)

예수님은 그에게 "에바다"(Εφφαθα) 곧 "열리라"고 하심으로 고쳐주셨습니다. 예수님은 누구에게도 말하지 말라고 경고하셨지만, 고침 받은 사람과 증인들은 이 기적을 널리 전하였습니다.

사람들이 심히 놀라 이르되 그가 모든 것을 잘하였도다 못 듣는 사람도 듣게 하고

말 못하는 사람도 말하게 한다 하니라(막7:37)

사람들은 예수님이 메시야인지 궁금해 하며 앞으로의 사역을 더욱 기대하기 시작하였습니다. 이전에 세례 요한이 감옥에서 제자들을 보내어 예수님이 오실 메시야인지 질문했을 때, 예수님은 이러한 기적과 치유가 일어나고 있다고 하시며 자신이 메시야임을 알게 하셨습니다.

맹인이 보게 되고 말 못하는 자가 말하게 되는 것은 하나님 나라에서 가능한 것으로 생각되었는데, 지금 예수님께서 이들을 치료하시며 하나님 나라가 임하였음을 보여주고 계십니다. 사람들은 놀라워하며 예수님을 하나님이 보내신 메시야로 인정하고 있습니다.

사천 명을 먹이심 마15:32-39, 막8:1-10

그 무렵에 또 큰 무리가 있어 먹을 것이 없는지라 예수께서 제자들을 불러 이르시되 내가 무리를 불쌍히 여기노라 그들이 나와 함께 있은 지 이미 사흘이 지났으나 먹을 것이 없도다(막8:1-2)

예수님이 오천 명을 먹이신 일은 사복음서에 모두 기록되어 있지만, 사천 명을 먹이신 일은 마태복음과 마가복음에만 나타납니다. 예수님은 갈릴리 바다 동남쪽의 이방 지역인 데가볼리로 가셨습니다. 예수님은 오천 명을 먹이실 때와 마찬가지로 고침받기 위해 모인 무리들을 불쌍히 여기시며, 하나님 아들로서 능력을 행하셨습니다. "사흘"이란 기간에서 알 수 있듯이 때로는 예수님의 사역이 수일 간 지속되기도 하였습니다.

제자들이 대답하되 이 광야 어디서 떡을 얻어 이 사람들로 배부르게 할 수 있으리이까(막8:4)

제자들은 이 광활한 광야에 "(누가) 어디서"[55] 이 많은 무리를 먹일 수 있겠느냐고 예수님께 반문하였습니다. 이전에 예수님께서 오천 명을 먹이셨던 일을 목격하였음에도 불구하고 제자들에게는 여전히 예수님에 대한 믿음이 부족하였습니다.

예수께서 물으시되 너희에게 떡 몇 개나 있느냐 이르되 일곱이로소이다 하거늘 예수께서 무리를 명하여 땅에 앉게 하시고 떡 일곱 개를 가지사 축사하시고 떼어 제자들에게 주어 나누어 주게 하시니 제자들이 무리에게 나누어 주더라 또 작은 생선 두어 마리가 있는지라 이에 축복하시고 명하사 이것도 나누어 주게 하시니(막8:5-7)

예수님은 제자들이 가지고 있던 일곱 개의 떡에 축사하신 후 사람들에게 나누어 주셨습니다. 유대인의 식사에서 하나님께 감사드리고 떡을 떼는 것은 일반적인 관례입니다. 또한 예수님은 두어 마리의 생선에도 축복하시고 제자들을 통하여 사람들에게 나누어 주셨습니다.

배불리 먹고 남은 조각 일곱 광주리를 거두었으며 사람은 약 사천 명이었더라 예수께서 그들을 흩어 보내시고 곧 제자들과 함께 배에 오르사 달마누다 지방으로 가시니라(막8:8-10)

예수님께서 늘려주신 음식의 양은 매우 풍성하여 다 먹고 남은 것을 거두니 "일곱 광주리"나 되었습니다. 여기서 '일곱'이란 완벽함이나 완전함을 상징합니다. 사람들은 아마도 오천 명을 먹이신 예수님의 이전 기적을 떠올렸을 것입니다. 이제 예수님은 갈릴리 바다를 건너 서쪽 방향의 "달마누다"[56]로 가십니다.

---

55 개역개정 성경에는 없지만, 헬라어 성경에는 '누가'(τις)라는 단어가 명시적으로 포함되어 있습니다.

56 달마누다는 막달라 혹은 마가단에 인접해 있는 갈릴리 바다 해안에 있는 마을로, 예수님이 사천 명을 먹이신 후에 가신 곳입니다. Merrill C. Tenney ed., *The Zondervan Pictorial Bible Dictionary* (Grand Rapids: Zondervan, 1967), 194.

예수님은 오천 명을 먹이실 때처럼 무리들을 불쌍히 여기시고, 떡 일곱 개와 작은 생선 두어 마리로 그들을 먹이심으로 하나님의 아들로서의 신적 능력을 나타내셨습니다. 이전 오병이어의 기적은 유대인 지역에서 일어났지만, 칠병이어의 기적은 비유대인 지역에서 일어난 것으로, 이는 이방인에게로 복음의 사역이 확대되어가고 있음을 보여줍니다.

표적을 구함 마16:1-4, 막8:11-13

바리새인들이 나와서 예수를 힐난하며 그를 시험하여 하늘로부터 오는 표적을 구하거늘(막8:11)

지금까지 예수님은 하나님의 권능을 행하시는 분으로서 이적과 기사를 많이 일으키셨고 직전에는 사천 명을 먹이신 기적을 행하셨음에도 불구하고, 바리새인과 사두개인들은(마16:1) "하늘로부터 오는 표적" 곧 하나님께로부터 나온 표적을 요구하였습니다. "표적을 구하거늘"에서 '구하다'(ζητέω)는 단순히 요구하는 것이 아니라 '애써 찾는다'(seek)는 의미입니다. 그들은 많은 기적들을 목격하였지만 예수님이 하나님의 권능으로 그러한 기적을 행하셨다는 것을 인정하지 않고 있습니다.

예수께서 대답하여 이르시되 너희가 저녁에 하늘이 붉으면 날이 좋겠다 하고 아침에 하늘이 붉고 흐리면 오늘은 날이 궂겠다 하나니 너희가 날씨는 분별할 줄 알면서 시대의 표적은 분별할 수 없느냐(마16:2-3)

예수님은 그들의 잘못된 동기와 태도로 인하여 탄식하셨습니다. 예수님은 그들에게 더 이상 표적을 보여주지 않겠다고 하시며 "시대의 표적"을 분별하라고 하셨습니다.

예수께서 마음속으로 깊이 탄식하시며 이르시되 어찌하여 이 세대가 표적을 구하느냐 내가 진실로 너희에게 이르노니 이 세대에 표적을 주지 아니하리라 하시고(막 8:12)

악하고 음란한 세대가 표적을 구하나 요나의 표적 밖에는 보여 줄 표적이 없느니라 하시고 그들을 떠나 가시니라(마16:4)

"마음속으로"(τῷ πνεύματι, in the spirit)란 '영으로'라는 뜻으로, 예수님의 영혼이 깊이 탄식하셨다는 의미를 강조합니다. 이전에 서기관과 바리새인들이 표적을 요구했을 때, 예수님은 표적을 '계속해서 찾고 있는'(ἐπιζητεῖ, seek after) 패역한 세대라고 책망하시며 요나의 표적 밖에 보일 표적이 없다고 하셨습니다. 이번에도 동일하게 예수님은 요나의 표적으로 충분하다고 말씀하셨습니다. 바리새인과 사두개인들은 본래 견원지간이었지만 예수님을 대적하는 데에는 뜻이 일치하였습니다.

그들을 떠나 다시 배에 올라 건너편으로 가시니라(막8:13)

예수님은 다시 갈릴리 바다를 건너 동쪽으로 향하십니다.

믿음을 가진 자들은 이미 예수님이 보여주신 표적을 통하여 예수님이 메시야이심을 깨달았습니다. 그러나 바리새인과 사두개인들은 믿기 위해서가 아니라 예수님께 대적하기 위해 표적을 구했기 때문에 예수님은 요나의 표적 외에는 보여 줄 것이 없다고 하셨습니다.

지도자들의 누룩에 대해 경계하심 마16:5-12, 막8:14-21

제자들이 떡 가져오기를 잊었으매 배에 떡 한 개밖에 그들에게 없더라 예수께서 경고하여 이르시되 삼가 바리새인들의 누룩과 헤롯의 누룩을 주의하라 하시니(막 8:14-15)

예수님은 벳새다로 가시는 도중에 제자들에게 누룩을 주의하라고 말씀하셨습니다. "바리새인들의 누룩"이란 바리새인들이 장로들의 전통을 지키지 않는 예수님의 제자들을 정죄하는 것을 말합니다. "헤롯의 누룩"은 헤롯 안디바가 하나님이 보내신 세례 요한을 죽인 것과 하나님의 일을 이해하지 못하면서도 계속 표적을 구하는 것을 의미합니다. 곧 누룩[57]이란 바리새인들과 안디바의 자기중심성에 대한 비유로, 예수님은 제자들에게 그런 교만한 태도를 경고하셨습니다.

제자들이 서로 논의하여 이르되 우리가 떡을 가져오지 아니하였도다 하거늘(마16:7)

제자들은 누룩이란 말을 문자 그대로 받아들여 "우리가 떡을 가져오지 아니하였도다"라고만 말하며, 예수님의 누룩에 대한 언급이 영적인 교훈을 주기 위한 비유임을 깨닫지 못하고 있습니다.

예수께서 아시고 이르시되 믿음이 작은 자들아 어찌 떡이 없으므로 서로 논의하느냐 너희가 아직도 깨닫지 못하느냐 떡 다섯 개로 오천 명을 먹이고 주운 것이 몇 바구니며 떡 일곱 개로 사천 명을 먹이고 주운 것이 몇 광주리였는지를 기억하지 못하느냐(마16:8-10)

예수님이 두 번이나 떡의 기적을 행하셨을 때 제자들은 이 기적의 의미, 곧 그들 앞에 계신 예수님이 창조주요 생명을 주시는 분임을 깨달아야 했지만 그렇지 못하였습니다. "그는 보이지 아니하는 하나님의 형상이시요 모든 피조물보다 먼저 나신 이시니 만물이 그에게서 창조되되 하늘과 땅에서 보이는 것들과 보이지 않는 것들과 혹은 왕권들이나 주권들이나 통치자들이나 권세들이나 만물이 다 그로 말미암고 그를 위하여 창조되었고"(골1:15-16).

---

57 누가복음에는 예수님이 바리새인의 누룩을 '외식'이라고 하셨습니다. "그 동안에 무리 수만 명이 모여 서로 밟힐 만큼 되었더니 예수께서 먼저 제자들에게 말씀하여 이르시되 바리새인들의 누룩 곧 외식을 주의하라"(눅12:1).

어찌 내 말한 것이 떡에 관함이 아닌 줄을 깨닫지 못하느냐 오직 바리새인과 사두개인들의 누룩을 주의하라 하시니 그제서야 제자들이 떡의 누룩이 아니요 바리새인과 사두개인들의 교훈을 삼가라고 말씀하신 줄을 깨달으니라(마16:11-12)

예수님의 책망을 들은 후에야 제자들은 이 말씀이 바리새인과 사두개인들의 위선을 조심하라는 말씀이었음을 깨닫게 되었습니다.

예수님은 누룩의 비유를 통해 거짓 가르침이 어떻게 좋은 것에 스며들어 그것을 망쳐놓을 수 있는지 보여주셨습니다. 그리고 예수님은 제자들에게 유대 지도자들의 그릇된 교훈을 경계하라고 주의를 주셨습니다.

벳새다의 맹인을 고치심 막8:22-26

벳새다에 이르매 사람들이 맹인 한 사람을 데리고 예수께 나아와 손 대시기를 구하거늘 예수께서 맹인의 손을 붙잡으시고 마을 밖으로 데리고 나가사 눈에 침을 뱉으시며 그에게 안수하시고 무엇이 보이느냐 물으시니(막8:22-23)

본문은 마가복음에만 기록된 맹인치유 사건으로, 예수님은 갈릴리 바다 동편 벳새다에 머물러 계셨습니다. 예수님은 맹인의 눈에 침을 뱉으시고 안수하신 후에 "무엇이 보이느냐"고 물으셨습니다. 이는 맹인을 인격적으로 대하시며 치유하시는 예수님의 긍휼하심을 드러내는 동시에 예수님에 대한 제자들의 부족한 이해를 이 맹인의 상태로 비유하여 나타냅니다.

쳐다보며 이르되 사람들이 보이나이다 나무 같은 것들이 걸어 가는 것을 보나이다 하거늘 이에 그 눈에 다시 안수하시매 그가 주목하여 보더니 나아서 모든 것을 밝히 보는지라(막8:24-25)

"나무 같은 것들이 걸어 가는 것을 보나이다"란 맹인의 시력 회복이 점진적으로 일어나고 있음을 알려주는 표현입니다. 이같이 예수님이 두 단계를 거쳐 맹인을 치유하신 것은 제자들의 영적 상태를 설명하는 역할을 합니다. 다시 말해, 제자들도 이제 예수님이 메시야이심을 인지하기 시작했으나 하나님 나라의 성격과 그분의 구속 사역에 대하여 여전히 희미하게만 알고 있기 때문입니다. 무엇보다 제자들은 아직 예수님께서 고난 받고 죽임 당하실 메시야이심을 이해하지 못하고 있습니다.

당시 맹인을 고치는 일은 메시야 시대에 이르러서야 가능한 일로 생각되었는데, 예수님은 맹인을 고치심으로 자신이 하나님께서 보내신 메시야이심을 보여주셨습니다. 제자들은 여전히 예수님이 누구신지 깨닫지 못하고 있지만, 예수님께서 부활하신 후에는 이 맹인처럼 예수님의 위격 안에 있는 신비를 보게 될 것입니다.

제11장 제자들을 준비시키심과 초막절 기간의 사역

제자들을 준비시키심 예수님은 빌립보 가이사랴를 지나 북쪽으로 가셨다가 다시 갈릴리로 돌아오시는 동안 제자들을 준비시키시며 훈련시키셨습니다.

베드로의 신앙고백 마16:13-20, 막8:27-30, 눅9:18-21

예수께서 빌립보 가이사랴 지방에 이르러 제자들에게 물어 이르시되 사람들이 인자를 누구라 하느냐(마16:13)

갈릴리 바다에서 북쪽으로 약 40km 떨어진 "빌립보 가이사랴"는 당시 이교도인 시리아와 그리스 사람들이 사는 도시였습니다. 이곳의 본래 지명은 '파네아스'(Paneas)였지만 헤롯 대왕의 아들 빌립이 자신과 아구스도 황제를 기념하여 '빌립보 가이사랴'(Philippi Caesarea)로 바꾼 것입니다. 예수님은 바알과 로마황제 숭배의 중심지에서 자신에 대한 사람들의 생각을 물으시고 제자들의 생각을 물으셨습니다.

빌립보 가이사랴

시몬 베드로가 대답하여 이르되 주는 그리스도시요 살아 계신 하나님의 아들이시니이다(마16:16)

베드로가 고백한 "그리스도", 곧 기름부음 받은 자를 뜻하는 메시야는 이스라엘 사람들이 기다렸던 장차 올 위대한 선지자를 말합니다. "내가 그들의 형제 중에서 너와 같은 선지자 하나를 그들을 위하여 일으키고 내 말을 그 입에 두리니 내가 그에게 명령하는 것을 그가 무리에게 다 말하리라"(신18:18). 또한 "살아 계신 하나님의 아들"이라 함은 예수님이 하나님의 아들이심과 동시에 하나님께서 기름부으신 왕이심을 선언합니다. "내가 여호와의 명령을 전하노라 여호와께서 내게 이르시되 너는 내 아들이라 오늘 내가 너를 낳았도다"(시2:7).

예수께서 대답하여 이르시되 바요나 시몬아 네가 복이 있도다 이를 네게 알게 한 이는 혈육이 아니요 하늘에 계신 내 아버지시니라(마16:17)

예수님이 베드로를 부르실 때 "바요나 시몬"[58](요한의 아들 시몬)이라고 하신 것은 신앙을 고백할 수 있는 능력은 육신의 아버지 요한에게서가 아니라 하늘에 계신 아버지에게서 말미암은 것임을 강조합니다.

또 내가 네게 이르노니 너는 베드로라 내가 이 반석 위에 내 교회[59]를 세우리니 음부의 권세가 이기지 못하리라(마16:18)

예수님은 베드로(Πέτρος)의 신앙고백, 곧 "이 반석"(ταύτῃ τῇ πέτρᾳ) 위에 "내 교회"를 세우겠다고 하셨습니다. 이후에 베드로를 비롯한 예수님의 제자들은 오순절 성령강림 이후 이러한 고백 위에서 복음의 소식을 전하게 됩니다. "예루살렘에 있는 사도들이 사마리아도 하나님의 말씀을

58 "바요나 시몬"의 정확한 표기는 '시몬 바-요하나'(Simon Bar-Yohanea)인데, 한글 성경에는 '바-요하나'가 '바-요나'로 축약되어 나타납니다.

59 복음서들 중 오직 마태복음에서만 '교회'라는 단어가 사용됩니다.

받았다 함을 듣고 베드로와 요한을 보내매, 이에 두 사도가 그들에게 안수하매 성령을 받는지라"(행8:14,17).

내가 천국 열쇠를 네게 주리니 네가 땅에서 무엇이든지 매면 하늘에서도 매일 것이요 네가 땅에서 무엇이든지 풀면 하늘에서도 풀리리라 하시고(마16:19)

예수님은 장차 세워질 교회에서 베드로가 주도적인 역할을 할 것임을 말씀하셨습니다. 예수님은 베드로에게 '네가 땅에서 매면 하늘에서도 매일 것이고 땅에서 풀면 하늘에서도 풀리리라'고 하셨는데, 후에 제자들에게도 동일한 말씀을 하심으로 모든 사도들에게 베드로와 같은 권위가 있음을 알게 하셨습니다. "진실로 너희에게 이르노니 무엇이든지 너희가 땅에서 매면 하늘에서도 매일 것이요 무엇이든지 땅에서 풀면 하늘에서도 풀리리라"(마18:18). "천국 열쇠"란 부르심을 받은 제자들에게 주어진 영적인 권위, 곧 복음을 선포함으로써 사람들이 천국에 들어가는 것을 허락할 수 있는 권위를 말합니다. "그 성의 성곽에는 열두 기초석이 있고 그 위에는 어린 양의 열두 사도의 열두 이름이 있더라"(계21:14). 이는 사람들을 천국 문 앞에 모아 놓고 자신은 들어가지 않으면서 남들까지 못 들어가게 하는 유대 종교지도자들과 대조됩니다.

이에 제자들에게 경고하사 자기가 그리스도인 것을 아무에게도 이르지 말라 하시니라(마16:20)

예수님께서 아직 자신을 드러내지 않으신 것은 메시야를 정치적 해방자로 기대하고 있는 유대인들의 오해를 피하시기 위함입니다.

예수님은 베드로의 신앙고백 위에 자신의 교회를 세우시고 스스로 주춧돌이 되시며, "너희는 사도들과 선지자들의 터 위에 세우심을 입은 자라 그리스도 예수께서 친히 모퉁잇돌이 되셨느니라"(엡2:20), 말씀을 통해 교회의 지도자들에게 자신의 권위를 위임하셨습니다. "너희가 누구의 죄든지 사하면 사하여 질 것이요 누구의 죄든지 그대로 두면 그대로 있으리라 하시니라"(요20:23).

죽으심에 대한 첫 번째 예고 마16:21-28, 막8:31-9:1, 눅9:22-27

이 때로부터 예수 그리스도께서 자기가 예루살렘에 올라가 장로들과 대제사장들과 서기관들에게 많은 고난을 받고 죽임을 당하고 제삼일에 살아나야 할 것을 제자들에게 비로소 나타내시니(마16:21)
이에 자기의 일을 아무에게도 말하지 말라 경고하시고 인자가 많은 고난을 받고 장로들과 대제사장들과 서기관들에게 버린 바 되어 죽임을 당하고 사흘 만에 살아나야 할 것을 비로소 그들에게 가르치시되(막8:30-31)

"이 때로부터"란 예수님이 갈릴리 사역을 마치시고 십자가를 지시기 위해 예루살렘으로 떠나시는 시점을 말하는데, 비로소 예수님은 자신의 구속 사역 가운데 가장 중요한 죽으심과 다시 사심을 제자들에게 처음으로 말씀하셨습니다. 이는 자신의 체포와 십자가 처형을 예언하시는 네 번의 말씀 중 첫 번째입니다. 공관복음의 기자들은 예수님이 자신의 고난에 대해 말씀하실 때 '마땅히'(δεῖ, ought)라는 단어를 사용하셨다고 기록하는데, 이는 속죄를 이루시기 위하여 예수님이 반드시 고난과 죽음을 받으셔야 한다는 사실을 강조합니다.

드러내 놓고 이 말씀을 하시니 베드로가 예수를 붙들고 항변하매 예수께서 돌이키사 제자들을 보시며 베드로를 꾸짖어 이르시되 사탄아 내 뒤로 물러가라 네가 하나님의 일을 생각하지 아니하고 도리어 사람의 일을 생각하는도다 하시고(막8:30-33)

본문에서 베드로의 '항변'과 예수님의 '꾸짖으심' 모두 '책망하다'(ἐπιτιμάω, rebuke)라는 단어와 동일합니다. 비록 이사야 53장에 고난 받는 종에 대한 언급이 있었지만, 당시 유대인들은 메시야를 이스라엘을 회복시킬 왕으로만 이해하였습니다. 따라서 베드로 역시 그리스도이신 예수님이 이런 부정적인 말씀을 하시는 것이 옳지 않다고 여겨 강하게 반발한 것입니다. 하지만 예수님은 베드로에게 "사탄아 내 뒤로 물러가라"라고 하시며 인간적인 생각으로 하나님의 구원 사역을 가로막는 그를 질책하셨습니다.

이에 예수께서 제자들에게 이르시되 누구든지 나를 따라오려거든 자기를 부인하고 자기 십자가를 지고 나를 따를 것이니라 누구든지 제 목숨을 구원하고자 하면 잃을 것이요 누구든지 나를 위하여 제 목숨을 잃으면 찾으리라(마16:24-25)

예수님은 자신을 따르는 제자들도 고난과 죽음을 각오해야 한다고 말씀하셨습니다. "자기를 부인하고"란 자신의 삶에 대한 지배권을 예수님께 내어드리는 것을 말하며, "자기 십자가를 지고"란 배척과 죽음을 당하기까지 헌신하는 것을 의미합니다. 예수님은 현세적 유익을 버리고 하나님의 뜻을 추구하는 자에게는 영원한 생명이 주어진다고 약속하셨습니다.

인자가 아버지의 영광으로 그 천사들과 함께 오리니 그 때에 각 사람이 행한 대로 갚으리라(마16:27)

누구든지 이 음란하고 죄 많은 세대에서 나와 내 말을 부끄러워하면 인자도 아버지의 영광으로 거룩한 천사들과 함께 올 때에 그 사람을 부끄러워하리라(막8:38)

예수님께서 재림하시면 자기 자신의 욕망을 따른 자들에게는 심판을 내리시고, 자기 십자가를 진 자들에게는 상을 주실 것입니다. '부끄러워한다'는 것은 사람들 앞에서 예수님을 주님으로 인정하지 않는 것을 말합니다. 참된 제자도란 예수님을 따를 뿐만 아니라 담대히 그분을 시인하는 것을 뜻합니다.

또 그들에게 이르시되 내가 진실로 너희에게 이르노니 여기 서 있는 사람 중에는 죽기 전에 하나님의 나라가 권능으로 임하는 것을 볼 자들도 있느니라 하시니라(막9:1)

"하나님의 나라가 권능으로 임하는 것"이란 곧 있을 예수님의 변화산 사건에 대한 예고입니다. 이 때 베드로와 야고보와 요한은 예수님이 천국의 능력으로 임하실 때의 위엄 있고 영광스러운 모습을 미리 보았습니다. 베드로는 후에 예수님의 영광을 예수님의 변화된 모습과 동일시하였습니다. "우리 주 예수 그리스도의 능력과 강림하심을 너희에게 알게 한 것이 교묘히 만든 이야기를 따른 것이 아니요 우리는 그의 크신 위엄을 친히 본 자라 지극히 큰 영광 중에서 이러한 소리가 그에게 나기를 이는 내 사랑하는 아들이요 내 기뻐하는 자라 하실 때에 그가 하나님 아버지께 존귀와 영광을 받으셨느니라 이 소리는 우리가 그와 함께 거룩한 산에 있을 때에 하늘로부터 난 것을 들은 것이라"(벧후1:16-18).

베드로의 신앙고백을 받으신 후, 예수님은 자신의 고난과 죽으심에 대해 처음으로 말씀하셨습니다. 곧 자신은 고난 받는 메시야이며, 자신만이 아니라 제자들도 고난 받고 자기 십자가를 져야 한다고 하셨습니다. 예수님은 자기를 부인하는 삶 이후에 맞이할 영광스러운 구원을 가르치시며 메시야에 대한 제자들의 세속적인 기대를 바로잡아 주셨습니다.

영광스럽게 변형되신 예수님 마17:1-8, 막9:2-8, 눅9:28-36

엿새 후에 예수께서 베드로와 야고보와 그 형제 요한을 데리시고 따로 높은 산에 올라 가셨더니(마17:1)

"엿새 후"는 예수님이 자신의 고난을 처음으로 예고하신 후 6일이 지났음을 의미하며, "높은 산"이란 갈릴리 바다 북동쪽 64km에 있는 해발 2,814m의 헤르몬 산으로 추정됩니다.

그들 앞에서 변형되사 그 얼굴이 해 같이 빛나며 옷이 빛과 같이 희어졌더라(마17:2)
기도하실 때에 용모가 변화되고 그 옷이 희어져 광채가 나더라(눅9:29)

"변형되사"(μετεμοφρώθη, was transfigured)란 외관을 포함한 본질의 변화를 의미하며,[60] "희어져 광채가 나더라"는 '번갯불처럼 밝은'이라는 뜻입니다. 예수님의 변형은 인간이 되시기 전에 가지셨던 예수님의 선재적 영광을 가리키며, 장차 있을 예수님의 승귀를 미리 보여주는 것입니다. "그의 오른손에 일곱 별이 있고 그의 입에서 좌우에 날선 검이 나오고 그 얼굴은 해가 힘 있게 비치는 것 같더라"(계1:16). 또한 이 사건은 장차 재림의 날에 예수님이 하나님의 영광의 구름 가운데 임하실 때의 권능과 영광을 예상하게 합니다. "볼지어다 그가 구름을 타고 오시리라 각 사람의 눈이 그를 보겠고 그를 찌른 자들도 볼 것이요 땅에 있는 모든 족속이 그로 말미암아 애곡하리니 그러하리라 아멘"(계1:7).

문득 두 사람이 예수와 함께 말하니 이는 모세와 엘리야라 영광 중에 나타나서 장차 예수께서 예루살렘에서 별세하실 것을 말할새 베드로와 및 함께 있는 자들이 깊이 졸다가 온전히 깨어나 예수의 영광과 및 함께 선 두 사람을 보더니(눅9:30-32)

"모세와 엘리야"는 각각 율법과 선지자를 대표하는데, 이 두 사람이 함께 예수님을 구약의 예언을 성취하실 메시야로 증언하고 있습니다. "너 모세만 여호와께 가까이 나아오고 그들은 가까이 나아오지 말며"(출24:2), "보라 여호와의 크고 두려운 날이 이르기 전에 내가 선지자 엘리야를 너희에게 보내리니"(말4:5). 그리고 "영광"이라는 단어가 두 번 사용된 것은 예수님의 죽음이 예정된 사건이며 영광스러운 일임을 깨닫게 합니다.

---

60 마태복음과 마가복음은 예수님께서 변형되셨다고 하는데, 누가복음은 얼굴 모습(the fashion of his countenance)이 달라졌다고 합니다.

베드로가 예수께 여쭈어 이르되 주여 우리가 여기 있는 것이 좋사오니 만일 주께서 원하시면 내가 여기서 초막 셋을 짓되 하나는 주님을 위하여, 하나는 모세를 위하여, 하나는 엘리야를 위하여 하리이다 말할 때에 홀연히 빛난 구름이 그들을 덮으며 구름 속에서 소리가 나서 이르시되 이는 내 사랑하는 아들이요 내 기뻐하는 자니 너희는 그의 말을 들으라 하시는지라(마17:4-5)

베드로는 예수님과 모세와 엘리야를 위해 "초막 셋"을 지으려 하는데, 이는 그 놀랍고 신비한 체험을 연장하고 싶었기 때문입니다. "빛난 구름"은 구약에 나타난 하나님의 임재의 구름을 상기시키며, "여호와의 영광이 시내 산 위에 머무르고 ... 여호와께서 구름 가운데서 모세를 부르시니라"(출24:16), 구름 속에서 "내 사랑하는 아들이요 내 기뻐하는 자니"라는 "소리"는 성자에 대한 성부의 보증으로 예수님이 세례 받으실 때 들렸던 음성을 기억나게 합니다. 하나님은 세 제자들에게 "그의 말을 들으라"(ἀκούετε, hear ye)고 하셨는데, 이는 현재 시제로서 '그의 말을 계속 들으라'는 의미입니다. 곧 구약의 율법(모세)과 선지자(엘리야)들이 가리키는 예수님의 가르침에 주목하여 하나님 나라의 새 시대와 새 언약을 바르게 이해하라는 뜻입니다.

제자들이 듣고 엎드려 심히 두려워하니 예수께서 나아와 그들에게 손을 대시며 이르시되 일어나라 두려워하지 말라 하시니(마17:6-7)

예수님은 제자들에게 두려워하지 말라고 하셨는데, 두려움은 구약에서 하나님의 임재를 목격한 사람들의 공통된 반응입니다.

변화산 사건은 예수님의 죽음과 부활을 예표합니다. 예수님이 변형되신 것은 제자들이 아직 예수님의 죽음을 이해하지 못하는 상황에서 하나님의 아들이며 심판자이신 예수님의 신적 영광을 미리 보여주시기 위함입니다.

베드로와 야고보와 요한은 예수님의 사역이 고난으로 끝나지 않고 하나님 나라의 영광으로 이어진다는 것을 그들의 눈으로 확인하였습니다.

부활의 예고와 엘리야에 대한 말씀 마17:9-13, 막9:9-13

그들이 산에서 내려올 때에 예수께서 경고하시되 인자가 죽은 자 가운데서 살아날 때까지는 본 것을 아무에게도 이르지 말라 하시니(막9:9)

예수님은 제자들에게 자신이 "죽은 자 가운데서 살아날 때까지는" 변화산에서의 일을 함구하라고 하셨습니다. 이 말씀에 근거하여 예수님이 변형하신 일이 부활의 예시임을 알 수 있습니다.

이에 예수께 묻자와 이르되 어찌하여 서기관들이 엘리야가 먼저 와야 하리라 하나이까(막9:11)

서기관들은 말라기의 예언을 토대로 마지막 때에 엘리야가 올 것으로 기대하였는데, "보라 여호와의 크고 두려운 날이 이르기 전에 내가 선지자 엘리야를 너희에게 보내리니"(말4:5), 제자들은 그 이유가 무엇인지를 예수님께 여쭈었습니다.

이르시되 엘리야가 과연 먼저 와서 모든 것을 회복하거니와 어찌 인자에 대하여 기록하기를 많은 고난을 받고 멸시를 당하리라 하였느냐 그러나 내가 너희에게 이르노니 엘리야가 왔으되 기록된 바와 같이 사람들이 함부로 대우하였느니라 하시니라(막9:12-13)

예수님은 엘리야가 이미 왔다고 하시며, 세례 요한의 사역이 어떻게 엘리야의 귀환에 대한 말라기 예언의 성취인지 설명해 주셨습니다. 엘리야와 세례 요한은 둘 다 회개를 선포한 선지자였고, 특별히 세례 요한은 '엘리야의 심령과 능력으로' 사역을 하였습니다. "그가 또 엘리야의 심령과 능력으로 주 앞에 먼저 와서 아버지의 마음을 자식에게, 거스르는 자를 의인의 슬기에 돌아오게 하고 주를 위하여 세운 백성을 준비하리라"(눅1:17). 실제로 세례 요한은 엘리야의 역할을 감당하며 주의 길을 평탄하게 하였지만, 사람들은 그를 임의로 대하였습니다. 엘리야가 이세벨에게 고난을 당했던 것처럼 세례 요한도 헤로디아에게 고난을 당했는데, 예수님은 엘리야가 세례 요한의 사역을 예표하는 구약의 모형이었음을 가르쳐 주셨습니다. 예수님은 하나님의 백성에게 회개와 경건의 삶을 촉구했던 세례 요한이 죽임을 당한 것처럼, 인자이신 자신도 그러한 상황에 처하게 될 것이라고 말씀하셨습니다. "그는 멸시를 받아 사람들에게 버림받았으며 간고를 많이 겪었으며 질고를 아는 자라 마치 사람들이 그에게서 얼굴을 가리는 것 같이 멸시를 당하였고 우리도 그를 귀히 여기지 아니하였도다"(사53:3).

예수님은 세례 요한을 언급하시며 하나님께서 마지막 날이 이르기 전에 보내신 엘리야라고 하셨습니다. 세례 요한은 메시야의 길을 예비하는 자로 와서 고난을 당했는데, 메시야이신 예수님도 성경의 예언대로 자신의 백성들에게 고난을 받고 멸시를 받으실 것입니다.

귀신 들린 소년을 고치심 마17:14-21, 막9:14-29, 눅9:37-43a

이튿날 산에서 내려오시니 큰 무리가 맞을새(눅9:37)

"이튿날"은 예수님의 변화산 사건이 일어난 다음 날을 말하는데, 이는 예수님께서 산에서 계속하여 기도하셨다는 것을 암시합니다.

그들이 무리에게 이르매 한 사람이 예수께 와서 꿇어 엎드려 이르되(마17:14)
선생님 청컨대 내 아들을 돌보아 주옵소서 이는 내 외아들이니이다 귀신이 그를 잡아 갑자기 부르짖게 하고 경련을 일으켜 거품을 흘리게 하며 몹시 상하게 하고야

겨우 떠나 가나이다(눅9:38-39)

예수님이 돌아오시자 귀신 들린 소년의 아버지가 예수님께 꿇어 엎드려 간구하였습니다. “겨우 떠나 가나이다”란 귀신이 지속적으로 이 아이를 괴롭혔다는 것을 의미합니다.

내가 주의 제자들에게 데리고 왔으나 능히 고치지 못하더이다(마17:16)

무엇을 하실 수 있거든 우리를 불쌍히 여기사 도와 주옵소서(막9:22b)

소년의 아버지는 예수님의 제자들이 고치지 못하자 더욱 절박한 심정으로 예수님께 치유를 간청하지만, “하실 수 있거든”이라고 말하며 자신의 약한 믿음을 드러내었습니다.

예수께서 이르시되 할 수 있거든이 무슨 말이냐 믿는 자에게는 능히 하지 못할 일이 없느니라 하시니 곧 그 아이의 아버지가 소리를 질러 이르되 내가 믿나이다 나의 믿음 없는 것을 도와주소서 하더라(막9:23-24)

예수님은 소년의 아버지의 믿음이 분명하지 않자, “믿는 자에게는” 모든 것이 가능하다고 말씀하셨습니다. 이에 그는 자신의 영적 연약함을 인정하며 믿음 주시기를 간구하였습니다.

귀신이 소리 지르며 아이로 심히 경련을 일으키게 하고 나가니 그 아이가 죽은 것 같이 되어 많은 사람이 말하기를 죽었다 하나 예수께서 그 손을 잡아 일으키시니 이에 일어서니라(막9:26-27)

예수께서 더러운 귀신을 꾸짖으시고 아이를 낫게 하사 그 아버지에게 도로 주시니(눅9:42b)

예수님이 악한 귀신을 쫓아내시자 소년은 바로 온전한 상태로 돌아왔습니다. 이 치유 사건은 예수님의 자상하심을 드러내는데, 작은 믿음을 가진 사람일지라도 자신의 믿음이 부족함을 인정하고 도움을 구할 때 예수님은 그에게 더 큰 믿음을 허락하시고 기적을 베풀어 주십니다.

사람들이 다 하나님의 위엄에 놀라니라 그들이 다 그 행하시는 모든 일을 놀랍게 여길새(눅9:43a)

"하나님의 위엄"은 예수님이 능력을 행하실 때 나타난 하나님의 위대하심을 말합니다. 사람들은 예수님의 치유를 통해 나타난 하나님의 경이로운 권위로 말미암아 놀라워하였습니다.

이르시되 너희 믿음이 작은 까닭이니라 진실로 너희에게 이르노니 만일 너희에게 믿음이 겨자씨 한 알 만큼만 있어도 이 산을 명하여 여기서 저기로 옮겨지라 하면 옮겨질 것이요 또 너희가 못할 것이 없으리라(마17:20)

집에 들어가시매 제자들이 조용히 묻자오되 우리는 어찌하여 능히 그 귀신을 쫓아내지 못하였나이까 이르시되 기도 외에 다른 것으로는 이런 종류가 나갈 수 없느니라 하시니라(막9:28-29)

예수님은 자신들이 실패한 원인을 묻는 제자들에게 믿음이 부족했기 때문이라고 말씀하시고, 이어 "겨자씨 한 알"만큼의 믿음만 있어도 산을 옮길 수 있을 것이라고 하셨습니다. 산을 옮기는 일은 겉보기에 불가능한 일을 뜻하는 유대문헌의 비유입니다. 예수님은 하나님만을 의지하는 기도만이 이러한 기적을 일으킬 수 있다고 말씀하셨습니다.

제자들은 지금까지 예수님이 베푸신 권능을 충분히 경험하였음에도 불구하고 귀신 들린 소년을 고쳐주지 못하였습니다. 이에 예수님은 제자들이 믿음을 갖도록 교훈하시고, 오직 기도하는 것만이 유일한 방도라고 하셨습니다. 예수님의 이름에 위임된 권세는 예수님께 의존함으로써만 행하여질 수 있으므로 기도에 소홀한 자는 믿음이 작은 자입니다.

죽으심에 대한 두 번째 예고 마17:22-23, 막9:30-31, 눅9:44-45

갈릴리에 모일 때에 예수께서 제자들에게 이르시되 인자가 장차 사람들의 손에 넘겨져 죽임을 당하고 제삼일에 살아나리라 하시니 제자들이 매우 근심하더라(마17:22-23)

예수님은 변화산 사건 이전에 이미 자신의 고난과 죽음, 그리고 부활을 예고하셨지만, 계속된 가르침에도 제자들은 여전히 깨닫지 못하고 있습니다.

이 말을 너희 귀에 담아 두라 인자가 장차 사람들의 손에 넘겨지리라 하시되(눅9:44)

예수님은 제자들에게 "너희 귀에 담아 두라"고 말씀하시며 다시 한 번 자신의 임박한 죽음에 대해 예고하셨습니다. 이 두 번째 고난 예고에서 예수님은 "넘겨지리라"(be betrayed)는 말씀을 하심으로 자신이 배신당하실 것임을 밝히셨습니다.

그들이 이 말씀을 알지 못하니 이는 그들로 깨닫지 못하게 숨긴 바 되었음이라 또 그들은 이 말씀을 묻기도 두려워하더라(눅9:45)

제자들이 죽으심에 대한 예고를 이해하지 못한 이유는 예수님 말씀의 의미가 그들이 이해하지 못하도록 가려졌기 때문입니다. 또한 제자들은 이전에 베드로가 예수님의 첫 번째 고난 예언에 이의를 제기하였다가 심하게 책망 받은 일이 있었기 때문에 섣불리 여쭈어 볼 수 없었습니다.

예수님의 두 번째 고난 예고에서도 제자들은 여전히 정치적 지도자를 기대하며, 예수님 말씀의 진정한 의미를 깨닫지 못하고 있습니다. 예수님께서 부활하시기 전까지 제자들은 영원한 생명이 예수님의 죽음을 통해 주어진다는 사실을 이해하지 못합니다.

성전세를 내심 마17:24-27

가버나움에 이르니 반 세겔 받는 자들이 베드로에게 나아와 이르되 너의 선생은 반 세겔을 내지 아니하느냐(마17:24)

"반 세겔"이란 두 드라크마로, 유대 성인 남자들이 매년 아달월(양력 2-3월) 15일경에 바치는 성전세를 말합니다. 출애굽 시대부터 20세 이상의 남자는 성막을 유지하기 위해 '반 세겔'의 헌금을 내야 했는데, 이 전통은 포로기 이후의 성전 시대에도 계속 적용되었습니다. "무릇 계수 중에 드는 자마다 성소의 세겔로 반 세겔을 낼지니 한 세겔은 이십 게라라 그 반 세겔을 여호와께 드릴지며 계수 중에 드는 모든 자 곧 스무 살 이상 된 자가 여호와께 드리되"(출30:13-14). 성전세를 받는 자들이 열두 제자의 수장인 베드로에게 "너의 선생은 반 세겔을 내지 아니하느냐"라고 물었습니다.

이르되 내신다 하고 집에 들어가니 예수께서 먼저 이르시되 시몬아 네 생각은 어떠하냐 세상 임금들이 누구에게 관세와 국세를 받느냐 자기 아들에게냐 타인에게냐 베드로가 이르되 타인에게니이다 예수께서 이르시되 그렇다면 아들들은 세를 면하리라 그러나 우리가 그들이 실족하지 않게 하기 위하여 네가 바다에 가서 낚시를 던져 먼저 오르는 고기를 가져 입을 열면 돈 한 세겔을 얻을 것이니 가져다가 나와 너를 위하여 주라 하시니라(마17:25-27)

"관세"는 각 지방에서 징수했던 지방세를 말하며, "국세"란 65세까지 로마 제국에 바쳐야 했던 인두세로, 남자는 14세, 여자는 12세부터 납부해야 했습니다. 예수님은 하나님의 아들이시기 때문에 하나님의 집인 성전을 위하여 세금을 내실 필요가 없으십니다. 그러나 예수님은 아직 자신이 하나님의 아들이라는 것을 인식하지 못하는 사람들이 실족할 것을 염려하시고 베드로에게 성전세를 내라고 하시며 기적을 베푸셨습니다.

성전은 성부 하나님의 집이므로, 아들이신 예수님은 일반 백성들에게 부과되는 성전세의 의무에서 자유로우십니다. 하지만 예수님은 자신이 하나님의 아들이심을 모르는 자들이 오해하지 않도록 성전세를 내라는 요구에 응해 주셨습니다.

큰 자에 대한 제자들의 논쟁 마18:1-4, 막9:33-35, 눅9:46-48

가버나움에 이르러 집에 계실새 제자들에게 물으시되 너희가 길에서 서로 토론한 것이 무엇이냐 하시되 그들이 잠잠하니 이는 길에서 서로 누가 크냐 하고 쟁론하였음이라(막9:33-34)

그 때에 제자들이 예수께 나아와 이르되 천국에서는 누가 크니이까(마18:1)

제자들이 길에서 서로 '누가 가장 크냐'[61]라고 논쟁을 벌였는데, 이는 그들이 큰 것에 대한 개념을 높은 지위에 오르거나 강한 권력을 가지는 것으로 오해하고 있었기 때문입니다. 예수님이 자신의 죽음과 고난에 대해 두 번이나 말씀하셨지만 여전히 제자들은 자신들 중 누가 더 높아지는가에 관심을 두고 있었습니다.

예수께서 앉으사 열두 제자를 불러서 이르시되 누구든지 첫째가 되고자 하면 뭇 사람의 끝이 되며 뭇 사람을 섬기는 자가 되어야 하리라 하시고(막9:35)

"앉으사"란 당시 선생들이 주로 앉아서 가르쳤기 때문에 그 모습을 표현한 것입니다. 예수님은 제자들에게 높아지기 위해서는 "뭇 사람의 끝"에 있어야 하며, 보잘것없고 비천한 자들을 돌보아야 한다고 하셨습니다.

---

61 여기서 '메이존'(μείζων, greater)은 비교급이지만, 본문의 내용으로 볼 때 최상급의 의미입니다.

예수께서 한 어린 아이를 불러 그들 가운데 세우시고 이르시되 진실로 너희에게 이르노니 너희가 돌이켜 어린 아이들과 같이 되지 아니하면 결단코 천국에 들어가지 못하리 그러므로 누구든지 이 어린 아이와 같이 자기를 낮추는 사람이 천국에서 큰 자니라(마18:2-4)

예수님은 부모에게 순종하고 부모의 사랑과 도움을 온전하게 신뢰하는 어린 아이를 예로 드셨습니다. 예수님은 어린 아이와 같이 전적으로 하나님을 의지하고 자기를 낮추는 자가 천국에서 큰 자라고 하셨습니다. 스스로 낮아진 심령이 예수님께서 보시기에 가장 존귀한 심령이 되는 것이 하나님 나라의 역설입니다.

예수님은 모든 사람의 종이 되는 자가 첫째임을 분명히 하심으로 참된 제자도는 곧 섬기는 삶임을 강조하셨습니다. 메시야가 고난을 통해 사람들을 하나님께로 이끄는 것처럼, 제자들도 첫째가 되고자 하면 자신을 낮추고 다른 사람을 섬기는 자가 되어야 합니다.

실족시키지 말라 마18:5-14, 막9:36-50

누구든지 나를 믿는 이 작은 자 중 하나를 실족하게 하면 차라리 연자 맷돌이 그 목에 달려서 깊은 바다에 빠뜨려지는 것이 나으니라(마18:6)

"연자 맷돌"은 곡물을 곱게 가는데 사용되는 도구로, 소나 나귀가 원형궤도를 따라 돌면서 돌리는 수백 근의 둥근 돌을 말합니다. 예수님은 이제 신앙이 생긴 사람을 죄 짓게 만드는 것은 매우 큰 죄악이기 때문에 그런 죄를 범하느니 연자 맷돌을 목에 매고 물에 빠지는 것이 더 낫다고 하셨습니다.

실족하게 하는 일이 없을 수는 없으나 실족하게 하는 그 사람에게는 화가 있도다 (마18:7b)

예수님은 "실족하게 하는 일", 곧 불신앙에 빠뜨리거나 하나님의 법을 어기게 만드는 행위가 사라질 수는 없겠지만 다른 사람을 시험에 빠지게 하는 행위를 하는 자에게 화가 있을 것이라고 강하게 경고하셨습니다.[62]

삼가 이 작은 자 중의 하나도 업신여기지 말라 너희에게 말하노니 그들의 천사들이 하늘에서 하늘에 계신 내 아버지의 얼굴을 항상 뵈옵느니라(마18:10)

"내 아버지의 얼굴을 항상 뵈옵느니라"는 말씀은 하나님께서 어린아이 같은 제자들에게 깊은 관심을 가지시며 돌보신다는 것을 의미합니다.

너희 생각에는 어떠하냐 만일 어떤 사람이 양 백 마리가 있는데 그 중의 하나가 길을 잃었으면 그 아흔아홉 마리를 산에 두고 가서 길 잃은 양을 찾지 않겠느냐 진실로 너희에게 이르노니 만일 찾으면 길을 잃지 아니한 아흔아홉 마리보다 이것을 더 기뻐하리라 이와 같이 이 작은 자 중의 하나라도 잃는 것은 하늘에 계신 너희 아버지의 뜻이 아니니라(마18:12-14)

예수님은 양에 대한 비유를 통해 실족하게 하는 것이 얼마나 큰 슬픔인지 말씀하셨습니다. 아흔아홉 마리의 양을 산에 두고 길 잃은 양 한 마리를 찾아나서는 목자처럼, 하나님은 한 영혼이라도 잃지 않기를 바라십니다.

누구든지 내 이름으로 이런 어린 아이 하나를 영접하면 곧 나를 영접함이요 누구든지 나를 영접하면 나를 영접함이 아니요 나를 보내신 이를 영접함이니라(막9:37)

---

62 예수님께서 이전에 베드로에게 '너는 나를 넘어지게 하는 자로다'(마16:23)라고 하신 것이 얼마나 심각한 책망이었는지 알 수 있습니다.

예수님은 이 세상에서 가장 연약한 존재인 어린 아이를 무시하지 않고 돌보는 사람이 자신을 영접하는 것이며, 더 나아가 성부 하나님도 영접한 것이라고 하셨습니다.

예수님은 신앙이 약한 사람들을 실족하게 하는 행위, 곧 하나님의 법을 어기게 만드는 일이 얼마나 큰 죄악인지를 말씀하셨습니다. 예수님은 하나님께서 믿음이 연약한 자에게 특별한 관심을 가지신다는 것을 강조하시며 제자들에게 실족의 위험성을 경고하셨습니다.

죄 범한 형제에 대한 용서 마18:15-35, 눅17:3-4

네 형제가 죄를 범하거든 가서 너와 그 사람과만 상대하여 권고하라 만일 들으면 네가 네 형제를 얻은 것이요 만일 듣지 않거든 한두 사람을 데리고 가서 두세 증인의 입으로 말마다 확증하게 하라(마18:15-16)

"얻은 것이요"란 죄를 지은 형제나 자매를 바른 길로 돌아오게 하는 것은 곧 그의 영혼을 살리는 것이라는 말씀입니다. "두세 증인의 입으로"란 모세 율법에 따른 것으로 단순한 목격자가 아니라 증인을 말합니다. "사람의 모든 악에 관하여 또한 모든 죄에 관하여는 한 증인으로만 정할 것이 아니요 두 증인의 입으로나 또는 세 증인의 입으로 그 사건을 확정할 것이며"(신19:15).

만일 그들의 말도 듣지 않거든 교회에 말하고 교회의 말도 듣지 않거든 이방인과 세리와 같이 여기라(마18:17)

"이방인과 세리"란 의도적으로 하나님을 거역하는 이들을 가리키는데, 죄 지은 자가 교회 공동체의 제재와 권면을 받은 후에도 회개하지 않으면 그를 불신자로 여겨야 한다는 의미입니다.

진실로 너희에게 이르노니 무엇이든지 너희가 땅에서 매면 하늘에서도 매일 것이요 무엇이든지 땅에서 풀면 하늘에서도 풀리리라(마18:18)

이 말씀은 이전에 베드로에게 부여하셨던 교회의 권위, 곧 죄를 용서하거나 용서하지 않을 권세가 다른 제자들에게도 확대되어 주어졌다는 의미입니다.

진실로 다시 너희에게 이르노니 너희 중의 두 사람이 땅에서 합심하여 무엇이든지 구하면 하늘에 계신 내 아버지께서 그들을 위하여 이루게 하시리라 두세 사람이 내 이름으로 모인 곳에는 나도 그들 중에 있느니라(마18:19-20)

"나도 그들 중에 있느니라"는 말씀은 예수님께서 신적 권능으로 그들 가운데 계시겠다는 뜻으로, 이는 예수님의 편재성을 나타냅니다. 적은 수의 성도라도 예수님의 이름으로 모인 곳에는 예수님이 함께 계시기 때문에 교회가 용서하면 하늘 아버지께서도 용서하실 것입니다.

그 때에 베드로가 나아와 이르되 주여 형제가 내게 죄를 범하면 몇 번이나 용서하여 주리이까 일곱 번까지 하오리이까 예수께서 이르시되 네게 이르노니 일곱 번뿐 아니라 일곱 번을 일흔 번까지라도 할지니라(마18:21-22)

이에 베드로는 잘못한 사람을 몇 번까지 용서하면 되는지 여쭈었습니다. 유대교에서는 세 번 용서하는 것을 영예로운 일로 여겼기에, "실로 하나님이 사람에게 이 모든 일을 재삼 행하심은 그들의 영혼을 구덩이에서 이끌어 생명의 빛을 그들에게 비추려 하심이니라"(욥33:29-30), 베드로는 일곱 번이면 충분하다고 생각한 것 같습니다. 그러나 예수님은 "일곱 번을 일흔 번까지라도", 즉 끝없이 용서해야 한다고 하셨습니다.

너희는 스스로 조심하라 만일 네 형제가 죄를 범하거든 경고하고 회개하거든 용서하라 만일 하루에 일곱 번이라도 네게 죄를 짓고 일곱 번 네게 돌아와 내가 회개하노라 하거든 너는 용서하라 하시더라(눅17:3-4)

"만일 네 형제가 죄를 범하거든"이란 죄의 행위를 가리키며, "경고하고"란 죄를 간과해서는 안 되며 반드시 회개와 회복이 일어나도록 책망해야 한다는 말씀입니다. 이와 동시에 예수님은 만일 상대가 회개한다면 "하루에 일곱 번이라도" 용서하라고 두 번이나 반복하여 강조하셨습니다.

그러므로 천국은 그 종들과 결산하려 하던 어떤 임금과 같으니 결산할 때에 만 달란트 빚진 자 하나를 데려오매 갚을 것이 없는지라 주인이 명하여 그 몸과 아내와 자식들과 모든 소유를 다 팔아 갚게 하라 하니(마18:23-25)

당시 한 달란트는 노동자의 19년치 급여와 맞먹는 약 6천 데나리온인데, "만 달란트"는 이것의 만 배가 되니 가히 상상할 수 없는 가치를 지닌 액수입니다. "아내와 자식들과 모든 소유를 다 팔아"란 빚을 도저히 갚을 수 없는 이들에 대한 벌로 고대에서 흔히 행해지던 관습입니다. "우리 육체도 우리 형제의 육체와 같고 우리 자녀도 그들의 자녀와 같거늘 이제 우리 자녀를 종으로 파는도다 우리 딸 중에 벌써 종된 자가 있고 우리의 밭과 포도원이 이미 남의 것이 되었으나 우리에게는 아무런 힘이 없도다 하더라"(느5:5).

그 종이 엎드려 절하며 이르되 내게 참으소서 다 갚으리이다 하거늘 그 종의 주인이 불쌍히 여겨 놓아 보내며 그 빚을 탕감하여 주었더니 그 종이 나가서 자기에게 백 데나리온 빚진 동료 한 사람을 만나 붙들어 목을 잡고 이르되 빚을 갚으라 하매 그 동료가 엎드려 간구하여 이르되 나에게 참아 주소서 갚으리이다 하되 허락하지 아니하고 이에 가서 그가 빚을 갚도록 옥에 가두거늘(마18:26-30)

자비로운 임금은 만 달란트의 빚을 갚지 못하여 빌고 있는 종의 딱한 상황을 긍휼히 여겨 그 빚을 탕감하여 주었습니다. 하지만 그 종은 자신에게 "백 데나리온"을 빚진 동료에게 매우 가혹하였습니다. '백 데나리온'은 약 네 달 치 임금에 해당하는 금액으로 그 종이 진 빚에 비하면 너무나 적은 금액입니다. 그는 잠시 전에 자신이 주인에게 엎드려 은혜를 구하던 것을 기억하지 않고 지금 자신에게 엎드려 간청하는 동료를 인격적으로 무시하고 감옥에 가두었습니다.

주인이 노하여 그 빚을 다 갚도록 그를 옥졸들에게 넘기니라 너희가 각각 마음으로부터 형제를 용서하지 아니하면 나의 하늘 아버지께서도 너희에게 이와 같이 하시리라(마18:34-35).

이 소식을 듣고 화가 난 주인은 그 악한 종을 붙잡아 옥에 가두고 빚을 갚게 하였습니다. 이 비유에서 '만 달란트'의 빚은 우리 자신의 능력으로는 절대 갚을 수 없는 우리의 죗값을 의미하며, "탕감"은 그 빚을 도말하기 위해 예수님께서 죽으시고 부활하신 구속의 사랑을 뜻합니다. 예수님은 구원을 받은 우리가 형제의 잘못을 용서하지 않는다면, 만 달란트를 탕감 받고도 백 데나리온을 탕감해 주지 않아 결국 용서받지 못한 종과 같게 될 것이라고 하셨습니다. 이같이 예수님은 용서를 강조하시며, 직접 가르쳐 주신 기도에도 먼저 다른 이를 용서한 것에 근거하여 하나님께 용서를 구하라고 하셨습니다. "우리가 우리에게 죄 지은 자를 사하여 준 것 같이 우리 죄를 사하여 주시옵고"(마6:12).

예수님은 일곱 번을 일흔 번까지라도 용서하라고 하셨는데, 이는 형제나 자매가 자신의 잘못을 시인하는 한 끝없이 용서하라는 의미입니다. 죄를 용서받고 천국백성 된 신자들은 용서와 화평의 윤리를 따라야 합니다. "너희가 사람의 잘못을 용서하면 너희 하늘 아버지께서도 너희 잘못을 용서하시려니와 너희가 사람의 잘못을 용서하지 아니하면 너희 아버지께서도 너희 잘못을 용서하지 아니하시리라"(마6:14-15).

예루살렘의 초막절(주후 29년 9-10월) 예수님께서 안식일에 사람들을 고치시고 가르치신 일 때문에 유대 지도자들이 예수님을 죽이려 합니다.

유대인들이 예수님을 죽이려 함 요7:2-13

유대인의 명절인 초막절이 가까운지라(요7:2)

"초막절"은 장막절 혹은 수장절(출23:16)이라고도 하는데, 곡식과 과일을 추수하여 저장한 것을 기념하여 에다님월(Ethanim, 히브리력 7월) 15일부터 일주일간 지키는 감사절기입니다. 유대인의 달력은 태양력이 아니라 월력인데, 에다님월은 수전절 2개월 전으로 태양력으로 9~10월에 해당합니다. "너희가 토지 소산 거두기를 마치거든 일곱째 달 열닷샛날부터 이레 동안 여호와의 절기를 지키되 첫 날에도 안식하고 여덟째 날에도 안식할 것이요 첫 날에는 너희가 아름다운 나무 실과와 종려나무 가지와 무성한 나무 가지와 시내 버들을 취하여 너희의 하나님 여호와 앞에서 이레 동안 즐거워할 것이라"(레23:39-40). 팔일 째 되는 날에는 총회로 모였으며 일을 하지 않았습니다. 이를 '초막절'이라 부르는 이유는 광야시절에 하나님이 이스라엘을 신실하게 돌보셨음을 기억하기 위함인데, 유대인들은 이 절기 동안 자신들의 뜰이나 대지에 나뭇가지와 잎으로 초막을 엮어 만들고 그 안에서 지냈습니다. "너희는 이레 동안 초막에 거주하되 이스라엘에서 난 자는 다 초막에 거주할지니 이는 내가 이스라엘 자손을 애굽 땅에서 인도하여 내던 때에 초막에 거주하게 한 줄을 너희 대대로 알게 함이니라 나는 너희의 하나님 여호와이니라"(레23:42-43).

그 형제들이 예수께 이르되 당신이 행하는 일을 제자들도 보게 여기를 떠나 유대로 가소서 스스로 나타나기를 구하면서 묻혀서 일하는 사람이 없나니 이 일을 행하려

하거든 자신을 세상에 나타내소서 하니 이는 그 형제들까지도 예수를 믿지 아니함 이러라(요7:3-5)

갈릴리에서 예수님의 형제들은 예수님께 예루살렘으로 가서 자신이 메시야인 것을 밝히라고 하였습니다. 그들은 예수님이 스스로를 메시야라고 하면서도 공중 앞에 나타나지 않는 것을 이해할 수 없었습니다. 유대인들과 많은 제자들처럼 예수님의 형제들도 예수님을 믿지 못하였습니다.

예수께서 이르시되 내 때는 아직 이르지 아니하였거니와 너희 때는 늘 준비되어 있느니라(요7:6)

"내 때"(ὁ καιρός, the time)는 고난과 죽음과 부활로 구속 사역을 이루시고 영광을 받으시는 때를 가리키며, "이 말씀은 성전에서 가르치실 때에 헌금함 앞에서 하셨으나 잡는 사람이 없으니 이는 그의 때가 아직 이르지 아니하였음이러라"(요8:20), "너희 때"는 예수님의 형제들이 무리와 함께 명절을 지키러 예루살렘으로 올라갈 때를 말합니다. 예수님의 형제들은 아직 예수님을 그리스도로 영접하지 않았기 때문에 세상으로부터 박해를 받지 않고 있습니다.

이 말씀을 하시고 갈릴리에 머물러 계시니라 그 형제들이 명절에 올라간 후에 자기도 올라가시되 나타내지 않고 은밀히 가시니라(요7:9-10)

형제들이 유대로 떠난 후 예수님은 명절 중간에 예루살렘 성전에 올라가 사람들을 가르치셨습니다. 예수님은 자신을 드러내지 않고 조용히 이동하셨는데, 이는 예루살렘에 공적으로 입성하실 때가 아직 오지 않았기 때문입니다.

명절 중에 유대인들이 예수를 찾으면서 그가 어디 있느냐 하고(요7:11)

예루살렘에서 예수님을 찾는 유대인들은 산헤드린 공회원들로, 그들은 예수님이 이 명절에 당연히 올라오셨을 것이라 생각하고 그분을 체포하고자 했습니다. 예수님이 지난 한 해 동안 보내신 갈릴리는 헤롯 안디바의 통치구역으로 산헤드린 공회의 사법권이 미치지 못하였지만, 이곳 예루살렘에서는 유대인에 관한 일을 집행할 수 있기 때문입니다.

예수님은 초막절에 예루살렘으로 가셨으며, 이때부터 십자가형을 당하시는 마지막 유월절까지 유대에 계셨습니다. 유대 종교지도자들은 예수님이 안식일에 사람을 고치시고 하나님을 아버지라고 부르신 것을 문제 삼아 예수님을 죽이려는 계획을 세우고 있습니다.

성전에서 가르치심 요7:14-36

이미 명절의 중간이 되어 예수께서 성전에 올라가사 가르치시니 유대인들이 놀랍게 여겨 이르되 이 사람은 배우지 아니하였거늘 어떻게 글을 아느냐 하니(요7:14-15)

"명절의 중간"이란 일주일간 지속되는 초막절 절기 중 사나흘이 지난 시기를 말합니다. 예수님은 성전 바깥뜰에서 가르치셨는데 백성들과 종교지도자들이 예수님의 가르침을 듣고 놀랐습니다. "이 사람은 배우지 아니하였거늘"이란 예수님의 가르침이 당시 율법 교사들의 일반적인 가르침과 달랐음에도 불구하고 탁월하였음을 암시합니다.

예수께서 대답하여 이르시되 내 교훈은 내 것이 아니요 나를 보내신 이의 것이니라(요7:16)

이에 예수님은 자신의 가르침과 권위는 자신을 보내신 하나님께로부터 비롯되었음을 알게 하셨습니다. 모든 선지자들은 하나님의 말씀을 대언할 때 '여호와께서 말씀하시되'라고 하였는데, "여호와께서 말씀하시되 오라 우리가 서로 변론하자 너희의 죄가 주홍 같을지라도 눈과 같이 희어질 것이요"(사1:18), 예수님은 아버지께서 주신 권위로 '내가 너희에게 이르노니'라고 하셨습니다. "내가 너희에게 이르노니 심판 날에 소돔 땅이 너보다 견디기 쉬우리라 하시니라"(마11:24).

모세가 너희에게 할례를 행했으니 (그러나 할례는 모세에게서 난 것이 아니요 조상들에게서 난 것이라) 그러므로 너희가 안식일에도 사람에게 할례를 행하느니라(요7:22)

예수님은 유대인들이 안식일과 할례일이 중복될 때 안식일을 어기며 할례를 행하는 것을 말씀하셨습니다. 할례 의식은 아브라함 때에 제정된 것으로 이스라엘 남자는 생후 팔일에 할례를 받게 되어 있습니다. 만일 팔일 째 되는 날이 안식일과 겹치면 할례법이 우선하였습니다.[63]

모세의 율법을 범하지 아니하려고 사람이 안식일에도 할례를 받는 일이 있거든 내가 안식일에 사람의 전신을 건전하게 한 것으로 너희가 내게 노여워하느냐(요7:23)

예수님은 안식일 규례가 몸의 일부를 떼어내는 할례를 위해 유보되었다면, 안식일에 온몸을 치료하는 일은 율법을 어기는 것이 아니라고 하셨습니다. 이전에도 예수님께서 안식일에 관하여 말씀하실 때, 유대인들이 안식일에 가축이 위험에 처했을 때 구하는 일을 상기시키시면서, 안식일에 선을 행하거나 생명을 구하는 일이 옳다고 하셨습니다. "예수께서 이르시되 너희 중에 어떤 사람이 양 한 마리가 있어 안식일에 구덩이에 빠졌으면 끌어내지 않겠느냐"(마12:11).

나는 아노니 이는 내가 그에게서 났고 그가 나를 보내셨음이라 하시니 그들이 예수를 잡고자 하나 손을 대는 자가 없으니 이는 그의 때가 아직 이르지 아니하였음이러라(요7:29-30)

---

63 Mishnah, *Shabbath* XVIII.1; XIX.2.

예수님은 자신의 기원이 하늘 아버지이며, 바로 그분께서 자신을 이 땅에 보내셨다고 말씀하셨습니다. "그의 때가 아직 이르지 아니하였음이러라"는 하나님께서 주권적 섭리로 예수님의 구속 사역을 인도하심을 보여줍니다. 하나님은 십자가의 때가 이르기 전까지 대적들이 예수님을 해치는 일을 허용하지 않으실 것입니다.

무리 중의 많은 사람이 예수를 믿고 말하되 그리스도께서 오실지라도 그 행하실 표적이 이 사람이 행한 것보다 더 많으랴 하니(요7:31)

예수님을 믿은 사람들은 이미 예수님이 메시야가 행할 것으로 기대되는 표적보다 더 크고 많은 표적을 베푸셨으므로, 예수님을 메시야로 인정할 수밖에 없다는 점을 분명히 하였습니다.

예수에 대하여 무리가 수군거리는 것이 바리새인들에게 들린지라 대제사장들과 바리새인들이 그를 잡으려고 아랫사람들을 보내니(요7:32)

산헤드린 공회는 주로 대제사장들과 바리새인들로 구성되었으며, 성전의 장(長)은 대제사장에 버금가는 권력을 행사하는 자인데, 주도적인 대제사장 가문들 중에서 선정하였습니다.[64] "아랫사람들"이란 성전의 법과 질서유지를 책임지는 자들로 레위인들 중에서 가려 뽑았습니다.

예수께서 이르시되 내가 너희와 함께 조금 더 있다가 나를 보내신 이에게로 돌아가겠노라 너희가 나를 찾아도 만나지 못할 터이요 나 있는 곳에 오지도 못하리라 하시니 이에 유대인들이 서로 묻되 이 사람이 어디로 가기에 우리가 그를 만나지 못하리요 헬라인 중에 흩어져 사는 자들에게로 가서 헬라인을 가르칠 터인가(요7:33-35)

"흩어져 사는 자들"이라는 뜻의 디아스포라(διασπορά, diaspora)는 팔레스타인 땅에 살지 않고 로마 제국과 그 밖의 지역에 흩어져 사는 유대

64 Emile Schurer, *The History of the Jewish People in the Age of Jesus Christ*, II (Edinburgh: Andesite Press, 1979), 277f.

인을 가리키는 표현입니다.

예수님은 자신의 가르침과 권위는 하나님께로부터 비롯되었다고 하시며, 아버지께서 주신 권위로 '내가 너희에게 이르노니'라고 말씀하셨습니다. 모세가 출애굽 때 많은 기적을 행했던 것처럼 모세를 통해 예표되었던 예수님께서 많은 기적을 행하셨습니다. 그러나 종교지도자들은 예수님의 커져가는 영향력을 매우 경계하였습니다.

생수에 대해 말씀하심 요7:37-52

명절 끝날 곧 큰 날에 예수께서 서서 외쳐 이르시되 누구든지 목마르거든 내게로 와서 마시라(요7:37)

초막절은 일주일 동안 계속되었으며, "명절 끝날"이란 총회가 열리는 팔일 째 되는 날을 말합니다. "여덟째 날에는 장엄한 대회로 모일 것이요 아무 일도 하지 말 것이며"(민29:35). 백성들은 한 해의 모든 열매를 거두는 초막절에 하나님의 은혜를 기억하였습니다.[65] 예수님은 "누구든지 목마르거든 내게로 와서 마시라"고 하셨는데, 이는 구약 이사야서의 인용입니다. "오호라 너희 모든 목마른 자들아 물로 나아오라 돈 없는 자도 오라 너희는 와서 사 먹되 돈 없이, 값 없이 와서 포도주와 젖을 사라"(사55:1). 위의 '목마르

---

65 초막절 기간에 한 해 동안 비를 내려 주신 하나님의 선하심을 기념하며 새벽에 물을 붓는 의식이 있었습니다. 제사장이 이끄는 한 행렬이 실로암 못으로 내려가 거기서 황금 주전자에 물을 가득 떠서 아침 제사를 드리는 때에 성전으로 돌아와 그 물을 제단의 서편 굴뚝에 부으면, 성전의 합창대가 큰 소리로 할렐루야 송가를 부르기 시작하였습니다. 이 의식은 주후 70년 이전까지 200여 년 동안 지속되었습니다. "할렐루야, 여호와의 종들아 찬양하라 여호와의 이름을 찬양하라"(시113:1), "여호와께 감사하라 그는 선하시며 그의 인자하심이 영원함이로다"(118:29). Mishnah, *Sukkah* IV.9.

거든'이란 심한 갈증 속에서 마실 것을 간절히 원하는 갈망을 표현하는데, 하나님이 베푸시는 영적인 힘과 위로에 목말라 하는 자라면 누구든지 예수님께로 와서 그를 믿고 신뢰하는 개인적 관계를 맺음으로 영적인 은혜를 얻을 수 있다는 의미입니다.

나를 믿는 자는 성경에 이름과 같이 그 배에서 생수의 강이 흘러나오리라 하시니 (요7:38)

이 말씀은 구약 스가랴서와 에스겔서의 예언의 성취입니다. "그 날에 생수가 예루살렘에서 솟아나서 절반은 동해로, 절반은 서해로 흐를 것이라"(슥14:8), "이 강물이 이르는 곳마다 번성하는 모든 생물이 살고 또 고기가 심히 많으리니"(겔47:9), "생수의 강"이 흘러나온다는 것은 믿는 자들에게는 차고 넘치는 풍성한 은혜들, 즉 기쁨과 참된 지식, 영적인 은사들이나 은혜들이 공급될 것임을 의미합니다.[66] 예수님은 신자 안에서의 내적인 하나님의 역사를, 강물이 흘러넘쳐 다른 이들에게 복을 가져오는 것으로 묘사하는 구약의 말씀으로 가르쳐 주셨습니다. "여호와가 너를 항상 인도하여 메마른 곳에서도 네 영혼을 만족하게 하며 네 뼈를 견고하게 하리니 너는 물 댄 동산 같겠고 물이 끊어지지 아니하는 샘 같을 것이라"(사58:11).

이는 그를 믿는 자들이 받을 성령을 가리켜 말씀하신 것이라 (예수께서 아직 영광을 받지 않으셨으므로 성령이 아직 그들에게 계시지 아니하시더라)(요7:39)

예수님이 약속하신 생수는 믿는 자들이 받을 "성령"입니다. 이 선물은 예수님이 십자가에 못 박혀 죽으시고 부활하셔서 하나님 우편에 앉으시기 전에는 주어질 수 없습니다. "성령이 아직 그들에게 계시지 아니하시더라"는 말씀은 예수님의 부활 이전에 성령의 역사가 전혀 없었

66 Matthew Poole, *A Commentary on the Holy Bible, Vol. III: Matthew-Revelation* (Edinburgh: Banner of Truth Trust, 1979), 318.

다는 뜻이 아니라, 새 언약 시대에 약속된 충만하고 강력한 의미에서의 성령이 아직 그들에게 임하지 않으셨다는 의미입니다. "그 후에 내가 내 영을 만민에게 부어 주리니 너희 자녀들이 장래 일을 말할 것이며 너희 늙은이는 꿈을 꾸며 너희 젊은이는 이상을 볼 것이며 그 때에 내가 또 내 영을 남종과 여종에게 부어 줄 것이며"(욜2:28-29).

이 말씀을 들은 무리 중에서 어떤 사람은 이 사람이 참으로 그 선지자라 하며 어떤 사람은 그리스도라 하며 어떤 이들은 그리스도가 어찌 갈릴리에서 나오겠느냐 성경에 이르기를 그리스도는 다윗의 씨로 또 다윗의 살던 마을 베들레헴에서 나오리라 하지 아니하였느냐 하며(요7:40-42)

"그 선지자"란 신명기에 언급되어 있는 '모세와 같은 선지자'를 가리킵니다. "내가 그들의 형제 중에서 너와 같은 선지자 하나를 그들을 위하여 일으키고 내 말을 그 입에 두리니 내가 그에게 명령하는 것을 그가 무리에게 다 말하리라"(신18:18). 이는 실제로 무리들이 예수님의 출생지가 베들레헴인 것을 알지 못했음을 암시합니다. 미가서에는 메시야의 출생지로 예루살렘 남쪽 8km 지점의 베들레헴이 예언되어 있습니다. "베들레헴 에브라다야 너는 유다 족속 중에 작을지라도 이스라엘을 다스릴 자가 네게서 내게로 나올 것이라 그의 근본은 상고에, 영원에 있느니라"(미5:2).

그 중의 한 사람 곧 전에 예수께 왔던 니고데모가 그들에게 말하되 우리 율법은 사람의 말을 듣고 그 행한 것을 알기 전에 심판하느냐 그들이 대답하여 이르되 너도 갈릴리에서 왔느냐 찾아보라 갈릴리에서는 선지자가 나지 못하느니라 하였더라(요7:50-52)

바리새인들은 "갈릴리에서는 선지자가 나지 못하느니라"고 하였는데, 그들의 말과 달리 갈릴리에서도 요나, 엘리야, 나훔과 같은 선지자들이 배출되었기 때문에, 이는 갈릴리 사람들에 대한 당시 편견을 나타낸 말입니다. "이스라엘의 하나님 여호와께서 그의 종 가드헤벨 아밋대의 아들 선지자 요나를 통하여 하신 말씀과 같이"(왕하14:25), "길르앗에 우거하는 자 중에 디셉 사람 엘리야가 아합에게 말하되"(왕상17:1), "니느웨에 대한 경고 곧 엘고스 사람 나훔의 묵시의 글이라"(나1:1).

초막절은 광야에서 하나님이 바위에서 나온 물로 이스라엘 백성의 목마름을 해갈시켜 주셨던 사건을 기념하여, 물을 가득 채운 단지들을 성전 뜰로 가져가서 붓는 의식적인 행렬로 마무리 되었습니다. 구약에서 생수는 메시야 시대에 성령이 주시는 선물로 언급되는데, 예수님은 이 초막절에 담긴 의미를 온전히 이루어 주셨습니다.

간음하다가 잡힌 여인 요8:1-11

예수는 감람 산으로 가시니라 아침에 다시 성전으로 들어오시니 백성이 다 나아오는지라 앉으사 그들을 가르치시더니(요8:1-2)

예수님은 낮에는 성전에서 가르치시고 밤에는 감람원이라 하는 산에서 쉬셨는데, 감람 산은 예루살렘 동편에 있는 해발 800m의 산으로 예루살렘을 한 눈에 볼 수 있는 곳입니다.

서기관들과 바리새인들이 음행 중에 잡힌 여자를 끌고 와서 가운데 세우고 예수께 말하되 선생이여 이 여자가 간음하다가 현장에서 잡혔나이다 모세는 율법에 이러한 여자를 돌로 치라 명하였거니와 선생은 어떻게 말하겠나이까 그들이 이렇게 말함은 고발할 조건을 얻고자 하여 예수를 시험함이러라(요8:3-6a)

종교지도자들은 예수님을 궁지에 넣고자 어려운 질문을 던졌습니다. 그들은 만일 예수님이 여인을 용서하신다면 모세 율법을 어기게 되고, 반대로 여인을 돌로 치라고 하신다면 로마의 법을 어기게 될 뿐 아니라 지금까지 세리와 창기를 용납하신 예수님의 언행이 불일치하다고 사람들이 비난할 것을 기대하였습니다.

예수께서 몸을 굽히사 손가락으로 땅에 쓰시니 그들이 묻기를 마지 아니하는지라 이에 일어나 이르시되 너희 중에 죄 없는 자가 먼저 돌로 치라 하시고(요8:6b-7)

예수님은 대답하시기 전에 먼저 땅에 무언가를 쓰셨습니다. 하지만 그들이 예수님을 계속하여 시험하자 예수님은 "너희 중에 죄 없는 자가 먼저 돌로 치라"고 하셨는데, 이는 고발한 자들에게 죄인을 정죄할 수 있는 자격이 없음을 깨닫게 하신 말씀입니다.

다시 몸을 굽혀 손가락으로 땅에 쓰시니 그들이 이 말씀을 듣고 양심에 가책을 느껴 어른으로 시작하여 젊은이까지 하나씩 하나씩 나가고 오직 예수와 그 가운데 섰는 여자만 남았더라(요8:8-9)

"하나씩 하나씩 나가고"란 그들이 양심의 찔림을 받고 있음을 보여줍니다. 그들은 자신들이 음행한 여인에게 돌을 던질 수 있을 만큼 의롭지 않다는 것을 알게 되었습니다.

예수께서 일어나사 여자 외에 아무도 없는 것을 보시고 이르시되 여자여 너를 고발하던 그들이 어디 있느냐 너를 정죄한 자가 없느냐 대답하되 주여 없나이다 예수께서 이르시되 나도 너를 정죄하지 아니하노니 가서 다시는 죄를 범하지 말라 하시니라(요8:10-11)

모든 사람이 떠나가자 예수님께서 비로소 여인에게 말씀을 건네셨습니다. 여인을 고소하던 자들의 죄를 정죄하지 않으신 예수님께서는 마찬가지로 여인의 죄도 정죄하지 않으셨습니다. 마지막으로 예수님은 용서 받은 여인에게 죄에서 벗어날 것을 강하게 명령하셨습니다.

예수님은 자신을 시험하는 종교지도자들과 모인 무리들의 죄를 낱낱이 드러내실 수 있으셨지만 그렇게 하지 않으셨습니다. 예수님은 간음하다가 잡힌 여인도 정죄하지 않으시고 다시는 죄를 범하지 말라고 하셨습니다. 공의로우신 예수님은 이 모든 죄의 형벌을 자신에게로 돌리시고 훗날 골고다 언덕의 십자가에서 그들과 우리 모두의 죗값을 대신 짊어지십니다.

아브라함보다 먼저 계셨던 예수님 요8:12-59

예수께서 또 말씀하여 이르시되 나는 세상의 빛이니 나를 따르는 자는 어둠에 다니지 아니하고 생명의 빛을 얻으리라(요8:12)

초막절 기간 중 성전 안 '여인의 뜰'에 커다란 등불을 점화하였는데, 이 등불은 광야에서 낮에는 '구름 기둥'으로, 밤에는 '불 기둥'으로 이스라엘의 조상과 함께 하셨던 하나님을 상기시켰습니다(민14:14). 이러한 시공간적 배경에서 예수님이 '나는 세상의 빛이다'라고 선언하신 것은 듣는 자들에게 강한 울림이 되었습니다. 이는 두 번째 '에고 에이미'(Ἐγώ εἰμι, I am) 말씀으로, 세상의 빛이신 예수님은 하나님의 구원의 빛이 임할 것이라는 구약의 약속들을 성취하셨습니다. "흑암에 행하던 백성이 큰 빛을 보고 사망의 그늘진 땅에 거주하던 자에게 빛이 비치도다"(사9:2). 성경에서 빛은 하나님의 임재를 나타내는데, 예수님은 세상에 오신 하나님으로서 빛 그 자체이십니다.

바리새인들이 이르되 네가 너를 위하여 증언하니 네 증언은 참되지 아니하도다(요8:13)

그러나 바리새인들은 예수님을 하나님이 보내신 메시야가 아닌 대중의 인기를 얻고 있는 한 선지자로 보았기 때문에, 예수님의 자기 증언에는 효력이 없다고 하였습니다.

예수께서 대답하여 이르시되 내가 나를 위하여 증언하여도 내 증언이 참되니 나는 내가 어디서 오며 어디로 가는 것을 알거니와 너희는 내가 어디서 오며 어디로 가는 것을 알지 못하느니라(요8:14)

이에 예수님은 창세 전에 하늘에서 아버지와 함께 영광을 누리셨던 것과, 구속 사역 이후에 다시 하늘로 돌아가셔서 영광을 받으실 것을 말씀하셨습니다. 곧 예수님은 자신과 아버지가 영원히 하나이시므로 스스로 증언하셔도 그 증언 자체가 참되다고 하셨습니다.

너희는 육체를 따라 판단하나 나는 아무도 판단하지 아니하노라(요8:15)

"육체를 따라"란 세상의 기준을 따른다는 의미이며, "나는 아무도 판단하지 아니하노라"는 예수님께서 공생애 사역 동안에는 심판주가 아니라 구세주로 오셨다는 의미입니다. 훗날 재림의 때에 예수님은 이 세상과 모든 사람을 심판하러 오실 것입니다.

너희 율법에도 두 사람의 증언이 참되다 기록되었으니 내가 나를 위하여 증언하는 자가 되고 나를 보내신 아버지도 나를 위하여 증언하시느니라(요8:17-18)

모세 율법에 의하면 법정에 제시된 증거는 두 사람 이상이 확증하여야 하는데(신19:15), 예수님은 "내가 나를 위하여 증언"하고 "아버지도 나를 위하여 증언"하시므로 진실된 증언이라고 하셨습니다.

이에 그들이 묻되 네 아버지가 어디 있느냐 예수께서 대답하시되 너희는 나를 알지 못하고 내 아버지도 알지 못하는도다 나를 알았더라면 내 아버지도 알았으리라(요8:19)

사람들은 예수님의 "아버지"의 정체에 대해 알고 싶어하였습니다. 이에 예수님은 "나를 알았더라면 내 아버지도 알았으리라"고 하셨는데, 예수님은 영원 전부터 아버지의 아들로 존재하셨기 때문에 예수님을 아는 자는 하나님을 안다는 뜻입니다.

이 말씀은 성전에서 가르치실 때에 헌금함 앞에서 하셨으나 잡는 사람이 없으니 이는 그의 때가 아직 이르지 아니하였음이러라(요8:20)

"헌금함"은 13개의 나팔모양의 투입구가 있는 함(函, treasury)으로, '여인의 뜰'과 마주보고 있었습니다.[67] 모든 헌금함에는 히브리 알파벳 글자가 표시되어 있었기 때문에 사람들은 사용될 돈의 목적을 분명히 알 수 있었습니다. 따라서 성전을 위한 연보, 제물, 향, 나무, 또는 무엇이든지 그 목적에 맞게 봉헌할 수 있었습니다.[68] 예수님은 헌금함 근처에서 가르치셨는데, 이곳은 산헤드린 회의를 개최한 장소와 인접하였습니다.[69]

예수께서 이르시되 너희는 아래에서 났고 나는 위에서 났으며 너희는 이 세상에 속하였고 나는 이 세상에 속하지 아니하였느니라 그러므로 내가 너희에게 말하기를 너희가 너희 죄 가운데서 죽으리라 하였노라 너희가 만일 내가 그인 줄 믿지 아니하면 너희 죄 가운데서 죽으리라(요8:23-24)

"나는 위에서 났으며"는 예수님이 하늘로부터, 곧 성부 하나님께로부터 오신 분임을 의미합니다. 이 세상으로 내려오신 예수님께서 다시 하늘로 올라가신다면, 이 세상에 속한 사람들도 예수님을 통하여 하늘로 올라갈 수 있게 됩니다. "내가 그인 줄"이란 예수님이 죄인들을 구원하실 메시야임을 스스로 증언하시는 말씀입니다.

그러므로 예수께서 자기를 믿은 유대인들에게 이르시되 너희가 내 말에 거하면 참으로 내 제자가 되고 진리를 알지니 진리가 너희를 자유롭게 하리라(요8:31-32)

---

67 Mishnah, *Shekalim* VI.5.

68 William Hendriksen, *New Testament Commentary: Exposition of the Gospel according to Mark* (Grand Rapids: Baker, 1975), 505-506.

69 Cf. Pat and David Alexander ed., *Eerdmans' Handbook to the Bible* (Oxford: Lion, 1989), 496.

"너희가 내 말에 거하면"이란 예수님의 말씀을 믿고 순종하는 것을 뜻합니다. "진리가 너희를 자유롭게 하리라"에서 '진리'는 예수님 자신을 의미하는데, 오직 예수님만이 불신자들로 하여금 죄에 물든 삶에서 벗어날 수 있게 해주시며, 또한 신자들로 하여금 그들을 옥죄고 있는 율법주의와 공로주의의 종교성에서 해방시켜 주십니다.

그들이 대답하되 우리가 아브라함의 자손이라 남의 종이 된 적이 없거늘 어찌하여 우리가 자유롭게 되리라 하느냐 예수께서 대답하시되 진실로 진실로 너희에게 이르노니 죄를 범하는 자마다 죄의 종이라(요8:33-34)

유대인들은 자신들이 비록 로마의 통치 아래 있으나 혈통으로 볼 때 아브라함의 자손이므로 종이 아니라 자유인이라고 생각하였습니다. 예수님은 유대인들이 아브라함의 자손일지라도 그들 역시 죄의 권세 아래 있으며, 오직 구원의 진리를 알게 될 때 죄의 굴레에서 벗어나 자유롭게 된다고 말씀하셨습니다.

대답하여 이르되 우리 아버지는 아브라함이라 하니 예수께서 이르시되 너희가 아브라함의 자손이면 아브라함이 행한 일들을 할 것이거늘 지금 하나님께 들은 진리를 너희에게 말한 사람인 나를 죽이려 하는도다 아브라함은 이렇게 하지 아니하였느니라(요8:39-40)

예수님은 유대인들이 육신으로는 아브라함의 후손이지만 진정 아브라함의 자손인 것은 부정하셨는데, 이는 그들의 행동이 그들의 주장과 모순되기 때문입니다. "아브라함이 행한 일들"이란 곧 하나님을 믿는 일이었습니다. "성경이 무엇을 말하느냐 아브라함이 하나님을 믿으매 그것이 그에게 의로 여겨진 바 되었느니라"(롬4:3). 그러나 스스로 아브라함의 자손이라 여기는 이들이 하나님의 아들이신 예수님을 배척하고 심지어 죽이고자 하였습니다. "무릇 표면적 유대인이 유대인이 아니요 표면적 육신의 할례가 할례가 아니니라 오직 이면적 유대인이 유대인이며 할례는 마음에 할지니 영에 있고 율법 조문에 있지 아니한 것이라 그 칭찬이 사람에게서가 아니요 다만 하나님에게서니라"(롬2:28-29).

어찌하여 내 말을 깨닫지 못하느냐 이는 내 말을 들을 줄 알지 못함이로다 너희는 너희 아비 마귀에게서 났으니 너희 아비의 욕심대로 너희도 행하고자 하느니라 그는 처음부터 살인한 자요 진리가 그 속에 없으므로 진리에 서지 못하고 거짓을 말할 때마다 제 것으로 말하나니 이는 그가 거짓말쟁이요 거짓의 아비가 되었음이라(요8:43-44)

유대인들이 예수님을 오해하는 이유는 그들이 거짓의 자녀이기 때문입니다. 마귀는 "처음부터 살인한 자"로서 타락을 통해 세상에 죽음이 들어오게 하였으며, 가인을 부추겨 아벨을 살해하게 하였습니다. 또한 마귀는 "거짓의 아비"인데, 하와를 유혹할 때 교묘한 거짓말로 하나님의 말씀을 부정하였습니다. "뱀이 여자에게 이르되 너희가 결코 죽지 아니하리라"(창3:4).

하나님께 속한 자는 하나님의 말씀을 듣나니 너희가 듣지 아니함은 하나님께 속하지 아니하였음이로다 유대인들이 대답하여 이르되 우리가 너를 사마리아 사람이라 또는 귀신이 들렸다 하는 말이 옳지 아니하냐(요8:47-48)

유대인들이 예수님의 진리를 받아들이지 않는 이유는 그들이 하나님의 자녀가 아니기 때문입니다. 사마리아 사람들에 대한 유대인들의 증오는 상상을 초월합니다. 따라서 사마리아인이 들어올 수 없는 성전의 헌금함 옆에 앉아 계신 예수님을 향하여 "사마리아 사람"이라고 한 것은 심한 멸시의 표현입니다.

너희 조상 아브라함은 나의 때 볼 것을 즐거워하다가 보고 기뻐하였느니라(요8:56)

여기서 아브라함이 그리스도의 날을 보고 즐거워한 것은 이삭을 번제로 드리려고 가던 길에서, 하나님이 번제를 위하여 어린 양을 준비하실 것이라고 말한 때를 가리킵니다. "아브라함이 이르되 내 아들아 번제할 어린 양은 하나님이 자기를 위하여 친히 준비하시리라 하고 두 사람이 함께 나아가서"(창22:8). 이제 어린 양이신 예수님께서 오셔서 "나의 때", 곧 아브라함이 수천 년 전에 목격하였던 하나님의 구원 사건을 나타내 보이십니다.

유대인들이 이르되 네가 아직 오십 세도 못 되었는데 아브라함을 보았느냐 예수께서 이르시되 진실로 진실로 너희에게 이르노니 아브라함이 나기 전부터 내가 있느니라 하시니(요8:57-58)

"아직 오십 세도 못 되었는데"라고 말한 것은 그들이 태초부터 계셨던 예수님을 하나님의 아들로 인식하는 믿음이 없기 때문입니다. 예수님은 "내가 있느니라"고 하는 현재 시제를 사용하셔서 오직 하나님께만 해당되는 시간의 초월성을 주장하셨습니다.[70]

그들이 돌을 들어 치려 하거늘 예수께서 숨어 성전에서 나가시니라(요8:59)

유대인들은 예수님의 말씀을 듣고 그분을 신성 모독죄로 죽이려 하였습니다.[71] 본문의 "숨어"(ἐκρύβη, be concealed)라는 동사는 '숨겨지다'라는 뜻으로, 예수님이 초자연적으로 그들을 통과하여 지나가셨다는 의미입니다. 이처럼 예수님이 자신의 신적 기원과 선재하심을 밝히셨어도 유대인들은 예수님의 신성과 하나님의 아들이심을 이해하지 못하였습니다.

---

70 헬라어에서 "내가 있느니라"(Ἐγώ εἰμι, I am)는 말씀은 70인역의 "나는 스스로 있는 자"(출3:14)라는 하나님의 존재 표현과 동일합니다.

71 율법에서 신성 모독죄에 대한 형벌은 돌로 쳐서 죽이는 것이었습니다. "여호와의 이름을 모독하면 그를 반드시 죽일지니 온 회중이 돌로 그를 칠 것이니라 거류민이든지 본토인이든지 여호와의 이름을 모독하면 그를 죽일지니라"(레24:16).

예수님은 자신을 세상의 빛이라고 하시며 자신을 따르는 자는 어둠에서 벗어나 생명의 빛을 얻게 될 것이라고 하셨습니다. 예수님은 아브라함이 나기 전부터 계셨고 아브라함이 뵙기를 바랐던 분이시므로 진정한 아브라함의 자손들이라면 예수님을 구주로 영접할 것입니다.

날 때부터 맹인 된 사람을 고치심 요9:1-12

예수께서 길을 가실 때에 날 때부터 맹인 된 사람을 보신지라 제자들이 물어 이르되 랍비여 이 사람이 맹인으로 난 것이 누구의 죄로 인함이니이까 자기니이까 그의 부모니이까(요9:1-2)

"누구의 죄로 인함이니이까"라는 제자들의 질문은 고난의 원인을 죄에서 찾는 유대교의 전통적 견해를 나타냅니다. 하지만 성경은 모든 고난이 사람의 죄의 직접적인 결과인 것은 아니라는 사실을 분명하게 가르칩니다. "여러 계시를 받은 것이 지극히 크므로 너무 자만하지 않게 하시려고 내 육체에 가시 곧 사탄의 사자를 주셨으니 이는 나를 쳐서 너무 자만하지 않게 하려 하심이라"(고후12:7).

예수께서 대답하시되 이 사람이나 그 부모의 죄로 인한 것이 아니라 그에게서 하나님이 하시는 일을 나타내고자 하심이라(요9:3)

"하나님이 하시는 일을 나타내고자 하심이라"란 말씀은 사람들이 하나님의 주권적 섭리와 은혜를 경험할 수 있도록 때때로 역경과 고난을 겪게 하신다는 의미입니다.

때가 아직 낮이매 나를 보내신 이의 일을 우리가 하여야 하리라 밤이 오리니 그 때는 아무도 일할 수 없느니라(요9:4)

"때가 아직 낮이매"란 예수님의 공생애 사역을 말하는데, 예수님은 자신을 보내신 성부 하나님이 맡기신 모든 일을 성취해야 한다고 하셨습니다. 또한 예수님은 "우리가 하여야 하리라"고 말씀하시며 제자들도 이 사역에 함께 참여할 것임을 선언하셨습니다.

내가 세상에 있는 동안에는 세상의 빛이로라 이 말씀을 하시고 땅에 침을 뱉어 진흙을 이겨 그의 눈에 바르시고 이르시되 실로암 못에 가서 씻으라 하시니 (실로암은 번역하면 보냄을 받았다는 뜻이라) 이에 가서 씻고 밝은 눈으로 왔더라(요9:5-7)

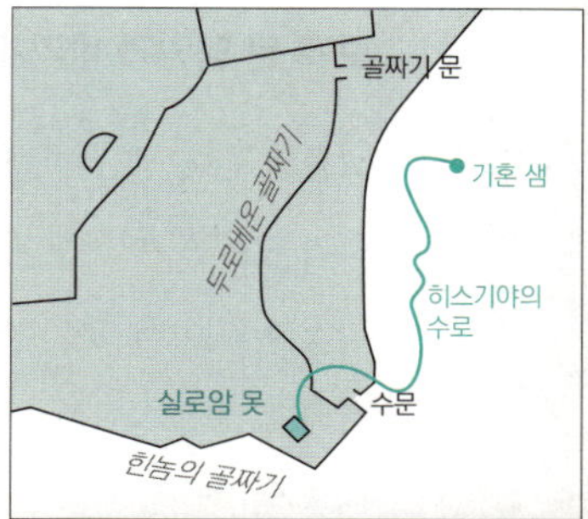

실로암 못

실로암은 예루살렘 성 안에 있는 연못으로, 히스기야 왕이 앗수르의 공격에 대비하여 기혼 샘에서부터 터널을 파서 만든 연못입니다(왕하20:20). 예수님이 진흙을 이겨 그 사람의 눈에 바르신 행동은 창세기에 나오는 하나님의 창조활동을 연상하게 합니다. "여호와 하나님이 땅의 흙으로 사람을 지으시고 생기를 그 코에 불어넣으시니 사람이 생령이 되니라"(창2:7). 또한 야곱은 임종 직전에 유다를 향한 축복의 예언을 하면서 그의 자손으로 오실 메시야를 '실로'라고 칭하였습니다. "규가 유다를 떠나지 아니하며 통치자의 지팡이가 그 발 사이에서 떠나지 아니하기를 실로가 오시기까지 이르리니 그에게 모든 백성이 복종하리로다"(창49:10). 예수님은 날 때부터 보지 못했던 사람의 눈을 뜨게 해 주심으로 물리적인 빛을 주실 뿐만 아니라 영적인 눈도 뜨게 해주셨습니다. 곧 자신이 세상의 빛이심을 깨닫게 하시며, 하나님을 아는 지식의 빛을 주신다는 것을 알게 하셨습니다.

예수님은 날 때부터 맹인된 자를 구약에서 자신을 상징하는 실로암 연못에 보내셨습니다. 이는 '보냄을 받았다'라는 뜻을 가진 실로암과 아버지로부터 '보냄을 받으신' 아들 사이의 상응관계를 볼 수 있게 하신 것으로, 이 실로암의 기적은 깊은 영적 의미를 지닌 사건입니다.

보게 된 맹인과 바리새인들 요9:13-41

그들이 전에 맹인이었던 사람을 데리고 바리새인들에게 갔더라 예수께서 진흙을 이겨 눈을 뜨게 하신 날은 안식일이라, 바리새인 중에 어떤 사람은 말하되 이 사람이 안식일을 지키지 아니하니 하나님께로부터 온 자가 아니라 하며 어떤 사람은 말하되 죄인으로서 어떻게 이러한 표적을 행하겠느냐 하여 그들 중에 분쟁이 있었더니 (요9:13-14, 16)

예수님은 안식일에 진흙을 주물러 만지셨는데, 이같이 진흙이나 밀가루를 반죽하는 행위는 안식일에 금지된 39가지 일 중에 포함되었습니다.[72] 예수님께서 안식일에 병자를 고치신 일을 두고 바리새인들 중에서도 논란이 일어났습니다.

유대인들이 그가 맹인으로 있다가 보게 된 것을 믿지 아니하고 그 부모를 불러 묻되, 그 부모가 대답하여 이르되 이 사람이 우리 아들인 것과 맹인으로 난 것을 아나이다 그러나 지금 어떻게 해서 보는지 또는 누가 그 눈을 뜨게 하였는지 우리는 알지 못하나이다 그에게 물어 보소서 그가 장성하였으니 자기 일을 말하리이다 그 부모가 이렇게 말한 것은 이미 유대인들이 누구든지 예수를 그리스도로 시인하는 자는 출교하기로 결의하였으므로 그들을 무서워함이러라 (요9:18, 20-22)

바리새인들이 그의 부모를 불러서 눈을 뜨게 된 경위를 묻자, 그들은 성인인 아들에게 직접 물어보라고 대답하였습니다. 맹인이었다가 치유된 자의 부모는 예수님에 대한 종교지도자들의 적개심을 확인하고서는 출교[73]당할 것을 두려워하여 직접적인 대답을 회피하였습니다.

72 Mishnah, *Shabbath* VII.2.

이에 그들이 맹인이었던 사람을 두 번째 불러 이르되 너는 하나님께 영광을 돌리라 우리는 이 사람이 죄인인 줄 아노라 대답하되 그가 죄인인지 내가 알지 못하나 한 가지 아는 것은 내가 맹인으로 있다가 지금 보는 그것이니이다(요9:24-25)

바리새인들이 맹인이었던 사람을 다시 불러 예수님에게 영광을 돌리지 말 것을 요구하였습니다.

하나님이 죄인의 말을 듣지 아니하시고 경건하여 그의 뜻대로 행하는 자의 말은 들으시는 줄을 우리가 아나이다 창세 이후로 맹인으로 난 자의 눈을 뜨게 하였다 함을 듣지 못하였으니(요9:31-32)

하지만 그는 그의 부모와는 다르게 담대하게 예수님을 증거하였습니다. 그의 고백은 시편에 나타나는 의인에 대한 묘사를 떠오르게 합니다. "여호와의 눈은 의인을 향하시고 그의 귀는 그들의 부르짖음에 기울이시는도다" (시34:15).

그들이 대답하여 이르되 네가 온전히 죄 가운데서 나서 우리를 가르치느냐 하고 이에 쫓아내어 보내니라(요9:34)

"쫓아내어"란 회당에서 출교한 것을 말하는데, 정식 절차에 따른 것이 아니라 충동적으로 결정한 것임을 암시합니다.

---

73 출교(excommunication)는 신약에서 이 구절을 포함하여 요한복음에서만 세 번 나타납니다(요12:42, 16:2). 탈무드는 세 가지 종류의 파문(shammata)을 언급합니다. 첫째, 네세파(nesephah)는 호되게 책망하고 7일에서 30일까지 성전이나 회당의 출입 등의 종교적인 특권을 박탈합니다. 둘째, 니두이(niddui)는 그 기간이 적어도 30일간 계속되고, 그 후에도 반복될 수 있습니다. 만일 이 두 번째 징계를 통해서도 효과가 없으면 최후의 징계인 세 번째 형식의 징계를 내립니다. 이 세 번째 징계는 케렘(cherem)이라고 하는데, 최종적인 출교로 그 기한은 무한정입니다. 이 징계를 받은 사람은 모든 사회적 교제에 참석할 수 없습니다. 만약 그가 죽으면 애곡이나 장례식 없이 매장됩니다. H. D. M. Spence ed., *The Pulpit Commentary: The Gospel of St. John, Vol. II*. New Edition(New York and London: Funk & Wagnalls, 1913), 9.

예수께서 그들이 그 사람을 쫓아냈다 하는 말을 들으셨더니 그를 만나사 이르시되 네가 인자를 믿느냐 대답하여 이르되 주여 그가 누구시오니이까 내가 믿고자 하나이다 예수께서 이르시되 네가 그를 보았거니와 지금 너와 말하는 자가 그이니라 이르되 주여 내가 믿나이다 하고 절하는지라(요9:35-38)

본문의 "만나사"(εὑρὼν, find)란 우연히 만나게 된 것이 아니라 '찾아서 만난 것'을 의미합니다. 그는 "주여 내가 믿나이다"라고 하며 예수님을 하나님으로부터 오신 분, 곧 '인자'로 고백하였습니다.

예수께서 이르시되 내가 심판하러 이 세상에 왔으니 보지 못하는 자들은 보게 하고 보는 자들은 맹인 되게 하려 함이라 하시니 바리새인 중에 예수와 함께 있던 자들이 이 말씀을 듣고 이르되 우리도 맹인인가 예수께서 이르시되 너희가 맹인이 되었더라면 죄가 없으려니와 본다고 하니 너희 죄가 그대로 있느니라(요9:39-41)

예수님이 "너희가 맹인이 되었더라면"이라고 하신 것은 '그들이 하나님의 말씀과 예수님이 어떤 분이신지에 대한 지식이 전혀 없었더라면'이라는 뜻입니다. 또한 "죄가 없으려니와"란 그들이 모세오경과 선지자들을 통해 받은 구체적인 가르침과 명령을 어기는 죄는 없을 것이라는 의미입니다. 한편, 바울은 로마서에서 모든 사람이 하나님에 대한 어느 정도의 지식을 받았다고 말합니다. "이는 하나님을 알 만한 것이 그들 속에 보임이라 하나님께서 이를 그들에게 보이셨느니라 창세로부터 그의 보이지 아니하는 것들 곧 그의 영원하신 능력과 신성이 그가 만드신 만물에 분명히 보여 알려졌나니 그러므로 그들이 핑계하지 못할지니라"(롬1:19-20).

맹인이었던 자는 육신의 눈을 뜬 후 영의 눈도 뜨게 되어 예수님을 인자로 알게 되었습니다. 하지만 육신의 눈은 뜨고 있지만 영안이 열리지 않은 바리새인들은 예수님이 안식일을 지키지 않은 것 때문에 하나님께로부터 오신 분으로 인정하지 않습니다.

양의 문과 선한 목자 요10:1-21

내가 진실로 진실로 너희에게 이르노니 문을 통하여 양의 우리에 들어가지 아니하고 다른 데로 넘어가는 자는 절도며 강도요 문으로 들어가는 이는 양의 목자라(요10:1-2)

"양의 우리"란 일반적으로 집 근처에 돌담으로 두른 뜰을 말하며, 목자가 항상 그 입구를 지켰습니다.

자기 양을 다 내놓은 후에 앞서 가면 양들이 그의 음성을 아는 고로 따라오되 타인의 음성은 알지 못하는 고로 타인을 따르지 아니하고 도리어 도망하느니라(요10:4-5)

양은 무리를 지어 생활하고 목자를 잘 따르지만, 목자가 없으면 모두 흩어져 버리고 맙니다. 예수님은 양들이 목자의 음성을 안다고 하시며, 하나님께 속한 사람은 자신의 말을 듣고 믿는다고 말씀하셨습니다. 이스라엘의 출애굽도 목자가 양 떼를 인도하는 것으로 묘사되며, "주의 백성을 양 떼 같이 모세와 아론의 손으로 인도하셨나이다"(시77:20), 선지서도 말세에 있을 하나님 백성의 구원을 목자와 양 떼로 비유합니다. "야곱아 내가 반드시 너희 무리를 다 모으며 ... 그들을 한 처소에 두기를 보스라의 양 떼 같이 하며 초장의 양 떼 같이 하리니"(미2:12).

그러므로 예수께서 다시 이르시되 내가 진실로 진실로 너희에게 말하노니 나는 양의 문이라(요10:7)

"나는 양의 문이라"고 하신 것은 세 번째 '에고 에이미'(Έγώ εἰμι, I am) 말씀으로, 예수님만이 양 떼가 출입할 수 있는 유일한 문임을 가르치셨습니다. "이는 여호와의 문이라 의인들이 그리로 들어가리로다"(시118:20).

나보다 먼저 온 자는 다 절도요 강도니 양들이 듣지 아니하였느니라(요10:8)

"나보다 먼저 온 자"란 양들을 파멸에 이르게 한 거짓 목자들, 곧 메시야를 사칭한 자들을 가리킵니다. "이전에 드다가 일어나 스스로 선전하매 사람이 약 사백 명이나 따르더니 그가 죽임을 당하매 따르던 모든 사람들이 흩어져 없어졌고"(행5:36). "절도"란 은밀히 들어가는 행위를 말하며, "강도"는 폭력을 행사하는 것을 말하는데, 양 떼는 먹이지 않고 자신만 배불린 이스라엘의 삯꾼들의 모습을 묘사합니다. "너희가 살진 양을 잡아 그 기름을 먹으며 그 털을 입되 양 떼는 먹이지 아니하는도다"(겔34:3).

내가 문이니 누구든지 나로 말미암아 들어가면 구원을 받고 또는 들어가며 나오며 꼴을 얻으리라(요10:9)

"문"은 하나님 나라에 들어가는 것을 의미하며, "좁은 문으로 들어가라 멸망으로 인도하는 문은 크고 그 길이 넓어 그리로 들어가는 자가 많고"(마7:13), "들어가며 나오며"란 신명기에 기록된 순종에 대한 복을 상기시킵니다. "네가 들어와도 복을 받고 나가도 복을 받을 것이니라"(신28:6). "꼴을 얻으리라"는 말씀은 하나님의 공급하심을 보증하는 표현으로, 이미 시작된 풍성한 삶에 대한 구약의 예언들을 기억하게 합니다. "좋은 꼴을 먹이고 그 우리를 이스라엘 높은 산에 두리니 그것들이 그 곳에 있는 좋은 우리에 누워 있으며 이스라엘 산에서 살진 꼴을 먹으리라"(겔34:14).

나는 선한 목자라 선한 목자는 양들을 위하여 목숨을 버리거니와 삯꾼은 목자가 아니요 양도 제 양이 아니라 이리가 오는 것을 보면 양을 버리고 달아나나니 이리가 양을 물어가고 또 헤치느니라(요10:11-12)

"나는 선한 목자라"는 선언은 네 번째 '에고 에이미'(Ἐγώ εἰμι, I am) 말씀입니다. 구약에서 '목자'는 하나님을 상징하는 표현 중 하나로, "여호와는 나의 목자시니 내게 부족함이 없으리로다"(시23:1), 이스라엘 백성을 돌보시는 목자이신 하나님은 장차 그들의 선한 목자가 될 메시야를 보내시겠다고 하셨습니다. 예수님은 자신이 바로 하나님이 약속하신 그 선한 목자라고 선포하셨습니다. "그는 목자 같이 양 떼를 먹이시며 어린 양을 그 팔로 모아 품에 안으시며 젖먹이는 암컷들을 온순히 인도하시리로다"(사40:11). 선한 목자이신 예수님은 도둑이나 삯꾼과 달리 그의 양 떼를 위해 목숨을 버릴 것이라고 하셨습니다.

또 이 우리에 들지 아니한 다른 양들이 내게 있어 내가 인도하여야 할 터이니 그들도 내 음성을 듣고 한 무리가 되어 한 목자에게 있으리라(요10:16)

"이 우리에 들지 아니한 다른 양들"이란 이방인들을 가리킵니다. "이스라엘의 쫓겨난 자를 모으시는 주 여호와가 말하노니 내가 이미 모은 백성 외에 또 모아 그에게 속하게 하리라 하셨느니라"(사56:8). "한 무리가 되어 한 목자에게 있으리라"는 말씀은 유대인과 이방인이 장차 교회 안에서 하나가 될 것이라는 뜻입니다.

내가 내 목숨을 버리는 것은 그것을 내가 다시 얻기 위함이니 이로 말미암아 아버지께서 나를 사랑하시느니라(요10:17)

"내 목숨을 버리는 것"이란 예수님이 자신의 생명을 스스로 바치셨으며, "아버지께서 나를 사랑하시느니라"는 말씀은 예수님의 자기 희생이 영원 전 삼위 하나님의 구원협약에 의한 것임을 나타냅니다.

이를 내게서 빼앗는 자가 있는 것이 아니라 내가 스스로 버리노라 나는 버릴 권세도 있고 다시 얻을 권세도 있으니 이 계명은 내 아버지에게서 받았노라 하시니라 이 말씀으로 말미암아 유대인 중에 다시 분쟁이 일어나니(요10:18-19)

"다시 얻을 권세도 있으니"란 예수님의 신성이 부활 속에서 역사함을 뜻합니다. 예수님께서 자신의 인격과 사역을 더 계시하시자 유대인들 사이에서 예수님의 정체에 대한 논쟁이 다시 일어났습니다.

그 중에 많은 사람이 말하되 그가 귀신 들려 미쳤거늘 어찌하여 그 말을 듣느냐 하며 어떤 사람은 말하되 이 말은 귀신들린 자의 말이 아니라 귀신이 맹인의 눈을 뜨게 할 수 있느냐 하더라(요10:20-21)

귀신이 들렸다는 비난은 눈 먼 자를 보게 하시는 분이 하나님이라는 구약의 가르침에 모순됩니다. "여호와께서 맹인들의 눈을 여시며 여호와께서 비굴한 자들을 일으키시며 여호와께서 의인들을 사랑하시며"(시146:8).

예수님이 '양의 문'이신 이유는 예수님만이 우리가 영생을 얻을 수 있는 유일한 길이시며, 그 길에 들어갈 수 있는 유일한 문이시기 때문입니다. 또한 예수님은 양 떼를 보호하시고 먹이실 뿐만 아니라 자신의 양들을 위해 스스로 목숨을 버리시는 '선한 목자'이십니다.

제12장 갈릴리, 유대, 베레아에서의 사역

갈릴리에서 유대까지 예수님께서 갈릴리 사역을 마치신 후 죽으심과 부활을 준비하시면서 예루살렘을 향하여 가십니다.

사마리아 전도 마19:1-2, 눅9:51-56

예수께서 이 말씀을 마치시고 갈릴리를 떠나 요단 강 건너 유대 지경에 이르시니 큰 무리가 따르거늘 예수께서 거기서 그들의 병을 고치시더라(마19:1-2)

"요단 강 건너 유대 지경"이란 요단 강 동편의 베레아를 말합니다. 이 지역은 사마리아와 데가볼리 사이에 있었으며 대체로 유대인들이 거주하였습니다. 예수님이 갈릴리에서 치유 사역을 행하신 소문이 이미 널리 퍼졌기 때문에 많은 사람들이 예수님께 나아와 병 고침을 받았습니다.

예수께서 승천하실 기약이 차가매 예루살렘을 향하여 올라가기로 굳게 결심하시고(눅9:51)

특별히 본문은 예수님이 승천(ἀνάληφις, ascension)하시기 위하여 예루살렘에 가신다고 하였는데, 이는 예수님의 구속 사역이 십자가 고난과 죽음에서 그치는 것이 아니라 부활과 승천을 통해 완성됨을 의미합니다. "굳게 결심하시고"란 다른 사람들의 모욕과 멸시에도 결연히 하나님께 순종하시는 모습을 표현한 것입니다. "주 여호와께서 나를 도우시므로 내가 부끄러워하지 아니하고 내 얼굴을 부싯돌 같이 굳게 하였으므로 내가 수치를 당하지 아니할 줄 아노라"(사50:7).

사자들을 앞서 보내시매 그들이 가서 예수를 위하여 준비하려고 사마리아인의 한 마을에 들어갔더니 예수께서 예루살렘을 향하여 가시기 때문에 그들이 받아들이지 아니하는지라(눅9:52-53)

"준비하려고"란 숙박할 곳을 미리 정하려는 것을 말합니다. 사마리아인들은 유대인에 대한 민족적 반감으로 인하여 예배를 드리기 위해 예루살렘으로 가시려는 예수님을 배척하였습니다. 이에 가버나움에서 출발하신 예수님은 사마리아를 우회하여 데가볼리 지역으로 가시게 됩니다. 그리고 가시는 도중 70명의 제자를 파송하시고 그들로부터 전도와 선교 사역에 대한 보고를 받으십니다. 이후에 예수님은 요단 강을 건너 베레아와 여리고를 지나 예루살렘에 도착하십니다.[74]

제자 야고보와 요한이 이를 보고 이르되 주여 우리가 불을 명하여 하늘로부터 내려 저들을 멸하라 하기를 원하시나이까 예수께서 돌아보시며 꾸짖으시고 함께 다른 마을로 가시니라(눅9:54-56)

'우레의 아들'이라고 불린 야고보와 요한은 그들의 별명답게 예수님을 모욕한 자들에게 하늘의 심판이 내려져야 마땅하다고 생각하였습니다. 여기서 "불"이란 구약시대 아하시야 왕이 선지자 엘리야를 체포하기 위해 보낸 군대를 불살랐던 하늘에서 내려온 불을 상기시킵니다. "엘리야가 그들에게 대답하여 이르되 내가 만일 하나님의 사람이면 불이 하늘에서 내

74 요한복음은 예수님이 공생애 기간에 네 번 예루살렘으로 가신 사실을 언급하는데, 공관복음은 단 한 번의 여행만 기록하고 있습니다.

려와 너와 너의 오십 명을 사를지로다 하매 하나님의 불이 곧 하늘에서 내려와 그와 그의 군사 오십 명을 살랐더라"(왕하1:12). 일전에 제자들 중 누가 큰 자인지 논쟁했던 일의 중심에 있었던 야고보와 요한이 이번에도 혈기를 내며 사마리아인들에게 심판을 내리는 것을 허락해 달라고 하자 예수님은 그들을 엄하게 책망하셨습니다. 이는 예수님의 사역이 심판이나 형벌을 통해 사람들로 하여금 억지로 자신을 따르게 하는 것이 아니라 값없이 복음을 제시하는 것이기 때문입니다.

예수님은 예루살렘으로 가시려고 사마리아로 들어가셨지만 그들이 배척하자 개의치 않으시고 다른 길로 돌아가셨습니다. 이는 예수님이 오신 목적이 사람들에게 심판을 내리시기 위함이 아니라, 그들을 치유하시고 생명을 주시며 대신 죽으시기 위함이기 때문입니다.

열 명의 나병환자가 고침 받음 눅17:11-19

예수께서 예루살렘으로 가실 때에 사마리아와 갈릴리 사이로 지나가시다가 한 마을에 들어가시니 나병환자 열 명이 예수를 만나 멀리 서서 소리를 높여 이르되 예수 선생님이여 우리를 불쌍히 여기소서 하거늘(눅17:11-13)

율법에 따르면 나병환자는 다른 사람들에게 가까이 갈 수 없기 때문에, 열 명의 나병환자는 "멀리 서서" 예수님께 큰 소리로 간청하였습니다. "나병 환자는 옷을 찢고 머리를 풀며 윗입술을 가리고 외치기를 부정하다 부정하다 할 것이요 병 있는 날 동안은 늘 부정할 것이라 그가 부정한즉 혼자 살되 진영 밖에서 살지니라"(레13:45-46).

보시고 이르시되 가서 제사장들에게 너희 몸을 보이라 하셨더니 그들이 가다가 깨끗함을 받은지라(눅17:14)

나병환자들의 예상과는 다르게 예수님은 별다른 치유 행위 없이 "가서 제사장들에게 너희 몸을 보이라"고만 하셨습니다. 이는 아직 그들에게 아무런 일이 일어나지 않은 상태에서 예수님이 그들의 믿음을 시험하신 것입니다. 나병환자들은 예수님의 말씀에 순종하여 길을 떠났고, 가는 중에 고침을 받았습니다. 이제 곧 제사장은 그들을 정결하다고 선언할 것입니다.

그 중의 한 사람이 자기가 나은 것을 보고 큰 소리로 하나님께 영광을 돌리며 돌아와 예수의 발 아래에 엎드리어 감사하니 그는 사마리아 사람이라(눅17:15-16)

나병환자들 중 한 사람이 가던 길에서 돌이켜 예수님 앞에 찾아와 엎드렸습니다. 본문에는 "그는"(αὐτὸς)이라는 대명사가 강조되어 유일하게 예수님께 감사를 표현한 이 나병환자가 사마리아인이었음을 알게 해줍니다.

예수께서 대답하여 이르시되 열 사람이 다 깨끗함을 받지 아니하였느냐 그 아홉은 어디 있느냐 이 이방인 외에는 하나님께 영광을 돌리러 돌아온 자가 없느냐 하시고 그에게 이르시되 일어나 가라 네 믿음이 너를 구원하였느니라 하시더라(눅17:17-19)

예수님은 열 명의 나병환자 중에 단 한 사람, 이 사마리아인만이 하나님께 영광을 돌린 것에 주목하셨습니다. "네 믿음이 너를 구원하였느니라"란 이 사마리아인이 나병으로부터의 치유뿐 아니라 죄의 문제까지도 해결 받았음을 의미합니다. 예수님은 유대인들이 멸시하였던 사마리아인, 곧 이방인의 믿음을 강조하셨습니다.

예수님의 말씀에 순종한 나병환자 열 명은 제사장에게 가던 중에 나음을 입었습니다. 하지만 이방인이었던 사마리아 사람만이 예수님께 돌아와 감사를 드렸습니다. 이에 예수님은 그에게 구원을 선언하여 주셨는데, 이는 유대 민족이라는 육체적 혈통이 사람을 의롭게 하는 것이 아니라 예수님에 대한 신앙이 사람을 의롭게 함을 가르쳐 주십니다.

칠십 인을 파송하심 눅10:1-16

그 후에 주께서 따로 칠십 인을 세우사 친히 가시려는 각 동네와 각 지역으로 둘씩 앞서 보내시며(눅10:1)

열두 제자를 파송하셨던 예수님은 이제 복음을 선포하고 병을 고치며 귀신을 쫓아낼 70명의 제자들을 보내십니다. 유대인들에게 70이라는 수는 열방을 상징하므로 본문의 "칠십 인"이란 세상에 있는 모든 민족들에게 복음이 전파됨을 의미합니다. 이들을 "둘씩" 짝지어 보내신 것은 구약의 두 증인에 대한 율법에 의한 것입니다. "죽일 자를 두 사람이나 세 사람의 증언으로 죽일 것이요 한 사람의 증언으로는 죽이지 말 것이며"(신17:6).

전대나 배낭이나 신발을 가지지 말며 길에서 아무에게도 문안하지 말며 어느 집에 들어가든지 먼저 말하되 이 집이 평안할지어다 하라(눅10:4-5)

"신발을 가지지 말며"란 여벌의 신발을 가져가지 말라는 뜻이며, "아무에게도 문안하지 말며"란 시간을 허비하지 말라는 의미입니다. "엘리사가 게하시에게 이르되 네 허리를 묶고 내 지팡이를 손에 들고 가라 사람을 만나거든 인사하지 말며 사람이 네게 인사할지라도 대답하지 말고"(왕하4:29).

그 집에 유하며 주는 것을 먹고 마시라 일꾼이 그 삯을 받는 것이 마땅하니라 이 집에서 저 집으로 옮기지 말라, 거기 있는 병자들을 고치고 또 말하기를 하나님의 나라가 너희에게 가까이 왔다 하라(눅10:7, 9)

이 말씀은 복음을 전파하는 제자들에게는 그들을 영접하는 사람들을 통해 하나님의 공급하심을 경험할 권리가 있다는 것을 암시합니다. 사람들은 제자들의 사역을 통하여 하나님 나라가 군사적, 정치적 왕국이 아니라 그들의 마음과 삶 속에서 현재 역사하고 있는 하나님의 지배와 통치임을 깨닫게 됩니다.

어느 동네에 들어가든지 너희를 영접하지 아니하거든 그 거리로 나와서 말하되 너희 동네에서 우리 발에 묻은 먼지도 너희에게 떨어버리노라 그러나 하나님의 나라가 가까이 온 줄을 알라 하라(눅10:10-11)

"그 거리로 나와서 ... 떨어버리노라"란 제자들을 배척한 동네에 대한 심판을 상징하는 행위가 공개적이고 가시적인 것임을 나타냅니다.

내가 너희에게 말하노니 그 날에 소돔이 그 동네보다 견디기 쉬우리라 화 있을진저 고라신아, 화 있을진저 벳새다야, 너희에게 행한 모든 권능을 두로와 시돈에서 행하였더라면 그들이 벌써 베옷을 입고 재에 앉아 회개하였으리라, 가버나움아 네가 하늘에까지 높아지겠느냐 음부에까지 낮아지리라(눅10:12-13,15)

"가버나움"은 갈릴리 호수 북서쪽에 위치한 어촌이고, "고라신"은 가버나움에서 북쪽으로 4km 정도 떨어진 성읍이며, "벳새다"는 갈릴리 호수 동북쪽에 위치한 어촌으로, 세 도시 모두 예수님께서 많은 이적과 기사를 베푸신 곳입니다. 반면 "소돔"은 성적(性的) 타락과 약자를 억압하는 권력으로 악명이 높았고, 지중해 연안 베니게(레바논 지역)의 항구 도시였던 "두로와 시돈"은 바알 숭배 때문에 선지자들의 정죄를 받았습니다. 그러나 예수님은 이 악한 세 도시조차도 만일 지금 자신이 베푸는 기적과 천국의 실재를 목격했더라면 회개하였을 것이라고 말씀하시며, 회개하지 않는 가버나움과 고라신과 벳새다를 강하게 책망하십니

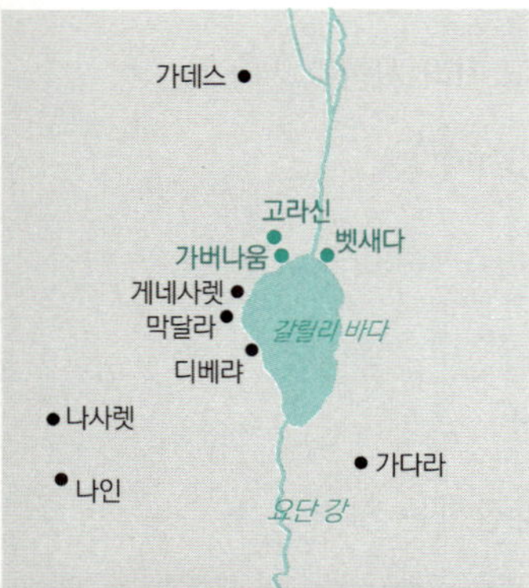

고라신, 가버나움, 벳새다

다. "베옷을 입고 재에 앉아"란 고대 근동의 전형적인 애통과 회개의 표현입니다. "그 일이 니느웨 왕에게 들리매 왕이 보좌에서 일어나 왕복을 벗고 굵은 베 옷을 입고 재 위에 앉으니라"(욘3:6).

너희 말을 듣는 자는 곧 내 말을 듣는 것이요 너희를 저버리는 자는 곧 나를 저버리는 것이요 나를 저버리는 자는 나 보내신 이를 저버리는 것이라 하시니라(눅10:16)

"너희 말을 듣는 자는 곧 내 말을 듣는 것이요"란 예수님과 제자들의 연대를 강조하신 말씀이며, "나를 저버리는 자는 나 보내신 이를 저버리는 것이라"란 예수님과 하나님이 한 분이심을 강조하신 말씀입니다. 하나님은 그 아들 예수 그리스도를 통해 역사하시고, 예수님은 그의 제자들을 통해 역사하십니다. 그러므로 사람들이 예수님의 제자들을 대하는 태도는 곧 하나님에 대한 그들의 마음가짐과 동일한 것으로 여겨지게 됩니다. 본문은 특별한 은혜를 입은 유대인들이 멸시 받던 이방인들보다 더욱 회개하지 않으므로 혹독한 심판을 받게 될 것을 암시합니다.

예수님은 70명의 제자들을 파송하시면서 복음을 전파할 때 필요한 모든 것은 하나님께서 공급해 주실 것임으로 염려하지 말라고 하셨습니다. 예수님은 자신이 은혜와 기적을 가장 많이 베푸신 도시들이 회개하지 않는 것을 책망하시며, 자신을 메시야로 알지 못하고 자신이 선포한 하나님 나라에 무감각한 자들에 대해 심판을 선언하셨습니다.

돌아온 칠십 인 눅10:17-20

칠십 인이 기뻐하며 돌아와 이르되 주여 주의 이름이면 귀신들도 우리에게 항복하더이다(눅10:17)

70명의 제자들은 사명을 완수한 뒤 예수님께 돌아와 하나님 나라가

진전되고 귀신들이 쫓겨난 것을 보고하였습니다.

예수께서 이르시되 사탄이 하늘로부터 번개 같이 떨어지는 것을 내가 보았노라(눅10:18)

"번개 같이"란 급작스런 몰락의 표현입니다. "너 아침의 아들 계명성이여 어찌 그리 하늘에서 떨어졌으며 너 열국을 엎은 자여 어찌 그리 땅에 찍혔는고"(사14:12). 예수님의 이 말씀은 세상의 권세를 잡고 있던 사탄의 능력과 통치가 결정적으로 붕괴되었다는 것을 확증합니다.

내가 너희에게 뱀과 전갈을 밟으며 원수의 모든 능력을 제어할 권능을 주었으니 너희를 해칠 자가 결코 없으리라(눅10:19)

"뱀과 전갈"은 제자들이 복음전파 중에 겪게 될 육체적 위험이나 악한 영들의 대항을 상징하는데, 예수님은 이를 다스릴 권위를 제자들에게 위임하셨습니다.

그러나 귀신들이 너희에게 항복하는 것으로 기뻐하지 말고 너희 이름이 하늘에 기록된 것으로 기뻐하라 하시니라(눅10:20)

"기록된 것으로"(ἐγγέγραπται, are written)란 완료수동태로서 '이미 기록되어 있으니'라는 의미인데, 예수님은 제자들에게 단순히 귀신을 쫓아내는 능력을 가지고 있음에 기뻐하지 말고, 그들의 이름이 천국에 새겨져 있다는 사실로 기뻐해야 한다고 하셨습니다.

칠십 인의 제자들이 돌아와 사람들을 귀신의 억압에서 해방시킨 것을 보고하자 예수님은 그들에게 사탄의 권세를 굴복시킨 일에 지나치게 집중하지 말고, 그보다 훨씬 더 큰 복, 곧 그들이 받은 영원한 구원으로 말미암아 기뻐하며 하나님께 감사드리라고 하셨습니다.

계시에 대한 감사 마11:25-30, 눅10:21-24

그 때에 예수께서 성령으로 기뻐하시며 이르시되 천지의 주재이신 아버지여 이것을 지혜롭고 슬기 있는 자들에게는 숨기시고 어린 아이들에게는 나타내심을 감사하나이다 옳소이다 이렇게 된 것이 아버지의 뜻이니이다(눅10:21)

"그 때에"란 70명의 제자들이 돌아와 자신들의 사역을 보고하며 기뻐하였던 때를 말합니다. 예수님도 그들과 함께 "성령으로 기뻐하시며" 그들에게 주어진 하나님의 계시에 감사하셨습니다. "지혜롭고 슬기 있는 자들"이란 세상의 기준으로 보기에는 탁월하지만 여전히 회개하지 않는 이들을 말하며, "어린 아이들"이란 단순한 믿음으로 예수님을 영접하는 자들을 말합니다.

제자들을 돌아 보시며 조용히 이르시되 너희가 보는 것을 보는 눈은 복이 있도다(눅10:23)

예수님은 제자들의 이름이 하늘에 기록되었을 뿐만 아니라 그들이 하나님의 계시를 볼 수 있으므로 복된 자들이라고 말씀하셨습니다.

내 아버지께서 모든 것을 내게 주셨으니 아버지 외에는 아들을 아는 자가 없고 아들과 또 아들의 소원대로 계시를 받는 자 외에는 아버지를 아는 자가 없느니라(마11:27)

"내 아버지께서 모든 것을 내게 주셨으니"란 성부께서 성자에게 권세를 위임하셨다는 말씀입니다. 구원의 계시는 "아들의 소원대로", 곧 예수님이 베푸시고자 하는 자에게만 주어집니다. 예수님이 하나님의 마지막 사자로 세상에 오신 것은 바로 그가 하나님 아버지를 가장 잘 알고 계시는 아들이기 때문입니다.[75]

---

75 Geerhardus Vos, "The Sonship of God: The Sonship of Jesus in the Fourth Gospel," in *The Self-disclosure of Jesus: The Modern Debate about the Messianic Consciousness* (Phillipsburg: Presbyterian & Reformed, 1978), 195-226.

수고하고 무거운 짐 진 자들아 다 내게로 오라 내가 너희를 쉬게 하리라(마11:28)

"수고하고 무거운 짐 진 자들"이란 서기관과 바리새인들이 가르치는 율법주의에 억눌려 율법과 선행을 통해 구원을 얻으려 하는 사람들을 뜻합니다. "내가 너희를 쉬게 하리라"란 예수님을 인격적으로 신뢰할 때 참된 안식과 구원을 얻게 된다는 말씀입니다.

나는 마음이 온유하고 겸손하니 나의 멍에를 메고 내게 배우라 그리하면 너희 마음이 쉼을 얻으리니 이는 내 멍에는 쉽고 내 짐은 가벼움이라 하시니라(마11:29-30)

"멍에"란 무거운 짐을 끌기 위해 두 짐승을 함께 묶어 놓는 틀을 말하며, 본문에서는 한 사람이 다른 사람에게 종속된 상태를 뜻하는 비유입니다. 당시 바리새인의 율법 해석은 그 목적을 상실한 채 광범위한 규정과 판단으로 백성들에게 큰 부담을 지우고 있었습니다. 이후에 베드로 역시 율법을 지키는 일을 '멍에'로 표현하며 감당하기 힘든 것으로 말합니다. "그런데 지금 너희가 어찌하여 하나님을 시험하여 우리 조상과 우리도 능히 메지 못하던 멍에를 제자들의 목에 두려느냐"(행15:10). 예수님은 자신의 '멍에'는 하나님의 자녀들이 자신과 함께 짊어지는 자발적인 사랑의 멍에이기 때문에 더 쉬운 것이라고 말씀하셨습니다.

예수님은 이 세대가 자신의 사역을 대적함에도 제자들이 하나님의 계시를 알고 있음에 감사하셨습니다. 율법은 하나님이 자기 백성에게 주시는 좋은 선물인데, 종교지도자들의 전통과 영적 무지함이 율법을 구원의 공로를 세우는 길로 잘못 이해하여 종의 멍에가 되게 하였습니다. 이에 예수님은 자신의 멍에는 쉽고 그 짐은 가볍다는 것을 가르쳐 주셨습니다.

선한 사마리아인의 비유 눅10:25-37

그 사람이 자기를 옳게 보이려고 예수께 여짜오되 그러면 내 이웃이 누구니이까(눅10:29)

본문은 누가복음에만 등장하는 비유로, 예수님께 영생에 관하여 질문하였던 율법교사가 이어서 이웃 사랑에 대해 여쭈었을 때 예수님께서 대답해 주신 말씀입니다. "자기를 옳게 보이려고"(to justify himself)란 그가 여전히 예수님의 가르침보다 자신의 생각을 우선에 둔다는 것을 나타냅니다.

예수께서 대답하여 이르시되 어떤 사람이 예루살렘에서 여리고로 내려가다가 강도를 만나매 강도들이 그 옷을 벗기고 때려 거의 죽은 것을 버리고 갔더라(눅10:30)

"여리고"는 예루살렘보다 약 975m 낮은 지역으로, 예루살렘에서 여리고로 내려가려면 29km 정도의 험준한 길을 걸어야 합니다.

마침 한 제사장이 그 길로 내려가다가 그를 보고 피하여 지나가고 또 이와 같이 한 레위인도 그 곳에 이르러 그를 보고 피하여 지나가되(눅10:31-32)

여기서 "제사장"은 아론의 후손으로 예루살렘 성전에서 제사의 책무를 맡은 사람을 말합니다. "내려가다가"라는 동사를 통해 그가 지금 제사장의 직무를 위해 예루살렘 성전으로 올라가고 있는 상황이 아니라는 것을 알 수 있습니다. "레위인"은 레위 지파의 일원으로 제사장을 돕는 자입니다. "피하여 지나가되"란 제사장과 레위인 모두 그 곤경에 처한 사람을 돌보는 것을 의도적으로 회피했음을 나타냅니다.

어떤 사마리아 사람은 여행하는 중 거기 이르러 그를 보고 불쌍히 여겨(눅10:33)

당시 사마리아인들은 유대인들로부터 심한 멸시를 당했기 때문에 사마리아인이 유대인을 돕는다는 것은 생각할 수 없는 일이었습니다. 그러나 이 사마리아 사람은 고통 가운데 신음하는 유대인을 보고 긍휼한 마음을 품었습니다.

가까이 가서 기름과 포도주를 그 상처에 붓고 싸매고 자기 짐승에 태워 주막으로 데리고 가서 돌보아 주니라(눅10:34)

"기름과 포도주"는 당시 보편적인 응급치료 수단이었는데, 사마리아 사람은 자신의 물질이 소비되는 것에 개의치 않았습니다. "자기 짐승에 태워"란 이 유대인이 걷지도 못할 만큼 크게 다쳤다는 것을 의미합니다. 그뿐 아니라 사마리아 사람은 주막에 도착한 후에도 그 유대인을 밤새 정성껏 간호하였습니다.

그 이튿날 그가 주막 주인에게 데나리온 둘을 내어 주며 이르되 이 사람을 돌보아 주라 비용이 더 들면 내가 돌아올 때에 갚으리라 하였으니(눅10:35)

사마리아 사람은 주막 주인에게 "데나리온 둘", 곧 이틀 치 임금과 맞먹는 금액을 미리 지불하며 그 유대인을 돌보아 줄 것을 부탁하였습니다. 더욱이 그는 비용이 더 추가된다면 자신의 일을 마치고 돌아오는 길에 갚겠다고 약속하였습니다.

네 생각에는 이 세 사람 중에 누가 강도 만난 자의 이웃이 되겠느냐(눅10:36)

예수님은 이같이 물으심으로 율법교사의 질문을 바로잡아 주셨습니다. 곧 "내 이웃이 누구니이까"라는 질문이 아니라 "내가 어떠한 이웃이 되어야 하니이까"라는 질문이 옳다는 것입니다.

이르되 자비를 베푼 자니이다 예수께서 이르시되 가서 너도 이와 같이 하라 하시니라(눅10:37)

율법교사는 평소 자신이 경멸하는 "사마리아"라는 그 이름조차 말하기를 꺼려하며 "자비를 베푼 자"라고 대답합니다. 하지만 예수님은 율법교사에게 그 사마리아 사람처럼 민족적 반감까지도 허물고 사랑을 실천하라고 명령하셨습니다. 이 비유를 통하여 예수님은 자기희생과 행동이 뒷받침되지 않는 사랑이 얼마나 공허한 것인가를 보여주셨습니다. 기독교의 핵심은 사랑으로, 하나님이 명하신 가장 큰 계명은 마음과 뜻을 다하여 하나님을 사랑하고 이웃을 자기 몸같이 사랑하라는 것입니다. 곧 사랑을 실천하지 않는다면 올바른 신앙이 아니라는 가르침입니다.

이 비유에서 자비를 베풀 것이라 여겨졌던 제사장과 레위인은 죽어가던 사람을 피하여 갔으나 자비를 베풀 것이라 기대조차 하지 않았던 사마리아인은 그를 끝까지 돌보아 주었습니다. 예수님은 이웃을 사랑한다는 것은 이 선한 사마리아인과 같이 아무런 관계도 없는 사람, 심지어 원수에게까지도 그의 이웃이 되어 긍휼을 베푸는 것임을 깨닫게 하셨습니다.

마르다와 마리아 눅10:38-42

그들이 길 갈 때에 예수께서 한 마을에 들어가시매 마르다라 이름하는 한 여자가 자기 집으로 영접하더라 그에게 마리아라 하는 동생이 있어 주의 발치에 앉아 그의 말씀을 듣더니(눅10:38-39)

본문에서 "한 마을"이란 예루살렘에서 약 3.2km 떨어진 베다니를 말하는데, 이 동네에서 예수님은 나사로의 누이들인 마르다와 마리아를 만나셨습니다. "주의 발치에 앉아"란 마리아가 제자들과 함께 앉아 예수님께 말씀을 배우고 있다는 의미입니다.

마르다는 준비하는 일이 많아 마음이 분주한지라 예수께 나아가 이르되 주여 내 동생이 나 혼자 일하게 두는 것을 생각하지 아니하시나이까 그를 명하사 나를 도와주라 하소서(눅10:40)

예수님이 제자들과 함께 방문하셨으므로 마르다는 적어도 성인 남성 15명이 식사할 수 있을 만큼의 음식을 준비하고 있었을 것입니다. 일손이 필요했던 마르다는 가만히 앉아서 예수님의 가르침을 듣는 마리아에게 섭섭함을 느끼고 이를 예수님께 말씀드렸습니다.

주께서 대답하여 이르시되 마르다야 마르다야 네가 많은 일로 염려하고 근심하나 몇 가지만 하든지 혹은 한 가지만이라도 족하니라 마리아는 이 좋은 편을 택하였으니 빼앗기지 아니하리라 하시니라(눅10:41-42)

헬라어 원문을 살펴보면 "몇 가지만 하든지 혹은"이라는 표현은 없고, '다만 필요한 것은 한 가지이다'(ἑνὸς δέ ἐστιν χρεία, But one thing is needful)라는 말씀만 있습니다. 예수님은 마르다에게 여러 가지 일들로 힘들어 하는 것보다 본질적인 한 가지 일에 충실해야 한다고 말씀하셨습니다. 예수님은 "마리아는 이 좋은 편을 택하였으니"라고 칭찬하시며, 삶에서 가장 복된 일은 하나님과의 친밀한 교제임을 깨닫게 하셨습니다.

마리아는 예수님의 말씀을 듣는 것이 특별한 기회이며, 따라서 다른 어떤 일보다 우선한다는 사실을 잘 알고 있었습니다. 마르다처럼 주님의 사역을 섬기는 것 역시 필요한 일이지만, 마리아처럼 예수님의 말씀을 듣고 따르는 것이 우선순위가 되어야 합니다.

간청함의 비유 눅11:5-13

또 이르시되 너희 중에 누가 벗이 있는데 밤중에 그에게 가서 말하기를 벗이여 떡 세 덩이를 내게 꾸어 달라 내 벗이 여행 중에 내게 왔으나 내가 먹일 것이 없노라 하면(눅11:5-6)

예수님은 본문의 앞선 절에서 주기도를 가르치신 후에, 기도에 임하는 자세에 대한 교훈을 주셨습니다. 예수님의 기도에 관한 비유는 누가복음에만 세 군데 기록되어 있는데, 본문은 그 중 첫 번째 교훈입니다. 당시 유대 문화에서 집을 찾아온 손님에게 음식을 대접하지 못하는 것은 그 집 주인은 물론 그 동네의 매우 큰 수치가 되는 일이었습니다.[76] 따라서 이 사람은 야심한 시각이지만 친구의 집을 찾아와 "떡 세 덩이"를 빌리고 있는 것입니다.

그가 안에서 대답하여 이르되 나를 괴롭게 하지 말라 문이 이미 닫혔고 아이들이 나와 함께 침실에 누웠으니 일어나 네게 줄 수가 없노라 하겠느냐(눅11:7)

간청하는 사람이 "벗이여"라고 애타게 부르는 것과는 대조적으로 집에 있던 친구는 그를 '벗이여'라고 부르지 않으며 "나를 괴롭게 하지 말라"라고 냉정하게 대답합니다. "아이들이 나와 함께 침실에 누웠으니"란 온 가족이 이미 잠들었으며 친구를 돕기 위해 문을 열어주면 모두가 깨어나게 될 것이라는 의미입니다.

내가 너희에게 말하노니 비록 벗 됨으로 인하여서는 일어나 주지 아니할지라도 그 간청함을 인하여 일어나 그 요구대로 주리라 내가 또 너희에게 이르노니 구하라 그러면 너희에게 주실 것이요 찾으라 그러면 찾아낼 것이요 문을 두드리라 그러면 너희에게 열릴 것이니(눅11:8-9)

"간청함"(ἀναίδειαν, importunity)이란 신약에서 이곳에서만 사용되는데, 부끄럼 없이 무례할 정도로 뻔뻔한 상태를 나타냅니다. "간청함을 인하여"란 친한 사이일지라도 지켜야 할 예의가 있지만, 그러한 상식을 뛰어넘어 고집스럽고 끈질기게 부탁한다면 결국 요구하는 것을 들어줄

76 Gary M. Burge, *Jesus, The Middle Eastern Storyteller: Uncovered Ancient Culture, Discover Hidden Meanings* (Grand Rapids: Zondervan, 2009), 35.

수밖에 없다는 의미입니다.

너희 중에 아버지 된 자로서 누가 아들이 생선을 달라 하는데 생선 대신에 뱀을 주며 알을 달라 하는데 전갈을 주겠느냐 너희가 악할지라도 좋은 것을 자식에게 줄 줄 알거든 하물며 너희 하늘 아버지께서 구하는 자에게 성령을 주시지 않겠느냐 하시니라(눅11:11-13)

예수님은 타락한 인간도 본능적으로 자녀를 사랑한다면, 긍휼이 많으신 하나님이 간절히 구하는 신자들을 외면하실 리가 있겠느냐고 반문하셨습니다. "성령을 주시지 않겠느냐"란 우리가 하나님께 구해야 할 것은 육신과 정서의 필요만이 아니라 궁극적으로 우리를 생명의 길로 인도해 주시는 성령이어야 함을 가르칩니다.

예수님은 하나님께서 우리에게 좋은 것을 주시는 선하신 아버지이심을 강조하시며, 우리가 필요한 어떤 것이라도 믿음으로 구하면 응답해 주실 것이라고 하셨습니다. 또한 밤중에 찾아와 떡 세 덩이를 구했던 친구처럼 응답을 받을 때까지 인내하며 간구하라고 말씀하셨습니다.

예수님이 신성을 나타내심 요10:22-42

예루살렘에 수전절이 이르니 때는 겨울이라 예수께서 성전 안 솔로몬 행각에서 거니시니(요10:22-23)

주후 29년 예수님은 '하누카'라 불리는 수전절(修殿節, Feast of Dedication)[77] 기간에 성전에서 유대인들을 만나셨는데, 추운 겨울 날씨

77 8일간의 수전절은 셀레우코스 왕조의 안티오쿠스 에피파네스 4세가 주전 167년에 성전을 모욕한 것을, 3년 후인 주전 164년 12월에 마카비 가문이 이방인들을 몰아내고 다시 유대인의 성전을 정화하여 봉헌한 일을 기념하는 명절입니다.

로 인하여 야외가 아닌 솔로몬 행각에서 가르치셨습니다. 이곳은 예루살렘 성전에서 이방인의 뜰 동편에 위치하며 지붕과 기둥들이 있는 주랑입니다.[78]

유대인들이 에워싸고 이르되 당신이 언제까지나 우리 마음을 의혹하게 하려 하나이까 그리스도이면 밝히 말씀하소서 하니 예수께서 대답하시되 내가 너희에게 말하였으되 믿지 아니하는도다 내가 내 아버지의 이름으로 행하는 일들이 나를 증거하는 것이거늘 너희가 내 양이 아니므로 믿지 아니하는도다(요10:24-26)

그들은 예수님의 정체에 대해 의문을 가지며 예수님이 그리스도이신지 알고자 하였습니다. 이에 예수님은 자신이 누구인지 이미 계시하셨지만 "너희가 내 양이 아니므로" 자신을 믿지 않는다고 하셨습니다. 이는 하나님이 먼저 그들에게 믿을 수 있는 능력을 주시고 그들을 자기 백성으로 삼으셔야 한다는 뜻입니다. "이는 혈통으로나 육정으로나 사람의 뜻으로 나지 아니하고 오직 하나님께로부터 난 자들이니라"(요1:13).

내가 그들에게 영생을 주노니 영원히 멸망하지 아니할 것이요 또 그들을 내 손에서 빼앗을 자가 없느니라, 나와 아버지는 하나이니라 하신대(요10:28, 30)

양들은 예수님께 속해 있고 그들의 "영생"은 예수님께서 주셨기 때문에 결코 어느 누구도 강탈할 수 없습니다. "나와 아버지는 하나"라는 말씀은 성부와 성자가 신적인 본질에서 하나라는 뜻입니다.[79]

예수께서 대답하시되 내가 아버지로 말미암아 여러 가지 선한 일로 너희에게 보였

---

78 Josephus, "The Antiquities of the Jews," 424-25.

79 공관복음에서 예수님은 자신에 대해 '주'(Lord)로 언급하지 않으셨습니다. 베드로가 예수님께 "주는 그리스도시요 살아 계신 하나님의 아들이시니이다"(마16:16)라고 고백한 때에도 이를 전하지 말도록 경고하시며 자신의 고난과 죽음에 대해 말씀하셨습니다. 그러나 요한복음에서 예수님은 자신이 주실 영생을 언급하시며 자신의 정체를 밝히셨습니다.

거늘 그 중에 어떤 일로 나를 돌로 치려 하느냐 유대인들이 대답하되 선한 일로 말미암아 우리가 너를 돌로 치려는 것이 아니라 신성모독으로 인함이니 네가 사람이 되어 자칭 하나님이라 함이로라(요10:32-33)

그러나 유대인들은 예수님이 "자칭 하나님"이라고 주장하는 신성 모독죄를 범하였다고 주장하며 돌로 치려고 하였습니다.

예수께서 이르시되 너희 율법에 기록된 바 내가 너희를 신이라 하였노라 하지 아니하였느냐(요10:34)

여기서 예수님이 시편을 인용하신 것은, "내가 말하기를 너희는 신들이며 다 지존자의 아들들이라 하였으나"(시82:6), 사람에 불과한 재판장들도 그들의 역할에 비추어 신이라 불릴 수 있다면 실로 하나님의 아들인 자신에게는 이 호칭이 훨씬 더 적합함을 나타내시기 위함입니다.

성경은 폐하지 못하나니 하나님의 말씀을 받은 사람들을 신이라 하셨거든 하물며 아버지께서 거룩하게 하사 세상에 보내신 자가 나는 하나님의 아들이라 하는 것으로 너희가 어찌 신성모독이라 하느냐(요10:35-36)

"성경은 폐하지 못하나니"란 성경의 모든 말씀은 참이며 신뢰할 수 있다는 의미로, 하나님의 말씀으로서의 성경의 권위에 대한 확고한 선포입니다. 예수님의 말씀은 제사장이나 선지자처럼 직분에 임명되어 거룩하게 구별된 이들에 대한 구약의 표현을 상기시킵니다. "모세가 관유와 제단 위의 피를 가져다가 아론과 그의 옷과 그의 아들들과 그의 아들들의 옷에 뿌려서 아론과 그의 옷과 그의 아들들과 그의 아들들의 옷을 거룩하게 하고"(레8:30), "내가 너를 모태에 짓기 전에 너를 알았고 네가 배에서 나오기 전에 너를 성별하였고 너를 여러 나라의 선지자로 세웠노라 하시기로"(렘1:5).

예수님은 자신과 아버지가 하나라고 하시며 자신이 하나님의 아들이심을 밝히셨습니다. 그러므로 예수님은 하나님 아버지께서 자신에게 주신 자들, 곧 믿음으로 나아오는 자들에게 영원한 생명을 주실 수 있다고 말씀하셨습니다. 예수님께서 이같이 자신의 신성에 대해 말씀하시자 유대인들은 격분하여 예수님을 죽이려 하였습니다.

베레아에서의 사역 예수님은 각 마을을 다니시며 치유하시고, 여러 교훈과 많은 비유들로 가르치시며 예루살렘을 향해 가십니다.

구원받은 자와 헤롯에 대한 경고 눅13:22-33

예수께서 각 성 각 마을로 다니사 가르치시며 예루살렘으로 여행하시더니 어떤 사람이 여짜오되 주여 구원을 받는 자가 적으니이까 그들에게 이르시되 좁은 문으로 들어가기를 힘쓰라 내가 너희에게 이르노니 들어가기를 구하여도 못하는 자가 많으리라(눅13:22-24)

예수님이 다시 예루살렘으로 가실 때에 한 사람이 구원받는 자의 수에 대해 질문하였습니다. 이에 예수님은 “좁은 문으로 들어가기를 힘쓰라”고 말씀하시며, 많은 사람들이 구원의 문제에 관심이 없음을 지적하셨습니다. 본문의 ‘힘쓰라’(Ἀγωνίζεσθε, strive)는 ‘싸우라, 투쟁하라’는 뜻이며, 여기에는 회개와 믿음이 포함됩니다. 예수님은 사람이 좁은 문으로 들어가기를 힘쓸 때에 순종하고 따르기로 선택하는 주체적인 결단이 일어나며, 그렇게 함으로써 생명의 길을 찾는 것이라고 말씀하십니다. “들어가기를 구하여도 못하는 자가 많으리라”는 말씀은 인간의 종교적 열심이 모두 열매를 맺는 것은 아니며 그리스도를 믿을 기회도 정해진 기한이 있음을 의미합니다.

곧 그 때에 어떤 바리새인들이 나아와서 이르되 나가서 여기를 떠나소서 헤롯이 당신을 죽이고자 하나이다(눅13:31)

바리새인들이 예수님께 나아와 헤롯이 예수님을 죽이려 한다고 전해 주었습니다. 이 헤롯은 예수님이 사역하셨던 갈릴리와 베레아의 분봉 왕이자 세례 요한을 죽인 헤롯 안디바입니다.

이르시되 너희는 가서 저 여우에게 이르되 오늘과 내일은 내가 귀신을 쫓아내며 병을 고치다가 제 삼일에는 완전하여지리라 하라(눅13:32)

이에 예수님은 헤롯 안디바를 가리켜 교활함을 상징하는 "저 여우"라고 하셨습니다. 예수님은 "내가 귀신을 쫓아내며 병을 고치다가 제 삼일에는 완전하여지리라"고 하셨는데, 여기의 동사들이 모두 현재 시제로 쓰인 것은 이러한 예수님의 사역이 지속적이라는 것을 강조하기 위함입니다. "제 삼일"이란 예수님의 부활의 날을 가리킵니다.

그러나 오늘과 내일과 모레는 내가 갈 길을 가야 하리니 선지자가 예루살렘 밖에서는 죽는 법이 없느니라(눅13:33)

"오늘과 내일과 모레"는 제한된 시간을 뜻하며, "여호와께서 모세에게 이르시되 너는 백성에게로 가서 오늘과 내일 그들을 성결하게 하며"(출19:10), "가야 하리니"란 예수님께서 자신의 사역에 전념하신다는 것을 알게 합니다. 예수님은 선지자가 "예루살렘 밖에서는" 죽임을 당하지 않는다고 하셨는데, 이는 예수님이 죽으셔야 할 곳은 갈릴리가 아니라 예루살렘이라는 뜻입니다. 왜냐하면 거짓 선지자와 관련된 재판을 진행할 수 있는 산헤드린이 예루살렘에 있고, 또한 유대 백성이 예수님의 피를 흘림으로써 자신들의 죄악의 분량을 채워야 할 곳도 예루살렘이기 때문입니다. 따라서, "죽는 법이 없느니라"는 헤롯 안디바의 음모가 하나님의 계획을 방해할 수 없음을 말씀하신 것이며, 예수님은 안디바의 위협 때문이 아니라 구원 사역의 완성을 위해 예루살렘으로 가시는 것임을 분명히 하셨습니다.

예수님은 생명의 길이 오직 자신으로만 말미암기 때문에 구원의 문이 좁고 많은 이들이 찾지 않으며, 그 문은 언젠가 닫히게 될 것이라고 말씀하셨습니다. 또한 예수님은 헤롯의 위협 속에서도 예루살렘으로 가는 것은 많은 사람들을 구원하시기 위함이라고 하셨습니다.

안식일에 환자를 고치심 눅14:1-6

안식일에 예수께서 한 바리새인 지도자의 집에 떡 잡수시러 들어가시니 그들이 엿보고 있더라 주의 앞에 수종병 든 한 사람이 있는지라(눅14:1-2)

본문은 예수님의 세 번째 안식일 치유 기사로, 손 마른 남자와 등이 굽은 여인에 이어 수종병 든 남자를 고쳐주신 사건입니다. "수종병"이란 몸의 여러 부위에 과다한 체액이 모이는 부종을 말합니다. "엿보고 있더라"는 표현은 종교지도자들이 예수님의 언행에서 책망할 만한 것이 있는지 살펴보고 있었음을 뜻합니다.

예수께서 대답하여 율법교사들과 바리새인들에게 이르시되 안식일에 병 고쳐 주는 것이 합당하냐 아니하냐 그들이 잠잠하거늘 예수께서 그 사람을 데려다가 고쳐 보내시고(눅14:3-4)

예수님이 "합당하냐 아니하냐"라고 물으신 것의 기준은 '모세의 율법'이 아니라 생명이 위독하지 않은 이상 안식일에 치료하는 행위를 금한 '장로들의 전통'입니다. 바리새인들은 이전의 경험을 통해 예수님과 논쟁하면 이길 수 없다는 것을 알게 되었기 때문에 대답하지 않고 조용히 있었습니다.

또 그들에게 이르시되 너희 중에 누가 그 아들이나 소가 우물에 빠졌으면 안식일에라도 곧 끌어내지 않겠느냐 하시니 그들이 이에 대하여 대답하지 못하니라(눅 14:5-6)

유대인들은 안식일에 자신의 어린 자녀나 가축이 우물에 빠지면 즉시 건져내었습니다. 예수님은 그들이 안식일에 이같이 위급한 상황을 해결하는 것이 합당하듯이 자신도 안식일에 자비의 일을 행하는 것이 당연하다고 말씀하셨습니다.

예수님께서 안식일에 수종병 든 남자를 고쳐주셨지만, 이전처럼 안식일 논쟁이 일어나지 않은 것은 예수님이 바리새인들의 반발하는 이유를 아시고 먼저 그 논지가 타당한지 물으셨기 때문입니다. 예수님은 바리새인들이 쉽게 이해할 수 있도록 구체적인 삶의 예시까지 들어주셨지만, 그들의 마음은 여전히 완고하여 예수님을 따르지 않았습니다.

자리에 대한 비유 눅14:7-14

청함을 받은 사람들이 높은 자리 택함을 보시고 그들에게 비유로 말씀하여 이르시되 네가 누구에게나 혼인 잔치에 청함을 받았을 때에 높은 자리에 앉지 말라 그렇지 않으면 너보다 더 높은 사람이 청함을 받은 경우에 너와 그를 청한 자가 와서 너더러 이 사람에게 자리를 내주라 하리니 그 때에 네가 부끄러워 끝자리로 가게 되리라(눅14:7-9)

이 비유는 바리새인 집의 저녁 식사에 초대를 받은 사람들에게 하신 말씀입니다. 사람들은 잔치에서 주목받는 자리인 상석에 앉기를 원하지만, 예수님은 창피를 당하는 것보다 겸손하게 행동하는 것이 더 낫다는 지혜를 가르쳐 주셨습니다. "이는 사람이 네게 이리로 올라오라고 말하는 것이 네 눈에 보이는 귀인 앞에서 저리로 내려가라고 말하는 것보다 나음이니라"(잠25:7). 이는 또한 사람을 높이거나 낮추는 권세는 오직 하나님께만 있음을 기억하게 합니다.

무릇 자기를 높이는 자는 낮아지고 자기를 낮추는 자는 높아지리라(눅14:11)

예수님은 이러한 역전 현상이 마지막 심판 때 가장 분명하게 발생할 것이라고 하셨습니다. "그러므로 하나님의 능하신 손 아래에서 겸손하라 때가 되면 너희를 높이시리라"(벧전5:6).

잔치를 베풀거든 차라리 가난한 자들과 몸 불편한 자들과 저는 자들과 맹인들을 청하라 그리하면 그들이 갚을 것이 없으므로 네게 복이 되리니 이는 의인들의 부활 시에 네가 갚음을 받겠음이라 하시더라(눅14:13-14)

예수님은 잔치를 열 때에 어려운 형편에 있는 자들을 초청하라고 하시며, 장애가 있고 가난한 이들에게 사랑과 보살핌을 베풀 것을 강조하셨습니다. 이는 하늘에 보화를 쌓아두는 행위인데, 가진 것이 없는 자들은 은혜를 베푼 이에게 갚을 방도가 없으므로 하나님께서 그들을 대신하여 갚아주시기 때문입니다. 예수님은 이 비유를 통하여 초대 받을 때 스스로 낮은 자리에 앉으므로 하나님께서 높여 주실 것을 기대하고, 사람들을 초대할 때에도 비천한 자들을 우선함으로써 하나님의 보상을 사모하라고 가르치셨습니다.

예수님은 자기를 낮추어 겸손하게 행동하라고 하셨습니다. 또한 갚을 것이 없는 가난한 자를 불쌍히 여기고 사랑을 베풀라고 하시며 현세에 사람들에게 보상을 받지 못한 것은 심판 때에 하나님께서 갚아 주실 것이라고 하셨습니다.

제자도에 대한 비유 눅14:15-35

함께 먹는 사람 중의 하나가 이 말을 듣고 이르되 무릇 하나님의 나라에서 떡을 먹는 자는 복되도다 하니(눅14:15)

예수님은 본문의 두 비유, 곧 잔치 초대와 그리스도의 제자가 되는 조건의 비유를 통해서 제자가 되려는 자는 자신이 감당해야 할 대가를 미리 알아야 한다고 하셨습니다. "하나님의 나라에서"란 미래의 메시야적 잔치를 가리키는데, 당시 사람들은 경건한 유대인만이 이 잔치에 참여할 것이라고 여겼습니다. 그러나 예수님은 비유를 통하여 이러한 선민의식에 사로잡힌 선입견을 바로잡아 주셨습니다.

이르시되 어떤 사람이 큰 잔치를 베풀고 많은 사람을 청하였더니 잔치할 시각에 그 청하였던 자들에게 종을 보내어 이르되 오소서 모든 것이 준비되었나이다 하매 다 일치하게 사양하여 한 사람은 이르되 나는 밭을 샀으매 아무래도 나가 보아야 하겠으니 청컨대 나를 양해하도록 하라 하고 또 한 사람은 이르되 나는 소 다섯 겨리를 샀으매 시험하러 가니 청컨대 나를 양해하도록 하라 하고 또 한 사람은 이르되 나는 장가들었으니 그러므로 가지 못하겠노라 하는지라(눅14:16-20)

"많은 사람을 청하였더니"라는 표현에서 여러 번의 초대가 있었다는 것을 알 수 있습니다. 하지만 먼저 초대받은 사람들은 막상 잔치 날이 되자 각기 자신들의 일상생활을 앞세우며 잔치에 참여하지 못하겠다고 응답하였습니다.

종이 돌아와 주인에게 그대로 고하니 이에 집 주인이 노하여 그 종에게 이르되 빨리 시내의 거리와 골목으로 나가서 가난한 자들과 몸 불편한 자들과 맹인들과 저는 자들을 데려오라 하니라(눅14:21)

당시 유대 문화에서 잔치를 배설할 때에는 주인이 초대할 손님들에게 미리 편지나 사람을 보내 참석 여부를 묻고 그 인원에 맞추어 잔치를 준비하였습니다. 그리고 잔치 당일에는 초청된 손님을 데려오기만 하면 되는데, 이처럼 잔치가 다 예비된 시점에 갑자기 불참한다는 것은 주인에 대한 결례이자 모욕으로 여겨졌습니다. 본문의 "집 주인"도 먼저 초대를 받은 손님들이 여러 가지 납득이 가지 않는 이유로 참여하지 않자 매우 화를 내며 급히 종들을 보내어 신분이 낮고 어려운 상황에 있는 사람들을 초대하였습니다. "시내의 거리와 골목으로"란 사회의 버림받은 이들, 곧 가난하고 몸이 불편한 자들을 발견할 수 있는 곳을 말합니다. 이 비유에서 전자는 구약의 선지자들을 통해 하나님 나라에 대한 약속을 받고 예수님이 전하시는 복음을 들었으나 이를 거절한 일반 유대인들을 가리키며, 후자는 정결 예식에 관한 전통 율법을 지키지 못하는 사회에서 천대받는 유대인들을 상징합니다.

종이 이르되 주인이여 명하신 대로 하였으되 아직도 자리가 있나이다 주인이 종에게 이르되 길과 산울타리 가로 나가서 사람을 강권하여 데려다가 내 집을 채우라(눅14:22-23)

"길과 산울타리 가로 나가서"란 성읍 밖에 있는 이방인들이 하나님 나라로 초대받는 것을 상징합니다. 이는 바리새인들이 할례 받지 못한 이방인이라고 무시하던 불신자들에게까지 복음이 확장될 것을 예언하신 말씀입니다.

내가 너희에게 말하노니 전에 청하였던 그 사람들은 하나도 내 잔치를 맛보지 못하리라 하였다 하시니라(눅14:24)

예수님은 처음 초대받았던 많은 유대인들은 하나님 나라에 들어가지 못할 것이며, 그 자리는 유대의 예법을 지키지 못했던 유대인들과 이방인들로 채워질 것이라고 말씀하셨습니다. 이 비유는 메시야를 거부하는 이스라엘의 종교지도자들을 향한 준엄한 경고입니다.

수많은 무리가 함께 갈새 예수께서 돌이키사 이르시되 무릇 내게 오는 자가 자기 부모와 처자와 형제와 자매와 더욱이 자기 목숨까지 미워하지 아니하면 능히 내 제자가 되지 못하고(눅14:25-26)

잔치 비유에 이어서 예수님은 제자도의 세 가지 조건을 말씀하시는데, 첫 번째 조건은 가족은 물론 심지어 자신의 목숨까지도 미워하는 것입니다. 여기서 '미워하다'란 문자적으로 '싫어하다'라는 의미가 아니라 셈어적 표현으로 '덜 사랑하다'라는 뜻입니다.[80]

누구든지 자기 십자가를 지고 나를 따르지 않는 자도 능히 내 제자가 되지 못하리라 너희 중의 누가 망대를 세우고자 할진대 자기의 가진 것이 준공하기까지에 족할는지 먼저 앉아 그 비용을 계산하지 아니하겠느냐 … 또 어떤 임금이 다른 임금과 싸우러 갈 때에 먼저 앉아 일만 명으로써 저 이만 명을 거느리고 오는 자를 대적할 수 있을까 헤아리지 아니하겠느냐(눅14:27-31)

제자의 두 번째 조건은 자기 십자가를 지고 예수님을 따르는 것입니다. 예수님은 건축과 출전(出戰)의 두 예화를 통해서 성급하게 제자가 되

80 참고. "어떤 사람이 두 아내를 두었는데 하나는 사랑을 받고 하나는 미움을 받다가 그 사랑을 받는 자와 미움을 받는 자가 둘 다 아들을 낳았다 하자 그 미움을 받는 자의 아들이 장자이면 자기의 소유를 그의 아들들에게 기업으로 나누는 날에 그 사랑을 받는 자의 아들을 장자로 삼아 참 장자 곧 미움을 받는 자의 아들보다 앞세우지 말고"(신21:15-16).

겠다고 결심하는 일을 경고하셨습니다. 본문에서 “앉아”란 차분하고 신중하게 고민하는 것을 의미하며, 제자가 되려는 자는 먼저 자신이 믿음 안에서 견고하게 인내할 수 있을지 살펴보아야 합니다.

이와 같이 너희 중의 누구든지 자기의 모든 소유를 버리지 아니하면 능히 내 제자가 되지 못하리라 소금이 좋은 것이나 소금도 만일 그 맛을 잃으면 무엇으로 짜게 하리요 땅에도, 거름에도 쓸 데 없어 내버리느니라 들을 귀가 있는 자는 들을지어다 하시니라(눅14:33-35)

제자가 되기 위한 세 번째 조건은 자신의 모든 소유를 포기하는 것입니다. 소금이 비바람에 노출되어 고유의 짠맛을 잃어버린다면 아무런 가치가 없는 것처럼, 제자들도 제자도의 세 가지 조건을 지키지 않으면 무익하다는 의미입니다. 제자는 스승의 길을 따르는 자들인데, 예수님께서 온전히 희생하여 자기 목숨을 주셨기 때문에 제자들도 자기를 부인하고 자기 십자가를 지며 복음을 위해 희생하는 삶을 살아야 합니다.

예수님은 스스로 천국에 들어가기에 합당하다고 여기는 자들이 아니라 겸손하게 하나님의 부르심에 응답하는 자들이 천국 잔치에 참여할 것이라고 말씀하셨습니다. 또한 예수님은 참된 제자가 되기 위해서는 자기 자신과 가족보다도 예수님을 더 사랑하고, 신중하고 진지하게 자기의 십자가를 지며, 복음을 위하여 자신의 모든 소유를 버려야 한다고 하셨습니다.

잃은 양과 잃은 동전의 비유 눅15:1-10

모든 세리와 죄인들이 말씀을 들으러 가까이 나아오니 바리새인과 서기관들이 수군거려 이르되 이 사람이 죄인을 영접하고 음식을 같이 먹는다 하더라(눅15:1-2)

“세리와 죄인들”은 당시 유대 사회에서 경멸의 대상이었습니다. 예수님이 이러한 부류의 사람들과 식사 교제를 나누신 것은 소외된 자들에 대한 예수님의 관심을 보여줍니다.

예수께서 그들에게 이 비유로 이르시되(눅15:3)

종교지도자들이 예수님의 행동을 못마땅하게 여기자 예수님은 잃은 양, 잃은 동전, 잃은 아들의 비유로 그들의 잘못된 율법주의적 사고를 지적하셨습니다. 복음서에 동일한 교훈의 비유가 세 번 반복하여 나오는 경우는 본문이 유일합니다.

너희 중에 어떤 사람이 양 백 마리가 있는데 그 중의 하나를 잃으면 아흔아홉 마리를 들에 두고 그 잃은 것을 찾아내기까지 찾아다니지 아니하겠느냐(눅15:4)

첫 번째 비유는 잃었던 양을 찾은 자의 기쁨을 말합니다. 주인은 양 한 마리가 보이지 않자 아흔아홉 마리의 양들을 우리에 두고 그 잃은 양을 찾아 나섭니다. "찾아내기까지"란 주인이 그 한 마리의 양을 찾을 때까지 쉬지 않으며, 결국 찾아낸다는 의미입니다.

또 찾아낸즉 즐거워 어깨에 메고(눅15:5)

본문의 "즐거워"(χαίρων, rejoicing)는 현재분사로 계속적인 의미를 가지는데, 죄인 한 사람이 돌아온 것에 대한 하나님의 기쁨은 일시적이 아니라 영원한 것임을 알게 합니다. "어깨에 메고"란 그 잃어버린 양이 스스로 되돌아올 수 없을 정도로 약해졌다는 것을 나타냅니다.

집에 와서 그 벗과 이웃을 불러 모으고 말하되 나와 함께 즐기자 나의 잃은 양을 찾아내었노라 하리라 내가 너희에게 이르노니 이와 같이 죄인 한 사람이 회개하면 하늘에서는 회개할 것 없는 의인 아흔아홉으로 말미암아 기뻐하는 것보다 더하리라(눅15:6-7)

"회개할 것 없는 의인"이란 스스로 의롭다고 여겨서 회개할 필요를 깨닫지 못하는 유대의 종교지도자들을 가리킵니다. 예수님은 "죄인 한 사람"이 하나님께 돌아오는 것이 천국의 가장 큰 기쁨이라고 말씀하셨습니다.

어떤 여자가 열 드라크마가 있는데 하나를 잃으면 등불을 켜고 집을 쓸며 찾아내기까지 부지런히 찾지 아니하겠느냐 또 찾아낸즉 벗과 이웃을 불러 모으고 말하되 나와 함께 즐기자 잃은 드라크마를 찾아내었노라 하리라(눅15:8-9)

두 번째 비유는 잃었던 동전을 찾은 여자의 기쁨을 말합니다. "드라크마"란 그리스 은화로, 로마의 은화인 '데나리온'과 거의 같은 가치를 지닙니다. 따라서 '열 드라크마'는 대략 노동자 한 사람의 열흘 치 임금에 해당합니다. 당시 이스라엘에서는 신랑이 신부에게 결혼의 증표로 열 드라크마를 주었는데, 이는 현대의 예물 반지와 같은 의미였습니다. 혼인시 남편이 아내에게 열 개의 은화가 달린 목걸이를 주었는데, 이 선물은 아내가 늘 착용하였으며 팔거나 잃어버렸을 경우 남편에 대한 모욕으로 여겨졌습니다. 이 은화는 빚을 준 사람도 취하여 갈 수 없으며 다만 남편이 죽었을 때 생계를 위해서만 매도할 수 있었다고 합니다. 따라서 본문의 여인은 드라크마 동전 하나를 찾기 위해 많은 애를 썼으며, 마침내 잃은 드라크마를 찾았을 때 잔치를 벌일 만큼 기뻐하였던 것입니다.

내가 너희에게 이르노니 이와 같이 죄인 한 사람이 회개하면 하나님의 사자들 앞에 기쁨이 되느니라(눅15:10)

이처럼 예수님은 제자들에게 하나님께서 잃어버린 죄인을 찾으셨을 때 가장 기뻐하신다는 것을 알게 하셨습니다. 이 두 비유는 또한 죄인들은 잃은 양과 잃은 드라크마처럼 스스로는 아무것도 할 수 없으며, 오직 목자이시고 주인이신 예수님만이 이들을 찾아내심을 강조합니다.

예수님은 잃은 양과 잃은 동전의 비유를 통해 하나님은 죄인 한 사람이 회개할 때에 참으로 기뻐하신다는 것을 가르치셨습니다. 따라서 예수님은 세리와 죄인들이 천국 잔치에 참여할 때에 하늘에서 하나님과 천사들이 기뻐하시듯이 땅에서도 종교지도자들 역시 편견을 버리고 구원받은 형제자매와 함께 기뻐해야 한다고 하셨습니다.

잃은 아들의 비유 눅15:11-32

또 이르시되 어떤 사람에게 두 아들이 있는데 그 둘째가 아버지에게 말하되 아버지여 재산 중에서 내게 돌아올 분깃을 내게 주소서 하는지라 아버지가 그 살림을 각각 나눠 주었더니(눅15:11-12)

둘째 아들은 상속의 때가 이르지 않았음에도 불구하고 자신의 몫인 재산의 1/3을 요구하였습니다. "장자로 인정하여 자기의 소유에서 그에게는 두 몫을 줄 것이니 그는 자기의 기력의 시작이라 장자의 권리가 그에게 있음이니라"(신21:17). 당시 문화적 배경에서 유산은 아버지가 임종하기 직전에 나누는 것이었으므로 둘째 아들의 이러한 요구는 아직 아버지가 생존해 계시는 상황에서 매우 불경한 것이었습니다. "나눠 주었더니"란 아버지가 작은아들의 무리한 요청을 허락했음을 뜻합니다.

그 후 며칠이 안 되어 둘째 아들이 재물을 다 모아 가지고 먼 나라에 가 거기서 허랑방탕하여 그 재산을 낭비하더니(눅15:13)

"다 모아가지고"란 작은아들이 땅이나 가축을 포함한 자신의 유산 전체를 현금으로 바꾸었음을 의미합니다. 그리고 이 아들은 얼마 지나지 않아 타국에서 그 재산을 전부 탕진하였습니다.

다 없앤 후 그 나라에 크게 흉년이 들어 그가 비로소 궁핍한지라 가서 그 나라 백성 중 한 사람에게 붙여 사니 그가 그를 들로 보내어 돼지를 치게 하였는데 그가 돼지 먹는 쥐엄 열매로 배를 채우고자 하되 주는 자가 없는지라(눅15:14-16)

작은아들은 수중에 가진 것이 없자 결국 이방인의 종이 되어 돼지 치는 자로 전락하였습니다. 유대인들이 돼지를 부정하게 여긴다는 것을 감안하면 그가 인생의 가장 밑바닥까지 추락했음을 알 수 있습니다. "돼지는 굽은 갈라졌으나 새김질을 못하므로 너희에게 부정하니 너희는 이런 것의 고기를 먹지 말 것이며"(신14:8). "주는 자가 없는지라"란 둘째 아들이 부유할 때는 곁에 많았던 세상 친구들이 이제는 모두 그를 외면했다는 말입니다.

내가 일어나 아버지께 가서 이르기를 아버지 내가 하늘과 아버지께 죄를 지었사오니 지금부터는 아버지의 아들이라 일컬음을 감당하지 못하겠나이다 나를 품꾼의 하나로 보소서 하리라 하고 이에 일어나서 아버지께로 돌아가니라(눅15:18-20a)

그는 자신의 죄가 육신의 아버지뿐 아니라 하늘의 하나님께 지은 죄임을 고백하고 고향으로 돌아갔습니다.

아직도 거리가 먼데 아버지가 그를 보고 측은히 여겨 달려가 목을 안고 입을 맞추니(눅15:20b)

"아직도 거리가 먼데"란 아버지의 사랑을 강조하는 표현으로, 아버지가 그동안 아들을 애타게 기다리고 있었음을 나타냅니다. 또한 체면과 품위를 중시했던 고대 근동의 관점에서 "달려가"란 표현은 아버지가 기쁨을 주체하지 못하였음을 드러냅니다.

아들이 이르되 아버지 내가 하늘과 아버지께 죄를 지었사오니 지금부터는 아버지의 아들이라 일컬음을 감당하지 못하겠나이다 하나 아버지는 종들에게 이르되 제일 좋은 옷을 내어다가 입히고 손에 가락지를 끼우고 발에 신을 신기라(눅15:21-22)

아버지는 아들의 말이 다 마치기도 전에 그를 용서하였습니다. 당시 반지에는 가문의 인장이 담겨 있었기 때문에 아버지가 그의 "손에 가락지를" 끼웠다는 것은 그가 여전히 가족의 일원이며 아들로서의 권위를 회복하였음을 나타내는 것이었습니다.

그리고 살진 송아지를 끌어다가 잡으라 우리가 먹고 즐기자 이 내 아들은 죽었다가 다시 살아났으며 내가 잃었다가 다시 얻었노라 하니 그들이 즐거워하더라(눅15:23-24)

"살진 송아지"는 특별한 경우에 하나님께 대한 감사의 뜻으로 잔치를 베풀기 위해 키운 짐승입니다. 아버지에게 이 아들은 죽었다가 다시 살아난 것과 진배없었습니다.

맏아들은 밭에 있다가 돌아와 집에 가까이 왔을 때에 풍악과 춤추는 소리를 듣고 한 종을 불러 이 무슨 일인가 물은대 대답하되 당신의 동생이 돌아왔으매 당신의 아버지가 건강한 그를 다시 맞아 들이게 됨으로 인하여 살진 송아지를 잡았나이다 하니 그가 노하여 들어가고자 하지 아니하거늘(눅15:25-28a)

한편 밭에서 돌아온 첫째 아들은 동생의 소식에 기뻐하지 않고 오히려 화를 냈습니다.

아버지가 나와서 권한대 아버지께 대답하여 이르되 내가 여러 해 아버지를 섬겨 명을 어김이 없거늘 내게는 염소 새끼라도 주어 나와 내 벗으로 즐기게 하신 일이 없더니(눅15:28b-29)

"아버지를 섬겨 명을 어김이 없거늘"이란 말을 통하여 큰아들은 지금껏 집에서 지내왔던 세월을 아버지와 친밀한 교제를 나누는 아들로서 누린 것이 아니라 주인에게 예속된 종처럼 여겼음을 알 수 있습니다.

아버지가 이르되 얘 너는 항상 나와 함께 있으니 내 것이 다 네 것이로되 이 네 동생은 죽었다가 살아났으며 내가 잃었다가 얻었기로 우리가 즐거워하고 기뻐하는 것이 마땅하다 하니라(눅15:31-32)

아버지는 애정 어린 말로 첫째 아들을 다독이며 가족의 기쁨에 동참하기를 권유합니다. 이 비유에서 작은아들은 세리와 죄인들, 아버지는 하나님, 그리고 큰아들은 바리새인과 서기관들을 의미합니다.

예수님은 잃은 아들의 비유를 통해 당시 영적 자만과 선민의식에 사로잡혀 있던 종교지도자들에게 잃어버린 죄인을 기다리시는 하나님의 사랑을 가르치셨습니다. 탕자가 돌아왔을 때 달려가 그를 맞아준 아버지의 마음처럼 하나님은 죄인 한 사람이 회개하기를 원하십니다.

불의한 청지기 비유 눅16:1-15

또한 제자들에게 이르시되 어떤 부자에게 청지기가 있는데 그가 주인의 소유를 낭비한다는 말이 그 주인에게 들린지라 주인이 그를 불러 이르되 내가 네게 대하여 들은 이 말이 어찌 됨이냐 네가 보던 일을 셈하라 청지기 직무를 계속하지 못하리라 하니(눅16:1-2)

누가복음에만 나오는 이 비유는 재물은 사람을 얻는 일에 사용해야 한다는 것을 가르쳐줍니다. "청지기"란 주인의 재산을 책임진 집사로, 주인의 대리자이며 주인을 대신하여 거래할 권한이 있었습니다. 하지만 이 비유의 '청지기'는 집안의 소유를 잘 관리하지 못하였으므로 주인으로부터 해고 통보를 받았습니다.

주인에게 빚진 자를 일일이 불러다가 먼저 온 자에게 이르되 네가 내 주인에게 얼마나 빚졌느냐 말하되 기름 백 말이니이다 이르되 여기 네 증서를 가지고 빨리 앉아 오십이라 쓰라 하고 또 다른 이에게 이르되 너는 얼마나 빚졌느냐 이르되 밀 백 석이니이다 이르되 여기 네 증서를 가지고 팔십이라 쓰라 하였는지라(눅16:5-7)

여기서 "말"은 액체를 재는 도량형의 단위로 약 22리터이며, "석"은 약 15kg의 곡식을 담는 가마니를 말합니다. 청지기의 행동을 분석해 볼 때, 기름은 품질의 차이가 크기 때문에 50% 가산을 하였고, 그렇지 않은 밀은 20%의 가산을 하였던 것으로 여겨집니다. 기름과 밀의 채무와 관련하여 청지기가 자신의 재량으로 감하여 준 액수는 약 5백 데나리온으로 약 20개월 치 임금에 해당합니다. 오랜 기간 빚을 지고 있는 사람들은 거의 원금만큼의 이자를 빚으로 지고 있었는데, 청지기는 이자나 자신이 받을 수 있는 수수료를 면제해 준 것입니다. 이처럼 청지기는 해고될 날이 임박하자 채무자들의 빚을 일부 탕감을 해줌으로 자신의 미래를 대비하였습니다. 따라서 그의 행동은 주인의 허락이 없었으므로 불의한 일이기는 하였지만, 청지기의 역량으로 할 수 있는 일이었습니다.

주인이 이 옳지 않은 청지기가 일을 지혜 있게 하였으므로 칭찬하였으니 이 세대의 아들들이 자기 시대에 있어서는 빛의 아들들보다 더 지혜로움이니라 내가 너희에게 말하노니 불의의 재물로 친구를 사귀라 그리하면 그 재물이 없어질 때에 그들이 너희를 영주할 처소로 영접하리라(눅16:8-9)

주인은 이 청지기가 해고된 이후를 대비하며 자신의 재물로 장래를 준비하는 것을 칭찬하였습니다. "불의의 재물"이란 '하늘의 보화'와 반대되는 의미로, 세상의 돈과 재산을 가리키며 자기의 욕망을 위해 재물을 사용하는 것을 말합니다. "친구를 사귀라"는 말씀은 이 세상의 재물을 지혜롭게 사용하여 필요한 자들에게 나누어 주며 그들의 진정한 이웃이 되라는 의미입니다.

지극히 작은 것에 충성된 자는 큰 것에도 충성되고 지극히 작은 것에 불의한 자는 큰 것에도 불의하니라 너희가 만일 불의한 재물에도 충성하지 아니하면 누가 참된

것으로 너희에게 맡기겠느냐(눅16:10-11)

"참된 것"이란 영적인 청지기 직분을 의미합니다. 예수님은 재물이 영원한 필요를 충족시키지 못하기 때문에 다른 사람을 위해 사용함으로 재물이 없어질 때 자신을 영접할 친구를 사귀라고 하셨습니다.

너희가 만일 남의 것에 충성하지 아니하면 누가 너희의 것을 너희에게 주겠느냐(눅16:12)

"남의 것"이란 하나님이 자기 백성에게 맡기신 세상 재물을 뜻하며, "너희의 것"이란 영적 책임과 하늘의 보상을 말하는데, 이는 청지기로서의 신실한 삶이 하나님 나라의 상급에 중요한 요소가 된다는 말씀입니다.

집 하인이 두 주인을 섬길 수 없나니 혹 이를 미워하고 저를 사랑하거나 혹 이를 중히 여기고 저를 경히 여길 것임이니라 너희는 하나님과 재물을 겸하여 섬길 수 없느니라(눅16:13)

예수님은 제자들에게 재물이 쉽게 우상이 될 수 있음을 강조하시며, 세상의 재물은 이웃을 보살피고 천국의 복음을 전파하는 데 사용해야 한다고 말씀하셨습니다.

바리새인들은 돈을 좋아하는 자들이라 이 모든 것을 듣고 비웃거늘 예수께서 이르시되 너희는 사람 앞에서 스스로 옳다 하는 자들이나 너희 마음을 하나님께서 아시나니 사람 중에 높임을 받는 그것은 하나님 앞에 미움을 받는 것이니라(눅16:14-15)

"비웃거늘"이란 지금까지는 수군거리기만 했던 바리새인들이 더 나아가 조롱하는 것을 말합니다. "스스로 옳다 하는 자들"이란 유대의 종교지도자들처럼 다른 사람들 앞에서 의롭게 보이려 하는 자들을 가리킵니다. 하지만 예수님은 자신들의 종교성을 과시하여 "사람 중에 높임을 받는" 것은 하나님이 받으실 영광을 가로채는 행위라고 지적하셨습니다.

예수님은 모든 재물이 하나님께로부터 온 선물임을 깨닫고, 이를 자신을 위해서 쓰는 것이 아니라 가난한 자들에게 관용을 베풀어 그들의 어려움을 살피고, 이웃을 도와 친구를 얻으며, 하나님의 사역에 적절하게 사용하는 지혜로운 청지기가 되라고 말씀하셨습니다.

율법의 본질 눅16:16-17

율법과 선지자는 요한의 때까지요 그 후부터는 하나님 나라의 복음이 전파되어 사람마다 그리로 침입하느니라(눅16:16)

"율법과 선지자"는 현재 하나님 나라로 대체된 옛 언약 시대를 말합니다. "요한의 때까지요"란 세례 요한은 메시야 왕국의 도래를 기다리는 구약시대의 마지막 선지자이자 중대한 전환점으로서, 그의 사역 이후로 새 언약 시대가 시작되었다는 의미입니다. "침입하느니라"의 원어는 '비아조'(βιάζω, press)의 중간태인 '비아제타이'(βιάζεται)로서 '힘차게 진군하다'(presseth into it)라는 의미입니다. 곧 모든 신자들은 하나님 나라로 들어가기 위해 필요한 열심을 다하도록 강한 요구를 받는다는 뜻입니다.

그러나 율법의 한 획이 떨어짐보다 천지가 없어짐이 쉬우리라(눅16:17)

예수님은 "그러나"라고 하시므로 앞 절로 인해 생길 수 있는 오해를 바로 잡아주셨습니다. "한 획"이란 히브리어의 글자 중에서 가장 작은 기호인데, 예수님은 구약의 도덕법들은 하나님의 인격과 성품을 반영한 하나님의 말씀이기에 영원하다는 것을 강조하셨습니다.

모든 율법은 하나님께서 주신 것으로 율법과 선지자는 구약성경 전체를 가리킵니다. 율법에는 의식법(儀式法), 시민법(市民法), 그리고 도덕법(道德法)이 있는데, 신약 교회는 의식법과 시민법에 매이지 않지만, 십계명을 비롯한 도덕법은 시대를 초월하여 영구히 지속됩니다.

부자와 나사로 비유 눅16:19-31

한 부자가 있어 자색 옷과 고운 베옷을 입고 날마다 호화롭게 즐기더라 그런데 나사로라 이름하는 한 거지가 헌데 투성이로 그의 대문 앞에 버려진 채 그 부자의 상에서 떨어지는 것으로 배불리려 하매 심지어 개들이 와서 그 헌데를 핥더라(눅16:19-21)

왕족과 같이 화려하게 생활했던 부자와 달리 나사로라는 거지는 부자의 집에서 남겨진 음식으로 배를 채우며 연명하는 사람이었습니다. "개들이 와서 그 헌데를 핥더라"는 표현은 병에 시달리는 나사로의 비참함을 보여주는 것으로, 본문의 '개'는 길거리에 다니는 위험하고 불결한 들개(κύων)를 말합니다.

이에 그 거지가 죽어 천사들에게 받들려 아브라함의 품에 들어가고 부자도 죽어 장사되매(눅16:22)

하지만 모든 사람에게 공평한 죽음이 찾아오자, 나사로는 "하나님이 도우신다"라는 그의 이름대로 천국에 올라간 반면, 이름 없는 부자는 음부로 내려갔습니다. 이로써 그가 앞의 비유(눅12:13-21)에 등장하는 어리석은 부자처럼 하나님을 의지하지 않고 자신만을 생각하는 삶을 살았음을 알 수 있습니다.

그가 음부에서 고통 중에 눈을 들어 멀리 아브라함과 그의 품에 있는 나사로를 보고 (눅16:23)

부자가 "멀리" 아브라함을 보았다는 것은 천국과 지옥 사이의 건널 수 없는 심연(深淵)을 가리킵니다. 또한 이 구절을 통해 음부에 있는 불신자들과 천국에 있는 신자들 모두 자신과 타인의 영원한 상태에 대한 의식적 지각이 있음을 알 수 있습니다.

불러 이르되 아버지 아브라함이여 나를 긍휼히 여기사 나사로를 보내어 그 손가락 끝에 물을 찍어 내 혀를 서늘하게 하소서 내가 이 불꽃 가운데서 괴로워하나이다(눅16:24).

이제 부자가 "긍휼히 여기사"라고 하면서 은혜를 구하지만, 이미 그에게 주어진 때가 지나갔습니다. "나사로를 보내어"라고 말한 것을 보아 부자는 나사로의 이름과 그의 곤궁했던 상황도 알고 있었음이 드러납니다.

아브라함이 이르되 얘 너는 살았을 때에 좋은 것을 받았고 나사로는 고난을 받았으니 이것을 기억하라 이제 그는 여기서 위로를 받고 너는 괴로움을 받느니라 그뿐 아니라 너희와 우리 사이에 큰 구렁텅이가 놓여 있어 여기서 너희에게 건너가고자 하되 갈 수 없고 거기서 우리에게 건너올 수도 없게 하였느니라(눅16:25-26)

부자는 육신적으로는 아브라함의 자손이지만 믿음이 없었으므로 아브라함의 참된 자손은 아니었습니다. "큰 구렁텅이"(χάσμα μέγα, a great gulf)란 표현을 통해 하나님께서 죽은 자들에게 내리신 영생과 영벌의 판결은 번복될 수 없음을 깨닫게 됩니다.[81]

---

81 Simon J. Kistemaker, *The Parables: Understanding the Stories Jesus Told* (Grand Rapids: Baker, 2003), 201.

이르되 그러면 아버지여 구하노니 나사로를 내 아버지의 집에 보내소서 내 형제 다섯이 있으니 그들에게 증언하게 하여 그들로 이 고통 받는 곳에 오지 않게 하소서 아브라함이 이르되 그들에게 모세와 선지자들이 있으니 그들에게 들을지니라(눅16:27-29)

부자는 자신의 첫 번째 요구가 받아들여지지 않자 다시 한 번 아직 생존해 있는 자신의 다섯 형제에게 나사로를 보내어 회개의 메시지를 전하게 해달라고 요청하였습니다. 그러나 아브라함은 "모세와 선지자들", 곧 구약성경에 담긴 하나님의 말씀을 들으면 된다고 대답하였습니다.

이르되 그렇지 아니하니이다 아버지 아브라함이여 만일 죽은 자에게서 그들에게 가는 자가 있으면 회개하리이다 이르되 모세와 선지자들에게 듣지 아니하면 비록 죽은 자 가운데서 살아나는 자가 있을지라도 권함을 받지 아니하리라 하였다 하시니라(눅16:30-31)

부자는 다섯 형제들이 자신처럼 '모세와 선지자들'을 믿지 않고 있음을 알았던 것 같습니다. 따라서 부활한 나사로가 직접 전한다면 이것이 표적이 되어 자신의 형제들의 완악한 마음을 변화시킬 수 있을 것이라고 생각하고 재차 간청하였습니다. 하지만 아브라함은 그들에게 들려진 하나님의 말씀에 순종하지 않는다면 비록 죽은 자가 살아나는 기적이 있다고 해도 회개하지 않을 것이라고 단언하였습니다.

예수님은 이 비유를 통하여 부자의 자기애와 무절제함을 나사로의 궁핍한 상태와 대조하시면서 재물의 올바른 사용과 나눔에 대해 알게 하셨습니다. 예수님은 신자와 불신자 모두에게 임하는 내세의 심판은 절대로 돌이킬 수 없으며, 또한 어떠한 놀라운 기적이라도 이미 우리에게 주신 성경의 권위를 넘을 수 없다는 엄중한 사실을 깨닫게 하셨습니다.

하나님 나라의 임함 누17:20-37

바리새인들이 하나님의 나라가 어느 때에 임하나이까 묻거늘 예수께서 대답하여 이르시되 하나님의 나라는 볼 수 있게 임하는 것이 아니요 또 여기 있다 저기 있다 고도 못하리니 하나님의 나라는 너희 안에 있느니라(눅17:20-21)

바리새인들은 하나님 나라가 임하기 전의 우주적 표징을 궁금해 하였는데, 예수님은 하나님 나라가 가시적으로 임하는 것이 아니라고 하셨습니다. "너희 안에"란 '너희 가운데에'라는 뜻으로, 이는 각자 안에 하나님 나라가 거한다는 것이 아니라, 하나님 나라의 왕이신 예수님이 그들 가운데 임재해 계시기 때문에 하나님 나라가 그들 중에 있다는 의미입니다. 본문은 '이미'와 '아직'을 포함하고 있습니다. 하나님 나라는 예수님 안에, 그리고 이미 예수님을 따르고 있는 자들에게서 현재적으로 나타나는 하나님의 통치이며, 동시에 하나님 나라는 미래에 더 확장되어 완전히 드러날 실재입니다.

또 제자들에게 이르시되 때가 이르리니 너희가 인자의 날 하루를 보고자 하되 보지 못하리라(눅17:22)

"인자의 날"은 예수님께서 모든 것을 심판하시기 위하여 이 땅에 다시 돌아오시는 날을 의미합니다. 이 날을 고대하며 기다리는 제자들에게 예수님은 "보지 못하리라"고 말씀하셨습니다.

번개가 하늘 아래 이쪽에서 번쩍이어 하늘 아래 저쪽까지 비침같이 인자도 자기 날에 그러하리라(눅17:24)

재림의 때에 예수님은 번개가 하늘 사방에 비침같이 모두가 볼 수 있는 방식으로 영광 가운데 오실 것입니다.

그러나 그가 먼저 많은 고난을 받으며 이 세대에게 버린 바 되어야 할지니라(눅17:25)

본문에서 예수님은 자신이 받을 고난에 대해 세 번째로 예고하셨습니다. "먼저 많은 고난을 받으며"라고 하신 것은 하나님 나라의 완성에 앞서 예수님이 하나님의 뜻에 온전히 순종하심으로 율법을 성취하시고 백성을 구속하기 위한 희생 제물로 죽으셔야 하기 때문입니다. "버린 바 되어야 할지니라"란 예수님의 비하와 고난이 하나님의 주권적인 목적에 따라 예정된 것임을 강조하신 말씀입니다.

노아가 방주에 들어가던 날까지 사람들이 먹고 마시고 장가들고 시집가더니 홍수가 나서 그들을 다 멸망시켰으며 또 롯의 때와 같으리니 사람들이 먹고 마시고 사고 팔고 심고 집을 짓더니(눅17:27-28)

"먹고 마시고 장가들고 시집가더니"란 표현은 노아와 롯의 시대처럼 사람들이 영적인 생명에 무관심하고 일상적인 생활에만 몰두하는 그때에 심판의 날이 전혀 예상치 못하게 임할 것임을 나타냅니다.

그 날에 만일 사람이 지붕 위에 있고 그의 세간이 그 집 안에 있으면 그것을 가지러 내려가지 말 것이요 밭에 있는 자도 그와 같이 뒤로 돌이키지 말 것이니라 롯의 처를 기억하라(눅17:31-32)

"롯의 처"는 심판의 날에 뒤를 돌아보아 소금기둥이 되었는데, 그녀의 죽음은 하나님의 명령에 전심으로 순종하지 않고 세상에 미련을 갖는 이들에게 임하는 심판의 한 예입니다.

내가 너희에게 이르노니 그 밤에 둘이 한 자리에 누워 있으매 하나는 데려감을 얻고 하나는 버려둠을 당할 것이요 두 여자가 함께 맷돌을 갈고 있으매 하나는 데려감을 얻고 하나는 버려둠을 당할 것이니라(눅17:34-35)

이 말씀은 예수님이 다시 오실 때 내려지는 영원한 판결은 단순하고 분명하며 불변함을 가르칩니다.

예수님은 이미 임한 하나님 나라는 성육신하신 자신을 통해 간접적으로 드러나는 하나님의 통치임을 제자들에게 가르쳐 주셨습니다. 그리고 가시적이고 공적인 그리스도의 재림으로 시작되는 하나님 나라의 완전한 실현은 영광과 위엄 가운데 이루어질 것이며, 모든 사람들은 영생과 영벌의 장소로 나뉘어 인도될 것입니다.

끈질긴 과부의 비유 눅18:1-8

예수께서 그들에게 항상 기도하고 낙심하지 말아야 할 것을 비유로 말씀하여 이르시되 어떤 도시에 하나님을 두려워하지 않고 사람을 무시하는 한 재판장이 있는데 그 도시에 한 과부가 있어 자주 그에게 가서 내 원수에 대한 나의 원한을 풀어 주소서 하되(눅18:1-3)

본문은 누가복음에만 있는 기도에 관한 세 가지 비유 중에서 두 번째입니다. 이 비유에는 하나님 앞에서 겸손하지 않고 사람 앞에서 방자하게 행하는 "재판장"과 사회에서 가장 취약한 계층을 상징하는 "과부"가 대비되어 등장합니다.

그가 얼마 동안 듣지 아니하다가 후에 속으로 생각하되 내가 하나님을 두려워하지 않고 사람을 무시하나 이 과부가 나를 번거롭게 하니 내가 그 원한을 풀어 주리라 그렇지 않으면 늘 와서 나를 괴롭게 하리라 하였느니라(눅18:4-5)

과부가 자신의 억울함을 해결해 달라고 하여도 불의한 재판장은 전혀 관심을 갖지 않았습니다. 하지만 다른 곳에서 도움을 구할 길이 없는 과부가 "늘 와서" 끈질기게 요구하자 결국 그 재판장은 자신의 편의를 위해서 그 여인의 요청을 들어주었습니다.

하물며 하나님께서 그 밤낮 부르짖는 택하신 자들의 원한을 풀어 주지 아니하시겠느냐 그들에게 오래 참으시겠느냐(눅18:7)

"밤낮 부르짖는"은 '항상 기도하는'이라는 뜻이며, "오래 참으시겠느냐"는 하나님께서 자기 백성들이 고난 받는 것을 '그저 지켜만 보고 계시겠는가'라는 의미입니다. 그러므로 항상 하나님께 기도하되 좌절하지 말고 그분의 응답을 구해야 합니다. 과부가 지칠 줄 모르는 간청으로 불의한 재판장에게서 원한을 풀어주는 판결을 받아냈다면, 의로운 재판장이신 하나님은 자신이 택하신 성도들의 기도를 기쁘게 들어주실 것입니다. 하나님은 자기의 눈동자인 이스라엘을 시공을 초월하여 돌보시는 분입니다. "여호와께서 그를 황무지에서, 짐승이 부르짖는 광야에서 만나시고 호위하시며 보호하시며 자기의 눈동자 같이 지키셨도다"(신32:10).

내가 너희에게 이르노니 속히 그 원한을 풀어 주시리라 그러나 인자가 올 때에 세상에서 믿음을 보겠느냐 하시니라(눅18:8)

항상 기도하고 낙심하지 말아야 한다고 말씀하신 예수님은 "인자가 올 때에 세상에서 믿음을 보겠느냐"고 하시면서 기도 생활이 바로 신앙의 척도임을 가르쳐 주셨습니다. 또한 이전에 예수님은 제자들이 귀신 들린 아들을 고쳐주지 못한 원인이 '믿음 없음' 때문이라고 지적하신 후, '기도 외에 다른 것으로는 이런 종류가 나갈 수 없느니라'(막9:29)고 말씀하심으로 믿음이 성장할 수 있는 유일한 길은 기도뿐임을 깨닫게 해주셨습니다. 이 비유는 두 가지를 가르쳐 주는데, 첫째는 백성들이 그 시기를 알 수 없을지라도 하나님께서 인자를 이 땅에 보내심으로 그의 백성들의 부르짖음을 담당하고 응답하실 것이며, 그러므로 둘째는 우리가 그 왕국의 완성을 위해 신실한 간구를 지속해야 한다는 점입니다.[82] 재판장에게 공정한 판결을 호소한 여인처럼 예수님은 다시 오실

82 Craig L. Blomberg, *Interpreting the Parables: From Responsible Interpretation to Powerful Proclamation* (Grand Rapids: Baker Academic, 2012), 370.

때 자신을 신뢰하며 하나님의 정의가 시행되도록 끈질기게 기도하는 이들을 찾으실 것입니다.

예수님은 이 비유를 통하여 불의한 재판장도 계속해서 탄원하는 과부의 청을 들어준다면, 의로우신 하나님은 믿음으로 꾸준히 간구하는 사람들의 기도를 당연히 들어주실 것이라고 말씀하셨습니다. 하나님의 응답이 때로는 더디 이루어지는 것처럼 보일지라도, 성도는 기도가 반드시 응답될 것이라 확신하면서 믿음과 인내의 기도를 드려야 합니다.

바리새인과 세리의 기도 눅18:9-14

또 자기를 의롭다고 믿고 다른 사람을 멸시하는 자들에게 이 비유로 말씀하시되 두 사람이 기도하러 성전에 올라가니 하나는 바리새인이요 하나는 세리라(눅18:9-10)

본문은 누가복음에만 기록된 기도에 관한 세 가지 비유 중에서 마지막 비유입니다. 예루살렘은 동쪽, 서쪽, 남쪽이 골짜기로 둘러싸인 언덕 위에 있었으므로 성전 안 '유대인의 뜰'에서 기도하려면 걸어 올라가야 했습니다. 유대인들은 하루에 세 번 기도하였는데, 이는 구약의 상번제 규례에서 말미암은 관습이었습니다. 모세는 이스라엘에게 상번제를 드릴 것을 명령했는데(민28:3-8), 경건한 유대인들은 제사장들이 상번제를 드리는 시간에 기도하였습니다. 역사적으로 다윗도 상번제를 드리는 시간에 맞추어 기도하였고, "저녁과 아침과 정오에 내가 근심하여 탄식하리니 여호와께서 내 소리를 들으시리로다"(시55:17), 다니엘도 바벨론에서 하루 세 번 예루살렘을 향하여 기도하였습니다. "다니엘이 이 조서에 왕의 도장이 찍힌 것을 알고도 자기 집에 돌아가서는 윗방에 올라가 예루살렘으로 향한 창문을 열고 전에 하던 대로 하루 세 번씩 무릎을 꿇고 기도하며 그의 하나님께 감사하였더라"(단6:10). 포로기 이후에도 이와 같은 기도의 관습이 계속되고 있었습니다.[83]

바리새인은 서서 따로 기도하여 이르되 하나님이여 나는 다른 사람들 곧 토색, 불의, 간음을 하는 자들과 같지 아니하고 이 세리와도 같지 아니함을 감사하나이다 나는 이레에 두 번씩 금식하고 또 소득의 십일조를 드리나이다 하고(눅18:11-12)

바리새인은 다른 사람들이 볼 수 있는 공개적인 장소에 "서서 따로" 기도하였습니다. 이 구절의 원문을 보면 바리새인은 '나는 감사하나이다, 나는 금식하나이다, 나는 십일조를 드리나이다'라고 하면서 "나는"이라는 주어를 세 번 반복하여 강조합니다. 율법은 자주 금식하는 것을 요구하지 않고 일 년에 한 번 속죄일에 금식을 명했지만, 이 바리새인은 일주일에 두 번 금식하는 것을 자랑하였습니다.

세리는 멀리 서서 감히 눈을 들어 하늘을 쳐다보지도 못하고 다만 가슴을 치며 이르되 하나님이여 불쌍히 여기소서 나는 죄인이로소이다 하였느니라(눅18:13)

이와 대조적으로 세리는 자신의 죄로 인한 부끄러움 때문에 하늘을 우러러 보지 못하고 다만 "불쌍히 여기소서"라고 부르짖으며 하나님의 자비를 의지하였습니다. "하나님이여 주의 인자를 따라 내게 은혜를 베푸시며 주의 많은 긍휼을 따라 내 죄악을 지워 주소서"(시51:1).

내가 너희에게 이르노니 이에 저 바리새인이 아니고 이 사람이 의롭다 하심을 받고 그의 집으로 내려갔느니라 무릇 자기를 높이는 자는 낮아지고 자기를 낮추는 자는 높아지리라 하시니라(눅18:14)

---

83 사도행전 역시 상번제 시간에 일어난 많은 역사를 기록하고 있습니다. 오순절 날 성령이 강림하신 시간은 오전 상번제 시간인 9시였으며(행2:1-15), 베드로가 지체장애인을 고친 시간은 오후 상번제 시간인 3시였습니다(행3:1-10). 이 외에도 고넬료(행10:1-8), 베드로(행10:9-16), 바울(행22:4-11)의 사역도 상번제 기도 시간에 이루어졌습니다.

이에 예수님은 자신의 외적인 경건과 종교적 의가 다른 사람보다 우월함을 자랑하였던 바리새인을 책망하셨습니다. 예수님은 종교적으로 바른 삶을 살며 하나님께 감사하는 기도를 드리더라도 그것이 자기중심성과 교만한 마음에서 기인했다면 하나님께서는 의롭게 여기지 않으신다고 하셨습니다. 하지만 예수님은 비록 죄를 지은 자일지라도 하나님과 사람 앞에서 자신을 낮추고 자신의 죄를 회개하는 자는 의롭다고 하십니다. 이 비유를 통하여 예수님은 선민의식에 사로잡혀 율법을 지키는 것으로 자기 의를 삼았던 유대인들에게 참된 구원의 원리, 곧 전적으로 하나님의 은혜를 사모해야 함을 가르쳐 주셨습니다.

예수님은 자기 의를 자랑하는 바리새인이 아니라 자기 죄를 고백하는 세리가 하나님께로부터 의롭게 여김을 받고 하나님 나라에 들어가게 될 것이라고 하셨습니다. 구원은 인간의 행위에 달려 있는 것이 아니라 오직 하나님의 뜻에 달려 있기 때문에 겸손한 세리처럼 자기 죄를 고백하고 오로지 하나님의 긍휼만을 구해야 합니다.

죽은 나사로를 살리심 요11:1-44

어떤 병자가 있으니 이는 마리아와 그 자매 마르다의 마을 베다니에 사는 나사로라 이 마리아는 향유를 주께 붓고 머리털로 주의 발을 닦던 자요 병든 나사로는 그의 오라버니더라. 예수께서 들으시고 이르시되 이 병은 죽을 병이 아니라 하나님의 영광을 위함이요 하나님의 아들이 이로 말미암아 영광을 받게 하려 함이라 하시더라(요11:1-2, 4)

요한복음에만 기록된 이 기적은 생명이신 예수님을 계시하며 예수님의 부활을 예고합니다. “베다니”는 예루살렘에서 3.2km 떨어진 곳으로 감람 산 동쪽에 있습니다. 예수님은 나사로가 죽은 뒤 다시 살아날 것이기 때문에 "이 병은 죽을 병이 아니라"고 하셨습니다.

이에 예수께서 밝히 이르시되 나사로가 죽었느니라 내가 거기 있지 아니한 것을 너희를 위하여 기뻐하노니 이는 너희로 믿게 하려 함이라 그러나 그에게로 가자 하시니, 예수께서 와서 보시니 나사로가 무덤에 있은 지 이미 나흘이라(요11:14-15, 17)

"너희로 믿게 하려 함이라"는 말씀은 이 기적을 목격한 제자들이 더 깊은 믿음을 갖게 될 것이라는 의미입니다. 당시 유대 사람들은 사람이 죽으면 그의 영혼이 사흘 동안 몸 위를 맴돌며 몸속에 다시 들어가려고 시도하다가, "나흘"이 되면 포기하고 떠난다고 생각하였습니다.

마르다가 예수께 여짜오되 주께서 여기 계셨더라면 내 오라버니가 죽지 아니하였겠나이다 그러나 나는 이제라도 주께서 무엇이든지 하나님께 구하시는 것을 하나님이 주실 줄을 아나이다 예수께서 이르시되 네 오라비가 다시 살아나리라 마르다가 이르되 마지막 날 부활 때에는 다시 살아날 줄을 내가 아나이다(요11:21-24)

말세의 부활에 대한 마르다의 대답은 바리새인들과 1세기의 유대인 대다수도 공유하던 신앙이었습니다. "이는 사두개인은 부활도 없고 천사도 없고 영도 없다 하고 바리새인은 다 있다 함이라"(행23:8). 마르다는 마지막 때의 부활을 믿으면서도 지금 예수님이 나사로를 다시 살리실 것은 상상조차 하지 못하였습니다.

예수께서 이르시되 나는 부활이요 생명이니 나를 믿는 자는 죽어도 살겠고(요11:25)

예수님의 "나는 부활이요 생명이니"라는 선언은 다섯 번째 '에고 에이미'(Εγώ είμι, I am) 말씀으로 예수님의 신성에 대한 주장이며, 부활과 영생은 예수님과의 관계성 안에서만 실현된다는 의미입니다.

무릇 살아서 나를 믿는 자는 영원히 죽지 아니하리니 이것을 네가 믿느냐(요11:26)

"나를 믿는"[84]이란 그리스도에 대한 신뢰를 의미하며, "살아서 나를 믿는 자"란 현재 영적인 생명이 있는 이들을 가리킵니다. 이 표적을 통해 예수님은 부활과 생명으로 나타나셨는데, 예수님이 사람들에게 요구하시는 것은 하나님 아버지께서 아들인 자신을 보내셨다는 사실과, 자신을 영접하는 자들은 궁극적으로 죽음에 대해 승리할 것이므로 영생을 누린다는 사실을 확신하는 믿음입니다.

이르되 주여 그러하외다 주는 그리스도시요 세상에 오시는 하나님의 아들이신 줄 내가 믿나이다(요11:27)

"세상에 오시는" 분이라고 한 마르다의 언급은 메시야를 가리키는 표현입니다. "여호와의 이름으로 오는 자가 복이 있음이여 우리가 여호와의 집에서 너희를 축복하였도다"(시118:26).

마리아가 예수 계신 곳에 가서 뵈옵고 그 발 앞에 엎드리어 이르되 주께서 여기 계셨더라면 내 오라버니가 죽지 아니하였겠나이다 하더라 예수께서 그가 우는 것과 또 함께 온 유대인들이 우는 것을 보시고 심령에 비통히 여기시고 불쌍히 여기사 이르시되 그를 어디 두었느냐 이르되 주여 와서 보옵소서 하니 예수께서 눈물을 흘리시더라(요11:32-35)

"심령에"란 예수님의 인간 영혼을 가리키며, "비통히 여기시고"란 예수님께서 깊은 비애를 느끼셨음을 나타냅니다. "눈물을 흘리시더라"는 표현은 사랑하는 사람들의 슬픔에 동감하시는 예수님의 인성을 보여줍니다. 이 슬픔은 죽음이라는 악에 대한 분노와, "맨 나중에 멸망 받을 원수

---

84 '믿는'(believe in)에서 in(εiς)은 '~ 안으로'라는 뜻으로, 그리스도에 대한 참된 믿음은 사람들을 그리스도 '안으로' 인도하기 때문에 그리스도 안에서 안식하며 그리스도와 연합하게 된다는 의미입니다. "하나님이 세상을 이처럼 사랑하사 독생자를 주셨으니 이는 그를 믿는 자마다 멸망하지 않고 영생을 얻게 하려 하심이라"(요3:16), "하나님의 아들을 믿는 자는 자기 안에 증거가 있고"(요일5:10).

는 사망이니라"(고전15:26), 마지막 날에 성도들을 부활로 부르시는 하나님의 음성을 예고합니다.

돌을 옮겨 놓으니 예수께서 눈을 들어 우러러 보시고 이르시되 아버지여 내 말을 들으신 것을 감사하나이다 항상 내 말을 들으시는 줄을 내가 알았나이다 그러나 이 말씀 하옵는 것은 둘러선 무리를 위함이니 곧 아버지께서 나를 보내신 것을 그들로 믿게 하려 함이니이다 이 말씀을 하시고 큰 소리로 나사로야 나오라 부르시니 죽은 자가 수족을 베로 동인 채로 나오는데 그 얼굴은 수건에 싸였더라 예수께서 이르시되 풀어 놓아 다니게 하라 하시니라(요11:41-44)

전능하신 창조주 예수님께서 "나사로야 나오라" 하시며 크게 외치셨을 때, 나사로의 죽은 몸이 순종하였습니다. 이전에 나인성 과부의 외아들(눅7:14)과 야이로의 외동딸(눅8:54)을 살리신 예수님은 나사로를 살리심으로써 다시 한 번 자신이 부활과 생명의 주님이심을 나타내셨습니다. "형제들아 자는 자들에 관하여는 너희가 알지 못함을 우리가 원하지 아니하노니 이는 소망 없는 다른 이와 같이 슬퍼하지 않게 하려 함이라"(살전4:13). 죽은 나사로가 다시 살아난 기적을 본 많은 유대인들은 그를 살리신 예수님을 믿게 되었습니다.

죽은 지 나흘이 지난 나사로를 살리신 사건은 예수님의 궁극적인 메시야 표적으로, 생명을 주시는 예수님을 능력을 보여주며 예수님의 부활을 예고합니다. 예수님은 이 표적을 통해 죽음을 다스리시는 권능을 입증하시고, 자신이 곧 부활이요 생명이심을 분명히 깨닫게 하시며, 아버지의 독생자의 영광을 온 유대에 나타내셨습니다.

예수님을 죽이려고 모의함 요11:45-53

그 중에 어떤 자는 바리새인들에게 가서 예수께서 하신 일을 알리니라 이에 대제사장들과 바리새인들이 공회를 모으고 이르되 이 사람이 많은 표적을 행하니 우리가 어떻게 하겠느냐 만일 그를 이대로 두면 모든 사람이 그를 믿을 것이요 그리고 로마인들이 와서 우리 땅과 민족을 빼앗아 가리라 하니(요11:46-48)

나사로를 살리신 기적으로 유대인들의 관심이 예수님을 향해 더 크게 기울자 종교지도자들은 공회를 열어 의논하였습니다. "모든 사람이 그를 믿을 것이요"라는 말을 통해 대제사장들과 바리새인들은 예수님이 베푸시는 많은 이적으로 민심이 그를 따르게 되면 이스라엘의 종교 생활을 감독하는 자신들의 영향력과 권위가 줄어들 것을 염려했음을 알 수 있습니다. 또한 종교지도자들은 예수님을 따르는 유대인들이 많아질수록 로마인들이 이를 정치적 위협으로 여겨 유대를 침략할 가능성이 높아질 것이라고 생각하였습니다. "우리 땅"이란 성전이 있는 예루살렘을 가리키며, "민족을 빼앗아 가리라"는 로마가 유대인들의 반(半)자치적 지위를 박탈할 것에 대한 두려움을 말합니다.[85]

그 중에 한 사람 그 해 대제사장인 가야바가 그들에게 말하되 너희가 아무 것도 알지 못하는도다(요11:49)

가야바는 1세기의 다른 대제사장들보다 긴 기간인 18년 동안(주후 18-36) 대제사장의 직무를 수행하였습니다. 가야바의 "너희가 아무 것도 알지 못하는도다"라고 한 말에는 사두개인들의 교만함이 잘 드러나 있습니다.

한 사람이 백성을 위하여 죽어서 온 민족이 망하지 않게 되는 것이 너희에게 유익

85 마카비상 5:19, "이 백성을 지켜라. 그러나 우리가 돌아올 때까지 이방인들에게 싸움은 걸지 말아라."

한 줄을 생각하지 아니하는도다 하였으니(요11:50)

가야바는 "한 사람", 곧 예수님이 죽어서 유대 민족이 살아나는 것이 유익하다고 말했는데, 이는 마카비 시대의 순교자들을 기억나게 하며,[86] 예수님의 십자가 처형을 예견하는 이중적 의미를 지니고 있습니다. 가야바는 자신도 모르게 많은 사람들을 위하여 목숨을 바치는 예수님의 대속적 죽음을 고백한 것입니다.

이 말은 스스로 함이 아니요 그 해에 대제사장이므로 예수께서 그 민족을 위하시고 또 그 민족만 위할 뿐 아니라 흩어진 하나님의 자녀를 모아 하나가 되게 하기 위하여 죽으실 것을 미리 말함이러라 이 날부터는 그들이 예수를 죽이려고 모의하니라 그러므로 예수께서 다시 유대인 가운데 드러나게 다니지 아니하시고 거기를 떠나 빈 들 가까운 곳인 에브라임이라는 동네에 가서 제자들과 함께 거기 머무르시니라 (요11:51-54)

"흩어진 하나님의 자녀"란 이방인들을 뜻하는데, 이는 그들이 미래에 하나님의 백성에 포함될 것을 암시하는 말입니다. 이제 유대의 최고 의결기구인 산헤드린 공회가 예수님을 죽이는 데에 뜻을 모았습니다. 산헤드린 공회가 예수님을 죽임으로써 피하려고 했던 예루살렘의 멸망과 성전 파괴는 결국 주후 70년에 발생하였습니다.

나사로를 살리심으로 많은 유대인들이 예수님을 믿게 되었지만, 한편으로는 종교지도자들의 시기와 질투가 더해져 공회는 예수님을 죽이려고 합

86 마카비하 7:37-38, "나는 형들과 마찬가지로 우리 선조들이 전해 준 율법을 지키기 위해 내 몸과 내 생명을 기꺼이 바치겠소. 나는 하나님께서 우리 민족에게 속히 자비를 보여주시고, 당신에게는 시련과 채찍을 내리시어 그분만이 하나님이시라는 것을 인정하게 해 주시기를 하나님께 빌겠소. 우리 민족 전체에게 내리셨던 전능하신 분의 정당한 노여움을 나와 내 형들을 마지막으로 거두어 주시기를 하나님께 빌 따름이오."

니다. 이로써 온 세상의 택한 백성들을 영원한 형벌에서 건져내시고 구원하시기 위해 예수님께서 대속의 죽음을 맞이하시게 됩니다.

제13장 마지막 전도 여정과 고난 예고

이혼과 독신에 대한 교훈 마19:3-9, 막10:2-9

바리새인들이 예수께 나아와 그를 시험하여 이르되 사람이 어떤 이유가 있으면 그 아내를 버리는 것이 옳으니이까 예수께서 대답하여 이르시되 사람을 지으신 이가 본래 그들을 남자와 여자로 지으시고 말씀하시기를 그러므로 사람이 그 부모를 떠나서 아내에게 합하여 그 둘이 한 몸이 될지니라 하신 것을 읽지 못하였느냐(마19:3-5)

"그를 시험하여"란 바리새인들의 질문이 순수한 율법 해석에 관한 것이 아니라 예수님을 궁지에 몰아넣기 위한 것임을 알게 합니다. 이에 예수님은 창세기를 인용하시며, "이러므로 남자가 부모를 떠나 그의 아내와 합하여 둘이 한 몸을 이룰지로다"(창2:24), 이 말씀을 하나님의 말씀이라고 하심으로 구약성경의 신적 영감을 확증해 주셨습니다. "한 몸"이 된다는 것은 남편과 아내의 성적 결합을 의미하지만, 그보다 더 근원적인 의미는 그들이 서로에게 충실할 수 있도록 부모로부터 독립하여 새로운 가정을 세운다는 것에 있습니다.

그런즉 이제 둘이 아니요 한 몸이니 그러므로 하나님이 짝지어 주신 것을 사람이 나누지 못할지니라 하시니(마19:6)

"하나님이 짝지어 주신 것"이란 결혼의 신성함을 강조하는데, 하나님께서 항구적으로 두 사람을 '한 몸'으로 결합시켜 주심을 뜻합니다.

남편과 아내 두 사람은 결혼한 순간부터 한 존재로 연합되어 결혼의 모든 권리와 책임을 갖게 됩니다. 또한 예수님은 "사람이 나누지 못할지니라"고 하시며 이혼은 하나님의 의도에 어긋난 것임을 알게 해주셨습니다.

여짜오되 그러면 어찌하여 모세는 이혼 증서를 주어서 버리라 명하였나이까(마19:7)

그러자 바리새인들은 신명기를 인용하면서, "사람이 아내를 맞이하여 데려온 후에 그에게 수치되는 일이 있음을 발견하고 그를 기뻐하지 아니하면 이혼 증서를 써서 그의 손에 주고 그를 자기 집에서 내보낼 것이요"(신24:1), 모세 율법이 규정한 이혼의 근거에 관하여 예수님께 여쭈었습니다.

예수께서 이르시되 모세가 너희 마음의 완악함 때문에 아내 버림을 허락하였거니와 본래는 그렇지 아니하니라(마19:8)
창조 때로부터 사람을 남자와 여자로 지으셨으니(막10:6)

예수님은 이혼에 대한 모세의 규정은 인간의 "완악함"으로 말미암은 무분별한 이혼과 그로 인하여 이혼 당한 여자가 겪게 되는 고통을 최소화하기 위해 허용된 것이라고 하셨습니다. 또한 "본래는 그렇지 아니하니라"고 하심으로 결혼이 평생 지속되는 것이 하나님의 원래 의도임을 가르쳐 주셨습니다. 여기 마태복음에서 '본래'(ἀπ' ἀρχῆς, from the beginning)란 '태초로부터'라는 뜻으로, 마가복음의 '창조 때로부터'라는 표현과 동일한 어구입니다.

내가 너희에게 말하노니 누구든지 음행한 이유 외에 아내를 버리고 다른 데 장가드는 자는 간음함이니라(마19:9)

"음행"은 한 몸의 연합을 심각하게 더럽히는 것이기 때문에 이혼이 허용되지만, 이혼하기 전에 회복을 위하여 모든 합당한 노력을 해야 합니다. 예수님은 산상수훈에서 음행한 이유 없이 아내를 버리면 그녀를 간음하게 만드는 것이라고 하셨으며(마5:32), 본문에서는 "다른 데 장가 드는 자는" 스스로 간음죄를 범하는 것이라고 하셨습니다.

제자들이 이르되 만일 사람이 아내에게 이같이 할진대 장가들지 않는 것이 좋겠나이다(마19:10)

예수님께서 당시 유대 사회에서 암묵적으로 인정되던 여러 이혼 사유들을 무효화시키시자 제자들은 평생 불행할 수도 있는 결혼의 위험을 감수하는 것보다 차라리 독신이 더 나은 삶의 방식인지를 여쭈었습니다.

예수께서 이르시되 사람마다 이 말을 받지 못하고 오직 타고난 자라야 할지니라 어머니의 태로부터 된 고자도 있고 사람이 만든 고자도 있고 천국을 위하여 스스로 된 고자도 있도다 이 말을 받을 만한 자는 받을지어다(마19:11-12)

"이 말"이란 제자들이 언급한 '장가들지 않는 것이 좋겠나이다'라는 말을 가리키는데, 예수님은 독신이 모든 사람이 아니라 적은 수의 "타고난 자"에게 해당된다고 하셨습니다. 곧 선천적인 결함이나 거세나 자발적인 금욕 생활로 인해 성관계를 가질 수 없는 이들, 혹은 하나님 나라의 확장에 전념하기 위하여 결혼하지 않은 이들처럼 오직 하나님께서 특별하게 선택하신 자들에게만 가능한 일이라고 하셨습니다.

예수님은 태초에 하나님이 세우신 신성한 결혼 제도의 의미를 설명하시며, 결혼한 남자와 여자는 한 몸이 되어야 하고 나뉘어서는 안 된다고 하셨습니다. 일반적으로는 결혼을 통해서 생육하고 번성하는 것이 하나님의 뜻이지만, 독신의 은사를 받은 특수한 경우에는 결혼하지 않고 하나님 나라를 섬기는 일에 전념합니다.

어린 아이들을 축복하심 마19:13-15, 막10:13-16, 눅18:15-17

그 때에 사람들이 예수께서 안수하고 기도해 주심을 바라고 어린 아이들을 데리고 오매 제자들이 꾸짖거늘(마19:13)

사람들이 예수께서 만져 주심을 바라고 자기 어린 아기를 데리고 오매 제자들이 보고 꾸짖거늘(눅18:15)

안수는 이스라엘의 문화에서 부모가 자녀를 위해 복을 빌 때에 행하여졌습니다. "이스라엘이 오른손을 펴서 차남 에브라임의 머리에 얹고 왼손을 펴서 므낫세의 머리에 얹으니"(창48:14). 본문의 "어린 아기"(τὰ βρέφη, infants)란 어머니들이 팔에 안고 온 영유아들을 말합니다. 많은 부모들이 예수님께서 자신들의 어린 자녀들을 만져 주시고 축복해 주시기를 원하였습니다. "데리고 오매"란 이 일이 예수님의 사역에서 자주 있었던 일임을 암시합니다. 하지만 제자들은 아이들로 인해 소란스러워지자 예수님의 사역에 방해가 된다고 생각하여 그 부모들을 책망하였습니다.

예수께서 보시고 노하시어 이르시되 어린 아이들이 내게 오는 것을 용납하고 금하지 말라 하나님의 나라가 이런 자의 것이니라(막10:14)

내가 진실로 너희에게 이르노니 누구든지 하나님의 나라를 어린 아이와 같이 받아들이지 않는 자는 결단코 거기[87] 들어가지 못하리라 하시니라(눅18:17)

예수님은 어린 아이들을 경시하는 제자들을 단호하게 꾸짖으셨습니다. "어린 아이와 같이"란 어린이가 부모에게 보이는 전적인 순종과 신뢰를 가리킵니다. "하나님의 나라가 이런 자의 것이니라"는 말씀은 어

87 우리말 성경 마가복음과 누가복음은, 하나님 나라를 어린 아이와 같이 받아들이지 않는 자는 결코 '그 곳' 또는 '거기'에 들어가지 못할 것이라고 하여 하나님 나라를 장소처럼 표현했지만, 원문(εἰς αὐτήν; into her)을 살펴보면 장소의 의미가 아닙니다. 헬라어는 장소를 나타낼 때, 주로 장소를 나타내는 부사 ἐκεῖ(there, 거기)를 사용하는데, 여기서는 이 단어가 아니라 '하나님의 나라'를 가리키는 여성 단수 대명사 αὐτήν(her)를 사용하였습니다.

린 아이 같은 믿음을 소유한 사람만이 천국에 들어갈 수 있다는 뜻입니다. 제자들은 아직 미성숙하고 분별력이 낮은 아이들이 하나님의 축복을 받을 수 있을지에 대해 의구심을 품었지만, 예수님은 구약의 율법 아래서 유아들이 할례 의식을 통하여 공동체의 일원으로 인정받았듯이 하나님 나라에서도 어린 아이들이 그러한 언약의 축복을 받게 된다고 가르쳐 주셨습니다.

예수님은 어린 아이들을 천국 백성으로 환영하시고 축복해 주셨습니다. 천국에 들어가는 일은 사람이 성취하는 것이 아니라 전적으로 하나님 은혜에 달린 것이며, 하나님 나라는 어린 아이와 같이 철저하게 하나님을 의지하며 순종하는 자에게 열려 있다고 말씀하셨습니다.

부자 청년과 영생에 대한 말씀 마19:16-30, 막10:17-31, 눅18:18-30

어떤 사람이 주께 와서 이르되 선생님이여 내가 무슨 선한 일을 하여야 영생을 얻으리이까(마19:16)

어떤 관리가 물어 이르되 선한 선생님이여 내가 무엇을 하여야 영생을 얻으리이까(눅18:18)

예수께서 이르시되 어찌하여 선한 일을 내게 묻느냐 선한 이는 오직 한 분이시니라 네가 생명에 들어가려면 계명들을 지키라(마19:17)

유대 사회의 부유한 관리였던 한 청년이 예수님께 "영생", 곧 구원을 얻고 하나님 나라에 들어가기 위해서는 어떤 선행을 해야 하는지 질문하였습니다. 예수님은 그 젊은 관리에게 하나님이 선하시므로 그분의 뜻이 담긴 율법에 순종하는 것이 선행의 참 의미라고 말씀하셨습니다.

이르되 어느 계명이오니이까 예수께서 이르시되 살인하지 말라, 간음하지 말라, 도둑질하지 말라, 거짓 증언 하지 말라, 네 부모를 공경하라, 네 이웃을 네 자신과 같이 사랑하라 하신 것이니라(마19:18-19)

그가 여짜오되 선생님이여 이것은 내가 어려서부터 다 지켰나이다(막10:20)

예수님은 십계명 중 이웃 사랑에 대한 여섯 계명을 말씀하셨습니다. 그러자 부자 청년은 이 계명들을 유년 시절부터 성실히 준행하였다고 자신 있게 말하였습니다. 이 대답을 통해 그가 종교적 열심을 다했지만 여전히 영적인 만족과 확신을 느끼지 못하고 있었음을 알 수 있습니다.

예수께서 이르시되 네가 온전하고자 할진대 가서 네 소유를 팔아 가난한 자들에게 주라 그리하면 하늘에서 보화가 네게 있으리라 그리고 와서 나를 따르라 하시니(마19:21)

예수님께서 말씀하신 '온전'의 의미는 구약에 잘 드러나 있습니다. "그런즉 너희의 마음을 우리 하나님 여호와께 온전히 바쳐 완전하게 하여 오늘과 같이 그의 법도를 행하며"(왕상8:61), "노아는 의인이요 당대에 완전한 자라 그는 하나님과 동행하였으며"(창6:9). 다시 말해, 온전함이란 하나님 한 분께만 집중된 근본적인 충절과 헌신의 마음을 뜻합니다.[88] 예수님은 청년에게 구체적인 지침, 곧 "네 소유를 팔아 가난한 자들에게 주라"고 하셨습니다. 이는 자신의 모든 재물을 하나님께 맡기며 청지기의 마음으로 궁핍한 이웃들의 필요에 따라 나누어 주라는 의미입니다.

그 사람이 큰 부자이므로 이 말씀을 듣고 심히 근심하더라(눅18:23)

본문은 그가 '굉장한'(σφόδρα, exceedingly) 부자였음을 알려줍니다. 예수님은 스스로 의롭다고 확신하던 부자 청년이 실제로는 하나님보다 재물에 더 마음이 있었다는 것을 알려주시며 그가 탐심을 버리고 하나

---

88 David E. Holwerda, *Jesus and Israel: One Covenant or Two?* (Grand Rapids: Eerdmans, 1995), 120-25.

님만 온전히 섬겨서 영생 얻기를 바라셨습니다.

다시 너희에게 말하노니 낙타가 바늘귀로 들어가는 것이 부자가 하나님의 나라에 들어가는 것보다 쉬우니라 하시니(마19:24)

"낙타"는 팔레스타인에서 가장 큰 육상 동물이고, "바늘귀"는 사람이 육안으로 확인할 수 있는 가장 작은 구멍입니다. 또한 '바늘귀'는 당시 예루살렘 성문 곁의 작은 문을 가리키기도 하는데, 이 문은 사람의 통행을 위한 것으로 약대가 지나가려면 짐을 내려놓고 무릎을 꿇어야 했습니다. 예수님은 재물에 자신의 소망을 두는 사람은 그 누구도 하나님 나라에 들어갈 수 없다는 점을 강조하셨습니다.

제자들이 듣고 몹시 놀라 이르되 그렇다면 누가 구원을 얻을 수 있으리이까 예수께서 그들을 보시며 이르시되 사람으로는 할 수 없으나 하나님으로서는 다 하실 수 있느니라(마19:25-26)

예수님은 이 비유를 통해 구원은 행위가 아닌 하나님의 선물임을 가르치셨습니다. 비록 인간적인 차원에서 부자가 하나님께 순종하는 것은 불가능해 보이지만, 아리마대 요셉이나 삭개오의 회심을 통해 볼 수 있듯이 구원은 전적으로 하나님께 속한 것이기 때문에 하나님의 은혜가 주어진다면 부자들도 영생을 얻을 수 있습니다.

예수님은 이 비유를 통해 물질은 섬김의 대상이 아니라 이 세상에서의 삶을 영위하는데 필요한 수단일 뿐이며, 따라서 하나님과 이웃을 위해 사용될 때 값진 것이 된다고 하셨습니다. 또한 구원은 인간의 노력과 종교적 의로움으로 얻을 수 있는 것이 아니라 하나님께서 값없이 베푸시는 은혜의 선물임을 깨닫게 하셨습니다.

제자의 보상과 포도원 품꾼의 비유 마20:1-16

이에 베드로가 대답하여 이르되 보소서 우리가 모든 것을 버리고 주를 따랐사온대 그런즉 우리가 무엇을 얻으리이까 예수께서 이르시되 내가 진실로 너희에게 이르노니 세상이 새롭게 되어 인자가 자기 영광의 보좌에 앉을 때에 나를 따르는 너희도 열두 보좌에 앉아 이스라엘 열두 지파를 심판하리라(마19:27-28)

"세상이 새롭게 되어"란 말세에 있을 새 하늘과 새 땅을 가리킵니다. 예수님은 자신을 위하여 가족과 소유를 포기한 제자들에게 열두 보좌에 앉아 열두 지파를 심판하는 권세와 영생을 약속하셨습니다. 신약의 열두 제자는 구약의 열두 지파를 계승하는데, 천성의 열두 문에 이스라엘 열두 지파의 이름이 있고, 그 성의 열두 기초석에는 열두 제자의 이름이 새겨져 있습니다. "크고 높은 성곽이 있고 열두 문이 있는데 문에 열두 천사가 있고 그 문들 위에 이름을 썼으니 이스라엘 자손 열두 지파의 이름들이라, 그 성의 성곽에는 열두 기초석이 있고 그 위에는 어린 양의 열두 사도의 열두 이름이 있더라"(계21:12,14). 본문의 동사는 모두 미래형으로서 예수님은 제자들의 보상은 현세가 아니라 미래에 주어지는 것임을 말씀하셨습니다.

그러나 먼저 된 자로서 나중 되고 나중 된 자로서 먼저 될 자가 많으니라(마19:30)

이와 더불어 "먼저 된 자"들이 나중 되고 "나중 된 자"들이 먼저 되는 역전 현상을 예언하시며, 그 예를 포도원 품꾼 비유로 나타내셨습니다.

천국은 마치 품꾼을 얻어 포도원에 들여보내려고 이른 아침에 나간 집 주인과 같으니 그가 하루 한 데나리온씩 품꾼들과 약속하여 포도원에 들여보내고(마20:1-2)

포도는 당시 이스라엘의 가장 중요한 농작물 중의 하나였고, 이스라엘은 종종 하나님의 포도나무 또는 포도원으로 불렸습니다. "무릇 만군의 여호와의 포도원은 이스라엘 족속이요 그가 기뻐하시는 나무는 유다 사람이라"(사

5:7). 주인은 아침 일찍 나가 일꾼들에게 하루 품삯으로 한 데나리온을 주기로 하고 포도원에서 일을 시켰습니다.

또 제삼시에 나가 보니 장터에 놀고 서 있는 사람들이 또 있는지라 그들에게 이르되 너희도 포도원에 들어가라 내가 너희에게 상당하게 주리라 하니 그들이 가고 제육시와 제구시에 또 나가 그와 같이 하고(마20:3-5)

포도원 주인은 "제삼시", "제육시", "제구시", 곧 오전 9시, 낮 12시, 오후 3시에도 나가서 일할 사람을 모집하였습니다.

제십일시에도 나가 보니 서 있는 사람들이 또 있는지라 이르되 너희는 어찌하여 종일토록 놀고 여기 서 있느냐 이르되 우리를 품꾼으로 쓰는 이가 없음이니이다 이르되 너희도 포도원에 들어가라 하니라(마20:6-7)

주인은 "제십일시", 곧 하루 노동시간이 끝나가는 오후 5시에도 나가서 절박하게 일거리를 기다리고 있던 일꾼들을 포도원으로 불렀습니다.

저물매 포도원 주인이 청지기에게 이르되 품꾼들을 불러 나중 온 자로부터 시작하여 먼저 온 자까지 삯을 주라 하니 제십일시에 온 자들이 와서 한 데나리온씩을 받거늘 먼저 온 자들이 와서 더 받을 줄 알았더니 저희도 한 데나리온씩 받은지라(마20:8-10)

오후 6시가 되어 하루의 일과를 마칠 시간이 되자 주인은 약속했던 한 데나리온을 일꾼들에게 나누어 주었습니다. 정산하는 중에 가장 늦게 와서 한 시간만 일했던 일꾼들이 한 데나리온을 받자 그보다 더 오래 일했던 일꾼들은 더 받을 것이라 기대하였습니다. 하지만 그들에게도 동일하게 한 데나리온의 품삯이 주어졌습니다.

받은 후 집 주인을 원망하여 이르되 나중 온 이 사람들은 한 시간밖에 일하지 아니하였거늘 그들을 종일 수고하며 더위를 견딘 우리와 같게 하였나이다(마20:11-12)

이른 아침부터 포도원에서 일을 했던 품꾼들은 자신들이 고생한 것을 생각하며 주인의 처우가 공정하지 않다고 불평하였습니다. 그러나 이 비유에서의 공정성은 절박한 처지에 있는 사람들의 존엄성을 존중하고 그들의 안녕에 깊은 관심을 보이는 것을 내포합니다.[89] 그런 입장에서 긍휼을 베푸는 주인의 모습을 보게 되는데, 합당한 보상의 기준은 품꾼의 처한 상황과, 품꾼이 어떤 마음으로 일했는가 하는 점이 더 중요합니다. 우리는 포도원 주인에게서 정의와 주권과 은혜의 원리로 행하는 모습을 봅니다.[90]

주인이 그 중의 한 사람에게 대답하여 이르되 친구여 내가 네게 잘못한 것이 없노라 네가 나와 한 데나리온의 약속을 하지 아니하였느냐 네 것이나 가지고 가라 나중 온 이 사람에게 너와 같이 주는 것이 내 뜻이니라 내 것을 가지고 내 뜻대로 할 것이 아니냐 내가 선하므로 네가 악하게 보느냐(마20:13-15)

"네가 악하게 보느냐"란 원어로 '네 눈이 악하냐'라는 뜻입니다. 이 품꾼은 자신이 더 많은 일을 했으므로 더 큰 보상을 받아야 한다는 생각 때문에 늦게 온 동료를 긍휼의 눈으로 바라보지 못하고 포도원 주인을 감사의 눈으로 바라보지 못하였습니다.

이와 같이 나중 된 자로서 먼저 되고 먼저 된 자로서 나중 되리라(마20:16)

예수님은 하나님께 나오는 자는 세밀하게 계산된 은혜를 받는 것이 아니라 측량할 수 없는 풍성한 은혜를 받게 된다는 것을 알려주셨습니다.[91] 예수님은 천국에서 받을 상급의 차이를 부정하지 않으시지만, 베드로

---

89 Kenneth E. Bailey, *Jesus Through Middle Eastern Eyes: Cultural Studies in the Gospels* (Madison : IVP Academic, 2008), 363.

90 Herbert Lockyer, *All the Parables of the Bible* (Grand Rapids : Zondervan, 1963), 221.

91 Kistemaker, *The Parables,* 78.

와 열두 제자들에게 마땅히 받아야 하는 것 이상을 바라지 말고, 마지막에 들어온 품꾼처럼 일할 기회를 얻은 그 자체로 만족하라고 하셨습니다. 이는 또한 하나님의 선민으로 복음을 먼저 들은 유대인들이 나중에 복음을 듣게 될 이방인들을 멸시해서는 안 된다는 경고의 말씀이기도 합니다.

예수님은 이 비유를 통해 먼저 된 자와 나중 된 자에 대해 말씀하시면서 구원은 하나님의 주권에 달려있음을 강조하셨습니다. 구원은 사람의 공로나 믿은 시간에 비례하여 주어지는 것이 아니라 모든 믿는 이들에게 똑같이 선물로 주어지는데, 이는 하나님 나라에 들어가는 것이 자신의 행위에 의하지 않고 거저 주시는 믿음으로 말미암은 것이기 때문입니다.

죽으심에 대한 세 번째 예고 마20:17-19, 막10:32-34, 눅18:31-34

예루살렘으로 올라가는 길에 예수께서 그들 앞에 서서 가시는데 그들이 놀라고 따르는 자들은 두려워하더라 이에 다시 열두 제자를 데리시고 자기가 당할 일을 말씀하여 이르시되(막10:32)

예수님과 열두 제자가 예루살렘으로 돌아가는 길에 많은 무리들도 동행하였습니다. 본문의 두 동사 "놀라고"와 "두려워하더라"는 모두 미완료 시제로, 그들이 여정 가운데 계속해서 염려하고 있었음을 보여줍니다. 예수님은 선지자 이사야가 예언한 '여호와의 종'과 같이 자신의 임박한 죽음을 의식하시며 결연하게 예루살렘을 향해 가십니다. "주 여호와께서 나를 도우시므로 내가 부끄러워하지 아니하고 내 얼굴을 부싯돌 같이 굳게 하였으므로"(사50:7).

예수께서 열두 제자를 데리시고 이르시되 보라 우리가 예루살렘으로 올라가노니 선지자들을 통하여 기록된 모든 것이 인자에게 응하리라(눅18:31)

예수님은 이전에 자신의 고난과 죽음에 대해 두 차례 예고하셨는데, 이제 또 다시 제자들에게 이를 상기시키십니다. "응하리라"는 예수님의 고난과 죽음이 선지자들의 예언의 성취임을 강조하신 말씀입니다.

보라 우리가 예루살렘으로 올라가노니 인자가 대제사장들과 서기관들에게 넘겨지매 그들이 죽이기로 결의하고 이방인들에게 넘겨 주어 그를 조롱하며 채찍질하며 십자가에 못 박게 할 것이나 제삼일에 살아나리라(마20:18-19)

예수님은 하나님께서 자신을 유대 지도자들에게 넘겨주실 것이며, 그들은 예수님을 죽이기로 결의하고 이방인들 곧 로마 당국자들에게 넘겨줄 것이라고 하셨습니다. 구약에서 이스라엘이 죄에 대한 형벌로 이방인들에게 넘겨진 것처럼, 예수님도 자기 백성의 죄에 대한 하나님의 진노를 담당하시기 위해 넘겨지시게 됩니다.

제자들이 이것을 하나도 깨닫지 못하였으니 그 말씀이 감취었으므로 그들이 그 이르신 바를 알지 못하였더라(눅18:34)

예수님의 거듭되는 예고에도 제자들은 깨닫지 못하고 있습니다. 이는 메시야가 먼저 고난당하고 죽으셔야 한다는 사실이 아직 제자들에게 감추어져 있기 때문입니다. 예수님의 죽음과 부활에 대한 예고 후에 나오는 제자도에 관한 가르침은 제자들 역시 예수님처럼 순종의 길을 걸어가야 한다는 것을 암시합니다.

예수님의 세 번째 고난 예고는 이전 두 번의 고난 예고보다 더 구체적이었습니다. 예수님은 예루살렘으로 가시는 길이 곧 십자가로 가는 길이 될 것이라고 하셨는데, 유대인과 이방인에게 차례로 넘겨지시고, 능욕과 채찍질을 당하시며, 결국 죽임 당하실 것이라고 하셨습니다.

야고보와 요한 어머니의 요구 마20:20-28, 막10:35-45

그 때에 세베대의 아들의 어머니가 그 아들들을 데리고 예수께 와서 절하며 무엇을 구하니 (마20:20)

"세베대의 아들의 어머니"는 예수님의 어머니 마리아와 자매 사이인 살로메입니다. 가족 관계로 보면 살로메는 예수님의 이모이며, 야고보와 요한은 예수님의 이종 사촌입니다. 그녀는 십자가에서 예수님 곁에 있었고 후에 빈 무덤을 목격한 여인들 중의 하나입니다. "예수의 십자가 곁에는 그 어머니와 이모와 글로바의 아내 마리아와 막달라 마리아가 섰는지라"(요19:25), "멀리서 바라보는 여자들도 있었는데 그 중에 막달라 마리아와 또 작은 야고보와 요세의 어머니 마리아와 또 살로메가 있었으니"(막15:40).

예수께서 이르시되 무엇을 원하느냐 이르되 나의 이 두 아들을 주의 나라에서 하나는 주의 우편에, 하나는 주의 좌편에 앉게 명하소서 (마20:21)

살로메는 열두 제자가 천국에서 예수님과 함께 다스리게 될 것이라는 말씀에 고무되어 자신의 두 아들이 가장 영예롭고 높은 지위를 누리게 해달라고 요구하였습니다.[92] 야고보와 요한은 베드로와 더불어 예수님의 가장 가까운 제자들로, 예수님은 이들만 데리고 가셔서 치유하기도 하셨고 변형되는 모습도 보이셨습니다. "엿새 후에 예수께서 베드로와 야고보와 요한을 데리시고 따로 높은 산에 올라가셨더니 그들 앞에서 변형되사"(막9:2).

예수께서 이르시되 너희는 너희가 구하는 것을 알지 못하는도다 내가 마시는 잔을 너희가 마실 수 있으며 내가 받는 세례를 너희가 받을 수 있느냐 (막10:38)

92 마가복음은 야고보와 요한이 동일한 부탁을 예수님께 직접 구하는 것으로 기록합니다. "세베대의 아들 야고보와 요한이 주께 나아와 여짜오되 선생님이여 무엇이든지 우리가 구하는 바를 우리에게 하여 주시기를 원하옵나이다 이르시되 너희에게 무엇을 하여 주기를 원하느냐 여짜오되 주의 영광중에서 우리를 하나는 주의 우편에, 하나는 좌편에 앉게 하여 주옵소서"(막10:35-37).

이에 예수님은 높은 자리를 원했던 제자들에게, "내가 마시는 잔"은 구원 받을 모든 이들의 죄를 향한 하나님의 진노이며, "내가 받는 세례"는 자신에게 쏟아질 고난과 죽음임을 깨닫게 하셨습니다.

이르시되 너희가 과연 내 잔을 마시려니와 내 좌우편에 앉는 것은 내가 주는 것이 아니라 내 아버지께서 누구를 위하여 예비하셨든지 그들이 얻을 것이니라(마20:23)

예수님은 자신을 따르는 제자들도 고난을 겪게 될 것이라고 말씀하셨습니다. 훗날 야고보는 사도 중에서 최초로 순교를 당하였으며, "요한의 형제 야고보를 칼로 죽이니"(행12:2), 요한은 열두 제자들 가운데 가장 오래 살면서 박해와 유배 중에 요한서신과 계시록을 기록하였습니다. "나 요한은 너희 형제요 예수의 환난과 나라와 참음에 동참하는 자라 하나님의 말씀과 예수를 증언하였음으로 말미암아 밧모라 하는 섬에 있었더니"(계1:9). "내가 주는 것이 아니라"는 말씀은 예수님이 곧 하나님이시지만 성자는 성부의 뜻에 순종하며, 누구를 높이시거나 낮추시는 권한은 성부 하나님께 속한 것임을 나타냅니다. 지금까지 예수님은 세 번이나 자신의 고난에 대해 말씀하셨지만, 자신의 영광에 대해서는 한 번도 언급하신 적이 없고 오직 아버지의 영광에 대해서만 언급하셨습니다.

너희 중에는 그렇지 않아야 하나니 너희 중에 누구든지 크고자 하는 자는 너희를 섬기는 자가 되고 너희 중에 누구든지 으뜸이 되고자 하는 자는 너희의 종이 되어야 하리라(마20:26-27)

이에 예수님은 큰 자가 되려면 "섬기는 자"(διάκονος, minister)가 되어야 하고, 첫째가 되려면 모든 사람의 "종"(δοῦλος, servant)이 되어야 한다고 가르쳐 주셨습니다.

인자가 온 것은 섬김을 받으려 함이 아니라 도리어 섬기려 하고 자기 목숨을 많은

사람의 대속물로 주려 함이니라(마20:28)

예수님은 자신의 사역이 섬김을 받기 위한 것이 아니라 섬기기 위한 것이며, 심지어 "자기 목숨"마저도 "대속물"로 바치시기까지 섬기러 오셨음을 강조하셨습니다. 제자들은 높여지고 섬김을 받는 권세에 관심이 있었지만, 예수님은 낮아지고 섬기는 희생을 위해 오셨습니다.

예수님의 첫 번째 고난 예고 후에는 베드로가 예수님께 항의하였고, 두 번째 고난 예고 후에는 제자들이 누가 가장 큰지 논쟁하였으며, 세 번째 고난 예고 후에는 야고보와 요한이 자신들의 지위를 요구하였습니다. 예수님은 제자들로 하여금 다가올 십자가 고난을 준비하게 하기 위해 이 말씀을 하셨지만, 제자들은 여전히 예수님의 말씀을 이해하지 못하고 있습니다.

바디매오를 고치심 마20:29-34, 막10:46-52, 눅18:35-43

그들이 여리고에 이르렀더니 예수께서 제자들과 허다한 무리와 함께 여리고에서 나가실 때에 디매오의 아들인 맹인 거지 바디매오가 길가에 앉았다가(막10:46)

"여리고"는 '종려의 성읍'이라는 뜻입니다. 당시 여리고는 구약시대의 여리고에서 남쪽으로 1.6km 떨어진 새 여리고를 말하며, 예루살렘에서 동북쪽으로 약 29km 떨어진 요단 계곡에 위치해 있었습니다.

나사렛 예수시란 말을 듣고 소리 질러 이르되 다윗의 자손 예수여 나를 불쌍히 여기소서 하거늘(막10:47)

예수님은 이전에 자신을 "다윗의 자손"이라고 고백한 두 맹인을 고치신 일이 있는데, 이번에도 맹인 바디매오가 예수님께 간청하였습니다. '다윗의 자손'이란 메시야를 지칭하는 표현으로, 그는 예수님이 메시야, 곧 그리스도이심을 고백하였습니다.

많은 사람이 꾸짖어 잠잠하라 하되 그가 더욱 크게 소리 질러 이르되 다윗의 자손이여 나를 불쌍히 여기소서 하는지라(막10:48)

"더욱 크게 소리 질러"란 바디매오의 인내와 절박함을 보여주는데, 무리가 그에게 잠자코 있으라고 압박함에도 불구하고 그는 예수님의 이름을 더 크게 부르짖으며 긍휼히 여겨달라고 외쳤습니다.

예수께서 말씀하여 이르시되 네게 무엇을 하여 주기를 원하느냐 맹인이 이르되 선생님이여 보기를 원하나이다(막10:51)

예수님은 "네게 무엇을 하여 주기를 원하느냐"라고 물으심을 통해 바디매오를 인격적으로 대하시고 그와의 대화를 시작하셨습니다. 이에 바디매오는 "보기를 원하나이다"라고 대답함으로써 예수님이 전능한 치료자이심을 고백하였습니다. 이러한 과정은 예수님께서 바디매오의 믿음을 많은 사람들 앞에서 드러나게 하시고 확증시켜 주신 것입니다.

예수께서 이르시되 가라 네 믿음이 너를 구원하였느니라 하시니 그가 곧 보게 되어 예수를 길에서 따르니라(막10:52)

예수님은 "네 믿음이 너를 구원하였느니라"고 하시며 그의 믿음을 칭찬하셨습니다. 이와 같이 예수님은 제자들과 무리들이 고대하던 정치적인 메시야가 아니라 병들고 가난한 자들과 함께 하시며 그들의 영과 육을 회복시켜 주시는 메시야이십니다.

예수님의 거듭된 고난 예고에도 불구하고 제자들은 예수님의 말씀을 이해하지 못하고 오히려 높은 지위를 요구하였습니다. 그러나 예수님을 뵌 적이 없었던 맹인 바디매오는 예수님을 메시야로 시인하며 주변의 무시에도 아랑곳하지 않고 큰 소리로 자신의 믿음을 고백하였습니다.

삭개오가 예수님을 영접함 누19:1-10

예수께서 여리고로 들어가 지나가시더라(눅19:1)

예수님은 바디매오를 치유하신 후에 계속 "여리고"에서 사역을 이어가셨습니다. 새 여리고는 주전 2세기에 하스몬 왕가에 의해 세워졌으며 이후에 헤롯 대왕이 확장하였습니다. 이곳은 팔레스타인 각처로 통하는 주요 길목이었으므로 동서로 왕래하는 상인들에 대한 통행료와 유통되는 상품에 대한 통관세를 징수하는 큰 세관이 있었습니다.

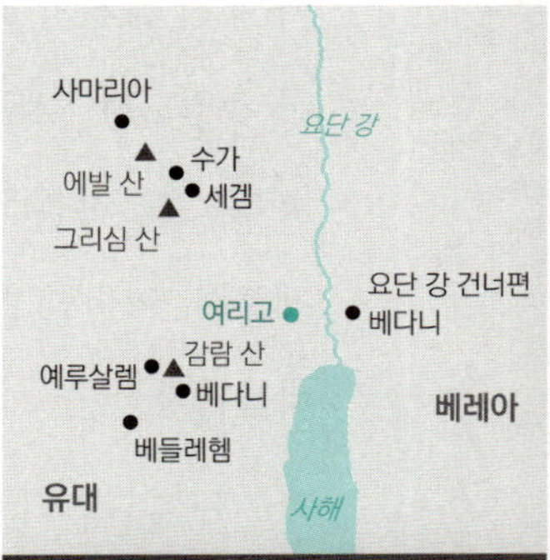

여리고

삭개오라 이름하는 자가 있으니 세리장이요 또한 부자라(눅19:2)

"삭개오"라는 이름의 뜻은 '순수함'입니다. 키가 작았던 그는 많은 사람들로 인해 예수님을 볼 수 없게 되자 예수님이 지나가시게 될 길 곁 돌무화과 나무 위로 올라갔습니다.

예수께서 그 곳에 이르사 쳐다 보시고 이르시되 삭개오야 속히 내려오라 내가 오늘 네 집에 유하여야 하겠다 하시니 급히 내려와 즐거워하며 영접하거늘 뭇 사람이 보고 수군거려 이르되 저가 죄인의 집에 유하러 들어갔도다 하더라(눅19:5-7)

예수님이 삭개오의 집에 머물겠다고 하신 것은 그에게 구원을 베푸시기 위함이었습니다. 하지만 사람들은 삭개오가 로마 정부의 편에 서서 동족들의 재산을 착취하던 세리장이었기 때문에 예수님의 행동을 이해하지 못하였습니다.

삭개오가 서서 주께 여짜오되 주여 보시옵소서 내 소유의 절반을 가난한 자들에게 주겠사오며 만일 누구의 것을 속여 빼앗은 일이 있으면 네 갑절이나 갚겠나이다(눅19:8)

예수님을 만난 삭개오는 자원하여 "소유의 절반"을 궁핍한 사람들에게 나누어 주고, 부당한 방법으로 갈취한 물건은 "네 갑절이나" 배상하겠다고 하였습니다. 여기서 그가 '네 갑절'이라고 한 것은 도적질한 자가 훔친 물건의 4배에 상당하는 보상을 치르도록 한 모세의 율법을 따른 것입니다. "사람이 소나 양을 도둑질하여 잡거나 팔면 ... 양 한 마리에 양 네 마리로 갚을지니라"(출22:1). 본 절에서 "갚겠나이다"라는 동사는 현재 시제로서, 이러한 배상을 지속적으로 하겠다는 삭개오의 강한 의지를 나타냅니다.

예수께서 이르시되 오늘 구원이 이 집에 이르렀으니 이 사람도 아브라함의 자손임이로다(눅19:9)

이에 예수님은 그를 "아브라함의 자손"이라고 하시며 구원을 받았다고 선언하셨습니다. 삭개오는 변화된 행동을 통해 자신이 육적으로만이 아니라 영적으로도 참된 아브라함의 자손임을 보여주었습니다. "인자가 온 것은 잃어버린 자를 찾아 구원하려 함이니라"(눅19:10). 이 말씀은 예수님의 사명을 요약한 것으로 누가복음의 주제가 되는 구절입니다.[93]

자기 소유의 절반을 내놓은 삭개오에게서 복음을 통해 은혜를 받고 마음이 변화된 이들이 결단하는 모습을 볼 수 있습니다. 이에 예수님은 삭개오와 그의 집에 구원이 임했다고 말씀하심으로 하나님께는 모든 일이 가능하며 부자도 구원받을 수 있음을 깨닫게 하셨습니다.

---

93 I. Howard Marshall, *Luke: Historian and Theologian* (Downers Grove: IVP, 1988), 149.

열 므나 비유 눅19:11-28

그들이 이 말씀을 듣고 있을 때에 비유를 더하여 말씀하시니 이는 자기가 예루살렘에 가까이 오셨고 그들은 하나님의 나라가 당장에 나타날 줄로 생각함이더라(눅19:11)

예수님은 하나님 나라가 곧 임할 것이라고 생각하고 있는 자들을 깨우쳐 주시기 위하여 열 므나 비유를 말씀하셨습니다.

이르시되 어떤 귀인이 왕위를 받아가지고 오려고 먼 나라로 갈 때에(눅19:12)

"왕위를 받아가지고 오려고"란 한 나라를 다스릴 권세를 받는 것을 뜻하며, "먼 나라로" 간다는 것은 그 권세를 받기까지 얼마간의 시간이 소요됨을 의미합니다. 이 비유에서 '귀인'은 예수님을 가리키며 '먼 나라'로 다녀오는 것은 예수님의 승천과 마지막 때에 있을 재림 사이의 기간을 가리킵니다.

그 종 열을 불러 은화 열 므나를 주며 이르되 내가 돌아올 때까지 장사하라 하니라(눅19:13)

귀인은 열 명의 종에게 각각 한 므나를 나누어 주며 자신이 돌아올 때까지 장사하여 이윤을 남기라고 하였습니다. 은화 한 므나는 백 데나리온으로, 이는 약 네 달 치의 임금에 해당합니다.

그런데 그 백성이 그를 미워하여 사자를 뒤로 보내어 이르되 우리는 이 사람이 우리의 왕 됨을 원하지 아니하나이다 하였더라(눅19:14)

한편 귀인을 따르지 않았던 백성들은 따로 본국에 연락하여 그 귀인의 통치를 거부하겠다는 의사를 전하였습니다. 본문의 "그 백성"은 예수님을 미워한 유대인들을 상징합니다. 당시 유대인들은 지방 통치자들에게 항의하기 위하여 때때로 로마에 대표단을 보낸 적이 있었기 때문에 "사자를 뒤로 보내어"란 표현은 유대인들에게 친숙하였습니다.

귀인이 왕위를 받아가지고 돌아와서 은화를 준 종들이 각각 어떻게 장사하였는지를 알고자 하여 그들을 부르니 그 첫째가 나아와 이르되 주인이여 당신의 한 므나로 열 므나를 남겼나이다(눅19:15-16)

왕이 된 귀인이 돌아와서 결산을 하였는데, 첫 번째 종과 두 번째 종은 맡겨진 한 므나를 가지고 부지런히 일해서 각각 열 므나와 다섯 므나의 이윤을 남겼습니다. 그러자 귀인은 매우 흡족해 하며 그들을 각각 열 고을과 다섯 고을을 다스리는 영주로 삼았습니다.

또 한 사람이 와서 이르되 주인이여 보소서 당신의 한 므나가 여기 있나이다 내가 수건으로 싸 두었었나이다 이는 당신이 엄한 사람인 것을 내가 무서워함이라 당신은 두지 않은 것을 취하고 심지 않은 것을 거두나이다(눅19:20)

그런데 세 번째 종은 맡겨진 한 므나를 가지고 아무것도 하지 않고 숨겨 두었습니다. 심지어 이 종은 귀인이 엄격하고 높은 기준을 요구하는 "엄한 사람"이기 때문에 자신이 일을 하지 않았다고 변명하였습니다. 세 번째 종은 하나님이 주신 재능이나 기회를 가지고 아무 일도 하지 않는 게으른 사람들을 상징합니다. 게다가 그들은 관대하고 은혜로우신 예수님을 가혹한 분이라고 호도하면서 자신의 불성실함을 숨기려는 뻔뻔한 태도를 보입니다.

주인이 이르되 악한 종아 내가 네 말로 너를 심판하노니 너는 내가 두지 않은 것을 취하고 심지 않은 것을 거두는 엄한 사람인 줄로 알았느냐 그러면 어찌하여 내 돈을 은행에 맡기지 아니하였느냐 그리하였으면 내가 와서 그 이자와 함께 그 돈을 찾았으리라 하고(눅19:22-23)

귀인은 그 종을 "악한 종아"라고 부르며 그의 변명이 사실이 아님을 드러냈는데, 이는 그 종의 말이 진심이었다면 그는 적은 이자라도 받을 수 있도록 은행에 돈을 맡겼을 것이기 때문입니다.

그리고 내가 왕 됨을 원하지 아니하던 저 원수들을 이리로 끌어다가 내 앞에서 죽이라 하였느니라(눅19:27)

"저 원수들"이란 귀인이 왕위에 오르는 것을 배척하였던 이들을 말하며, 그들에 대한 최후의 심판을 예고합니다. 이는 곧 예수님을 그리스도로 인정하지 않는 유대인들에게 영원한 형벌이 예비되어 있음을 가르칩니다.

예수께서 이 말씀을 하시고 예루살렘을 향하여 앞서서 가시더라(눅19:28)

말씀 후에 예수님은 예루살렘을 향해 가시고, 유대 지도자들은 예수님을 체포할 계획을 세우게 됩니다.

예수님은 이 비유를 통해 하나님 나라가 속히 임할 것으로 기대하는 자들에게 재림은 즉시 발생하지 않음을 알려주셨습니다. 예수님은 재림의 때까지 자신에게 주어진 영적 은사를 성실하고 바르게 사용하는 제자들은 더 많은 상을 얻을 것이지만, 아무것도 하지 않는 태만한 사람은 그 기회마저 잃고 책망을 받게 될 것이라고 가르치셨습니다.

향유를 부은 마리아 마26:6-13, 막14:3-9, 요12:1-8

유월절 엿새 전에 예수께서 베다니에 이르시니 이 곳은 예수께서 죽은 자 가운데서 살리신 나사로가 있는 곳이라(요12:1)

예수께서 베다니 나병환자 시몬의 집에서 식사하실 때에(막14:3a, cf. 마26:6)

유월절은 금요일 저녁에 일몰과 함께 시작되므로 "유월절 엿새 전"은 토요일을 말합니다.

거기서 예수를 위하여 잔치할새 마르다는 일을 하고 나사로는 예수와 함께 앉은 자 중에 있더라(요12:2)

"잔치"란 보통 저녁 즈음의 만찬을 가리키며, "앉은"이란 표현을 볼 때 이 잔치가 일반적인 식사보다 더 특별했음을 알 수 있습니다.

한 여자가 매우 값진 향유 곧 순전한 나드 한 옥합을 가지고 와서 그 옥합을 깨뜨려 예수의 머리에 부으니(막14:3b, cf. 마26:7)
마리아는 지극히 비싼 향유 곧 순전한 나드 한 근을 가져다가 예수의 발에 붓고 자기 머리털로 그의 발을 닦으니 향유 냄새가 집에 가득하더라(요12:3)

"나드"는 인도 북부 또는 아라비아 산 근경(根莖)에서 추출한 최상급의 기름으로, 로마인들이 머리에 바르거나 부을 때 사용하였습니다. "한 근"은 약 350ml이며, 향유로서는 매우 많은 양입니다. "옥합을 깨뜨려"라는 말에서 이 향유가 석고 항아리 속에 보관되어 있었음을 알 수 있습니다. 마리아는 예수님께 기름을 붓고 "자기 머리털"로 예수님의 발을 닦았는데, 발을 닦는 일은 종들의 일이므로 그녀의 행동은 겸손을 보여줍니다. 또한 유대 여성은 사람들 앞에서 머리를 풀지 않았기 때문에 이러한 행동은 예수님을 향한 헌신의 표현입니다.

제자 중 하나로서 예수를 잡아 줄 가룟 유다가 말하되 이 향유를 어찌하여 삼백 데나리온에 팔아 가난한 자들에게 주지 아니하였느냐 하니(요12:4-5)

가룟 유다의 말에서 이 향유의 가치가 대략 '삼백 데나리온', 곧 노동자 한 사람의 일년 치 임금에 해당한다는 것을 유추할 수 있습니다. 이는 그가 예수님을 배반하고 받은 은 삼십 세겔[94]보다 두 배 반 더 많은 돈입니다.

이렇게 말함은 가난한 자들을 생각함이 아니요 그는 도둑이라 돈 궤를 맡고 거기 넣는 것을 훔쳐 감이러라(요12:6)

---

94 한 세겔(shekel)은 노동자의 나흘 치 품삯에 해당합니다.

사도 요한은 가룟 유다가 이미 이전부터 공동체의 재정을 가로채고 있었으므로 마리아의 향유 또한 자신이 얼마간 착복하고 싶은 마음에 그럴 듯한 명분을 둘러대었다고 설명합니다.

예수께서 이르시되 그를 가만 두어 나의 장례할 날을 위하여 그것을 간직하게 하라 가난한 자들은 항상 너희와 함께 있거니와 나는 항상 있지 아니하리라 하시니라(요 12:7-8)

예수님은 유다에게 마리아의 행동이 자신을 경배하는 행위일 뿐만 아니라 자신의 장례를 예비하는 의미를 가지기 때문에 그녀를 제재하지 말라고 말씀하셨습니다. 또한 예수님은 "가난한 자들"과 달리 자신은 "항상 있지 아니하리라"고 하셨는데, "땅에는 언제든지 가난한 자가 그치지 아니하겠으므로 내가 네게 명령하여 이르노니 너는 반드시 네 땅 안에 네 형제 중 곤란한 자와 궁핍한 자에게 네 손을 펼지니라"(신15:11), 이는 예수님의 죽음과 부활과 승천이 임박하였기에 제자들이 예수님의 공생애 사역에 동참할 시간이 얼마 남지 않았다는 뜻입니다.

내가 진실로 너희에게 이르노니 온 천하에 어디서든지 이 복음이 전파되는 곳에서는 이 여자가 행한 일도 말하여 그를 기억하리라 하시니라(마26:13, 막14:9)

예수님의 이 말씀은 세 복음서에 공통적으로 기록되었는데, 복음이 전하여지는 곳마다 마리아의 헌신도 함께 들려지게 됨으로 성취되었습니다.

마리아가 순전한 향유를 예수님의 머리와 발에 붓고 자기 머리털로 닦았는데, 이는 예수님께 대한 겸손과 헌신의 표현입니다. 마리아는 부지중에 예수님의 몸이 무덤 속에 안장될 것을 예비하였으며, 이러한 행동을 통해 상징적으로 예수님의 장례를 준비하였습니다.

제4부

고난주간

제14장 승리의 입성과 지도자들에 대한 책망

승리의 입성 예수님께서 나귀를 타시고 예루살렘에 입성하실 때, 많은 사람들이 예수님을 찬양하며 위대한 선지자를 보내신 하나님을 찬양하였습니다. 이처럼 예수님이 사람들에게 열렬한 환영을 받고 계실 때, 유대 종교지도자들은 예수님을 죽이려고 모의합니다.

승리의 입성(첫째 날)-일요일 마21:1-9, 막11:1-11, 눅19:28-40, 요12:12-19

그 이튿날에는 명절에 온 큰 무리가 예수께서 예루살렘으로 오신다는 것을 듣고(요12:12)

사복음서는 예수님의 공생애 마지막 주간의 사건들을 자세히 기록하고 있습니다. "명절"은 유월절을 가리키며, "그 이튿날"은 '종려주일'이라고 불리는 고난주간의 일요일을 말합니다. "예루살렘"은 이스라엘 종교생활의 중심이자 메시야가 임하시는 곳입니다.[1] "터가 높고 아름다워 온 세계가 즐거워함이여 큰 왕의 성 곧 북방에 있는 시온 산이 그러하도다"(시48:2).

그들이 예루살렘에 가까이 가서 감람 산 벳바게에 이르렀을 때에 예수께서 두 제자를 보내시며(마21:1)

1 공관복음에는 예수님이 처음이자 마지막으로 예루살렘에 들어가시는 것으로 나타나지만, 요한복음에 의하면 예수님은 공생애 기간 동안 네 번 예루살렘을 방문하셨습니다.

"벳바게"는 '무화과의 집'이란 뜻으로 예루살렘 동쪽으로 0.7km 떨어진 감람 산 남쪽 기슭에 위치하며, 성전 구역이 곧바로 내려다보이는 해발 811m에 있습니다. 예수님과 제자들은 감람 산과 기드론 골짜기를 지나 예루살렘에 입성하셨습니다.

이르시되 너희는 맞은편 마을로 가라 그리하면 곧 매인 나귀와 나귀 새끼가 함께 있는 것을 보리니 풀어 내게로 끌고 오라(마21:2)
곧 아직 아무도 타 보지 않은 나귀 새끼가 매여 있는 것을 보리니 풀어 끌고 오라(막11:2b)

왕들은 대체로 말이나 노새를 타고 다니는데, 예수님은 보통 사람들

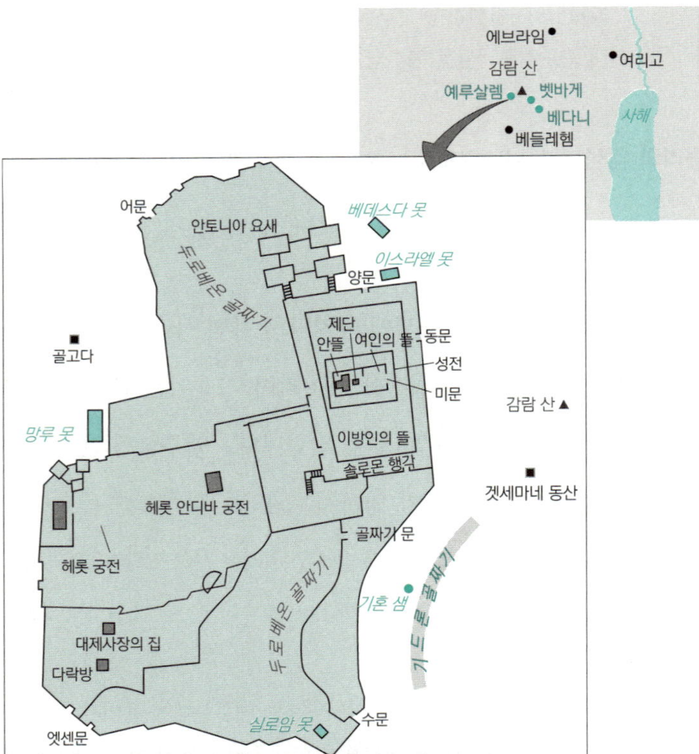

예루살렘 내부

이 타는 "나귀 새끼"를 타고 입성하셨습니다. "아직 아무도 타 보지 않은"이란 이 어린 나귀가 거룩한 목적을 위해 예정된 것임을 나타냅니다.

만일 누가 무슨 말을 하거든 주가 쓰시겠다 하라 그리하면 즉시 보내리라 하시니 이는 선지자를 통하여 하신 말씀을 이루려 하심이라 일렀으되 시온 딸에게 이르기를 네 왕이 네게 임하나니 그는 겸손하여 나귀 곧 멍에 메는 짐승의 새끼를 탔도다 하라 하였느니라(마21:3-5)

예수님이 나귀 새끼를 타고 예루살렘에 입성하시는 것은 자신이 다윗 혈통의 메시야라는 선포이자 스가랴서의 예언의 성취입니다. "시온의 딸아 크게 기뻐할지어다 예루살렘의 딸아 즐거이 부를지어다 보라 네 왕이 네게 임하시나니 그는 공의로우시며 구원을 베푸시며 겸손하여서 나귀를 타시나니 나귀의 작은 것 곧 나귀 새끼니라"(슥9:9). '시온'은 예루살렘 남동쪽 언덕에 있는 다윗 성을 말하지만, 넓게는 예루살렘 전체를 의미하기도 하며, 본문의 "시온 딸"은 예루살렘의 주민들을 일컫습니다. "여호와께서 땅 끝까지 선포하시되 너희는 딸 시온에게 이르라 보라 네 구원이 이르렀느니라 보라 상급이 그에게 있고 보응이 그 앞에 있느니라 하셨느니라"(사62:11).

제자들이 가서 예수의 명하신 대로 하여 나귀와 나귀 새끼를 끌고 와서 자기들의 겉옷을 그 위에 얹으매 예수께서 그 위에 타시니 무리의 대다수는 그들의 겉옷을 길에 펴고 다른 이들은 나뭇가지를 베어 길에 펴고(마21:6-8)

"겉옷을 길에 펴고"란 왕이신 예수님께 대한 복종과 경의를 나타내는 행동입니다. "무리가 각각 자기의 옷을 급히 가져다가 섬돌 위 곧 예후의 밑에 깔고 나팔을 불며 이르되 예후는 왕이라 하니라"(왕하9:13).

종려나무 가지를 가지고 맞으러 나가 외치되 호산나 찬송하리로다 주의 이름으로 오시는 이 곧 이스라엘의 왕이시여 하더라(요12:13)

앞에서 가고 뒤에서 따르는 무리가 소리 높여 이르되 호산나 다윗의 자손이여 찬송

하리로다 주의 이름으로 오시는 이여 가장 높은 곳에서 호산나 하더라(마21:9)

"종려나무 가지"는 장막절과 유대 민족의 승리를 상징하는 것으로,[2] 종려나무 무늬는 유대인의 주화와 회당 장식에서 흔히 볼 수 있습니다. "호산나"란 '구하옵나니 이제 구원하소서'라는 뜻이며, "찬송하리로다 주의 이름으로 오시는 이여"란 다가올 메시야 왕국에 대한 축복기도입니다. "여호와여 구하옵나니 이제 구원하소서 여호와여 우리가 구하옵나니 이제 형통하게 하소서 여호와의 이름으로 오는 자가 복이 있음이여 우리가 여호와의 집에서 너희를 축복하였도다"(시118:25-26). "다윗의 자손이여"는 사람들이 예수님을 다윗 가문의 메시야로 인정한다는 의미이며, "이스라엘의 왕"이란 예수님이 로마의 압제로부터 독립을 가져다줄 지도자이심을 고백하는 호칭입니다.

이미 감람 산 내리막길에 가까이 오시매 제자의 온 무리가 자기들이 본 바 모든 능한 일로 인하여 기뻐하며 큰 소리로 하나님을 찬양하여 이르되 찬송하리로다 주의 이름으로 오시는 왕이여 하늘에는 평화요 가장 높은 곳에는 영광이로다 하니(눅19:37-38)

제자들은 자신들이 본 모든 기적들로 인해 "하늘에는 평화요 가장 높은 곳에는 영광이로다"라고 찬양하였는데, 이는 삼십여 년 전의 성탄 때처럼 예수님이 왕으로 찬양을 받으신 것입니다. "지극히 높은 곳에서는 하나님께 영광이요 땅에서는 하나님이 기뻐하신 사람들 중에 평화로다 하니라"(눅2:14).

무리 중 어떤 바리새인들이 말하되 선생이여 당신의 제자들을 책망하소서 하거늘 대답하여 이르시되 내가 너희에게 말하노니 만일 이 사람들이 침묵하면 돌들이 소리 지르리라 하시니라(눅19:39-40)

---

2 마카비상 13:51, "백칠십일년 이월 이십삼일에 유다인들은 종려나무 가지를 흔들며 드높은 환호성과 함께 비파와 꽹과리와 거문고 소리에 맞춰 찬미와 노래를 부르면서 요새 안으로 들어왔다. 민족의 큰 적이 참패를 당하고 이스라엘 땅 밖으로 쫓겨 간 것을 축하하는 것이었다."

그러나 바리새인들은 왕의 칭호를 받고 계신 예수님께 무리들을 꾸짖어 달라고 요구하였습니다. 이에 예수님은 시기심으로 인해 무리들의 기쁨을 제어하려는 바리새인들에게 "만일 이 사람들이 침묵하면 돌들이 소리 지르리라"고 하시며, 자신이 그들의 찬양을 받는 것이 합당하며 찬양의 내용도 옳다고 인정하셨습니다.

이는 기록된 바 시온 딸아 두려워하지 말라 보라 너의 왕이 나귀 새끼를 타고 오신다 함과 같더라 제자들은 처음에 이 일을 깨닫지 못하였다가 예수께서 영광을 얻으신 후에야 이것이 예수께 대하여 기록된 것임과 사람들이 예수께 이같이 한 것임이 생각났더라(요12:15-16)

예수님은 예루살렘에 입성하실 때 메시야로 열렬한 환영을 받으셨는데, 이는 사람들이 여전히 메시야를 정치적, 군사적 의미로 이해하여 예수님이 유대 민족을 로마 제국으로부터 구원하실 분이라 생각했기 때문입니다. 따라서 예수님이 자신들의 기대를 충족시켜 주시지 않자, 이들은 불과 일주일도 채 되지 않아 예수님을 십자가에 못 박으라고 외치게 됩니다. 제자들은 예수님의 말씀과 행하신 많은 일들을 깨닫지 못하다가 "예수께서 영광을 얻으신 후에야", 곧 십자가와 부활 이후에 비로소 이해하게 됩니다.

예수님은 구약의 여러 예언들을 성취하시며 예루살렘에 들어오셨습니다. 이는 승리의 입성으로서, 예수님은 자신이 다윗 혈통의 메시야이며 왕의 권위를 가지셨음을 선포하셨습니다. 예수님께서 이집트의 노예생활에서 해방된 날을 기념하는 유월절에 예루살렘에 입성을 하시자, 사람들은 이제 메시야를 통해 로마의 압제에서 해방될 것을 기대하기 시작하였습니다.

예루살렘 성을 보시며 우심 마21:10-17, 눅19:41-44

가까이 오사 성을 보시고 우시며 이르시되 너도 오늘 평화에 관한 일을 알았더라면 좋을 뻔하였거니와 지금 네 눈에 숨겨졌도다(눅19:41-42)

예수님은 이전에 예루살렘의 멸망을 예고하셨는데, 예루살렘에 입성하실 때에 곧 황폐해질 이 성읍을 보시고는 크게 슬퍼하셨습니다. 본문의 "우시며"(ἔκλαυσεν, wept)는 죽은 나사로의 무덤 앞에서 눈물만 흘리셨던 것과는 달리, 소리가 들리게 통곡하신 모습을 나타냅니다. "오늘"이란 참된 메시야이신 왕이 오신 날을 말하며, "평화에 관한 일"이란 유대인들을 구원으로 인도할 복음을 의미합니다.

날이 이를지라 네 원수들이 토둔을 쌓고 너를 둘러 사면으로 가두고 또 너와 및 그 가운데 있는 네 자식들을 땅에 메어치며 돌 하나도 돌 위에 남기지 아니하리니 이는 네가 보살핌 받는 날을 알지 못함을 인함이니라 하시니라(눅19:43-44)

"토둔"(土屯)이란 로마인들이 건설한 토루(土樓), 곧 그리 높지 않은 작은 언덕을 말합니다. "네가 보살핌 받는 날"이란 하나님 나라의 도래를 가리키지만, 좁게는 예수님이 이스라엘의 왕으로 오심을 뜻합니다. 예루살렘 멸망의 원인은 하나님의 돌보심을 받는 날, 곧 하나님이 찾아오시는 '그 때'를 그들이 알지 못하고 예수님을 배척하였기 때문입니다.

예수께서 예루살렘에 들어가시니 온 성이 소동하여 이르되 이는 누구냐 하거늘(마21:10)

"온 성이 소동하여"란 예수님이 베들레헴에서 유대인의 왕으로 태어나셨을 때 헤롯 대왕을 비롯한 온 예루살렘이 소란스러웠던 것처럼, 현재의 종교지도자들이 예수님께 자신들이 누리고 있는 종교적 권력과 백성들의 관심을 빼앗길까봐 두려워하는 것을 나타냅니다.

무리가 이르되 갈릴리 나사렛에서 나온 선지자 예수라 하니라(마21:11)

사람들이 예수님을 “나사렛에서 나온 선지자”라고 한 것은, 예수님을 ‘나사렛 사람이라 칭하리라’(마2:23)하신 말씀의 성취입니다. 그들은 예수님을 다윗의 자손이며 ‘주의 이름으로 오시는 이’로 찬양하고, 모세와 같은 ‘그 선지자’(ὁ προφήτης, the Prophet)라고 하였습니다.

그들을 떠나 성 밖으로 베다니에 가서 거기서 유하시니라(마21:17)

“베다니”는 ‘가난한 자의 집’이란 뜻이며 예루살렘에서 약 3km 떨어진 감람 산 동쪽 산록에 위치한 마을로, 예수님은 아마도 나사로와 마르다와 마리아 남매의 집에서 머무셨을 것입니다.

예수님은 예루살렘을 바라보시며 유대인들이 선지자들과 하나님의 아들을 배척하는 것에 대해 큰 슬픔을 느끼셨습니다. 주후 70년에 로마의 장군 티투스(Titus)가 예루살렘을 함락시킴으로써 그들은 하나님의 메시야를 거부한 대가를 치르게 됩니다.

무화과나무를 저주하심(둘째 날) - 월요일 마21:18-19, 막11:12-14

이른 아침에 성으로 들어오실 때에 시장하신지라(마21:18)

“이른 아침”이란 고난주간의 둘째 날인 월요일을 말합니다. “시장하신지라”는 예수님의 인성을 분명하게 증거하는 표현입니다.

길 가에서 한 무화과나무를 보시고 그리로 가사 잎사귀 밖에 아무 것도 찾지 못하시고 나무에게 이르시되 이제부터 영원토록 네가 열매를 맺지 못하리라 하시니 무화과나무가 곧 마른지라(마21:19)

“잎사귀 밖에 아무 것도 찾지 못하시고”란 열매를 맺고 있는 것처럼 보이지만 실제로 그렇지 않은 자들의 위선을 가리킵니다. 구약에서 무화과나무는 종종 이스라엘과 그 선민으로서의 지위를 뜻하기에 무화과나무의 저주는 율법주의에 함몰되어 참된 의를 잃어버린 유대인들에 대한 하나님의 심판을 상징합니다. “옛적에 내가 이스라엘을 만나기를 광야에서 포도를 만남 같이 하였으며 너희 조상들을 보기를 무화과나무에서 처음 맺힌 첫 열매를 봄 같이 하였거늘 그들이 바알브올에 가서 부끄러운 우상에게 몸을 드림으로 저희가 사랑하는 우상 같이 가증하여졌도다”(호9:10).

멀리서 잎사귀 있는 한 무화과나무를 보시고 혹 그 나무에 무엇이 있을까 하여 가셨더니 가서 보신즉 잎사귀 외에 아무 것도 없더라 이는 무화과의 때가 아님이라 (막11:13)

마가복음은 예수님이 무화과 열매를 찾지 못하신 것은 이 때가 무화과 철이 아니기 때문이라고 설명합니다. 그러므로 예수님이 무화과나무를 저주하신 것은 무화과나무 자체에 대한 것이 아니라 이스라엘에 대한 상징적 선언인 것을 알 수 있습니다. 구약에서 무화과나무는 백성들에 대한 심판과 관련되어 나타나기도 합니다. “그 기름진 골짜기 꼭대기에 있는 그의 영화가 쇠잔해 가는 꽃이 여름 전에 처음 익은 무화과와 같으리니 보는 자가 그것을 보고 얼른 따서 먹으리로다”(사28:4). 예수님은 하나님으로부터 보내심을 받은 자신을 믿지 못하는 유대 사람들과, 의의 열매를 맺는 데에 무능한 그들의 종교적 관습을 책망하셨습니다.

예수님이 무화과나무를 저주하신 것은 유대인들의 율법주의적 종교 관습에 대한 책망이며, 이스라엘이 영적 열매를 맺지 못하는 것에 대한 심판입니다. 이는 하나님이 예루살렘과 성전을 무너뜨리실 것을 알리는 예언적 표적으로, 하나님의 임박한 형벌을 암시합니다.

성전을 깨끗하게 하심[3] 마21:12-16, 막11:15-18, 눅19:45-48, 요2:13-22

유대인의 유월절이 가까운지라 예수께서 예루살렘으로 올라가셨더니(요2:13)

"유월절"이란 이스라엘이 애굽의 종살이에서 해방된 것을 기념하는 절기를 말합니다. 예수님은 고난주간의 둘째 날인 월요일 아침에 성전에 들어가셨습니다.

성전 안에서 소와 양과 비둘기 파는 사람들과 돈 바꾸는 사람들이 앉아 있는 것을 보시고 노끈으로 채찍을 만드사 양이나 소를 다 성전에서 내쫓으시고 돈 바꾸는 사람들의 돈을 쏟으시며 상을 엎으시고(요2:14-15)

본문의 "성전"(ἱερον, temple area)은 비유대인이 출입할 수 있는 '이방인의 뜰'을 포함하는 구역을 말하며, 이방인들이 들어갈 수 없는 '성소'(ναός, holy temple)와 구별됩니다. 당시 세 국가(로마, 헬라, 유대)의 통화가 사용되었는데, 성전세는 유대의 화폐로만 납부해야 했기 때문에 순례자들은 "돈 바꾸는 사람들"을 통해 환전하였습니다. 성전 유지를 위하여 각국에 흩어져 있는 모든 20세 이상의 유대인 남자는 매년 반 세겔의 성전세를 유월절에 바쳤습니다. 유월절로부터 약 20일 전인 아달월 25일부터 이러한 목적

유대력		태양력
1월	니산월(아빕월)	3~4월
2월	시브월	4~5월
3월	시완월	5~6월
4월	담무스월	6~7월
5월	아브월	7~8월
6월	엘룰월	8~9월
7월	에다님월	9~10월
8월	불월	10~11월
9월	기슬르월	11~12월
10월	데벳월	12~1월
11월	스밧월	1~2월
12월	아달월	2~3월

유대력과 태양력

3 예수님이 성전을 정화하신 일은 사복음서에 모두 기록되어 있습니다. 공관복음은 이 사건이 예수님 사역 말기 예루살렘에 입성하신 후에 있었던 것으로 기록하는 반면, 요한복음은 예수님 사역 초기에 이 일을 행하신 것으로 말합니다. 하지만 요한복음에도 성전 정화에 이어 예수님의 죽음과 삼일 만의 부활이 예고되어 있는 것을 볼 때 요한복음의 기록 역시 공생애 사역 말기로 보는 것이 타당합니다. 요한복음에 기록된 네 번의 유월절(2:13, 5:1, 6:4, 13:1)을 통해 예수님의 사역이 만 3년 반(30-33세)임을 유추할 수 있습니다.

을 위하여 환전소가 예루살렘에 설치되었으며, 환전 수수료는 12.5% 정도였습니다.[4]

비둘기 파는 사람들에게 이르시되 이것을 여기서 가져가라 내 아버지의 집으로 장사하는 집을 만들지 말라 하시니(요2:16)

유대의 절기마다 예루살렘 성전 안에는 디아스포라 전역에서 온 순례자들이 많았습니다. 멀리서 온 예배자들은 자신들의 화폐를 성전 화폐로 환전해야 했고, 성전 근처에서 흠 없는 소와 양과 비둘기 등의 제사 드릴 짐승을 구입해야 했기 때문에, 상인들은 성전의 바깥뜰에 노점식 마굿간을 세우게 되었습니다.[5] 성전 내에 이러한 곳들은 꼭 필요할 경우에만 임시로 세울 수 있었습니다. 그런데 문제는 이들이 성전 주변의 건물에서 부정직한 상행위를 하고, 심지어 서로 경쟁을 함으로써 하나님을 경외하는 이방인들의 예배를 방해한 것입니다.[6] 이에 예수님은 노끈으로 만든 채찍으로 동물들을 내쫓으시며, 하나님의 성전이 "장사하는 집"으로 변질되는 것을 막으셨습니다.

이에 가르쳐 이르시되 기록된 바 내 집은 만민이 기도하는 집이라 칭함을 받으리라

---

4 미쉬나에 의하면, 아달월 첫 날에 성전세를 바치라고 명령하였고, 15일에는 지방마다 상인을 두었으며, 25일에는 성전에 상인이 있었습니다. Mishnah, *Shekalim* I.1.3.

5 또한 감람 산에도 순례자들이 각자의 화폐를, 성전세(반 세겔, 출30:13)와 속죄제, 그리고 감사제에 필요한 비둘기, 양, 기름, 소금 등을 사는 데 쓰는 동전으로 바꿀 수 있도록 상점이 매년 차려졌습니다.

6 Jerusalem Talmud, *Peah* I.6. 비둘기나 다른 제물을 살 수 있는 하난의 아들들의 매점이 감람 산 위에 있었는데, 성전 당국자들이 하난의 아들들과 다투고 난 후에 다른 뜰에 경쟁 상인의 장사를 허락하여 매점이 새로 생기게 되었습니다. 그 때 예수님께서 이런 상황을 보시고 분을 내셨다고 합니다. Victor Eppstein, "The Historicity of the Gospel Account of the Cleansing of the Temple," *ZNW* 55 (1964), 42-58.

고 하지 아니하였느냐 너희는 강도의 소굴을 만들었도다 하시매(막11:17)

예수님은 이사야서의 예언을 인용하시며 성전을 "만민이 기도하는 집"이라고 말씀하셨습니다. "내가 곧 그들을 나의 성산으로 인도하여 기도하는 내 집에서 그들을 기쁘게 할 것이며 그들의 번제와 희생을 나의 제단에서 기꺼이 받게 되리니 이는 내 집은 만민이 기도하는 집이라 일컬음이 될 것임이라"(사56:7). 당시 이방인들은 그들의 출입이 허락된 성전 바깥뜰에만 머물 수 있었는데, 매매 행위로 인해 이곳마저도 드나들 수 없게 되었습니다. 그리하여 예수님은 성전의 정체성을 지키지 못한 관리자들을 일컬어 "강도의 소굴"로 만드는 자라고 하셨습니다. "내 이름으로 일컬음을 받는 이 집이 너희 눈에는 도둑의 소굴로 보이느냐 보라 나 곧 내가 그것을 보았노라 여호와의 말씀이니라"(렘7:11). 예수님께서 성전은 이방인들도 하나님께 기도할 수 있는 장소여야 한다는 것을 말씀하시고, 성전이 본래의 역할을 다하도록 성전을 깨끗하게 회복시키셨습니다.

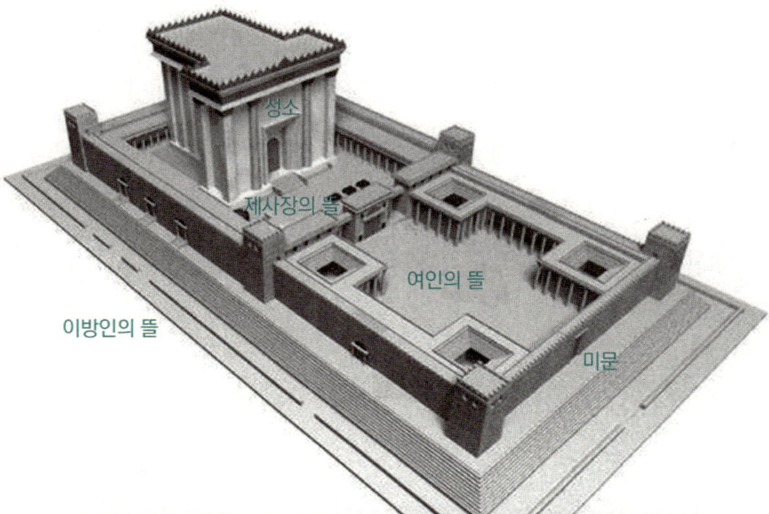

예수님 당시의 예루살렘 성전

제자들이 성경 말씀에 주의 전을 사모하는 열심이 나를 삼키리라 한 것을 기억하더라(요2:17)

제자들은 예수님의 성전 정화 사건을 보고 시편 말씀을 상기하며, "주의 집을 위하는 열성이 나를 삼키고 주를 비방하는 비방이 내게 미쳤나이다"(시69:9), 이를 아버지의 집에 대한 예수님의 열정으로 이해하였습니다.

이에 유대인들이 대답하여 예수께 말하기를 네가 이런 일을 행하니 무슨 표적을 우리에게 보이겠느냐 예수께서 대답하여 이르시되 너희가 이 성전을 헐라 내가 사흘 동안에 일으키리라(요2:18-19)

유대인들은 예수님이 그러한 행동을 할 권한이 있는지 알기 위해 "표적"을 요구하였습니다. 이에 예수님은 자신의 죽으심과 부활을 비유적으로 예고하셨습니다.

유대인들이 이르되 이 성전은 사십육 년 동안에 지었거늘 네가 삼 일 동안에 일으키겠느냐 하더라 그러나 예수는 성전된 자기 육체를 가리켜 말씀하신 것이라(요2:20-21)

"사십육 년"이란 헤롯 대왕의 성전 성소(ναός)의 건축 기간(재건, 주전20-주후27)을 말합니다. 그보다 넓은 성전 구역(ιερον)은 주후 63년에 완공되었습니다. 하지만 예수님의 말씀은 물리적인 성전 건물이 아니라 영적으로 지어진 성전, 곧 자신의 몸을 가리키신 것입니다. "너희는 너희가 하나님의 성전인 것과 하나님의 성령이 너희 안에 계시는 것을 알지 못하느냐"(고전3:16).

맹인과 저는 자들이 성전에서 예수께 나아오매 고쳐주시니 대제사장들과 서기관들이 예수께서 하시는 이상한 일과 또 성전에서 소리 질러 호산나 다윗의 자손이여 하는 어린이들을 보고 노하여 예수께 말하되 그들이 하는 말을 듣느냐 예수께서 이르시되 그렇다 어린 아기와 젖먹이들의 입에서 나오는 찬미를 온전하게 하셨나이

다 함을 너희가 읽어 본 일이 없느냐 하시고(마21:14-16)

예수님은 성전을 정화하신 후, "맹인과 저는 자들"을 고치심으로 자신이 다윗의 자손 메시야이신 것을 분명히 드러내셨습니다. 예수님은 어린이들의 "호산나 다윗의 자손이여"라는 찬양이 자신을 신적인 메시야로 확증하는 시편 말씀의 성취라고 하셨습니다. "주의 대적으로 말미암아 어린 아이들과 젖먹이들의 입으로 권능을 세우심이여 이는 원수들과 보복자들을 잠잠하게 하려 하심이니이다"(시8:2).

예수께서 날마다 성전에서 가르치시니 대제사장들과 서기관들과 백성의 지도자들이 그를 죽이려고 꾀하되(눅19:47)

백성들의 관심이 예수님께로 점점 더 향하자 유대의 종교지도자들은 예수님을 시기하여 그분을 제거하려는 모의를 본격적으로 시작하였습니다.

성전 구역 중 모든 족속에게 열려져 있는 유일한 지역인 '이방인의 뜰'이 장사하는 곳이 된다면, 스가랴서의 예언대로 모든 열방이 예루살렘으로 예배하러 올라왔을 때 그곳에서 예배드릴 수 없게 됩니다. 따라서 예수님은 성전을 철저히 지키시고 만민이 기도할 수 있도록 정결하게 하셨습니다. "예루살렘과 유다의 모든 솥이 만군의 여호와의 성물이 될 것인즉 제사 드리는 자가 와서 이 솥을 가져다가 그것으로 고기를 삶으리라 그 날에는 만군의 여호와의 전에 가나안 사람이 다시 있지 아니하리라"(슥14:21).

예수님의 죽으심의 목적 막11:19, 요12:20-36

명절에 예배하러 올라온 사람 중에 헬라인 몇이 있는데 그들이 갈릴리 벳새다 사람 빌립에게 가서 청하여 이르되 선생이여 우리가 예수를 뵈옵고자 하나이다 하니(요

12:20-21)

"헬라인"은 그리스 문화권에 속한 이방인을 가리키는데, 이들은 하나님을 경외하였기 때문에 유월절을 맞아 예배하기 위해 예루살렘을 방문하였습니다.

빌립이 안드레에게 가서 말하고 안드레와 빌립이 예수께 가서 여쭈니 예수께서 대답하여 이르시되 인자가 영광을 얻을 때가 왔도다(요12:22-23)

예수님은 "인자가 영광을 얻을 때", 즉 십자가에서 죽임당하시고 부활하실 때가 임박했다고 말씀하셨는데, 이는 예수님께서 승천하신 후에 성령께서 강림하심으로 이방인들에게 본격적으로 복음의 빛이 비추이기 때문입니다. "또 그 민족만 위할 뿐 아니라 흩어진 하나님의 자녀를 모아 하나가 되게 하기 위하여 죽으실 것을 미리 말함이러라"(요11:52).

내가 진실로 진실로 너희에게 이르노니 한 알의 밀이 땅에 떨어져 죽지 아니하면 한 알 그대로 있고 죽으면 많은 열매를 맺느니라(요12:24)

예수님은 이 말씀을 하심으로 자신의 대속적인 희생으로 말미암아 수많은 영혼들이 영원한 생명을 얻게 된다는 것을 다시 한번 가르쳐 주셨습니다.

사람이 나를 섬기려면 나를 따르라 나 있는 곳에 나를 섬기는 자도 거기 있으리니 사람이 나를 섬기면 내 아버지께서 그를 귀히 여기시리라 지금 내 마음이 괴로우니 무슨 말을 하리요 아버지여 나를 구원하여 이 때를 면하게 하여 주옵소서 그러나 내가 이를 위하여 이 때에 왔나이다(요12:26-27)

예수님은 "나를 섬기려면 나를 따르라"고 하시므로 제자들도 예수님의 십자가에서 보여질 자기희생의 길을 가야할 것이라고 하셨습니다. "괴로우니"란 '격동된' 혹은 '불안정한'이라는 뜻으로, 다가올 십자가 고난에 대한 예수님의 번민은 그분의 인성(humanity)을 증거합니다. 그러나 예수님은 자신을 희생하심으로써 하나님을 영화롭게 하기 위하여 오셨음을 강조하셨습니다.

아버지여, 아버지의 이름을 영광스럽게 하옵소서 하시니 이에 하늘에서 소리가 나서 이르되 내가 이미 영광스럽게 하였고 또 다시 영광스럽게 하리라 하시니(요12:28)

하늘에서 들린 하나님의 음성은 예수님의 말씀의 진실성을 확증하였습니다. 본문은 예수님의 세례와 변화산 사건과 더불어 하나님께서 친히 음성으로 예수님의 성자되심을 세 번째로 계시하고 있습니다.

이제 이 세상에 대한 심판이 이르렀으니 이 세상의 임금이 쫓겨나리라(요12:31)

"이 세상의 임금"은 사탄을 가리키는데, "또 아는 것은 우리는 하나님께 속하고 온 세상은 악한 자 안에 처한 것이며"(요일5:19), 예수님은 십자가에서 사탄을 정죄하시고 심판하실 것입니다. "우리를 거스르고 불리하게 하는 법조문으로 쓴 증서를 지우시고 제하여 버리사 십자가에 못 박으시고 통치자들과 권세들을 무력화하여 드러내어 구경거리로 삼으시고 십자가로 그들을 이기셨느니라"(골2:14-15).

내가 땅에서 들리면 모든 사람을 내게로 이끌겠노라 하시니, 이에 무리가 대답하되 우리는 율법에서 그리스도가 영원히 계신다 함을 들었거늘 너는 어찌하여 인자가 들려야 하리라 하느냐 이 인자는 누구냐(요12:32, 34)

"모든 사람"은 예수님을 구주로 영접하는 유대인과 이방인 모두를 가리킵니다. "율법"은 구약성경 전체를 뜻하는데, 구약은 다윗 가문에서 나올 메시야가 영속적 존재라고 말합니다. "내가 또 밤 환상 중에 보니 인자 같은 이가 하늘 구름을 타고 와서 옛적부터 항상 계신 이에게 나아가 그 앞으로 인도되매, 그에게 권세와 영광과 나라를 주고 ... 그의 권세는 소멸되지 아니하는 영원한 권세요 그의 나라는 멸망하지 아니할 것이니라"(단7:13-14).

예수께서 이르시되 아직 잠시 동안 빛이 너희 중에 있으니 빛이 있을 동안에 다녀 어둠에 붙잡히지 않게 하라 어둠에 다니는 자는 그 가는 곳을 알지 못하느니라(요12:35)

그들의 질문에 예수님은 "잠시 동안 빛이 너희 중에 있으니"라고 우회적으로 대답하셨습니다. 이는 십자가 사건이 가까이 와 있음을 암시하는 것으로, 예수님은 사람들에게 아직 돌이킬 시간이 있을 때에 어둠을 떠나 빛에 거하라고 하셨습니다.

너희에게 아직 빛이 있을 동안에 빛을 믿으라 그리하면 빛의 아들이 되리라 예수께서 이 말씀을 하시고 그들을 떠나가서 숨으시니라(요12:36)

예수님은 하나님의 영원한 심판과 새롭게 세워질 영적 이스라엘에 관한 계획을 말씀하셨습니다. 그러나 아직 잡히실 때가 이르지 않았으므로 예수님은 종교지도자들의 눈을 피해 떠나셨고, 무리들은 여전히 예수님의 고난에 대한 예언을 깨닫지 못하고 있습니다.

본문은 예수님의 공생애 사역의 마지막이 다가왔음을 말하는 첫 번째 진술로, 예수님의 때 곧 고난과 죽음이 임박했음을 알려줍니다. 십자가 위에서 예수님은 승리하시고 사탄은 패배할 것입니다. 예수님은 어둠에 속한 사람들에게 빛으로 나아올 기회가 있음을 말씀하셨습니다.

무화과나무의 교훈(셋째 날)-화요일 **마21:20-22, 막11:20-26**

그들이 아침에 지나갈 때에 무화과나무가 뿌리째 마른 것을 보고 베드로가 생각이 나서 여짜오되 랍비여 보소서 저주하신 무화과나무가 말랐나이다(막11:20-21)

이 무화과나무는 전날인 월요일 아침에 예루살렘으로 들어오는 길에 저주를 받았는데 단 하루 사이에 말라버렸습니다. "뿌리째 마른 것"은 완전한 멸망을 암시하며, 이는 불의한 이스라엘에 대한 하나님의 철저한 심판을 상징합니다. "그들이 내 포도나무를 멸하며 내 무화과나무를 긁어 말갛게 벗겨서 버리니 그 모든 가지가 하얗게 되었도다"(욜1:7).

예수께서 그들에게 대답하여 이르시되 하나님을 믿으라 내가 진실로 너희에게 이르노니 누구든지 이 산더러 들리어 바다에 던져지라 하며 그 말하는 것이 이루어질 줄 믿고 마음에 의심하지 아니하면 그대로 되리라(막11:22-23)

예수님은 제자들에게 "믿으라"고 명령하시며, 또한 의심을 버리라고 강하게 말씀하셨습니다. 산을 옮긴다는 것은 유대문헌에서 겉으로 보기에 실현이 가능하지 않은 일을 뜻하는 비유입니다. "산들이 떠나며 언덕들은 옮겨질지라도 나의 자비는 네게서 떠나지 아니하며 나의 화평의 언약은 흔들리지 아니하리라 너를 긍휼히 여기시는 여호와께서 말씀하셨느니라"(사54:10).

그러므로 내가 너희에게 말하노니 무엇이든지 기도하고 구하는 것은 받은 줄로 믿으라 그리하면 너희에게 그대로 되리라(막11:24)

예수님은 또다시 "믿으라"고 하시며, 하나님을 신뢰할 것을 명령하셨습니다. 제자들은 인간적인 차원에서 불가능해 보이는 일이라도 하나님의 뜻에 따른 것이라면 반드시 이루어진다는 신뢰를 가져야 하는데, 이와 같은 순전한 믿음은 하나님의 능력에 대한 확신이 있을 때 생겨납니다.

서서 기도할 때에 아무에게나 혐의가 있거든 용서하라 그리하여야 하늘에 계신 너희 아버지께서도 너희 허물을 사하여 주시리라 하시니라(막11:25)

예수님은 "아무에게나 혐의가 있거든 용서하라"고 하시며 기도와 용서를 함께 강조하셨습니다. 신자는 기도할 때에 자신이 하나님의 용서가 필요한 죄인이라는 사실을 깨닫게 되므로, 자신의 잘못에 대해서 상대에게 용서를 구할 수 있으며 또한 자신에게 잘못한 다른 사람도 용서할 수 있게 됩니다.

무화과나무가 하루 만에 말라죽은 것은 영적인 생명이 없는 이스라엘의 종교적 관습에 대한 심판을 상징합니다. 또한 예수님은 하나님께서 주권적 뜻에 따라 일을 성취하신다는 확신을 가지라고 말씀하셨습니다. 하나님께는 능치 못한 일이 없으시기 때문에, 순전한 믿음을 가지고 이웃을 용서하며 하나님께 아뢰면 반드시 응답받을 것이라고 강조하셨습니다.

예수님의 권위를 의심함 마21:23-27, 막11:27-33, 눅20:1-8

그들이 다시 예루살렘에 들어가니라 예수께서 성전에서 거니실 때에 대제사장들과 서기관들과 장로들이 나아와 이르되 무슨 권위로 이런 일을 하느냐 누가 이런 일 할 권위를 주었느냐(막11:27-28)

종교지도자들은 예수님이 성전에서 벌어지는 매매를 중단시키신 일과 병을 고치시고 가르치시는 사역을 못마땅해 하였습니다. 그들은 예수님이 공적인 권위를 가지고 있는 제사장이나 서기관이 아니면서도 자신들의 허락 없이 백성들을 가르쳤다는 것을 지적하였습니다.

예수께서 이르시되 나도 한 말을 너희에게 물으리니 대답하라 그리하면 나도 무슨 권위로 이런 일을 하는지 이르리라 요한의 세례가 하늘로부터냐 사람으로부터냐 내게 대답하라(막11:29-30)

이에 예수님은 바로 대답하지 않으시고 "요한의 세례", 곧 세례 요한이 행하였던 사역의 권위의 출처에 대한 그들의 생각을 먼저 물으셨습니다.

그들이 서로 의논하여 이르되 만일 하늘로부터라 하면 어찌하여 그를 믿지 아니하였느냐 할 것이니 그러면 사람으로부터라 할까 하였으나 모든 사람이 요한을 참 선

지자로 여기므로 그들이 백성을 두려워하는지라(막11:31-32)

예수님의 질문에 종교지도자들은 딜레마에 빠지게 되었습니다. 왜냐하면 요한이 하나님으로부터 말미암은 권위로 세례를 베풀었다면 그를 선지자로 믿지 않았던 자신들의 잘못을 인정해야 하고, 반대로 요한의 세례에 신적인 권위가 없었다고 주장한다면 백성들의 민심이 돌아설 것이기 때문입니다.

이에 예수께 대답하여 이르되 우리가 알지 못하노라 하니 예수께서 이르시되 나도 무슨 권위로 이런 일을 하는지 너희에게 이르지 아니하리라 하시니라(막11:33)

종교지도자들의 대답은 그들이 예수님의 사역의 권위를 알아볼 안목이 전혀 없음을 보여줍니다. 왜냐하면 세례 요한이 하나님께서 보내신 선지자임을 알지 못한다면, 예수님이 하나님으로부터 오신 분이신지도 그들은 알 수 없기 때문입니다. 이전에 예수님은 자신이 복음전도를 위해서 보내심을 받았다고 말씀하셨습니다. "예수께서 이르시되 내가 다른 동네들에서도 하나님의 나라 복음을 전하여야 하리니 나는 이 일을 위해 보내심을 받았노라 하시고"(눅4:43).

예수님이 성전을 정화하시고 가르치시며 복음을 선포하신 것에 대해 유대 종교지도자들이 문제를 제기하자, 예수님은 하나님의 권위로 그러한 일들을 하고 계신다고 반박하셨습니다. 그러나 세례 요한을 거부하는 그들에게 자신의 신적 권위를 직접 확증하지는 않으셨습니다.

두 아들의 비유 마21:28-32

예수님은 자신의 권위를 의심하며 믿지 않는 완고한 종교지도자들에게 세 가지 심판의 비유를 말씀하셨습니다.

그러나 너희 생각에는 어떠하냐 어떤 사람에게 두 아들이 있는데 맏아들에게 가서 이르되 얘 오늘 포도원에 가서 일하라 하니 대답하여 이르되 아버지 가겠나이다 하더니 가지 아니하고 둘째 아들에게 가서 또 그와 같이 말하니 대답하여 이르되 싫소이다 하였다가 그 후에 뉘우치고 갔으니(마21:28-30)

포도원에서 일을 도우라는 아버지의 말에 큰아들은 일하겠다고 대답하고는 포도원에 가지 않았고, 작은아들은 처음에 "싫소이다"라고 하였다가 결국 포도원으로 갔습니다.[7]

그 둘 중의 누가 아버지의 뜻대로 하였느냐 이르되 둘째 아들이니이다 예수께서 그들에게 이르시되 내가 진실로 너희에게 이르노니 세리들과 창녀들이 너희보다 먼저 하나님의 나라에 들어가리라 요한이 의의 도로 너희에게 왔거늘 너희는 그를 믿지 아니하였으되 세리와 창녀는 믿었으며 너희는 이것을 보고도 끝내 뉘우쳐 믿지 아니하였도다(마21:31-32)

바리새인과 율법교사들은 비유의 맏아들처럼 하나님께 순종하겠다고 하고서 그 말씀을 믿지 않았지만, 둘째 아들과 같았던 세리와 창녀들은 처음에는 범죄하고 하나님께로부터 멀어졌지만 이후에 회개하여 하나님께 순종하였습니다. 따라서 예수님은 당시 죄인으로 여겨졌던 세리와 창녀들이 유대 종교지도자들보다 "먼저 하나님의 나라에 들어가리라"고 말씀하셨습니다.

종교지도자들은 자신이 말한 대로 살지 않는 위선적인 삶을 살았기 때문에 예수님의 사역에 바르게 반응하지 못하였습니다. 예수님은 이 비

7 개역개정 본문에 따르면 아버지의 뜻대로 한 인물은 둘째 아들로 나타납니다. 반면에 몇몇 헬라어 사본을 비롯하여 KJV, NIV, 새번역, 공동번역 등 많은 역본은 반대로 둘째 아들이 아니라 첫째 아들이 아버지의 뜻대로 한 것으로 번역합니다. 그러나 이는 헬라어 사본 선택의 차이일 뿐이며 핵심 내용의 차이는 아닙니다.

유를 통해 죄인일지라도 하나님의 말씀을 믿고 회개하여 순종의 삶을 산다면 하나님 나라에 들어갈 수 있다고 가르쳐 주셨습니다.

악한 농부들의 비유 마21:33-46, 막12:1-12, 눅20:9-19

다시 한 비유를 들으라 한 집 주인이 포도원을 만들어 산울타리로 두르고 거기에 즙 짜는 틀을 만들고 망대를 짓고 농부들에게 세로 주고 타국에 갔더니(마21:33)

당시 대농장을 가진 부유한 유대인들은 자신의 포도원을 농부들에게 임대하여 관리하였습니다. 예수님은 이러한 문화적 배경을 염두에 두시고 종교지도자들이 당할 심판에 관한 두 번째 비유를 말씀하십니다. 이 비유에서 포도원은 이스라엘을 가리키며, "나는 내가 사랑하는 자를 위하여 노래하되 내가 사랑하는 자의 포도원을 노래하리라 내가 사랑하는 자에게 포도원이 있음이여 심히 기름진 산에로다"(사5:1), 포도원 주인은 하나님을, 종들은 선지자들을, 아들은 예수님을, 악한 농부들은 이스라엘의 종교지도자들을 상징합니다.

때가 이르매 포도원 소출 얼마를 바치게 하려고 한 종을 농부들에게 보내니 농부들이 종을 몹시 때리고 거저 보내었거늘 다시 다른 종을 보내니 그도 몹시 때리고 능욕하고 거저 보내었거늘 다시 세 번째 종을 보내니 이 종도 상하게 하고 내쫓은지라(눅20:10-12)

농부들이 종들을 잡아 하나는 심히 때리고 하나는 죽이고 하나는 돌로 쳤거늘(마21:35)

포도원 주인은 추수 때에 자기 종들을 농부들에게 보내었지만 그들은 주인의 종들에게 폭력을 행사하며 쫓아내었습니다. 이는 구약의 역사에서 선지자들을 박해한 일을 상기시킵니다. "이세벨이 여호와의 선지자들을 멸할 때에 오바댜가 선지자 백 명을 가지고 오십 명씩 굴에 숨기고 떡과 물을 먹였더라"(왕상18:4). 주인이 "세 번째 종"까지 보냈다는 것은 그가 농부들에게 충분한 기회를 주었다는 점을 알게 합니다.

포도원 주인이 이르되 어찌할까 내 사랑하는 아들을 보내리니 그들이 혹 그는 존대하리라 하였더니(눅20:13)

포도원 주인이 자신의 아들을 농부들에게 보낸 것은 성부 하나님이 성자 예수님을 보내신 일에 대한 분명한 상징입니다. "내 사랑하는 아들"이란 표현은 성부 하나님께서 예수님의 성자됨을 확증하신 하늘의 음성을 상기시킵니다.

농부들이 그 아들을 보고 서로 말하되 이는 상속자니 자 죽이고 그의 유산을 차지하자 하고 이에 잡아 포도원 밖에 내쫓아 죽였느니라(마21:38-39)

하지만 포도원 주인의 기대와는 다르게 악한 농부들은 그의 아들까지 죽이고 포도원을 차지하려 하였습니다. 이는 하나님의 아들이신 예수님을 죽이려는 유대 종교지도자들의 모습을 나타냅니다. 예수님은 "포도원 밖에 내쫓아 죽였느니라"고 하심으로 자신이 예루살렘 밖에서 처형당하실 것을 암시하셨습니다.

그러면 포도원 주인이 올 때에 그 농부들을 어떻게 하겠느냐 그들이 말하되 그 악한 자들을 진멸하고 포도원은 제 때에 열매를 바칠 만한 다른 농부들에게 세로 줄지니이다(마21:40-41)

와서 그 농부들을 진멸하고 포도원을 다른 사람들에게 주리라 하시니 사람들이 듣고 이르되 그렇게 되지 말아지이다 하거늘(눅20:16)

비유를 들은 사람들은 이구동성으로 그 포도원을 빼앗아 성실한 농부들에게 주어야 한다고 대답하였습니다. 한편 누가복음의 "그렇게 되지 말아지이다"라는 표현을 보면, 무리들은 이 비유가 자신들에게 적용된다는 것을 느끼며 하나님께서 이스라엘에게 베푸신 은혜를 거두어 가지 않으시기를 바란 것으로 보입니다.

예수께서 이르시되 너희가 성경에 건축자들의 버린 돌이 모퉁이의 머릿돌이 되었나니 이것은 주로 말미암아 된 것이요 우리 눈에 기이하도다 함을 읽어 본 일이 없느냐(마21:42)

"모퉁이의 머릿돌"은 건물을 지탱하기 위해 반드시 필요한 '주춧돌'을 가리키는데, 예수님은 시편을 인용하셔서 자신이 교회의 머리가 되실 것이라고 말씀하셨습니다. "건축자가 버린 돌이 집 모퉁이의 머릿돌이 되었나니"(시118:22). 본문에서 "건축자들"은 이스라엘의 지도자들을, "버린 돌"은 메시야를, "머릿돌"은 성자 예수님이 궁극적으로 얻으실 지위를 상징합니다. "큰 산아 네가 무엇이냐 네가 스룹바벨 앞에서 평지가 되리라 그가 머릿돌을 내놓을 때에 무리가 외치기를 은총, 은총이 그에게 있을지어다 하리라 하셨고"(슥4:7).

그러므로 내가 너희에게 이르노니 하나님의 나라를 너희는 빼앗기고 그 나라의 열매 맺는 백성이 받으리라(마21:43)

예수님은 포도원 주인이 악한 농부들을 처벌하고 새로운 농부에게 포도원을 맡기듯이, 하나님께서도 이스라엘 민족의 특권을 박탈하시고 이를 "그 나라의 열매 맺는 백성", 곧 이방인들에게 넘겨주실 것이라고 말씀하셨습니다.

이 돌 위에 떨어지는 자는 깨지겠고 이 돌이 사람 위에 떨어지면 그를 가루로 만들어 흩으리라 하시니(마21:44)

"이 돌 위에 떨어지는 자"란 참된 믿음에서 실족하여 메시야이신 예수님을 배척하는 모든 사람을 뜻합니다. "이 돌이 사람 위에 떨어지면"

이란 가깝게는 주후 70년에 일어난 예루살렘의 파괴를 가리키며, 보다 완전한 의미로는 그리스도께서 심판하러 다시 오심을 가리키는 말씀입니다. 예수님은 선지자들을 박해하고 죽였으며 종국에는 하나님의 아들까지도 죽이게 될 유대 종교지도자들의 잘못을 책망하신 반면, 예수님을 믿고 영접하는 이방인들은 하나님 나라를 받게 될 것이라고 하셨습니다. 신약의 교회는 하나님 나라가 확장되는 가운데 유대인과 이방인들로 새롭게 구성될 것입니다. "그러나 너희는 택하신 족속이요 왕 같은 제사장들이요 거룩한 나라요 그의 소유가 된 백성이니 이는 너희를 어두운 데서 불러내어 그의 기이한 빛에 들어가게 하신 이의 아름다운 덕을 선포하게 하려 하심이라" (벧전2:9).

예수님은 이 비유를 통해 하나님의 아들인 자신을 죽이려고 하는 유대인들은 심판을 받게 되고 더 이상 하나님 나라를 맡은 민족이 되지 못할 것이지만, 그들에게 버림받은 예수님 자신은 새로운 시대에 교회를 세우는 모퉁이의 머릿돌이 되심을 깨닫게 하셨습니다.

혼인 잔치 비유 마22:1-14

예수께서 다시 비유로 대답하여 이르시되 천국은 마치 자기 아들을 위하여 혼인 잔치를 베푼 어떤 임금과 같으니(마22:1-2)

예수님은 유대 종교지도자들이 받을 심판에 대한 세 번째 비유를 말씀하십니다. "혼인 잔치"는 그리스도께서 그 백성을 위해 예비하시는 천국에 대한 상징이며 그곳에서 나눌 하나님과의 즐거운 교제를 나타냅니다.

그 종들을 보내어 그 청한 사람들을 혼인 잔치에 오라 하였더니 오기를 싫어하거늘 (마22:3)

당시의 유대 문화에서는 큰 잔치를 열기 전에 잔치에 참여할 사람들의 의사를 먼저 확인하였습니다. 본문의 "청한 사람들"이란 임금에게 잔치에 오겠다고 이미 오래전부터 약속을 했던 사람들입니다. 그러나 그들은 정작 잔치가 열리자 태도를 바꾸었습니다. "오기를 싫어하거늘"이란 표현에서 그들이 왕에 대한 반감을 노골적으로 드러냈음을 알 수 있습니다.

그들이 돌아보지도 않고 한 사람은 자기 밭으로, 한 사람은 자기 사업하러 가고 그 남은 자들은 종들을 잡아 모욕하고 죽이니 임금이 노하여 군대를 보내어 그 살인한 자들을 진멸하고 그 동네를 불사르고(마22:5-7)

청함 받은 사람들은 잔치 초대를 거부함으로써 왕의 권위를 모독하였을 뿐만 아니라 왕이 보낸 종들을 죽이기까지 하였습니다. 이에 크게 노한 임금은 자신에게 반역한 무리들을 철저하게 심판하였습니다. 동네를 불사른 것은 다가올 주후 70년의 예루살렘 멸망에 대한 예고입니다.

이에 종들에게 이르되 혼인 잔치는 준비되었으나 청한 사람들은 합당하지 아니하니 네거리 길에 가서 사람을 만나는 대로 혼인 잔치에 청하여 오라 한대(마22:8-9)

임금이 이전에 초청 받지 못한 자들을 부른 것은 유대인에게 먼저 허락되었던 복음이 이제는 이방인에게도 전파됨을 암시합니다. 곧 유대인들이 예수님을 거부하였기 때문에 이방인들에게 예수님을 믿을 기회가 주어진 것입니다.

임금이 손님들을 보러 들어올새 거기서 예복을 입지 않은 한 사람을 보고 이르되 친구여 어찌하여 예복을 입지 않고 여기 들어왔느냐 하니 그가 아무 말도 못하거늘 (마22:11-12)

당시에는 왕이 손님들을 잔치에 초대할 때에 예복을 제공했는데, "예복을 입지 않은 한 사람"은 왕의 배려와 호의를 무시함으로써 왕을 모욕하였습니다. 이 예복은 하나님이 그의 백성에게 아름다운 옷을 입히시는 것, 즉 예수님의 전가(轉嫁)된 의를 암시합니다. "예수는 우리가 범죄한 것 때문에 내줌이 되고 또한 우리를 의롭다 하시기 위하여 살아나셨느니라"(롬4:25).

임금이 사환들에게 말하되 그 손발을 묶어 바깥 어두운 데에 내던지라 거기서 슬피 울며 이를 갈게 되리라 하니라 청함을 받은 자는 많되 택함을 입은 자는 적으니라 (마22:13-14)

많은 사람들이 혼인 잔치에 초대를 받았지만, 이들이 모두 잔치에 참여하는 것이 아니라 초대에 응하고 예복을 갖추어 입은 사람들만이 잔치에 참여하게 되었습니다. "택함을 입은 자"란 예수님이 자신의 제자들을 가리키실 때 사용하신 단어로, 복음은 모든 사람에게 선포되지만 믿음으로 반응하는 선택 받은 일부만이 구원을 얻게 된다는 의미입니다. "오직 부르심을 받은 자들에게는 유대인이나 헬라인이나 그리스도는 하나님의 능력이요 하나님의 지혜니라"(고전1:24).

예수님은 이 비유에서 유대 종교지도자들이 거듭된 초대에도 불구하고 계속하여 하나님 나라와 그의 메시야를 거절하고 있음을 지적하셨습니다. 예수님은 그들의 악한 행동에 대한 심판을 선언하시고, 그들을 대신하여 이방인에게 이 복음이 전파될 것을 예고하셨습니다.

세금에 대한 질문 마22:15-22, 막12:13-17, 눅20:19-26

서기관들과 대제사장들이 예수의 이 비유는 자기들을 가리켜 말씀하심인 줄 알고 즉시 잡고자 하되 백성을 두려워하더라 이에 그들이 엿보다가 예수를 총독의 다스림과 권세 아래에 넘기려 하여 정탐들을 보내어 그들로 스스로 의인인 체하며 예수의 말을 책잡게 하니(눅20:19-20)

예수님의 세 가지 심판 비유가 모두 자신들에 대한 책망인 것을 알아차린 유대 종교지도자들은 예수님을 해치고자 하였습니다. 하지만 그들은 백성들의 두터운 신망을 얻고 있는 예수님을 함부로 할 수가 없었기 때문에 로마 제국의 손을 빌릴 계획을 세웠습니다. "총독"은 일반적으로 행정 장관이나 사령관을 지칭하므로, 빌라도에 의한 예수님 처형의 근본적인 책임은 이들에게 있음을 알 수 있습니다.

그러면 당신의 생각에는 어떠한지 우리에게 이르소서 가이사에게 세금을 바치는 것이 옳으니이까 옳지 아니하니이까 하니(마22:17)

서기관들과 대제사장들이 보낸 사람들은 예수님을 곤경에 빠뜨리기 위해 "가이사에게 세금을 바치는 것"이 정당한지 질문하였습니다. 당시 로마는 속국으로부터 각종 세금을 거두었는데, 유대 역시 주후 6년 이래로 전체 재정의 절반가량을 로마에 세금으로 바쳤습니다. 본문의 '세금'은 그 중에서 모든 유대인들이 해마다 바치는 인두세를 말합니다. 따라서 만일 예수님이 세금을 내라고 하신다면 백성들은 더 이상 그를 메시야로 여기지 않을 것이고, 반대로 세금을 내지 말라고 하신다면 예수님을 로마 당국에 고발할 명분을 얻을 수 있었으므로, 예수님이 어떤 대답을 하셔도 종교지도자들에게 유리한 상황이었습니다.

예수께서 그들의 악함을 아시고 이르시되 외식하는 자들아 어찌하여 나를 시험하느냐 세금 낼 돈을 내게 보이라 하시니 데나리온 하나를 가져 왔거늘 예수께서 말씀하시되 이 형상과 이 글이 누구의 것이냐(마22:18-20)

"외식하는 자"란 위선자라는 말로 예수님이 유대 종교지도자들을 향해 자주 사용하시는 표현입니다. 예수님은 그들의 간계를 파악하시고 오히려 그들에게 데나리온에 새겨진 "형상"과 "글"에 대해 물으셨습니다. 당시 데나리온 동전의 앞면에는 디베료 황제의 측면상과 은화의 둘레를 따라 '신성한 아우구스투스의 아들 티베리우스 카이사르 아우구스투스'(Ti[berivs] Caesar Divi Avg[vsti] F[ilivs] Avgvstvs)라는 라틴어 문구가 있었고, 뒷면에는 '가장 존귀한 사제'(Pontif[ex] Maxim[us])라는 라틴어 문구와 함께 로마의 평화의 여신인 '팍스'(Pax)가 그려져 있었습니다. 정리하자면 '형상'은 디베료 황제를, '글'은 그의 권위를 상징합니다.

데나리온 동전

이르되 가이사의 것이니이다 이에 이르시되 그런즉 가이사의 것은 가이사에게, 하나님의 것은 하나님께 바치라 하시니 그들이 이 말씀을 듣고 놀랍게 여겨 예수를 떠나가니라(마22:21-22)

예수님은 그들의 대답을 그대로 받으시면서 "가이사의 것은 가이사에게" 바치라고 하셨습니다. 예수님은 로마 제국에 반대하는 정치적 왕국을 세우려 하신 것이 아니므로 세금을 내고 시민법에 복종하라고 하셨습니다. 이전에 포도원 농부 비유에서 예수님은 악한 농부들이 진멸되고 포도원은 열매를 '돌려드릴'(ἀποδώσουσιν, shall render) 다른 농부들에게 주어지게 될 것을 말씀하셨는데, 본문에서도 "하나님의 것은 하나님께 바치라"는 말씀에 동일한 단어(ἀπόδοτε, render)가 사용되었습니다. 이에 예수님을 시험하던 자들은 그분의 지혜와 권위에 대해 불가사의하게 여기며 자리를 떠났습니다.

예수님은 모든 것이 하나님의 것이므로 하나님께서 통치의 방편으로 허락하신 국가의 질서를 따라야 한다고 말씀하셨습니다. 예수님은 가이사의 것은 가이사에게 바치라고 하심으로 교회와 정부가 구별되어야 한다는 것을 알게 하셨으며, 우선적으로 하나님의 법을 온전하게 섬기는 가운데 세상의 법도 신앙에 배치되지 않는 한 준수해야 함을 가르쳐 주셨습니다.

부활에 대한 말씀 마22:23-33, 막12:18-27, 눅20:27-38

부활이 없다 하는 사두개인들이 그 날 예수께 와서 물어 이르되(마22:23)

"사두개인"은 레위 지파에서 제사장직을 수행하는 분파로, 다윗 시대의 대제사장이었던 '사독'의 후손으로 알려져 있습니다. 이들은 모세오경만을 인정했기 때문에 다른 구약성경에 나타난 부활을 믿지 않았습니다.

선생님이여 모세가 일렀으되 사람이 만일 자식이 없이 죽으면 그 동생이 그 아내에게 장가 들어 형을 위하여 상속자를 세울지니라 하였나이다(마22:24)

사두개인들은 고엘 제도를 언급하면서 부활을 부인하려고 하였습니다. "형제들이 함께 사는데 그 중 하나가 죽고 아들이 없거든 그 죽은 자의 아내는 나가서 타인에게 시집가지 말 것이요 그의 남편의 형제가 그에게로 들어가서 그를 맞이하여 아내로 삼아 그의 남편의 형제 된 의무를 그에게 다 행할 것이요"(신25:5).

우리 중에 칠 형제가 있었는데 맏이가 장가들었다가 죽어 상속자가 없으므로 그 아내를 그 동생에게 물려주고 그 둘째와 셋째로 일곱째까지 그렇게 하다가 최후에 그 여자도 죽었나이다 그런즉 그들이 다 그를 취하였으니 부활 때에 일곱 중의 누구의 아내가 되리이까(마22:25-28)

그들은 만일 부활이 실제로 존재한다면 이 여인은 일곱 형제 중에서 누구의 아내가 될 것인지를 물어보았습니다. 이는 부활의 비합리성을 지적함으로써 예수님을 곤경에 빠트리려는 시도였습니다.

예수께서 대답하여 이르시되 너희가 성경도, 하나님의 능력도 알지 못하는 고로 오해하였도다 부활 때에는 장가도 아니 가고 시집도 아니 가고 하늘에 있는 천사들과 같으니라(마22:29-30)

그들은 다시 죽을 수도 없나니 이는 천사와 동등이요 부활의 자녀로서 하나님의 자녀임이라(눅20:36)

예수님은 이 땅의 결혼 제도가 천국에서는 지속되지 않는다고 말씀하시며 그들의 질문의 근간을 무너뜨리셨습니다. 성경은 구속받은 이들이 천국에서 하나님과 더 깊은 사랑의 관계를 가지게 되며 상상할 수 없을 만큼 찬란한 영광을 누린다고 말합니다. "기록된 바 하나님이 자기를 사랑하는 자들을 위하여 예비하신 모든 것은 눈으로 보지 못하고 귀로 듣지 못하고 사람의 마음으로 생각하지도 못하였다 함과 같으니라"(고전2:9). 또한 예수님은 부활한 신자들이 하늘에 있는 천사들과 동등한 존재, 곧 다시는 죽음을 겪지 않는 불멸의 존재라고 설명해 주십니다. "부활의 자녀로서 하나님의 자녀"라는 말씀은 이러한 신자와 하나님의 관계가 그리스도의 재림 후 부활 때에 완전히 실현될 것이라는 의미입니다. "이 썩을 것이 반드시 썩지 아니할 것을 입겠고 이 죽을 것이 죽지 아니함을 입으리로다 이 썩을 것이 썩지 아니함을 입고 이 죽을 것이 죽지 아니함을 입을 때에는 사망을 삼키고 이기리라고 기록된 말씀이 이루어지리라"(고전15:53-54).

죽은 자의 부활을 논할진대 하나님이 너희에게 말씀하신 바(마22:31)

예수님은 부활에 대한 자신의 증언이 모세를 통해 과거 이스라엘 백성에게 전하신 말씀이자 또한 "너희에게" 하신 말씀이라는 것을 강조하셨습니다.

죽은 자가 살아난다는 것은 모세도 가시나무 떨기에 관한 글에서 주를 아브라함의 하나님이요 이삭의 하나님이요 야곱의 하나님이시라 칭하였나니(눅20:37)

"가시나무 떨기에 관한 글에서"라는 말씀은 당시 구약성경에 장이나 절이 없었기 때문에, 예수님은 이런 방식으로 그 본문(출3:1-4:17)의 출처를 언급하신 것입니다.

나는 아브라함의 하나님이요 이삭의 하나님이요 야곱의 하나님이로라 하신 것을 읽어 보지 못하였느냐 하나님은 죽은 자의 하나님이 아니요 살아 있는 자의 하나님이시니라 하시니(마22:32)

본 절에서 예수님이 출애굽기 말씀을 현재형으로 인용하신 것은, "또 이르시되 나는 네 조상의 하나님이니 아브라함의 하나님, 이삭의 하나님, 야곱의 하나님이니라"(출3:6), 하나님이 모세에게 이 말씀을 하셨을 때 비록 족장들이 죽은 지 수백 년이 지났지만 여전히 그들과 언약 관계에 있음을 의미합니다. 곧 아브라함과 이삭과 야곱은 죽은 자가 아니라 여전히 살아 있는 자로서 하나님 앞에 서 있다고 말씀하셨습니다.

모세오경만을 인정하는 사두개인들은 모세의 율법을 인용하여 부활을 부정하였지만, 예수님은 "아브라함의 하나님, 이삭의 하나님, 야곱의 하나님"이라는 모세오경의 출애굽기를 인용하시면서 죽은 자가 살아난다는 진리와 이를 이루시는 하나님의 능력을 말씀하셨습니다.

가장 큰 계명 마22:34-40, 막12:28-34

예수께서 사두개인들로 대답할 수 없게 하셨다 함을 바리새인들이 듣고 모였는데 그 중의 한 율법사가 예수를 시험하여 묻되 선생님 율법 중에서 어느 계명이 크니이까(마22:34-36)

당시에 이스라엘에는 613개의 세부 율법들이 있었습니다. 그중 248개의 율법은 백성들이 '해야 할 일들'에 관한 것이고, 365개의 율법은 '하지 말아야 할 일들'에 관한 것입니다. "율법사"는 율법의 전문가로, '바리새인의 서기관'을 말합니다. "바리새인의 서기관들이 예수께서 죄인 및 세리들과 함께 잡수시는 것을 보고 그의 제자들에게 이르되 어찌하여 세리 및 죄인들과 함께 먹는가"(막2:16).

예수께서 이르시되 네 마음을 다하고 목숨을 다하고 뜻을 다하여 주 너의 하나님을 사랑하라 하셨으니 이것이 크고 첫째 되는 계명이요(마22:37-38)

이에 예수님은 '마음'과 '목숨'과 '뜻'을 다하여, 곧 하나님을 전인격적으로 사랑하라는 것이 가장 중요한 계명이라고 말씀하셨습니다. 이는 신실한 유대인들이 하루 두 번씩 되풀이하는 신명기의 명령으로, "너는 마음을 다하고 뜻을 다하고 힘을 다하여 네 하나님 여호와를 사랑하라"(신6:5), 하나님을 향한 온전한 헌신을 뜻합니다.

둘째도 그와 같으니 네 이웃을 네 자신 같이 사랑하라 하셨으니(마22:39)

이어서 예수님은 이웃에 대한 사랑을 강조하셨습니다. "원수를 갚지 말며 동포를 원망하지 말며 네 이웃 사랑하기를 네 자신과 같이 사랑하라 나는 여호와이니라"(레19:18). 모든 사람은 하나님의 형상으로 창조되었기 때문에 하나님을 경외하는 사람은 하나님의 형상을 담지하고 있는 이웃을 사랑해야 합니다. 이전에 예수님은 선한 사마리아 사람의 비유를 통하여 유대인과 이방인을 막론하고 이웃의 유익을 추구해야 함을 가르치셨습니다.

이 두 계명이 온 율법과 선지자의 강령이니라(마22:40)

예수님은 하나님 사랑과 이웃 사랑에 "율법과 선지자", 곧 모든 구약 성경의 정신이 달려있다고 말씀하셨습니다. "사랑은 이웃에게 악을 행하지 아니하나니 그러므로 사랑은 율법의 완성이니라"(롬13:10).

서기관이 이르되 ... 또 마음을 다하고 지혜를 다하고 힘을 다하여 하나님을 사랑하는 것과 또 이웃을 자기 자신과 같이 사랑하는 것이 전체로 드리는 모든 번제물과 기타 제물보다 나으니이다 예수께서 그가 지혜 있게 대답함을 보시고 이르시되 네가 하나님의 나라에서 멀지 않도다 하시니 그 후에 감히 묻는 자가 없더라(막12:32-34)

이와 같이 서기관 중 한 사람이 하나님과 이웃에 대한 사랑을 실천하는 것이 모든 번제물과 희생 제사들보다 중요하다고 대답하자, 예수님은 신적 권위로서 그가 하나님 나라에 가까이 왔다고 칭찬하셨습니다.

예수님은 가장 우선되는 첫째 계명은 하나님께 대한 사랑으로 지성과 감정과 의지가 통합된 전인격적인 사랑이며, 둘째 되는 계명은 이웃을 자신 같이 여기는 사랑이라고 하셨습니다. 곧 이 두 계명이 성경 전체의 근간이 되는 하나님의 명령이라고 말씀하셨습니다.

그리스도는 누구의 자손인가 마22:41-46, 막12:35-37, 눅20:41-44

바리새인들이 모였을 때에 예수께서 그들에게 물으시되 너희는 그리스도에 대하여 어떻게 생각하느냐 누구의 자손이냐 대답하되 다윗의 자손이니이다(마22:41-42)

평소에는 바리새인들이 예수님을 곤경에 빠트리기 위해 줄곧 질문을 던졌는데, 본문에서는 특이하게도 예수님이 먼저 그들에게 질문하셨습니다. 예수님은 바리새인들에게 메시야가 “누구의 자손”이라고 생각하는지 물으셨고, 바리새인들은 큰 고민 없이 구약의 예언에 근거하여 “다윗의 자손”이라고 대답하였습니다.

이르시되 그러면 다윗이 성령에 감동되어 어찌 그리스도를 주라 칭하여 말하되(마22:43)

바리새인들은 메시야를 단순히 다윗의 자손으로만 이해하고 있을 뿐, 그가 어떤 분이신지에 대해서는 별로 관심을 기울이지 않았습니다. 예수님은 다윗이 “성령에 감동되어” 말한 고백을 통해서 메시야는 다윗의 자손일뿐만 아니라 동시에 “주”(κύριος, Lord), 곧 하나님의 아들이심을 알려주셨습니다.

주께서 내 주께 이르시되 내가 네 원수를 네 발 아래에 둘 때까지 내 우편에 앉아 있으라 하셨도다 하였느냐(마22:44)

예수님은 구약에서 중요한 메시야 예언 중 하나이며, 신약에서 가장 많이 인용된 시편을 말씀하셨습니다. “여호와께서 내 주에게 말씀하시기를 내가 네 원수들로 네 발판이 되게 하기까지 너는 내 오른쪽에 앉아 있으라 하셨도다”(시110:1). “주”라는 호칭은 구약에서 하나님을 가리키는 말입니다. 예수님은 ‘주’(여호와)께서 다윗의 ‘주’(메시야)에게 그의 우편이라는 독점적인 영광의 지위를 허락하시고, 메시야가 다윗의 원수들을 굴복시키도록 도우신다는 것을 말씀하셨습니다. 이같이 다윗은 오실 메시야는 자신이 섬겨야 할 주님이 되신다고 하였습니다.

다윗이 그리스도를 주라 칭하였은즉 어찌 그의 자손이 되겠느냐 하시니 한 마디도 능히 대답하는 자가 없고 그 날부터 감히 그에게 묻는 자도 없더라(마22:45-46)

바리새인들은 구약성경을 인용하시며 말씀하시는 예수님의 주장을 반박할 수 없었습니다. 그들은 이 시편의 메시야적인 의미를 인정했기 때문에 예수님께 더 이상 질문하지 못하였습니다.

예수님은 바리새인들에게 메시야가 다윗의 자손인가 아니면 다윗의 주(主)인가 하는 문제를 제기하셨습니다. 예수님은 다윗이 메시야를 '내 주'라고 칭했으므로 메시야가 단순히 다윗의 자손이실 수만은 없다고 말씀하시며, 자신이 다윗의 자손 이상의 존재, 곧 다윗과 아브라함의 혈통으로 오는 하나님의 아들이신 메시야이심을 깨우쳐 주셨습니다.

서기관과 바리새인들을 책망하심 마23:1-12, 막12:38-43, 눅20:45-47

이에 예수께서 무리와 제자들에게 말씀하여 이르시되 서기관들과 바리새인들이 모세의 자리에 앉았으니 (마23:1-2)

"모세의 자리"란 회당에서 율법교사가 앉아서 가르치는 곳을 말하는데, 이는 또한 모세의 권위를 가리키는 상징적인 표현이기도 합니다.

그러므로 무엇이든지 그들이 말하는 바는 행하고 지키되 그들이 하는 행위는 본받지 말라 그들은 말만 하고 행하지 아니하며 또 무거운 짐을 묶어 사람의 어깨에 지우되 자기는 이것을 한 손가락으로도 움직이려 하지 아니하며 (마23:3-4)

예수님은 율법교사로서 백성들을 가르치는 서기관들과 바리새인들의 역할은 인정하셨지만, 말과 행동이 괴리된 그들의 위선적인 삶은 본받지 말라고 하셨습니다. "무거운 짐"이란 랍비들이 구약 율법을 새로운 상황에 적용하기 위하여 해석한 전통을 의미하는데, 그들은 부담스럽고 억압적인 세부 조항들을 지킬 것을 요구하면서도 자신들은 준수하지 않았습니다.

그들의 모든 행위를 사람에게 보이고자 하나니 곧 그 경문 띠를 넓게 하며 옷술을 길게 하고 (마23:5)

“경문”(phylactery)은 양피지에 성경구절이 담긴 작은 정육면체 모양의 가죽 상자인데, 이스라엘 사람들은 신명기 말씀을 문자적으로 이해하여 왼팔과 이마에 착용하였습니다. “이러므로 너희는 나의 이 말을 너희의 마음과 뜻에 두고 또 그것을 너희의 손목에 매어 기호를 삼고 너희 미간에 붙여 표를 삼으며”(신11:18). “옷술”이란 성결한 삶을 영위해야 함을 기억하기 위해 옷의 네 가장자리에 붙인 청색 실로 된 장식입니다. “이스라엘 자손에게 명령하여 대대로 그들의 옷단 귀에 술을 만들고 청색 끈을 그 귀의 술에 더하라 이 술은 너희가 보고 여호와의 모든 계명을 기억하여 준행하고 너희를 방종하게 하는 자신의 마음과 눈의 욕심을 따라 음행하지 않게 하기 위함이라”(민15:38-39). 이처럼 당시 종교 지도자들은 내면의 진정한 회개와 순종이 없이 이스라엘이 하나님 앞에 구별되었음을 드러내는 외적인 표식들을 자신의 종교적 의를 나타내는 수단으로 사용하였습니다.

예수께서 가르치실 때에 이르시되 긴 옷을 입고 다니는 것과 시장에서 문안 받는 것과 회당의 높은 자리와 잔치의 윗자리를 원하는 서기관들을 삼가라 그들은 과부의 가산을 삼키며 외식으로 길게 기도하는 자니 그 받는 판결이 더욱 중하리라 하시니라(막12:38-40)

“회당의 높은 자리”란 회당의 측면을 따라 놓인 장의자의 앞쪽 자리를 가리키며, “잔치의 윗자리”는 잔치에서 높은 지위의 손님들이 앉는 상석을 말합니다. 예수님은 하나님의 율법대로 산다고 자부하면서 동시에 사람들의 인정과 존경을 받는 것을 갈망하고, 유언 집행인 역할을 하면서 보호 받지 못하는 과부의 재산을 가로채며, 경건한 모습을 드러내기 위하여 장황하게 기도하는 종교지도자들을 혹독하게 꾸짖으셨습니다.

또한 지도자라 칭함을 받지 말라 너희의 지도자는 한 분이시니 곧 그리스도시니라

너희 중에 큰 자는 너희를 섬기는 자가 되어야 하리라(마23:10-11)

예수님은 제자들이 바리새인들처럼 "지도자라 칭함"을 받는 것, 곧 자기 자신을 높이는 것을 금하시고, 신앙의 성숙도는 이웃을 얼마만큼 섬기는가에 비례한다는 사실을 강조하셨습니다.

서기관은 성경을 필사하고 해석하는 율법교사이고 바리새인은 율법과 전통을 연구하는 학자들인데, 예수님은 제자들에게 이러한 종교지도자들의 교훈은 삶에서 실천하되 자신들이 가르치는 대로 행동하지 않는 이율배반적이고 위선적인 행위는 본받지 말라고 명령하셨습니다.

가난한 과부의 헌금 막12:41-44, 눅21:1-4

예수께서 헌금함을 대하여 앉으사 무리가 어떻게 헌금함에 돈 넣는가를 보실새 여러 부자는 많이 넣는데(막12:41)

예수님은 앞에서 서기관들의 탐욕을 지적하시면서 과부의 재산을 횡령하는 자들이라고 비판하셨습니다. 이제 예수님은 과부의 헌금을 예로 들어 하나님께서 기쁘게 받으시는 헌금에 관해 말씀하셨습니다. 당시 "헌금함"은 숫양의 뿔로 만들었으며 나팔 모양의 입구가 달려 있었는데, 자원 예물을 위한 헌금함 여섯 개와 목적 예물을 위한 헌금함 일곱 개로, 모두 열세 개의 헌금함이 있었습니다.[8] 이 헌금함은 성전 안에서 모두가 출입할 수 있는 '여인의 뜰'에 놓여 있었습니다.

한 가난한 과부는 와서 두 렙돈 곧 한 고드란트를 넣는지라 예수께서 제자들을 불러다가 이르시되 내가 진실로 너희에게 이르노니 이 가난한 과부는 헌금함에 넣는 모든 사람보다 많이 넣었도다(막12:42-43)

8 Mishnah, *Shekalim* VI.5.

"렙돈"이란 지름이 약 1cm 되는 동전으로 노동자의 하루 임금인 한 데나리온의 1/128에 해당하며, 유대 화폐 중에서 가장 가치가 낮았습니다. 예수님은 제자들에게 "진실로"(ἀμήν, verily)라고 강조하시면서, 이 가난한 과부가 다른 모든 사람보다 더 많은 헌금을 드렸다고 반복하여 말씀하셨습니다.

그들은 다 그 풍족한 중에서 넣었거니와 이 과부는 그 가난한 중에서 자기의 모든 소유 곧 생활비 전부를 넣었느니라 하시니라(막12:44)

예수님은 이 과부를 우리가 본받아야 할 모본으로 말씀하셨는데, 이는 부자들은 자신들이 쓸 것을 여전히 남겨 둔 채 헌금하였지만, 이 가난한 과부는 자기의 모든 것을 온전히 바쳤기 때문입니다. 여기서 "생활비 전부"란 직역하면 '생계의 수단 전체'라는 뜻으로 그녀 자신의 목숨을 유지하는 데 필요한 모든 것을 의미합니다. 이러한 과부의 헌신은 평생 모든 계명을 준수하였지만 자신의 재산을 포기하지 못했던 부유한 청년 관리의 모습과 대조됩니다. "그 사람은 재물이 많은 고로 이 말씀으로 인하여 슬픈 기색을 띠고 근심하며 가니라"(막10:22).

예수님은 하나님께 드리는 헌금은 바쳐진 액수가 아니라 헌신과 희생의 정도에 따라 열납된다는 것을 가르쳐 주시며, 풍족한 가운데 드린 많은 헌금보다 비록 적은 금액일지라도 진실한 마음으로 자원하여 드린 헌금이 하나님 앞에서 그 가치를 더 크게 인정받는다는 것을 깨닫게 하셨습니다.

종교지도자들에게 화(禍)를 선포하심 마23:13-36

화 있을진저 외식하는 서기관들과 바리새인들이여 너희는 천국 문을 사람들 앞에서 닫고 너희도 들어가지 않고 들어가려 하는 자도 들어가지 못하게 하는도다(마23:13)

예수님은 종교지도자들의 표리부동한 삶을 책망하신 후에 무려 일곱 번에 걸쳐 그들에게 화를 선포하셨습니다. 첫 번째 화는 종교지도자들이 자신들은 천국에 들어가지 않으면서도 천국을 사모하는 다른 사람들을 막았기 때문에 내려졌습니다.

화 있을진저 외식하는 서기관들과 바리새인들이여 너희는 교인 한 사람을 얻기 위하여 바다와 육지를 두루 다니다가 생기면 너희보다 배나 더 지옥 자식이 되게 하는도다(마23:15)

두 번째 화는 종교지도자들이 자신들도 지키지 못하는 전통의 무거운 짐을 지게 할 사람들을 열성적으로 모으기 때문에 내려졌습니다. "지옥 자식"이란 직역하면 '게엔나(γέεννα, gehenna)의 자녀'로, 신약은 이 말을 영원한 형벌에 대한 비유로 사용합니다. 처음의 두 책망은 종교지도자들이 사람들을 옳은 길로 인도하는 직분을 성실히 수행하지 않을뿐더러 오히려 그들을 타락시킨 것을 지적합니다.

화 있을진저 눈 먼 인도자여 너희가 말하되 누구든지 성전으로 맹세하면 아무 일 없거니와 성전의 금으로 맹세하면 지킬지라 하는도다, 너희가 또 이르되 누구든지 제단으로 맹세하면 아무 일 없거니와 그 위에 있는 예물로 맹세하면 지킬지라 하는도다(마23:16,18)

세 번째 화는 종교지도자들이 하나님께 드리는 맹세에 인위적인 차등을 두었기 때문에 내려졌습니다. 그들은 '성전'이나 '제단'으로 맹세하는 것보다 '성전의 금'이나 '제단 위에 있는 예물'로 맹세하는 것이 더 구속력이 있다고 주장하였습니다.

그러므로 제단으로 맹세하는 자는 제단과 그 위에 있는 모든 것으로 맹세함이요 또 성전으로 맹세하는 자는 성전과 그 안에 계신 이로 맹세함이요(마23:20-21)

그러나 예수님은 "맹세하는 자"가 하나님께 대한 믿음으로 자신의 책임을 인식하면 되기 때문에, '예' 또는 '아니요'라고 단순하게 말하는 것으로 충분하다고 가르치셨습니다(마5:33-37).

화 있을진저 외식하는 서기관들과 바리새인들이여 너희가 박하와 회향과 근채의 십일조는 드리되 율법의 더 중한 바 정의와 긍휼과 믿음은 버렸도다 그러나 이것도 행하고 저것도 버리지 말아야 할지니라(마23:23)

네 번째 화는 종교지도자들이 율법의 근본 정신을 무시했기 때문에 내려졌습니다. 율법은 레위인과 제사장을 통해 하나님의 일이 지속되도록 모든 산물의 십분의 일을 바치라고 명하였습니다. "그리고 그 땅의 십분의 일 곧 그 땅의 곡식이나 나무의 열매는 그 십분의 일은 여호와의 것이니 여호와의 성물이라"(레27:30). "박하와 회향과 근채"는 약용 식물들로 지극히 적은 양의 소득물을 상징하는데, 종교지도자들은 율법을 준수하여 가장 작은 식물의 십일조까지도 바쳤습니다. 하지만 예수님은 그들이 훨씬 더 중요한 "정의와 긍휼과 믿음"에 관한 율법은 지키지 않았다고 하셨습니다.

맹인 된 인도자여 하루살이는 걸러 내고 낙타는 삼키는도다(마23:24)

"하루살이는 걸러 내고"란 포도주를 담글 때 원액을 여러 차례 걸러냄으로써 포도주를 더럽힐 수 있는 작고 불결한 곤충까지도 제거하는 행위를 말합니다. "낙타는 삼키는도다"란 바리새인들이 '하루살이'와 같은 지엽적인 문제에 몰두하면서 율법의 핵심적인 의도는 간과한 것을 빗대어 하신 말씀입니다.

화 있을진저 외식하는 서기관들과 바리새인들이여 잔과 대접의 겉은 깨끗이 하되 그 안에는 탐욕과 방탕으로 가득하게 하는도다(마23:25)

다섯 번째 화는 종교지도자들이 내면의 경건에는 전혀 관심을 갖지 않으면서 외적인 정결만을 추구하였기 때문에 내려졌습니다. 그들은 중심을 보시는 하나님보다 외모를 보는 사람들의 시선을 더 의식하였습니다.

화 있을진저 외식하는 서기관들과 바리새인들이여 회칠한 무덤[9] 같으니 겉으로는 아름답게 보이나 그 안에는 죽은 사람의 뼈와 모든 더러운 것이 가득하도다(마23:27)

이어지는 여섯 번째 화 역시 종교지도자들의 겉과 속이 다른 이중성에 관한 것입니다. 율법에 의하면 사람이 무덤에 접촉될 경우 칠일 동안 부정해지기 때문에, 유대인들은 관습적으로 무덤을 희게 칠하여 사람들이 이를 피해서 왕래할 수 있도록 하였습니다. "누구든지 들에서 칼에 죽은 자나 시체나 사람의 뼈나 무덤을 만졌으면 이레 동안 부정하리니"(민19:16). 따라서 "회칠한 무덤"이란 겉보기에는 눈에 띄며 아름답게 포장되어 있지만 실상 그 안에는 죽음과 부패로 가득 채워져 있는 위선적인 종교지도자들을 상징합니다.

화 있을진저 외식하는 서기관들과 바리새인들이여 너희는 선지자들의 무덤을 만들고 의인들의 비석을 꾸미며 이르되 만일 우리가 조상 때에 있었더라면 우리는 그들이 선지자의 피를 흘리는데 참여하지 아니하였으리라 하니 그러면 너희가 선지자를 죽인 자의 자손임을 스스로 증명함이로다(마23:29-31)

일곱 번째 화는 종교지도자들이 하나님의 선지자들을 박해하고 죽인 그들 조상의 발자취를 따라 예수님을 해치려고 하기 때문에 내려졌습니다.

---

9 마태복음은 '회칠한 무덤'(whited sepulchres)이라고 하여 유대적인 배경을 나타내며, 누가복음(11:44)은 '평토장한 무덤'(graves which appear not)이라고 하여 헬라적인 배경을 보여줍니다.

그러므로 의인 아벨의 피로부터 성전과 제단 사이에서 너희가 죽인 바라갸의 아들 사가랴의 피까지 땅 위에서 흘린 의로운 피가 다 너희에게 돌아가리라 내가 진실로 너희에게 이르노니 이것이 다 이 세대에게 돌아가리라 (마23:35-36)

"아벨의 피로부터 ... 사가랴의 피까지"란 구약시대 전체를 가리킵니다. 아벨은 구약에서 최초로 살해된 사람이고, "가인이 그의 아우 아벨에게 말하고 그들이 들에 있을 때에 가인이 그의 아우 아벨을 쳐죽이니라"(창4:8), 사가랴(스가랴)는 구약시대 최후의 순교자로 그의 죽음은 히브리어 정경의 마지막 책인 역대하에 기록되어 있습니다. "무리가 함께 꾀하고 왕의 명령을 따라 그를 여호와의 전 뜰 안에서 돌로 쳐죽였더라"(대하24:21). 예수님은 과거로부터 흘려진 의인들과 선지자들의 피가 "이 세대에게 돌아가리라"고 하셨는데, 이는 다가올 예루살렘의 철저한 파괴를 의미합니다.

예수님은 종교지도자들을 향해 일곱 번이나 화를 선포하시며 회개할 것을 촉구하셨습니다. 그러나 예수님의 경고에도 불구하고 그들은 하나님의 선지자들을 박해하고 죽였던 그들의 조상들처럼 예수님을 영접하지 않고 그분의 무죄한 피를 흘리려고 계획을 세웁니다.

예루살렘을 향한 탄식 마23:37-39

예루살렘아 예루살렘아 선지자들을 죽이고 네게 파송된 자들을 돌로 치는 자여 암탉이 그 새끼를 날개 아래에 모음 같이 내가 네 자녀를 모으려 한 일이 몇 번이더냐 그러나 너희가 원하지 아니하였도다 (마23:37)

예루살렘은 통일 왕국 시대부터 솔로몬 성전이 있던 곳으로서 이스라엘의 예배의 중심지이자 하나님께서 특별히 임재하신 곳입니다. "땅으로도 하지 말라 이는 하나님의 발등상임이요 예루살렘으로도 하지 말라 이는 큰 임금의 성임이요"(마5:35). "예루살렘아 예루살렘아"라고 연이어 부르신 것은 예수님께서 안타까움과 애끓는 심정으로 예루살렘과 그 주민들의 앞날을 슬퍼하심을 의미합니다. "우리가 바벨론의 여러 강변 거기에 앉아서 시온을 기억하며 울었도다, 여호와여 예루살렘이 멸망하던 날을 기억하시고 에돔 자손을 치소서 그들의 말이 헐어 버리라 헐어 버리라 그 기초까지 헐어 버리라 하였나이다"(시137:1,7). "날개 아래에 모음 같이"란 자비로운 보살핌을 뜻하는 비유입니다. "마치 독수리가 자기의 보금자리를 어지럽게 하며 자기의 새끼 위에 너풀거리며 그의 날개를 펴서 새끼를 받으며 그의 날개 위에 그것을 업는 것 같이"(신32:11).

보라 너희 집이 황폐하여 버려진 바 되리라(마23:38)

"집"이란 구약에서 일반적으로 성전을 뜻하는 말인데, 앞선 책망에서 예수님은 의로운 사람들이 흘린 피가 다 그들에게 돌아갈 것이라고 하셨습니다. 유대인의 모든 종교적 권위는 주후 70년 성전의 파괴와 함께 상실됩니다.

내가 너희에게 이르노니 이제부터 너희는 찬송하리로다 주의 이름으로 오시는 이여 할 때까지 나를 보지 못하리라 하시니라(마23:39)

"찬송하리로다 주의 이름으로 오시는 이여"는 시편에서 인용된 축복의 말씀으로, "여호와의 이름으로 오는 자가 복이 있음이여 우리가 여호와의 집에서 너희를 축복하였도다"(시118:26), 명절 기간 동안 예루살렘에 들어오는 순례자들에게 불러주는 환영의 노래입니다. 본문의 '찬송하리로다'는 하나님께 드리는 예배를 의미하는데, 예수님은 스스로를 가리켜 환난이 지난 후에 자기 백성이 마침내 영접할 준비가 될 때 다시 오실 하나님의 메시야라고 말씀하셨습니다. 이 말씀은 많은 유대인들이 재림 이

전에 예수님을 믿게 될 것이라는 예언입니다. "형제들아 너희가 스스로 지혜 있다 하면서 이 신비를 너희가 모르기를 내가 원하지 아니하노니 이 신비는 이방인의 충만한 수가 들어오기까지 이스라엘의 더러는 우둔하게 된 것이라 그리하여 온 이스라엘이 구원을 받으리라 기록된 바 구원자가 시온에서 오사 야곱에게서 경건하지 않은 것을 돌이키시겠고"(롬11:25-26).

예수님은 구약시대부터 하나님께서 보내신 선지자들을 박해하고 죽인 예루살렘에 심판을 선언하시며, 성전은 황폐하여 버려질 것이라고 말씀하셨습니다. 유대의 종교지도자들은 결국 하나님의 아들이신 예수님까지 십자가에 못박아 죽임으로써 하나님의 심판을 받게 됩니다.

제15장 종말에 대한 교훈

성전 파괴를 예언하심 마24:1-2, 막13:1-2, 눅21:5-6

예수께서 성전에서 나가실 때에 제자 중 하나가 이르되 선생님이여 보소서 이 돌들이 어떠하며 이 건물들이 어떠하니이까(막13:1)

예수님은 예루살렘에 입성하신 후에 성전을 정화하시고, 종교지도자들을 책망하시며, 열매 맺지 못한 무화과나무를 저주하시고, 성전이 파괴될 것을 예언하셨습니다. 하지만 예수님의 여러 사역과 가르침이 무색하게도 제자들은 성전 건물의 규모와 위엄에 놀라고 있었습니다.[10] 이는 그들이 성전 안에서 일어난 일들과 예수님의 교훈에 큰 관심이 없었다는 것을 보여줍니다.

어떤 사람들이 성전을 가리켜 그 아름다운 돌과 헌물로 꾸민 것을 말하매 예수께서 이르시되(눅21:5)

"아름다운 돌"이란 길이가 45규빗, 높이가 5규빗, 폭이 6규빗에 달하

---

10 '성전 정면의 외관은 감탄을 자아내지 않을 곳이 하나도 없을 만큼 아름답기가 그지없었다. 전면이 온통 다량의 금으로 입혀져 있었으므로 태양이 떠오르면 햇살에 반사되어 광채를 발하였는데, 그 광채가 어찌나 찬란했던지 누구나 정면으로 바라보지 못하고 고개를 돌려야만 했다. 성전은 지나가는 나그네들이 먼 데서 바라볼 때는 마치 눈 덮인 산처럼 보였는데, 이는 금이 입혀지지 않은 부분은 매우 하얗게 보였기 때문이다.' Josephus, "The Wars of the Jews," 555.

는 크고 반듯한 돌들을 말합니다.[11] 특별히 성소 부분은 가장 높은 지반 위에 있었으며, 거대한 하부 구조가 받쳐주고 있었습니다. "헌물"이란 벽걸이 융단, 금과 청동으로 된 문들, 금으로 만든 포도송이 등을 말합니다. 헤롯 대왕은 예루살렘 성전을 원래 솔로몬 성전의 크기보다 두 배 더 확장했는데, 그 규모가 아테네의 아크로폴리스보다 두 배 이상 크고 둘레는 1.55km로 예루살렘 성 전체의 1/6을 둘러쌀 정도였습니다.

대답하여 이르시되 너희가 이 모든 것을 보지 못하느냐 내가 진실로 너희에게 이르노니 돌 하나도 돌 위에 남지 않고 다 무너뜨려지리라(마24:2)

너희 보는 이것들이 날이 이르면 돌 하나도 돌 위에 남지 않고 다 무너뜨려지리라(눅21:6)

예수님은 "진실로"라고 강조하시며 지금 제자들이 감탄해 마지않는 예루살렘 성전이 철저히 무너질 것을 다시 예고하셨습니다. "돌 하나도 돌 위에 남지 않고"란 완전한 파괴를 뜻하는 것으로, 이 예언은 티투스 장군이 지휘하는 로마군이 예루살렘과 성전을 점령한 주후 70년에 성취되었습니다. "날이 이르면"이라는 표현은 또한 심판의 재림을 의미하기도 하는데, 예수님은 제자들에게 이 세상에서의 번영과 안락을 기대하지 말고 말세에 임할 고난을 대비하라고 말씀하셨습니다.

사람들은 성전의 아름다움과 위용을 칭송하였지만 장차 돌 하나도 돌 위에 남지 않고 파괴될 것이며 예루살렘 역시 로마에 의해 함락되고 약탈당할 것입니다. 예수님은 말세에 재림하실 때 일어날 궁극적 심판을 가리키는 모형으로 예루살렘 성전의 파괴를 말씀하셨습니다.

---

11 '규빗'은 일반적으로 팔꿈치부터 손가락 끝까지의 길이를 말하는데, 대략 45cm 정도입니다.

재난의 징조 마24:3-14, 막13:3-13, 눅21:7-19

예수께서 감람 산 위에 앉으셨을 때에 제자들이 조용히 와서 이르되 우리에게 이르소서 어느 때에 이런 일이 있겠사오며 또 주의 임하심과 세상 끝에는 무슨 징조가 있사오리이까(마24:3)

예수께서 감람 산에서 성전을 마주 대하여 앉으셨을 때에 베드로와 야고보와 요한과 안드레가 조용히 묻되(막13:3)

성전산(聖殿山)[12]이 내려다보이는 "감람 산"은 예루살렘 동쪽 기드론 골짜기 건너편에 있는 해발 841m의 산으로, 감람나무가 많았기 때문에 감람 산이라 불렸습니다. 고난주간의 셋째 날 화요일, 예수님은 감람 산 위에 앉으셔서 예루살렘 성전을 바라보시며 성전이 파괴될 것을 분명하게 말씀하셨습니다. 이에 제자들은 장차 있을 예루살렘의 멸망과 마지막 때의 징조에 대해 여쭈었습니다.

예수께서 이르시되 너희가 사람의 미혹을 받지 않도록 주의하라(막13:5)

많은 사람이 내 이름으로 와서 이르되 나는 그리스도라 하여 많은 사람을 미혹하리라, 거짓 선지자가 많이 일어나 많은 사람을 미혹하겠으며(마24:5,11)

예수님은 많은 "거짓 선지자"들이 자신의 이름으로 와서 "나는 그리스도라"(I am Christ) 주장하며 사람들을 속일 것이므로 제자들에게 이에 현혹되지 말라고 명하셨습니다. 본문에서 "주의하라"(Βλέπετε, take heed)란 동사가 현재명령형으로 쓰였으므로 이는 '계속 주의하라'는 뜻입니다. 따라서 제자들은 영들을 분별하여 그 영들이 예수님을 메시야로 인정하는지 혹은 그렇지 않은지 판단해야 합니다. "이로써 너희가 하나님의 영을 알지니 곧 예수 그리스도께서 육체로 오신 것을 시인하는 영마다 하나님께 속한 것이

12 예루살렘 북동쪽에 위치한 성전산은 유대교의 가장 신성한 지역으로, 예루살렘 성전이 있는 곳입니다.

요 예수를 시인하지 아니하는 영마다 하나님께 속한 것이 아니니 이것이 곧 적그리스도의 영이니라 오리라 한 말을 너희가 들었거니와 지금 벌써 세상에 있느니라"(요일4:2-3).

난리와 난리 소문을 듣겠으나 너희는 삼가 두려워하지 말라 이런 일이 있어야 하되 아직 끝은 아니니라 민족이 민족을, 나라가 나라를 대적하여 일어나겠고 곳곳에 기근과 지진이 있으리니 이 모든 것은 재난의 시작이니라(마24:6-8)

예수님이 다시 오실 때까지 "기근과 지진"은 세계의 모든 지역에서 일상적인 부분이 될 것이며, 예수님의 제자들은 신앙으로 말미암아 많은 "재난"을 받게 될 것입니다. "피조물이 다 이제까지 함께 탄식하며 함께 고통을 겪고 있는 것을 우리가 아느니라"(롬8:22). 구약시대의 선지자들은 이스라엘이 구원받기 전에 견뎌야 할 고난을 종종 아기를 출산하는 여인의 수고에 비유하였습니다. "해산하는 여인의 어려움이 그에게 임하리라 그는 지혜 없는 자식이로다 해산할 때가 되어도 그가 나오지 못하느니라"(호13:13). 예루살렘 성전의 파괴는 마지막 심판의 모형이며, 예수님이 재림하실 때까지 이와 같은 환란들은 지속될 것이며 또한 그 빈도가 늘어날 것입니다.

불법이 성하므로 많은 사람의 사랑이 식어지리라(마24:12)

본문에서 "불법"(ἀνομία, iniquity)이란 하나님의 율법에 위배되는 것을 말합니다. 마지막 때가 다가올수록 하나님의 말씀에 대한 사랑이 식어지므로 사람 사이의 사랑과 신뢰 역시 깨어지게 됩니다.

그러나 끝까지 견디는 자는 구원을 얻으리라(마24:13)

"끝"이란 한 사람의 인생의 마지막 순간 혹은 예수님께서 다시 오시는 날을 의미하며, 이 때에 신자들을 향한 모든 박해는 그치게 되고 예수님을 메시야로 고백하고 신앙을 지킨 이들은 구원을 얻게 됩니다.

이 천국 복음이 모든 민족에게 증언되기 위하여 온 세상에 전파되리니 그제야 끝이 오리라(마24:14)

임박한 그리스도 재림의 가장 분명한 표지는 "천국 복음"이 모든 열방에게 전파되는 때로, 이는 예수님의 지상명령과 함께 시작된 교회의 지극히 첫째 되는 사명입니다.

예수님은 종말에 대한 징조로 기근과 전쟁, 이단들의 발흥, 그리고 땅끝까지 증거되는 복음을 말씀하셨습니다. 또한 제자들이 공회와 회당과 통치자들에게 박해를 받게 될 것이지만, 성령께서 그들에게 그리스도를 증언할 기회를 주실 것이며 끝까지 견디는 자는 구원을 받을 것이기에 염려하지 말라고 말씀하셨습니다.

가장 큰 환난 마24:15-28, 막13:14-23, 눅21:20-24

그러므로 너희가 선지자 다니엘이 말한 바 멸망의 가증한 것이 거룩한 곳에 선 것을 보거든 (읽는 자는 깨달을진저)(마24:15)

예수님은 다니엘서를 인용하시며 예루살렘의 멸망을 말씀하셨습니다. "군대는 그의 편에 서서 성소 곧 견고한 곳을 더럽히며 매일 드리는 제사를 폐하며 멸망하게 하는 가증한 것을 세울 것이며"(단11:31). "멸망의 가증한 것"[13]이란 적(敵)그리스도가 하나님의 성전을 모독할 것을 가리키는데, 유대 역사에서 이 예언은 주전 167년 셀레우코스 왕조의 안티오쿠스 4세가 성전에 제우스 제단을 세웠을 때에 성취된 것으로 여겨졌습니다. "그가

13 '멸망의 가증한 것'(τὸ βδέλυγμα τῆς ἐρημώσεως)이라는 단어는 중성명사로 어떤 사물을 가리키지만, 마가복음에서 '서 있는'(ἑστηκότα, standing, 막13:14)이라는 남성분사가 사용된 것은 '멸망의 가증한 것'이 어떤 사물이 아닌 사람을 의미한다고도 볼 수 있습니다.

장차 많은 사람들과 더불어 한 이레 동안의 언약을 굳게 맺고 그가 그 이레의 절반에 제사와 예물을 금지할 것이며 또 포악하여 가증한 것이 날개를 의지하여 설 것이며 또 이미 정한 종말까지 진노가 황폐하게 하는 자에게 쏟아지리라 하였느니라 하니라"(단9:27). 그는 돼지를 비롯한 부정한 짐승들을 제물로 바치고 안식일을 범하며 할례를 폐지하였습니다. 예수님은 다니엘의 예언이 로마에 의한 성전 파괴와 말세에 적그리스도의 우상이 세워지는 일로 다시 실현될 것이라고 하셨습니다. "짐승 앞에서 받은 바 이적을 행함으로 땅에 거하는 자들을 미혹하며 땅에 거하는 자들에게 이르기를 칼에 상하였다가 살아난 짐승을 위하여 우상을 만들라 하더라"(계13:14).

너희가 예루살렘이 군대들에게 에워싸이는 것을 보거든 그 멸망이 가까운 줄을 알라 그 때에 유대에 있는 자들은 산으로 도망갈 것이며 성내에 있는 자들은 나갈 것이며 촌에 있는 자들은 그리로 들어가지 말지어다(눅21:20-21)

펠라(Pella) 산지

예루살렘이 "군대들에게 에워싸이는 것"의 첫 번째 성취는 주후 70년에 일어난 예루살렘의 함락인데, 이는 말세에 있을 더 큰 심판의 전조입니다. "그 때에"란 아직 시간이 있을 때 산으로 도망가야 하며, 성 안에 남아 있는 사람들도 로마군의 포위 공격이 발생하기 전에 서둘러 떠나야 한다는 것을 의미합니다. 역사가 요세푸스는 "산으로 도망갈 것이며"라는 말씀이 주후 67년 유대인 반란 기간에 기독교인들이 펠라 산지[14]로 도망쳤을 때 성취되었다고 주장합니다.

14 요르단 지역에 있는 펠라 산지(Pella mountain)는 성경에 나타나지 않지만, 마태복음(4:25)과 마가복음(7:31)에 언급된 데가볼리(Decapolis, 10개 도시들) 중 하나로, 로마가 예루살렘을 함락했을 때 기독교인들이 피난을 떠났던 주요 도시로 추정됩니다. Tenney ed., *The Zondervan Pictorial Bible Dictionary*, 633.

이 날들은 기록된 모든 것을 이루는 징벌의 날이니라(눅21:22)

너희가 도망하는 일이 겨울에나 안식일에 되지 않도록 기도하라(마24:20)

이 말씀은 유대인에게 가장 중요한 율법 준수가 생존을 위한 피난길에서는 걸림돌이 될 만큼 "징벌의 날"이 엄중하고 혹독할 것임을 강조합니다.

이는 그 때에 큰 환난이 있겠음이라 창세로부터 지금까지 이런 환난이 없었고 후에도 없으리라(마24:21)

예수님은 인자의 재림에 선행할 "큰 환난"은 앞으로 있을 예루살렘의 멸망보다 훨씬 더 참혹할 것이라고 예언하셨습니다. 천지창조 이후 전례가 없는 이 환난은 적그리스도의 신성모독과 더불어 온 땅에서 일어날 것입니다.

그 날에는 아이 밴 자들과 젖먹이는 자들에게 화가 있으리니 이는 땅에 큰 환난과 이 백성에게 진노가 있겠음이로다 그들이 칼날에 죽임을 당하며 모든 이방에 사로잡혀 가겠고 예루살렘은 이방인의 때가 차기까지 이방인들에게 밟히리라(눅21:23-24)

평화로운 시절에는 임신과 출산이 복된 일이지만 전쟁이 일어났을 때에는 "아이 밴 자들"과 "젖먹이는 자들"은 쉽게 움직일 수 없으므로 가장 취약한 상태에 놓입니다. 하지만 예수님은 "이방인의 때가 차기까지"라고 말씀하심으로 이러한 절망적인 상황 이후에 이스라엘이 회개하고 하나님의 은혜를 다시 입게 될 것을 예언하셨습니다.

그 날들을 감하지 아니하면 모든 육체가 구원을 얻지 못할 것이나 그러나 택하신 자들을 위하여 그 날들을 감하시리라(마24:22)

인류의 악함에 대한 하나님의 진노가 지속된다면 어느 누구도 살아남지 못할 것이므로 하나님은 "택하신 자들"을 위하여 심판의 날을 줄여주셨습니다. 구약 다니엘서의 70번째 이레(7주)와, "그가 장차 많은 사람들과 더불어 한 이레 동안의 언약을 굳게 맺고 그가 그 이레의 절반에 제사와 예물을 금지할 것이며 또 포악하여 가증한 것이 날개를 의지하여 설 것이며 또 이미 정한 종말까지 진노가 황폐하게 하는 자에게 쏟아지리라 하였느니라 하니라"(단9:27), 신약 요한계시록의 42개월은 이 줄어든 기한을 구체적으로 언급합니다. "그 여자가 광야로 도망하매 거기서 천이백육십 일 동안 그를 양육하기 위하여 하나님께서 예비하신 곳이 있더라"(계12:6).

거짓 그리스도들과 거짓 선지자들이 일어나 큰 표적과 기사를 보여 할 수만 있으면 택하신 자들도 미혹하리라(마24:24)

종말이 다가올 때에 "거짓 그리스도들과 거짓 선지자들"은 초자연적인 "큰 표적과 기사"로 사람들을 속일 것입니다. "아이들아 지금은 마지막 때라 적그리스도가 오리라는 말을 너희가 들은 것과 같이 지금도 많은 적그리스도가 일어났으니 그러므로 우리가 마지막 때인 줄 아노라"(요일2:18). 심지어 "택하신 자들"조차 미혹될 수 있다고 예수님이 말씀하신 것은 그들이 행하는 기적이 마치 하나님에게서 나온 것처럼 능력이 있기 때문입니다. 그러나 하나님은 택하신 자기 백성을 보호하실 것이므로 신자들은 신앙을 지킬 것입니다. "나를 보내신 이의 뜻은 내게 주신 자 중에 내가 하나도 잃어버리지 아니하고 마지막 날에 다시 살리는 이것이니라"(요6:39).

그러면 사람들이 너희에게 말하되 보라 그리스도가 광야에 있다 하여도 나가지 말고 보라 골방에 있다 하여도 믿지 말라 번개가 동편에서 나서 서편까지 번쩍임같이 인자의 임함도 그러하리라(마24:26-27)

예수님은 은밀히 오시는 것이 아니라 온 하늘 사방에서 번개가 번쩍이는 것처럼 모두가 분명히 볼 수 있게 나타나실 것입니다.

주검이 있는 곳에는 독수리들이 모일지니라(마24:28)

이 말씀은 시체가 있는 곳을 선회하는 독수리들의 모습이 멀리서도 잘 보이듯이, 예수님도 이처럼 실제적이고 가시적으로 재림하실 것이라는 의미입니다. 또한 이는 예수님이 다시 오셨을 때에 하나님 나라를 끝까지 거부한 이들에게 내려지는 심판에 의한 광범위한 죽음을 암시합니다.

제자들은 성전 파괴가 종말에 일어날 것이라고 생각했는데, 예수님은 예루살렘의 멸망은 재림의 상징이자 예표라고 말씀하셨습니다. 또한 예수님은 임박한 종말론과 기적을 미끼로 자신들이 메시야라고 주장하는 거짓 선지자들에게 미혹되지 않도록 주의를 주셨습니다.

인자의 오심 마24:29-31, 막13:24-27, 눅21:25-28

그 날 환난 후에 즉시 해가 어두워지며 달이 빛을 내지 아니하며 별들이 하늘에서 떨어지며 하늘의 권능들이 흔들리리라(마24:29)

"하늘의 권능들"이란 해와 달과 별들을 포괄하는 천체를 가리키는데, 이는 예수님이 재림하시기 직전에 모든 피조물들이 목격하게 될 우주적 사건들에 대한 묘사입니다.

그 때에 인자의 징조가 하늘에서 보이겠고 그 때에 땅의 모든 족속들이 통곡하며 그들이 인자가 구름을 타고 능력과 큰 영광으로 오는 것을 보리라(마24:30)

"통곡"은 다가올 심판에 대한 회한(悔恨)을 말하며, "구름을 타고 능력과 큰 영광으로 오는 것"은 예수님이 태초부터 계신 창조주이시자, 만물을 다스리시는 섭리주이시며, 선악 간에 판단하시는 심판주로서 임하실 것을 의미합니다. "환난을 받는 너희에게는 우리와 함께 안식으로 갚으시는 것이 하나님의 공의시니 주 예수께서 자기의 능력의 천사들과 함께 하늘로부터 불꽃 가운데에 나타나실 때에"(살후1:7). 종말에 예수님은 승천하실 때 하늘에 올라가셨던 모습 그대로 재림하실 때 하늘에서 내려오실 것입니다. "이르되 갈릴리 사람들아 어찌하여 서서 하늘을 쳐다보느냐 너희 가운데서 하늘로 올려지신 이 예수는 하늘로 가심을 본 그대로 오시리라 하였느니라"(행1:11).

그가 큰 나팔소리와 함께 천사들을 보내리니 그들이 그의 택하신 자들을 하늘 이 끝에서 저 끝까지 사방에서 모으리라(마24:31)

"나팔소리"란 메시야의 오심을 알리는 웅장한 신호를 의미합니다. "보라 내가 너희에게 비밀을 말하노니 우리가 다 잠 잘 것이 아니요 마지막 나팔에 순식간에 홀연히 다 변화되리니 나팔 소리가 나매 죽은 자들이 썩지 아니할 것으로 다시 살아나고 우리도 변화되리라"(고전15:51-52). 예수님께서 구속받은 모든 이들과 함께 재림하실 때 천사들은 지상의 모든 신자들을 모아 주님께로 나아올 것이며 예수님은 이들을 데리고 올라가실 것입니다.

이런 일이 되기를 시작하거든 일어나 머리를 들라 너희 속량이 가까웠느니라 하시더라(눅21:28)

"일어나 머리를 들라"란 소망과 확신의 자세이며, "속량이 가까웠느니라"란 새로운 육신을 입게 될 재림의 때가 임박했다는 말씀입니다. "이 썩을 것이 반드시 썩지 아니할 것을 입겠고 이 죽을 것이 죽지 아니함을 입으리로다"(고전15:53). 이와 같이 예수님은 자신이 이 땅에 다시 오실 때 만물이 완성될 것과 신자가 구원받을 것을 말씀하셨습니다.

인간의 역사는 예수님의 재림으로 종결되는데, 예수님은 부지불식간에 모두가 눈으로 볼 수 있는 방식으로 영광 가운데 나타나실 것입니다. 천사들은 부활하신 예수님이 승천하셨을 때 제자들이 보았던 모습 그대로 다시 하늘에서 내려오실 것이라고 증언하였습니다.

깨어 있으라 마24:36-51, 막13:32-37, 눅21:34-36

그러나 그 날과 그 때는 아무도 모르나니 하늘의 천사들도, 아들도 모르고 오직 아버지만 아시느니라 노아의 때와 같이 인자의 임함도 그러하리라(마24:36-37)

"그 날과 그 때"는 예수님의 재림을 가리키는데, 예수님은 정확한 재림의 시기는 "아들도 모르고 오직 아버지만" 아신다고 하셨습니다. 이는 예수님이 인성의 관점에서 말씀하신 것으로,[15] 예수님의 신성에는 해당되지 않습니다. 예수님은 신성을 따라 참 하나님이시며 인성을 따라 참 사람이십니다. 그리스도의 두 본성, 즉 신성과 인성은 결코 혼동되지 않고 변화하지 않으며, 나눌 수 없고 분리할 수 없습니다. 예수님의 신적 위격 안에서 신성과 인성은 연합되지만 각 본성의 특징은 서로 구별되고 보존됩니다.[16]

그 때에 두 사람이 밭에 있으매 한 사람은 데려가고 한 사람은 버려둠을 당할 것이요(마24:40)

그리스도가 재림하실 때 인류는 두 부류로 나누어지는데, 한 부류에 속한 사람은 구원을 얻을 것이며, 다른 부류에 속한 사람은 심판을 받을 것입니다.

주의하라 깨어 있으라 그 때가 언제인지 알지 못함이라, 그러므로 깨어 있으라 집 주인이 언제 올는지 혹 저물 때일는지, 밤중일는지, 닭 울 때일는지, 새벽일는지 너희가 알지 못함이라(막13:33,35)

예수님은 "주의하라"(βλέπετε, take heed)는 명령과 "깨어 있으라"

---

15 예수님의 인성을 증거하는 예로는, "자라며 강하여지고"(눅2:40), "키가 자라가며"(눅2:52), "피곤하여"(요4:6), "목마르다"(요19:28), "주리신지라"(마4:2) 등이 있습니다.

16 그리스도의 양성(兩性) 교리는 칼케돈 공의회(451년)에서 확정된 내용입니다.

(ἀγρυπνεῖτε, watch)는 명령을 현재형으로 반복하시며 항상 분별하는 자세를 갖출 것을 강조하셨습니다. '저물 때, 밤중, 닭 울 때, 새벽'이란 당시 로마인들이 오후 6시부터 다음 날 오전 6시까지의 밤 시간을 네 시간대(4경)로 구분한 것을 말합니다. 예수님은 종들과 문지기들이 늘 깨어 있어서 주인이 돌아올 때를 기다려야 하는 것처럼 제자들 역시 예수님의 재림을 예비해야 한다고 말씀하셨습니다.

이 날은 온 지구상에 거하는 모든 사람에게 임하리라 이러므로 너희는 장차 올 이 모든 일을 능히 피하고 인자 앞에 서도록 항상 기도하며 깨어 있으라 하시니라(눅21:35-36)

본문의 "이 날"이란 유대인들에게만 해당되는 예루살렘의 멸망의 날이 아니라 온 세계 만민에게 임하는 종말의 날입니다. "인자 앞에 서도록"이란 최후 심판 때에 예수님께 잘하였다는 칭찬을 듣도록 힘써야 한다는 의미입니다.

예수님은 전혀 예상하지 못한 때 인자가 올 것이라고 하시며, 충성되고 지혜로운 종이 되라고 하셨습니다. '깨어 있으라'는 명령은 신자가 예수님의 재림을 막연히 기다리기만 할 것이 아니라, 지상명령을 완수하면서 천하보다 귀한 한 영혼을 더 얻으라는 말씀입니다.

종말에 관한 말씀 예수님은 자신의 부활과 재림 사이에 종말을 기다리는 기간이 있다고 미리 말씀해 주셨습니다. 다음의 비유들은 제자들이 단순히 깨어 있는 것이 아니라 다시 오실 예수님을 맞이할 준비를 하며 깨어 있어야 함을 가르칩니다.

열 처녀 비유 마25:1-13

그 때에 천국은 마치 등을 들고 신랑을 맞으러 나간 열 처녀와 같다 하리니 (마25:1)

구약에서 하나님은 자신을 이스라엘의 '남편'으로 지칭하셨는데, "이는 너를 지으신 이가 네 남편이시라 그의 이름은 만군의 여호와이시며 네 구속자는 이스라엘의 거룩한 이시라 그는 온 땅의 하나님이라 일컬음을 받으실 것이라"(사54:5), 예수님도 자신을 "신랑"으로 말씀하셨습니다. "열 처녀"는 결혼식에서 신부를 돕는 들러리(bridesmaid)들을 의미합니다.

그 중의 다섯은 미련하고 다섯은 슬기 있는 자라 미련한 자들은 등을 가지되 기름을 가지지 아니하고 슬기 있는 자들은 그릇에 기름을 담아 등과 함께 가져갔더니 (마25:2-4)

당시 유대 풍습에서는 신랑과 그의 친구들이 밤에 신부의 집에 찾아가서 결혼식을 치렀는데, 이때 신부의 친구들은 신랑을 안내하기 위하여 불을 밝히고 있어야 했으며, 또한 결혼식 후에 신랑의 집에서 열리는 피로연에 다함께 돌아가는 길에도 불을 밝혀야 했습니다. 따라서 신부의 들러리들은 오랜 시간 등불을 밝혀야 했으므로 충분한 양의 기름을 준비하는 것이 가장 중요한 일이었습니다.

밤중에 소리가 나되 보라 신랑이로다 맞으러 나오라 하매 이에 그 처녀들이 다 일어나 등을 준비할새 미련한 자들이 슬기 있는 자들에게 이르되 우리 등불이 꺼져가니 너희 기름을 좀 나눠 달라 하거늘 슬기 있는 자들이 대답하여 이르되 우리와 너

희가 쓰기에 다 부족할까 하노니 차라리 파는 자들에게 가서 너희 쓸 것을 사라 하니(마25:6-10)

지혜로운 처녀들과 어리석은 처녀들의 대화를 통하여 신랑과 함께 혼인 잔치에 갈 준비를 하는 것은 각 들러리의 책임이라는 것을 알 수 있습니다.

그들이 사러 간 사이에 신랑이 오므로 준비하였던 자들은 함께 혼인 잔치에 들어가고 문은 닫힌지라 그 후에 남은 처녀들이 와서 이르되 주여 주여 우리에게 열어 주소서 대답하여 이르되 진실로 너희에게 이르노니 내가 너희를 알지 못하노라 하였느니라(마25:10-12)

신랑을 맞으러 나간 열 처녀 중에서 등을 준비한 다섯 처녀만이 결혼 예식에 참여할 수 있었습니다. 어리석은 처녀들은 애타게 부르짖었지만 신랑은 "내가 너희를 알지 못하노라"고 대답하며 문을 열어 주지 않았습니다. 이 비유에서 예수님은 자신의 부활 후 승천과 영광스런 재림 사이에 성도들이 기다리는 기간이 있음을 미리 말씀해 주셨습니다.[17]

이 비유는 예수님의 재림이 결혼식의 신랑의 방문과 같이 불시에 이루어지기 때문에, 성도들은 주님을 맞이하고 그분과 동행하기 위하여 늘 깨어 있어야 함을 가르칩니다. 그러나 단순히 깨어 있는 것만으로는 충분하지 않으며, 슬기로운 다섯 처녀처럼 등불과 기름을 함께 준비하고 기다리고 있어야 합니다.

---

17 이러한 오랜 지연에 관한 비유들은 충성스러운 종과 불의한 종들, 기다리는 종들과 밤의 도둑, 그리고 본문의 열 처녀의 비유 등입니다. C. H. Dodd, *The Parables of the Kingdom* (New York: Charles Scribner's Sons, 1936), 154.

달란트 비유 마25:14-30

또 어떤 사람이 타국에 갈 때 그 종들을 불러 자기 소유를 맡김과 같으니 각각 그 재능대로 한 사람에게는 금 다섯 달란트를, 한 사람에게는 두 달란트를, 한 사람에게는 한 달란트를 주고 떠났더니(마25:14-15)

주인이 다른 나라에 한동안 머물기 위해 떠나면서 종들을 불러 "각각 재능대로" 자신의 재산을 위탁하였습니다.

한 달란트 받은 자는 가서 땅을 파고 그 주인의 돈을 감추어 두었더니(마25:18)

다섯 달란트를 받은 종과 두 달란트를 받은 종은 장사를 하여 받은 달란트만큼의 이윤을 남겼지만, 한 달란트 받은 종은 아무 일도 하지 않고 돈을 땅에 묻어 두었습니다. 주인은 종들에게 노력하여 이윤을 창출하라고 재화를 맡긴 상황이기 때문에, 이 한 달란트 받은 종의 태도는 그릇된 반응입니다.

오랜 후에 그 종들의 주인이 돌아와 그들과 결산할새(마25:19)

"오랜 후에"란 종들에게 일할 수 있는 충분한 시간이 있었다는 것을 알려주며, 또한 우리에게도 재림의 때까지 받은 은사를 사용하여 복음을 전파할 긴 시간이 주어졌음을 암시합니다.

다섯 달란트 받았던 자는 다섯 달란트를 더 가지고 와서 이르되 주인이여 내게 다섯 달란트를 주셨는데 보소서 내가 또 다섯 달란트를 남겼나이다 그 주인이 이르되 잘하였도다 착하고 충성된 종아 네가 적은 일에 충성하였으매 내가 많은 것을 네게 맡기리니 네 주인의 즐거움에 참여할지어다 하고 두 달란트 받았던 자도 와서 이르되 주인이여 내게 두 달란트를 주셨는데 보소서 내가 또 두 달란트를 남겼나이다 그 주인이 이르되 잘하였도다 착하고 충성된 종아 네가 적은 일에 충성하였으매 내가 많은 것을 네게 맡기리니 네 주인의 즐거움에 참여할지어다 하고(마25:20-23)

주인이 다섯 달란트를 남긴 종과 두 달란트를 남긴 종에게 "착하고 충성된 종아"라고 동일하게 칭찬한 것은 자신에게 주어진 달란트, 곧 은사를 충실히 활용하여 주인이 기대했던 만큼의 수익을 내었기 때문입니다. 또한 두 종에게 똑같이 "내가 많은 것을 네게 맡기리니"라고 하심으로 신실하게 청지기 직분을 잘 감당하면 내세에 더 크고 영광스러운 직분을 받게 될 것임을 알게 하셨습니다.

한 달란트 받았던 자는 와서 이르되 주인이여 당신은 굳은 사람이라 심지 않은 데서 거두고 헤치지 않은 데서 모으는 줄을 내가 알았으므로(마25:24)

"굳은"이란 '무서운, 어려운'이란 뜻으로, 한 달란트 받은 종은 자신의 행위를 반성하기는커녕 오히려 주인을 원망하며 자신이 일을 하지 않은 이유가 주인의 완고함과 탐욕 때문이라고 변명하였습니다.

그에게서 그 한 달란트를 빼앗아 열 달란트 가진 자에게 주라 무릇 있는 자는 받아 풍족하게 되고 없는 자는 그 있는 것까지 빼앗기리라(마25:28-29)

"무릇 있는 자는 받아 풍족하게 되고"란 하나님이 주신 능력을 지혜롭게 사용하는 종은 하나님께 더 귀하게 쓰임 받을 것이라는 의미이며, 천국에서 보상의 차등이 있을 것임을 암시하는 말씀 중 하나입니다. "심는 이와 물 주는 이는 한 가지이나 각각 자기가 일한 대로 자기의 상을 받으리라"(고전3:8). 이 비유에서 예수님은 결산의 날에 악하고 게으른 종에게 무서운 심판이 선언되기 때문에, 하나님이 맡기신 일을 충성되게 행하며 마지막 때를 준비해야 한다고 하셨습니다.

달란트 비유는 모든 종들이 각각 그 은사에 따라 능력을 받았다는 사실을 가르쳐 줍니다. 예수님은 각자가 맡은 일에 대한 열매를 기대하고 계시며, 결코 맡기신 것 이상을 요구하지 않으십니다. 그러므로 기회가 주어졌을 동안 착하고 충성스럽게 맡은 일에 힘쓰는 것이 종들의 사명이며, 하나님은 충성스러운 종들에게는 더 많은 수확의 기쁨을 누리게 하십니다.

마지막 날과 심판 마25:31-46

인자가 자기 영광으로 모든 천사와 함께 올 때에 자기 영광의 보좌에 앉으리니 모든 민족을 그 앞에 모으고 각각 구분하기를 목자가 양과 염소를 구분하는 것 같이 하여 양은 그 오른편에 염소는 왼편에 두리라(마25:31-33)

"영광의 보좌"란 예수님이 영원한 판결을 내리는 공의의 심판자이심을 의미합니다. 하나님의 백성을 "양"으로 묘사한 것은 이스라엘의 목자이신 예수님의 특별한 돌보심의 표현입니다.

그 때에 임금이 그 오른편에 있는 자들에게 이르시되 내 아버지께 복 받을 자들이여 나아와 창세로부터 너희를 위하여 예비된 나라를 상속받으라(마25:34)

"임금"은 영광의 보좌에 앉으신 인자, 곧 옛적부터 항상 계신 이가 나라를 인자 같은 이에게 주신다고 말씀하는 다니엘의 예언을 상기시킵니다(단7:13-14). "내 아버지께 복 받을 자들이여"란 양을 향한 축복이 성부와 성자와의 관계로 말미암아 받은 유업이라는 의미입니다.

임금이 대답하여 이르시되 내가 진실로 너희에게 이르노니 너희가 여기 내 형제 중에 지극히 작은 자 하나에게 한 것이 곧 내게 한 것이니라 하시고(마25:40)

양들이 자신들의 행위가 어떻게 높으신 임금에게 행한 것인지를 묻자, 임금은 "내 형제 중에 지극히 작은 자"를 돌본 것이 자신에게 한 것이라고 하였습니다.

또 왼편에 있는 자들에게 이르시되 저주를 받은 자들아 나를 떠나 마귀와 그 사자들을 위하여 예비된 영원한 불에 들어가라, 이에 임금이 대답하여 이르시되 내가 진실로 너희에게 이르노니 이 지극히 작은 자 하나에게 하지 아니한 것이 곧 내게 하지 아니한 것이니라 하시리니 (마25:41, 44-45)

임금은 양들에게 나라를 상속받게 한 후에, 염소들은 "영원한 불"에 던졌습니다. 염소들 역시 자신들이 심판을 받는 이유에 대해 묻자, 왕은 양들에게 대답했던 것과 마찬가지로 "지극히 작은 자"에게 행하지 않은 것이 바로 자신에게 하지 않은 것이라고 하였습니다. 이 비유에서 악인들은 악을 행하는 데에 적극적이었던 것에 대해서 심판받는 것이 아니라 선을 행하는 데에 소극적이었던 것에 대하여 심판받았습니다.

그들은 영벌에, 의인들은 영생에 들어가리라 하시니라 (마25:46)

예수님은 '지극히 작은 자'와 자신을 동일시하시며, 마지막 심판 때에 삶 가운데 성령의 열매가 나타나는 의인들에게는 "영생"을, 그렇지 않은 자들에게는 "영벌"을 주실 것입니다. 유념해야 할 점은 양들이 보여준 선행이 공로가 되어 상급을 받는 것이 아니라, 그들의 행위는 예수 그리스도의 자비로 말미암아 그들의 마음이 변화되었음을 보여주는 증거라는 사실입니다.

예수님은 영광의 재림 때 양과 염소를 구별하는 목자처럼 모든 민족을 공의로 심판하시며 영생과 영벌을 내리십니다. 예수님은 세상에서 관심과 존중을 받지 못하는 약자와 자신을 동일시하시며, 신자들에게 어려움에 처한 이웃들을 돌보며 긍휼을 베풀 것을 명령하셨습니다.

죽으심에 대한 네 번째 예고 마26:1-5, 막14:1-2, 눅22:1-2

예수께서 이 말씀을 다 마치시고 제자들에게 이르시되 너희가 아는 바와 같이 이틀이 지나면 유월절이라 인자가 십자가에 못 박히기 위하여 팔리리라 하시더라(마26:1-2)

고난주간의 셋째 날 화요일 오후, 예수님은 자신의 체포와 십자가 처형을 네 번째로 예고하셨습니다.

유월절이라 하는 무교절이 다가오매(눅22:1)

그 때에 대제사장들과 백성의 장로들이 가야바라 하는 대제사장의 관정에 모여(마26:3)

무교절은 유대력으로 첫 번째 달인 니산월 15일부터 21일까지이며(양력 3-4월), 이는 예수님의 공생애 사역의 세 번째이자 마지막 유월절입니다.[18] "대제사장들과 백성의 장로들"이란 예루살렘의 통치 기구인 산헤드린의 회원들을 지칭하며, 가야바는 당시 대제사장으로 직전 대제사장 안나스의 사위입니다.

대제사장들과 서기관들이 예수를 무슨 방도로 죽일까 궁리하니 이는 그들이 백성을 두려워함이더라(눅22:2)

예수를 흉계로 잡아 죽이려고 의논하되 말하기를 민란이 날까 하노니 명절에는 하지 말자 하더라(마26:4-5)

유월절 기간에는 평소 예루살렘 인구의 네 배가 넘는 사람이 모이는데, 순례자들은 의식적 부정(不淨)으로부터 성결하게 하기 위하여 일찍 올라갔습니다. "그들이 첫째 달 열넷째 날 해 질 때에 시내 광야에서 유월절을 지켰으되 이스라엘 자손이 여호와께서 모세에게 명령하신 것을 다 따라 행하였더라"

18 본문에 언급되었듯이 유월절은 니산월 14일이고, 무교절은 니산월 15일부터 21일까지입니다. 그러므로 유월절과 무교절은 엄밀히 말하면 동일한 절기는 아니지만, 서로 관련이 있고 이어지는 절기이기 때문에 교호적으로 사용되기도 합니다.

(민9:5). 수만 명의 순례자들은 그들의 조상들이 이집트에서 해방된 일을 기억하면서 이스라엘의 독립을 염원하였습니다. "민란이 날까 하노니"란 수많은 백성들이 예수님을 정치적 메시야로 기대하였기 때문에 종교지도자들이 예수님을 공개적으로 체포하였다가는 도리어 자신들이 해를 입을 것을 우려한 말입니다.

예수님은 이전에 세 번에 걸쳐 자신이 고난 받으실 것을 예고하셨는데, 이제 마지막으로 자신의 체포되실 것과 십자가에 못 박히기 위하여 이방인 통치자들에게 넘겨지실 것을 말씀하십니다. 유대의 종교지도자들은 예수님을 죽이려고 결의하였지만, 큰 명절인 유월절에는 예수님을 추종하는 무리들이 많아서 계획을 연기하였습니다.

수요일(넷째 날) 이 날은 성경에 아무런 언급이 없으므로 침묵의 날이라고 합니다. 그러나 성경 말씀을 근거로 하여 예수님께서 성전에서 가르치셨다는 것과, "모든 백성이 그 말씀을 들으려고 이른 아침에 성전에 나아가더라 예수께서 낮에는 성전에서 가르치시고 밤에는 나가 감람원이라 하는 산에서 쉬시니"(눅21:37-38), 산헤드린이 예수님을 죽이려고 음모를 꾸몄다는 것을 유추해 볼 수 있습니다. "너희가 아는 바와 같이 이틀이 지나면 유월절이라 인자가 십자가에 못 박히기 위하여 팔리리라 하시더라 그 때에 대제사장들과 백성의 장로들이 가야바라 하는 대제사장의 관정에 모여 예수를 흉계로 잡아 죽이려고 의논하되 말하기를 민란이 날까 하노니 명절에는 하지 말자 하더라"(마26:2-5, cf. 막14:1-2). 이와 같이 유대 종교지도자들은 소요를 의식하여 백성들이 고향으로 돌아가는 무교절 이후에 예수님을 체포하려고 하였는데, 가룟 유다가 예수님을 배반하려고 종교지도자들에게 왔으므로 그들의 계획이 앞당겨지게 됩니다.

가룟 유다의 배신 마26:14-16, 막14:10-11, 눅22:3-6

열둘 중의 하나인 가룟인이라 부르는 유다에게 사탄이 들어가니(눅22:3)

"가룟"은 유다의 출신지로 헤브론에서 남쪽으로 20km 지점에 위치한 '그리욧 헤브론'을 가리킵니다. 복음서에서는 가룟 유다에게 사탄이 들어갔다는 표현이 이 구절에서 한 번, 최후의 만찬에서 한 번 기록되어 있습니다. "조각을 받은 후 곧 사탄이 그 속에 들어간지라 이에 예수께서 유다에게 이르시되 네가 하는 일을 속히 하라 하시니"(요13:27). 사탄은 예수님의 죽음에 유다가 결정적인 도움을 주도록 유혹하였으며, 하나님은 구속사역을 이루시기 위하여 이를 섭리적으로 허용하셨습니다.

이에 유다가 대제사장들과 성전 경비대장들에게 가서 예수를 넘겨 줄 방도를 의논하매(눅22:4)

대제사장들은 예수님의 직계 제자를 포섭할 생각조차 하지 못하였지만, 가룟 유다가 먼저 그들을 찾아갔습니다. "성전 경비대장들"이란 대제사장의 휘하에 있으면서 예루살렘 성전의 경비와 질서 유지를 맡았던 부대를 이끄는 책임자들을 말합니다.

내가 예수를 너희에게 넘겨주리니 얼마나 주려느냐 하니 그들이 은 삼십을 달아 주거늘(마26:15)

마리아는 향유 옥합을 깨뜨려 예수님의 장례를 예비하였는데, 유다는 돈을 받고 예수님을 팔려고 합니다. "은 삼십"은 백이십 데나리온으로 약 5개월 치의 임금인데, 여기에는 두 가지 의미가 있습니다. 첫째로, 스가랴서의 예언처럼 '은 삼십'은 이스라엘을 다스리는 목자가 받을 품삯을 뜻합니다. "내가 그들에게 이르되 너희가 좋게 여기거든 내 품삯을 내게 주고 그렇지 아니하거든 그만두라 그들이 곧 은 삼십 개를 달아서 내 품삯을 삼은지라"(슥11:12). 둘째로, '은 삼십'은 구약에서 사고로 소에게 받혀 죽은 종의 몸값입니다. "소가 만일 남종이나 여종을 받으면 소 임자가 은 삼십 세겔을 그의 상전에게 줄 것이요"(출21:32). 이는 예수님께서 '이스라엘의 목자', 곧 유대인의 왕으로 오셨지만 섬김을 받지 않으시고 도리어 '섬기는 종'으로 사역하셨음을 상징합니다. "인자가 온 것은 섬김을 받으려 함이 아니라 도리어 섬기려 하고 자기 목숨을 많은 사람의 대속물로 주려 함이니라"(막10:45).

유다가 허락하고 예수를 무리가 없을 때에 넘겨 줄 기회를 찾더라(눅22:6)

유다는 예수님이 혼자 계실 때에 대제사장들에게 연락을 주기로 하고 그 기회를 엿보기 시작하였습니다.

제자들 중 회계의 책무를 맡았던 가룟 유다에게 사탄이 들어가 예수님을 넘겨주기로 하였습니다. 이 모든 일은 하나님의 주권적 섭리에 따라 일어난 것으로, 유다가 받았던 '은 삼십'은 부지중에 예수님이 이스라엘을 다스리는 목자이시며 모든 사람을 섬기는 종이심을 드러내었습니다.

제16장 최후의 만찬과 새 언약

최후의 만찬(다섯째 날) - 목요일 마26:17-29, 막14:12-25, 눅22:7-23

무교절의 첫날 곧 유월절 양 잡는 날에 제자들이 예수께 여짜오되 우리가 어디로 가서 선생님께서 유월절 음식을 잡수시게 준비하기를 원하시나이까 하매(막14:12)

"무교절의 첫날"이란 니산월(양력 3-4월) 14일 목요일 저녁을 말합니다. 무교절은 니산월 15일부터 21일까지 칠 일 동안이며, 유월절 준비는 니산월 14일 목요일 일몰 후에 이루어집니다. 니산월 10일에 유월절 제사에 쓰일 일 년 된 숫양을 택하여, "너희는 이스라엘 온 회중에게 말하여 이르라 이 달 열흘에 너희 각자가 어린 양을 잡을지니 각 가족대로 그 식구를 위하여 어린 양을 취하되"(출12:3), 14일이 시작되는 시간에 잡아, "이 달 열나흗날까지 간직하였다가 해 질 때에 이스라엘 회중이 그 양을 잡고"(출12:6), 그날 저녁에 나팔 소리가 나면 누룩 없는 떡과 쓴 나물을 곁들여 함께 먹습니다. "그 밤에 그 고기를 불에 구워 무교병과 쓴 나물과 아울러 먹되"(출12:8). 고난주간의 다섯째 날인 목요일 저녁에 예수님은 제자들과 유월절 식사를 하셨고, 그날 밤에 성만찬을 제정하셨습니다.

예수께서 베드로와 요한을 보내시며 이르시되 가서 우리를 위하여 유월절을 준비하여 우리로 먹게 하라(눅22:8)

"유월절을 준비하여"란 식사할 장소를 빌리는 일을 비롯하여 양을 잡아 굽고 무교병과 포도주와 쓴 나물 등을 준비하는 모든 과정을 말합니다. 유월절 식사는 예루살렘 안에서 해야 합니다. "유월절 제사를 네 하나님 여호와께서 네게 주신 각 성에서 드리지 말고 오직 네 하나님 여호와께서 자기의 이름을 두시려고 택하신 곳에서 네가 애굽에서 나오던 시각 곧 초저녁 해 질 때에 유월절 제물을 드리고 네 하나님 여호와께서 택하신 곳에서 그 고기를 구워 먹고 아침에 네 장막으로 돌아갈 것이니라"(신16:5-7).

이르시되 보라 너희가 성내로 들어가면 물 한 동이를 가지고 가는 사람을 만나리니 그가 들어가는 집으로 따라 들어가서(눅22:10)

제자들이 나가 성내로 들어가서 예수께서 하시던 말씀대로 만나 유월절을 준비하니라(막14:16)

예수님은 베드로와 요한이 "물 한 동이를 가지고 가는 사람"을 만날 것이며, 그 사람이 그들을 유월절 식사 장소, 곧 '큰 다락방'으로 안내할 것이라고 말씀하셨습니다. "예수께서 하시던 말씀대로"란 이 모든 만남과 만찬의 준비가 하나님의 초자연적인 역사임을 알게 합니다.

그들이 먹을 때에 예수께서 떡을 가지사 축복하시고 떼어 제자들에게 주시며 이르시되 받아서 먹으라 이것은 내 몸이니라 하시고(마26:26)

또 떡을 가져 감사 기도하시고 떼어 그들에게 주시며 이르시되 이것은 너희를 위하여 주는 내 몸이라 너희가 이를 행하여 나를 기념하라 하시고(눅22:19)

예수님이 떡과 잔을 나누시면서 드린 "감사 기도"(εὐχαριστία)에서 '성만찬'(Eucharist)이란 단어가 유래되었습니다. 예수님은 떡을 떼어 주시며 "이것은 내 몸이니라"고 하셨는데, 이는 자신의 몸으로 단번에 드리는 영원한 제사를 의미합니다. "너희를 위하여"란 예수님이 속죄의 희생 제물이 되셨다는 의미이며, "너희를 위하여 주는 내 몸이라"고 하신 것은 그리스도의 살이 영적으로 또한 실재적으로 떡에 임재한다는 뜻입니다. 이같이 예수님은 주의 성찬을 제정하시고 "너희가 이를 행하여 나를 기념하라"고 명하셨습니다. "기념"(ἀνάμνησις;아남네시스, remembrance)이란 믿음으로 빵과 포도주를 받는 신자들 안에 그리스도께서 영적으로 임재하셔서 그들의 믿음을 강화시키고 그들의 영혼을 먹이심을 마음속에 항상 상기(想起)하게 하는 것을 의미합니다.

또 잔을 가지사 감사 기도하시고 그들에게 주시며 이르시되 너희가 다 이것을 마시라 이것은 죄 사함을 얻게 하려고 많은 사람을 위하여 흘리는 바 나의 피 곧 언약의 피니라(마26:27-28)

저녁 먹은 후에 잔도 이와 같이 하여 이르시되 이 잔은 내 피로 세우는 새 언약이니 곧 너희를 위하여 붓는 것이라(눅22:20)

"언약의 피"란 하나님의 공의를 만족시키는 예수님의 보혈을 의미하며, 구약에서 모세도 이를 예표하였습니다. "모세가 그 피를 가지고 백성에게 뿌리며 이르되 이는 여호와께서 이 모든 말씀에 대하여 너희와 세우신 언약의 피니라"(출24:8). "내 피로 세우는 새 언약"이란 예수님의 피가 새 언약을 보증한다는 사실을 가리키는데, 여기에서 '새 언약'(the New Testament), 곧 신약(新約)이라는 용어가 나왔습니다. 오래전에 이스라엘 백성과 언약을 맺으신 하나님께서 모든 민족을 구속하시기 위하여 새로운 언약을 세우셨습니다. "여호와의 말씀이니라 보라 날이 이르리니 내가 이스라엘 집과 유다 집에 새 언약을 맺으리라"(렘31:31).

그러나 너희에게 이르노니 내가 포도나무에서 난 것을 이제부터 내 아버지의 나라에서 새 것으로 너희와 함께 마시는 날까지 마시지 아니하리라 하시니라(마26:29)

예수님은 자신이 단번에 드리는 영원한 희생이 장차 천국에서 메시야적 잔치가 열릴 때까지 효력이 있음을 강조하셨습니다. "천사가 내게 말하기를 기록하라 어린 양의 혼인 잔치에 청함을 받은 자들은 복이 있도다 하고 또 내게 말하되 이것은 하나님의 참되신 말씀이라 하기로"(계19:9).

예수님은 제자들과 함께 유월절 식사를 하실 때 떡과 잔을 나누시고 감사 기도를 하시며 성만찬을 제정하셨습니다. 예수님은 떡과 포도주를 자신의 몸과 피라고 하셨는데, 이는 자기 백성들의 죄를 위해 희생되는 유월절 어린 양이 되심을 의미합니다. 예수님의 마지막 유월절 만찬은 후에 하나님 나라에서 베풀어질 어린 양의 혼인 잔치를 예표합니다.

제자들의 논쟁과 발을 씻기신 예수님 눅22:24-30, 요13:1-17

또 그들 사이에 그 중 누가 크냐 하는 다툼이 난지라(눅22:24)

이전에 예수님의 두 번째 고난 예고 후에 제자들 사이에서 누구에게 높은 지위가 주어질 것인지에 관해 다툼이 발생했었는데, "제자 중에서 누가 크냐 하는 변론이 일어나니 예수께서 그 마음에 변론하는 것을 아시고 어린 아이 하나를 데려다가 자기 곁에 세우시고 … 너희 모든 사람 중에 가장 작은 그가 큰 자니라"(눅9:46-48), 최후의 만찬 자리에서도 또다시 비슷한 논쟁이 일어났습니다. 제자들은 여전히 예수님을 정치적 메시야로 생각했기 때문에 훗날 예수님이 마카비 가문처럼 로마의 압제에서 유대 민족을 구원하실 때에 자신들이 누리게 될 세상 권력에 관심이 많았습니다.

너희는 그렇지 않을지니 너희 중에 큰 자는 젊은 자와 같고 다스리는 자는 섬기는 자와 같을지니라 앉아서 먹는 자가 크냐 섬기는 자가 크냐 앉아서 먹는 자가 아니냐 그러나 나는 섬기는 자로 너희 중에 있노라(눅22:26-27)

예수님은 "그러나 나는"이라고 하시며 자신의 기준은 세상의 기준과는 정반대임을 분명하게 밝히시며, 세상에서는 섬김을 받는 사람이 높은 사람이지만 하나님 나라에서는 섬기는 자가 높은 자라고 하셨습니다.

저녁 잡수시던 자리에서 일어나 겉옷을 벗고 수건을 가져다가 허리에 두르시고 이에 대야에 물을 떠서 제자들의 발을 씻으시고 그 두르신 수건으로 닦기를 시작하여 (요13:4-5)

본문은 요한복음에만 기록된 사건입니다. 예수님은 자신이 고난 받으실 것을 네 차례나 예고하셨지만, 제자들은 여전히 그 의미를 이해하지 못하고 누가 더 높은 사람인가를 놓고 논쟁을 벌였습니다. 이에 예수님은 수건을 몸에 두르시고 대야에 물을 담아 제자들의 발을 씻겨 주심으로 섬김의 본을 보여주셨습니다. 당시 팔레스타인 사람들은 주로 샌들을 신었는데, 흙과 먼지가 많은 사막 지역에서 살았으므로 발이 쉽게 더러워졌습니다. 따라서 사람들은 집에 들어오면 먼저 발부터 씻었는데, 보통 스스로 씻었지만 종이 있는 경우 발을 씻는 일은 대체로 종이 하였습니다. 이러한 문화적 배경에서 스승이신 예수님이 제자들의 발을 씻겨 주시는 행동은 매우 파격적이며 놀라운 것이었습니다.

베드로가 이르되 내 발을 절대로 씻지 못하시리이다 예수께서 대답하시되 내가 너를 씻어 주지 아니하면 네가 나와 상관이 없느니라(요13:8)

베드로가 극구 사양하자 예수님은 자신이 씻어 주지 않는 사람은 자신과 관계가 없는 사람이라고 하셨습니다. 예수님과 '상관이 없다'는 것은 예수님께 속하지 않았으므로 '상속을 받지 못한다'는 뜻입니다.

시몬 베드로가 이르되 주여 내 발뿐 아니라 손과 머리도 씻어 주옵소서 예수께서 이르시되 이미 목욕한 자는 발밖에 씻을 필요가 없느니라 온 몸이 깨끗하니라(요13:9-10a)

그러자 베드로는 발만 아니라 손과 머리까지도 씻어 주시라고 요청하였습니다. 이에 예수님은 목욕한 자는 발만 씻으면 된다고 하셨는데,

이는 이미 중생한 자는 다시 거듭날 필요가 없고 단지 지은 죄만 회개하면 된다는 의미입니다. 곧 그리스도인들은 죄에서 구원 받았을지라도 매일 짓는 죄에 대해서 회개하고 용서받아야 한다는 사실을 가르쳐 주신 것입니다.

너희가 깨끗하나 다는 아니니라 하시니 이는 자기를 팔 자가 누구인지 아심이라 그러므로 다는 깨끗하지 아니하다 하시니라(요13:10b-11)

또한 예수님은 자신을 배신하는 가룟 유다의 발까지 씻겨 주시며 원수에 대한 사랑을 보여주셨습니다.

유월절 전에 예수께서 자기가 세상을 떠나 아버지께로 돌아가실 때가 이른 줄 아시고 세상에 있는 자기 사람들을 사랑하시되 끝까지 사랑하시니라, 내가 주와 또는 선생이 되어 너희 발을 씻었으니 너희도 서로 발을 씻어 주는 것이 옳으니라(요13:1, 14)

예수님은 제자들에게 누가 더 큰 자인지 다투지 말고 자신의 모범을 따라 서로를 섬기라고 분부하셨습니다. 예수님은 세상을 떠나 아버지께로 가실 것이지만, "내가 아버지에게서 나와 세상에 왔고 다시 세상을 떠나 아버지께로 가노라 하시니"(요16:28), 이 땅에 계시는 동안 '자기 사람들', 곧 열두 제자들을 변함없이 마지막까지 사랑하셨습니다.

예수님께서 네 번에 걸쳐 고난 받으시고 죽으실 것을 예고하셨음에도 불구하고 제자들은 예수님과의 마지막 식사 자리에서조차 여전히 누가 더 큰가를 두고 서로 질투하였습니다. 예수님은 섬기는 자가 큰 자임을 가르치신 후에, 제자들에 대한 사랑의 표현으로 그들의 발을 씻겨 주시며 자신의 죽음을 통한 죄 씻음을 상징적으로 보여주셨습니다.

배반을 예언하신 예수님 마26:20-25, 막14:17-21, 눅22:22, 요13:18-30

저물 때에 예수께서 열두 제자와 함께 앉으셨더니(마26:20)
다 앉아 먹을 때에 예수께서 이르시되 내가 진실로 너희에게 이르노니 너희 중의 한 사람 곧 나와 함께 먹는 자가 나를 팔리라 하신대(막14:18)

"다 앉아 먹을 때에"란 예수님과 제자들 사이의 친밀한 교제를 말합니다. 그런데 예수님께서 제자들 가운데 자신을 배반할 사람이 있다는 충격적인 말씀을 하셨습니다.

내가 너희 모두를 가리켜 말하는 것이 아니니라 나는 내가 택한 자들이 누구인지 앎이라 그러나 내 떡을 먹는 자가 내게 발꿈치를 들었다 한 성경을 응하게 하려는 것이니라(요13:18)

"발꿈치를 들었다"란 은혜를 베푼 사람을 배신하는 행동을 표현하는 것으로, 말이 주인을 차기 위해 뒷발을 드는 것에 비유한 표현입니다. "내 떡을 먹는 자"란 다윗이 압살롬의 반역을 도운 자신의 오랜 친구 아히도벨을 지칭한 말입니다. "내가 신뢰하여 내 떡을 나눠 먹던 나의 가까운 친구도 나를 대적하여 그의 발꿈치를 들었나이다"(시41:9).

지금부터 일이 일어나기 전에 미리 너희에게 일러둠은 일이 일어날 때에 내가 그인 줄 너희가 믿게 하려 함이로라(요13:19)

예수님은 십자가 죽음 이후에 제자들의 믿음이 흔들릴 것을 아시고, 유다의 배신을 예고하심으로 자신의 신성을 더욱 분명히 드러내셨습니다.

예수께서 이 말씀을 하시고 심령이 괴로워 증언하여 이르시되 내가 진실로 진실로 너희에게 이르노니 너희 중 하나가 나를 팔리라 하시니(요13:21)
그들이 몹시 근심하여 각각 여짜오되 주여 나는 아니지요 대답하여 이르시되 나와 함께 그릇에 손을 넣는 그가 나를 팔리라(마26:22-23)

본문의 "괴로워"(ἐταράχθη, was troubled)는 심령이 떨리고 아픈 상태를 말합니다. 이에 제자들이 "몹시"(σφόδρα) 근심했는데, 이 부사는 아주 강한 표현으로 '심히'(deeply) 혹은 '극도로'(extremely)라는 뜻입니다. 당시의 관습에서 "함께 그릇에 손을 넣는"이란 빵을 찍어 먹을 때 같은 소스 그릇을 사용하는 사람, 곧 한 상에 둘러앉아서 먹는 가까운 사이를 말합니다.

인자는 자기에 대하여 기록된 대로 가거니와 인자를 파는 그 사람에게는 화가 있으리로다 그 사람은 차라리 태어나지 아니하였더라면 제게 좋을 뻔하였느니라(마26:24)

"인자는 자기에 대하여 기록된 대로 가거니와"(사53:7)란 선지자 이사야가 고난 받는 종(사42-53)에 대하여 예언한 것을 말합니다. 예수님은 앞으로 자신이 겪으실 고난과 죽음은 하나님께서 정하신 것이지만, 자신을 배반하는 그 제자는 자기 죄에 합당한 벌을 받을 것이라고 말씀하시며 가룟 유다의 행동을 정당화하지 않으셨습니다.

예수를 파는 유다가 대답하여 이르되 랍비여 나는 아니지요 대답하시되 네가 말하였도다 하시니라(마26:25)

다른 제자들이 걱정하며 자신이 혹시 배신할 그 제자인지를 여쭈는 것을 본 유다도 예수님께 동일한 질문을 하였습니다. 특이하게도 제자들은 예수님을 '주여'(κύριε, Lord)라고 부르는 반면, 가룟 유다만은 예수님을 '랍비여'(ῥαββί, master), 즉 선생님이라고 불렀습니다. 복음서에서 가룟 유다가 예수님을 '주'라고 고백한 기록은 없습니다. 이에 예수님은 "네가 말하였도다"라고 하셨는데, 이는 '네 말이 맞다'는 의미로 예수님께서 유다의 물음에 대해 긍정하신 것입니다. 예수님은 하나님의 뜻에 자발적으로 순종하심으로 대속적 희생을 당하시지만, 가룟 유다는 예수님을 배반한 일에 대한 책임을 져야 합니다.

제자들이 서로 보며 누구에게 대하여 말씀하시는지 의심하더라(요13:22)

하지만 가룟 유다 역시 다른 제자들과 유사하게 행동하였기 때문에 제자들은 예수님이 그에 대해 말씀하신다고 생각하지 못하고 서로를 의심하였습니다.

예수의 제자 중 하나 곧 그가 사랑하시는 자가 예수의 품에 의지하여 누웠는지라(요13:23)

당시 유대인들의 식사 문화는 로마의 영향을 받아 대개 식탁을 'ㄷ'자로 배치하여 종들이 음식을 나를 수 있게 하였습니다. 상석은 삼면의 가운데이며, 가장 중요한 손님은 주인의 오른편에, 그 다음은 주인의 왼편에 앉았습니다. 그들은 식사 중에 자연스럽게 대화하기 위해 비스듬히 왼쪽으로 기대고 누워 오른손으로 음식을 먹었습니다. 따라서 식사하는 사람의 머리가 왼쪽 손님의 가슴에 닿기도 했는데, 위에서 요한이 "예수의 품에 의지하여 누웠는지라"는 표현은 당시의 관습을 묘사한 것입니다.

시몬 베드로가 머릿짓을 하여 말하되 말씀하신 자가 누구인지 말하라 하니 그가 예수의 가슴에 그대로 의지하여 말하되 주여 누구니이까(요13:24-25)

베드로가 예수님이 "사랑하시는 자", 곧 요한을 시켜서 예수님을 배신할 자가 누구인지 질문하게 하였는데, 이는 예수님의 바로 곁에 기대어 누워 있었던 요한이 예수님께 말하기가 쉬웠기 때문입니다.

예수께서 대답하시되 내가 떡 한 조각을 적셔다 주는 자가 그니라 하시고 곧 한 조각을 적셔서 가룟 시몬의 아들 유다에게 주시니 조각을 받은 후 곧 사탄이 그 속에 들어간지라 이에 예수께서 유다에게 이르시되 네 하는 일을 속히 하라 하시니(요 13:26-27)

이에 예수님은 떡 한 조각을 가룟 유다에게 주심으로 자신을 넘겨 줄 자가 누구인지 지목하셨습니다. 앞에서 사탄은 유다의 마음에 그리스도를 배신하려는 마음을 넣었었는데(2절), 이제는 유다 속에 들어가 더 큰 영향력을 행사할 것입니다.

이 말씀을 무슨 뜻으로 하셨는지 그 앉은 자 중에 아는 자가 없고 어떤 이들은 유다가 돈궤를 맡았으므로 명절에 우리가 쓸 물건을 사라 하시는지 혹은 가난한 자들에게 무엇을 주라 하시는 줄로 생각하더라(요13:28-29)

예수님과 가룟 유다 외에는 예수님의 말씀을 이해하는 제자가 없었는데, 이는 유다가 회계를 맡았기 때문에 예수님의 명령과 이어지는 유다의 행동이 매우 자연스러웠기 때문인 것으로 추측됩니다.

유다가 그 조각을 받고 곧 나가니 밤이러라(요13:30)

유다는 대제사장들에게 예수님을 넘겨주기 위하여 밤중에 자리를 떠났습니다.

가룟 유다의 배신과 예수님의 죽음은 삼위 하나님의 구원협약 속에서 예정된 사건입니다. 예수님은 성경에서 예언된 대로 자신의 사역을 이루시지만, 예수님을 배반하는 유다는 자신의 행동에 책임을 져야 합니다. 하나님의 주권과 인간의 책임은 공존합니다.

새 계명을 주심 요13:31-35

그가 나간 후에 예수께서 이르시되 지금 인자가 영광을 받았고 하나님도 인자로 말미암아 영광을 받으셨도다(요13:31)

가룟 유다가 떠나자 예수님은 자신의 고난과 죽음으로 말미암아 성부 하나님과 자신이 영광 받으실 것을 말씀하셨습니다. 예수님은 자신의 '때'에 대해 여러 번 언급하셨는데, 이제 "지금"이라는 표현을 사용하여 그 때가 이르렀음을 밝히셨습니다.

새 계명을 너희에게 주노니 서로 사랑하라 내가 너희를 사랑한 것 같이 너희도 서로 사랑하라(요13:34)

예수님이 주신 "새 계명"은 전인격적으로 여호와를 사랑하고 자기 이웃을 자신처럼 사랑하라는 구약의 명령에 근거합니다. "너는 마음을 다하고 뜻을 다하고 힘을 다하여 네 하나님 여호와를 사랑하라"(신6:5), "원수를 갚지 말며 동포를 원망하지 말며 네 이웃 사랑하기를 네 자신과 같이 사랑하라 나는 여호와이니라"(레19:18). 예수님은 "내가 너희를 사랑한 것 같이"라고 말씀하시며 자신의 모범을 따르라고 가르치셨습니다.

내 계명은 곧 내가 너희를 사랑한 것 같이 너희도 서로 사랑하라 하는 이것이니라 사람이 친구를 위하여 자기 목숨을 버리면 이보다 더 큰 사랑이 없나니(요15:12-13)

예수님은 친구를 위하여 자기 목숨을 버리는 사랑으로 제자들을 사랑하셨습니다. "나는 너희에게 이르노니 너희 원수를 사랑하며 너희를 박해하는 자를 위하여 기도하라"(마5:44). 그러나 예수님은 이 명령을 더욱 승화시키시며 원수에 대한 사랑까지 가르쳐 주셨습니다.

너희가 서로 사랑하면 이로써 모든 사람이 너희가 내 제자인 줄 알리라(요13:35)

예수님은 제자의 배신에도 불구하고 끝까지 자기 사람들을 사랑하셨으며, 서로 사랑하는 것이 자신의 제자임을 드러내는 객관적 증거라고 말씀하셨습니다.

죽음을 앞두신 예수님께서 제자들에게 새 계명을 주시며 서로 사랑할 것을 명령하셨습니다. 따라서 사랑은 예수님의 제자들을 구별지어 주는 표지입니다. 예수님께서 이웃을 사랑하라고 하신 명령은 새로운 명령이 아니지만, 예수님은 몸소 제자들을 향한 사랑을 보여주심으로써 그들로 하여금 참다운 사랑의 본을 따르게 하셨습니다.

베드로의 부인을 예언하심 눅22:31-34, 요13:36-38

시몬아, 시몬아, 보라 사탄이 너희를 밀 까부르듯 하려고 요구하였으나(눅22:31)

"밀 까부르듯 하려고"란 체에 놓고 흔들어 알곡과 껍질을 구분해 내는 것과 같은 시련을 의미합니다. "보라 내가 명령하여 이스라엘 족속을 만국 중에서 체질하기를 체로 체질함 같이 하려니와 그 한 알갱이도 땅에 떨어지지 아니하리라"(암9:9). 사탄의 이와 같은 요구는 하나님께 욥을 시험하는 것을 허락해 달라고 요청한 것을 상기시킵니다. "이제 주의 손을 펴서 그의 모든 소유물을 치소서 그리하시면 틀림없이 주를 향하여 욕하지 않겠나이까 여호와께서 사탄에게 이르시되 내가 그의 소유물을 다 네 손에 맡기노라 다만 그의 몸에는 네 손을 대지 말지니라 사탄이 곧 여호와 앞에서 물러가니라"(욥1:11-12). 또한 "너희를"(all of you)이라는 표현을 통해 사탄이 예수님의 제자들 모두를 실족시키기 위해 격렬하게 공격할 것임을 알 수 있습니다. 특별히 예수님이 제자들 중에서 "시몬아, 시몬아"라고 부르신 것은 다가올 그의 부인을 예감하게 합니다.

그러나 내가 너를 위하여 네 믿음이 떨어지지 않기를 기도하였노니 너는 돌이킨 후에 네 형제를 굳게 하라(눅22:32)

본문의 "네 믿음"에서 '네'가 단수이므로 이 말씀은 베드로에게 하신 것이며, "떨어지지 않기를"이란 '완전히 떨어지지 않기를'이라는 의미입니다. 따라서 이 구절은 '내가 너의 믿음이 실패하지 않도록 너를 위해 간구하였다'라는 뜻입니다. 그리고 "너는 돌이킨 후에 네 형제를 굳게 하라"고 하심으로 예수님은 베드로가 부인했다가 회개할 것을 암시하셨습니다.

그가 말하되 주여 내가 주와 함께 옥에도, 죽는 데에도 가기를 각오하였나이다(눅22:33)
시몬 베드로가 이르되 주여 어디로 가시나이까 예수께서 대답하시되 내가 가는 곳에 네가 지금은 따라올 수 없으나 후에는 따라오리라(요13:36)

예수님의 이러한 말씀에도 불구하고 베드로는 자신의 믿음을 과신(過信)하였습니다. 이어 예수님은 베드로가 "지금은" 자신을 따라오지 못하지만 "후에는" 따라올 것이라고 하시며 그가 최종적으로는 순교의 길을 걷게 될 것을 예언하셨습니다.

예수님은 베드로를 비롯한 모든 제자가 임박한 체포와 십자가 고난 앞에서 자신을 버리고 도망칠 것을 말씀하셨습니다. 예수님의 예언대로 베드로는 세 번 부인하게 되지만, 이후에 베드로의 믿음이 회복된 것은 그를 위한 예수님의 기도가 응답되었음을 확증합니다.

예언의 성취 눅22:35-38

그들에게 이르시되 내가 너희를 전대와 배낭과 신발도 없이 보내었을 때에 부족한 것이 있더냐 이르되 없었나이다 이르시되 이제는 전대 있는 자는 가질 것이요 배낭

도 그리하고 검 없는 자는 겉옷을 팔아 살지어다(눅22:35-36)

사역 초기에 예수님은 제자들로 하여금 하나님께서 모든 필요를 채워주신다는 것을 배우게 하셨지만, 이제는 제자들에게 여분의 식량과 물품을 준비하라고 하셨습니다. 예수님이 "검 없는 자는 겉옷을 팔아 살지어다"라고 말씀하신 것은 장차 제자들이 박해를 받게 될 때 대적들과 싸우기 위해 영적으로 무장하라는 비유입니다. "마귀의 간계를 능히 대적하기 위하여 하나님의 전신 갑주를 입으라 우리의 씨름은 혈과 육을 상대하는 것이 아니요 통치자들과 권세들과 이 어둠의 세상 주관자들과 하늘에 있는 악의 영들을 상대함이라"(엡6:11-12).

내가 너희에게 말하노니 기록된 바 그는 불법자의 동류로 여김을 받았다 한 말이 내게 이루어져야 하리니 내게 관한 일이 이루어져 감이니라(눅22:37)

"내게 이루어져야 하리니"란 예수님께서 죄인으로 여김을 받으시고 죽임을 당하시는 것은 구약에 기록된 예언의 성취이자 필연적인 하나님의 경륜이라는 의미입니다. "그러므로 내가 그에게 존귀한 자와 함께 몫을 받게 하며 강한 자와 함께 탈취한 것을 나누게 하리니 이는 그가 자기 영혼을 버려 사망에 이르게 하며 범죄자 중 하나로 헤아림을 받았음이니라 그러나 그가 많은 사람의 죄를 담당하며 범죄자를 위하여 기도하였느니라"(사53:12).

그들이 여짜오되 주여 보소서 여기 검 둘이 있나이다 대답하시되 족하다 하시니라(눅22:38)

하지만 제자들은 여전히 예수님의 말씀을 문자적으로만 받아들이고 그 참뜻은 이해하지 못하였습니다.

예수님의 죽음은 반드시 성취되어질 하나님의 뜻으로, 예수님은 예언된 말씀을 이루기 위해 스스로 그 모든 것을 감당하셨습니다. 이제 예수님의 고난의 시기가 다가오고 있는데, 예수님은 제자들에게 자신의 부활 이후 그들에게 맡겨질 영적인 사명을 준비하게 하셨습니다.

거처를 예비하러 가심 요14:1-31

너희는 마음에 근심하지 말라 하나님을 믿으니 또 나를 믿으라 내 아버지 집에 거할 곳이 많도다 그렇지 않으면 너희에게 일렀으리라 내가 너희를 위하여 거처를 예비하러 가노니(요14:1-2)

"근심하지 말라"(Μὴ ταρασσέσθω, Do not be troubled)는 명령은 '흔들리지 말라'는 뜻으로, 예수님은 제자들에게 동요되는 마음을 잘 다스리라고 강하게 명령하셨습니다. 제자들은 예수님의 임박한 고난과 죽음으로 인하여 두려워하는데, 예수님은 "하나님을 믿으니 또 나를 믿으라"고 말씀하셨습니다. 여기서 "믿으라"(πιστεύετε, trust in)는 동사는 현재형으로, 제자들이 지금 지니고 있는 그 믿음에서 조금도 이탈하지 말 것을 뜻합니다. "그러므로 주 여호와께서 이같이 이르시되 보라 내가 한 돌을 시온에 두어 기초를 삼았노니 곧 시험한 돌이요 귀하고 견고한 기촛돌이라 그것을 믿는 이는 다급하게 되지 아니하리로다"(사28:16). "내 아버지 집"이란 천국을 말하며, 예수님은 제자들이 그곳에서 영주할 수 있도록 처소를 마련하시겠다고 하셨습니다.

예수께서 이르시되 내가 곧 길이요 진리요 생명이니 나로 말미암지 않고는 아버지께로 올 자가 없느니라(요14:6)

"내가 곧 길이요 진리요 생명이니"라는 말씀은 예수님의 여섯 번째 '에고 에이미'(Ἐγώ εἰμι, I am) 선언입니다. 이는 예수님의 신성에 대한 자기 계시로, 자신만이 하나님께 나아가는 유일한 길이며 구약이 약속하는 영생을 성취하시는 참 하나님이심을 밝히셨습니다. "다른 이로써는 구원을 받을 수 없나니 천하 사람 중에 구원을 받을 만한 다른 이름을 우리에게 주신 일이 없음이라 하였더라"(행4:12).

빌립이 이르되 주여 아버지를 우리에게 보여 주옵소서 그리하면 족하겠나이다(요14:8)

구약에서 모세가 하나님의 영광을 보기를 원하여 제한적으로 경험하였던 것처럼, "모세가 이르되 원하건대 주의 영광을 내게 보이소서"(출33:18), 또한 이사야가 하나님에 대한 환상을 받았던 것처럼, "웃시야 왕이 죽던 해에 내가 본즉 주께서 높이 들린 보좌에 앉으셨는데 그의 옷자락은 성전에 가득하였고"(사6:1), 빌립도 예수님께 성부 하나님의 현현을 요구하였습니다.

예수께서 이르시되 빌립아 내가 이렇게 오래 너희와 함께 있으되 네가 나를 알지 못하느냐 나를 본 자는 아버지를 보았거늘 어찌하여 아버지를 보이라 하느냐(요14:9)

"나를 본 자는 아버지를 보았거늘"이란 예수님은 구약의 모든 예언을 성취하는 분, 곧 하나님과 동일한 분이심을 선포하는 말씀입니다. "그 머리 위에 있는 궁창 위에 보좌의 형상이 있는데 그 모양이 남보석 같고 그 보좌의 형상 위에 한 형상이 있어 사람의 모양 같더라, 그 사방 광채의 모양은 비 오는 날 구름에 있는 무지개 같으니 이는 여호와의 영광의 형상의 모양이라"(겔1:26,28). 그렇지만 빌립은 예수님이 성부의 뜻을 계시하시기 위해 오셨다는 점을 아직 받아들이지 못하므로 그분의 신성을 이해하지 못하고 있습니다.

내가 아버지 안에 거하고 아버지는 내 안에 계신 것을 네가 믿지 아니하느냐 내가 너희에게 이르는 말은 스스로 하는 것이 아니라 아버지께서 내 안에 계셔서 그의 일을 하시는 것이라(요14:10)

본 절은 성부와 성자 사이에 완전한 상호내주가 있지만, 성부와 성자는 성령과 마찬가지로 삼위일체 안에서 구별된 위격이라는 의미입니다.

"그러므로 너희는 가서 모든 민족을 제자로 삼아 아버지와 아들과 성령의 이름으로 세례를 베풀고"(마28:19).

내가 아버지 안에 거하고 아버지께서 내 안에 계심을 믿으라 그렇지 못하겠거든 행하는 그 일로 말미암아 나를 믿으라 내가 진실로 진실로 너희에게 이르노니 나를 믿는 자는 내가 하는 일을 그도 할 것이요 또한 그보다 큰 일도 하리니 이는 내가 아버지께로 감이라(요14:11-12)

"행하는 그 일"과 "내가 하는 일"이란 예수님이 베푸신 가르침과 기적들을 의미하는데, 이를 통해 예수님은 자신이 하나님의 독생자이자 보내심을 받은 메시야임을 입증하셨습니다. 또한 "그보다 큰 일"이란 복음 전도와 가르침과 긍휼을 베푸는 행위, 곧 오순절부터 시작될 교회의 모든 사역이 포함되는데, 이 일은 예수님이 성부께로 가신 후에 보내실 성령의 능력으로 가능해질 것입니다. 오순절 이후로 예수님이 지상에서 사역하셨을 때보다 더 많은 신자들이 생겼는데, 이는 성령의 역사가 개인에게만이 아니라 한 사회와 민족과 국가에까지 변화를 가져오는 '큰 일'이기 때문입니다. "그 말을 받은 사람들은 세례를 받으매 이 날에 신도의 수가 삼천이나 더하더라"(행2:41).

너희가 내 이름으로 무엇을 구하든지 내가 행하리니 이는 아버지로 하여금 아들로 말미암아 영광을 받으시게 하려 함이라 내 이름으로 무엇이든지 내게 구하면 내가 행하리라(요14:13-14)

예수님은 자신의 이름으로 하나님께 기도하는 것은 하나님을 영화롭게 하는 행위임을 제자들에게 가르치셨습니다. "내 이름으로 무엇이든지 내게 구하면"이라는 말씀은 유일한 중보자이신 예수 그리스도의 권위를 나타내며, 신자가 예수님의 이름으로 기도하는 것에 대한 직접적인 근거가 됩니다.

내가 아버지께 구하겠으니 그가 또 다른 보혜사를 너희에게 주사 영원토록 너희와 함께 있게 하리니(요14:16)

"또 다른 보혜사(保惠師)"는 예수님이 떠나신 후에 오실 성령 하나님을 가리킵니다. '보혜사'(παράκλητος, 파라클레토스)는 변호자(Advocate), 위로자(Comforter), 상담자(Counselor)를 의미합니다. 이처럼 보혜사는 예수님과 성령 하나님을 가리키는 고유한 명칭입니다.[19]

그는 진리의 영이라 세상은 능히 그를 받지 못하나니 이는 그를 보지도 못하고 알지도 못함이라 그러나 너희는 그를 아나니 그는 너희와 함께 거하심이요 또 너희 속에 계시겠음이라(요14:17)

성령은 영이시기 때문에 시공간의 제약을 받지 않고 제자들 안에 계실 것이며, 예수님이 이 땅에서 하셨던 사역을 이어가실 것입니다.

내가 너희를 고아와 같이 버려두지 아니하고 너희에게로 오리라(요14:18)

"너희에게로 오리라"는 말씀은 일차적으로 예수님이 부활 이후에 제자들에게 나타나실 것을 의미하며, 이차적으로는 승천 이후에 제자들에게 오실 성령 하나님의 사역에 함께 하신다는 의미입니다.

나의 계명을 지키는 자라야 나를 사랑하는 자니 나를 사랑하는 자는 내 아버지께 사랑을 받을 것이요 나도 그를 사랑하여 그에게 나를 나타내리라(요14:21)

그리스도를 향한 참된 사랑은 그분의 말씀에 대한 순종으로 드러납니다. 예수님과 제자들은 이와 같은 사랑과 순종에 바탕을 둔 인격적인 관계로 특징지어집니다.

---

19 이 '보혜사'라는 용어는 오직 요한복음과 요한일서에만 나타나는데, 요한일서에서 '파라클레토스'는 '대언자'로 번역되며 예수님을 가리킵니다. "나의 자녀들아 내가 이것을 너희에게 씀은 너희로 죄를 범하지 않게 하려 함이라 만일 누가 죄를 범하여도 아버지 앞에서 우리에게 대언자가 있으니 곧 의로우신 예수 그리스도시라"(요일2:1).

가룟인 아닌 유다가 이르되 주여 어찌하여 자기를 우리에게는 나타내시고 세상에는 아니하려 하시나이까 예수께서 대답하여 이르시되 사람이 나를 사랑하면 내 말을 지키리니 내 아버지께서 그를 사랑하실 것이요 우리가 그에게 가서 거처를 그와 함께 하리라(요14:22-23)

본문의 "가룟인 아닌 유다"는 야고보의 아들인(행1:13) 다대오입니다. 유다의 질문에 예수님은 자신의 뜻에 온전히 순종하는 것만이 자신에 대한 사랑을 증명해 주기 때문에, 자신을 사랑하고 계명을 지키는 자들에게 성부 하나님과 자신, 곧 삼위 하나님의 제1위와 제2위께서 믿는 자들과 함께 거하시겠다고 약속하셨습니다. 또한 앞의 16절에서 이미 제3위인 성령께서 믿는 자들 속에 거하실 것이라고 약속하셨기 때문에, 하나님께서 자기 백성 가운데 임재하시겠다는 성경의 약속이 완전하게 성취될 것입니다. "너의 하나님 여호와가 너의 가운데에 계시니 그는 구원을 베푸실 전능자이시라 그가 너로 말미암아 기쁨을 이기지 못하시며 너를 잠잠히 사랑하시며 너로 말미암아 즐거이 부르며 기뻐하시리라 하리라"(습3:17).

보혜사 곧 아버지께서 내 이름으로 보내실 성령 그가 너희에게 모든 것을 가르치고 내가 너희에게 말한 모든 것을 생각나게 하리라(요14:26)

본문에서 성령을 남성 대명사 "그"(ὁ)로 표현한 것은 그분의 인격성을 보여줍니다. 성령 하나님과 성자 하나님은 동일한 하나님이시기 때문에 성령은 예수님이 제자들에게 말씀하신 "모든 것을 생각나게" 영감을 주실 것입니다. 성령 하나님은 일반적으로 신자들의 삶 속에서 가르치시고 인도하시지만, "무릇 하나님의 영으로 인도함을 받는 사람은 곧 하나님의 아들이라"(롬8:14), 본 절에서는 오순절 후에 사도의 역할을 감당할 제자들을 위한 성령의 특별한 사역을 언급합니다.

평안을 너희에게 끼치노니 곧 나의 평안을 너희에게 주노라 내가 너희에게 주는 것은 세상이 주는 것 같지 아니하니라 너희는 마음에 근심하지도 말고 두려워하지도 말라(요14:27)

"평안"은 하나님과의 바른 관계를 의미하는 말로서 박해와 환난 가운데 분명히 나타나게 됩니다. 예수님은 계속하여 '진리'와 '평안'은 이 세상에 속한 것이 아님을 강조하셨습니다.

내가 갔다가 너희에게로 온다 하는 말을 너희가 들었나니 나를 사랑하였더라면 내가 아버지께로 감을 기뻐하였으리라 아버지는 나보다 크심이라(요14:28)

"아버지는 나보다 크심이라"는 말씀은 성부께서는 보내시는 분이므로 보내심을 받는 성자보다 위격적 관계에 따라 앞서신다는 뜻이며, 성부와 성자 사이에 본질과 존재 면에서 차등이 있다는 의미가 아닙니다. "태초에 말씀이 계시니라 이 말씀이 하나님과 함께 계셨으니 이 말씀은 곧 하나님이시니라"(요1:1).

이 후에는 내가 너희와 말을 많이 하지 아니하리니 이 세상의 임금이 오겠음이라 그러나 그는 내게 관계할 것이 없으니 오직 내가 아버지를 사랑하는 것과 아버지께서 명하신 대로 행하는 것을 세상이 알게 하려 함이로라(요14:30-31a)

"이 세상의 임금"이란 사탄을 말하며, 예수님은 이후에 자신을 해하려는 세력들의 모함과 참소에 대응하지 않으시고 조용히 침묵하십니다. "그는 내게 관계할 것이 없으니"란 사탄이 예수님께 어떤 일도 억지로 하도록 강제할 수 없음을 나타냅니다. 예수님의 자발적인 순종은 아버지에 대한 아들의 사랑을 증거합니다.

일어나라 여기를 떠나자 하시니라(요14:31b)

이제 예수님과 제자들은 최후의 만찬을 나누었던 다락방을 떠나 기드론 골짜기에 있는 겟세마네 동산으로 향합니다.

예수님은 십자가 고난과 죽음, 그리고 승천 후에는 제자들과 함께 있지 못하시지만 또 다른 보혜사이신 성령을 보내주셔서 영원히 그들과 함께 하시겠다고 약속하셨습니다. 이 땅에 계실 때 매일 제자들과 묵으실 곳을 정하셨던 것처럼, 하늘에 계신 예수님은 그들을 위하여 천국에서 하나님과 함께 거주할 영원한 처소를 예비하십니다.

제17장 고별 강화와 겟세마네 기도

포도나무와 가지 비유 요15:1-27

나는 참 포도나무요 내 아버지는 농부라(요15:1)

본문은 요한복음에만 기록된 예수님의 '고별 강화'(farewell discourse)의 시작입니다. 예수님은 자신이 "참 포도나무"라고 하셨는데, 이는 예수님의 일곱 번째 자기 계시, 곧 '에고 에이미'(Έγώ εἰμι, I am)의 마지막 말씀입니다. 구약에서 포도나무는 이사야서의 두 포도원의 노래처럼 하나님의 언약백성인 이스라엘의 상징으로 자주 사용되었습니다. "무릇 만군의 여호와의 포도원은 이스라엘 족속이요 그가 기뻐하시는 나무는 유다 사람이라"(사5:7), "나 여호와는 포도원지기가 됨이여 때때로 물을 주며 밤낮으로 간수하여 아무든지 이를 해치지 못하게 하리로다"(사27:3). 이사야서의 첫 번째 포도원의 노래에서 하나님은 최상품의 포도나무를 심으셨지만 들포도밖에 거두지 못하셨습니다. "땅을 파서 돌을 제하고 극상품 포도나무를 심었도다 그 중에 망대를 세웠고 또 그 안에 술틀을 팠도다 좋은 포도 맺기를 바랐더니 들포도를 맺었도다"(사5:2). 이스라엘이 열매를 맺지 못했으므로 이방 나라들을 통한 하나님의 심판이 임하였습니다. 예수님은 구약의 이스라엘과 자신을 대조시키시며 '참'(true) 포도나무라고 하셨는데, 이는 예수님이 언약을 이루실 참 이스라엘이심을 강조하신 것입니다.

무릇 내게 붙어 있어 열매를 맺지 아니하는 가지는 아버지께서 그것을 제거해 버리시고 무릇 열매를 맺는 가지는 더 열매를 맺게 하려 하여 그것을 깨끗하게 하시느니라(요15:2)

"농부"이신 하나님은 많은 열매를 거두시기 위해 "열매를 맺는 가지"는 더 정성들여 가꾸시고 그렇지 않은 가지들은 잘라내셨습니다. 이는 예수님을 따르는 모든 이들이 다 참된 신자인 것은 아니며, 후에 그들의 삶의 열매에 따른 하나님의 심판이 있음을 상징합니다.

내 안에 거하라 나도 너희 안에 거하리라 가지가 포도나무에 붙어 있지 아니하면 스스로 열매를 맺을 수 없음 같이 너희도 내 안에 있지 아니하면 그러하리라 나는 포도나무요 너희는 가지라 그가 내 안에, 내가 그 안에 거하면 사람이 열매를 많이 맺나니 나를 떠나서는 너희가 아무 것도 할 수 없음이라(요15:4-5)

"내 안에 거하라"고 하신 것은 말씀과 기도로 예수님과 인격적인 관계를 지속하라는 의미이며, "나도 너희 안에 거하리라"는 자신에게 속한 자들과 영원히 함께 하시겠다는 약속의 말씀입니다. "나를 떠나서는 너희가 아무 것도 할 수 없음이라"고 하신 말씀은 예수님께 접붙여지지 않은 사람은 영원한 생명을 얻는 일과 하나님이 원하시는 거룩한 삶을 사는 일에 전혀 관계를 맺을 수 없다는 뜻입니다.

사람이 내 안에 거하지 아니하면 가지처럼 밖에 버려져 마르나니 사람들이 그것을 모아다가 불에 던져 사르느니라(요15:6)

열매 맺음이야말로 예수님의 참된 제자의 증거이므로 열매를 맺지 못하는 가지는 땔감으로 버려지게 됩니다. "인자야 포도나무가 모든 나무보다 나은 것이 무엇이랴 숲속의 여러 나무 가운데에 있는 그 포도나무 가지가 나은 것이 무엇이랴, 불에 던질 땔감이 될 뿐이라"(겔15:2,4a). "불"은 심판에 대한 상징입니다. "손에 키를 들고 자기의 타작 마당을 정하게 하사 알곡은 모아 곳간에 들이고 쭉정이는 꺼지지 않는 불에 태우시리라"(마3:12). 이처럼 예수님 안에 있는 자들의 풍성한 열매는 이스라엘의 열매 없음과 대조됩니다.

내가 이것을 너희에게 이름은 내 기쁨이 너희 안에 있어 너희 기쁨을 충만하게 하려 함이라 내 계명은 곧 내가 너희를 사랑한 것 같이 너희도 서로 사랑하라 하는 이것이니라(요15:11-12)

"내 기쁨이 너희 안에 있어"란 예수님이 성부 하나님께 순종하심으로 큰 기쁨을 누리셨던 것처럼, 제자들도 예수님께 순종하여 참된 기쁨을 향유하게 되리라는 말씀입니다. 구약의 선지자들은 순종을 말세에 임할 구원의 기쁨과 연관지어 언급하였습니다. "그 날에 말하기를 이는 우리의 하나님이시라 우리가 그를 기다렸으니 그가 우리를 구원하시리로다 이는 여호와시라 우리가 그를 기다렸으니 우리는 그의 구원을 기뻐하며 즐거워하리라 할 것이며"(사25:9). 예수님은 장차 제자들이 받게 될 박해를 염두에 두시며, "너희도 서로 사랑하라"는 새 계명을 반복하여 강조하셨습니다.

너희는 내가 명하는 대로 행하면 곧 나의 친구라(요15:14)

구약에서는 오직 아브라함과 모세만이 '하나님의 친구'로 불렸는데, "그러나 나의 종 너 이스라엘아 내가 택한 야곱아 나의 벗 아브라함의 자손아"(사41:8), "사람이 자기의 친구와 이야기함 같이 여호와께서는 모세와 대면하여 말씀하시며"(출33:11a), 예수님은 이 특권을 확장하여 자신과 친밀한 교제를 나누는 모든 신자에게 허락하셨습니다.

너희가 나를 택한 것이 아니요 내가 너희를 택하여 세웠나니 이는 너희로 가서 열매를 맺게 하고 또 너희 열매가 항상 있게 하여 내 이름으로 아버지께 무엇을 구하

든지 다 받게 하려 함이라(요15:16)

"너희가 나를 택한 것이 아니요"란 예정과 선택에 대한 예수님의 주권성을 강조하며, "너희로 가서 열매를 맺게 하고"는 예수님의 택정함을 입은 사람들은 죄 용서와 영생을 얻는 것에서 그치는 것이 아니라 하나님의 목적을 성취하도록 삶에서 복음을 전파해야 함을 의미합니다.

너희가 세상에 속하였으면 세상이 자기의 것을 사랑할 것이나 너희는 세상에 속한 자가 아니요 도리어 내가 너희를 세상에서 택하였기 때문에 세상이 너희를 미워하느니라(요15:19)

"세상이 너희를 미워하느니라"고 하신 것은 불의한 세상 권세가 의로우신 예수님을 대적하기 때문에 신자들 역시 세상의 박해를 받는다는 뜻으로, 이러한 현상은 가인이 아벨을 살해한 이래로 반복되어 왔습니다. "가인 같이 하지 말라 그는 악한 자에게 속하여 그 아우를 죽였으니 어떤 이유로 죽였느냐 자기의 행위는 악하고 그의 아우의 행위는 의로움이라"(요일3:12).

내가 와서 그들에게 말하지 아니하였더라면 죄가 없었으려니와 지금은 그 죄를 핑계할 수 없느니라, 그러나 이는 그들의 율법에 기록된 바 그들이 이유 없이 나를 미워하였다 한 말을 응하게 하려 함이라(요15:22, 25)

"그 죄를 핑계할 수 없느니라"란 유대인들이 예수님 안에 나타난 하나님의 계시를 거부한 죄를 가리킵니다. 예수님은 자신에 대한 유대인들의 증오가 구약성경, 특별히 다윗 시편의 성취라고 하셨습니다. "까닭 없이 나를 미워하는 자가 나의 머리털보다 많고 부당하게 나의 원수가 되어 나를 끊으려 하는 자가 강하였으니 내가 빼앗지 아니한 것도 물어 주게 되었나이다"(시69:4). "이유 없이"란 예수님과 그의 제자들에 대한 박해는 예수님을 대적하는 자들의 마음속에 있는 하나님을 거부하는 죄성 때문임을 말합니다.

내가 아버지께로부터 너희에게 보낼 보혜사 곧 아버지께로부터 나오시는 진리의 성령이 오실 때에 그가 나를 증언하실 것이요(요15:26)

"내가 아버지께로부터 너희에게 보낼 보혜사"라는 말씀은 성령이 성부와 성자에게서(filioque, and from the Son) 나오심을 분명히 가르칩니다. "아버지께로부터 나오시는 진리의 성령"이라고 하신 것은 성령 또한 성자와 마찬가지로 성부의 뜻에 따라 오실 것임을 의미합니다. "하나님이 오른손으로 예수를 높이시매 그가 약속하신 성령을 아버지께 받아서 너희가 보고 듣는 이것을 부어 주셨느니라"(행2:33). 제자들은 장차 복음으로 말미암아 많은 박해를 받게 되지만, 보이지 않게 역사하시는 성령의 도우심을 힘입어 예수님을 증언할 것입니다. "사람들이 너희를 끌어다가 넘겨 줄 때에 무슨 말을 할까 미리 염려하지 말고 무엇이든지 그 때에 너희에게 주시는 그 말을 하라 말하는 이는 너희가 아니요 성령이시니라"(막13:11).

예수님은 포도나무와 가지의 비유를 통해 그리스도와 성도 간의 신비한 연합에 대해 설명하셨습니다. 제자들은 참 포도나무이신 예수님께 속한 가지가 되어 열매를 맺게 됩니다. 열매 맺음은 예수님의 제자 됨의 분명한 증거가 되는데, 예수님은 제자들이 자신 안에 거하며 친밀한 교제를 지속하도록 항상 기도와 말씀에 힘쓸 것을 명령하셨습니다.

예수님의 승천과 성령의 오심 요16:1-33

내가 이것을 너희에게 이름은 너희로 실족하지 않게 하려 함이니 사람들이 너희를 출교할 뿐 아니라 때가 이르면 무릇 너희를 죽이는 자가 생각하기를 이것이 하나님을 섬기는 일이라 하리라 그들이 이런 일을 할 것은 아버지와 나를 알지 못함이라(요16:1-3)

예수님은 자신의 죽음 이후에 사탄의 속임수에 빠진 자들이 하나님을 섬긴다고 하면서 제자들을 박해하고 심지어 죽이기까지 할 것이라고 말씀하셨습니다. "너희는 너희 아비 마귀에게서 났으니 너희 아비의 욕심대로 너희도 행하고자 하느니라 그는 처음부터 살인한 자요 진리가 그 속에 없으므로 진리에 서지 못하고 거짓을 말할 때마다 제 것으로 말하나니 이는 그가 거짓말쟁이요 거짓의 아비가 되었음이라"(요8:44). 예수님은 제자들이 근심하지 않도록 그들을 도우실 분을 소개하셨습니다.

그러하나 내가 너희에게 실상을 말하노니 내가 떠나가는 것이 너희에게 유익이라 내가 떠나가지 아니하면 보혜사가 너희에게로 오시지 아니할 것이요 가면 내가 그를 너희에게로 보내리니(요16:7)

"보혜사"에 대한 언급은 구약에서 말하는 성령의 부어짐과 하나님 나라의 시작을 상기시킵니다. "그 후에 내가 내 영을 만민에게 부어 주리니 너희 자녀들이 장래 일을 말할 것이며 너희 늙은이는 꿈을 꾸며 너희 젊은이는 이상을 볼 것이며"(욜2:28). 예수님은 "내가 떠나가는 것이 너희에게 유익이라"고 하셨는데, 이는 예수님이 지상에 계신 동안에는 활동에 제약을 받으셨지만 성령은 시공간을 초월하여 역사하시기 때문입니다.

그가 와서 죄에 대하여, 의에 대하여, 심판에 대하여 세상을 책망하시리라(요16:8)

성령께서 오시면 사람들의 심령에 예수님을 믿지 않는 것이 죄라는 것을 깨우쳐 주시고, 그리스도의 의를 믿음으로 말미암아 구원을 얻게 하실 것입니다. 예수님은 성령께서 "세상을 책망하시리라"고 하심으로 예수님과 제자들을 대적하는 사람들에게 응당한 심판이 있다고 말씀하셨습니다.

내가 아직도 너희에게 이를 것이 많으나 지금은 너희가 감당하지 못하리라 그러나 진리의 성령이 오시면 그가 너희를 모든 진리 가운데로 인도하시리니 그가 스스로 말하지 않고 오직 들은 것을 말하며 장래 일을 너희에게 알리시리라(요16:12-13)

"너희가 감당하지 못하리라"는 말씀은 제자들의 연약한 신앙을 꾸짖지 않으시고 그에 맞추어 주시는(accommodating) 예수님의 자비하심을 나타냅니다. "진리의 성령"은 예수님이 그러하셨듯이 친히 제자들과 동행하시며 그들을 인도하실 것입니다. "무릇 하나님의 영으로 인도함을 받는 사람은 곧 하나님의 아들이라"(롬8:14). "장래 일", 즉 미래에 일어날 일을 계시해 주시는 것은 성령의 신성을 드러내는 분명한 증거입니다.

조금 있으면 너희가 나를 보지 못하겠고 또 조금 있으면 나를 보리라 하시니(요16:16)

"조금 있으면"이란 예수님의 십자가 사건과 부활 사이의 삼일을 가리키며, "또 조금 있으면"이란 부활과 승천 사이의 사십 일을 가리킵니다.

그 날에는 너희가 아무 것도 내게 묻지 아니하리라 내가 진실로 진실로 너희에게 이르노니 너희가 무엇이든지 아버지께 구하는 것을 내 이름으로 주시리라 지금까지는 너희가 내 이름으로 아무 것도 구하지 아니하였으나 구하라 그리하면 받으리니 너희 기쁨이 충만하리라(요16:23-24)

예수님이 "내게 묻지 아니하리라"고 하신 것은 부활 이후에 성령이 제자들과 동행하시면서 예수님의 가르침을 기억하게 하고 진리 가운데 인도하실 것이기 때문입니다. 예수님이 지상에 계시는 동안에 제자들은 그분의 이름으로 기도하지 않았습니다. 그러나 이제 예수님은 "내 이름으로" 기도할 것을 명하시며 친히 응답하시겠다고 제자들에게 약속하셨습니다.

이것을 비유로 너희에게 일렀거니와 때가 이르면 다시는 비유로 너희에게 이르지 않고 아버지에 대한 것을 밝히 이르리라(요16:25)

"때가 이르면"이란 예수님이 부활하신 후 승천하시기 전까지 비유와 교훈의 의미를 제자들에게 직접 설명해 주시는 때를 말합니다. "그가 고난 받으신 후에 또한 그들에게 확실한 많은 증거로 친히 살아 계심을 나타내사 사십 일 동안 그들에게 보이시며 하나님 나라의 일을 말씀하시니라"(행1:3).

보라 너희가 다 각각 제 곳으로 흩어지고 나를 혼자 둘 때가 오나니 벌써 왔도다 그러나 내가 혼자 있는 것이 아니라 아버지께서 나와 함께 계시느니라(요16:32)

예수님은 스가랴서를 인용하시며 곧 제자들이 "각각 제 곳으로" 흩어질 것이라고 예언하셨습니다. "만군의 여호와가 말하노라 칼아 깨어서 내 목자, 내 짝 된 자를 치라 목자를 치면 양이 흩어지려니와 작은 자들 위에는 내가 내 손을 드리우리라"(슥13:7).

이것을 너희에게 이르는 것은 너희로 내 안에서 평안을 누리게 하려 함이라 세상에서는 너희가 환난을 당하나 담대하라 내가 세상을 이기었노라(요16:33)

예수님은 아직 십자가 고난과 죽음을 겪지 않으셨지만 세상에 대한 승리를 이미 과거 시제로 선포하셨습니다. 그리고 이에 근거하여 제자들에게 핍박과 박해를 받더라도 낙심하지 말라고 하셨습니다.

예수님은 임박한 십자가 고난과 죽음, 그리고 이후에 다가올 박해 때문에 제자들이 실족하지 않도록 격려하시며, 또 다른 보혜사이신 성령이 오셔서 제자들과 동행하실 것이라고 말씀하셨습니다. 예수님은 지상에 계신 동안 시공간의 제약 가운데 계셨지만, 성령은 제한 없이 예수님의 사역을 수행하실 것이며 신자들을 진리 가운데로 인도하실 것입니다.

제자들과 신자들을 위한 기도 요17:1-26

예수께서 이 말씀을 하시고 눈을 들어 하늘을 우러러 이르시되 아버지여 때가 이르렀사오니 아들을 영화롭게 하사 아들로 아버지를 영화롭게 하게 하옵소서(요17:1)

본문은 제자들과 후대의 신자들을 위한 예수님의 '대제사장적 기도' 입니다. 첫 번째 간구인 "아들을 영화롭게 하사"는 예수님의 신성에 대한 선언입니다.

아버지께서 아들에게 주신 모든 사람에게 영생을 주게 하시려고 만민을 다스리는 권세를 아들에게 주셨음이로소이다(요17:2)

성부께서 성자에게 "만민을 다스리는 권세"를 주신 일은 새 시대의 시작, 곧 태초에 삼위 하나님께서 맺으신 구원협약이 역사 속에서 드러나는 것을 의미합니다. "이는 한 아기가 우리에게 났고 한 아들을 우리에게 주신 바 되었는데 그의 어깨에는 정사를 메었고 그의 이름은 기묘자라, 모사라, 전능하신 하나님이라, 영존하시는 아버지라, 평강의 왕이라 할 것임이라 그 정사와 평강의 더함이 무궁하며 또 다윗의 왕좌와 그의 나라에 군림하여 그 나라를 굳게 세우고 지금 이후로 영원히 정의와 공의로 그것을 보존하실 것이라 만군의 여호와의 열심이 이를 이루시리라"(사9:6-7).

영생은 곧 유일하신 참 하나님과 그가 보내신 자 예수 그리스도를 아는 것이니이다(요17:3)

예수님은 하나님만이 참된 신이시고, "이스라엘아 들으라 우리 하나님 여호와는 오직 유일한 여호와이시니"(신6:4), 자신은 성부가 보내신 아들이자 그분께로 가는 유일한 길임을 아는 것이 '영원한 생명'이라고 정의하셨습니다. "또 아는 것은 하나님의 아들이 이르러 우리에게 지각을 주사 우리로 참된 자를 알게 하신 것과 또한 우리가 참된 자 곧 그의 아들 예수 그리스도 안에 있는 것이니 그는 참 하나님이시요 영생이시라"(요일5:20). 본문에서 "아는"(γινώσκω, know)이란 단순히 지성적인 깨달음이 아니라 친밀한 교제를 통한 인격적인 앎을 의미합니다.

아버지여 창세 전에 내가 아버지와 함께 가졌던 영화로써 지금도 아버지와 함께 나를 영화롭게 하옵소서(요17:5)

"창세 전에"란 예수님의 선재성(先在性), 곧 성자께서 태초부터 성부와 성령과 함께 계셨음을 분명히 드러냅니다. "예수께서 이르시되 진실로 진실로 너희에게 이르노니 아브라함이 나기 전부터 내가 있느니라 하시니"(요8:58).

나는 세상에 더 있지 아니하오나 그들은 세상에 있사옵고 나는 아버지께로 가옵나니 거룩하신 아버지여 내게 주신 아버지의 이름으로 그들을 보전하사 우리와 같이 그들도 하나가 되게 하옵소서(요17:11)

예수님은 "그들을 보전하사"라고 하시며 성부께서 자신에게 주신 제자들을 지켜주시도록 기도하셨습니다. "우리와 같이 그들도 하나가 되게 하옵소서"란 대제사장적 기도의 핵심으로, 예수님은 성부, 성자, 성령의 영원한 연합처럼 제자들 사이에도 하나됨이 있기를 기원하셨습니다. 신자들의 연합은 삼위일체 하나님의 칭의와 성화를 통해 교회 안에서 이루어집니다.

내가 그들과 함께 있을 때에 내게 주신 아버지의 이름으로 그들을 보전하고 지키었나이다 그 중의 하나도 멸망하지 않고 다만 멸망의 자식뿐이오니 이는 성경을 응하게 함이니이다(요17:12)

예수님은 "성경을 응하게 함이니이다"라고 하심으로 유다의 배신도 예언의 성취임을 알게 하셨습니다. "내가 신뢰하여 내 떡을 나눠 먹던 나의 가까운 친구도 나를 대적하여 그의 발꿈치를 들었나이다"(시41:9).

내가 아버지의 말씀을 그들에게 주었사오매 세상이 그들을 미워하였사오니 이는 내가 세상에 속하지 아니함 같이 그들도 세상에 속하지 아니함으로 인함이니이다 내가 비옵는 것은 그들을 세상에서 데려가시기를 위함이 아니요 오직 악에 빠지지 않게 보전하시기를 위함이니이다(요17:14-15)

"아버지의 말씀"이란 예수님의 가르침만이 아니라 태초부터 계셨던 '말씀'(ὁ λόγος, the Word)이신 예수님 자신을 지칭합니다. 예수님은 신자들이 이 세상에 있는 동안 악을 행하지 않도록 지켜주시기를 간구하셨습니다.

그들을 진리로 거룩하게 하옵소서 아버지의 말씀은 진리니이다(요17:17)

"진리로 거룩하게 하옵소서"란 도덕적인 순전함을 말합니다. 신자는 세상 안에 있으나 세상에 속하지 않아야 하며, 단번에 의롭다 칭함을 받았지만 전 생애에 걸쳐 거룩한 삶을 추구해야 합니다. "아버지의 말씀은 진리니이다"라고 하심은 진리가 '하나님의 말씀'을 통해 구체화되고 식별된다는 뜻입니다.

아버지께서 나를 세상에 보내신 것 같이 나도 그들을 세상에 보내었고(요17:18)

예수님은 육신으로 오신 '말씀'이셨는데, 제자들에게 자신의 말씀을 품게 하시고 그들을 이 세상으로 파송하셨습니다.

내가 비옵는 것은 이 사람들만 위함이 아니요 또 그들의 말로 말미암아 나를 믿는 사람들도 위함이니(요17:20)

예수님은 제자들을 위하여, 또한 그들의 사역을 통해 복음을 영접하게 될 미래의 신자들을 위하여 기도하셨습니다. "또 네가 많은 증인 앞에서 내게 들은 바를 충성된 사람들에게 부탁하라 그들이 또 다른 사람들을 가르칠 수 있으리라"(딤후2:2).

아버지여, 아버지께서 내 안에, 내가 아버지 안에 있는 것 같이 그들도 다 하나가 되어 우리 안에 있게 하사 세상으로 아버지께서 나를 보내신 것을 믿게 하옵소서 (요17:21)

신자들의 연합은 한 분 하나님을 믿고 순종함으로 이루어지며, 다양한 신자들이 동일한 신앙을 가지고 복음을 선포할 때 세상 가운데 예수님을 더욱 효과적으로 증언하게 됩니다.

내게 주신 영광을 내가 그들에게 주었사오니 이는 우리가 하나가 된 것 같이 그들도 하나가 되게 하려 함이니이다(요17:22)

구약시대에는 하나님께서 자신의 영광을 누구에게도 나누어 주시지 않으셨지만, "나는 여호와이니 이는 내 이름이라 나는 내 영광을 다른 자에게, 내 찬송을 우상에게 주지 아니하리라"(사42:8), 아들이신 예수님은 하나님의 영광을 담지(擔持)하셨을 뿐만 아니라 제자들도 그 영광에 참예하게 하셨습니다.

아버지여 내게 주신 자도 나 있는 곳에 나와 함께 있어 아버지께서 창세 전부터 나를 사랑하시므로 내게 주신 나의 영광을 그들로 보게 하시기를 원하옵나이다 의로우신 아버지여 세상이 아버지를 알지 못하여도 나는 아버지를 알았사옵고 그들도 아버지께서 나를 보내신 줄 알았사옵나이다(요17:24-25)

"창세 전부터"는 삼위일체의 각 위격 사이의 사랑과 교제가 영원 전부터 존재했음을 나타냅니다. 예수님은 고난이 임박하였음에도 불구하고 "의로우신 아버지여"라고 하심으로 하나님의 성품을 증언하셨습니다. "여호와는 은혜로우시며 의로우시며 우리 하나님은 긍휼이 많으시도다"(시116:5).

내가 아버지의 이름을 그들에게 알게 하였고 또 알게 하리니 이는 나를 사랑하신 사랑이 그들 안에 있고 나도 그들 안에 있게 하려 함이니이다(요17:26)

"그들 안에 있게 하려 함이니이다"란 언약적 표현으로, 하나님께서 시내 산에서 이스라엘에게 율법을 주신 후에 친히 성막에 오신 것을 상기시킵니다. "구름이 회막에 덮이고 여호와의 영광이 성막에 충만하매"(출 40:34). 하나님께서 이스라엘이 약속의 땅을 향해 갈 때 동행하셨던 것처럼 임마누엘이신 예수님 역시 제자들 가운데 거하실 것을 거듭 말씀하셨습니다.

예수님은 마지막 기도, 곧 대제사장적 기도에서 자신과 제자들, 그리고 그들을 통해서 장래에 믿게 될 신자들을 위하여 기도하셨습니다. 또한 아버지와 아들이 하나인 것처럼 제자들도 하나가 되게 해달라고 간구하셨습니다. 뿐만 아니라 자신에게 속한 자들이 사탄의 공격으로부터 보호받으며 끝까지 하나님의 사랑 안에 거하도록 기도하셨습니다.

배반에 대해 경고하심 마26:30-35, 막14:26-31, 눅22:39

이에 그들이 찬미하고 감람 산으로 나아가니라(마26:30)

본문의 "찬미"란 할렐 시편(시113-118, 136)을 말합니다. 유월절을 지내는 자들은 그날 밤에 예루살렘에 머물러야 했기 때문에 예수님은 베다니로 돌아가시지 않고 감람 산으로 가셨습니다. "네 하나님 여호와께서 택하신 곳에서 그 고기를 구워 먹고 아침에 네 장막으로 돌아갈 것이니라"(신16:7).

예수께서 나가사 습관을 따라 감람 산에 가시매 제자들도 따라갔더니(눅22:39)

"습관을 따라"라는 표현을 통해 예수님이 예루살렘에 머무실 때에는 주로 감람 산에서 기도하셨음을 알 수 있습니다.

그 때에 예수께서 제자들에게 이르시되 오늘 밤에 너희가 다 나를 버리리라 기록된

바 내가 목자를 치리니 양의 떼가 흩어지리라 하였느니라(마26:31)

"버리리라"(σκανδαλίζω, shall be offended)는 동사는 수동형으로 '걸려 넘어질 것이다, 실족할 것이다'라는 뜻인데, 이는 제자들이 고난이 닥치면 예수님과의 관계를 부인할 것을 의미합니다. "목자를 치리니 양의 떼가 흩어지리라"는 말씀은 예수님이 제자들에게 버림받으시는 일 또한 예언의 성취임을 보여줍니다. "만군의 여호와가 말하노라 칼아 깨어서 내 목자, 내 짝 된 자를 치라 목자를 치면 양이 흩어지려니와 작은 자들 위에는 내가 내 손을 드리우리라"(슥13:7).

그러나 내가 살아난 후에 너희보다 먼저 갈릴리로 가리라(마26:32)

예수님은 부활하신 후에 제자들보다 "먼저 갈릴리로 가리라"고 하시며, 자신을 배신하게 될 제자들과의 교제가 회복될 것임을 미리 알려 주셨습니다. 예수님이 갈릴리를 택하신 것은 제자들 대다수의 고향이 갈릴리였기 때문입니다.

베드로가 대답하여 이르되 모두 주를 버릴지라도 나는 결코 버리지 않겠나이다(마26:33)

예수께서 이르시되 내가 진실로 네게 이르노니 오늘 이 밤 닭이 두 번 울기 전에 네가 세 번 나를 부인하리라(막14:30)

베드로는 다른 제자들이 다 실족하여 넘어질지라도 자신은 결코 그리하지 않겠다고 장담합니다. 베드로가 확신에 찬 어조로 말하자 예수님은 그가 한 번도 아닌 세 번씩이나 자신을 부인할 것이라고 예언하셨습니다. 예수님은 "닭이 두 번 울기 전에"라고 정확히 말씀하셨는데, 이는 자정부터 새벽 3시까지의 시간을 말합니다.

베드로가 이르되 내가 주와 함께 죽을지언정 주를 부인하지 않겠나이다 하고 모든

제자도 그와 같이 말하니라(마26:35)

예수님의 거듭된 배반 예고에 베드로를 비롯한 제자들은 죽음을 불사하더라도 예수님을 떠나지 않겠다고 맹세하였습니다.

모든 제자들이 자신을 버리고 도망할 것이라는 예수님의 말씀대로, 잠시 후 제자들은 모두 예수님을 두고 떠나고, 베드로는 세 번이나 주님을 모른다고 부인하게 됩니다. 목자를 치는 일은 백성을 정결하게 하기 위한 과정으로, 예수님은 이러한 흩어짐 이후에 다시 자신의 양 떼를 모으겠다고 말씀하셨습니다.

겟세마네 기도 마26:36-46, 막14:32-42, 눅22:40-46, 요18:1

예수께서 이 말씀을 하시고 제자들과 함께 기드론 시내 건너편으로 나가시니 그 곳에 동산이 있는데 제자들과 함께 들어가시니라(요18:1)

"기드론"은 '매듭 투성이'라는 뜻으로, 기드론 시내는 예루살렘 성의 동편과 감람 산 사이에 위치하며 우기 동안 산발적으로 흐르는 작은 시내(wadi)입니다.

이에 예수께서 제자들과 함께 겟세마네라 하는 곳에 이르러 제자들에게 이르시되 내가 저기 가서 기도할 동안에 너희는 여기 앉아 있으라 하시고(마26:36)

"겟세마네"는 '기름 짜는 틀'이라는 뜻을 가진 동산으로, 기드론 시내 건너편 감람 산 서쪽 기슭에 있습니다. 제자들이 부인할 것을 예언하신 후에 예수님은 그들과 함께 겟세마네로 가셔서 자신의 임박한 체포와 고난을 의식하시며 기도하셨습니다.

베드로와 야고보와 요한을 데리고 가실새 심히 놀라시며 슬퍼하사 말씀하시되 내 마음이 심히 고민하여 죽게 되었으니 너희는 여기 머물러 깨어 있으라 하시고(막14:33-34)

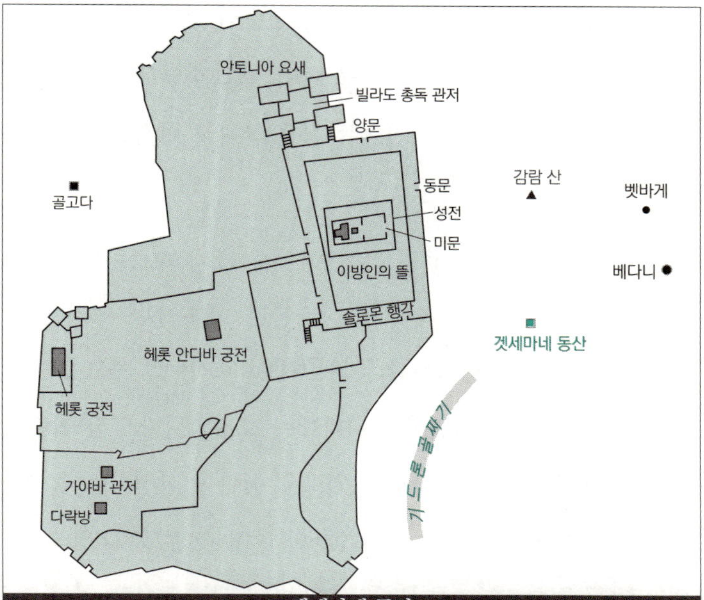

겟세마네 동산

그 곳에 이르러 그들에게 이르시되 유혹에 빠지지 않게 기도하라 하시고(눅22:40)

예수님은 베드로와 야고보와 요한을 따로 부르시고 한적한 곳으로 가셨습니다. 마가복음은 "심히 놀라시며 슬퍼하사"(deeply distressed and troubled)라고 강조하였는데, 이는 '전율을 일으킬 만한 두려움', '두려움에 사로잡힌 놀라움'을 의미합니다.[20] 이 표현에서 극심한 두려움과 괴로움을 겪으시는 예수님의 인성을 다시 한 번 확인할 수 있습니다. 예수님은 세 제자들에게 "깨어 있으라", "유혹에 빠지지 않게" 기도하라고 말씀하셨습니다.

조금 나아가사 얼굴을 땅에 대시고 엎드려 기도하여(마26:39)

"조금 나아가사"라는 표현을 통해 세 제자가 예수님의 기도를 들을

20 Ralph P. Martin, *Mark: Evangelist and Theologian* (Australia: Paternoster, 1986), 203-204.

수 있었을 것이라 추측합니다. 예수님은 겸손히 땅에 엎드려 기도하셨습니다. 일반적으로 유대인들은 손을 높이 들고 하늘을 우러러보며 기도하였지만, 특별히 애통의 시간에는 몸을 굽히고 머리를 숙여 기도하였습니다.

이르시되 아빠 아버지여 아버지께는 모든 것이 가능하오니 이 잔을 내게서 옮기시옵소서 그러나 나의 원대로 마시옵고 아버지의 원대로 하옵소서 하시고(막14:36)

예수님은 기도 중에 하나님을 "아빠"(Ἀββα, dad)라고 부르셨는데, 이는 성부와 성자 사이의 친밀함을 나타내는 호칭입니다. "잔"이란 구약에서 죄인들에게 임하는 하나님의 의로운 심판을 상징하는데, "여호와의 손에서 그의 분노의 잔을 마신 예루살렘이여 깰지어다 깰지어다 일어설지어다 네가 이미 비틀걸음 치게 하는 큰 잔을 마셔 다 비웠도다"(사51:17), 이는 예수님이 죄인에게 쏟아질 하나님의 진노를 자기 몸에 짊어지시고 대신 죽으실 것에 대한 은유입니다. "이 예수를 하나님이 그의 피로써 믿음으로 말미암는 화목제물로 세우셨으니 이는 하나님께서 길이 참으시는 중에 전에 지은 죄를 간과하심으로 자기의 의로우심을 나타내려 하심이니"(롬3:25). 예수님은 "아버지의 원대로 하옵소서"라고 하시며 순종하심으로 죄에 대한 화목제물이 되셨습니다. "믿음의 주요 또 온전하게 하시는 이인 예수를 바라보자 그는 그 앞에 있는 기쁨을 위하여 십자가를 참으사 부끄러움을 개의치 아니하시더니 하나님 보좌 우편에 앉으셨느니라"(히12:2).

천사가 하늘로부터 예수께 나타나 힘을 더하더라 예수께서 힘쓰고 애써 더욱 간절히 기도하시니 땀이 땅에 떨어지는 핏방울 같이 되더라(눅22:43-44)

예수님이 기도하실 때에 천사가 내려와 보좌하였고, 기도가 더욱 깊어지자 예수님의 "땀이 땅에 떨어지는 핏방울 같이" 되었습니다. 본 절에서 '핏방울 같이'라는 표현은 비유적으로 이해할 수도 있지만, 의학적인 관점에서 극도의 고뇌와 육체적 긴장으로 인해 모세혈관이 팽창하고 파열되어 땀에 피가 섞여 분비되는 '혈한증'(血汗症, Hematidrosis)으로 볼 수 있습니다.[21] 이는 참된 인간이신 예수님의 영혼이 얼마나 깊은 괴로움에 빠져 있는지 여실히 보여줍니다. 히브리서의 기자는 예수님의 겟세마네 기도를 '심한 통곡과 눈물'의 기도, 곧 부르짖음의 기도였다고 증언합니다. "그는 육체에 계실 때에 자기를 죽음에서 능히 구원하실 이에게 심한 통곡과 눈물로 간구와 소원을 올렸고 그의 경건하심으로 말미암아 들으심을 얻었느니라"(히5:7).

제자들에게 오사 그 자는 것을 보시고 베드로에게 말씀하시되 너희가 나와 함께 한 시간도 이렇게 깨어 있을 수 없더냐(마26:40)
기도 후에 일어나 제자들에게 가서 슬픔으로 인하여 잠든 것을 보시고(눅22:45)

예수님이 간절히 기도하시는 동안에 제자들은 자고 있었습니다. 예수님은 제자들에게 "깨어 있을 수 없더냐"라고 하시며 그들이 다가올 환난을 기도로 대비하지 못함을 안타까워하셨습니다. "슬픔으로 인하여"란 제자들에게 이 날이 육체적으로도 또한 영적으로도 매우 지치는 긴 하루였음을 나타냅니다.

시험에 들지 않게 깨어 기도하라 마음에는 원이로되 육신이 약하도다 하시고(마26:41)

"마음"(πνεῦμα, 프뉴마)이란 예수님을 신실하게 따르기를 원하는 제자들의 영혼(spirit)을 가리킵니다. 예수님은 위기의 순간에 잠들어 있던 제

---

21 혈한증은 피부의 작은 출혈로 인해 혈액이 모세관 벽을 통하여 땀샘에 들어가 생기는 드문 현상인데, 사형집행 전 공포심에 질린 죄수에게서 많이 나타난다고 합니다. Church ed., *Commentary on the Whole Bible by Matthew Henry*, 1495.

자들의 한계를 긍휼히 여기시고, 오직 기도만이 육신의 연약함을 극복하는 능력임을 다시 한 번 깨닫게 하셨습니다.

다시 두 번째 나아가 기도하여 이르시되 내 아버지여 만일 내가 마시지 않고는 이 잔이 내게서 지나갈 수 없거든 아버지의 원대로 되기를 원하나이다 하시고(마26:42)

다시 나아가 동일한 말씀으로 기도하시고 다시 오사 보신즉 그들이 자니 이는 그들의 눈이 심히 피곤함이라 그들이 예수께 무엇으로 대답할 줄을 알지 못하더라(막14:40)

예수님은 제자들을 떠나 다시 기도의 시간을 가지셨습니다. 두 번째 기도 역시 첫 번째 기도처럼 "아버지의 원대로 되기를" 간구하는 내용이었습니다. 예수님이 이 기도를 마치고 돌아오셨을 때에도 제자들은 육체의 피로를 이기지 못하고 잠들어 있었습니다.

또 그들을 두시고 나아가 세 번째 같은 말씀으로 기도하신 후(마26:44)

세 번째 오사 그들에게 이르시되 이제는 자고 쉬라 그만 되었다 때가 왔도다 보라 인자가 죄인의 손에 팔리느니라(막14:41)

예수님이 세 번에 걸쳐 동일한 말씀으로 기도하신 것은 대속 사역의 엄중함과 예수님의 신실하심을 확증합니다. 예수님은 여전히 깨어 있지 못했던 제자들에게 "그만 되었다 때가 왔도다"라고 하셨는데, 이는 가룟 유다의 손에 팔리시고 십자가 고난을 맞이할 때(καιρός, 카이로스)를 의미합니다.

예수님은 십자가 형벌의 시간이 다가오고 있음을 아시고 머리를 땅에 대고 간절히 기도하셨습니다. 예수님은 죽음을 앞두고 극심한 괴로움 가운데 세 번 간곡히 기도하셨는데, 이 시련의 때에 자신을 온전히 아버지의 손에 맡기시는 순종의 모습을 보여주셨습니다.

제5부

십자가와 죽으심

제18장 체포와 심문

예수님께서 잡히심(여섯째 날) - 금요일 마26:47-56, 막14:43-52, 눅22:47-53, 요18:2-11

말씀하실 때에 열둘 중의 하나인 유다가 왔는데 대제사장들과 백성의 장로들에게서 파송된 큰 무리가 칼과 몽치를 가지고 그와 함께 하였더라(마26:47)
유다가 군대와 대제사장들과 바리새인들에게서 얻은 아랫사람들을 데리고 등과 횃불과 무기를 가지고 그리로 오는지라(요18:3)

"몽치"는 길이가 짧고 단단한 나무 몽둥이로, 당시 예루살렘 성전 경비대의 치안 유지용 무기입니다. "군대"는 명절에 소요를 방지하기 위해 배치되었으며, "아랫사람들"이란 대제사장들과 산헤드린 장로들의 수하에 있는 레위인 성전 경비대를 말합니다.

예수를 파는 자가 이미 그들과 군호를 짜 이르되 내가 입맞추는 자가 그이니 그를 잡아 단단히 끌어가라 하였는지라(막14:44)
곧 예수께 나아와 랍비여 안녕하시옵니까 하고 입을 맞추니(마26:49)

제자가 스승에게 입을 맞추며 인사하는 것은 관례였지만, 유다의 입맞춤은 어둠 속에서 예수님을 찾아내고 확인하려는 수단이었습니다. "그를 잡아 단단히 끌어가라"고 하는 말에서 유다의 배신을 확실히 느낄 수 있습니다.

예수께서 그 당할 일을 다 아시고 나아가 이르시되 너희가 누구를 찾느냐 대답하되 나사렛 예수라 하거늘 이르시되 내가 그니라 하시니라 그를 파는 유다도 그들과 함께 섰더라 예수께서 그들에게 내가 그니라 하실 때에 그들이 물러가서 땅에 엎드러지는지라(요18:4-6)

예수님은 먼저 그들에게 "누구를 찾느냐"고 물으시고, 그들이 "나사렛 예수라" 할 때 "내가 그니라"(Ἐγώ εἰμι, I am), 곧 '에고 에이미'라고 대답하셨습니다. 예수님께서 자신을 드러내셨을 때 잡으러 온 자들이 땅에 엎드러진 것은 하나님의 신성을 대면할 때의 일반적인 반응입니다. "내가 볼 때에 그의 발 앞에 엎드러져 죽은 자 같이 되매 그가 오른손을 내게 얹고 이르시되 두려워하지 말라 나는 처음이요 마지막이니"(계1:17). 이로 보건대 예수님은 스스로 아버지께 순종하심으로 그들에게 잡히신 것임을 알 수 있습니다.

이에 다시 누구를 찾느냐고 물으신대 그들이 말하되 나사렛 예수라 하거늘 예수께서 대답하시되 너희에게 내가 그니라 하였으니 나를 찾거든 이 사람들이 가는 것은 용납하라 하시니 이는 아버지께서 내게 주신 자 중에서 하나도 잃지 아니하였사옵나이다 하신 말씀을 응하게 하려 함이러라(요18:7-9)

예수께서 이르시되 친구여 네가 무엇을 하려고 왔는지 행하라 하신대 이에 그들이 나아와 예수께 손을 대어 잡는지라(마26:50)

예수님은 재차 자신이 누구인지를 밝히시고, 제자들을 다치지 않게 보내심으로써 자신에 대한 예언을 성취하셨습니다. 본문의 "친구"는 가까운 사이를 뜻하는 '필로스'(φίλος)가 아니라 단지 알고 지내는 사이를 뜻하는 '헤타이로스'(ἑταῖρος)로, 예수님은 배반자 유다를 이전처럼 친근하게 부르지 않으셨습니다.

그의 주위 사람들이 그 된 일을 보고 여짜오되 주여 우리가 칼로 치리이까 하고 그

중의 한 사람이 대제사장의 종을 쳐 그 오른쪽 귀를 떨어뜨린지라(눅22:49-50)

이에 시몬 베드로가 칼을 가졌는데 그것을 빼어 대제사장의 종을 쳐서 오른편 귀를 베어버리니 그 종의 이름은 말고라(요18:10)

성전 경비병들이 예수님을 붙잡으려 하자 베드로가 칼을 들어 대제사장의 종 말고의 오른쪽 귀를 잘랐습니다. "칼"은 당시에 사람들이 호신용으로 가지고 있던 30cm 가량의 짧은 단검입니다.

예수께서 일러 이르시되 이것까지 참으라 하시고 그 귀를 만져 낫게 하시더라(눅22:51)

자비로우신 예수님은 "이것까지 참으라"고 하신 후에 자신을 체포하려고 했던 말고의 귀를 즉시 고쳐주셨습니다.[1]

이에 예수께서 이르시되 네 칼을 도로 칼집에 꽂으라 칼을 가지는 자는 다 칼로 망하느니라 너는 내가 내 아버지께 구하여 지금 열두 군단 더 되는 천사를 보내시게 할 수 없는 줄로 아느냐(마26:52-53)

"군단"(legion)이란 보병 6,000명과 말 700여필로 이루어진 당시 로마 군대의 편제를 말합니다.

내가 만일 그렇게 하면 이런 일이 있으리라 한 성경이 어떻게 이루어지겠느냐 하시더라(마26:54)

예수께서 베드로더러 이르시되 칼을 칼집에 꽂으라 아버지께서 주신 잔을 내가 마시지 아니하겠느냐 하시니라(요18:11)

예수님은 "칼을 칼집에 꽂으라"고 하시며 하나님의 나라는 폭력적인

1 예수님의 제자가 대제사장의 종의 귀를 벤 것이 사복음서에 모두 기록되어 있지만, 누가만 예수님이 "그 귀를 만져 낫게 하시더라"고 기록하였으며, 요한만 귀를 베어버린 '베드로'와 대제사장의 종 '말고'의 이름을 기록하고 있습니다. 이는 성령께서 인간 저자의 개인적인 특성을 살리면서도 오류에 빠지지 않도록 인도하시는 유기적 영감을 보여주는 일례로, 의사인 누가는 베어버린 귀에 대한 결과를 말하며, 대제사장 측의 사람들을 잘 알고 있었던(요18:15) 요한은 세심하게 이 사건의 당사자들인 베드로와 말고를 언급하였습니다.

수단으로 세워지는 것이 아님을 가르치셨습니다. 예수님은 성경을 이루시기 위하여 "아버지께서 주신 잔", 곧 하나님의 '진노의 포도주'를 마다하지 않으셨습니다. "그도 하나님의 진노의 포도주를 마시리니 그 진노의 잔에 섞인 것이 없이 부은 포도주라 거룩한 천사들 앞과 어린 양 앞에서 불과 유황으로 고난을 받으리니"(계14:10). 예수님은 십자가에서 육체적 고통만이 아니라 영혼의 고통도 겪으셨는데, 이는 인류의 죄에 대한 하나님의 진노를 예수님이 대속적 희생 제물로서 짊어지셔야 하기 때문입니다. "그는 우리 죄를 위한 화목 제물이니 우리만 위할 뿐 아니요 온 세상의 죄를 위하심이라"(요일2:2).

내가 날마다 너희와 함께 성전에 있으면서 가르쳤으되 너희가 나를 잡지 아니하였도다 그러나 이는 성경을 이루려 함이니라 하시더라(막14:49)

그러나 이렇게 된 것은 다 선지자들의 글을 이루려 함이니라 하시더라 이에 제자들이 다 예수를 버리고 도망하니라(마26:56)

예수님은 자신이 과거에 붙잡히실 상황이 여러 차례 있었음에도 불구하고 그때가 아닌 지금 체포되는 것은 성경을 이루시기 위함이라고 하셨습니다. 예수님이 제자에게 배반을 당하시고, 동족 유대인에 의해 이방인에게 넘겨지시고, 조롱과 모욕과 수치를 당하시는 일들은 선지자들의 글에 이미 예언되어 있었습니다. 예수님은 하나님의 말씀을 성취하시기 위하여 스스로를 내어주셨고, 예수님을 끝까지 지키겠다고 맹세했던 제자들은 위험이 닥치자 예수님의 예고대로 모두 예수님을 버려두고 도망쳤습니다.

은 삼십에 제자의 도리와 신의를 저버린 가룟 유다는 밤에 찾아와 예수님께 입맞추며 배반하였고, 예수님은 자신이 붙잡히는 것이 구원을 이루기 위한 예언의 성취라고 말씀하셨습니다. 예수님은 자신의 양들을 구원하기 위해 스스로 죽음을 택하신 선한 목자이십니다. 이제 예수님은 아버지께 순종하심으로 자신에게 주어진 진노의 잔을 마시려 하십니다.

안나스와 가야바 앞에 서심 마26:57-58;69-70, 막14:53-54, 눅22:54, 요18:13-24

먼저 안나스에게로 끌고 가니 안나스는 그 해의 대제사장인 가야바의 장인이라(요18:13)

예수님은 체포되신 후에 대제사장 가야바가 아니라 그의 장인인 안나스에게 먼저 심문을 받으셨습니다. 당시 유대에서는 세 제사장 가문에서 주로 대제사장이 배출되었는데, 안나스는 이 유력한 가문들 중에 한 가문의 수장이었습니다. 그가 대제사장직을 역임(주후6-15)한 이후, 사위 가야바를 포함하여 그의 아들들 중 다섯 명이나 대제사장이 되었습니다. "안나스와 가야바가 대제사장으로 있을 때에"(눅3:2), "대제사장 안나스와 가야바와 요한과 알렉산더와 및 대제사장의 문중이 다 참여하여"(행4:6). 그리하여 안나스는 계속해서 대제사장이라는 칭호를 누림과 동시에 자기 가문의 대제사장직 수행에 있어서 상당한 권력을 행사하였습니다.

시몬 베드로와 또 다른 제자 한 사람이 예수를 따르니 이 제자는 대제사장과 아는 사람이라 예수와 함께 대제사장의 집 뜰에 들어가고 베드로는 문 밖에 서 있는지라 대제사장을 아는 그 다른 제자가 나가서 문 지키는 여자에게 말하여 베드로를 데리고 들어오니(요18:15-16)

예수님이 대제사장에게 잡혀가실 때 베드로와 요한이 따라갔습니다. 요한은 대제사장과 개인적인 면식이 있었으므로 그의 집 안 뜰까지 들어갔는데, 요한의 부탁으로 베드로도 동행하게 되었습니다.

문 지키는 여종이 베드로에게 말하되 너도 이 사람의 제자 중 하나가 아니냐 하니 그가 말하되 나는 아니라 하고(요18:17)

베드로가 바깥 뜰에 앉았더니 한 여종이 나아와 이르되 너도 갈릴리 사람 예수와 함께 있었도다 하거늘 베드로가 모든 사람 앞에서 부인하여 이르되 나는 네가 무슨 말을 하는지 알지 못하겠노라 하며(마26:69-70)

베드로의 부인(否認)은 사복음서에 모두 기록되어 있는데, 본문은 베드로의 첫 번째 부인입니다.

대제사장이 예수에게 그의 제자들과 그의 교훈에 대하여 물으니 예수께서 대답하시되 내가 드러내 놓고 세상에 말하였노라 모든 유대인들이 모이는 회당과 성전에서 항상 가르쳤고 은밀하게는 아무 것도 말하지 아니하였거늘(요18:19-20)

"은밀하게는 아무 것도 말하지 아니하였거늘"이란 예수님의 메시지가 공적으로나 사적으로나 한결 같았다는 의미이며, 이는 이사야서에 나오는 예언의 성취입니다. "나는 감추어진 곳과 캄캄한 땅에서 말하지 아니하였으며 야곱 자손에게 너희가 나를 혼돈 중에서 찾으라고 이르지 아니하였노라 나 여호와는 의를 말하고 정직한 것을 알리느니라"(사45:19).

이 말씀을 하시매 곁에 섰던 아랫사람 하나가 손으로 예수를 쳐 이르되 네가 대제사장에게 이같이 대답하느냐 하니(요18:22)

대제사장의 종들 중 한 사람이 예수님의 대답을 듣고는 재판장에게 무례히 행한다고 생각하여 예수님을 손으로 쳤습니다. "너는 재판장을 모독하지 말며 백성의 지도자를 저주하지 말지니라"(출22:28). 유대 문화에서 뺨을 때리는 것이 금기시되었기 때문에, 이는 예수님께서 큰 치욕을 당하셨음을 보여줍니다.

예수께서 대답하시되 내가 말을 잘못하였으면 그 잘못한 것을 증언하라 바른 말을

하였으면 네가 어찌하여 나를 치느냐 하시더라(요18:23)

예수님은 출애굽기의 율법을 염두에 두시고 자신은 그 법을 범한 일이 없다고 하셨습니다.

예수를 잡아끌고 대제사장의 집으로 들어갈새 베드로가 멀찍이 따라가니라(눅22:54)
안나스가 예수를 결박한 그대로 대제사장 가야바에게 보내니라(요18:24)

가야바는 예수님의 공생애 기간의 대제사장으로, 18년 동안(주후18-36) 대제사장직을 유지하였습니다. "대제사장의 집"은 예루살렘 다윗성 동쪽에 있는 가야바의 관사를 말합니다. 심문을 마친 안나스는 예수님을 결박한 채로 가야바에게 보냅니다.

예수를 잡은 자들이 그를 끌고 대제사장 가야바에게로 가니 거기 서기관과 장로들이 모여 있더라(마26:57)

예수님은 자정쯤에 체포되시어 새벽 1시경에 대제사장 가야바의 집에 끌려가셨고, 새벽 2시경에 전임 대제사장 안나스에게 심문을 받으셨으며, 새벽 3시경에 다시 가야바와 공회원들에게 재판을 받으신 것으로 추정됩니다.

예수님은 겟세마네 동산에서 체포되신 후 전임 대제사장 안나스에게 심문을 받으셨는데, 일련의 과정 중에 예수님은 대제사장의 하인으로부터 수치와 모욕을 당하셨습니다. 예수님은 안나스에게 자신의 가르침이 회당과 성전 안에서나 밖에서나 동일하였음을 말씀하셨습니다. 이제 예수님은 현재 대제사장인 가야바가 주관하는 공회 앞에 서게 되십니다.

공회 앞에 서심 마26:59-27:1, 막14:55-15:1, 눅22:63-65

대제사장과 온 공회[2]가 예수를 죽이려고 그를 칠 증거를 찾되 얻지 못하니 이는 예수를 쳐서 거짓 증언하는 자가 많으나 그 증언이 서로 일치하지 못함이라(막14:55-56)

주후 30년 유월절, 예수님은 금요일 이른 새벽에 대제사장 가야바와 사두개인들과 바리새인들로 구성된 산헤드린 공회 앞에서 심문을 받으십니다.

어떤 사람들이 일어나 예수를 쳐서 거짓 증언하여 이르되 우리가 그의 말을 들으니 손으로 지은 이 성전을 내가 헐고 손으로 짓지 아니한 다른 성전을 사흘 동안에 지으리라 하더라 하되 그 증언도 서로 일치하지 않더라(막14:57-59)

공회의 사주를 받은 것으로 여겨지는 여러 사람들이 예수님을 고소하였습니다. "죽일 자를 두 사람이나 세 사람의 증언으로 죽일 것이요 한 사람의 증언으로는 죽이지 말 것이며"(신17:6). 그러나 그들의 증언이 서로 모순된다고 두 번이나 언급된 것으로 보아 이들이 거짓으로 예수님을 고발하고 있음을 확실히 알 수 있습니다.

예수께서 침묵하시거늘 대제사장이 이르되 내가 너로 살아 계신 하나님께 맹세하게 하노니 네가 하나님의 아들 그리스도인지 우리에게 말하라(마26:63)

거짓 증인들의 모함이 큰 효력을 발휘하지 못하자 가야바는 예수님의 신적 정체성에 관하여 질문하였습니다. "하나님의 아들 그리스도"란 성부 하나님과의 동등성을 가리키는 칭호입니다.

---

2 산헤드린 공회는 71명의 회원으로 구성된 유대인의 통치 기구이자 최고 의결 기관인데, 구약에서 모세가 임명한 70인의 장로회에 그 기원을 둡니다. "여호와께서 모세에게 이르시되 이스라엘 노인 중에 네가 알기로 백성의 장로와 지도자가 될 만한 자 칠십 명을 모아 내게 데리고 와 회막에 이르러 거기서 너와 함께 서게 하라"(민11:16). 공회원은 바리새인, 사두개인(제사장), 서기관, 장로 등의 백성의 대표들로 구성되며, 의장인 대제사장을 포함하여 71명입니다.

예수께서 이르시되 네가 말하였느니라 그러나 내가 너희에게 이르노니 이후에 인자가 권능의 우편에 앉아 있는 것과 하늘 구름을 타고 오는 것을 너희가 보리라 하시니 (마26:64)

이에 예수님은 "네가 말하였느니라"고 하시며, 자신은 유대인들이 고대한 다윗의 자손 메시야이자 하나님의 나라를 다스릴 인자라고 선언하셨습니다. "여호와께서 내 주에게 말씀하시기를 내가 네 원수들로 네 발판이 되게 하기까지 너는 내 오른쪽에 앉아 있으라 하셨도다"(시110:1).

이에 대제사장이 자기 옷을 찢으며 이르되 그가 신성 모독 하는 말을 하였으니 어찌 더 증인을 요구하리요 보라 너희가 지금 이 신성 모독 하는 말을 들었도다 너희 생각은 어떠하냐 대답하여 이르되 그는 사형에 해당하니라 하고 (마26:65-66)

예수님께서 이같이 공회 앞에서 자신을 드러내시자 가야바가 자신의 옷을 찢었는데, 이는 대제사장에게 금지된 행동이었습니다. "자기의 형제 중 관유로 부음을 받고 위임되어 그 예복을 입은 대제사장은 그의 머리를 풀지 말며 그의 옷을 찢지 말며"(레21:10). 대제사장 가야바는 예수님께 "신성 모독"이란 표현을 두 번이나 사용하며 예수님의 자기 계시가 하나님을 욕되게 한 것이라고 단정하였습니다. 산헤드린 공회 역시 대제사장의 주장에 바로 동조하여 예수님께 사형을 내리기로 결정하였습니다.

이에 예수의 얼굴에 침 뱉으며 주먹으로 치고 어떤 사람은 손바닥으로 때리며 이르되 그리스도야 우리에게 선지자 노릇을 하라 너를 친 자가 누구냐 하더라 (마26:67-68)

지키는 사람들이 예수를 희롱하고 때리며 그의 눈을 가리고 물어 이르되 선지자 노릇 하라 너를 친 자가 누구냐 하고 이 외에도 많은 말로 욕하더라 (눅22:63-65)

사형 판결이 내려진 후에 예수님에 대한 가혹 행위가 이어졌습니다. 얼굴에 침을 뱉는 것은 사람에게 할 수 있는 가장 치욕적인 행위 가운데 하나였습니다. "그의 형제의 아내가 장로들 앞에서 그에게 나아가서 그의 발에서 신을 벗기고 그의 얼굴에 침을 뱉으며 이르기를 그의 형제의 집을 세우기를 즐겨 아니하는 자에게는 이같이 할 것이라 하고"(신25:9). "지키는 사람들"이란 성전 경비대의 병사들을 말합니다. 그들 역시 예수님께 자신이 그리스도임을 입증하도록 "선지자 노릇"을 하라고 조롱하며 모욕하였습니다.

날이 새매 백성의 장로들 곧 대제사장들과 서기관들이 모여서 예수를 그 공회로 끌어들여 (눅22:66)

"날이 새매"는 공회가 예수님에 대한 판결을 선고한 이후, 즉 동틀 녘을 말합니다. 산헤드린 공회의 규정상 밤중에 판결한 것은 효력이 없었기 때문에, 대제사장 가야바와 공회원들은 새벽이 되자 이미 몇 시간 전에 내려진 예수님에 대한 판결을 승인하기 위한 형식적인 재판을 열고 예수님의 유죄를 공식적으로 확정하였습니다.

새벽에 대제사장들이 즉시 장로들과 서기관들 곧 온 공회와 더불어 의논하고 예수를 결박하여 끌고 가서 빌라도에게 넘겨 주니 (막15:1)

공회는 예수님을 사형에 처해야 한다고 판결을 내렸지만 이를 집행할 권리는 없었습니다. 당시 로마는 속국에게 어느 정도의 법적 자치권을 허락하였음에도 불구하고 사형의 시행은 로마의 관할에 속하게 하였는데, 이는 그 지역의 어떤 사건에든지 개입하여 지배권을 행사할 수 있는 여지를 남겨 두기 위함이었습니다. 따라서 공회는 로마 총독인 빌라도에게 예수님을 인계하였습니다. 유대 지방에서 로마 정부의 중심지는 가이사랴였지만, 빌라도는 유월절 기간에 치안 유지를 위해 일시적으로 예루살렘에 머물러 있는 중이었습니다.

산헤드린 공회는 예수님을 고소할 명분을 찾았지만 증언들이 서로 모순되어 사용할 수 없었습니다. 그런데 대제사장의 질문에 예수님이 하나님의 아들이심을 말씀하시자, 공회는 이를 신성 모독죄로 여겨 예수님을 사형에 해당한 자로 정죄하였습니다. 이어 공회는 예수님에 대한 사형을 집행하기 위해 로마 총독 빌라도에게 예수님을 넘겨주었습니다.

베드로가 부인함 마26:69-75, 막14:55-72, 눅22:55-65, 요18:25-27

앞문까지 나아가니 다른 여종이 그를 보고 거기 있는 사람들에게 말하되 이 사람은 나사렛 예수와 함께 있었도다 하매 베드로가 맹세하고 또 부인하여 이르되 나는 그 사람을 알지 못하노라 하더라(마26:71-72)

예수님께서 안나스에게 심문을 받으실 때, 베드로는 대제사장의 집 바깥 뜰에 앉아 있었는데 이때 처음 예수님을 부인하였습니다. 이후에 산헤드린 공회의 재판이 열리는 곳의 문 앞에서 베드로의 두 번째 부인이 일어났습니다. 또 다른 여종이 베드로에게 예수님의 제자가 아닌지 묻자, 베드로는 “그 사람을 알지 못하노라”고 맹세하며 강하게 부인하였습니다.

한 시간쯤 있다가 또 한 사람이 장담하여 이르되 이는 갈릴리 사람이니 참으로 그와 함께 있었느니라(눅22:59)

조금 후에 곁에 섰던 사람들이 나아와 베드로에게 이르되 너도 진실로 그 도당이라 네 말소리가 너를 표명한다 하거늘(마26:73)

“네 말소리가 너를 표명한다”란 사람들이 베드로의 사투리로 인해 그가 갈릴리 사람임을 알아차리게 되었다는 뜻입니다. 예수님의 제자들은 가룟 유다를 제외하면 모두 갈릴리 출신이었는데, 당시 갈릴리 사람들은 후음과 치음을 잘 발음하지 못했기 때문에 예루살렘의 유대 사

람들은 갈릴리 사람들의 방언을 금방 구별할 수 있었습니다.[3]

그가 저주하며 맹세하여 이르되 나는 그 사람을 알지 못하노라 하니 곧 닭이 울더라 (마26:74)

이에 베드로는 또다시 부인하였는데, 세 번째 부인할 때는 저주의 맹세까지 하며 예수님을 알지 못한다고 하였습니다. 베드로가 주님을 첫 번째 부인한 후에 닭이 한 번 울었고, 이와 같이 두 번 더 부인하자 닭이 두 번째 울었습니다.

닭이 곧 두 번째 울더라 이에 베드로가 예수께서 자기에게 하신 말씀 곧 닭이 두 번 울기 전에 네가 세 번 나를 부인하리라 하심이 기억되어 그 일을 생각하고 울었더라 (막14:72)

주께서 돌이켜 베드로를 보시니 베드로가 주의 말씀 곧 오늘 닭 울기 전에 네가 세 번 나를 부인하리라 하심이 생각나서 밖에 나가서 심히 통곡하니라 (눅22:61-62)

베드로는 예수님의 수제자이고 예수님에 대한 신앙고백으로 베드로라는 이름을 받았으며, 예수님이 십자가 고난을 예고하셨을 때 끝까지 주님을 따르겠다고 맹세했던 자입니다. 그러나 예수님이 잡히시고 심문을 받으시던 날, 세 번이나 예수님을 모른다고 부인하였습니다. 베드로가 세 번째로 부인했을 때 닭이 울었고, 바로 그때 예수님은 돌이켜 베드로를 바라보셨습니다. 이에 베드로는 예수님의 말씀을 기억하고 자신이 호언장담했던 것과 다르게 예수님을 철저히 부인하였음을 깨닫

3 당시 갈릴리 사람들의 말은 유대와 예루살렘의 말과 현저하게 다른 지방 사투리를 사용했는데, 그들은 א(aleph, 알렢)과 ע(ayin, 아인) 같은 후음(목구멍소리)을 정확히 발음하지 못하였으며, 치찰음인 שׁ(shin, 쉰) 대신 ת(tav, 타브)로, 순음인 ב(bet, 베트) 대신 פ(pe, 페)로 발음했다고 합니다. H. D. M. Spence ed., *The Pulpit Commentary : St. Matthew Vol. I.* New Edition (London and New York : Funk & Wagnalls, 1907), 535. 참고로, 구약성경 사사기 12장에서 에브라임 사람들이 שׁ(shin, 쉰) 발음을 못하고 ס(ssameq, 싸멕)으로 발음하여 죽임을 당한 실례가 있습니다.

게 되었습니다. "생각하고 울었더라"는 '부딪치며 통곡했다'는 뜻으로 베드로의 격렬한 후회와 슬픔을 나타냅니다.

예수님이 심문 받으시던 날, 다른 제자들은 다 떠날지라도 자신은 끝까지 주님을 따르겠다고 힘주어 말했던 수제자 베드로는 예수님을 세 번이나 부인하였습니다. 이후 그는 낙담하여 고향으로 내려갔지만, 부활하신 예수님은 그를 찾아가 만나주시고 회복시키셨습니다. 베드로는 다시 사명을 받은 후에 성령의 충만함으로 담대히 복음을 전파하게 됩니다.

가룟 유다가 목매어 죽음 마27:3-10

그 때에 예수를 판 유다가 그의 정죄됨을 보고 스스로 뉘우쳐 그 은 삼십을 대제사장들과 장로들에게 도로 갖다 주며 이르되 내가 무죄한 피를 팔고 죄를 범하였도다 하니 그들이 이르되 그것이 우리에게 무슨 상관이냐 네가 당하라 하거늘 유다가 은을 성소에 던져 넣고 물러가서 스스로 목매어 죽은지라(마27:3-5)

가룟 유다는 산헤드린 공회가 예수님을 죽이기로 결의한 것을 보고 자신의 행동을 후회하며 상황을 되돌리려고 하였습니다. 그러나 조금 전까지만 해도 유다를 비중 있게 대해 주었던 공회원들은 자신들의 목적을 이루자 그의 절박한 태도에도 전혀 아랑곳하지 않고 그 요청을 일언지하에 거절하였습니다. 이에 유다는 은 삼십 세겔을 성소에 던져 넣고 자살로 삶을 마감하였습니다.

대제사장들이 그 은을 거두며 이르되 이것은 핏값이라 성전고에 넣어 둠이 옳지 않다 하고(마27:6)

"성전고"(聖殿庫)란 백성이나 왕이 바친 헌물들을 보관하는 성전의 창고로, 율법에 따르면 부정하게 얻은 돈은 성전에 바칠 수 없었습니다.

"창기가 번 돈과 개 같은 자의 소득은 어떤 서원하는 일로든지 네 하나님 여호와의 전에 가져오지 말라 이 둘은 다 네 하나님 여호와께 가증한 것임이니라"(신23:18).

의논한 후 이것으로 토기장이의 밭을 사서 나그네의 묘지를 삼았으니 그러므로 오늘날까지 그 밭을 피밭이라 일컫느니라(마27:7-8)

"피밭"이란 가룟 유다가 예수님을 배반한 대가로 받은 돈, 곧 핏값과 관련하여 생겨난 이름입니다. 교회 전승에 따르면, 이곳은 예루살렘 남쪽의 힌놈 골짜기에 있으며, 가족이 없는 사람들의 공동묘지로 사용되었다고 합니다.

이에 선지자 예레미야를 통하여 하신 말씀이 이루어졌나니 일렀으되 그들이 그 가격 매겨진 자 곧 이스라엘 자손 중에서 가격 매긴 자의 가격 곧 은 삼십을 가지고 토기장이의 밭 값으로 주었으니 이는 주께서 내게 명하신 바와 같으니라 하였더라(마27:9-10)

본문의 "가격 매겨진 자"란 노예처럼 가격이 정하여져 팔린 자를 의미합니다. 이는 구약 예레미야서와 스가랴서의 예언의 성취입니다. "그러므로 보라 다시는 이 곳을 도벳이나 힌놈의 아들의 골짜기라 부르지 아니하고 오직 죽임의 골짜기라 부르는 날이 이를 것이라 여호와의 말이니라"(렘19:6), "내가 그들에게 이르되 너희가 좋게 여기거든 내 품삯을 내게 주고 그렇지 아니하거든 그만두라 그들이 곧 은 삼십 개를 달아서 내 품삯을 삼은지라 여호와께서 내게 이르시되 그들이 나를 헤아린 바 그 삯을 토기장이에게 던지라 하시기로 내가 곧 그 은 삼십 개를 여호와의 전에서 토기장이에게 던지고"(슥11:13).

가룟 유다는 예수님을 배반한 것을 뉘우치며 핏값을 돌려주려 했지만 거절되자 스스로 목매어 죽었습니다. 공회원들은 그가 던진 은화로 밭을 사서 묘지로 삼았는데, 이는 구약 예언의 성취입니다. 가룟 유다의 후회는 베드로의 회개와는 전혀 다른 것이었습니다. 가룟 유다는 참회하지 않고 끝까지 사탄의 충동을 받아 스스로 목숨을 끊는 죄를 범하였습니다.

빌라도 앞에서 재판을 받으심 마27:2-14, 막15:2-5, 눅23:1-4, 요18:28-38

결박하여 끌고 가서 총독 빌라도에게 넘겨 주니라(마27:2)

유대 종교지도자들은 예수님의 사형 집행을 요구하기 위하여 로마 총독을 찾아갔습니다. "빌라도"는 '창을 가짐'이란 뜻의 이름이며, 티베리우스 황제가 유대와 이두매와 사마리아 지방을 관리하도록 임명한 총독이었습니다. 그는 세례 요한이 사역하던 무렵 통치를 시작하였는데(주후26-36), 유대문헌들은 빌라도가 매우 가혹하고 탐욕스러운 인물이었다고 평가합니다.[4] "그 때 마침 두어 사람이 와서 빌라도가 어떤 갈릴리 사람들의 피를 그들의 제물에 섞은 일로 예수께 아뢰니"(눅13:1).

그들이 예수를 가야바에게서 관정으로 끌고 가니 새벽이라 그들은 더럽힘을 받지 아니하고 유월절 잔치를 먹고자 하여 관정에 들어가지 아니하더라(요18:28)

"관정"은 예루살렘 성전 북서쪽에 이중으로 요새화된 로마 총독의 공식 관저인 브라이도리온(πραιτώριον, common hall of governor)을 가리킵니다. 이 관정에는 언제든지 소요를 진압할 수 있도록 성전으로 즉시 진입하는 길이 있었습니다. "더럽힘을 받지 아니하고"란 유대인은 지붕

4 빌라도가 유대 종교를 무시한 예로, 예루살렘에 이교적인 로마 군단의 기준을 도입하고 성전기금을 전용하여 수로건설에 충당한 것을 꼽을 수 있습니다. Josephus, "The Antiquities of the Jews," 379. 또한 가이사랴에서 발견된 한 비문은 빌라도가 그곳의 한 건물을 티베리우스 황제의 우상화를 위해 헌납했음을 보여줍니다. 이후에 빌라도는 사마리아에서 일어난 소요를 잘못 처리하여 직위를 잃었습니다.

이 있는 이방인의 건물이나 집에 들어가면 의식적으로 부정해지는 것을 말하는데, 공회원들은 유월절을 준수하기 위하여 관정 안으로 들어가지 않았습니다.

그러므로 빌라도가 밖으로 나가서 그들에게 말하되 너희가 무슨 일로 이 사람을 고발하느냐(요18:29)

"밖으로 나가서"란 관정 안에 있던 빌라도가 유대인들의 종교를 존중하여 그들을 만나기 위해 직접 바깥으로 나온 것을 말합니다. 빌라도는 관정 안에서 예수님을 심문하다가 공회원들과 이야기를 할 때에는 예수님과 함께 밖으로 나간 것으로 보입니다. 따라서 예수님과 빌라도의 대화 가운데 많은 부분은 유대인들이 듣지 못하는 곳에서 이루어졌습니다.

고발하여 이르되 우리가 이 사람을 보매 우리 백성을 미혹하고 가이사에게 세금 바치는 것을 금하며 자칭 왕 그리스도라 하더이다 하니(눅23:2)

유대의 종교지도자들은 로마 정부가 신성 모독죄를 유대인들이 느끼는 것처럼 심각한 죄로 여기지 않는 것을 잘 알고 있었습니다. 그래서 그들은 예수님이 로마 정부가 예민하게 반응하는 주제, 곧 세금 납부를 거부하도록 백성들을 충동하였고 로마로부터 독립을 이끌어 낼 유대인의 왕임을 자처하였다고 거짓으로 고소하였습니다.

빌라도가 이르되 너희가 그를 데려다가 너희 법대로 재판하라 유대인들이 이르되 우리에게는 사람을 죽이는 권한이 없나이다 하니 이는 예수께서 자기가 어떠한 죽음으로 죽을 것을 가리켜 하신 말씀을 응하게 하려 함이러라(요18:31-32)

"말씀을 응하게 하려 함이러라"는 무리들이 예수님을 행악자로 고발하여 죽이려 하는 것과 십자가에 처형당하시는 것이 말씀의 성취임을 강조합니다. 유대인들은 십자가형을 교수형과 같은 것으로 생각하였는데, 모세 율법에서 나무에 달린 자는 하나님께 저주를 받은 것이라고 명시하고 있습니다. "나무에 달린 자는 하나님께 저주를 받았음이니라"(신21:23b). 만일 산헤드린 법을 따랐다면, 유대인들은 신성 모독에 대한 규정에 따라 예수님을 돌로 쳤을 것입니다. "여호와의 이름을 모독하면 그를 반드시 죽일지니 온 회중이 돌로 그를 칠 것이니라 거류민이든지 본토인이든지 여호와의 이름을 모독하면 그를 죽일지니라"(레24:16).

예수께서 총독 앞에 섰으매 총독이 물어 이르되 네가 유대인의 왕이냐 예수께서 대답하시되 네 말이 옳도다 하시고(마27:11)

빌라도가 예수님께 "네가 유대인의 왕이냐"고 묻는 목적은 예수님이 로마 황제의 권력에 위협이 되는지 알아보기 위함입니다. 이에 예수님께서 "네 말이 옳도다"(Σὺ λέγεις, It is as you say)라고 하셨는데, 이는 '네 말대로 나는 왕이지만, 너는 네 생각대로 나를 왕이라고 한다'는 의미입니다. 다시 말해 예수님이 왕이신 것은 맞지만 빌라도가 생각하는 것과 같은 정치적, 군사적 왕은 아니라는 말씀입니다.

예수께서 다시 아무 말씀으로도 대답하지 아니하시니 빌라도가 놀랍게 여기더라(막15:5)

공회원들이 여러 가지로 고발하였지만, 예수님은 빌라도의 첫 질문에만 대답하시고 더 이상 말씀하지 않으셨습니다. 빌라도는 예수님이 자기변호를 하지 않으신 것에 대해 놀라워했는데, 이는 이사야서 예언의 성취입니다. "그가 곤욕을 당하여 괴로울 때에도 그의 입을 열지 아니하였음이여 마치 도수장으로 끌려가는 어린 양과 털 깎는 자 앞에서 잠잠한 양 같이 그의 입을 열지 아니하였도다"(사53:7).

이에 빌라도가 다시 관정에 들어가 예수를 불러 이르되 네가 유대인의 왕이냐, 예수께서 대답하시되 내 나라는 이 세상에 속한 것이 아니니라 만일 내 나라가 이 세상에 속한 것이었더라면 내 종들이 싸워 나로 유대인들에게 넘겨지지 않게 하였으리라 이제 내 나라는 여기에 속한 것이 아니니라(요18:33,36)

예수님은 자신의 나라가 세속적인 국가가 아니라고 말씀하시며 다니엘서에 등장하는 영원한 "한 나라"를 상기시키셨습니다. "이 여러 왕들의 시대에 하늘의 하나님이 한 나라를 세우시리니 이것은 영원히 망하지도 아니할 것이요 그 국권이 다른 백성에게로 돌아가지도 아니할 것이요 도리어 이 모든 나라를 쳐서 멸망시키고 영원히 설 것이라"(단2:44).

빌라도가 이르되 그러면 네가 왕이 아니냐 예수께서 대답하시되 네 말과 같이 내가 왕이니라 내가 이를 위하여 태어났으며 이를 위하여 세상에 왔나니 곧 진리에 대하여 증언하려 함이로라 무릇 진리에 속한 자는 내 소리를 듣느니라 하신대 빌라도가 이르되 진리가 무엇이냐 하더라 이 말을 하고 다시 유대인들에게 나가서 이르되 나는 그에게서 아무 죄도 찾지 못하였노라(요18:37-38)

예수님은 자신이 진리를 증언하기 위해 오신 왕임을 분명히 밝히셨습니다. 빌라도는 "진리가 무엇이냐"라는 마지막 질문을 던지고는 예수님이 로마 정부에 위협이 되지 않는다고 판단하고서 예수님을 놓아주려 하였습니다.

금요일 새벽에 산헤드린 공회원들은 예수님을 결박하여 빌라도를 찾아갔습니다. 그들은 예수님이 로마에 세금 내는 것을 반대하고 스스로를 유대인의 왕이라 칭하므로 로마 제국에 반역을 꾀한다고 주장하였습니다. 대제사장들과 군중들은 예수님의 죄가 사형에 해당한다고 하였지만, 빌라도는 처음부터 예수님이 아무 죄가 없다고 생각하였습니다.

헤롯 안디바 앞에 서심 누23:5-12

빌라도가 듣고 그가 갈릴리 사람이냐 물어 헤롯의 관할에 속한 줄을 알고 헤롯에게 보내니 그 때에 헤롯이 예루살렘에 있더라(눅23:6-7)

빌라도는 예수님의 무죄를 확신하면서도 사형 집행의 책임을 피하기 위해 예수님을 헤롯 안디바에게 보냈습니다.

헤롯이 예수를 보고 매우 기뻐하니 이는 그의 소문을 들었으므로 보고자 한 지 오래였고 또한 무엇이나 이적 행하심을 볼까 바랐던 연고러라 여러 말로 물으나 아무 말도 대답하지 아니하시니(눅23:8-9)

금요일 아침, 안디바의 여러 질문에 예수님은 아무 대답도 하지 않으셨는데, 예수님의 침묵은 이사야서에서 예고된 것입니다. "그가 곤욕을 당하여 괴로울 때에도 그의 입을 열지 아니하였음이여"(사53:7). 대제사장들과 서기관들은 예수님을 여러 죄목으로 고소했지만 안디바는 그러한 고발에는 관심이 없었고 예수님이 놀라운 기적을 행하시는 모습을 보기 원할 뿐이었습니다.

헤롯이 그 군인들과 함께 예수를 업신여기며 희롱하고 빛난 옷을 입혀 빌라도에게 도로 보내니(눅23:11)

안디바는 예수님을 심문하거나 정죄하지 않았지만, 왕권에 대한 주장을 조롱하는 의미로 예수님께 빛난 옷을 입혀서 다시 빌라도에게 보냈습니다.

로마 제국은 범죄가 발생했을 경우 대체로 그 범죄가 일어난 지역을 관할하는 행정관이 재판을 열어 시비를 가렸기 때문에, 빌라도는 예수님을 헤롯 안디바에게 보냈습니다. 그런데 헤롯 안디바 역시 빌라도처럼 예수님에게 사형에 해당하는 죄를 찾지 못하였습니다.

무리가 십자가형을 요구함 마27:15-25, 막15:6-14, 눅23:13-23, 요18:39-40

명절이 되면 총독이 무리의 청원대로 죄수 한 사람을 놓아 주는 전례가 있더니(마27:15)

헤롯 안디바가 예수님을 다시 빌라도에게 보냈고, 이에 빌라도는 명절마다 죄수 한 사람을 풀어주는 관례에 따라 예수님을 석방하려고 하였습니다.

총독이 대답하여 이르되 둘 중의 누구를 너희에게 놓아 주기를 원하느냐 이르되 바라바로소이다(마27:21)

"바라바"는 '아버지의 아들'이라는 뜻인데, 강도와 민란과 살인 등 여러 범죄를 저지른 흉악한 사람이었습니다. "이 바라바는 성중에서 일어난 민란과 살인으로 말미암아 옥에 갇힌 자러라"(눅23:19). 빌라도의 예상과는 달리 군중들은 바라바를 풀어달라고 외쳤습니다.

빌라도가 이르되 그러면 그리스도라 하는 예수를 내가 어떻게 하랴 그들이 다 이르되 십자가에 못 박혀야 하겠나이다(마27:22)

불과 며칠 전만 하더라도 예수님의 입성에 '호산나'라고 외치며 환영했던 예루살렘 사람들이 지금은 "십자가에 못 박혀야 하겠나이다"라고 소리치고 있습니다.

총독이 재판석에 앉았을 때에 그의 아내가 사람을 보내어 이르되 저 옳은 사람에게 아무 상관도 하지 마옵소서 오늘 꿈에 내가 그 사람으로 인하여 애를 많이 태웠나이다 하더라(마27:19)

재판장의 분위기가 심상치 않게 흘러가는 중에 빌라도의 아내가 예수님께 해를 끼치는 결정을 내리지 말아달라고 부탁하였습니다. 로마인들은 일반적으로 꿈을 어떤 중요한 일의 전조(前兆)로 여겼는데, 이 꿈은 하나님께서 예수님의 무죄함에 대한 징표로 주신 것입니다.

이르되 너희가 이 사람이 백성을 미혹하는 자라 하여 내게 끌고 왔도다 보라 내가 너희 앞에서 심문하였으되 너희가 고발하는 일에 대하여 이 사람에게서 죄를 찾지 못하였고 헤롯이 또한 그렇게 하여 그를 우리에게 도로 보내었도다 보라 그가 행한 일에는 죽일 일이 없느니라(눅23:14-15)

심문을 마친 빌라도는 "이 사람에게서 죄를 찾지 못하였고"라고 하면서 두 번째로 예수님의 결백을 확증하였습니다. 그는 "헤롯이 또한 그렇게 하여"라고 말하며 안디바 역시 자신과 같이 예수님의 무죄함을 인정했다고 강조하였습니다.

빌라도가 세 번째 말하되 이 사람이 무슨 악한 일을 하였느냐 나는 그에게서 죽일 죄를 찾지 못하였나니 때려서 놓으리라 하니(눅23:22)

이방인이며 압제자인 빌라도가 "이 사람이 무슨 악한 일을 하였느냐"고 유대인들에게 오히려 반문하며 예수님께 사형에 해당하는 어떤 허물도 없음을 피력하였습니다. "또 악으로 선을 대신하는 자들이 내가 선을 따른다는 것 때문에 나를 대적하나이다"(시38:20). 빌라도는 먼저 예수님에게 태형을 선고하여 군중들이 진정되면 차후에 예수님을 석방하고자 하였습니다.

그들이 큰 소리로 재촉하여 십자가에 못 박기를 구하니 그들의 소리가 이긴지라(눅23:23)

그러나 무리들은 더욱 크게 소리 지르며 예수님을 십자가에 못 박으라고 압박하였습니다. 이처럼 빌라도는 명절에 죄수 한 사람을 풀어주는 관습을 통해 예수님을 방면하려 애썼지만, 성난 유대 백성들의 반발이 전혀 수그러들 기미가 보이지 않자 결국 예수님의 석방을 포기하였습니다.

빌라도는 예수님이 사형에 해당하는 범죄를 저지르지 않았으므로 세 번이나 예수님을 풀어주려고 하였지만, 백성들은 예수님의 십자가 처형을 강력하고 끈질기게 요구하였습니다. 결국 빌라도는 예수님의 죄 없음을 알면서도 유대인들의 거센 저항에 굴복하고 말았습니다.

군병들에게 희롱 당하심 마27:27-31, 막15:16-20, 요19:1-3

이에 총독의 군병들이 예수를 데리고 관정 안으로 들어가서 온 군대를 그에게로 모으고(마27:27)

"온 군대"란 약 600명의 병사를 의미하며, "그에게로 모으고"라는 표현은 예수님을 로마에 대적한 반역자로 간주한다는 것을 시사합니다.

군인들이 가시나무로 관을 엮어 그의 머리에 씌우고 자색 옷을 입히고(요19:2)
가시관을 엮어 그 머리에 씌우고 갈대를 그 오른손에 들리고 그 앞에서 무릎을 꿇고 희롱하여 이르되 유대인의 왕이여 평안할지어다 하며(마27:29)

이 가시관은 죄수의 머리를 파고들어 피를 솟구치게 하며 고통으로 얼굴을 일그러뜨립니다. 또한 왕족을 상징하는 자줏빛의 옷을 예수님께 입힌 것은 어의(御衣)를 흉내 낸 것입니다. 군인들은 또한 예수님께 갈대 규를 들려 그 앞에 무릎 꿇고 절하였습니다. "유대인의 왕이여 평안할지어다"란 로마 황제에 대한 경례 구호인 '아베 카이사르!'(황제 만세!)를 본뜬 말로, '유대의 왕 만세'라는 뜻입니다. 군병들의 이 모든 행동은 자신이 왕이라는 예수님의 주장을 경멸하고 조롱하기 위함이었습니다.

갈대로 그의 머리를 치며 침을 뱉으며 꿇어 절하더라(막15:19)

그뿐 아니라 군인들은 예수님을 구타하고 침 뱉으며 모욕하였습니다. 로마 병사들은 유죄 판결을 받은 죄수들, 특히 반란자들에게 특정한 옷을 입히고 끌고 다니며 희롱하는 것으로 악명이 높았습니다. 예수님의 왕권에 대한 군병들의 멸시는 참되신 왕이 도리어 가짜 왕 취급을 당하신 것으로, 이는 형언할 수 없는 치욕이었습니다.

이에 빌라도가 예수를 데려다가 채찍질하더라(요19:1)

본문의 "채찍질"(μαστιγόω)은 사형 직전에 맞는 채찍보다는 비교적으로 가벼운 매질이었습니다. 빌라도는 이 채찍질로 무리들의 분노를 달래려고 하였으나 의도대로 되지 않았습니다. 사형 선고를 받으신 이후, 예수님은 훨씬 더 심한 채찍질(φραγελλόω; 마27:26, 막15:15)을 당하시게 됩니다.

군인들이 죄가 없으신 예수님께 홍포를 입히고 유대인의 왕이라고 조롱하며 폭행하였는데, 이는 고난 받는 종에 대한 예언의 성취입니다. "그는 곤욕과 심문을 당하고 끌려갔으나 그 세대 중에 누가 생각하기를 그가 살아 있는 자들의 땅에서 끊어짐은 마땅히 형벌 받을 내 백성의 허물 때문이라 하였으리요"(사53:8). 의로우신 만왕의 왕 예수님은 이처럼 자기 백성들을 위하여 죄인들의 손에 심한 수난을 받으셨습니다.

빌라도의 판결 마27:24-26, 막15:15, 눅 23:24-25, 요19:4-16

이에 예수께서 가시관을 쓰고 자색 옷을 입고 나오시니 빌라도가 그들에게 말하되 보라 이 사람이로다 하매(요19:5)

빌라도의 "보라 이 사람이로다"(ecce homo, Behold the man)라는 말은 의역하면 '이 초라한 사내가 무슨 위협이 될 수 있겠는가'라는 의미입니다.

대제사장들과 아랫사람들이 예수를 보고 소리 질러 이르되 십자가에 못 박으소서 십자가에 못 박으소서 하는지라 빌라도가 이르되 너희가 친히 데려다가 십자가에 못 박으라 나는 그에게서 죄를 찾지 못하였노라(요19:6)

"너희가 친히 데려다가"란 빌라도가 유대인들에게 사형을 언도할 권한이 없다는 것을 주지시키는 말로, 자신은 예수님에게 사형을 집행하기를 원하지 않는다는 의사를 간접적으로 드러낸 표현입니다.

유대인들이 대답하되 우리에게 법이 있으니 그 법대로 하면 그가 당연히 죽을 것은 그가 자기를 하나님의 아들이라 함이니이다(요19:7)

유대 종교지도자들은 율법의 신성 모독죄를 언급하며 예수님에게 사형이 합당하다고 주장하였습니다. "여호와의 이름을 모독하면 그를 반드시 죽일지니 온 회중이 돌로 그를 칠 것이니라 거류민이든지 본토인이든지 여호와의 이름을 모독하면 그를 죽일지니라"(레24:16).

다시 관정에 들어가서 예수께 말하되 너는 어디로부터냐 하되 예수께서 대답하여 주지 아니하시는지라(요19:9)

예수님은 빌라도의 "어디로부터냐"라는 질문에 침묵하셨는데, 이는 여호와의 종에 대한 말씀을 상기시킵니다. "그는 죄를 범하지 아니하시고 그 입에 거짓도 없으시며 욕을 당하시되 맞대어 욕하지 아니하시고 고난을 당하시되 위협하지 아니하시고 오직 공의로 심판하시는 이에게 부탁하시며"(벧전2:22-23).

예수께서 대답하시되 위에서 주지 아니하셨더라면 나를 해할 권한이 없었으리니 그러므로 나를 네게 넘겨 준 자의 죄는 더 크다 하시니라(요19:11)

"나를 네게 넘겨 준 자"란 대제사장 가야바를 가리킵니다. 예수님은 만유를 다스리시는 하나님께서 허락하셨으므로 빌라도에 의한 자신의 재판이 가능하다고 말씀하셨습니다.

이러하므로 빌라도가 예수를 놓으려고 힘썼으나 유대인들이 소리 질러 이르되 이 사람을 놓으면 가이사[5]의 충신이 아니니이다 무릇 자기를 왕이라 하는 자는 가이사를 반역하는 것이니이다(요19:12)

"가이사의 충신이 아니니이다"라는 말은 빌라도가 로마 황제에 대해 충성되지 못함을 의미하는 발언으로, 유대인들은 빌라도가 로마 총독으로서 마땅히 행해야 할 직무를 유기하고 있다며 한층 더 강하게 압박하였습니다.

빌라도가 이 말을 듣고 예수를 끌고 나가서 돌을 깐 뜰(히브리 말로 가바다)에 있는 재판석에 앉아 있더라 이 날은 유월절의 준비일이요 때는 제육시라 빌라도가 유대인들에게 이르되 보라 너희 왕이로다(요19:13-14)

"유월절의 준비일"이란 유월절 주간의 안식일 전날인 금요일을 의미합니다. 요한복음에서 안식일의 예비일인 금요일을 유월절의 준비일이라고 표현한 것은, 예수님께서 유월절의 어린 양처럼 십자가에 달려 피 흘려 죽으신 날이 유월절 기간 중에 있는 금요일이라는 것을 강조하기 위함입니다. 예수님께서 빌라도에게 재판받으신 시간은 "제육시", 곧 오전 9시부터 정오 사이였습니다.[6]

그들이 소리 지르되 없이 하소서 없이 하소서 그를 십자가에 못 박게 하소서 빌라

---

5 가이우스 율리우스 카이사르(Gaius Julius Caesar, 주전 44년 사망)의 성(姓)이었던 카이사르(가이사)는 이후 로마 황제들의 호칭이 되었습니다.

6 헬라어 본문에는 이 때가 '제육시쯤'이라고 되어 있는데, 이는 오전 9시부터 12시 사이의 어느 시점을 말합니다. 유대인들은 낮을 네 등분하여 해뜰 때부터 오전 9시까지를 제삼시, 오전 9시부터 정오까지를 제육시, 정오부터 오후 3시까지를 제구시, 오후 3시부터 오후 6시까지를 해질 때라고 하였습니다. 어떤 일이 발생했을 때, 해당되는 세 시간 내에 그 일이 시작되었다면 그 시로 불렀기 때문에, 빌라도는 제육시의 시작에 사형판결을 내려 예수님으로 하여금 십자가를 지게 하였고, 제육시가 끝날 때 어둠이 시작된 것으로 추정됩니다.

도가 이르되 내가 너희 왕을 십자가에 못 박으랴 대제사장들이 대답하되 가이사 외에는 우리에게 왕이 없나이다 하니(요19:15)

대제사장들이 "가이사 외에는 우리에게 왕이 없나이다"라고 공언한 것은 하나님이 그들의 왕이심을 부인하는 큰 불신앙이자 메시야에 대한 기대를 저버린 매우 실망스러운 처사였습니다. "여호와께서 사무엘에게 이르시되 백성이 네게 한 말을 다 들으라 이는 그들이 너를 버림이 아니요 나를 버려 자기들의 왕이 되지 못하게 함이니라"(삼상8:7).

빌라도가 아무 성과도 없이 도리어 민란이 나려는 것을 보고 물을 가져다가 무리 앞에서 손을 씻으며 이르되 이 사람의 피에 대하여 나는 무죄하니 너희가 당하라 백성이 다 대답하여 이르되 그 피를 우리와 우리 자손에게 돌릴지어다 하거늘(마27:24-25)

빌라도는 손을 씻는 행위를 통하여 자신은 예수님의 처형과 무관함을 표명하였고, 이에 유대인들은 자신들이 예수님의 핏값을 책임지겠다고 맹세하였습니다.

이에 바라바는 그들에게 놓아 주고 예수는 채찍질하고 십자가에 못 박히게 넘겨 주니라(마27:26)

빌라도가 선고한 십자가형은 대역죄를 선고받은 죄수의 처형 방식이었습니다. "채찍질하고"란 십자가형에 처한 죄수들이 십자가에 달리기 전에 먼저 채찍질을 당하는 것을 말합니다. 채찍질을 당하는 죄수는 기둥에 묶여 각종 뼛조각과 날카로운 금속을 엮어 짠 가죽 채찍에 맞게 되는데, 이때 살점이 떨어져나가 종종 뼈와 내장까지 드러났습니다. 이처럼 채찍질 그 자체로도 죽음을 초래할 수 있었기 때문에 로마 시민권을 가진 사람에게는 이러한 처참하고 잔인한 채찍질이 금지되었습니다. "가죽 줄로 바울을 매니 바울이 곁에 서 있는 백부장더러 이르되 너희가 로마 시민된 자를 죄도 정하지 아니하고 채찍질할 수 있느냐 하니"(행22:25). 이미 최종 판결 이전에도 채찍질을 당하신 예수님께서 이번에 더 심한 채찍질을 당하시고는 극도로 기진하게 되셨습니다.

빌라도는 유대 종교지도자들이 시기와 질투로 예수님의 처형을 요구하는 것을 파악하고 예수님을 석방하고자 노력하였지만, 로마 황제에 대한 충성심을 의심 받는 상황이 되자 결국 십자가형을 허락하였습니다. 한편 예수님의 죽음에 대한 책임을 자신들과 자손들이 지겠다고 말한 유대 민족은 이후에 역사적으로 오랜 기간 동안 심한 환란을 겪게 됩니다.

제19장 십자가 처형과 장사되심

십자가에 달리심 마27:32-56, 막15:21-41, 눅23:26-49, 요19:17-30

그들이 예수를 맡으매 예수께서 자기의 십자가를 지시고 해골(히브리 말로 골고다)이라 하는 곳에 나가시니(요19:17)

"골고다"(Γολγοθᾶ) 곧 갈보리(Calvary)는 예수님이 십자가에 못 박히신 곳인데, '해골'이라는 별칭을 보아 골고다 언덕에서 사형이 많이 집행되었음을 유추할 수 있습니다. "나가시니"란 처형이 진영 밖 혹은 성문 밖에서 이루어져야 한다는 유대인의 요구에 의한 것입니다. "너는 그 악을 행한 남자나 여자를 네 성문으로 끌어내고 그 남자나 여자를 돌로 쳐죽이되"(신17:5). 히브리서의 기자는 예수님이 성 밖에서 십자가에 달리셨음을 확인합니다. "그러므로 예수도 자기 피로써 백성을 거룩하게 하려고 성문 밖에서 고난을 받으셨느니라"(히13:12).

나가다가 시몬이란 구레네 사람을 만나매 그에게 예수의 십자가를 억지로 지워 가게 하였더라(마27:32)

고난주간의 여섯째 날인 니산월 15일 아침에 예수님은 십자가를 지고 갈보리 산으로 올라가셨습니다. 예수님은 간밤에 심한 채찍질을 연이어 당하셨기 때문에 약 50kg에 달하는 십자가의 무게를 끝까지 감당

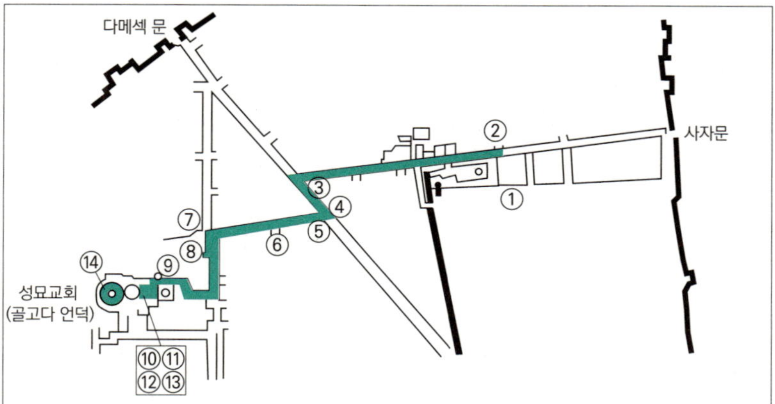

① 재판 받으신 곳(빌라도 법정)
② 십자가를 지신 곳(채찍질 교회)
③ 처음 쓰러지신 곳
④ 모친 마리아를 만난 곳
⑤ 구레네 시몬이 대리 십자가 진 곳
⑥ 한 여인이 예수님의 땀을 닦아 준 곳
⑦ 두 번째 쓰러지신 곳
⑧ 여인들에게 말씀하신 곳
⑨ 세 번째 쓰러지신 곳
⑩ 예수님 옷을 벗긴 곳
⑪ 십자가에 못 박히신 곳
⑫ 세워진 십자가에서 운명하신 곳
⑬ 예수님의 시신을 내린 곳
⑭ 예수님의 무덤(부활하신 곳)

비아 돌로로사(Via Dolorosa)

하실 수가 없었습니다. 예수님이 거의 탈진하시자 로마 병사들은 로마 법이 허용하는 대로 구레네 사람 "시몬"에게 십자가를 대신 지고 가게 하였습니다.[7] "구레네"는 디아스포라 유대인이 많이 거주하던 지중해 연안에 있는 북아프리카의 한 지역으로, 오늘날 리비아의 트리폴리에 해당합니다.

또 백성과 및 그를 위하여 가슴을 치며 슬피 우는 여자의 큰 무리가 따라오는지라 예수께서 돌이켜 그들을 향하여 이르시되 예루살렘의 딸들아 나를 위하여 울지 말고 너희와 너희 자녀를 위하여 울라(눅23:27-28)

처형장으로 가실 때 예수님은 애통하는 여인들을 보시며 선지자 스

7 이 곳은 십자가의 길 5지점(Via Dolorosa 5th)으로, 로마 군인들이 유월절을 지키려고 예루살렘에 온 구레네 시몬에게 예수님의 십자가를 강제로 지고 가게 한 장소입니다.

가랴의 예언을 인용하셨습니다. "내가 다윗의 집과 예루살렘 주민에게 은총과 간구하는 심령을 부어 주리니 그들이 그 찌른 바 그를 바라보고 그를 위하여 애통하기를 독자를 위하여 애통하듯 하며 그를 위하여 통곡하기를 장자를 위하여 통곡하듯 하리로다"(슥12:10).

보라 날이 이르면 사람이 말하기를 잉태하지 못하는 이와 해산하지 못한 배와 먹이지 못한 젖이 복이 있다 하리라(눅23:29)

"날이 이르면"이란 가까이는 예루살렘이 함락되는 때를 말하며, 멀리는 종말의 시기에 적그리스도에 의해 신자들이 박해당하는 때를 말합니다. 따라서 이 말씀은 자녀를 낳지 못한 수치가 오히려 심판의 날에는 더 큰 화를 면하게 하는 복이 될 것이라는 의미입니다.

그 때에 사람이 산들을 대하여 우리 위에 무너지라 하며 작은 산들을 대하여 우리를 덮으라 하리라(눅23:30)

이 말씀은 불행에서 벗어나기 위한 간구로, 대략 40년 후 예루살렘이 멸망할 때 임할 재앙에 대한 구약의 예언을 확증합니다. "이스라엘의 죄 곧 아웬의 산당은 파괴되어 가시와 찔레가 그 제단 위에 날 것이니 그 때에 그들이 산더러 우리를 가리라 할 것이요 작은 산더러 우리 위에 무너지라 하리라"(호10:8).

푸른 나무에도 이같이 하거든 마른 나무에는 어떻게 되리요 하시니라(눅23:31)

이는 '하나님께서 자신의 아들인 푸른 나무(예수님)도 아끼지 않으셨다면, 악한 백성인 마른 나무(유대인)를 심판하실 때에는 얼마나 더 혹독하시겠는가'라는 의미입니다.

골고다 즉 해골의 곳이라는 곳에 이르러(마27:33)
몰약을 탄 포도주를 주었으나 예수께서 받지 아니하시니라(막15:23)

"몰약"은 복숭아나무에서 추출한 진액으로, 당시 사람들은 이것을 모아 진통제나 방부제로 사용하였습니다. 따라서 포도주에 몰약을 섞은 것은 예수님의 고통을 경감시키기 위함이었습니다. 그러나 예수님은 하나님이 주신 잔을 온전하게 마시기 위하여 이를 거부하셨습니다.

때가 제삼시가 되어 십자가에 못 박으니라, 강도 둘을 예수와 함께 십자가에 못 박으니 하나는 그의 우편에, 하나는 좌편에 있더라(막15:25, 27)

"제삼시"는 대략 오전 9시를 가리킵니다. 예수님의 손은 가로대 위에 못 박혔고, 발은 포개진 채로 세로대 위에 못 박혔습니다. 예수님이 좌우에 강도들과 함께 십자가에 달리신 일은 이사야서 예언의 성취입니다. "그러므로 내가 그에게 존귀한 자와 함께 몫을 받게 하며 강한 자와 함께 탈취한 것을 나누게 하리니 이는 그가 자기 영혼을 버려 사망에 이르게 하며 범죄자 중 하나로 헤아림을 받았음이니라 그러나 그가 많은 사람의 죄를 담당하며 범죄자를 위하여 기도하였느니라"(사53:12).

빌라도가 패를 써서 십자가 위에 붙이니 나사렛 예수 유대인의 왕이라 기록되었더라(요19:19)

"십자가 위에"란 예수님이 달리신 십자가 모양이 전통적인 십자가형임을 암시합니다.[8]

예수께서 못 박히신 곳이 성에서 가까운 고로 많은 유대인이 이 패를 읽는데 히브리와 로마와 헬라 말로 기록되었더라(요19:20)

사형수의 구체적인 죄목을 적은 죄패를 십자가 위에 붙이는 것은 다른 백성들이 비슷한 죄를 짓지 못하도록 두려움을 심어주기 위함입니다. 예수님의 머리 위에는 "유대인의 왕"이라는 죄패가 유대인들의 언

---

8 이 사실에 근거하여 예수님이 지신 십자가는 일반적으로 흔히 보는 ✝형의 십자가인 '크룩스 이미싸'(crux immissa)임을 알 수 있습니다. 그 외에도 X형의 십자가(crux decussata), T형의 십자가(crux commissa)가 있습니다.

어인 히브리어, 로마의 공식 언어인 라틴어, 그리고 유대인과 이방인 모두 이해하는 국제 언어였던 헬라어로 기록되었습니다.

유대인의 대제사장들이 빌라도에게 이르되 유대인의 왕이라 쓰지 말고 자칭 유대인의 왕이라 쓰라 하니 빌라도가 대답하되 내가 쓸 것을 썼다 하니라(요19:21-22)

대제사장들은 "유대인의 왕"이라는 문구 앞에 "자칭"을 붙임으로 예수님은 자신들이 인정하는 왕이 아님을 명시하려고 하였습니다. 그러나 역설적으로 이방인인 빌라도에 의해 예수님이 그들의 왕이심이 공포되었습니다.

이에 예수께서 이르시되 아버지 저들을 사하여 주옵소서 자기들이 하는 것을 알지 못함이니이다 하시더라 그들이 그의 옷을 나눠 제비 뽑을새(눅23:34)

예수님의 "저들을 사하여 주옵소서"라는 간구는 '원수를 사랑하라'는 자신의 가르침을 실천하신 행위로, 그 어떤 죄인이라도 용서받을 수 있는 근거를 마련하신 것입니다. "그러나 그가 많은 사람의 죄를 담당하며 범죄자를 위하여 기도하였느니라"(사53:12). 또한 "자기들이 하는 것을 알지 못함이니이다"란 예수님의 무고한 죽음에 대하여 유대인이나 로마인의 책임이 면제되지는 않지만, 저들이 자신들의 행위가 하나님의 아들을 십자가에 못 박는 매우 큰 죄라는 사실을 몰랐음을 보여줍니다. "너희가 거룩하고 의로운 이를 거부하고 도리어 살인한 사람을 놓아주기를 구하여"(행3:14). 로마 군병들이 예수님의 옷을 제비 뽑아 나눈 것은 부지중에 시편의 예언을 성취한 것입니다. "내 겉옷을 나누며 속옷을 제비 뽑나이다"(시22:18).

지나가는 자들은 자기 머리를 흔들며 예수를 모욕하여 이르되 아하 성전을 헐고 사흘에 짓는다는 자여(막15:29)

본문의 "지나가는 자들"에는 유월절을 지키기 위하여 예루살렘에 온 많은 유대인 순례자들까지 포함됩니다. 예수님께서 십자가 형벌을 당하고 계시는 중에 사람들이 예수님의 가르침과 능력을 조롱하였습니다. "자기 머리를 흔들며"란, "나를 보는 자는 다 나를 비웃으며 입술을 비쭉거리고 머리를 흔들며 말하되"(시22:7), 예수님이 나무 십자가 위에 달리셨으므로 하나님께 정죄를 받은 사람처럼 여겨졌다는 것을 의미합니다. "나무에 달린 자는 하나님께 저주를 받았음이니라"(신21:23b).

그가 하나님을 신뢰하니 하나님이 원하시면 이제 그를 구원하실지라 그의 말이 나는 하나님의 아들이라 하였도다 하며(마27:43)

군중들은 예수님을 경멸하기 위하여 "하나님이 원하시면 이제 그를 구원하실지라"고 하였는데, 이러한 구체적인 모욕의 내용까지도 예언대로 정확히 성취되었습니다. "그가 여호와께 의탁하니 구원하실 걸, 그를 기뻐하시니 건지실 걸 하나이다"(시22:8).

신자는 값없이 구원을 받지만, 구원을 이루신 예수님께서 지불하신 대가(代價)는 인간의 언어로는 형언할 방도가 없습니다. 빌라도는 예수님의 죄패에 "유대인의 왕"이라고 적게 함으로 예수님이 정치적 이유로 십자가에 못 박히셨음을 밝혔습니다. 영적인 관점에서 이는 예수님의 왕 되심을 거부하였던 유대의 종교지도자들을 꾸짖는 선포이기도 하였습니다.

십자가에서 운명하심 마27:45-56, 막15:33-41, 눅23:39-49, 요19:25-30

달린 행악자 중 하나는 비방하여 이르되 네가 그리스도가 아니냐 너와 우리를 구원하라 하되(눅23:39)

예수님과 함께 십자가에 달린 강도 중 한 사람은 예수님을 조소하던 무리들처럼 예수님이 구원자라는 사실을 불신하며 시험하였습니다.

하나는 그 사람을 꾸짖어 이르되 네가 동일한 정죄를 받고서도 하나님을 두려워하지 아니하느냐 우리는 우리가 행한 일에 상당한 보응을 받는 것이니 이에 당연하거니와 이 사람이 행한 것은 옳지 않은 것이 없느니라 하고 이르되 예수여 당신의 나라에 임하실 때에 나를 기억하소서 하니 예수께서 이르시되 내가 진실로 네게 이르노니 오늘 네가 나와 함께 낙원[9]에 있으리라 하시니라(눅23:40-43)

이와 달리 반대편에 있던 강도는 자신의 죄성과 예수님의 무죄하심을 고백하며 "당신의 나라에 임하실 때에 나를 기억하소서"라고 겸손히 예수님께 간구하였습니다. 이에 예수님은 "오늘 네가 나와 함께 낙원에 있으리라"고 선언하셨습니다. 낙원은 하나님이 거하시는 장소이며 의인들의 영원한 본향인 천국의 또 다른 명칭입니다. "귀 있는 자는 성령이 교회들에게 하시는 말씀을 들을지어다 이기는 그에게는 내가 하나님의 낙원에 있는 생명나무의 열매를 주어 먹게 하리라"(계2:7). 이처럼 골고다 언덕에는 구원자이신 예수님의 좌우에 인류를 대표하는 두 죄인이 있었습니다. 한 죄인은 예수님을 믿고 회개하여 영생을 얻었고, 다른 죄인은 예수님을 끝까지 거부하여 영벌에 처하게 되었습니다.

예수께서 자기의 어머니와 사랑하시는 제자가 곁에 서 있는 것을 보시고 자기 어머니께 말씀하시되 여자여 보소서 아들이니이다 하시고 또 그 제자에게 이르시되 보라 네 어머니라 하신대 그 때부터 그 제자가 자기 집에 모시니라(요19:26-27)

예수님은 최후까지 자신의 곁을 유일하게 지키고 있는 "사랑하시는 제자" 요한에게 육신의 어머니인 마리아를 돌보아 줄 것을 부탁하셨습니다. 이때부터 요한은 예수님의 뜻에 따라 자신의 이모이기도 한 마리

9 70인역은 이 헬라어 단어(παράδεισος, paradise)를 에덴동산에도 사용함으로, "여호와 하나님이 동방의 에덴에 동산을 창설하시고 그 지으신 사람을 거기 두시니라"(창2:8), 하나님과 인간이 타락 전에 에덴동산에서 나누었던 친밀한 교제가 회복될 것임을 암시합니다.

아를 어머니로 모시고 봉양하였습니다.

제육시로부터 온 땅에 어둠이 임하여 제구시까지 계속되더니(마27:45)

예수님은 오전 9시경에 십자가에 달리셨는데, 세 시간 후인 정오부터 예수님이 운명하신 오후 3시까지 온 지경에 "어둠"이 계속되었습니다. 여기서 '어둠'은 하나님의 독생자 예수 그리스도를 십자가에 못 박은 인류에 대한 하나님의 심판을 보여주는 초자연적 현상입니다. "주 여호와의 말씀이니라 그 날에 내가 해를 대낮에 지게 하여 백주에 땅을 캄캄하게 하며 너희 절기를 애통으로, 너희 모든 노래를 애곡으로 변하게 하며"(암8:9-10). 또한 이 어둠은 문자적으로 해가 빛을 잃은 것을 말하지만, 비유적으로는 예수님이 자기 백성을 위해 하나님의 진노를 담당하고 계심을 뜻합니다. "그날은 분노의 날이요 환난과 고통의 날이요 황폐와 패망의 날이요 캄캄하고 어두운 날이요 구름과 흑암의 날이요"(습1:15).

제구시쯤에 예수께서 크게 소리질러 이르시되 엘리 엘리 라마 사박다니 하시니 이는 곧 나의 하나님, 나의 하나님, 어찌하여 나를 버리셨나이까 하는 뜻이라(마27:46)

예수님이 극한 고통 속에서 부르짖으신 "엘리 엘리 라마 사박다니"라는 외침은 예언의 성취였습니다. "내 하나님이여 내 하나님이여 어찌 나를 버리셨나이까 어찌 나를 멀리 하여 돕지 아니하시오며 내 신음 소리를 듣지 아니하시나이까"(시22:1). 지금 예수님은 택한 백성들을 위한 속죄제물로서 하나님께 버림받는 고통을 당하고 계신 것입니다. "우리는 다 양 같아서 그릇 행하여 각기 제 길로 갔거늘 여호와께서는 우리 모두의 죄악을 그에게 담당시키셨도다"(사53:6). 예수님께서 '나의 아버지'라고 하지 않으시고 '나의 하나님'이라고 하신 것은 인류의 대표로서 자기 백성의 죄를 짊어지고 그 죄를 심판하시는 하나님의 진노를 견디고 계시기 때문입니다. "오직 너희 죄악이 너희와 너희 하나님 사이를 갈라 놓았고 너희 죄가 그의 얼굴을 가리어서 너희에게서 듣지 않으시게 함이니라"(사59:2). 그러나 영원 전부터 사랑 가운데 거하시는 성부와 성자의 교제는 십자가에 달리신 이 순간에도 끊어지지 않고 지속되고 있습니다.

그 후에 예수께서 모든 일이 이미 이루어진 줄 아시고 성경을 응하게 하려 하사 이르시되 내가 목마르다 하시니(요19:28)

예수님이 "목마르다"라고 하신 것은 구약에서 예수님을 예표하는 '고난 받는 자'에 대한 예언을 성취하기 위함이셨습니다. "내 힘이 말라 질그릇 조각 같고 내 혀가 입천장에 붙었나이다"(시22:15a).

거기 신 포도주가 가득히 담긴 그릇이 있는지라 사람들이 신 포도주를 적신 해면을 우슬초에 매어 예수의 입에 대니(요19:29)

"신 포도주"란 일반 백성들이 식사 때 마시던 포도로 만든 식초로, 예수님이 십자가에 달리시기 전에 거절하셨던 몰약을 섞은 포도주와는 다른 것입니다. 사람들은 예수님의 갈증을 해소시켜 예수님의 고통을 연장시키려는 의도로 신 포도주를 주었지만, "그들이 쓸개를 나의 음식물로 주며 목마를 때에는 초를 마시게 하였사오니"(시69:21), 예수님은 십자가 대속의 사역을 마치시는 순간에 승리를 선포하시기 위하여 이 음료로 바싹 마른 목을 축이셨습니다.

예수께서 신 포도주를 받으신 후에 이르시되 다 이루었다 하시고 머리를 숙이니 영혼이 떠나가시니라(요19:30)

예수님은 오전 9시부터 오후 3시까지 십자가에 약 6시간 동안 달리신 후에 "다 이루었다"는 말씀을 하시고 운명하셨습니다.[10] 예수님의 이 말씀은 자신의 죽음이 죄에 대한 형벌을 담당하는 구약의 성취임을 우리로 깨닫게 하십니다. "이는 그가 자기 영혼을 버려 사망에 이르게 하며 범죄자 중 하나로 헤아림을 받았음이니라 그러나 그가 많은 사람의 죄를 담당하며 범죄자를 위하여 기도하였느니라"(사53:12). 성경에서 가장 핵심적인 구속사의 흐름은 삼위 하나님의 천지창조(creation), "천지와 만물이 다 이루어지니라"(창2:1), 예수님께서 십자가에서 피 흘려 죽으심으로 이루신 대속(atonement), "예수께서 신 포도주를 받으신 후에 이르시되 다 이루었다 하시고 머리를 숙이니 영혼이 떠나가시니라"(요19:30), 그리고 새 하늘과 새 땅의 완성(consummation)으로 이어집니다. "보좌에 앉으신 이가 이르시되 보라 내가 만물을 새롭게 하노라 하시고 또 이르시되 이 말은 신실하고 참되니 기록하라 하시고 또 내게 말씀하시되 이루었도다 나는 알파와 오메가요 처음과 마지막이라"(계21:5-6a).

예수께서 큰 소리로 불러 이르시되 아버지 내 영혼을 아버지 손에 부탁하나이다 하고 이 말씀을 하신 후 숨지시니라(눅23:46)

"영혼"은 예수님의 인간 영혼을 의미하며, 예수님의 영혼은 안식 후 첫 날에 부활하신 몸으로 다시 돌아오시기 전까지 하늘에서 성부와 함께 머물러 계실 것입니다.

이에 성소 휘장이 위로부터 아래까지 찢어져 둘이 되고(마27:51a)

"성소 휘장"은 높이가 18m, 폭은 9.1m이며, 각기 24줄의 실로 된 72개의 땋은 가닥으로 정교하게 제작된 아주 견고한 직물입니다. 그러나 예수님이 숨을 거두실 때에 성소와 지성소를 구분하는 성소의 휘장

10 십자가에 달린 죄수는 자신의 체중을 팔의 힘만으로 버텨야 하기 때문에 숨을 쉬려면 처진 몸을 발로 밀어 올려야만 했습니다. 그러나 이러한 움직임이 반복될수록 못 박힌 손발에 심한 통증을 겪게 되고, 결국 탈진한 죄수는 더 이상 몸을 올리지 못하여 숨을 쉴 수 없게 됩니다. 따라서 십자가에서의 주요 사망 원인은 육체적 외상으로 인한 사망이 아닌 이상 질식으로 추정됩니다.

이 초자연적인 힘에 의하여 찢어졌습니다. 율법에 의하면 어느 누구도 휘장 뒤의 지성소로 들어갈 수 없었고, "여호와께서 모세에게 이르시되 네 형 아론에게 이르라 성소의 휘장 안 법궤 위 속죄소 앞에 아무 때나 들어오지 말라 그리하여 죽지 않도록 하라"(레16:2), 오직 대제사장만이 일 년에 단 한 번, 대속죄일(유대력 7월 10일)에만 모든 이스라엘 백성의 죄를 용서받기 위해 들어갔습니다. "또 둘째 휘장 뒤에 있는 장막을 지성소라 일컫나니, 오직 둘째 장막은 대제사장이 홀로 일 년에 한 번 들어가되 자기와 백성의 허물을 위하여 드리는 피 없이는 아니하나니"(히9:3, 7). "찢어져 둘이 되고"란 예수님의 속죄로 말미암아 성소와 지성소 사이의 구별이 사라졌기 때문에 신자들이 하나님께 직접 나아갈 수 있게 되었다는 의미입니다. "그러므로 형제들아 우리가 예수의 피를 힘입어 성소에 들어갈 담력을 얻었나니 그 길은 우리를 위하여 휘장 가운데로 열어 놓으신 새로운 살 길이요 휘장은 곧 그의 육체니라"(히10:19-20).

땅이 진동하며 바위가 터지고 무덤들이 열리며 자던 성도의 몸이 많이 일어나되 예수의 부활 후에 그들이 무덤에서 나와서 거룩한 성에 들어가 많은 사람에게 보이니라 (마27:51b-53)

팔레스타인은 주요 지진 단층대 위에 있어서 평소에도 지진이 곧잘 일어나는 지역입니다. 하지만 예수님의 죽음과 동시에 땅이 움직이고 바위가 부서지며 무덤의 문이 열린 현상은 이러한 일반적인 지진이 아니라 하나님의 초자연적 역사입니다. "자던 성도의 몸이 많이 일어나되"란 메시야를 고대하며 죽은 사람들의 부활이 삼일 후에 일어날 예수님의 부활을 예표함을 나타냅니다. 또한 예수님의 부활은 장차 재림의 날에 모든 신자에게 일어날 부활을 예기(豫期)합니다.

백부장과 및 함께 예수를 지키던 자들이 지진과 그 일어난 일들을 보고 심히 두려

워하여 이르되 이는 진실로 하나님의 아들이었도다 하더라(마27:54)

예수님의 처형을 감독하던 로마의 백부장과 병사들은 원수들을 향한 예수님의 용서, 회개한 강도에게 선언하신 구원의 말씀, 온 땅에 임한 어둠, 그리고 예수님의 죽음 이후에 일어난 초자연적인 지진과 부활을 보고 크게 두려워하며 "이는 진실로 하나님의 아들이었도다"라고 고백하였습니다. 이방인인 백부장이 아직 예수님이 부활하시기 이전임에도 불구하고 그분의 죽음 앞에서 이같이 고백한 것은 참으로 놀라운 일입니다.

이를 구경하러 모인 무리도 그 된 일을 보고 다 가슴을 치며 돌아가고 예수를 아는 자들과 갈릴리로부터 따라온 여자들도 다 멀리 서서 이 일을 보니라(눅23:48-49)

예수님의 친지들과 제자들, 그리고 갈릴리에서부터 예수님을 따라왔던 여인들은 예수님의 십자가 고난과 죽음을 지켜보고 마음 아파하였습니다.

십자가에 달리신 예수님의 고통은 자기 백성의 죄의 무게만큼 상상할 수 없는 것이었습니다. 예수님의 십자가는 선지자들을 통해 예언된 모든 말씀을 이루시는 하나님의 구속 역사의 정점으로, 죄에 대한 형벌을 담당하는 일이 완료되었음을 선포합니다. 이제 예수님의 보혈을 의지하는 자는 언제든지 담대하게 하나님 앞에 나아갈 수 있게 되었습니다.

무덤에 장사되심

마27:55-61, 막15:42-47, 눅23:50-56, 요19:31-42

이 날은 준비일이라 유대인들은 그 안식일이 큰 날이므로 그 안식일에 시체들을 십자가에 두지 아니하려 하여 빌라도에게 그들의 다리를 꺾어 시체를 치워 달라 하니(요19:31)

"그 안식일이 큰 날이므로"란 유월절 주간의 안식일은 더 엄격히 준수하였음을 의미합니다. 로마인들은 십자가 위에서 시신이 부패하도록 오랫동안 내버려 두었습니다. 그러나 유대의 율법에 따르면 나무에 달린 시체는 저녁 이전, 특히 금요일 일몰이 시작되는 안식일 이전에 끌어내려야 했습니다. "사람이 만일 죽을 죄를 범하므로 네가 그를 죽여 나무 위에 달거든 그 시체를 나무 위에 밤새도록 두지 말고 그 날에 장사하여 네 하나님 여호와께서 네게 기업으로 주시는 땅을 더럽히지 말라 나무에 달린 자는 하나님께 저주를 받았음이니라"(신21:22-23). 따라서 유대인들은 죄수들의 다리를 부러뜨려 달라고 요청하였는데, 이는 죄수가 다리로 몸을 밀어 올리지 못하게 함으로써 질식에 의한 죽음을 훨씬 앞당길 수 있기 때문입니다.

예수께 이르러서는 이미 죽으신 것을 보고 다리를 꺾지 아니하고 그 중 한 군인이 창으로 옆구리를 찌르니 곧 피와 물이 나오더라, 이 일이 일어난 것은 그 뼈가 하나도 꺾이지 아니하리라 한 성경을 응하게 하려 함이라(요19:33-34, 36)

예수님은 십자가에 달리시기 전에 이미 모진 채찍질로 기진하셨기 때문에 좌우에 달린 두 강도에 비하여 일찍 돌아가셨습니다. 로마 군인은 창으로 예수님의 옆구리를 찔러 물과 피가 흘러나온 것을 확인하고 예수님의 죽음을 증언하였습니다. "이는 물과 피로 임하신 이시니 곧 예수 그리스도시라 물로만 아니요 물과 피로 임하셨고 증언하는 이는 성령이시니 성령은 진리니라"(요일5:6). 예수님의 다리가 꺾이지 않으신 것 역시 성경의 예언대로 이루어졌습니다. "그의 모든 뼈를 보호하심이여 그 중에서 하나도 꺾이지 아니하도다"(시34:20).

아리마대 사람 요셉이 와서 당돌히 빌라도에게 들어가 예수의 시체를 달라 하니 이 사람은 존경 받는 공회원이요 하나님의 나라를 기다리는 자라(막15:43)

"아리마대"는 예루살렘에서 북서쪽으로 32km 떨어져 있는 성읍으로, 구약에서는 라마다임 소빔이라 불렸습니다. 요셉은 예수님의 제자였지만 다른 유대인들의 위협이 두려워 이를 숨기고 있었습니다. 그러나 "당돌히"(boldly)라는 표현을 통하여 요셉이 예수님의 십자가 사건을 목격한 후에 더욱 굳건한 믿음을 지니게 되었음을 알 수 있습니다.

빌라도는 예수께서 벌써 죽었을까 하고 이상히 여겨 백부장을 불러 죽은 지가 오래냐 묻고 백부장에게 알아 본 후에 요셉에게 시체를 내주는지라(막15:44-45)

일찍이 예수께 밤에 찾아왔던 니고데모도 몰약과 침향 섞은 것을 백 리트라쯤 가지고 온지라(요19:39)

산헤드린 회원인 요셉이 청원하자 빌라도는 예수님의 죽음을 재차 확인한 후에 그의 요구를 들어주었습니다. 또 다른 산헤드린 회원이었던 니고데모도 예수님의 장례를 도왔습니다. 니고데모는 "몰약과 침향 섞은 것"을 가져왔는데, '몰약'은 시신의 부패를 막고, '침향'은 악취를 제어하는 역할을 합니다. 니고데모가 바친 100리트라는 약 32.7kg에 달하는 상당한 양으로, 왕족의 장례 시에 사용되는 분량이었습니다. 요셉은 이를 사용하여 예수님의 시신을 예법에 따라 장례하였습니다.

예수께서 십자가에 못 박히신 곳에 동산이 있고 동산 안에 아직 사람을 장사한 일이 없는 새 무덤이 있는지라(요19:41)

"동산"은 정성들여 가꾸어 놓은 장소를 가리킵니다. 이 말씀에 근거하여 예수님의 무덤은 십자가형이 집행된 장소 가까이에 있었다는 것을 알 수 있습니다.

요셉이 시체를 가져다가 깨끗한 세마포로 싸서 바위 속에 판 자기 새 무덤에 넣어 두고 큰 돌을 굴려 무덤 문에 놓고 가니(마27:59-60)

팔레스타인 땅은 바위가 많은 지역이므로 땅을 파고 시체를 묻기가 어려웠기 때문에 천연 동굴을 사용하거나 바위를 파서 인공적으로 무덤을 만들었습니다. 요셉은 골고다 근처에 있는 바위를 파서 만든 "자기 새 무덤", 곧 자신을 위하여 예비한 새 무덤에 예수님의 시신을 안치하고, 큰 돌로 입구를 봉하여 야생동물로부터 보호하였습니다. 이같이 예수님은 부자의 무덤에 묻히시므로 그의 장사되심에 관한 예언을 성취하셨습니다. "그는 강포를 행하지 아니하였고 그의 입에 거짓이 없었으나 그의 무덤이 악인들과 함께 있었으며 그가 죽은 후에 부자와 함께 있었도다"(사53:9), "저물었을 때에 아리마대의 부자 요셉이라 하는 사람이 왔으니"(마27:53).

이 날은 유대인의 준비일이요 또 무덤이 가까운 고로 예수를 거기 두니라(요19:42)

"유대인의 준비일"은 안식일 전날 금요일을 말하며, 향품을 나르거나 시신을 운반하는 일을 중단해야 하는 안식일이 다가오고 있음을 의미합니다.

예수를 섬기며 갈릴리에서부터 따라온 많은 여자가 거기 있어 멀리서 바라보고 있으니 그 중에는 막달라 마리아와 또 야고보와 요셉의 어머니 마리아와 또 세베대의 아들들의 어머니도 있더라(마27:55-56)

갈릴리에서 예수와 함께 온 여자들이 뒤를 따라 그 무덤과 그의 시체를 어떻게 두었는지를 보고 돌아가 향품과 향유를 준비하더라 계명을 따라 안식일에 쉬더라(눅23:55-56)

막달라 마리아와 야고보와 요셉의 어머니 마리아와 살로메는 예수님이 장사되신 이후에도 예수님의 시신에 바를 향품과 향유를 준비하여 다시 찾아오려고 했기 때문에 예수님이 무덤에 안치되시는 모든 과정을 지켜보았습니다. "계명을 따라 안식일에 쉬더라"란 무덤을 찾은 여인들이 율법을 충실하게 준수하였음을 알려줍니다.

그 이튿날은 준비일 다음 날이라 대제사장들과 바리새인들이 함께 빌라도에게 모여 이르되 주여 저 속이던 자가 살아 있을 때에 말하되 내가 사흘 후에 다시 살아나리라 한 것을 우리가 기억하노니 그러므로 명령하여 그 무덤을 사흘까지 굳게 지키게 하소서 그의 제자들이 와서 시체를 도둑질하여 가고 백성에게 말하되 그가 죽은 자 가운데서 살아났다 하면 후의 속임이 전보다 더 클까 하나이다 하니(마27:62-64)

"준비일 다음 날"은 안식일입니다. 유대 종교지도자들은 예수님이 여러 차례 자신이 사흘 만에 부활할 것이라고 하신 말씀을 기억하고, 제자들이 예수님의 시신을 훔쳐갈 것을 대비하여 무덤을 지켜줄 것을 빌라도에게 요청하였습니다.

빌라도가 이르되 너희에게 경비병이 있으니 가서 힘대로 굳게 지키라 하거늘 그들이 경비병과 함께 가서 돌을 인봉하고 무덤을 굳게 지키니라(마27:65-66)

빌라도는 그들의 요구대로 로마의 경비병으로 하여금 예수님의 무덤을 지켜 제자들이 접근하지 못하도록 하였습니다.

예수님의 옆구리에서 피와 물이 흘러나온 것은 성자 하나님이 참으로 인간의 몸을 지닌 완전한 인간으로 죽으셨음을 보여줍니다. 또한 예수님이 흘리신 물과 피는 죄의 씻음과 성도의 구속을 상징합니다. 그리고 이는 아담의 옆구리에서 하와가 창조된 것처럼 예수님의 옆구리에서 교회가 시작되었음을 알려줍니다.

제6부

부활과 승천

제20장 부활과 나타나심

예수님의 부활 마28:1-10, 막16:1-11, 눅24:1-12, 요20:1-18

안식일이 지나매 막달라 마리아와 야고보의 어머니 마리아와 또 살로메가 가서 예수께 바르기 위하여 향품을 사다 두었다가 안식 후 첫날 매우 일찍이 해 돋을 때에 그 무덤으로 가며 서로 말하되 누가 우리를 위하여 무덤 문에서 돌을 굴려 주리요 하더니(막16:1-3)

"안식 후 첫날"은 일요일 아침을 말합니다. 여인들은 예수님의 시신에 향품을 바르기 위해 새벽에 무덤으로 출발하였고, 누가 무덤을 막고 있는 돌을 굴려줄 수 있을지 걱정하였습니다.

큰 지진이 나며 주의 천사가 하늘로부터 내려와 돌을 굴려 내고 그 위에 앉았는데 그 형상이 번개 같고 그 옷은 눈 같이 희거늘 지키던 자들이 그를 무서워하여 떨며 죽은 사람과 같이 되었더라(마28:2)

무덤에 도착한 여인들은 입구의 큰 돌이 이미 옮겨져 있고, 경비병들이 주의 천사 앞에서 두려움에 떨고 있는 모습을 보았습니다.

들어가니 주 예수의 시체가 보이지 아니하더라 이로 인하여 근심할 때에 문득 찬란한 옷을 입은 두 사람이 곁에 섰는지라(눅24:3-4)
청년이 이르되 놀라지 말라 너희가 십자가에 못 박히신 나사렛 예수를 찾는구나 그가 살아나셨고 여기 계시지 아니하니라 보라 그를 두었던 곳이니라(막16:5-6)

여인들이 무덤으로 들어가 예수님의 시신이 없어진 것을 알고 염려하였습니다. 그때 "찬란한 옷을 입은 두 사람", 곧 두 천사가 예수님의 부활을 증언하였습니다. 성인 남성 두 사람의 증언은 유대인들의 법에서 그 효력이 인정됩니다. "죽일 자를 두 사람이나 세 사람의 증언으로 죽일 것이요 한 사람의 증언으로는 죽이지 말 것이며"(신17:6).

이르시기를 인자가 죄인의 손에 넘겨져 십자가에 못 박히고 제삼일에 다시 살아나야 하리라 하셨느니라 한대(눅24:7)

천사들은 예수님께서 생전에 자신의 부활에 관하여 일러주신 말씀을 여인들에게 상기시켰습니다. "다시 살아나야 하리라"는 하나님의 뜻이 성취되어야 함을 강조하신 말씀입니다.

가서 그의 제자들과 베드로에게 이르기를 예수께서 너희보다 먼저 갈릴리로 가시나니 전에 너희에게 말씀하신 대로 너희가 거기서 뵈오리라 하라 하는지라(막16:7)

천사는 여인들에게 예수님이 이전에 말씀하셨던 대로 '갈릴리'에서 제자들을 만나실 것이라고 전하였습니다. "그러나 내가 살아난 후에 너희보다 먼저 갈릴리로 가리라"(막14:28).

무덤에서 돌아가 이 모든 것을 열한 사도와 다른 모든 이에게 알리니 (이 여자들은 막달라 마리아와 요안나와 야고보의 모친 마리아라 또 그들과 함께 한 다른 여자들도 이것을 사도들에게 알리니라)(눅24:9-10)

이 말씀에 근거해 볼 때 최소한 다섯 명의 여자가 무덤에 갔음을 알 수 있습니다. 무덤에서 돌아온 여인들은 두 천사에게서 들은 예수님의 부활 소식을 제자들에게 알렸습니다.

사도들은 그들의 말이 허탄한 듯이 들려 믿지 아니하나(눅24:11)

베드로와 그 다른 제자가 나가서 무덤으로 갈새 둘이 같이 달음질하더니 그 다른

제자가 베드로보다 더 빨리 달려가서 먼저 무덤에 이르러(요20:3-4)

다른 제자들은 여인들이 전한 소식을 믿지 못했지만, 베드로와 요한은 예수님의 부활이 사실인지 확인하기 위해 무덤으로 달려갔습니다.

시몬 베드로는 따라와서 무덤에 들어가 보니 세마포가 놓였고 또 머리를 쌌던 수건은 세마포와 함께 놓이지 않고 딴 곳에 쌌던 대로 놓여 있더라(요20:6-7)

"세마포가 놓였고"란 제자들이 예수님의 시신을 가져간 것이 아니라는 분명한 증거들 중에 하나입니다. 만일 제자들이 시신을 탈취하려 했다면, 그들은 세마포를 벗기느라 시간을 허비하지 않았을 것입니다. 머리를 쌌던 수건이 다른 곳에 그대로 놓여 있었다는 것은 부활하신 예수님이 스스로 그 수건을 벗으시고 고이 접어 놓으셨음을 암시합니다.

예수께서 안식 후 첫날 이른 아침에 살아나신 후 전에 일곱 귀신을 쫓아내어 주신 막달라 마리아에게 먼저 보이시니(막16:9)

마리아는 무덤 밖에 서서 울고 있더니 울면서 구부려 무덤 안을 들여다보니 흰 옷 입은 두 천사가 예수의 시체 뉘었던 곳에 하나는 머리 편에, 하나는 발 편에 앉았더라 천사들이 이르되 여자여 어찌하여 우느냐 이르되 사람들이 내 주님을 옮겨다가 어디 두었는지 내가 알지 못함이니이다(요20:11-13)

베드로와 요한이 집으로 돌아간 후에 막달라 마리아가 다시 무덤을 방문한 것으로 보입니다. 그녀는 무덤 안의 흰 옷 입은 두 천사에게 예수님의 시신의 행방을 물었습니다.

이 말을 하고 뒤로 돌이켜 예수께서 서 계신 것을 보았으나 예수이신 줄은 알지 못하더라(요20:14)

마리아는 천사들과 대화하는 중이었으므로 뒤에서 자신에게 말을 건네는 사람이 동산지기라고 생각하였습니다.

예수께서 이르시되 여자여 어찌하여 울며 누구를 찾느냐 하시니 마리아는 그가 동산지기인 줄 알고 이르되 주여 당신이 옮겼거든 어디 두었는지 내게 이르소서 그리하면 내가 가져가리이다(요20:15)

몇 차례의 대화가 더 이어졌지만 여전히 마리아는 그가 예수님이신지 알아차리지 못했는데, 이는 예수님이 십자가에서 내려지실 때의 상하고 찢겨있던 몸이 아니라 온전한 육신으로 서 계셨기 때문일 것입니다.

예수께서 마리아야 하시거늘 마리아가 돌이켜 히브리 말로 랍오니 하니 (이는 선생님이라는 말이라) 예수께서 이르시되 나를 붙들지 말라 내가 아직 아버지께로 올라가지 아니하였노라(요20:16-17a)

예수님이 "마리아야"라고 그녀의 이름을 정확히 부르시자 그제야 마리아는 예수님의 목소리를 분간하고 예수님이신 것을 알았습니다. "나를 붙들지 말라"란 예수님의 부활이 참으로 육체적 부활임을 보여줍니다.

너는 내 형제들에게 가서 이르되 내가 내 아버지 곧 너희 아버지, 내 하나님 곧 너희 하나님께로 올라간다 하라 하시니(요20:17b)
이에 예수께서 이르시되 무서워하지 말라 가서 내 형제들에게 갈릴리로 가라 하라 거기서 나를 보리라 하시니라(마28:10)

"내 아버지 곧 너희 아버지, 내 하나님 곧 너희 하나님"이라는 말씀은 하나님의 독생자이신 예수님의 대속의 공로로 우리가 하나님의 양자이자 예수님의 형제가 되었음을 의미합니다. "거룩하게 하시는 이와 거룩하게 함을 입은 자들이 다 한 근원에서 난지라 그러므로 형제라 부르시기를 부끄러워하지 아니하시고"(히2:11). 예수님은 자신을 따르는 사람들을 "내 형제들"이라고 부르셨는데, 이 호칭은 예수님과 신자들의 친밀한 인격적 관계를 함의합니다. "그러므로 그가 범사에 형제들과 같이 되심이 마땅하도다 이는 하나님의 일에 자비하고 신실한 대제사장이 되어 백성의 죄를 속량하려 하심이라"

(히2:17). 열한 사도를 비롯한 많은 제자들은 곧 갈릴리에서 부활하신 주님을 뵙게 됩니다. "그 후에 오백여 형제에게 일시에 보이셨나니 그 중에 지금까지 대다수는 살아 있고 어떤 사람은 잠들었으며"(고전15:6).

예수님은 고난주간 금요일 오후 십자가에 달려 죽으셨고, 말씀대로 사흘 만인 주일 아침에 죽은 자 가운데서 다시 살아나심으로 메시야임을 입증하셨습니다. 이후부터 성도들은 예수님의 부활을 기념하여 기존의 안식일이었던 토요일이 아니라 주일을 거룩히 구별하여 예배하는 날로 삼고 모이기 시작하였습니다. "그 주간의 첫날에 우리가 떡을 떼려 하여 모였더니"(행20:7).

대제사장들이 사실을 은폐하려 함 마28:11-15

여자들이 갈 때 경비병 중 몇이 성에 들어가 모든 된 일을 대제사장들에게 알리니 그들이 장로들과 함께 모여 의논하고 군인들에게 돈을 많이 주며(마28:11-12)

여인들이 예수님의 부활 소식을 제자들에게 전하던 시각에 무덤을 지키던 경비병들도 대제사장들에게 무덤에서 자신들이 겪은 일들을 보고하였습니다. 유대 종교지도자들은 자신들의 종교적 영향력과 정치적 입지가 흔들릴 것을 염려하여 예수님의 부활을 부정하기로 결론을 내리고 경비병들을 재물로 포섭하였습니다.

이르되 너희는 말하기를 그의 제자들이 밤에 와서 우리가 잘 때에 그를 도적질하여 갔다 하라 만일 이 말이 총독에게 들리면 우리가 권하여 너희로 근심하지 않게 하리라 하니(마28:13-14)

"군인들" 역시 경비 책임을 다하지 못한 죄로 처형당할 수도 있었던 터라 자신들의 목숨을 보존하기 위해서라도 대제사장들과 장로들에게 협력할 수밖에 없었습니다.

군인들이 돈을 받고 가르친 대로 하였으니 이 말이 오늘날까지 유대인 가운데 두루 퍼지니라(마28:15)

종교지도자들의 부탁대로 경비병들은 제자들이 밤중에 예수님의 시체를 훔쳐갔다고 거짓말을 하였고, 많은 유대인들은 이를 믿게 되었습니다. 하지만 경비병들의 말은 거짓임이 자명합니다. 첫째, 막중한 책임을 맡은 다수의 경비병들이 동시에 모두 잠들어 있었다는 말은 받아들이기 힘듭니다. 둘째, 그들이 잠자고 있지 않았다면 제자들이 무덤 입구의 큰 돌을 굴리는 소리를 듣지 못했을 리가 없습니다. 만일 경비병들이 제자들의 탈취 시도를 알아챘다면, 훈련된 군인이었던 그들은 일반인에 불과한 제자들을 손쉽게 제압하였을 것입니다. 셋째, 설령 돌이 굴려지는 동안에도 경비병들이 모두 깊이 잠들어 있었다면, 그들은 시체를 도적질한 것이 누구인지도 몰랐을 것이고, 더욱이 예수님의 제자들이라고 특정할 수 없었을 것입니다.

예수님께서 부활하신 후 종교지도자들은 많은 유대 백성들이 다시 예수님에게 관심을 가지게 될 것을 두려워하였습니다. 그들은 경비병들을 매수하여 제자들이 훔쳐갔다고 말하게 하였지만, 오히려 이는 거짓된 소문의 정체를 밝혀주며 예수님의 부활 사실을 더욱 분명히 하였습니다. 예수님의 부활은 비상식적이고 조작적인 풍문으로 감추어질 수 없었습니다.

두 제자에게 나타나심 막16:12-13, 눅24:13-35

그 날에 그들 중 둘이 예루살렘에서 이십오 리 되는 엠마오라 하는 마을로 가면서, 그 한 사람인 글로바라 하는 자가 대답하여 이르되(눅24:13, 18a)

"그 날에"란 안식일 다음 날, 곧 예수님이 부활하신 일요일을 말합니다. "그들 중 둘"이란 여인들로부터 예수님이 다시 사셨다는 소식을 들은 제자들 가운데 두 사람을 말합니다. 이 중 한 사람은 '글로바'이고 다른 제자의 이름은 언급되지 않았습니다. "엠마오"는 '따뜻한 우물'이라는 뜻이며, 예루살렘에서 10km 떨어진 곳에 위치합니다. 아마도 이들은 예루살렘에서 유월절을 지내고 예수님께 일어난 일을 목격한 뒤, 일요일 오후에 엠마오로 가고 있었을 것입니다.

그들이 서로 이야기하며 문의할 때에 예수께서 가까이 이르러 그들과 동행하시나 그들의 눈이 가리어져서 그인 줄 알아보지 못하거늘(눅24:15-16)

"눈이 가리어져서"란 하나님이 그들로 하여금 부활하신 예수님을 알아보지 못하도록 일시적으로 막으셨다는 의미입니다.

이르시되 무슨 일이냐 이르되 나사렛 예수의 일이니 그는 하나님과 모든 백성 앞에서 말과 일에 능하신 선지자이거늘 우리 대제사장들과 관리들이 사형 판결에 넘겨주어 십자가에 못 박았느니라(눅24:19-20)

"말과 일에 능하신 선지자"란 예수님께서 말씀을 가르치시고 병을 고치시며 귀신을 쫓아내신 사역과 하나님의 아들로서 죄를 용서하시는 신적 권위를 말합니다. "우리 대제사장들과 관리들이"라는 표현을 통하여 예수님을 십자가에 못 박은 것은 로마인들이지만, 그에 대한 책임은 유대 종교지도자들에게 있음을 알 수 있습니다.

이르시되 미련하고 선지자들이 말한 모든 것을 마음에 더디 믿는 자들이여 그리스도

가 이런 고난을 받고 자기의 영광에 들어가야 할 것이 아니냐 하시고(눅24:25-26)

"이런 고난을 받고 자기의 영광에 들어가야 할 것이 아니냐"라는 말씀의 원문을 보면, 예수님 자신은 '반드시(ἔδει, ought to) 고난을 통해 영광에 들어가야 한다'는 의미가 강조되어 있습니다.

이에 모세와 모든 선지자의 글로 시작하여 모든 성경에 쓴 바 자기에 관한 것을 자세히 설명하시니라(눅24:27)

"모세와 모든 선지자"는 구약 전체를 가리키는데, 예수님은 자신에 관한 성경의 모든 예언들이 어떻게 성취되었는지 두 제자에게 "자세히" 알려주셨습니다.

그들과 함께 음식 잡수실 때에 떡을 가지사 축사하시고 떼어 그들에게 주시니 그들의 눈이 밝아져 그인 줄 알아보더니 예수는 그들에게 보이지 아니하시는지라(눅24:30-31)

그날 저녁에 예수님이 떡을 나누어 주실 때 그들은 예수님을 인식하였는데, 이는 그들이 예수님의 가르침을 통하여 영적인 눈이 열려졌음을 의미합니다. 하지만 두 제자가 예수님을 알아보자 예수님은 바로 그들을 떠나셨습니다.

그들이 서로 말하되 길에서 우리에게 말씀하시고 우리에게 성경을 풀어 주실 때에 우리 속에서 마음이 뜨겁지 아니하더냐 하고(눅24:32)

"마음이 뜨겁지 아니하더냐"란 예수님이 두 제자에게 자신에 관한 성경을 해석해 주심으로 그들에게 소망을 주셨으며 부활에 대해 확신하게 하셨다는 의미입니다.

곧 그 때로 일어나 예루살렘에 돌아가 보니 열한 제자 및 그들과 함께한 자들이 모여 있어 말하기를 주께서 과연 살아나시고 시몬에게 보이셨다 하는지라 두 사람

도 길에서 된 일과 예수께서 떡을 떼심으로 자기들에게 알려지신 것을 말하더라(눅24:33-35)

엠마오로 가던 글로바와 다른 제자는 예수님을 만난 후에 다시 예루살렘으로 돌아왔습니다. 거기서 그들은 남아 있던 열한 제자들을 통해 부활하신 예수님이 베드로에게 나타나셨다는 말을 들었습니다(cf. 고전15:5). 이에 두 제자 역시 엠마오로 가던 길에 예수님을 만났던 사건을 이야기하였습니다.

두 사람이 가서 남은 제자들에게 알리었으되 역시 믿지 아니하니라(막16:13)

그러나 여러 제자들의 증언에도 불구하고 아직 많은 제자들은 예수님이 부활하셨다는 사실을 쉽게 받아들이지 못하고 여전히 의심하였습니다.

부활하신 예수님께서 엠마오로 가는 두 제자에게 나타나셨습니다. 예수님은 그들에게 자신에 관한 말씀, 곧 모세와 선지자의 글을 통하여 메시야가 고난당하실 것과 부활하실 것이 예언된 대로 성취되었음을 가르쳐 주셨습니다. 이후 예수님께서 자신의 몸을 상징하는 떡을 떼어 그들에게 주셨을 때, 두 제자의 눈이 비로소 밝아져 예수님을 알아보게 되었습니다.

열한 제자에게 나타나심 막16:14, 눅24:36-44, 요20:19-23

이 날 곧 안식 후 첫날 저녁 때에 제자들이 유대인들을 두려워하여 모인 곳의 문들을 닫았더니 예수께서 오사(요20:19a)

그 후에 열한 제자가 음식 먹을 때에 예수께서 그들에게 나타나사 그들의 믿음 없는 것과 마음이 완악한 것을 꾸짖으시니 이는 자기가 살아난 것을 본 자들의 말을 믿지 아니함일러라(막16:14)

일요일 저녁, 열한 제자들은 저녁 식사를 하고 있었습니다. 그들은 유대 종교지도자들이 예수님을 추종했던 자신들을 해칠 것을 염려하여 문을 닫고 함께 모여 있었습니다. "예수께서 오사"란 문들이 닫혀 있는데도 예수님이 초자연적으로 들어오신 것을 말합니다. 이는 부활하신 예수님의 몸은 시공간의 제약을 받지 않으심을 알려줍니다. 예수님은 여러 증언에도 불구하고 자신의 부활을 믿지 못하는 제자들을 책망하셨습니다.

예수께서 이르시되 어찌하여 두려워하며 어찌하여 마음에 의심이 일어나느냐 내 손과 발을 보고 나인 줄 알라 또 나를 만져 보라 영은 살과 뼈가 없으되 너희 보는 바와 같이 나는 있느니라 이 말씀을 하시고 손과 발을 보이시나 그들이 너무 기쁘므로 아직도 믿지 못하고 놀랍게 여길 때에 이르시되 여기 무슨 먹을 것이 있느냐 하시니 이에 구운 생선 한 토막을 드리니 받으사 그 앞에서 잡수시더라(눅24:38-43)

예수님은 자신의 손과 발을 "만져 보라"고 하시면서 자신이 유령이 아니라 실제 육신을 가지셨음을 인식하게 하셨습니다. 예수님은 제자들에게 못 자국 난 손과 발의 상처를 보여 주셨을 뿐만 아니라 제자들과 함께 평소처럼 식사를 하심으로 그들이 더 이상 부활을 의심하지 못하게 하셨습니다.

또 이르시되 내가 너희와 함께 있을 때에 너희에게 말한 바 곧 모세의 율법과 선지자의 글과 시편에 나를 가리켜 기록된 모든 것이 이루어져야 하리라 한 말이 이것이라 하시고(눅24:44)

"모세의 율법과 선지자의 글과 시편"은 구약의 세 부분을 말하는데, '모세의 율법'은 모세오경을, '선지자의 글'은 역사서와 선지서를, 그리고 '시편'은 성문서를 가리킵니다.

가운데 서서 이르시되 너희에게 평강이 있을지어다, 예수께서 또 이르시되 너희에게 평강이 있을지어다(요20:19b,21a)

예수님은 두려움과 불안에 떠는 제자들에게 평강을 선언하셨습니다. "평강"(εἰρήνη, peace), 곧 '에이레네'는 유대의 인사인 '샬롬'의 헬라식 표현입니다. 샬롬이란 외적인 행복과 내적인 안정감이 조화를 이루어 마음이 잔잔하고 걱정이 없는 상태를 말하는데, 이스라엘 민족은 문안할 때마다 서로의 평강을 구하였습니다. "내가 내 형제와 친구를 위하여 이제 말하리니 네 가운데에 평안이 있을지어다"(시122:8). 그러나 진정한 평안은 오직 예수님만이 주시는 구원의 은혜 안에서 누릴 수 있습니다. "평안을 너희에게 끼치노니 곧 나의 평안을 너희에게 주노라 내가 너희에게 주는 것은 세상이 주는 것과 같지 아니하니라 너희는 마음에 근심하지도 말고 두려워하지도 말라"(요14:27).

아버지께서 나를 보내신 것 같이 나도 너희를 보내노라 이 말씀을 하시고 그들을 향하사 숨을 내쉬며 이르시되 성령을 받으라(요20:21b-22)

예수님은 제자들에게 자신의 대리자가 되라는 사명을 주셨습니다. 성부께로부터 보냄을 받으신 예수님께서 이제 제자들을 보내시면서 택함 받은 모든 이방인들을 부르도록 명령하셨습니다. "숨을 내쉬며"란 성령을 주셨음을 외형적으로 나타내는 상징적인 행위로, 오순절에 있을 성령의 강림을 암시합니다. 그리고 예수님께서 제자들에게 "성령을 받으라"고 하심으로, 제자들은 성령의 능력을 받아 사도의 권위로 죄 사함을 전할 수 있게 되었습니다.

너희가 누구의 죄든지 사하면 사하여질 것이요 누구의 죄든지 그대로 두면 그대로 있으리라 하시니라(요20:23)

이 말씀은 교회가 성령의 능력으로 죄 사함이 담긴 복음을 선포할 때, 예수님을 믿는 이들은 죄를 용서받지만 예수님을 믿지 않는 이들의 죄는 용서받지 못함을 의미합니다.

부활하신 예수님께서 제자들에게 평강을 선언하시고, 제자들과 함께 먹고 마심으로써 자신의 부활을 증명하셨습니다. 예수님은 성부께서 자신을 보내신 것처럼 제자들을 보내시며, 그들에게 성령을 주시고 그 능력을 힘입어 복음을 전하라고 명령하셨습니다.

도마에게 나타나심 요20:26-29

여드레를 지나서 제자들이 다시 집 안에 있을 때에 도마도 함께 있고 문들이 닫혔는데 예수께서 오사 가운데 서서 이르시되 너희에게 평강이 있을지어다 하시고(요 20:26)

"여드레를 지나서"란 예수님이 부활하신 후 일주일이 지난 일요일을 가리키는데, 무교절 절기가 끝났으므로 제자들은 곧 갈릴리로 돌아갈 채비를 하고 있었을 것입니다. 일주일 전에 예수님께서 처음 열한 제자에게 나타나셨을 때 도마는 자리에 없었습니다. 이후에 다른 제자들로부터 예수님의 부활 소식을 전해 들었던 도마는 회의적인 반응을 보였습니다. "다른 제자들이 그에게 이르되 우리가 주를 보았노라 하니 도마가 이르되 내가 그의 손의 못 자국을 보며 내 손가락을 그 못 자국에 넣으며 내 손을 그 옆구리에 넣어 보지 않고는 믿지 아니하겠노라 하니라"(요20:25). 따라서 본문의 "도마도 함께 있고"란 표현은 특별히 예수님께서 아직 불신하는 도마를 염두에 두시고 제자들을 찾아오셨음을 암시합니다.

도마에게 이르시되 네 손가락을 이리 내밀어 내 손을 보고 네 손을 내밀어 내 옆구리에 넣어 보라 그리하여 믿음 없는 자가 되지 말고 믿는 자가 되라 도마가 대답하여 이르되 나의 주님이시요 나의 하나님이시니이다(요20:27-28)

도마는 부활하신 예수님을 만난 후 "나의 주님이시요 나의 하나님이시니이다"라는 고백을 통하여 예수님이 몸으로 부활하셨고, 죽음의 권세를 이기시는 생명의 하나님이심을 증거하였습니다. "이로써 너희가 하나님의 영을 알지니 곧 예수 그리스도께서 육체로 오신 것을 시인하는 영마다 하나님께 속한 것이요"(요일4:2).

예수께서 이르시되 너는 나를 본 고로 믿느냐 보지 못하고 믿는 자들은 복되도다 하시니라(요20:29)

예수님이 승천하신 후부터는 아무도 부활하신 예수님을 직접 보고 믿을 수가 없으며, 다만 사도들의 증언과 성경을 통하여 예수님을 믿게 됩니다. 따라서 예수님은 성령의 도우심으로 자신을 믿게 될 미래의 신자들에게 "복되도다"라고 격려해 주셨습니다. 또한 이 말씀을 통하여 예수님은 제자들이 복음을 전파해야 하는 이유를 간접적으로 가르쳐 주셨습니다.

도마가 부활하신 예수님을 뵙고 '나의 주님이시요 나의 하나님이시니이다'라는 고백을 하였습니다. 예수님의 부활체가 혼령이 아닌 실제 사람의 몸이었다는 사실은 예수님의 인성을 나타내며, 죽은 자 가운데서 다시 살아나신 사실은 예수님의 신성을 강력하게 증거합니다.

일곱 제자에게 나타나심 요21:1-14

그 후에 예수께서 디베랴 호수에서 또 제자들에게 자신을 나타내셨으니 나타내신 일은 이러하니라(요21:1)

"그 후에"란 일주일간의 무교절 절기가 지나고, 제자들이 예루살렘을 떠나 갈릴리로 돌아온 때를 말합니다. 예수님은 갈릴리 해변의 "디베랴 호수"에서 세 번째로 제자들에게 나타나셨습니다.

시몬 베드로와 디두모라 하는 도마와 갈릴리 가나 사람 나다나엘과 세베대의 아들들과 또 다른 제자 둘이 함께 있더니 시몬 베드로가 나는 물고기 잡으러 가노라 하니 그들이 우리도 함께 가겠다 하고 나가서 배에 올랐으나 그 날 밤에 아무 것도 잡지 못하였더니 (요21:2-3)

베드로를 비롯한 제자들은 이미 두어 차례 이상 부활하신 예수님을 만났음에도 불구하고 여전히 어부의 생활을 하고 있었습니다. 그들은 예수님이 겟세마네 동산에서 잡히시고 십자가에서 고난을 받으실 때에 그분을 부인하고 떠난 과거가 있기 때문에 더 이상 예수님의 제자가 될 자격이 없다고 스스로 생각하였습니다.

날이 새어갈 때에 예수께서 바닷가에 서셨으나 제자들이 예수이신 줄 알지 못하는지라 예수께서 이르시되 얘들아 너희에게 고기가 있느냐 대답하되 없나이다 이르시되 그물을 배 오른편에 던지라 그리하면 잡으리라 하시니 이에 던졌더니 물고기가 많아 그물을 들 수 없더라 (요21:4-6)

숙련된 어부였던 제자들이 종일 수고하였지만 물고기 한 마리조차 잡지 못하였습니다. 그때 예수님께서 나타나셔서 그들의 생각과 경험에 반하는 명령을 하셨고, 제자들은 아직 그분이 예수님이신지 모른 채 그 말씀에 순종하여 단번에 많은 물고기를 잡았습니다.

예수께서 사랑하시는 그 제자가 베드로에게 이르되 주님이시라 하니 시몬 베드로가 벗고 있다가 주님이라 하는 말을 듣고 겉옷을 두른 후에 바다로 뛰어 내리더라 (요21:7)

"사랑하시는 그 제자"는 요한을 말하는데, 그는 베드로보다 먼저 부활하신 예수님을 알아보았습니다. “겉옷을 두른 후에”란 베드로가 예수님께 대한 존경과 경외심을 나타낸 행동입니다.

시몬 베드로가 올라가서 그물을 육지에 끌어 올리니 가득히 찬 큰 물고기가 백쉰세 마리라 이같이 많으나 그물이 찢어지지 아니하였더라(요21:11)

이는 예수님께서 공생애 사역 초반에 베드로와 야고보와 요한을 제자로 부르셨을 때 보여주신 기적(눅5:4-7)을 상기시킵니다. 부활하신 예수님은 다시 제자들에게 사명을 주시기 위하여 먼저 이적을 베푸심으로 자신에 대한 믿음을 회복시켜 주셨습니다.

예수께서 이르시되 와서 조반을 먹으라 하시니 제자들이 주님이신 줄 아는 고로 당신이 누구냐 감히 묻는 자가 없더라 예수께서 가셔서 떡을 가져다가 그들에게 주시고 생선도 그와 같이 하시니라(요21:12-13)

예수님이 친히 차려주신 아침 식사는 큰 자가 작은 자를 섬기는 겸손을 드러내며, 생명의 떡이신 예수님이 자신을 나누어 주셨던 마지막 만찬을 연상시킵니다.

예수님은 십자가에 달리시기 전에 제자들에게 부활하신 후 그들을 갈릴리에서 만나실 것이라고 말씀하셨는데, 약속대로 제자들을 찾아오셔서 식사 교제를 나누시며 그들의 영육을 회복시켜 주셨습니다. 예수님의 명령에 순종하여 잡은 153마리의 물고기는 사도들의 복음 선포로 무수히 많은 사람들이 예수님께 돌아올 것을 예표합니다.

다시 부름 받은 베드로 요21:15-24

그들이 조반 먹은 후에 예수께서 시몬 베드로에게 이르시되 요한의 아들 시몬아 네가 이 사람들보다 나를 더 사랑하느냐 하시니 이르되 주님 그러하나이다 내가 주님

을 사랑하는 줄 주님께서 아시나이다 이르시되 내 어린 양을 먹이라 하시고(요21:15)

"네가 이 사람들보다 나를 더 사랑하느냐"라는 예수님의 질문은 의역하면 '다른 제자들이 나를 사랑하는 마음 이상으로 네가 나를 사랑하느냐?'라는 뜻입니다. 베드로는 예수님을 부인하기 이전의 호기로운 선언과는 달리 소극적으로 "내가 주님을 사랑하는 줄 주님께서 아시나이다"라고 조용히 고백합니다. 본문에서 '네가 나를 사랑하느냐'(ἀγαπᾷς με, 아가파스 메)라는 질문과 베드로의 '내가 주를 사랑합니다'(φιλῶ σε, 필로 세)라는 대답에 다른 단어가 사용되고 있습니다. 예수님은 베드로에게 "내 어린 양을 먹이라"고 명령하셨습니다.

또 두 번째 이르시되 요한의 아들 시몬아 네가 나를 사랑하느냐 하시니 이르되 주님 그러하나이다 내가 주님을 사랑하는 줄 주님께서 아시나이다 이르시되 내 양을 치라 하시고(요21:16)

예수님은 다시 동일한 질문으로 베드로에게 물으셨고, 베드로 역시 동일하게 대답하였습니다. 본문의 "내 양을 치라"(ποίμαινε, shepherd)는 '지키다, 돌보다'라는 뜻으로, 양떼의 모든 활동을 살피라는 의미입니다.

세 번째 이르시되 요한의 아들 시몬아 네가 나를 사랑하느냐 하시니 주께서 세 번째 네가 나를 사랑하느냐 하시므로 베드로가 근심하여 이르되 주님 모든 것을 아시오매 내가 주님을 사랑하는 줄을 주님께서 아시나이다 예수께서 이르시되 내 양을 먹이라(요21:17)

예수님은 세 번에 걸쳐 베드로에게 "네가 나를 사랑하느냐"고 물으셨습니다. 이는 베드로의 세 번의 부인을 기억하게 하신 말씀입니다. 베드로는 이 세 번의 대답에서 세 번 모두 '필로 세'라고 하였는데, 이는 예수님의 질문에 숙연해진 베드로가 감히 '아가파오 세'(ἀγαπάω σε),

곧 절대적으로 사랑한다고 말할 수 없었기 때문입니다. 예수님은 처음 두 질문과는 달리 세 번째 질문에서 베드로를 배려하여 '네가 나를 사랑하느냐'(φιλεῖς με, 필레이스 메)로 표현을 바꾸셨습니다. 베드로는 예수님의 거듭되는 동일한 물음에 더욱 진지하게 고민하였습니다. "모든 것을 아시오매"란 예수님의 신성에 대해 말한 것으로, 전지하신 예수님께서 자신의 마음도 아신다는 말입니다. "내 양을 먹이라"고 하신 것은 어린 양(ἀρνία, lambs)뿐 아니라 장성한 양(πρόβατά, sheep)도 계속적인 양육과 보호가 필요하다는 것을 알게 합니다. "너희 중에 있는 하나님의 양 무리를 치되 억지로 하지 말고 하나님의 뜻을 따라 자원함으로 하며 더러운 이득을 위하여 하지 말고 기꺼이 하며"(벧전5:2). 예수님은 세 번 자신을 부인한 베드로를 회복시키시기 위하여 세 번에 걸쳐 자신에 대한 사랑을 시인하게 하시고 목자의 사역을 위임하셨습니다.

내가 진실로 진실로 네게 이르노니 네가 젊어서는 스스로 띠 띠고 원하는 곳으로 다녔거니와 늙어서는 네 팔을 벌리리니 남이 네게 띠 띠우고 원하지 아니하는 곳으로 데려가리라 이 말씀을 하심은 베드로가 어떠한 죽음으로 하나님께 영광을 돌릴 것을 가리키심이러라 이 말씀을 하시고 베드로에게 이르시되 나를 따르라 하시니 (요21:18-19)

베드로는 이전에 주를 위하여 목숨까지도 버릴 수 있다고 맹세하였는데, "베드로가 이르되 주여 내가 지금은 어찌하여 따라갈 수 없나이까 주를 위하여 내 목숨을 버리겠나이다"(요13:37), 예수님은 그에게 목자의 사명을 주신 후에 장래에 있을 그의 순교에 대해 말씀하셨습니다. "네 팔을 벌리리니"란 십자가 처형을 묘사하는 한 방식인데, 전승에 의하면 베드로는 십자가에 거꾸로 매달려 순교하였다고 전해집니다.

이에 베드로가 그를 보고 예수께 여짜오되 주님 이 사람은 어떻게 되겠사옵나이까 예수께서 이르시되 내가 올 때까지 그를 머물게 하고자 할지라도 네게 무슨 상관이냐 너는 나를 따르라 하시더라(요21:21-22)

베드로는 곁에 있는 요한의 미래가 어떻게 될지 질문했지만 예수님은 하나님의 주권에 속한 일에 관심을 갖지 말고 자신을 따르는 데에 집중하라고 하셨습니다.

예수님은 자신을 부인했던 베드로를 회복시키시며 '이 반석 위에 내 교회를 세우리라'고 약속하신 대로 그에게 자신의 양들을 먹이고 지키도록 위임하셨습니다. 이제 베드로는 예수님 말씀으로 그들을 돌봄으로 예수님에 대한 자신의 사랑을 입증할 것입니다.

제21장 지상명령과 승천

지상 대위임령(至上 大委任令) 마28:16-20, 막16:15-18, 눅24:45-49

열한 제자가 갈릴리에 가서 예수께서 지시하신 산에 이르러 예수를 뵈옵고 경배하나 아직도 의심하는 사람들이 있더라(마28:16-17)

예수님은 십자가 고난을 예고하셨을 때의 약속대로 제자들을 갈릴리에 있는 산에서 만나셨습니다. 열한 제자들은 이미 예루살렘과 갈릴리에서 수차례 예수님을 뵈었지만 몇몇 제자들은 여전히 예수님의 부활을 확실히 믿지 못하였습니다.

예수께서 나아와 말씀하여 이르시되 하늘과 땅의 모든 권세를 내게 주셨으니(마28:18)

"모든 권세"라고 하심은 부활하신 예수님께서 피조 세계에 대하여 절대적 권한을 가지고 계심을 의미합니다. "내게 주셨으니"란 이 권세를 부여하신 분은 성부 하나님이시며, 성자이신 예수님이 성부께 복종하고 계심을 보여줍니다. "만물을 그에게 복종하게 하실 때에는 아들 자신도 그 때에 만물을 자기에게 복종하게 하신 이에게 복종하게 되리니 이는 하나님이 만유의 주로서 만유 안에 계시려 하심이라"(고전15:28).

그러므로 너희는 가서 모든 민족을 제자로 삼아 아버지와 아들과 성령의 이름으로 세례를 베풀고 내가 너희에게 분부한 모든 것을 가르쳐 지키게 하라(마28:19-20a)

"모든 민족"이란 복음 선포의 사역이 유대인만이 아니라 모든 이방인을 포함한다는 사실을 천명합니다. "제자로 삼아"(μαθητεύσατε)란 '제자를 만들라'(make disciples)는 명령형 동사인데, "가서"(πορευθέντες, going), "세례를 베풀고"(βαπτίζοντες, baptizing), "가르쳐"(διδάσκοτες, teaching)라는 분사가 이 명령을 수행하는 세부 과정들을 설명합니다. 먼저 제자를 만들기 위해서는 세상으로 나아가야 합니다. 전도 여행이 아니더라도 신자들은 주위의 불신 이웃들에게 복음을 전파할 의무가 있습니다. 또한 복음을 받아들인 사람들에게 세례를 베풀어야 합니다. "아버지와 아들과 성령의 이름으로"에서 '이름'이 복수형이 아니라 단수형으로 나타나 있는데, 이는 삼위 하나님께서 유일하신 한 분 하나님이심을 명백히 선포하는 표현입니다. 마지막으로 "가르쳐 지키게 하라"란 예수님의 모든 가르침을 전하여 그들로 하여금 순종하게 할 뿐만 아니라 제자들처럼 온 세계에 구원의 복음을 전파하게 하라는 뜻입니다.

볼지어다 내가 세상 끝날까지 너희와 항상 함께 있으리라 하시니라(마28:20b)

예수님의 지상명령은 "너희와 항상 함께 있으리라"는 약속으로 끝을 맺습니다. 제자들이 복음 전파의 사역을 감당할 수 있는 것은 그들의 능력이 탁월하기 때문이 아니라, '임마누엘'이신 예수님께서 그들 곁에 계셔서 그들과 늘 동행하시며 성령을 통하여 자신의 능력을 부어주시기 때문입니다. 태초부터 하나님과 함께 계셨던 말씀이신 예수님께서 "세상 끝날까지" 자신의 제자들과 함께 계시겠다고 말씀하셨습니다.

또 이르시되 너희는 온 천하에 다니며 만민에게 복음을 전파하라(막16:15)

예수님은 절체절명의 순간에 자신을 떠나 도망하였으며 부활도 믿지 못했던 제자들을 버리지 않으시고, 그들에게 영광스러운 복음을 선포하도록 위임하셨습니다. 제자들의 사역으로 말미암아 이제 복음의 소식은 널리 온 세상을 향하게 되고 열방의 모든 민족들이 하나님 나라에 초대됩니다.

예수님은 제자들에게 가장 위대하고 엄중한 복음 전파의 사역을 위임하셨습니다. 지상명령이란 모든 민족에게 가서, 삼위 하나님의 이름으로 세례를 베풀고, 예수님이 분부하신 모든 것을 가르쳐, 그들로 하여금 지키게(순종하게) 함으로써 주의 제자로 양육하는 것입니다.

성령의 임재를 기다림 눅24:45-49

이에 그들의 마음을 열어 성경을 깨닫게 하시고 또 이르시되 이같이 그리스도가 고난을 받고 제삼일에 죽은 자 가운데서 살아날 것과 또 그의 이름으로 죄 사함을 받게 하는 회개가 예루살렘에서 시작하여 모든 족속에게 전파될 것이 기록되었으니 너희는 이 모든 일의 증인이라(눅24:45-48)

갈릴리에서 제자들을 만나셨던 예수님은 다시 예루살렘으로 오셔서 승천하실 준비를 하셨습니다. "그들의 마음을 열어 성경을 깨닫게 하시고"란 예수님께서 자신의 고난과 죽음과 부활이 어떻게 하나님의 구원 계획을 이루셨는지를 제자들에게 자세히 설명해 주셨음을 의미합니다. 예수님이 예루살렘에 오신 이유는 제자들을 통해 이방 민족에게 전파될 "죄 사함을 받게 하는 회개"가 바로 이 곳에서 시작되기 때문입니다. 제자들은 앞으로 "이 모든 일의 증인"으로서 복음의 수호자가 될 것입니다.

볼지어다 내가 내 아버지께서 약속하신 것을 너희에게 보내리니 너희는 위로부터 능력으로 입혀질 때까지 이 성에 머물라 하시니라(눅24:49)

"내 아버지께서 약속하신 것"이란 성부께서 주실 성령을 가리킵니다. 예수님의 승천 후에 성령 하나님은 제자들이 복음의 증인으로서의 사명을 감당할 수 있도록 준비시키실 것입니다. 예수님은 '아버지께서 나를 보내신 것 같이 나도 너희를 보내노라'고 하시며 제자들에게 선교적 책무를 위임하셨습니다. "예수께서 또 이르시되 너희에게 평강이 있을지어다 아버지께서 나를 보내신 것 같이 나도 너희를 보내노라"(요20:21). 예수님의 사명이 하나님을 계시하시는 것이었다면, 제자들의 사명은 하나님의 아들이신 예수님을 사람들에게 알려주는 일입니다. "본래 하나님을 본 사람이 없으되 아버지 품 속에 있는 독생하신 하나님이 나타내셨느니라"(요1:18). 예수님은 제자들의 사역이 예루살렘에서 시작될 것이므로 그들이 성령의 능력을 덧입을 때까지 예루살렘에 머물라고 하셨습니다.

사도들은 예수님의 특별한 증인들로서 그리스도의 부활을 증언하는 자들입니다. 그러나 사도들이 예수님의 죽음과 부활을 비롯한 성경의 구속사 전체를 이해하기 위해서는 성령 하나님의 조명하심이 반드시 필요하였습니다. 그러므로 예수님은 제자들로 하여금 예루살렘 성에서 성부 하나님이 약속하신 성령을 받을 때까지 기다리라고 하셨습니다.

예수님의 승천 막16:19, 눅24:50-53, 행1:3-11

그가 고난 받으신 후에 또한 그들에게 확실한 많은 증거로 친히 살아 계심을 나타내사 사십 일 동안 그들에게 보이시며 하나님 나라의 일을 말씀하시니라 사도와 함께 모이사 그들에게 분부하여 이르시되 예루살렘을 떠나지 말고 내게서 들은 바 아버지께서 약속하신 것을 기다리라, 그들이 모였을 때에 예수께 여쭈어 이르되 주께서 이스라엘 나라를 회복하심이 이 때니이까 하니(행1:3-4, 6)

예수님은 부활하신 후에 "사십 일 동안" 제자들에게 여러 번 나타나셔서 함께 교제를 나누시고 가르치셨습니다. 제자들은 예수님의 부활과 성령에 대한 약속을 근거로 메시야 시대가 지금 도래하는 것은 아닌지 여쭈었습니다. 그들은 여전히 마음 한 켠에서 예수님을 로마의 군사적 압제로부터 이스라엘의 정치적 주권을 회복시킬 메시야로 기대하고 있습니다.

이르시되 때와 시기는 아버지께서 자기의 권한에 두셨으니 너희가 알 바 아니요 오직 성령이 너희에게 임하시면 너희가 권능을 받고 예루살렘과 온 유대와 사마리아와 땅 끝까지 이르러 내 증인이 되리라 하시니라(행1:7-8)

예수님은 힘과 제도로 하나님의 나라를 이루려고 하는 제자들의 잘못된 생각을 바로잡아 주셨습니다. 하나님의 나라는 이미 이 땅에서 시작되었고 예수님께서 재림하실 때 완전히 이루어지는데, 그동안 제자들은 이스라엘만이 아니라 "사마리아와 땅 끝까지" 복음을 전해야 합니다. "오직 성령이 너희에게 임하시면"이란 제자들이 예수님을 증언하기 위하여 성령의 권능을 받는 것이 필수적이라는 말씀입니다. 예수님은 승천하시기 직전에 마지막으로 제자들에게 하나님이 보내주시는 성령을 받을 때까지 예루살렘에 남아 있으라고 당부하셨습니다.

예수께서 그들을 데리고 베다니 앞까지 나가사 손을 들어 그들에게 축복하시더니 축복하실 때에 그들을 떠나 하늘로 올려지시니(눅24:50-51)

"베다니"는 예루살렘의 동쪽에 있는 감람 산 근처의 마을입니다. 예수님은 이곳까지 제자들과 동행하신 후에 그들을 축복하시고 곧 승천하셨습니다.

이 말씀을 마치시고 그들이 보는데 올려져 가시니 구름이 그를 가리어 보이지 않게 하더라 올라가실 때에 제자들이 자세히 하늘을 쳐다보고 있는데 흰 옷 입은 두 사람이 그들 곁에 서서 이르되 갈릴리 사람들아 어찌하여 서서 하늘을 쳐다보느냐 너희 가운데서 하늘로 올려지신 이 예수는 하늘로 가심을 본 그대로 오시리라 하였느니라(행1:9-11)

본문의 "이 말씀"이란 예수님의 '내 증인이 되리라'는 명령을 가리키며, "구름"은 예수님을 맞이하시는 하나님의 영광스러운 임재를 나타냅니다. "흰 옷 입은 두 사람"은 인간의 모습으로 내려온 천사들입니다. 두 천사는 예수님이 승천하신 모습대로 재림하실 때에도 부활하신 육체로 오실 것이라고 전하였습니다.

주 예수께서 말씀을 마치신 후에 하늘로 올려지사 하나님 우편에 앉으시니라(막16:19)

"하나님 우편"이란 예수님이 성부 하나님과 함께 천국에서 다스리시는 권세를 상징하는 자리입니다. 예수님은 승천하시어 하나님 우편에 좌정하셨지만, 인간의 몸은 그대로 유지하고 계십니다. 예수님께서는 영원히 완전한 하나님이자 완전한 사람이십니다.

그들이 그에게 경배하고 큰 기쁨으로 예루살렘에 돌아가 늘 성전에서 하나님을 찬송하니라(눅24:52-53)

예수님께서 승천하시는 모습을 본 제자들은 예수님의 말씀대로 예루살렘으로 돌아와 약속하신 성령을 기다리며 성전에서 하나님을 찬양하였습니다. "그들이 그에게 경배하고"란 제자들이 지금까지 가지고 있었던 잘못된 메시야 사상, 곧 예수님께서 유대인들을 로마의 압제에서 건지시고 이 땅에 새로운 이스라엘을 세우실 것이라는 생각을 버렸음을 의미합니다. 이제 그들은 죽은 자 가운데서 부활하심으로써 하나님의 아들이심을 분명하게 선포하시고, 자신들의 눈 앞에서 승천하신 예수님을 성자 하나님으로 믿게 되었습니다. 또한 하나님께서 예수님을 보내셔서 자기 백성에게 구원을 베푸셨기 때문에 제자들은 “큰 기쁨으로” 하나님께 영광을 올려드렸습니다.

예수님은 감람 산에서 승천하셨고 제자들은 이를 목격하였습니다. 하늘로 올려지실 때에 예수님은 제자들에게 자신의 증인이 되라는 사명을 주셨습니다. 예수님은 하늘로 올라가셨던 모습 그대로 예기치 못한 때에 다시 하늘로부터 내려오실 것인데, 이때 예수님은 부활하신 몸으로 영광 가운데 심판의 주로서 오실 것입니다.

맛디아가 사도로 뽑힘 행1:12-26

제자들이 감람원이라 하는 산으로부터 예루살렘에 돌아오니 이 산은 예루살렘에서 가까워 안식일에 가기 알맞은 길이라(행1:12)

“감람원이라 하는 산”이란 예루살렘 성벽 동편 기드론 골짜기 너머에 있는 언덕을 말합니다. 예수님이 승천하신 후에 제자들은 베다니 근처의 ‘감람원’에서 다시 예루살렘으로 돌아왔습니다. “안식일에 가기 알맞은 길”은 보통 이천 규빗(약 0.9km)을 말하는데, 이는 구약시대 이후 랍비들이 정한 전통입니다.

들어가 그들이 유하는 다락방으로 올라가니 베드로, 요한, 야고보, 안드레와 빌립, 도마와 바돌로매, 마태와 및 알패오의 아들 야고보, 셀롯인 시몬, 야고보의 아들 유다가 다 거기 있어 여자들과 예수의 어머니 마리아와 예수의 아우들과 더불어 마음을 같이하여 오로지 기도에 힘쓰더라(행1:13-14)

제자들이 머물던 “다락방”은 마가의 어머니인 마리아의 집에 있는 방으로 추정됩니다. “깨닫고 마가라 하는 요한의 어머니 마리아의 집에 가니 여러 사람이 거기에 모여 기도하고 있더라”(행12:12). 제자들은 이 다락방에서 예수님을 따르던 여인들과 예수님의 어머니와 동생들과 함께 기도에 전념하며 약속된 성령이 오시기를 기다렸습니다.

모인 무리의 수가 한 백이십 명이나 되더라 그 때에 베드로가 그 형제 가운데 일어서서 이르되(행1:15)

"그 때에"란 예수님의 승천과 오순절 사이의 열흘을 가리키며, 120여명의 제자들은 마가의 다락방에서 계속하여 기도하고 있었습니다.

형제들아 성령이 다윗의 입을 통하여 예수 잡는 자들의 길잡이가 된 유다를 가리켜 미리 말씀하신 성경이 응하였으니 마땅하도다 이 사람은 본래 우리 수 가운데 참여하여 이 직무의 한 부분을 맡았던 자라(행1:16-17)

"우리 수"란 제자들의 명수인 열둘을 의미하는데, 열둘이란 수는 이스라엘의 열두 지파를 상징하는 완전수입니다. "너희로 내 나라에 있어 내 상에서 먹고 마시며 또는 보좌에 앉아 이스라엘 열두 지파를 다스리게 하려 하노라"(눅22:30). 따라서 이 사도의 수는 성령이 오시기 전에 회복되어야 하는데, 이는 신약의 열두 사도가 구약의 열두 지파를 모형적으로 계승하기 때문입니다. 이스라엘의 회복은 성령이 부어진 일로 시작되며, 이 사역에는 열방의 이방인들도 포함됩니다. "그 후에 내가 내 영을 만민에게 부어 주리니"(욜2:28).

시편에 기록하였으되 그의 거처를 황폐하게 하시며 거기 거하는 자가 없게 하소서 하였고 또 일렀으되 그의 직분을 타인이 취하게 하소서 하였도다(행1:20)

가룟 유다의 죽음은 여러 시편의 성취로, "그의 거처를 황폐하게 하시며"란 유다의 이름으로 일컫는 토지가 살아있는 자들이 아닌 죽은 자들이 거하는 묘지가 된 것을 통하여 실현되었습니다. "그들의 거처가 황폐하게 하시며 그들의 장막에 사는 자가 없게 하소서"(시69:25). 또한 제자들은

"그의 직분을 타인이 취하게 하소서"라는 시편의 예언대로 유다를 대신할 후임자를 채택해 주시길 간구하였습니다. "그의 연수를 짧게 하시며 그의 직분을 타인이 빼앗게 하시며"(시109:8).

이러하므로 요한의 세례로부터 우리 가운데서 올려져 가신 날까지 주 예수께서 우리 가운데 출입하실 때에 항상 우리와 함께 다니던 사람 중에 하나를 세워 우리와 더불어 예수께서 부활하심을 증언할 사람이 되게 하여야 하리라 하거늘(행1:21-22)

본문의 "우리 가운데"란 표현이 사도의 자격 요건을 함의하고 있는데, 사도는 예수님의 공생애 사역 전(全) 기간, 곧 예수님이 세례를 받으시고 죽으신 후 부활하셔서 승천하시기까지 열두 제자와 "함께 다니던 사람"이어야 합니다.

그들이 두 사람을 내세우니 하나는 바사바라고도 하고 별명은 유스도라고 하는 요셉이요 하나는 맛디아라 그들이 기도하여 이르되 뭇 사람의 마음을 아시는 주여 이 두 사람 중에 누가 주님께 택하신 바 되어 봉사와 및 사도의 직무를 대신할 자인지를 보이시옵소서 유다는 이 직무를 버리고 제 곳으로 갔나이다 하고(행1:23-25)

본문에서 "사도"(ἀποστολή, apostleship)란 '보내심을 받은 자'라는 뜻으로 사도들은 자신들을 보낸 사람을 위하여, 그리고 그를 대신하여 말하는 권세를 위임 받은 자들입니다. 그러므로 사도들은 "누가 주님께 택하신 바 되어"라고 하며 하나님께서 친히 새로운 사도를 지목하여 주시기를 간구하였습니다.

제비 뽑아 맛디아를 얻으니 저가 열한 사도의 수에 들어가니라(행1:26)

"맛디아"는 '여호와의 선물'이라는 뜻이며, 그가 가룟 유다를 대신하여 열두 번째 사도로 제비에 뽑혀 선택되었습니다. "제자들이 나가 두루 전파할새 주께서 함께 역사하사 그 따르는 표적으로 말씀을 확실히 증언하시니라"(막

16:20).

예수님의 부활과 승천을 목격하고 성령을 받은 제자들은 이제 더 이상 두려워하지 않고 담대하게 주님을 증거하였습니다. "하나님도 표적들과 기사들과 여러 가지 능력과 및 자기의 뜻을 따라 성령이 나누어 주신 것으로써 그들과 함께 증언하셨느니라"(히2:4).

부활하신 예수님께서 영광 가운데 승천하시는 모습을 목격한 제자들은 예루살렘에 돌아와서 기도에 힘쓰며 오실 성령을 기다렸습니다. 또한 제자들은 가룟 유다의 직무를 대신할 열두 번째 사도를 구했는데, 자신들과 함께 예수님의 세례부터 승천까지 지켜보았으며 예수님으로부터 직접 부르심과 위임을 받았던 사람들 중에서 제비를 뽑아 맛디아를 선택하였습니다.

복음서의 기록 목적 요20:30-31; 21:24-25

예수께서 제자들 앞에서 이 책에 기록되지 아니한 다른 표적도 많이 행하셨으나 오직 이것을 기록함은 너희로 예수께서 하나님의 아들 그리스도이심을 믿게 하려 함이요 또 너희로 믿고 그 이름을 힘입어 생명을 얻게 하려 함이니라(요20:30-31)

사복음서가 쓰인 목적은 독자들로 하여금 믿음을 가지게 하며, 그 믿음 안에 견고히 서게 하려는 것입니다.[1] 예수님이 행하신 여러 표적들은 신자들이 예수 그리스도를 믿고 "그 이름을 힘입어 생명을 얻게" 하기 위함입니다. 특별히 예수님은 보지 못하고 믿는 자들에게 복이 있다고 말씀하셨습니다.

이 일들을 증언하고 이 일들을 기록한 제자가 이 사람이라 우리는 그의 증언이 참

1 그들을 믿게 하려고 복음서를 기록했다는 말은 이미 믿고 있던 그들을 계속해서 믿게 하려는 것으로, '믿는다'라는 표현이 현재가정법(πιστεύσητε, ye might believe)과 현재분사(πιστεύοντες, believing)의 형태로 나타납니다.

된 줄 아노라(요21:24)

요한복음은 이러한 내용들이 예수님이 사랑하셨던 제자, 곧 요한 자신이 기록한 것이라고 말합니다. 요한은 실제로 자신이 목격하고 경험한 일을 말하기 때문에 자신의 증언이 진실하다는 점을 밝히며, 그의 동시대 사람들도 분명히 이 점을 인정한다고 확신합니다.

예수께서 행하신 일이 이외에도 많으니 만일 낱낱이 기록된다면 이 세상이라도 이 기록된 책을 두기에 부족할 줄 아노라(요21:25)

이는 예수님이 하나님의 아들로서, 성육신과 죽음과 부활을 통해 인류의 구원을 성취하신 모든 과정의 중요성을 강조한 말입니다. 요한복음 서두에 하나님께서 옛 창조 시에 하신 일과 새로운 창조 시에 하신 일 사이에 동일한 병행이 나타나 있습니다.[2] 태초에 하나님과 함께 계셨던 말씀, 곧 영원한 진리가 시간과 장소를 통해서 나타났는데,[3] 예수님께서 십자가에서 죽으시고 부활하심으로 말미암아 그 계시와 구원이 완성된 것입니다. 또한 성경이 예수님께서 행하신 모든 이적과 기사와 가르침을 다 기록하지 않은 것은 우리의 연약하고 제한된 지성에 맞추어 하나님을 계시하기 때문입니다. "또 그 모든 편지에도 이런 일에 관하여 말하였으되 그 중에 알기 어려운 것이 더러 있으니 무식한 자들과 굳세지 못한 자들이 다른 성경과 같이 그것도 억지로 풀다가 스스로 멸망에 이르느니라"(벧후 3:16). 하지만 성경에는 우리로 하여금 구원을 얻기에 필요하고 충분한 모든 지식이 담겨 있음을 확신하여야 합니다. "또 어려서부터 성경을 알았

2 C. K. Barrett, *New Testament Essays* (Eugene: Wipf & Stock, 2010), 27-48.

3 브루스는 영원한 진리란 영적인 영역에 속한 것으로, 역사적 사실과 지리적 위치를 넘어서는 영원한 진리를 하나님의 자기표현 자체로 보며, 태초에 하나님과 함께 계셨던 말씀과 영원한 진리를 동일한 것으로 여깁니다. F. F. Bruce, *The Gospel of John*, 30-31, 44-46.

나니 성경은 능히 너로 하여금 그리스도 예수 안에 있는 믿음으로 말미암아 구원에 이르는 지혜가 있게 하느니라"(딤후3:15).

복음서는 예수님이 자기 백성을 구원하시기 위해 성육신하여 이 땅에 오신 하나님이심을 선포합니다. "하나님이 세상을 이처럼 사랑하사 독생자를 주셨으니 이는 그를 믿는 자마다 멸망하지 않고 영생을 얻게 하려 하심이라"(요 3:16). 죄인인 인간은 유일한 길이요 진리요 생명이신 예수님께서 무죄한 자신의 피로 우리의 죗값을 대속하여 주셨음을 믿음으로만 영생을 얻는다는 사실을 확신해야 합니다.

맺는말

예수님은 영원 전부터 영원히 계셨던 말씀이시며, 유한한 인간에게 자신의 성품과 사역을 알려주시는 하나님의 자기 계시(God's self-revelation)이십니다. 예수님은 자신의 희생 제사를 통해 유월절 어린 양과 구약 제사들의 상징적인 의미를 성취하셨습니다. 어린 양의 피를 통한 구원은 죽음을 통해 구원을 이루실 하나님의 어린 양 예수님의 오심을 예표하며, 예수님께서 죽으시고 부활하심으로 하나님의 백성을 죄와 사탄으로부터 구속하셨습니다. 예수님이 선포하신 복음의 주제는 하나님 나라입니다. 하나님 나라는 정치적, 군사적 왕국을 뜻하는 것이 아니라 성령의 능력으로 개인과 공동체의 삶을 점진적으로 변화시키는 영적이고 현재적인 하나님의 통치를 뜻합니다.

예수님을 믿는다는 것은 그가 하나님의 아들 그리스도이심을 믿는 것입니다. 예수님은 세상을 구원하기 위하여 성부 하나님께서 보내신 영원한 아들로, 그가 알리신 아버지의 계시는 세상의 구원을 의미합니다. 예수님의 말씀과 행동은 계시적인 사건들로, 공생애 기간 동안의 사역 속에서 하나님의 영광이 완전하게 드러났습니다. 예수님께서 아버지를 나타내신 사건들은 성경이 역사적 사실임을 증거합니다. 따라서 사도 바울의 증언, 곧 "어두운 데에 빛이 비치라 말씀하셨던 그 하나님께서 예수 그리스도의 얼굴에 있는 하나님의 영광을 아는 빛을 우리 마음에 비추셨느니라"(고후4:6)는 말씀은 이 복음의 진수를 잘 설명합니다.

예수님의 성육신이 구속 사역의 시작이라면, 예수님의 부활은 그 완성입니다. 예수님이 죽은 자 가운데서 다시 살아나신 것은 하나님의 아들이심을 보여주는 결정적인 표적입니다. 예수님의 부활은 우리의 믿음을 보증하는데, 이는 예수님이 부활의 첫 열매로서 다시 사신 것처럼, 우리도 그리스도와 함께 영원히 살게 될 것임을 증거하기 때문입니다. 만약 그리스도가 사망 권세를 이기시고 부활하시지 않으셨다면 모든 믿는 자들의 소망은 헛될 것입니다(고전15:14). 사도들이 부활 신앙에 힘입어 죽음을 두려워하지 않고 복음을 만방에 전하였던 것처럼, 우리도 고난과 박해 속에서도 영원한 천국에 대한 소망으로 오늘을 살아갈 수 있는 힘을 공급받게 됩니다. 우리의 구주이신 예수 그리스도, 살아계신 하나님, 임마누엘 주님을 찬양합니다.

마라나타, 아멘 주 예수여 어서 오시옵소서!

참고문헌

Alexander, Pat. and Alexander, David. ed. *Eerdmans' Handbook to the Bible*. Oxford, UK: Lion Publishing, 1989.

Bailey, Kenneth E. *Jesus Through Middle Eastern Eyes: Cultural Studies in the Gospels*. Madison, WI: IVP Academic, 2008.

Barrett, C. K. *New Testament Essays*. Eugene, OR: Wipf & Stock, 2010.

Beale, Gregory K. *Handbook on the New Testament Use of the Old Testament: Exegesis and Interpretation*. Grand Rapids, MI: Baker Academic, 2012.

Bivin, David. *New Light on the Difficult Words of Jesus*. Holland, MI: Living Water Books, 2007.

Blomberg, Craig L. *Interpreting the Parables: From Responsible Interpretation to Powerful Proclamation*. Grand Rapids, MI: Baker Academic, 2012.

Brisco, Thomas V. *Holman Bible Atlas: A Complete Guide to Expansive Geography of Biblical History*. Nashville, TN: Broadman & Holman, 1998.

Bruce, Alexander B. *The Training of the Twelve*. Grand Rapids, MI: Kregel, 1979.

Bruce, F. F. *New Testament History*. New York, NY: Doubleday, 1980.

__________. *The Gospel of John*. Grand Rapids, MI: Eerdmans, 1983.

Burge, Gary M. *Jesus, The Middle Eastern Storyteller: Uncovered Ancient Culture, Discover Hidden Meanings*. Grand Rapids, MI: Zondervan, 2009.

Church, Leslie F. ed. *Commentary on the Whole Bible by Matthew Henry*, New One Volume Edition. Grand Rapids, MI: Zondervan, 1972.

Dodd, C. H. *The Parables of the Kingdom*. New York: Scribner, 1961.

Eppstein, Victor. "The Historicity of the Gospel Account of the Cleansing of the Temple." *ZNW* 55(1964), 42-58.

Getz, Gene A. *The Apostles: Becoming Unified Through Diversity*. Nashville, TN: Broadman & Holman, 1998.

Hendriksen, William. *New Testament Commentary: Exposition of the Gospel according to Luke*. Grand Rapids, MI: Baker, 1978.

__________________. *New Testament Commentary: Exposition of the Gospel according to Mark*. Grand Rapids, MI: Baker, 1975.

Holwerda, David E. *Jesus and Israel: One Covenant or Two?* Grand Rapids, MI: Eerdmans, 1995.

Jacobs, Irving. *The Midrashic Process: Tradition and Interpretation in Rabbinic Judaism*. Cambridge, UK: Cambridge University Press, 1995.

Jensen, Irving L. *Jensen's Survey of The New Testament*. Chicago, IL: Moody Press, 1981.

Jeremias, Joachim. *Die Gleichnisse Jesu*. Göttingen, DE: Vandenhoeck & Ruprecht, 1970.

Josephus, Flavius. "The Antiquities of the Jews." In *Complete Works of Flavius Josephus.* Grand Rapids, MI: Kregel, 1982.

______________. "The Wars of the Jews." In *Complete Works of Flavius Josephus.* Grand Rapids, MI: Kregel, 1982.

Kistemaker, Simon J. *The Parables: Understanding the Stories Jesus Told*. Grand Rapids, MI: Baker Books, 2003.

Köstenberger, Andreas J. *The Missions of Jesus and the Disciples according to the Fourth Gospel: With Implications for the Fourth Gospel's Purpose and the Mission of the Contemporary Church*. Grand Rapids, MI: Eerdmans, 1998.

Lockyer, Herbert. *All the Parables of the Bible*. Grand Rapids, MI : Zondervan, 1963.

Marshall, I. Howard. *Luke: Historian and Theologian*. Downers Grove, IL: IVP, 1988.

Martin, Ralph P. *Mark: Evangelist and Theologian.* Australia: Paternoster, 1986.

Mcbirnie, William S. *The Search for the Twelve Apostles*. Carol Stream, IL: Tyndale, 1973.

Neusner, Jacob. *Midrash in Context: Exegesis in Formative Judaism*. Philadelphia, PA: Fortress Press, 1983.

Newman, Dorman. *The Lives and Deaths of the Holy Apostles*. London, UK: Kings Arms in the Poultry, 1685.

Pennington, Jonathan T. *Reading the Gospels Wisely: A Narrative and Theological Introduction*. Grand Rapids, MI: Baker Academic, 2012.

Pfeiffer, Charles F. *Between the Testaments*. Grand Rapids, MI: Baker, 1980.

Poole, Matthew. *A Commentary on the Holy Bible, Vol. III: Matthew-Revelation*. Edinburgh: Banner of Truth Trust, 1979.

Rainey, Anson F. and Notley, R. Steven. *The Sacred Bridge: Carta's Atlas of the Biblical World*. Jerusalem: Carta, 2006.

Schurer, Emile. *The History of the Jewish People in the Age of Jesus Christ*, II Edinburgh: Andesite Press, 1979.

Spence, H. D. M. ed. *The Pulpit Commentary : St. Matthew Vol. I*. New Edition. London and New York : Funk & Wagnalls, 1907.

________________. *The Pulpit Commentary: The Gospel of St. John, Vol. II*. New Edition. New York and London: Funk & Wagnalls, 1913.

Strauss, Mark L. *Four Portraits, One Jesus: An Introduction to Jesus and the Gospels*. Grand Rapids, MI: Zondervan, 2007.

Tenney, Merrill C. ed. *The Zondervan Pictorial Bible Dictionary*. Grand Rapids, MI: Zondervan, 1967.

Vos, Geerhardus. "The Sonship of God: The Sonship of Jesus in the Fourth Gospel." In *The Self-disclosure of Jesus: The Modern Debate about the Messianic Consciousness*, 195-226. Phillipsburg, NJ: Presbyterian & Reformed, 1978.

Jerusalem Talmud, *Peah* I.6.

Mishinah, *Avot* 5.21.

Mishinah, *Gittin* IX.3.

Mishinah, *Megillah* IV.1-5,10.

Mishnah, *Shabboth* VII.2.

Mishnah, *Shabbath* XVIII.1.; XIX.2.

Mishnah, *Shekalim* VI.5.

Mishnah, *Sukkah* IV.9.

신현광

총신대학교에서 기독교교육을 전공하고(B.A., M.A.) 同 대학원에서 실천신학을 전공하여 신학박사학위(M.Div., Th.M., Ph.D.)를 받았다. 그는 Calvin Theological Seminary의 Henry Meeter Center에서 교수 연구원으로 참여하였으며, Emory University의 Candler School of Theology에서 객원교수로 연구하였다. 또한 대한예수교장로회 총회교육국에서 집필간사로, 여러 교회에서 교육목사와 협동목사로 사역하였다.

안양대학교(前 대한신학교)에서 교목실장과 신학대학장, 신학연구소장, 신학대학원장 등을 역임하였고, 교육부와 한국연구재단이 지원하는 인문한국플러스(HK+) 연구교수로 재직하였다. 교외 학계에서는 한국복음주의 실천신학회 회장, 한국실천신학회 교회교육분과 회장, 전국기독교대학교 대학원장협의회 회장을 역임하며 실천신학과 기독교교육 분야에서 활동하였다.

저서로는 『교육목회와 교회성장』, 『창세기, 살아숨쉬다』, 『출애굽기, No Turning Back』, 『그리스도인이 보는 세계종교』, 공저로는 『복음주의 설교학』, 『복음주의 목회학』, 『21세기 실천신학 개론』, 『복음주의 교회성장학』, 『21세기 목회학 총론』 등이 있고, 역서로는 『기독교 교육학 총론』(Herbert W. Byrne), 『하나님 중심의 복음전도』(R. B. Kuiper), 번역 및 책임감수로는 『기독교 교육학 사전』(Michael J. Anthony)이 있으며, 그 외 다수의 논문이 있다.

나사렛 예수, *GOD on Earth*

지은이 신현광
펴낸날 2024년 5월 30일 초판
펴낸이 김동현
펴낸곳 민영사

주소 서울시 성동구 독서당로 39길 43
전화 (02) 711-1224~5
팩스 (02) 711-1226
등록 2014년 1월 1일 제2014-000001호
Home http://www.minyoungsa.com
E-mail myspub@hanmail.net

값 33,000원
ISBN 979-11-86378-49-6 03230

※ 예사람은 예수 닮기 소망하는 사람들이라는 뜻으로 문서 선교를 위한 민영사의 기독교 임프린트입니다.